建構解決之道的會談：
焦點解決短期治療（第二版）

Interviewing for Solutions /4e

Peter De Jong & Insoo Kim Berg 著

許維素 譯

CENGAGE
Learning®

Andover • Melbourne • Mexico City • Stamford, CT • Toronto • Hong Kong • New Delhi • Seoul • Singapore • Tokyo

建構解決之道的會談：焦點解決短期治療 / Peter De
  Jong, Insoo Kim Berg著；許維素譯. -- 二版. -- 臺北
市: 新加坡商聖智學習, 2013.02
    面；公分

  譯自: Interviewing for Solutions, 4th ed.
  ISBN 978-986-6637-99-5 (平裝)

  1. 社會個案工作 2. 面談 3. 諮商

547.2   101024466

建構解決之道的會談：焦點解決短期治療（第二版）

© 2013 Cengage Learning Asia Pte Ltd.

Original: Interviewing for Solutions, 4e
        By Peter De Jong・Insoo Kim Berg
        ISBN: 9781111722203
        ©2013 Cengage Learning
        All rights reserved.

    3 4 5 6 7 8 9 20 20 21

出 版 商   新加坡商聖智學習亞洲私人有限公司台灣分公司
           104415 臺北市中山區中山北路二段 129 號 3 樓之 1
           http://www.cengageasia.com
           電話：(02) 2581-6588   傳眞：(02) 2581-9118
原   著   Peter De Jong・Insoo Kim Berg
譯   者   許維素
總 經 銷   心理出版社股份有限公司
           231026 新北市新店區光明街 288 號 7 樓
           電話：(02) 2915-0566   傳眞：(02) 2915-2928
           郵撥：19293172 心理出版社股份有限公司
           網址：http://www.psy.com.tw
           E-mail: psychoco@ms15.hinet.net
編   號   22310
定   價   新臺幣 600 元
出版日期   西元 2021 年 2 月   二版三刷

ISBN 978-986-6637-99-5

(21CRM0)

目次

作者簡介

Peter De Jong 博士，美國密西根州大湍流市卡爾文學院（Calvin College）社工系之榮退教授，也是一位門診治療師及個案工作者，於心理健康診所、家庭服務機構、少年矯正方案與學校等處擔任訓練者和諮詢顧問。Peter除了曾與 Insoo Kim Berg 合著本書《建構解決之道的會談》（現已有十二種語言之翻譯版本）前三版之外，也撰寫了多篇焦點解決治療的文章與專書篇章。Peter 持續於訓練、諮詢的工作，並發展新的實務工具與訓練教材，亦與幾位同事合作進行治療對話之微觀分析研究。

Insoo Kim Berg，社會工作理學碩士（MSSW），為焦點解決取向的共同創始人，於 2007 年過世之前，為美國威斯康辛州密爾瓦基市短期家族治療中心（Brief Family Therapy Center）主任。Insoo 著有十本書，其中多本書及超過三十五篇文章，皆已有十四種語言之翻譯版本。Insoo 的著書包括了：《以家庭為基礎的服務》（*Family Based Services*）、《與酒癮者工作》（*Working with the Problem Drinker*）（與 Scott D. Miller 合著）、《於兒童保護服務系統中的建構解決之道》（*Building Solutions in Child Protective Services*）（與 Susan Kelly 合著）、《焦點解決兒童與青少年諮商》（*Children's Solution Work*）（與 Therese Steiner 合著）等等。這三十年來，Insoo 於北美、歐洲、太平洋沿岸等多國進行講學，也於多個機構組織及政府單位中進行諮詢顧問的工作。

第十四章合著者簡介

Robin Bluestone-Miller，臨床社會工作師（LCSW），為美國芝加哥羅耀拉大學（Loyola University）家庭和學校夥伴計畫「有效之處，多做一點」／焦點解決短期治療（WOWW/ SFBT）訓練的主任，擔任學校社會工作者已超過三十年。在與 Insoo Kim Berg 及 Steve de Shazer 一起參與了焦點解決短期治療訓練計畫之後，Robin 開始應用這些觀點於學校的工作。Robin 目前擔任授課與諮詢的工作，並且與 Michael Kelly 博士一起進行相關研究，探討學校社會工作者可以如何做到更多有效之事（email: robinjbm@aol.com）。

Kidge Burns，學士，並獲第二語言教學學士後學位（PGDipSLT）、焦點解決實務學位（DipSFP）。Kidge 在急性照護醫院擔任語言治療師以及於私人醫療中擔任焦點解決短期治療師時，皆運用焦點解決取向與每一位當事人工作。Kidge 除了撰寫與其工作相關的主題文章與書中篇章之外，亦著有《聚焦於解決之道：健康專業的指引》（*Focus on Solutions: A Health Professional's Guide*）一書，書中描述一些急性或慢性疾患當事人，因著找到焦點解決對話而產生關於未來之創造性思考及各種正向成果。Kidge 定期以此取向來為其他健康專業者進行訓練，受訓者也表示因這些訓練而能於工作場域中有所進展，並於督導中得到改變（email: kidge.burns@gmail.com）。

Steve de Shazer，社會工作碩士（MSW），為焦點解決短期治療的共同創始人，曾擔任美國威斯康辛州密爾瓦基市短期家族治療中心主任多年——該中心即為焦點解決短期治療的發源地。Steve 以短期治療領域的開創者聞名於世，並因其能將複雜的問題精簡成對人事物之可操作化的觀點，而深為人所欽佩。Steve 著有多本書，包括《短期治療中解決之道的關鍵》（*Keys to Solution in Brief Therapy*）、《線索：於短期治療中統整解決之道》（*Clues: Investigating*

Solutions in Brief Therapy）、《將差異置入工作》（Putting Difference to Work），以及《語言是原初的奇蹟》（Words Were Originally Magic）。各界視 Steve 的這些書籍及專業期刊上的諸多文章，乃定義了焦點解決短期治療工作的 內涵。2005 年 9 月，Steve 於一趟歐洲教學之旅中過世。

Luc Isebaert，醫學博士（M.D.），是一位系統短期治療與艾瑞克森催眠 治療取向的精神科醫師、心理治療師及訓練師。此外，Luc 是焦點解決認知治 療與成癮治療之「布魯日模式」（Bruges Model）的創始者，以及柯爾茲布斯 基（Korzybski）訓練機構國際團體（比利時、法國、荷蘭之柯爾茲布斯基機 構）的帶領者。Luc 著有《短期治療》（Pour une Therapie Breve）（與 M. C. Cabie 合著）、《與酒癮者工作》（Drink Wijzer）、《短期治療實務專書》 （Kurzzeittherapie, ein praktisches Handbuch）、《焦點解決認知治療實務手 冊》（Praktijkboek oplossingsgerichte cognitieve therapie）等書（email: luc. isebaert@gmail.com）。

Paul Z. Jackson，牛津大學碩士，是一位激勵人心的諮詢師、教練及催 化者。他設計及創辦出策略學、領導力、團隊工作、創造力與創新學等等的訓 練課程及發展方案。世界各地的會議參與者及 Paul 著作的讀者，皆受益於其即 興創作、加速學習以及焦點解決取向的專業知能。Paul 是「焦點解決」（The Solution Focus）機構（一家提供「領導改變」之諮詢服務的顧問公司）的協同 領導者、「即興創作應用網絡」（Applied Improvisation Network）的董事長， 並服務於「焦點解決世界」（SOLWorld）之指導委員會。他相信對話可以幫助 你創造出你所想要的不同（email: paul@thesolutionsfocus.co.uk）。

Michael S. Kelly，博士，美國芝加哥羅耀拉大學社會工作學系之助理教 授。 Kelly 博士擔任學校社工師與家族治療師十四年以來，在學校之社會工作 實務和焦點解決短期治療領域裡，已出版超過三十本書籍、期刊文章、專書篇 章等著作。Kelly 博士著有《學校中的焦點解決短期治療：研究與實務的全方位

觀點》（*Solution-Focused Brief Therapy in Schools: A 360-Degree View of Research and Practice*）（與 Johnny Kim 博士和 Cynthia Franklin 博士合著），2008 年由牛津大學出版社所出版（email: mstokek@yahoo.com）。

Mo Yee Lee，博士，美國俄亥俄州哥倫布市俄亥俄州立大學（The Ohio State University）社會工作學院教授。Lee 博士的專業興趣為：運用與評鑑焦點解決／優勢基礎取向於社會工作處遇中（特別是家庭暴力領域）。此外，她目前的工作包含了運用身心靈全人的觀點，將東方哲學與實務整合入社會工作處遇之中（email: lee.355@osu.edu）。

John Sebold，社會工作碩士（MSW），為加州昆西地區「滂墨士縣市心理健康中心」（Plumas County Mental Health）主任。John 和 Adriana Uken 在 1990 年發展了「滂墨士計畫」，這是一個以焦點解決取向協助家庭暴力加害人的處遇方案。此外，John 於過去二十年中發展並實施了一個焦點解決取向的青少年治療方案（針對迷途青少年）。John 也提供焦點解決諮詢的服務；其近來的工作興趣為如何運用焦點解決取向原則於行政管理過程中（email: jsebold@kingsview.org）。

Lee Shilts，博士，教授家族治療課程已二十年，他的專業興趣包括了應用焦點解決實務於學校系統、系統治療中的書信撰寫介入、督導議題及催眠治療等。Shilts 博士目前以線上的方式授課，並提供其他專業者應用 WOWW 取向於學校系統中的諮詢服務（email: lee.shilts@gmail.com）。

Frank Thomas，博士，為取得證照的婚姻與家族治療師（LMFT），美國德州華茲堡市德州基督大學（Texas Christian University）教育學院諮商系教授，亦為焦點解決短期治療協會的檔案管理員，負責保存密爾瓦基市短期家族治療中心的相關資料。Thomas 博士著有／編有五本書籍，包含《焦點解決短期治療手冊：臨床應用》（*Handbook of Solution Focused Brief Therapy: Clinical Ap-*

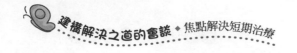

plications)（與 Thorana Nelson 合著），以及超過七十五篇文章與書籍篇章；這些著作乃包含整合焦點解決取向至多元情境中的各種應用，如學校、藥物濫用、商業諮詢、教會以及武術（email: f.thomas@tcu.edu）。

Adriana Uken，社會工作碩士（MSW）。在加州昆西地區「滂墨士縣市心理健康中心」擔任了二十七年的心理治療師後，Adriana 最近退休了。1990年，她和 John Sebold 發起一個焦點解決取向之家庭暴力治療方案「滂墨士計畫」。Adriana 和 Mo Yee Lee、John Sebold 合著《家庭暴力加害者的焦點解決治療》（*Solution-Focused Treatment of Domestic Violence Offenders*）這本書，來描述他們的工作經驗。Adriana 現為焦點解決取向的諮詢顧問及訓練者（email: uken@frontiernet.net）。

Janine Waldman，理科碩士（M.Sc.），她在專長的管理訓練與教練工作上具有近二十年的工作經驗，亦具有豐富的諮詢顧問與組織發展專業知能。在成為「焦點解決」機構此一改變顧問公司的協同主任之前，Janine 於英國和紐西蘭皆擔任人力資源的主管職位。Janine 擅長與組織合作，並協助組織產出正向改變，並實行具有建設性的、資源豐富的工作方式。Janine 已訓練出為數眾多的經理人，並於世界各地進行焦點解決取向的教練工作。Janine 亦為《正向談話：以解決之道為焦點進行建設性對話之藝術》（*Positively Speaking: The Art of Constructive Conversations with a Solutions Focus*）的合著者（email: janine@thesolutionsfocus.co.uk）。

Lorenn Walker，法理學博士（J.D.）、公共衛生碩士（M.P.H.）。Walker 博士是一位夏威夷的健康教育者及訓練者，具有豐富的法律與社會服務背景。Walker 博士以「修復式司法」（restorative justice）、焦點解決短期治療、合作學習取向來發展教育方案。她設計、實施、研究、撰寫以及訓練他人進行調解、暴力預防、促進復原力等等的介入方案，並特別服務於被剝奪公民權的團體，如：被領養或無家可歸的年輕人、犯罪受害者和受刑人。若想更了解她

的工作，可參訪她的網站 www.lorennwalker.com，或寄電子郵件：lorenn@hawaii.edu。

Sue Young，教育學碩士（M.Ed.），她大部分的職業生涯皆於英國擔任教師，現在則為獨立的焦點解決實務諮詢師／訓練者。由於 Sue 特別關注於反霸凌議題，過去十幾年來的工作包括了：提出社交及情緒發展議題的政府倡議行動，並提供支持予個別孩童和家長。她運用焦點解決取向的思考，鼓勵各級學校系統創造出各項成功（email: sue@young.karoo.co.uk）。

譯者簡介

許維素

● **學歷**

國立臺灣師範大學教育心理與輔導學系博士

● **經歷**

國立臺灣師範大學教育心理與輔導學系教授

《中華輔導與諮商學報》（TSSCI）主編、《教育心理學報》（TSSCI）副主編

Journal of Solution Focused Brief Therapy 籌備委員及編輯委員

台灣輔導與諮商學會常務理事、理事及學校輔導小組召集人

臺灣焦點解決中心顧問（設於國立中壢高中輔導室）

臺灣、中國大陸、馬來西亞、新加坡焦點解決短期治療訓練講師與督導

● **證照**

2002 年諮商心理師高考合格

● **榮譽**

2010 年榮獲國立臺灣師範大學教學卓越教師獎

2011 年榮獲台灣輔導與諮商學會傑出服務獎

2011 年榮獲臺灣教育學術團體聯合年會優良教育人員服務獎

2012 年 8 月～2013 年 6 月榮獲學術交流基金會傅爾布萊特資深學者赴美
研究獎助

2013 年 11 月榮獲美加地區「焦點解決短期治療協會」（Solution-Focused
Brief Therapy Association）「紀念 Insoo Kim Berg 卓越貢獻訓練師獎」

2014 年 9 月榮獲台灣輔導與諮商學會傑出人員木鐸獎

2014 年 11 月榮獲臺灣教育學術團體聯合年會優良教育人員木鐸獎

2015 年美加焦點解決年會亞洲經驗代表：閉幕演講與研究日嘉賓

2018 年 4 月獲邀為美國陶斯（The Taos Institute）後現代學院院士

作者序

　　本書是一本關於如何與當事人進行會談的書。本書提供了助人專業基本晤談的一組技巧。最為重要的是，這些技巧是獨一無二的：首先，這些技巧企圖協助當事人對未來發展出更加滿意的願景；其次，這些技巧引導當事人與實務工作者深入覺察當事人可用來實現願景的力量與資源。這些技巧乃奠基於一個信念：諮商必須在每位當事人的參照架構中進行。

　　我們已選擇稱呼這種與當事人晤談的方法為建構解決之道（solution building），好用來與深嵌在其他多數晤談中的問題解決（problem solving）取向相對照。在使用問題解決取向時，實務工作者會在當事人身上蒐集資訊，以評估當事人問題的本質和嚴重性，接著設計出能夠解決或減輕問題的處遇方式。問題解決取向極度倚重專家學者的評估及處遇。

　　若要從問題解決取向的思考轉為使用建構解決之道的思維，並不是件容易的事。正在經歷這項思維轉變的學生與工作坊成員告訴我們，這種轉變，很類似於原本慣用右手做事，要改成用左手做事的經驗，是必須付出一些努力來習慣這個調整過程。這些學生與成員也表示，在理論上了解兩種取向的差異，會比實際將焦點解決技巧付諸實行要容易許多。因此，我們希望設計出以提升實務技巧為主要目標的教學教材。

　　本書的目的是要教你如何與當事人一起建構解決之道。在本書中，我們使用大部分的篇幅來說明這些必要的技巧並加以舉例。建構解決之道是透過實務工作者與當事人之間進行的話語而產生的，本書中包含了許多我們與當事人晤談時的實際對話在內。文中引用了長度足夠的對話，來清楚向你說明建構解決之道對話開展的方式；這樣的對話充滿著許多起迄轉折。

　　為了補充本書內容，你可以參考與本書有關的《教師資源參考手冊》（Instructor's Resource Manual）以及 DVD（譯者註：此手冊與 DVD 未配合本書於台灣發行，請自行上網查詢或購買，欲購買 DVD 者，請洽焦點解決短期治療

協會網站：http://www.sfbta.org/SFBT_dvd.store.html）。這些資料與本書乃設計成一份綜合套裝課程，以提供學習者相互參照使用；不過，每樣教材也都能各自獨立使用。基於這些補充教材的設計信念，相信建構解決之道的新手可以透過這些補充教材中的應用與練習，快速有效地學會建構解決之道。這些補充教材的內容主要包含了：晤談範例、教學上的想法、課堂或工作坊中的演練、課堂外執行的練習、實例測驗習題，以及與當事人一起建構解決之道的工具等。

DVD包含了六次晤談中的二十二段片段剪輯。這些剪輯是根據書中所提到的基本技巧及晤談情境類型來排序的。第一批對話剪輯說明了在當事人自願來談的情境中所使用的基本技巧。第二批對話剪輯則增加了處於非自願情境中的兒童、青少年、成對者（dyads）、強制來談的當事人，以及於危機情境中工作的附加技巧。DVD中的晤談人員，是由一位學生及我們自己來扮演，而當事人則為不同年齡、性別、社經地位及種族者。書中包含了對話片段，讓這些對話剪輯可與本書相互參照，並從中可見到特定焦點解決對話技巧與類型。你應該會注意到，DVD中的內容是依照不同的晤談情境類型編排而成，而非依照特定的技巧編排而成。因此，雖然我們選擇向讀者以剪輯 1-7 來作為基本技巧的範例說明，但是你仍然會發現這些基本技巧是一直貫穿使用於所有情境的對話剪輯中。

這片 DVD 中，用了兩種形式來呈現對話剪輯。第一種是「連續的對話剪輯」（Uninterrupted Clips）；在這部分中，讀者可以將全部的二十二段對話剪輯直接瀏覽完畢。學習者告訴我們，以這種形式來觀看對話剪輯，可將其作為各種焦點解決技巧的示範，而有助於連結書中的相關篇章。第二種形式的對話剪輯，則彙編為「引導練習」（Guided Exercises），一旦學習者對於技巧有了一定程度的熟悉，就可以在課堂與工作坊外，自行運用這部分的對話剪輯來改進他們的技巧；在這個部分中，學習者會較密集地從原本的二十二段對話剪輯中選取出對話剪輯來進行練習。在這個主要引導練習部分，設有一套程式所設定好、會暫停並要求學習者對晤談提出問題與回應的方式，來邀請學習者參與這些錄製下來的晤談。具體來說，就是針對某個特定的對話剪輯，晤談影片僅會播放至一半，也就是僅播放到當事人分享出某些資訊，DVD便會自動暫停，

並指示學習者寫出他們會給予的回應或接下來會問的問句,而使得學習者成為晤談者。一旦學習者決定了其回應,他們便可繼續播放該對話剪輯,聆聽晤談者的回應與接下來所問的問句。接著,對話剪輯會再次暫停,指示學習者進行比較,並寫下基於建構解決之道的觀點,學習者會採用的問句,或者,晤談者於對話剪輯中所使用的問句——哪一個問句是較有助益。這樣的引導練習,可以要求學習者傾聽(listen)當事人的語言,對之加以細察,以尋出焦點解決可能性的線索;選擇(select)那些值得回應的可能性所在;以及建構(build)——用一個陳述或問句,邀請當事人在焦點解決方向上進行建構,並且在同一時刻進行前述這些事項,這也是他們在實際的晤談中所需做的。至於要求學習者比較他們自己與對話剪輯中晤談者的回應和接下來的問句,將能鼓勵這些希望能與當事人建構解決之道的實務工作者,產出焦點解決取向的思考形態。

如同原文書第三版,第四版中也沒有練習手冊,而是設有本書的教師資源網站,提供《教師資源參考手冊》作為學習教材。對於想要使用紙本練習手冊的人,可於焦點解決短期治療協會(Solution Focused Brief Therapy Association)的網站(www.sfbta.org)下載取得第四版練習手冊的電子版,或可透過電子郵件聯繫本書第一作者(pdejongsft@gmail.com)來取得。使用者可自費複製及使用這份練習手冊。

想要於線上取得錄影資料的學生,亦有另一種選擇:聖智學習出版公司(Cengage Learning)的「社會工作課程夥伴」(Social Work CourseMate)有輔助教科書的互動式學習、研讀和考試準備工具等項目,可將課程的概念帶入生活中。「連續的對話剪輯」與「引導練習」,以及電子書、小測驗、額外活動等等,亦可在這裡取得。此網站的網址為:www.cengagebrain.com。

採用這套學習套裝課程者,可瀏覽或下載取得此教師資源網站的《教師資源參考手冊》。在修訂原文書第四版後,《教師資源參考手冊》依舊包含:(1)本書所包含的概念與技巧等相關學習活動,乃提供予課程或工作坊的情境所用;(2)更多對於如何使用 DVD 來提升學習者之晤談技巧的描述,包含:學習者可如何運用這套學習套裝課程的網站來完成 DVD 中引導練習之細節;(3)不同會談情況中的角色扮演情境,使學習者可於不同的會談脈絡中練習運用焦點解決

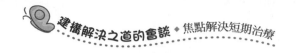
技巧；(4)書中的「實例測驗問題」；以及(5)用以提升實務與學習的建構解決之道工具。《教師資源參考手冊》亦可於 www.sfbta.org 網站（無「實例測驗問題」），或以電子郵件聯繫第一作者（pdejongsft@gmail.com）來取得。

　　本書的章節組織架構如下所述。首先，有兩個章節為晤談技巧提供了基本脈絡。在第 1 章與第 2 章中，我們解釋了助人專業的「問題解決」取向，可追溯至現代醫學的興起，並說明其令人印象深刻的成就。我們闡述了在助人專業中所運用「問題解決」取向的假設重點，並同時描述了另一種替代性的選擇：建構解決之道。其次，在第 3 章至第 10 章中，我們呈現了建構解決之道所使用的技巧。呈現的順序反映了建構解決之道初次及後續會談所使用的技巧順序；換言之，技巧的呈現依循著建構解決之道從開始到結束的歷程，並且從一般所認為較簡單的晤談情境，發展到更具挑戰性的晤談情境（從自願情境到非自願情境，再到危機的情境等等）。我們相信，這樣的組織架構將使學習者更容易將技巧應用於他們自身的實務工作中。第三，在第 11 章至第 15 章裡，我們提供在機構實務與助人專業中實施建構解決之道的資訊，也呈現焦點解決短期治療的實證研究基礎，並闡述建構解決之道所能反映出最珍貴的助人專業價值，其中也包含多元文化敏感度的實務工作。我們還提供如何在小團體及組織實務中應用此取向的相關例子；此外，還有一章是介紹關於目前應用焦點解決概念與技巧來進行的多個方案。最後，我們討論這些技巧的理論意涵，以及當事人對於這些技巧的反應。

　　對於熟悉本書原文書前幾版的讀者，你會注意到本版的幾項改變：首先，第 3 章中對於基本會談的技巧，於組織和呈現內容有了大幅的修改；這些改變也反映出我們確認了建構解決之道對話中最常使用的技巧，並排出優先順序。這樣的呈現亦基於新的研究發現而來：即依據分析每一片段的治療對話的「微觀分析」方法，以及心理語言學與對話分析領域中的實驗研究的發現；這種方法已被提出幾十年而未為心理治療領域所注意。這些令人振奮且日益蓬勃的研究發現是深具挑戰性的，因為這些研究改變了我們領域中許多長久以來對「治療性對話」本質的假設。這些研究發現證實了：治療性對話比較像是一種複雜精細的合作歷程，是實務工作者與當事人之間新理解的累積，而不是常見於治

療領域書籍中認為治療性會談是一種兩個分離個體間資訊的直接蒐集與交換。將這些工作成果整合進本書的第四版中，使我們能更清楚地確認與描述出我們於焦點解決會談中所使用的基本技巧。我們也相信，這亦使我們能更完整清楚地陳述出，建構（或共同創造）當事人與實務工作者之間的新理解，如何成為當事人前來晤談時所欲尋求的解決之道的相關歷程。這項資料導致第 3 章大幅修正，同時也影響了其後各章節；在第 15 章中寫及建構解決之道的理論意涵時，我們也會再次明確地回到這些概念。

原文書第四版中第二個顯著的改變，是包含了支持焦點解決短期治療實證研究的研究新資料。就在本版送印前，一本為焦點解決短期治療提供基礎的最新專書出版了（Franklin, Trepper, Gingerich, & McCollum, 2012）。特別感謝此書的出版，因為此書可以使本書第四版較之前幾版提出更為充分且具說服力的實證研究基礎。我們將這些實證研究的支持呈現於第 11 章。

如同第一次在原文書第三版中出現的作法，我們也在第四版中包含了一章「應用」的主題（第 14 章）。焦點解決取向的思維與技術，持續被應用於世界各地不同的實務脈絡中，我們希望持續使讀者了解這些應用的實例，以便闡明焦點解決取向已經變得多麼創新且具有廣泛的應用性。第 14 章是由八個不同的方案應用所組成，其中包含：學校、心理健康治療室、醫院、監獄、兒童福利場域，以及組織的策畫團體等場域，並含有個體、家庭、團體以及組織實務等應用層面。第 14 章的八篇文章中，有三篇是本版新增的，而其他篇則多經過更新與修改。這八個方案應用的敘述，是由發明與提升這些方案作法的人所直接撰寫的。這些創新者各自描述出：是什麼引導了他們思考焦點解決實務在他們的脈絡中可能會有用、他們採取了什麼步驟以引進焦點解決實務、他們使用了哪些實務作法等。各篇還描述了具代表性的案例、創新者為當事人與實務工作者帶來了什麼不同，以及摘述了他們目前所蒐集到的質化與量化的成果資料。如此多樣的應用，意在使讀者了解到焦點解決實務的發展現況，而激發讀者去想像他們如何在自己的場域中應用這些實務作法。

除了前述章節有顯著的修改外，由於焦點解決取向本身一直在繼續發展中，原文書第四版亦將這些新增的改變補充進來，而使本版有了全面的更新。

自原文書第三版出版以來，已經有其他數本關於焦點解決治療的新書出版了，而它們的要點也被合併及引用進本書第四版的各章節中。

我們相信這本書會對廣大的讀者提供助益。將 DVD、《教師資源參考手冊》、「課程夥伴」網站與本書合併使用，可用以教授會談技巧予諮商、心理學、教牧諮商、精神疾病的護理以及社會工作等科系的研究所和大學部實務入門課程的修課學生。我們也相信，本書對於有興趣訓練工作人員學習建構解決之道技巧的諮商心理中心、家庭服務中心、孩童與成人的心理健康中心以及其他社會服務機構，都會有所幫助。我們已對廣泛的讀者使用過這本教材，而他們鼓勵我們將教材彙編為前述的組織方式。

你將會發現，本書乃以口語的、對話的風格所寫成。我們盡量避免使用專門術語，並頻繁地使用第一人稱與第二人稱的代名詞。當提及過去的經驗——尤其是我們兩人其中之一的經驗時，我們會標明出這是 Insoo 或 Peter 的經驗。口語化對我們而言是比較自然的，因為這種風格會更正確地反映出我們與當事人、學生、工作坊觀眾一起進行工作時的方法，我們也相信，這會讓我們更清楚充分地表達我們的經驗及想法。

本書提供了一個地圖給希望協助當事人在其參照架構中建構出解決之道的實務工作者。我們相信，當事人會藉由想像可選擇替代的未來，並且努力將這些願景加以實現，而賦能自己。身為實務工作者，我們可以對當事人建構出解決之道做出貢獻。當有目的且有意義地運用本書所呈現的技巧時，你便能更加體會到實務工作者對於當事人自我賦能的貢獻——參與這個歷程，真的是令人鼓舞與欣慰。歡迎來到這個令人興奮的世界，一個當事人可以使其生活發生改變的世界。

我們要謝謝下列評論者對於原文書第四版的貢獻：惠萊克學院（Wheelock College）的 Nina Aronoff、庫茲敦大學（Kutztown University）的 Deborah Barlieb、喬治亞高地學院（Georgia Highlands College）的 Susan Claxton，以及布里斯托社區學院（Bristol Community College）的 John Cicero。

本書第四版從與同僚們的合作研究與對話中受益極大：Janet Beavin Bavelas 是維多利亞大學（University of Victoria）的心理學榮譽教授，擁有長期從事「面

對面對話」（face-to-face dialogues）微觀分析的研究員卓越生涯。她曾邀請Peter 與其他數位同事與其合作，進行數個對治療性對話微觀分析的研究，其研究發現已納入本版中。其他參與這些研究計畫的同事，包含：瑞典私人開業的精神科醫師 Harry Korman，以及德州理工大學（Texas Tech University）的 Sarah Smock 等人。本版也有賴於德州大學奧斯汀分校（University of Texas at Austin）的 Cynthia Franklin 的專業知識，她審查了本書第 11 章「實證研究基礎」。我們也謝謝我們的學生、工作坊成員和當事人，他們提出的疑問與掙扎，是撰寫本書的最大靈感來源。

令人難過的是，Insoo Kim Berg 於第四版的實際修訂工作開始前，便已於 2007 年意外去世。然而，Peter De Jong 是以如同 Insoo 與他共同撰寫出本版書籍的方式，書寫出這篇序言。他會如此書寫序言，是因為她與他曾談到他們要將什麼內容納入第四版，那時便認為未來某個時候是可能可以寫出第四版的。之前 Insoo 與她的丈夫 Steve de Shazer 一起和 Peter 持續討論要發展治療對話的微觀分析研究，也論及此工作可能會對於焦點解決會談技巧的理解與教學具有什麼樣的潛在貢獻。Insoo 當時也很贊同要增加焦點解決短期治療的實證研究基礎，並獎助多位研究者的研究計畫。因此，雖然實際上是 Peter 負責撰寫第四版中的這篇序言以及書中的諸多修訂，但是 Peter 感到當他在撰寫時，Insoo 的精神似乎與他同在，一直引導著他。本書第四版，無疑如同前面的三版一般，是 Insoo 與 Peter 共同努力的成果。

Peter De Jong 與 *Insoo Kim Berg*

譯者序

　　本書《建構解決之道的會談：焦點解決短期治療》是焦點解決短期治療很重要的代表著作；其作者 Peter De Jong 及 Insoo Kim Berg 亦是焦點解決短期治療很重要的代表人物。

　　相較於過去三版，原文書的第四版內容改幅相當大。在本版中，特別可以看到焦點解決短期治療在長期高實務成效的口碑之下，研發出更多治療成效的實證研究，並更完整深入呈現其理論背景與介入意圖，例如語言溝通學的驗證。這樣的改變，正反映著一群致力於茁壯焦點解決短期治療者的辛勞與經驗的累積，以及焦點解決短期治療不斷在發展的階段性可貴成果。

　　翻譯的工作本是辛苦枯燥的，而且，焦點解決短期治療對人、對生命的真誠尊重、信任支持、未知好奇、引發賦能、轉移知覺等，都一直讓我感嘆於內化之不足。然而，在翻譯此書時，對我來說，更像是一個學習與浸泡的滋養歷程；反覆咀嚼新版內容，讓我於精熟焦點解決短期治療的路上，又再前進一點點。尤其這兩年在焦點解決短期治療協會年會及翻譯過程中，與 Peter 的接觸，讓我大大振奮於長者鼓勵的喜悅；而翻譯到關於 Insoo 的片段，也讓我停留在過往她對我殷殷教導的美好回憶中，而反覆漸進地療癒失去她的多年失落。

　　原文書第四版翻譯的完成，是眾人協助的心血。特別要感謝師大心輔系碩士班陳宣融同學全程負責校潤及統整的工作，以及師大心輔系碩士班游于萱同學、廖悅婷同學及大學部黃莉琳同學參與校對的工作。當然，也要感謝中譯第一版協助翻譯的李慧貞、潘祥齡、周秀姝、陳素惠四位老師於之前的重要參與。

　　在此，仍要再次感謝心理出版社多年來持續對焦點解決短期治療的支持與推廣；特別是林敬堯總編對我的許多鼓勵、提醒與交流，豐富了翻譯工作的過程。尤其，在我已經完成原文書第三版的翻譯工作，又得知第四版即將問世的時候，林總編在版權文書作業的大力協助，讓我特別感動。

　　在焦點解決短期治療學習之路十五餘年的經驗下，我個人認為，原文書第

四版的內容，對於焦點解決短期治療可謂是相當重要的里程碑。尤其目前在台灣，愈來愈多學校輔導老師、心理諮商師、社工師於實務工作中大量援用焦點解決短期治療，並自行創新改編於工作場域之中，所以，相信原文書第四版內容的大躍進，能讓喜愛焦點解決短期治療者，在學習焦點解決短期治療「知易行難」的專業旅途中，更易掌握其如禪學的「極簡」精髓，而能有效提升實務工作效能，並充分發揮可貴的助人情懷。

國立台灣師範大學教育心理與輔導學系教授

許維素

2012 年 7 月

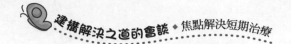

第一章

從問題解決到建構解決之道

評估（assessments），乃包含我們對於當事人困難之本質與導因的推論，因此，評估成為我們後續與當事人構成目標、制定介入處遇，以及評量進展的基礎（Hepworth, Rooney, & Larsen, 2002, p. 187）。

當事人乃以自身的資源和成功為基礎，建構出屬於自己的解決之道（De Shazer, 1988, p. 50）。

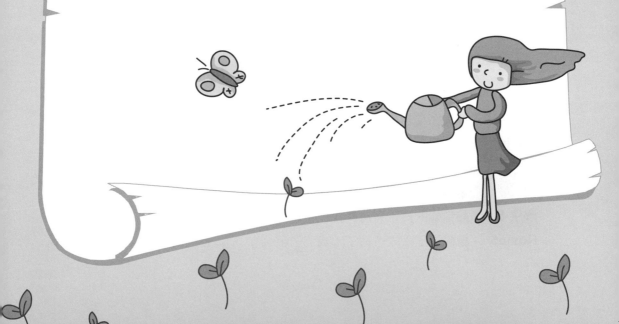

Cheryl 是 Peter 的同事，負責講授一門助人專業的導論課程，她透過與學生的角色扮演練習，欲使學生了解到：在接受專業教育之前，我們對於如何幫助他人，已經抱持著先入為主的既定想法。在一次機會裡，Cheryl 扮演了她的一位當事人──Rosie。

Cheryl 教授首先告訴學生這位當事人的一些基本資料。Rosie 是一位二十三歲的未婚女性。她目前懷有五個月身孕，並育有四名子女：兩男（分別為八歲及六歲）、兩女（分別為三歲及兩歲）；她靠著食物券和醫療補助等社會福利維持生活。之後，Cheryl 邀請學生訪問 Rosie──詢問一些他們認為會有助於 Rosie 明瞭現況的必要問題。以下就是他們所提問的問題，以及 Rosie 的回答。

學生 1 ：對於妳再一次懷孕，妳的感覺如何？

Rosie1 ：我不喜歡這樣。我總是覺得病懨懨的，沒有任何精力。我真的很想墮胎，但是我無法在懷孕時立刻找到醫療補助來墮胎；現在，孩子已經五個月大，我找不到醫生做墮胎手術了。所以，我不得不再多接受這一個小孩。

學生 2 ：聽起來妳並不想要再次懷孕。那妳之前有先做節育嗎？

Rosie2 ：沒有。節育要花很多錢，我想我沒有這些錢。

學生 3 ：孩子的父親有使用保險套嗎？

Rosie3 ：聽著，我是靠賣身再多賺些錢的。如果我要求客人使用這橡膠製品，我就不會有生意了。是啊，我知道我不該賣淫，尤其是我又有小孩在身邊，但是社會救助的錢不夠這四個小孩用啊！從這些男人身上所賺到的錢多少有些幫助。而且，我自己也需要開銷啊！

學生 4 ：今天在這裡，妳覺得我們能為妳做些什麼？

Rosie4 ：我快瘋了，為了孩子必須做的種種事情，都讓我快發瘋了。我總是覺得很累，我也害怕我的兩個兒子可能會再次被安置在寄養家庭，因為要我每天早上帶他們去上學，是有困難的。

學生 5 ：想到妳的孩子有可能會被帶走，妳的感覺如何？

Rosie5 ：糟糕透了！太可怕了！我哭了很久。

學生 6 ：妳的童年生活是什麼樣子呢？

Rosie6 ：很糟糕。我是家裡六個孩子中排行最大的。我有兩個弟弟，他們總是四處遊蕩，而且會和別的大男生以呼叫器來運送毒品，因為那是一個報酬很高的差事。我叫弟弟們不要做那種工作，畢竟那會害了他們。

學生 7 ：但妳還是讓自己以賣淫的方式賺錢。

Rosie7 ：那不一樣。

學生 8 ：有什麼不一樣呢？

Rosie8 ：〔沉著臉，怒視〕就是不一樣。

學生 9 ：說說帶妳的小孩去上學有些什麼困難。

Rosie9 ：他們不想早起準備自己的早餐，我試著幫他們做，但是我這次的懷孕狀況不太好。當我比他們早起而且幫他們做好早餐時，情況就會比較好些。通常他們只想要躺著看電視。他們說，學校對他們不會有任何好處，替舅舅運貨反而可以賺更多錢。

學生 10 ：妳知道大部分的學校都有訓導人員嗎？如果孩子沒有出現在學校的話，他們會到家裡來幫妳把小孩帶去上學，也許那會有幫助。畢竟妳可以讓另一個人一起幫忙，把小孩帶出門。

Rosie10：也許吧。

學生 11 ：Rosie，妳有多大的動力要幫助自己？

Rosie11：我是有動力，但是我不確定你會怎麼計畫來幫助我。

學生 12 ：妳有想過讓這個小嬰兒被收養嗎？

Rosie12：沒有。如果我把他生下來，我就要照顧他，我不可能把他交給陌生人。

學生 13 ：收養其實也不全然是像那個樣子。妳現在有沒有興趣聽聽看更多有關收養的資訊？這樣對妳和孩子們都好。

Rosie13：不要。

學生 14 ：妳受過多少教育呢？

Rosie14：我上到八年級。當我第一次懷孕時，我就中輟了。

學生 15 ：對於那時候必須中輟，當時妳的感覺是如何呢？

Rosie15：OK 呀，反正我也不是很喜歡學校。

學生 16 ：妳會想要回去完成學業嗎？

Rosie16：嗯，嗯，想呀，但是誰要幫我看小孩呢？而且，我要怎麼去呢？

學生 17 ：有一些提供幼兒照顧的方案。而且妳可以搭公車去學校。妳身邊有
任何可以幫助妳的人嗎？比如妳的鄰居或妳的父母？

Rosie17：我的鄰居也跟我有一樣的處境。我也不知道我的爸爸是誰。我媽媽
生病了，而她還一直在擔心自己其他的孩子。

學生 18 ：多說一些關於妳和妳母親之間的關係。

Rosie18：現在是 OK 啦——比起我還是小孩子的時候好。我媽媽習慣對我們
大叫，也常打我們。小時候我們很常爭吵。我總是必須照顧弟弟妹
妹們。當我懷孕的時候，她真的對我很生氣，就把我踢出家門了。

學生 19 ：那一定讓妳很難過。

Rosie19：是啊！生活有時候是讓人很厭惡。但是我現在可以了解照顧小孩是
多麼辛苦的一件事，也明白她那時候為什麼會用這樣的方式來對待
我們。

學生 20 ：妳有沒有發現，在教養孩子上，妳犯了不少和妳媽媽相同的錯誤？

Rosie20：是啊，我會大叫，而且有時候還會打他們。

學生 21 ：當妳這樣對待小孩時，妳的感覺是什麼？

Rosie21：我覺得很差勁，好嗎？但是我真的很累了，我也沒有辦法啊！

學生 22 ：那妳曾經想過要參加親職課程嗎？

Rosie22：是的，這或許是一個好方法，但是這樣一來，又有很多事情得要我
馬上去做。

　　這段訪談在這裡結束，部分原因是因為學生們沒有問題要問了，部分原因
則是 Rosie 不想繼續談了。

　　對於這段訪談，我們想要提出幾項觀察——特別是對於學生們選擇向 Rosie
提出的問題類型。這些問句顯示出，學生們是如何設定了何種問句類型會對 Ro-

sie 最有幫助。毫無疑問地,這些學生很渴望能協助 Rosie。

首先,請注意學生們選擇詢問了 Rosie 許多問題,而不是去觀察她或給予她指導。這樣的訪談焦點暗示著:學生們相信他們需要更多的資訊,方能協助 Rosie。而他們都問了些什麼類型的問題呢?

■ **有關困擾的問句**。有些問句集中在 Rosie 生命中可能會有問題的部分。學生們詢問 Rosie 有關再次懷孕、賣淫、無法讓她的兒子持續上學、輟學、沒有工作、親職上的錯誤等等問題。

■ **有關犯錯的問句**。學生們也詢問 Rosie——有時候直接詢問,有時候藉由暗示來詢問——她之前是否有採取某些行動。這些問句乃直接關聯於學生們所認定的問題之處:「妳之前有先做節育嗎?」「孩子的父親有使用保險套嗎?」「妳有沒有發現,在教養孩子上,妳犯了不少和妳媽媽相同的錯誤?」這一類型的問句,明顯表示著,Rosie 過去若有做出其他選擇,現在的她就不會有這些問題,或者這些問題就不會如此嚴重。

■ **有關導因的問句**。我們也許會認為,尋找 Rosie 過去錯誤的問句,即試圖了解實際造成 Rosie 未節育及中輟等問題的導因(causes)。這個訪問其實也包含了許多與 Rosie 問題現況關係不大的導因型問句,如:「妳的童年生活是什麼樣子呢?」「多說一些關於妳和妳母親之間的關係。」似乎學生們認為,他們必須先知道 Rosie 的問題為什麼會發生,他們才能去幫助她。

■ **有關解決的問句**。第四個類型的問句,暗示著可能的解決方法。這些問句通常在確認 Rosie 的困擾和原因之後才會出現:「妳現在有沒有興趣聽聽看更多有關收養的資訊?」「妳會想要回去完成學業嗎?」「那妳曾經想過要參加親職課程嗎?」由於這類解決方法的問句,通常會在問完問題及導因之後才出現,似乎顯現了學生的訪問乃暗示著,所謂可行的解決方法必須從「晤談者對於 Rosie 問題及其導因的了解中」才能產生。

到目前為止,回顧這四種問句的類型,我們已經可以得知一些觀察的結果。首先,學生所提出的問句中,有三分之二的比例可以分屬這四種類型的其中一種(或一種以上)。其次,這些問句依某種可見的順序提出:一開始是有關問題的問句,緊接著是當前的或遙遠的導因型問句,接下來則是探問可能的

解決方法。以這些觀察為基礎，我們相信，關於如何將助人工作發揮到最大效益，學生已經吸收了一種問題解決（problem-solving）取向的思維。最後，還有一種問句類型是：

■ **有關感覺的問句**。剩下的問句中，大部分是關於 Rosie 的感覺：「對於妳再一次懷孕，妳的感覺如何？」「想到妳的孩子有可能會被帶走，妳的感覺如何？」「當妳這樣對待小孩時，妳的感覺是什麼？」學生基於某種原因而相信：讓 Rosie 表達出感覺，是幫助 Rosie 時很重要的一個部分。

一、助人即為問題解決

在學生一開始提出的諸多問句中所隱含的助人取向，非常相似於長久以來在諮商、心理學以及社會工作等專業實務教科書中所提及的基本取向，其內容乃由「問題解決」取向的步驟所構成（Hepworth, Rooney, & Larsen, 2002; McClam & Woodside, 1994; Timberlake, Farber, & Sabatino, 2002）。亦即，「問題解決」取向的步驟，正好可系統地詳細說明學生訪問 Rosie 所採取的取向。

(一) 問題解決的步驟

Timberlake、Farber 和 Sabatino（2002）的構念，包含下列步驟：

■ **問題描述和資料蒐集**。在此階段，當事人描述出自己希望能尋求問題減緩的目的。接著，實務工作者對當事人提出後續問題，以便多加了解當事人問題的種種細節，而能進行專業上的評估（assessment）。

■ **問題評估**。一旦當事人描述問題後，實務工作者會對當事人的問題本質及嚴重程度做出判斷。實務工作者以專家所需要的先備知識為基礎——根據困擾的分類、理論與研究發現，以及實務智慧——進行與完成評估。

■ **介入計畫**。實務工作者與當事人一起發展出目標，並設計一系列的介入策略，其意圖在解決或降低問題的負面後果。再一次，實務工作者依賴自己的專家知識基礎，參與此處的計畫發展。

■ **介入**。執行前述之問題解決行動（介入策略），其意圖在達成「減緩問題」

的目的。

■ **評估和追蹤**。採取問題解決行動策略的同時,當事人和專業者也會監督行動的結果。監督中所獲得的訊息,被用來判定行動策略的成功與否。如果沒有成功,就會調整介入的程度,或是採取新的行動策略。一旦當事人和實務工作者認為問題已獲解決,介入的過程就會結束,當事人也會停止接受服務。實務工作者和當事人常會安排後續追蹤的契約,以防止問題復發。

(二) 警告:發展信任的重要性

助人專業皆已察覺到:專業的助人工作不能只淪為問題解決的層面而已。實務工作者從很早以前便已知道,在助人過程中與當事人建立信任的關係,是非常重要之事。專業人員知道,若缺乏信任,當事人會難以對此服務訂下契約,也難以堅持地完成助人工作者所提供的建議。因此,專業助人工作的教授者及著作撰寫者,總是會在問題解決步驟開始之前,於助人過程中再增加一個步驟,這項步驟稱為「關係建立」(relationship building)或「融入」(engagement)。他們也會在助人工作的尾聲多增加一個步驟——「結案」(termination)。在這些步驟裡,實務工作者會特別注意自己對當事人的敏感度、溫暖和同理心,如此才能與當事人建立和維持信任的關係。

(三) 醫療模式

助人專業中的問題解決模式,強烈地受到醫療模式的影響(Conrad & Schneider, 1985; Goldstein, 2002; Weick, 1992)。在十九世紀末至二十世紀初的醫學領域中,醫療模式產生了令人印象深刻的成就。在這段期間,研究人員如 Louis Pasteur,發現了很多透過細菌傳染而具有感染力、威脅生命的疾病,這項新知引領出一個診斷和治療的實務模式。醫生試著藉由診斷(diagnosing)來幫助病人了解何種疾病造成他們的症狀,然後施行適當的治療(treatments)(解藥)。在二十世紀初期,感染性疾病的死亡率戲劇性地下降。結核病、霍亂、破傷風、白喉、傷寒等疾病的原因陸續地被了解,掌握疾病之破壞性影響的希望也隨之愈來愈高。以醫療實務為基礎的科學知識,以及診斷和治療的醫療模

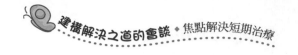

式的各種成就，大大提升了人們的醫療信心。

(四) 問題解決：助人專業的典範

Kuhn（1962）認為典範（paradigm）的定義為：一個引領風騷的模式；在專業領域中，會帶領著理論、研究以及專業實務前進。我們相信，「問題解決」取向已成為助人專業實務中的主流典範。

在二十世紀期間，醫療模式的應用已不只侷限在身體疾病的範疇。生物醫學在消除傳染病上令人印象深刻的進展——能確認出疾病的特定成因——已快速地影響專家及一般社會大眾看待心理疾病、情感困擾、人際困境和社會問題的方式。在過去這一個世紀裡，科學家已經開始對人類既存各層面困擾的本質和來源進行研究；科學家也相信：一旦我們能開始了解這些困擾的導因，我們就更能提出解決和控制它們的策略。在當今的助人專業中，亦大量存在著對於人類問題的分類，精神醫學專業中的《心理疾病診斷與統計手冊》（*Diagnostic and Statistical Manual of Mental Disorders, DSM-IV-TR*）（American Psychiatric Association, 2000）即為其中一種。

其他還包含 Freud（1966）的精神病理學分類、Satir（1982）關於人際溝通訊息間不一致情形的分類，以及 Germain 和 Gitterman（1980, 1996）所列出的精神病學—社會—環境壓力來源。

助人專業的內涵已被高度地分類。這些分類系統的差別在於：各自定義的問題類型不同，對於問題與解決之道的解釋也各有不同的偏好。然而，儘管各分類系統各有不同，但助人專業仍具有幾項重要的共通性；這些共通性源自於醫療模式，並一起組成此「問題—解決」典範的基本特性。讓我們來檢視這些共通性。

1. 共通性一：問題解決架構

自從醫療模式出現後，大部分的助人者在對當事人提供協助時，便會遵循與此相同的基本架構（structure）（註1）；他們以此架構為運作的前提：在當事人獲得協助以前，實務工作者必須先評估當事人正在承受或掙扎於什麼痛苦才

行。實際上，實務工作者的確是依據問題評估、需求或疾病診斷的觀點來思考問題。而此架構的前置核心是：一個問題及其解決方法之間，一定有必要的關聯性。由於不同的問題需要不同的解決方法，實務工作者為了決定出對每位當事人最為有效的介入處遇，他們必須先做一個精準的評估。很明顯地，這樣的前提已融入一般人的思考當中：在當事人描述了他們的困擾和特徵之後，他們通常會詢問實務工作者：「你認為這到底是怎麼回事？我就是想不透。」

　　問題解決的架構是以醫療模式為基礎：醫師必須在有效治療病人的疾病之前先診斷出疾病，方能開立處方；同時，不同的疾病需要不同的治療方法，每一種疾病也都各自有不同的療癒過程。

　　醫療模式的另一個觀點是，當事人的問題及其導因，是一種客觀的真實，就像器官功能障礙、疾病發作過程、細菌感染等等這些客觀真實的例子一般。我們看到，專業上已經發展出廣泛的問題分類，而這些分類實已涉及評量和介入的技術，如同現代醫療中所產生的疾病分類、診斷程序分類、治療方式分類一樣。此外，在二十世紀中大部分的時間裡，助人專業早已認定導致當事人問題的原因，是以線性、因果關係的方式來運作——如同攻擊人體器官的細菌會導致疾病之因果關係一般。

　　雖然表面上助人專業與醫療模式看似為不同的專業領域，但其實於助人專業工作中絕大多數的觀點，都與醫療模式擁有相同的前提：問題及其解決方法之間是有關聯的（即使所謂的系統觀點也是如此，只是它採納的是一個循環的觀點，而非線性的、因果關係的模式而已）。這些不同專業領域之間的主要差異僅在於：對問題的分類、評量過程、介入技術並不相同。舉例來說，臨床心理學家比起通才的社會工作者，更會使用不同的衡鑑程序來尋索不同的問題。典型的臨床心理學家會藉由心理測驗來找尋問題，接著將之分派到《心理疾病診斷與統計手冊》中所規畫的分類。而通才的社會工作者則藉由評量工具，如家庭圖和生態圖等，來發現問題所在，並且依據其系統的交互作用來加以分類。因此，兩者對於問題的發現以及問題的命名是有差異的，但是其助人的**架構**仍是一致的（註2）。

2. 共通性二：對於科學專家的信賴

　　第二項共通性乃是第一項共通性的延伸。如果不同的問題需要不同的解決方法，那麼去理解與認識不同的問題、評估問題的程序，以及對問題採取的介入技術等，對專業助人者來說就是相當重要之事。此外，當事人的問題往往被認為是客觀的真實（也就是與理解者分離且獨立存在的），因此能科學化地加以研究。如此一來，一旦在科學領域中獲得了這些問題的相關知識，這些知識便可以傳授予助人專業者，使其成為幫助當事人的基礎。此時，關於不同問題及其不同解決方法的科學知識，便伴隨著於專業脈絡中應用此知識的藝術，組成了助人專業中的專門技術。

二、助人即為建構解決之道

　　一般問題解決的架構，是先決定問題的來源，接著再進行介入處遇——此架構影響著實務工作者和當事人的互動內涵。實務工作者一般都會要求當事人花費很多時間來描述（有時候是分析）令他們困擾的人、事、時、地及原因，以獲得足夠的資訊來準確評估這些問題。在這樣的過程中，當事人常須填寫很長的初談表格；這表格內容是有關他們本身、他們的家庭、職業歷史，以及生活的其他方面。他們或許會被要求列出他們曾經驗過的困擾，或者，也會需要完成數份評估性量表，如：人格測驗及家庭互動問卷。在使用評量工具方面，實務工作者不只會盡可能小心完善地執行工作，也會保護自己免於過失索賠的風險。一旦問題被評估出來後，大部分的實務工作者會再次啟用自己在問題和介入處遇方面的專家判斷，而將二者的互動焦點轉至介入處遇的進行。然而，如此一來，當事人和實務工作者之間的互動便都聚焦在當事人的問題之上。

(一) 對於問題解決典範的關注

　　近三十年來，助人相關領域的著作作者們對於強調當事人的問題以及科學的專家性，逐漸地表達出強烈的關心。讓我們看看其中的一些關注所在。

1. 當事人的問題並非謎題

Julian Rappaport（1981）大膽地陳述：很多當事人帶給實務工作者的難題，其實與醫療模式提及疾病歷程的相似程度相當低。疾病歷程是一種生理過程的結果，如細菌的作用或環境污染的影響，比較近似於自然科學家所研究的科學問題；而助人專業所試圖了解的當事人問題，則不同於科學性的問題。疾病和自然科學中所分析的問題同樣是謎題，謎題是由很多錯綜複雜的成分所組成，其可能是非常複雜的因素；但因為每一個成分都實際存在著，所以可能可以藉由它們來發現解決的方法。不論是發現霍亂的細菌病原體、解開去氧核醣核酸（DNA）密碼，或是預測地球繞太陽的真正軌跡，其解決的方法都是實際存在的。Rappaport 說道，用研究和推論的形態整合（converges）出的解決方法，乃最適於解決這類謎題；也就是說，用一段時間進行更為精密和精巧的調查，將可提供不同的解決方法，並逐漸整合出正確的解答。實驗性的研究即是一個整合推論的例子，它已被證實能夠非常成功地解決科學和醫療方面的謎題。

而助人專業實務工作者所遭遇到的問題，則與這些謎題大不相同。很多時候，這些問題並沒有唯一正確的解決之道。舉例來說，一個家庭可能會因為他們正經歷的親子衝突而尋求專業協助。或許這個家庭是由於雙親同時在就業，使孩子似乎想在放學後用胡鬧的行為來獲得雙親更多的注意。實務工作者也許會嘗試建議其中一位家長縮減工作時數，以投注更多的時間在孩子身上。然而，這個解決方法也許會損害家長的工作表現，因而製造了家長更多的焦慮，而又對親子互動產生了負向的影響。

思考前述的例子，實務工作者可以很快了解到：適宜的解決之道，須能顧及眼前這一對父母目前生活的個別需求、過去的親職經驗，以及他們對工作和育兒的價值觀。因為每一位獨特個體以及他們對於生活的知覺都大不相同，因此，對於這樣的困擾，並沒有單一的解決方法。是以，Rappaport（1981）堅持擴散性（divergent）的思考更適合於助人專業。在擴散性思考中，實務工作者對於問題會考量多種不同的觀點，並搜尋諸多或許可行的解決方法。基於能對當事人有所助益的目的，擴散性思考同等看重當事人的知覺以及專家的意見。

2. 聚焦於賦能和當事人的力量

　　助人專業的任務是賦能（empower）當事人，使其更具有生產力，而能擁有更滿意的生活。Blundo（2009）、Rappaport（1981, 1990）、Saleebey（2009）、Schon（1983），以及 Weick、Rapp、Sullivan 和 Kishardt（1989）等人皆強調，助人領域優先看重當事人問題及專家解決的地位，其實是有損於「賦能」之助人任務的[註3]。如果實務工作者聚焦於病理學或是問題的分類，當事人可能會感到挫敗，感覺自己是某些疾病或失功能（如酒精中毒或失功能家庭症候群）的受害者。從某個角度來說，賦能當事人意指「幫助個體、團體、家庭及其社區鄰里，去發現與運用他們『所內蘊或身邊的資源和工具』之意圖和過程」（Saleebey, 2009, p. 11）。

　　Saleebey 稱其賦能觀點為優勢觀點（strengths perspective）。他彙整了幾份志趣相投者的著作，將賦能的基本假設定義為：

1. 儘管生活艱困，每個人都仍擁有能提升與改善生活品質的優勢力量。實務工作者應該尊重這些優勢力量，也應尊重當事人期待如何應用這些優勢力量的方向。

2. 當事人所認定的優勢力量若能前後一致地受到重視，當事人的動力便會隨之增加。

3. 若要發現當事人的優勢力量，則需要有一當事人和助人者合作探索的過程；對於當事人需要什麼才能改善其生活，專業實務工作者並不具有最後的決定權。

4. 聚焦在優勢力量上面，能使實務工作者遠離評斷或責備當事人困境的誘惑，並能轉而察覺：即使在最困難的環境中，當事人是如何仍能設法存活下來的。

5. 所有的環境——即使在最嚴峻的處境中——仍存有其資源。

　　Saleebey 對於賦能的概念及假設，呈現出與傳統「問題解決」取向清楚的對比。取代過往「以問題為焦點」（problem-focused），Saleebey 號召實務工作者與當事人彼此探索，共同去發現當事人所能帶出的個人優勢力量與資源，

以便支持他們去承擔自身所關注的議題。Saleebey 相信，當事人「為了創造更令自己滿意的生活，何者會是最有用的」之參照架構（frames of reference）及知覺（perceptions），應該受到與「科學專家關於問題和解決方法的知識」同等分量的重視（甚至更重視之）。簡而言之，Saleebey 認為應以當事人的優勢力量為焦點，取代以問題為焦點的取向。

> 所以我們感興趣的是，人們如何採取步驟召喚出資源，並能進行因應。人們總是會在自己所處的情境中發揮功能，即使是決定要放棄的那一剎那。身為助人者，我們一定要持續輕叩當事人的資源與因應，並加以運作、闡明，同時也去發現和建立當事人的相關承諾（Saleebey, 2009, p. 287）。

這是一個令人畏懼的挑戰，因為這個領域長久以來都在運作及產出適合於問題解決取向的實務技術。再者，賦能和優勢力量觀點的文獻，主要組合了哲學、實務原則以及在一般領域中探索出當事人可能的優勢力量等知識；然而，這方面的技術並不那麼充裕。若 Saleebey 的挑戰成功，則新的實務技術一定會有所發展與傳承，並且會在和當事人的工作中多加運用。現在，這方面的工作已經有了一個好的開始。過去二十五年來，更多「優勢基礎」及「合作取向」的工作方式已加速發展（Berg, 1994; Cade & O'Hanlon, 1993; de Shazer, 1985, 1988; Durrant, 1993; Freedman & Combs, 1996; Gilligan & Price, 1993; Greene, 2007; Miley, O'Melia, & DuBois, 2011; Rapp, 1998; Saleebey, 2009; White & Epston, 1990）。這一些後起的取向皆擺脫以問題為焦點的模式，致力於推動當事人的改變；它們在技術方面雖然有程度上的差異，但都著重於導向當事人所偏好的未來和優勢力量，而不再是當事人過去的困擾和缺點[註4]。本書所呈現的即是這些取向的其中之一：建構解決之道（solution-building）取向以及其中的技術細節。建構解決之道是透過當事人的參照架構進行工作，並能促進當事人賦能感的一個取向，也是一組具體、易學習並能廣泛應用的技術。

(二) 建構解決之道的歷史脈絡

「建構解決之道」取向是由 Steve de Shazer（1985, 1988, 1991, 1994）、Insoo Kim Berg（1994），以及他們的同事等工作團隊率先提倡的。de Shazer 在焦點解決治療（solution-focused therapy）方面擁有大量著作，他終其一生都極感興趣於 Gregory Bateson 早期的溝通學作品（1972; Bateson, Jackson, Haley, & Weakland, 1956）以及 Milton Erickson 的心理治療取向（Haley, 1973; Zeig & Lankton, 1988）。Berg 和 de Shazer 的專業生涯致力於個人、夫妻以及家庭工作，以解決各種困境。他們也在美國威斯康辛州密爾瓦基的短期家族治療中心（Brief Family Therapy Center, BFTC），以及世界各地的培訓過程中，訓練出很多專業工作者。

Berg 和 de Shazer 的獨特之處在於他們總是相信：與當事人一起工作的真實過程裡，若能進行全盤觀察並反映予當事人，將會比傳統科學研究更能教導他們什麼是更為有效的方法；因為傳統科學研究乃試圖將整個治療過程打散成各個要素，進而蒐集和解釋各要素的資料。Berg 和 de Shazer 無法滿足於接受先前既存關於治療應如何執行的概念。1970 年代期間，當他們在某個社區機構工作的時候，de Shazer、Berg 以及他們的同事設置了一面單面鏡，來觀察工作中的自己和其他治療師。他們希望觀察出治療師的哪些行動對於當事人最為有益。然而，該機構不適應此單面鏡的裝置，要求他們將之撤走。由於他們相信這面單面鏡的裝置能增進他們對工作進展的理解，他們並不想放棄這個工具；於是，在 1970 年代中期，他們創立了屬於自己的機構。從那時開始，de Shazer、Berg 和他們的合夥人，便以創新的方式來與他們的當事人一起工作，不僅細心地觀察整個治療過程及研究結果，還將他們的工作程序傳授予其他實務工作者。

這個簡短的歷史凸顯了 de Shazer、Berg 和他們的同事在發展他們晤談程序上的一個重要方向。他們藉由「觀察個別晤談」以及僅注意「什麼是最有效的」方式，來進行歸納（inductively）。在這個過程中，不同於當時主流的取向，de Shazer 和 Berg 試著將當事人問題的本質及來源等前置想法擱在一旁。過去，此

領域中大部分取向所進行的程序，是藉由「推論」（deductively）的方式所發展：根據一個既存的、關於當事人問題本質及原因的理論，來進行推論。Berg 和 de Shazer 還表示，他們比較知道建構解決之道對當事人有「什麼」幫助，而比較不知道它「為什麼」能夠對當事人有益。不過，這個晤談程序目前已被發展得很好，它的效能亦獲得證實。de Shazer、Miller，以及現在的其他工作者，正在著手撰寫治療過程本質的相關書籍（De Jong, Bavelas, & Korman, in review; de Shazer, 1991, 1994; de Shazer et al., 2007; Korman, Bavelas, & De Jong, in review; G. Miller, 1997）。

1982 年，de Shazer 在與一個特殊的家庭工作時首次了解到：問題和解決之道中間，並不盡然有一定的關聯（Hopwood & de Shazer, 1994）。當時，如同往常一般，de Shazer 和他的同事詢問當事人：「是什麼讓你們來到這裡？」在回應時，家族成員們彼此插嘴，直到該療程結束；那時，他們已經列出了二十七種不同的困擾。由於這二十七種困擾都沒有清楚地界定，de Shazer 和他的同事並無法設計出相應的介入處遇。當然，為了希望能鼓勵家族成員聚焦在問題與困擾之外的向度上，de Shazer 和他的同事便請這個家庭成員回去仔細關注：「生活中發生了什麼，是你們希望它能繼續存在的？」當這個家庭兩週後再回來時，家庭成員都表示事情進展得很順利，他們覺得困擾被解決了。根據「問題解決」取向的假設，該家庭不應有如此戲劇性的進展，因為實務工作者尚未能區隔和評估出他們困擾的類型和本質。這樣的案例經驗讓 de Shazer 和他的同事轉而聚焦於「解決之道」，而取代了原先以問題為焦點的取向。de Shazer、他的同事以及其他許多人（Berg, 1994; Berg & de Shazer, 1997; Berg & Dolan, 2001; Berg & Kelly, 2000; Berg & Miller, 1992; Berg & Reuss, 1997; Berg & Shilts, 2005a, 2005b; Berg & Steiner, 2003; Berg & Szabo, 2005; Cauffman & Dierolf, 2006; De Jong & Berg, 2001; de Shazer et al., 2007; Dolan, 1991; Durrant, 1995; Fiske, 2008; Furman & Ahola, 1992; George, Iveson, & Ratner, 1999, 2011; Jackson & McKergow, 2007; Kelly, Kim, & Franklin, 2008; Lee, Sebold, & Uken, 2003; Lipchik, 2002; Macdonald, 2007; Metcalf, 1995, 1998; G. Miller, 1997; S. D. Miller & Berg, 1995; S. D. Miller, Hubble, & Duncan, 1996; O'Hanlon & Weiner-Davis, 1989;

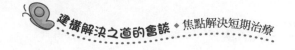

Pichot & Dolan, 2003; Pichot & Smock, 2009; Selekman, 1993, 1997, 2002; Sharry, 2001; Simon, 2010; Turnell & Edwards, 1999; Walsh, in press; Walter & Peller, 1992, 2000; Weiner-Davis, 1993, 1995; Young, 2009）自彼迄今，一直持續在理解、證實著這個焦點的轉變所帶來的深刻意涵。

《 註 解 》

註 1：某些實務工作者如 Milton Erickson 與 Steve de Shazer 以及其他一些人，則移向另一種工作方向；我們隨後在此章中會提及。

註 2：有時，我們並不容易發覺實務工作者正在使用「問題解決架構」。舉例來說，諮商專業是反映人性心理學的假設及目標，比較不會像臨床心理學一樣，聚焦於如何將心理疾病的診斷連結至特定的治療。諮商工作意在催化當事人的自我導向與發展性的健康傾向，而所謂的當事人在本質上是被假定為正常人。然而，一般說來，問題解決架構卻依舊存在於諮商的工作過程中。當被問及當事人目前困境的來源時，諮商員即會指出當事人過去的發展性議題；相同地，他們通常也會向當事人問及過去的發展情形。這樣的舉動即暗示著：對於諮商員和當事人而言，能去了解過去這些發展性議題，是有助於治療的。

註 3：並非所有的取向皆同等重視專家的解決方法。舉例來說，非指導性取向即不強調，反而是倚賴實務工作者之無條件積極關懷，以及當事人自我導向的能力。

註 4：許多文獻即使仍以問題焦點和問題解決為基本取向，但相較於其較早的版本，它們已在問題解決過程中增加了一些有關當事人力量以及與當事人合作之重要性的內容。例如：Hepworth、Rooney、Rooney、Strom-Gottfried 和 Larsen（2010），以及 Timberlake、Zajicek-Farber 和 Sabatino（2008）等文獻。

第二章
建構解決之道：基本原則

　　要決定開啟哪一扇門以獲得解決之道，最好的方法乃是透過當事人描述出自己將會有何不同，或是當困擾獲得解決時，將會有什麼不一樣的事情發生。因為如此一來，將會創造出有利於改變的例外（De Shazer, 1985, p.46）。

接下來我們將概述「建構解決之道」的程序，以顯示出它們與「問題解決」取向程序的差異。讓我們先回到 Rosie 的案例開始談起。

一、與 Rosie 的另一種晤談

第 1 章已呈現一位由 Peter 的同事 Cheryl 所扮演的當事人——二十三歲的 Rosie——以及學生和她晤談的情形。我們看到，為了幫助 Rosie，Cheryl 的學生問了 Rosie 很多問題解決式的問句。與學生對照之下，Cheryl 自己與 Rosie 晤談時則詢問了幾個焦點解決取向的問句。我們從 Cheryl 與 Rosie 的首次晤談中摘錄出以下對話，用以介紹「建構解決之道」的獨特性。

Cheryl1：我如何可以對妳有幫助？

Rosie1：嗯，我有了一些大麻煩，首先——我又懷孕了。我已經有兩個小娃娃——三歲和兩歲的小女孩，還有兩個在小學的兒子。我必須做的那堆事情讓我快瘋掉了；而且，我很怕我的兩個兒子會再一次被送到寄養家庭去，因為要在早上帶他們到學校，對我來說是有困難的。他們不想要早起，他們只想躺著和看電視。他們說，學校對他們並沒有什麼好處，不如幫舅舅們運貨，還可以賺更多錢。

Cheryl2：「運貨？」

Rosie2：對，我想是毒品。我告訴他們這樣沒有好處，而且會讓他們惹上麻煩，但是他們不聽我的話。他們在學校的時候，我就會覺得比較好，因為起碼上學讓他們不能跟 Lamar 和 Brian〔舅舅們〕在一起了。但是他們早上都起不來，而且我現在又懷孕了，所以我很累。

Cheryl3：〔同理地〕喔！我可以看見妳現在真的忙得不可開交。要一個人照顧四個孩子已經非常不容易了，更難的是現在又懷孕了⋯⋯

Rosie3：對啊，就是這樣。而且，我不想讓我的兒子們再次被帶走。但是他們又會跟我爭吵上學的事。還有，我現在對於所有我必須做的事情，以及再次懷孕等等的情況，都覺得很累。

　　Rosie 又繼續講著關於她困擾的種種細節，包括她所涉及的賣淫，是為了要補足生活基本需求和懷孕所需，以及不足的社會救濟金，而她的懷孕也是導因於和一位客戶未具保護性的性交所致。接著，Cheryl 將話題轉到了不同的範疇。

Cheryl4 ：所以，妳有幾個大的困擾是：送妳的兒子上學、取得足夠的錢，以及因懷孕而覺得非常累。讓我以另一種問題來問妳這些問題，它叫做奇蹟問句（miracle question）。〔停頓〕假如妳今晚跟平常一樣去睡覺，然後就在妳睡覺的時候，有一個奇蹟發生了。這個奇蹟就是，妳告訴我的這些困擾全部被解決了！只是因為妳在睡覺，所以妳當時並不知道妳所有的困擾都被解決了。那麼，當妳明天一早醒來，妳想妳會注意到有什麼不同──而那個不同會告訴妳：哇，事情真的都變好了！

Rosie4 ：〔微笑〕這簡單，那我一定是中了樂透：三百萬美元。

Cheryl5 ：那真的是太棒了，不是嗎？那妳還會注意到些什麼？

Rosie5 ：在我身邊會出現一些有錢的好男人，他們會對我的孩子很有耐心，然後我們會結婚。或者是，我不會有那麼多孩子，我會完成高中學業，也會有一個好的工作。

Cheryl6 ：很好，那聽起來真的是個大大的奇蹟。那妳猜猜看，妳第一個會注意到的事情是什麼，而讓妳知道今天是有所不同的，是更好的──奇蹟真的已經發生？

Rosie6 ：嗯，我想我會比我的孩子早一點起來，為他們做早餐，而且我會和他們坐在一起，一起吃早餐。

Cheryl7 ：如果妳決定比孩子早一點起床，也為他們做了早餐的話，妳想，他們會怎麼樣？

Rosie7 ：我想他們會過來坐在桌邊，而不是跑到電視機前面看電視。

Cheryl8 ：那樣的話，對妳來說又會有什麼意義呢？

Rosie8 ：我想我會高興一點，因為我們會談論一些美好的事，而不是為電視

而爭吵。我的小孩也就不會一直為了看電視在爭吵，然後開始一直
哭。

Cheryl9：還有呢？當奇蹟發生，還有什麼會不一樣呢？

Rosie和Cheryl繼續探索，發展Rosie奇蹟圖像裡的其他部分。接著，Che-
ryl繼續進行與此主題相關的問句。

Cheryl10：Rosie，妳可以這麼完美且清楚地建構出：當事情變好時，妳家中會
有所不同的圖像，這真是讓我印象深刻。是不是已經有這種時刻存
在了呢？比如說在過去的兩個星期裡，有沒有哪時候就像是妳所描
述的奇蹟發生了一樣，就算只有一點點像也行？

Rosie10：嗯，我不太確定。嗯，大概四天前那時候，的確是比較好的。

Cheryl11：告訴我四天前的情形。那時候有什麼不一樣呢？

Rosie11：嗯，那時，我前一晚十點就上床睡了，而且睡得很好。也因為在週
六時我有去採買食物，貯存在冷藏櫃，所以那時家裡就有現成的食
物。那天我還將鬧鐘設定在早上六點半，然後準時起床；我做了早
餐，還叫孩子們起床。他們吃了早餐，也準時準備好離開家去上
學。〔沉思一會〕其中一個甚至還從書包拿出作業來做——而且做
得很快——就在他上學之前。

Cheryl12：〔印象深刻貌〕Rosie，聽起來那奇蹟很大的一部分是已經存在的
囉！我真的很驚訝。這是怎麼發生的呢？

Rosie12：我也不確定，我猜其中一個原因是因為我家那天有食物，而且我前
晚有準時上床睡覺。

Cheryl13：那妳是怎麼讓那樣的情況發生的呢？

Rosie13：啊，我決定那個晚上不接任何客人，而且我還陪我的孩子念了一小
時的故事書。

Cheryl14：妳是怎麼做到的——念故事書給四個小孩聽？那聽起來很不容易
呢。

Rosie14 ：不，同時念書給四個孩子聽是不可能的。我叫最大的孩子念給其中一個小娃娃聽，因為那是我可以要他練習閱讀的唯一方式，而我自己就念給另外兩個孩子聽。

Cheryl15：Rosie，這個點子真棒！讓他念給小娃娃聽，不只能幫妳，而且還能幫他練習閱讀能力。妳是怎麼能夠讓他去做這件事的呢？

Rosie15 ：喔，因為他幫忙我，我就會讓他比其他孩子晚個半小時上床睡覺。他還滿喜歡這樣的。

　　Cheryl 繼續更細節化地加以探索，在 Rosie 談到類似奇蹟發生的日子裡，那一天有些什麼不同、它是如何發生的——尤其是，Rosie 做了什麼才能讓這些事情發生。接著，Cheryl 問了一些評量問句（scaling questions），來更加了解 Rosie 如何看待自己與她的問題之間的關聯性。

Cheryl16：我想邀請妳以 0 到 10 的評分來做個評量。首先，評分是從 0 到 10 分，0 分代表問題最糟的時候，10 分代表我們談論的問題都獲得解決了。那麼，妳今天的狀況是幾分呢？

Rosie16 ：如果這個問題，是在今天我們開始之前問我，我會說是 2 分。但現在，我想比較像是 5 分。

Cheryl17：太棒了！現在讓我再請問妳，妳有多大的信心在接下來的一星期，可以再有一天的情況是像四天前的一樣好——就是很像妳的奇蹟圖像的那天。以 0 到 10 的評分，0 分代表沒有信心，10 分代表非常有信心，請問妳有多大的信心，可以讓它再次發生呢？

Rosie17 ：喔，大概是 5 分吧。

Cheryl18：嗯，假如妳能有 6 分，那會有什麼不同？

Rosie18 ：那我一定是一直都有準備食物在家裡，才可以幫孩子們做早餐。

　　Cheryl 繼續和 Rosie 一起探索：她還可以做些什麼，才能增加她的奇蹟於未來發生的機會。Cheryl 並給予 Rosie 一些最後的回饋，才結束她們的首次晤

談。在回饋中，Cheryl 指出 Rosie 已經做了一些促使她的奇蹟發生的行動，也建議Rosie還可以再做些其他事情，或許使類似奇蹟的日子更有可能再次發生。

二、建構解決之道的晤談活動

　　Cheryl 對 Rosie 提出之問句，意在協助 Rosie 針對她的困擾建構出解決之道。儘管建構解決之道取向的內涵不只是這些問句的組合而已，但是這些問句卻極有助於確認出此取向的獨特性。

　　建構解決之道的晤談是有組織的，其以兩個有效的活動為晤談主軸（De Jong & Miller, 1995）。第一個活動是在當事人的參照架構內，發展「良好構成的目標」（well-formed goals）；第二個活動是以「例外」（exceptions）經驗為基礎，發展出解決之道（de Shazer, 1985）。在當事人與實務工作者會面後，能夠有機會描述出他們想要看到目前生活改變之後的樣貌時，建構解決之道即會開始朝此兩個活動邁進。

　　「良好構成」的目標有幾項特徵。良好構成的目標必須是對當事人特別重要之事，也需要是小而具體的目標，以及是能夠顯示出一個不同以往的開端，而非最後的結果（第 5 章將會有更多的詳細說明及實例）。Cheryl 所問的許多問句，皆意圖在幫助Rosie對其困擾較不嚴重時的狀況，發展出更鮮活的觀點。Cheryl以奇蹟問句和相關的問句來詢問Rosie，也是想協助她對於較滿意的生活發展出具體鮮明的圖像，尤其是那些她有困擾的生活領域。由於有這些問句的協助，Rosie 便能夠描述出：當她的困擾獲得解決時，她和她的孩子彼此在行動和感受上會有何不同的幾個具體事項。

　　Cheryl 使用了建構解決之道的第二個活動──「探索例外」。例外是指當事人生活中沒有發生困擾的情況，或問題至少比較不嚴重的時刻。在建構解決之道中，實務工作者會聚焦於當事人生活「例外」中的人、事、時、地等，而取代對當事人「問題」相關的人、事、時、地及原因之探究。在 Rosie 的案例中，Cheryl 藉由下列問句開啟了例外的探索：「是不是已經有這種時刻存在了呢？比如說在過去的兩個星期裡，有沒有哪時候就像是妳所描述的奇蹟發生了

一樣，就算只有一點點像也行？」由於 Rosie 能夠界定出一個比較好的特定日子，於是 Cheryl 便更仔細地探索下去：這一天有什麼不同？Rosie 是做了什麼讓這一天變得更好？這樣的探索表示著：Rosie 自身已經擁有成功經驗和力量了；而當 Rosie 看到了自己的這些成功和力量時，她對於改善自己的生活就會更懷有希望。

　　落實建構解決之道的實務工作者，會運用例外的相關資訊來幫助當事人發現策略，以解決或降低他們的困擾。理想上，當事人的例外應連結至他／她的目標；而這就是 Cheryl 何以會在探索例外之前，先進行良好構成目標的活動。

三、建構解決之道的步驟

　　Cheryl 與 Rosie 的工作，反映出我們在第 1 章所討論到「建構解決之道」的典範。特別是，當事人或實務工作者通常無需去評估和了解問題的本質，當事人便能針對他們的困擾，建構出解決之道；這與 de Shazer 的觀察是一致的。從這樣的觀點來看，建構解決之道的架構與問題解決取向的程序，乃有著十分顯著的差異。建構解決之道的基本步驟如下。

(一) 描述困擾

　　此步驟與問題解決取向的第一步驟相似，即給予當事人一個描述他們困擾的機會。我們會問：「我們如何能夠對你有幫助？」當事人通常會藉由描述一些困擾的面向來作為回應，然後我們就會對其困擾的細節進行一點了解。然而在建構解決之道的作法上，我們在此處所花費的時間和精力，遠較問題解決取向為少。我們對於當事人困擾的本質和嚴重性之相關細節探討得較少，也不會一直探究當事人問題的可能成因。取而代之的是，我們尊重地傾聽當事人「問題式的談話」（problem talk），並思考如何將對話方向轉至下一步驟：如何展開「解決式的談話」（solution talk）。

(二) 發展出良好構成的目標

在此步驟，我們引導當事人描述出：當他們的困擾獲得解決了，他們的生活會有怎麼樣的不同。當我們在運作此步驟時，問題解決取向的實務工作者則在實施評估。

(三) 探索例外

於此步驟，我們會探索：在當事人的生活中，其困擾沒有發生或困擾較不嚴重的時刻。我們也會探索：是誰做了什麼，得以讓這些例外發生。這個步驟乃替代了問題解決取向的「介入計畫」步驟。

(四) 晤談結束前的回饋

在每一次建構解決之道對話的尾聲，我們會組織訊息並傳達給我們的當事人，此訊息乃包含對當事人的「讚美」（compliments），通常也會提供一些「建議」（suggestions）。讚美乃強調當事人已做的、有助於解決困擾的事情；建議則明確指出當事人可以進行的觀察，或有助於進一步解決其困擾的行動。值得注意的是，此回饋乃以當事人在對話中所呈現之「良好構成目標」和「例外經驗」為基礎，並聚焦於：當事人依據其自身參照架構，為了能增加達成目標的機會，他們所需做的更多／更不同的行動。在我們組織及提供回饋時，問題解決取向的實務工作者則會依照他們在前一步驟所得的評估之指示，採取介入的策略。

(五) 評量當事人的進步

在建構解決之道的過程中，我們都會與當事人一同檢視：對於達成令他們滿意的解決之道，他們目前進行得如何。通常，我們以「評量」（scaling）的技術來進行此步驟，請當事人以 0 到 10 分的量尺，來評估他們的進展。一旦評估出當事人的進展，我們便會與當事人一同檢視：還需要做些什麼，才能讓他們覺得帶來的困擾已獲得適當的解決，而能準備好終止我們的服務。

不同於問題解決取向，建構解決之道不特別在助人歷程的開始時進行「融入」的步驟，也不特別在結束時執行「結案」的步驟，因為建構解決之道持續地在做「融入」，並持續地監測當事人於每一次晤談期間的進展。這些與問題解決取向不同之處，將於後續章節加以討論及說明。

四、當事人才是專家

如同第 1 章的說明，過去助人專業大部分承諾透過科學化專門技術——對問題和解決方法所長久累積的科學性知識——的應用，與當事人一起工作。不論是有意或無心，該工作方式產生了一項結果，即助人專業鼓勵了實務工作者採取這樣的一個信念和行動：在助人過程中，實務工作者對於當事人問題和解決之道的知覺，要比當事人本身的知覺更為重要。專業文獻也確實教導著實務工作者：當事人的知覺往往為其抗拒的來源，也會阻礙專業的實務工作進展，實務工作者也必須努力加以扭轉或克服。

相對地，在建構解決之道中，我們堅持：當事人才是自己生活的專家。因此，我們倚重當事人的參照架構，並用以下三種方式，朝向建構解決之道的目標邁進：

1. 我們詢問當事人，他們想要看到生活中有怎麼樣的改變；他們通常會以描述自己的困擾作為回答。我們會接納這些當事人對於困擾的界定，以及他們描述自身困擾時所使用的字詞（或分類）。

2. 我們訪問當事人，當他們的問題獲得解決了，他們的生活將會有什麼不同。我們仔細地傾聽、努力地尊重當事人所想要朝向的生活（目標）方向，以及他們表達這些目標時的用字遣詞。

3. 我們也探問當事人，他們對於其困擾之例外的知覺。我們尊重這些知覺，視其為當事人之內在資源（力量）的證明；同時我們也將其視為一訊息來源：其可顯示出當事人生活脈絡中所存有的、有助益的外在資源。

因此，在建構解決之道的工作中，在與當事人晤談時，我們並不將自己視為「科學地評估當事人的困擾與問題」的專家。相反地，我們致力於成為「探

索當事人的參照架構，並確認當事人的知覺，而將其用來創造更令他們滿意的生活」之專家。

　　當能以這些方式來運用當事人的參照架構時，我們發現當事人的抗拒不再成為需要被關注的焦點（De Jong & Berg, 2001; de Shazer, 1984）。我們也發現，我們同樣可以和不同的當事人一起工作，也能處理更為多樣化的問題，而且都能運作得很好。在本書最後幾個章節，我們將會再回到這些主題上。我們目前的下一步是，要一起來看看我們如何與當事人共同建構出解決之道；而此主題正是本書的核心與靈魂所在。為了要能開始進行建構解決之道，我們呈現出建構解決之道所運用的基本對話技巧。

第三章
未知的技巧以及身後一步引導

好奇，會引導出另一個觀點與行動的探討與創造；而不同的行動與觀點，也將繼續衍生出好奇（Cecchin, 1987, p. 406）。

他是一個差勁的觀察者，竟然沒有注意到這兩個人之間此番具有激發性的會話，將會創造出一個可以讓這兩人表述出一些想法的情境；而這些想法是無法單靠自己或與另一個對象說話而產生出來的（Fleck, 1979, p. 44）。

當一個人不能溝通時，他就無法具影響力。所有人類的互動中都存在著影響力。我們勢必會影響當事人，反之亦然。唯一可做的是，只能在「發揮了影響力，但無所反思或企圖否認」和「有意識地、負責任地發揮影響力」之間做出選擇（Weakland, 1993, p. 143）。

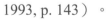

　　身為一位實務工作者，若你希望你能置當事人於「自己生命專家」的位置，就必須知道如何能夠盡可能地將自己的參照架構放置一邊，並努力於探索當事人的參照架構；也就是說，你將必須學習如何採用未知（not knowing）的姿態。這個有用的專業術語來自於 Anderson 和 Goolishian（1992），他們主張實務工作者絕不可用專家的參照架構自行預知當事人經驗與行動中所意含的重要意義；反而，實務工作者必須依靠當事人的知覺與說明解釋，才能明瞭之。他們強調，要進行此探索的最佳方式，便是採用未知的立場。

　　　未知的立場牽涉了一個整體的態度或立場，在此立場下，治療師的行動傳達了豐沛與真誠的好奇心；也就是說，治療師的行動與態度傳達了他們想知道更多有關當事人已經說出來的事情，而不是傳遞治療師對當事人、問題、必須被改變的一些先入為主的見解和期待。因此，治療師把他或她自己放在一個「總是需要透過當事人告知情況」的位置上（Anderson & Goolishian, 1992, p. 29）。

　　學習如何採取並維持此種未知的立場，乃需要承諾全心投入並加以練習；這是一個終身的過程。在本章中，我們將呈現基本的溝通技巧，這些技巧使我們能透過提問與回應，持續地將當事人放在一個來告知我們更多訊息的位置。這些技巧中，有些是建構解決之道過程中特有的技巧，而有些則不是；但是你將看見，建構解決之道對於實務工作者可以如何思量與極致地善用這些技巧，有其獨特的見解。

一、基本晤談技巧

(一) 傾聽什麼對當事人是重要的

　　Insoo Kim Berg 喜歡說：能夠執行建構解決之道的實務工作者，會學習到如何以「建構解決之道的雙耳」來傾聽（listen）當事人；亦即，要能夠不依照

自己的參照架構來傾聽當事人的故事。常見的是,當我們聽到其他人告訴我們關於他們的事時,我們不只會去傾聽,也會對他們所說的話語做回應。假如你正在聽一個十五歲的男孩說話,他對父母所訂的晚上十點門禁時間感到生氣;他告訴你,他罵了他們是「守舊的鄉巴佬」,然後在外面待到凌晨三點才回家。在聽他的故事時,你也許會想:「嘲弄父母,對於他的門禁撤銷不太可能有幫助」,或者「從發展的角度來看,以在外面待到凌晨三點的方式來處理生氣,既不成熟也無效」。如此具評價性的思考,乃源自你的參照架構,這會妨礙你仔細的傾聽。首先,傾聽和評估是很難同時進行的,二者會造成相互干擾;當你正思考著說話者所說的第一件事情時,便很難去吸收下一件事。其次,這樣的評估,很容易會造成你過早地形成問題解決方向,就如先前由學生與 Rosie所做的晤談一般(詳見第 1 章);他們以自身的參照架構來評估 Rosie 的處境,並以自己認為在此種處境下的合理性,來詢問 Rosie 各種可能性。

我們多數人會發現,要中止自己的參照架構,以當事人的觀點傾聽當事人的故事,是非常困難的。因為我們習慣透過自身的經驗、信仰和分類,來過濾別人告訴我們的內容。而在助人專業的教育裡,亦強調須透過傾聽的管道來獲得評估資訊,以強化實務工作者對於自身參照架構的使用。

為了處理這項困擾,Peter De Jong 在傾聽和回應技巧上,會先上一門課——藉由角色扮演的方式,協助學生發展這些技巧。他和他的學生努力於發掘更能仔細傾聽的方法,而發現最有效的起始點,是先去傾聽出:對當事人而言,「誰」和「什麼」是重要的。在當事人描述他們需要什麼樣的協助時,他們多半會談到對他們來說重要的他人、關係和事件。在這個十五歲當事人的案例中,重要他人是他的雙親,重要事件包括了晚上十點的門禁要求,以及那夜他在外逗留到凌晨三點。這個例子顯示,對當事人來說重要的「誰」和「什麼」,不見得是讓當事人感到正向者;例如,這個案例裡的十五歲男孩,在此當下並不喜歡十點的門禁,也不認同他的雙親。

Peter 和他的學生發現,傾聽這些重要的角色和事件,能獲得三個重要結果:第一,能立即讓實務工作者聚焦於當事人參照架構中的重要部分;第二,能阻止實務工作者習慣於評價當事人話語的傾向;第三,有助於預防實務工作

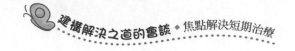

者以傾聽者觀點出發而過早產生問題解決方向。

(二) 注意可能性的徵兆

　　Witkin（2000）指出：「注意（notice），意指從脈絡中抽取出某些東西。」我們不可能在一個脈絡中注意到所有必須關注的事。例如，在一段對話中，我們比較可能會去注意與詢問那些能引起我們興趣或我們認為重要的敘述。「注意」這個動作乃反映出做此動作之人所在乎的興趣、信仰和假設。就我們所說明的建構解決之道過程，我們相信對於晤談者來說，有目的之選擇性（purposefully selective）是非常重要的；亦即晤談者需要傾聽和注意當事人所做的陳述，因為這些陳述可能成為一些條件，來開啟建構解決之道過程中關於某些面向之對話。

　　在當事人描述他們的處境時，通常會聚焦在「什麼」和「誰」對他們而言是惱人的、痛苦的。而重要的是，實務工作者須悉心傾聽這些在意的人事物，才能了解當事人的處境，並察覺出誰和什麼對他們是重要的，同時也讓當事人知道自己有被聽見。另一個具有同等重要性的是，若實務工作者深陷於當事人困擾中無數的、重複的細節裡，將會損害並降低雙方對建構解決之道的前瞻性。在晤談中，最大的挑戰之一就是，不要被當事人關於困擾的細節對話所綑綁。避免這種傾向的一個方法是，非常留意當事人所說的任何話，它們會告知實務工作者：當事人想要有所不同、他們已有過的成功經驗，或者他們已經試著改善情境的方法。這些都是「可能性的徵兆」（hints of possibility），所有當事人會將此徵兆包含在與實務工作者的對話裡，雖然他們常常沒有知覺到自己正在這麼做。

　　傾聽與注意「可能性的徵兆」，是成為焦點解決實務工作者的重大關鍵之處。以下是一段實務工作者與一位母親的部分晤談，她的小孩已經因為家庭暴力而被帶離她的照顧，她的丈夫也被下了隔離令，以防止他與老婆和小孩有所接觸。當你在閱讀這段逐字稿時，請試著去辨識出「可能性的徵兆」之所在。

　　　在兒童保護服務機構第一次帶走孩子後，Ed 帶我們搬到北方，而

所有的事情開始跟以前一樣破滅了。事情沒有任何改變，他仍然繼續酗酒，他依舊有暴力性的情緒。之前他從來沒有在女兒們面前打我（兩個女兒現在在收容中心），這是他第一次當著女兒們的面打我。Suzy有段時間一直在目睹這個情況，就站在九碼之近；這讓我害怕得要死，因為我知道這經驗將會一直留在她往後的生命裡。我會盡我所能地保護她，我會告訴她那是不對的，我會帶她走過、幫助她。我知道這會打擾到她，但我也知道她可能一直有著夢想，因為我知道她在孩童庇護中心裡仍懷抱著夢想。

在這個晤談中，對實務工作者而言，很容易去聚焦在問題上面並詢問更多相關的細節；晤談者也許會問兒童保護服務機構第一次帶走小孩時的原因為何，確切來說，就是去探問關係破裂、搬到北方，以及 Ed 酗酒和暴力情緒的相關細節等等。實務工作者可能較難去注意到，這個母親想要與你這位專業人士建立一個可以幫助她女兒因應目睹父母間暴力後果的解決方案（「我會盡我所能地保護她」），而且她似乎已經有了方法，知道要如何幫助 Suzy（「我會告訴她那是不對的，我會帶她走過、幫助她」）。這些顯示了實務工作者乃值得去好奇及探問這些細節所暗示之處。你可以先吸引當事人對某一線索有所注意後，再提出一連串了解細節的問句。

■ 妳說妳會盡妳最大的努力去保護Suzy遠離她所看到的事情；由於妳能了解她及知道她的反應，妳認為可以如何運用這份了解與知道於保護她呢？如果Suzy知道自己是受到保護，而能遠離以往所看到的不好結果，妳想，Suzy會有什麼不同，才讓妳知道她是真的受到保護的？妳還會看到什麼？

■ 妳也說妳會告訴她，父親的行為是不對的，同時妳也會帶她走過、幫助她；對於妳能做些什麼，妳似乎已經有了一些想法，對嗎？那些想法是什麼？妳已經做了哪些？哪一種方式才會造成最大的不同？妳已經看到些什麼，而讓妳知道哪些事情已產生了改變？Suzy會說，到目前為止，妳所做的這些方法中，什麼對她最有幫助？

藉著重述當事人的言詞，或將當事人的言詞納入下一個問句中，你便可以邀請

當事人轉向於他參照架構中所深植的任何解決方案之可能性。

(三) 形成問句

一般來說，晤談中最常見的一個連續過程是：形成問句（composing questions）、詢問當事人問題、傾聽其答案，彙整後，再形成另一個問句及提問另一個問句。在助人或治療晤談中，傾聽和形成問句是實務工作者的任務，而當事人的工作則為負責回答。正如 Witkin（1999）的觀察以及第 1、2 章所描述的：「傾聽人們所提出的問句，你就會充分得到關於他們所相信、所評價及所希望實踐各方面的概念。」將 Witkin 的觀察放在思考中，我們再次反思學生對 Rosie 所提出的問句之抽樣：

■ 對於妳再一次懷孕，妳的感覺如何？

■ 妳之前有先做節育嗎？

■ 妳知道大部分的學校都有訓導人員嗎？如果孩子沒有出現在學校的話，他們會到家裡來幫妳把小孩帶去上學，也許那會有幫助。

■ 妳現在有沒有興趣聽聽看更多有關收養的資訊？這樣對妳和孩子們都好。

■ 妳有沒有發現，在教養孩子上，妳犯了不少和妳媽媽相同的錯誤？

問問自己：你對於 Rosie 以及如何幫助她，存有哪些假設與信念，這些假設與信念又如何建構在各個問句之中？相對地，來看 Cheryl 在第 2 章所提問的一些問句：

■ 假如……奇蹟發生了……妳想妳會注意到有什麼不同 —— 而那個不同會告訴妳：哇，事情真的都變好了！

■ 妳還會注意到些什麼？

■ 如果妳決定比孩子早一點起床，也為他們做了早餐的話，妳想，他們會怎麼樣？

■ 在過去的兩個星期裡，有沒有哪時候就像是妳所描述的奇蹟發生了一樣，就算只有一點點像也行？

■ 告訴我四天前的情形。那時候有什麼不一樣呢？

■ 這是怎麼發生的呢？

在 Cheryl 問的這一組問句中，有些什麼假設與信念建構於其中呢？我們多數人可以很輕易地看到這兩組問句的不同，及其對當事人和助人工作所存有的迥異思考方式。然而，若你於建構解決之道的取向是個新手，在你開始晤談後，很快就會發現，「形成問句」是一大挑戰。

這本書的絕大部分內容是在介紹身為晤談者要如何形成焦點解決問句。LaFrance（1992）、McGee（1999）、McGee、Del Vento 和 Bavelas（2005）與 Witkin（1999）都指出，問句不僅是可以從當事人身上獲得有關問題、解決方法或任何其他資訊的方法之一；同時，在詢問與回答的過程，常能讓參與晤談的人產生新的覺察，而為未來創造了新的可能性。這就是對話能夠如此吸引我們多數人的主要原因。在對話中，人們會說：「噢！我從沒用那種角度想過。」「我從未了解到，原來從事跟人在一起的工作才是我想要的。」或者「我想，對我的小孩來說，我一直是一個比我想像中還好的媽媽。」簡而言之，你永遠不知道對話將會出現些什麼，尤其是跟一位之前從未與他談過話的人對話時。

儘管運用於建構解決之道晤談中的問句，的確能夠逐一地條列與說明，但是，只是一味地去研究這些問句，並不能保證你在晤談中可以有效地使用之。一如想完美演奏出貝多芬協奏曲或現代爵士一般，想要有效地使用這些焦點解決問句，需要加緊練習才行。為了幫助你形成與提出問句，我們相信強調此一通則最為重要：*從當事人最後或較早的回答內容，彙整形成你的下一個問句。*Cheryl 在與 Rosie 的晤談中，從頭到尾都遵循這項規則，看看你能否在這段摘錄中找出此一通則的例子。

Cheryl6：很好，那聽起來真的是個大大的奇蹟。那妳猜猜看，妳第一個會注意到的事情是什麼，而讓妳知道今天是有所不同的，是更好的——奇蹟真的已經發生？

Rosie6：嗯，我想我會比我的孩子早一點起來，為他們做早餐，而且我會和他們坐在一起，一起吃早餐。

Cheryl7：如果妳決定比孩子早一點起床，也為他們做了早餐的話，妳想，他們會怎麼樣？

Rosie7：我想他們會過來坐在桌邊，而不是跑到電視機前面看電視。

Cheryl8：那樣的話，對妳來說又會有什麼意義呢？

Rosie8：我想我會高興一點，因為我們會談論一些美好的事，而不是為電視而爭吵。我的小孩們也就不會一直為了看電視在爭吵，然後開始一直哭。

Cheryl9：還有呢？當奇蹟發生，還有什麼會不一樣呢？

　　這個通則之所以重要，乃基於兩個理由：首先，透過問與答，將能引導出新的覺察和可能性的想法，而這些想法又將會導致行動的產生。換句話說，當晤談者根據這個通則形成他們的問句時，建構解決之道就會變得相當容易。其次，由於形成問句之目的是希望就當事人所說過的資訊，進一步獲得更多資料，是以，這個通則自然是在當事人參照架構下運作的結果。依據這個觀察再次檢視 Cheryl 的問句；請注意，這些問句並未顯示出 Cheryl 認為 Rosie 的奇蹟應該如何發生，反而都是在邀請 Rosie 自行建構出她的奇蹟可以是什麼樣的一番樣貌。

　　當你能根據這個通則，並在形成問句上變得更有經驗後，你將會了解到：這通則乃是實務工作者得以對建構解決之道做出貢獻的一個基礎方式。以下則是介紹與探討一些更為專業的技術，這些技術有助於在晤談中更有效地落實進行此通則於行動上。（註1）

(四) 獲得細節

　　法國人說：「上帝在細節裡。」德國人則有不同的解讀，因為他們說：「惡魔在細節裡。」或許兩者都正確。無論如何，有效的建構解決之道乃需要獲得更多、更多、更多的細節。

　　當事人通常會模糊不清地陳述和給予類推式的表達，如：「我跟孩子間的事情愈來愈順利了」或是「我從此再也不會喝酒了」。通常，較無經驗的實務工作者會注意到這些陳述，但未加以詢問一些需要澄清的問題。在建構解決之道時，實務工作者須一直企圖藉由詢問細節，來幫助自己和當事人澄清陳述的

內容，例如：「噢，你和孩子間的事情愈來愈順利了！恭喜你！發生什麼事情讓你覺得事情愈來愈順利了呢？」或是「你認為你從此再也不喝酒這件事，是可能發生的嗎？」通常這樣一個詢問細節的起始問句，正是一連串相關問句的開始。

獲得細節（getting details）意指詢問當事人有關陳述中的人、事、時、地及如何（how）的問句，這樣的過程即為詢問「wh 和 how」問句。這類的問句是最可能引發當事人再深入澄清他的描述與說明。要注意「why」（為什麼）問句並未列於其中，因為「why」問句容易引起當事人對行為處境可能的潛在因素進行分析，並會冒著讓當事人覺得被面質、被評估的風險。像這樣分析和面質的方式，在建構解決之道中尚未被證明是有效的，所以你不會在這本書中看到「why」問句的使用。

在建構解決之道的過程中，從頭至尾都會使用提問問句來獲得「描述性的細節」，建構解決之道並不要「分析式的資料」。問句被用來理解當事人目前的處境，並且能澄清、確認與擴大當事人的目標、優勢和成功之處。以下是摘錄自 Cheryl 和 Rosie 的對話，觀察 Cheryl 如何有技巧地詢問 Rosie：過去是否有任何成功經驗是和她的奇蹟想像有所關聯的；同時你也試著去觀察，在發現 Rosie 有過成功經驗後，Cheryl 又是如何使用「wh 和 how」問句來引出更多的相關細節。

Cheryl10：Rosie，妳可以這麼完美且清楚地建構出：當事情變好時，妳家中會有所不同的圖像，這真是讓我印象深刻。是不是已經有這種時刻存在了呢？比如說在過去的兩個星期裡，有沒有哪時候就像是妳所描述的奇蹟發生了一樣，就算只有一點點像也行？

Rosie10：嗯，我不太確定。嗯，大概四天前那時候，的確是比較好的。

Cheryl11：告訴我四天前的情形。那時候有什麼不一樣呢？

Rosie11：嗯，那時，我前一晚十點就上床睡了，而且睡得很好。也因為在週六時我有去採買食物，貯存在冷藏櫃，所以那時家裡就有現成的食物。那天我還將鬧鐘設定在早上六點半，然後準時起床；我做了早

餐，還叫孩子們起床。他們吃了早餐，也準時準備好離開家去上學。〔沉思一會〕其中一個甚至還從書包拿出作業來做——而且做得很快——就在他上學之前。

Cheryl12：〔印象深刻貌〕Rosie，聽起來那奇蹟很大的一部分已經是存在的囉！我真的很驚訝。這是怎麼發生的呢？

Rosie12：我也不確定，我猜其中一個原因是因為我家那天有食物，而且我前晚有準時上床睡覺。

Cheryl13：那妳是怎麼讓那樣的情況發生的呢？

Rosie13：啊，我決定那個晚上不接任何客人，而且我還陪我的孩子念了一小時的故事書。

Cheryl14：妳是怎麼做到的——念故事書給四個小孩聽？那聽起來很不容易呢。

Rosie14：不，同時念書給四個孩子聽是不可能的。我叫最大的孩子念給其中一個小娃娃聽，因為那是我可以要他練習閱讀的唯一方式，而我自己就念給另外兩個孩子聽。

Cheryl15：Rosie，這個點子真棒！讓他念給小娃娃聽，不只能幫妳，而且還能幫他練習閱讀能力。妳是怎麼能夠讓他去做這件事的呢？

Rosie15：喔，因為他幫忙我，我就會讓他比其他孩子晚個半小時上床睡覺。他還滿喜歡這樣的。

(五) 回應當事人的關鍵字

上述所呈現 Cheryl 和 Rosie 的對話，即是一個相當優秀的實例，這個實例反映了一個原則：在建構解決之道的過程裡，如何從當事人最後的答案中，彙整形成下一個問句而獲得細節。「回應當事人的關鍵字」（echoing clients' key words），此一技巧即同時反映了這個原則，且此技巧還可引出更多細節。回應當事人的關鍵字，乃以實務工作者的覺察為基礎。雖然當事人所描述的經驗與關係對當事人來說是很有意義的，但其所用的語言往往對實務工作者而言是模糊不清的；解決模糊不清而又不冒失的方法，就是僅重複或回應當事人所用的

關鍵字。當事人所用的關鍵字往往能捕捉自身經驗，並賦予其經驗相關的意義。舉例來說，當事人也許會對你說：「我的生活真是一團混亂。」如果你希望知道更多關於這句話對當事人的意義，你必須做的就是：以升高的語調複述「一團混亂」，或僅是問：「你的『一團混亂』指的是？」當事人幾乎總是將之視為一個邀請，是希望他或她多加說明關於其生活中正在發生的一些事。在當事人說明了更多細節的過程中，當事人與實務工作者都同時會對所描述的「混亂」學習與得知更多的意義。

　　當要確認當事人的關鍵字時，有一些原則須謹記在心。首先當事人常會重複關鍵字；當注意到當事人常常使用你尚未探索的字彙時，就要開始對它的意義感到好奇。其次，關鍵字通常也會引起當事人情緒的激烈反應，並會被當事人特別予以強調；先前所說的一團混亂這個詞，就是一個很好的實例。最後，一個人特有的用字方法應該要能引起你的好奇。舉例來說，假設當事人在辦公室和他的同事發生爭執，並對你說：「上次我看到他時，我講話講得很小聲，不像平常會大聲嚷嚷。」此時你應該去探索，當他講得很小聲時，對方做了什麼不同的事。

　　語言是當事人傳達他們參照架構的主要方法。對於建構解決之道來說，小心地傾聽和探索當事人所選擇的用字，是非常重要的。先去探索當事人的用字遣詞，也會對當事人表達出實務工作者的尊重。與此相關的是，我們認為自行重新詮釋當事人的關鍵字，並放進專業的術語裡，其實是不尊重當事人的，甚至會削弱當事人的自信心。

　　就像很多基本的技巧，回應當事人的關鍵字可能被實務工作者所誤用。在初階晤談的課程中，Peter注意到，很多學生一開始在辨認關鍵字上有困難；在他們早期的晤談裡，他們可能會顯現出無思考及機械式的回應形態，或是可能以一種懷疑或不同意的方式，來回應所聽到的內容。我們認為，在晤談中，誤用之所以會出現，是因為實務工作者以其參照架構去形塑他所聽到的內容所致。傾聽並有效地回應當事人的關鍵字是需要處於前述所謂未知的姿態中，並對當事人的關鍵字懷有真誠的好奇才行。要做好這些事情並不容易，但Peter發現：藉著角色扮演和給予回饋，幾乎所有學生在練習六個星期後，都能自在且確實

地做到。

(六) 併入當事人用字

你可能早已注意到，到目前為止，所呈現的建構解決之道晤談者與當事人的對話，都顯示出實務工作者在回應當事人或提出問句時，不僅會回應當事人的關鍵字，通常也會「併入當事人的用字」（incorporating clients' words）。請特別注意建構解決之道的這個特色，若你想成為焦點解決取向者，請記得在實務工作中一定要這麼做，而且要同時進行此兩原則，因為這意味著你是直接與當事人的語言工作，尊重他們的參照架構，回應了當事人之前的陳述，並且（或者）連結了你後來的問句。我們認為「併入當事人用字」是建構解決之道不可或缺的技巧，甚至可說是主要核心技術！在此所呈現的 Cheryl 與 Rosie 對話節錄，某個程度上也提供了一些清楚的示範。我們在以下的對話節錄中，將此技巧特別標示在方形括弧裡。當然你在本書任何一段建構解決之道的對話節錄中，也都會一直看到此一技巧的運用。

Cheryl6：很好，那聽起來真的是個大大的奇蹟。那妳猜猜看，妳第一個會注意到的事情是什麼，而讓妳知道今天是有所不同的，是更好的——奇蹟真的已經發生？

Rosie6：嗯，我想我會比我的孩子早一點起來，為他們做早餐，而且我會和他們坐在一起，一起吃早餐。

Cheryl7：如果妳決定〔併入當事人用字〕（註2）比孩子早一點起床，也為他們做了早餐的話，妳想，他們會怎麼樣？

另一個例子：

Cheryl10：Rosie，妳可以這麼完美且清楚地建構出：當事情變好時，妳家中會有所不同的圖像，這真是讓我印象深刻。是不是已經有這種時刻存在了呢？比如說在過去的兩個星期裡，有沒有哪時候就像是妳所描

述的奇蹟發生了一樣，就算只有一點點像也行？

Rosie10：嗯，我不太確定。嗯，大概四天前那時候，的確是比較好的。

Cheryl11：告訴我〔併入當事人用字〕四天前的情形。那時候有什麼不一樣呢？

還有，更推進一點的作法是：

Cheryl13：那妳是怎麼讓那樣的情況發生的呢？

Rosie13：啊，我決定那個晚上不接任何客人，而且我還陪我的孩子念了一小時的故事書。

Cheryl14：妳是怎麼做到的──念故事書給四個小孩聽？那聽起來很不容易呢。

Rosie14：不，同時念書給四個孩子聽是不可能的。我叫最大的孩子念給其中一個小娃娃聽，因為那是我可以要他練習閱讀的唯一方式，而我自己就念給另外兩個孩子聽。

Cheryl15：Rosie，這個點子真棒！〔併入當事人用字〕讓他念給小娃娃聽，不只能幫妳，而且還能幫他練習閱讀能力。妳是怎麼能夠讓他去做這件事的呢？

(七) 開放式與封閉式問句

　　正如先前所說明的，在整個建構解決之道的過程中，我們從頭至尾都以提問問句來貫穿；有些問句是開放式問句，有些則是封閉式問句。在諮商的相關文獻中顯然偏好開放式問句（open questions）甚於封閉式問句（close questions）。一如 Benjamin（1987）的解釋，封閉式問句窄化了當事人的焦點，而開放式問句則擴大當事人的知覺領域；封閉式問句亦傾向於詢問艱難的事實，而開放式問句則為尋求得知當事人的態度、想法、感覺和知覺；再者，封閉式問句更常冒著實務工作者使用本身參照架構的風險，而開放式問句則更可能聚焦及停留在當事人的參照架構上。以下是一些封閉式問句的例子：

■ 你喜歡你的父母嗎？

■ 在違反父母替你訂的門禁前，你有先要求你的父母做個調整嗎？

■ 你想修補你和父母親之間的關係嗎？

接下來是開放式問句的例子：

■ 你能多告訴我一些關於你和父母親之間的關係嗎？

■ 我很好奇你在外面待到凌晨三點的那個晚上，你和父母間發生了什麼事？

■ 假設你和父母之間的關係變得更好了，那會有什麼不同？

　　別把開放式問句和那些模糊不清的問句，或沒有要求特定訊息的問題混為一談。在本書的例子裡，所有的開放式問句都試圖從當事人身上引出具體細節。在運用「回應當事人的關鍵字」以及「併入當事人用字」等技巧時，開放式問句亦提供了一個有效探索細節的方法；正如其他建構解決之道的方法一般，藉由開放式問句可得知，誰或什麼對當事人是重要的。

　　開放式問句（或相同意義的陳述，如：「請告訴我更多有關那件事的細節」）也是很有效用的，因其與堅持未知的立場是一致的。我們盡所能地，要讓我們的當事人真正成為他們生命中的專家角色。在當事人被由衷地、好奇地詢問時，這些開放式問句便能將控制權和責任轉至當事人手中。與封閉式問句相較，開放式問句更能給予當事人描述出什麼及如何描述的選擇權與決定權。換言之，使用開放式問句是一種尊重當事人及促使當事人「自我決定」（self-determination）的方法。

　　雖然開放式問句是較被看重與推薦的技巧，但是，很重要的是，在整個建構解決之道過程中，仍然要記得封閉式問句也是一個有用且必要的技巧。舉例來說，Cheryl問Rosie：「在過去的兩個星期裡，有沒有哪時候就像是妳所描述的奇蹟發生了一樣，就算只有一點點像也行？」而對一個表示不再喝酒的多年酗酒者，我們可能會問他：「你相信你能做到嗎？」雖然這些都是封閉式問句，但它們之所以在此時被提出，是為了要在當事人及實務工作者之間，對於他們自身及相關的情境建立起共識的理解。一旦當事人給予回應，實務工作者就可以針對當事人對此封閉式問句所回應的內容及其產生的共識理解，來設計後續相關的開放式問句，以能求得更多的具體細節。因此，當 Rosie 說到四天

前有一段時間跟她的奇蹟內容相似時，Cheryl 便開始一系列的開放式問句，第一個問句即為：「告訴我四天前的情形，那時候有什麼不一樣呢？」又例如，一位濫用酒精的當事人，對於他是否相信自己再也不碰任何一滴酒的封閉式問句，他回答的是「當然！」時，實務工作者即可轉向一個相關的開放式問句：「什麼事情讓你相信自己能夠做到？」

(八) 摘要

Peter 曾面對幾乎或完全沒有接受過正式專業實務訓練的學生，教導他們建構解決之道的晤談過程。在他所教導的初始晤談技巧裡，摘要（summarizing）便是其中之一，要去治療每位獨一無二的當事人，摘要是不可或缺的技巧。在與當事人一開始工作之初，以及整個建構解決之道的過程中，你都會用到這項技巧。

摘要，是會談進行一個段落時，對當事人重述他的想法、行動和感覺。這項技巧的使用時機，乃是在你同時審慎使用回應當事人關鍵字與開放式問句，獲得了當事人描述部分故事的細節之後。為了舉例說明，讓我們再次回顧因門禁而與父母親不和的十五歲男孩的實例；由 Tom 為當事人，Peter 扮演實務工作者，晤談就此展開：

Peter1　：〔開放式問句〕你希望我可以如何幫忙你？

Tom1　：我真不敢相信，我爸媽真是守舊的鄉巴佬！

Peter2　：〔真誠地好奇與回應關鍵字〕「守舊的鄉巴佬」？

Tom2　：是啊！就像是他們要我這星期每天必須十點前回家的荒謬規定！他們說我必須準時上床睡覺，而不是與我的朋友在外遊蕩，這樣我才有精神好好上課。〔嘲諷地〕對！沒錯！就只是因為他們愈來愈老，需要早點上床睡覺！

Peter3　：所以說，你不同意他們的作法？

Tom3　：當然不同意！事實上，他們叫我來這裡見你的原因，是因為上星期我發瘋了，而且我在外面待到超過那個愚蠢的門禁時間〔Tom 停住

不說，雙臂交叉抱胸，並生氣地瞪著前方〕。

Peter4 ：〔開放式問句〕你能告訴我更多有關那個晚上發生的事情嗎？

Tom4 ：〔嘆息聲〕就同樣的老問題啊！我跟他們說我們一夥朋友要去看兩塊錢的便宜電影，之後會到速食店去，或到我一個朋友家。我爸媽就要我十點前一定要回到家，我說我辦不到，然後我們就開始互相叫罵。他們說我的成績一直往下掉，根本不應該出去，說我應該要讀書；我跟他們說我的成績是 OK 的。他們的話讓我覺得很掃興。他們就命令我要待在家裡，我就發瘋了，然後就跑出門去。看完便宜的電影後，就在朋友家待了整個晚上；我朋友的爸媽去度假了。

Peter5 ：〔摘要及併入當事人用字〕好，我不知道我聽到的正不正確：你來這裡是因為你爸媽要你來的，你最近跟他們吵架是因為你的門禁時間；你很生氣他們對你說的話，所以在外待到超過門禁時間，並且在他們沒有同意的情況下，在你朋友家過了夜。

Tom5 ：對，沒錯！我們幾乎每個星期都因為這類的事情吵架，他們真的是守舊派！我的朋友沒有一個像我一樣有十點的門禁！你想他們可以再跟得上時代一點嗎？

在上面的對話中，Peter 的摘要對 Tom 和 Peter 本人都有幫助。摘要可以讓 Tom 確定 Peter 確實有仔細地傾聽，也讓 Peter 確定自己是否已聽懂 Tom 所說的內容。在摘要中，Peter 使用了一些 Tom 所用的字詞和說法；這除了是一種尊重 Tom 選擇描述其經驗的方式外，也是盡可能了解 Tom 的參照架構的方法之一。如果摘要是以開放的精神去描述和呈現，那麼常會具有邀請當事人述說更多的效果——去校正、修改及補充實務工作者的摘要。由於摘要本是具有反思性的，所以，摘要可以讓當事人位於主控位置，並決定要如何描述其經驗。摘要也可以幫助實務工作者，以當事人剛剛所透露的內容為基礎，來形成下一個問句。

Carl Rogers 是一位廣為人知的治療師，他因「非指導治療技巧」的推行而著名。他強力主張，在與當事人的工作過程中，從頭至尾都要使用摘要技巧，

因為傾聽者的摘要能增進對說話者參照架構的了解，也能阻擋傾聽者於傾聽時可能會出現評價的傾向。當說話者正表達其想法、行為或反應，而傾聽者又覺得這些內容很奇怪或有問題時，摘要也能幫助傾聽者維持沉著。為了示範摘要的功效，Rogers（1961, p. 332）建議下列的練習：

> 下一次你和太太、朋友或一小群朋友發生爭吵時，先暫停討論一會兒，然後進行一個實驗，並建立這項規則：「每一個人要先正確地複述前一個說話者的想法和感覺，並讓前一個說話者同意之後，才能替自己辯護。」

Rogers 指出：成功的摘要需要仔細傾聽；此舉將能透過提高參與者的理智與理解而創造差異，進而能平復討論或對話中出現的高漲情緒。

(九) 簡述語意

「簡述語意（paraphrasing），有時稱為內容反映（reflection of content），乃是傾聽者回饋當事人剛剛話語中的要點，並簡述與澄清當事人已述的評論」（Ivey, Ivey, & Zalaquett, 2010, p. 151）。簡述語意比摘要簡短，同樣地，它並不會中斷當事人的思緒想法，並且真的能向當事人證明你確實有在傾聽他／她。在簡述語意時，你也展現了一個邀請當事人去澄清和詳述故事的舉動。簡述語意如同摘要一般，若能包含當事人的關鍵字與片段語意內容，將能達到最好的效果。

舉例來說，讓我們回到 Tom 的案例。Peter 並沒有使用摘要，而是簡述 Tom 說過的話：「所以說，你對父母『過時』的門禁時間已經忍無可忍，並且在外面待了一整晚。」那時，Tom 便有機會去修正 Peter 的理解。

簡述語意也能將你和當事人之間的對話轉往你認為有效的方向移動。第 2 章做了一個示範：一旦當事人描述了他們的困境之後，我們就會探索他們期待的生活中希望有怎樣的改變。Peter 對 Tom 亦可使用另一種簡述語意：「所以，你對你和父母親之間的關係感到不開心，你想要有些改變。」這個簡述語意能

向 Tom 證明他所說的內容已被聽見，同時也成為一個邀請，讓 Tom 願意開始思考自己與雙親之間的互動，以及未來可以如何擁有另一個不同的美好選擇。

　　我們在此暫停一下對簡述語意的討論，而先提出一個應用簡述語意及摘要的類似提醒。先前所提及的一個重點是，實務工作者運用簡述語意，來將晤談對話推往實務工作者認為會是有幫助的一個方向；這表示簡述語意與摘要不盡然是被動的、中立的或客觀的。雖然在許多諮商文獻中對這兩個技巧都強調它們反映性的特質（見 Ivey, Ivey, & Zalaquett, 2011; Rogers, 1961），但是近來的實證研究檢視了三種不同諮商取向（認知行為派別、動機式晤談、焦點解決取向）的大師級諮商師如何使用簡述語意與摘要這兩個技巧，卻發現了這三個諮商取向都會運用這兩個技巧來轉化（transform）當事人所說的內容，有時轉化得不多，有時轉化的程度很大（Korman, Bavelas, & De Jong, in review）。如同前面簡述語意的內涵一般，這些轉化會反映出：不同取向治療師認為什麼才是對當事人有幫助之不同重點及其背後的不同假設。在本章的最後，我們將會說明更多有關簡述語意與摘要是如何相輔相成地與未知的問句一起，在晤談中被運用來設置與維持朝建構解決之道的方向前進。

　　最後，關於在建構解決之道過程中使用簡述語意的一個評論是，從學生和參與工作坊人員的觀察裡發現，當實務工作者對建構解決之道更有經驗時，他們將會使用更多的簡述語意以及較少的摘要。隨著更多經驗的累積，他們似乎只需使用較少的字詞展現他們對當事人的仔細傾聽，並同時邀請當事人轉往新的方向前進。

(十) 沉默的使用

　　多數剛執業的實務工作者對晤談中沉默的停頓會感到相當不自在。沉默（silences）容易使新手實務工作者變得僵硬。僵硬，是一種焦慮的表現。根據 Epstein（1985）的研究，這是正在學習晤談技巧的人最常經驗到的困境，那似乎會與實務工作者認為自己沒有能力幫助當事人的內在感相互連結。Epstein 指出，在這樣的情況下，初學者容易出現破壞性的自我對話：「我做不到！我一直在讓自己出醜！最糟的是，當事人也發現我不知道自己在做什麼！」

　　然而，沉默對於當事人的意義，幾乎總是不同於焦慮的實務工作者所持有之認知。根據 Benjamin（1987）所述，沉默可能代表當事人正在整理他的想法、對剛剛所描述的處境感到困擾或生氣，或者只是從目前的討論狀況中短暫地喘息一下。Benjamin 相信，尊重當事人的沉默是很重要的。

　　建構解決之道的取向，呼籲實務工作者要增加對當事人沉默的包容度。在西方社會裡，沉默會讓人感到不自在；沉默五秒後，大部分的人會因壓力感，而想藉著說些什麼話來填充眼前的沉默。如果那是你的一種特質傾向，但你又想以建構解決之道的取向來執行你的實務工作，那麼你必須在這個部分下點工夫；因為你提出的問句——有關當事人的經驗、他們期待生活中有什麼改變、何處已經進行得相當好——都需要當事人在辛苦的思考過後，才能將他們的反應訴諸言語。往往，當事人會沉默一下子，然後說「我不知道」，並再次回到沉默。如果你用你的觀察和建議塞滿這個沉默，你便會像是使用了第 1 章裡學生詢問 Rosie 的那種問句類型。如果你能忍受短暫的沉默，十秒、十五秒甚至二十秒——那麼，你將會驚嘆於當事人建構答案的能力。當事人也常會對自己的答案感到訝異，因為在回答你提問的問句之前，他們確實不知道自己的回答會是什麼。藉著保持沉默，你給予了當事人醞釀與建構答案的一個機會。有時，當事人會藉著說「這問題太難了」或「我從來沒想過那個問題」來打斷沉默。我們建議你只要同理地回應「嗯，這的確是。我知道我正在問你一些困難的問題」，然後繼續你的沉默。有時，你可以讚美他們的努力，並藉著提問其他的問句，來鼓勵他們繼續醞釀與思考答案。

　　當事人對沉默也容易感到不自在，你可以盡量善用這些不自在，來鼓勵當事人建構解決之道。如果你發展出面對與維持沉默的能力，當事人很快就能學到：你沒有要幫他們回答問題，如此他們便會為了建構自己的答案而奮戰。

　　在某些狀況下，允許沉默繼續，或許並無效益。在晤談中，有時你可能對當事人做了些什麼，而讓他感到困惑或覺得被冒犯了，例如：你可能做了一個奇怪的臉部表情，或問了一個莽撞的問題，當事人可能就會以維持沉默來反應。在有些情況裡，你的當事人或許是非自願來談者，他是違背自身的期望、被迫來與你見面的；這樣的當事人也可能一直維持沉默，特別是在晤談一開始時。

處在這些情況下，你也許會想使用下列即將要介紹的兩種技巧之一，或者，同時使用兩者。

(十一) 實務工作者的非口語行為

大部分的當事人對於實務工作者是否有尊重仔細地傾聽自己，是相當敏感的；這在一開始與當事人工作時，顯得更為重要。當事人似乎藉由觀察我們以及傾聽我們的口語回應和問句內容，來評斷我們是否有在仔細傾聽他們。

諮商晤談技術的書籍總是一直在強調，諮商理論與研究的文獻都支持下列結論：晤談者的非口語行為對於和當事人建立一個合作、尊重的工作關係是能有所正向提升的，當然也可能會有負面影響（Egan, 2010; Ivey, Ivey, & Zalaquett, 2010; Okun & Kantrowitz, 2008）。例如，Egan 指出：「臉部表情與身體語言真的非常具有溝通性」（p. 132），其他文獻還提及以下幾個非口語行為，在治療性晤談中乃扮演著非常重要的角色：
- 身體姿態與動作。
- 眼神接觸與眼部的動作。
- 臉部表情，如微笑、皺眉頭、挑眉毛等。
- 聲音表現，如音調、音量、強度。
- 身體反應，如呼吸加速、臉紅。
- 空間，如選擇與當事人座位的距離。

雖然在諮商領域中，大部分的人都同意晤談者的非口語溝通形態在晤談中扮演了重要角色，甚至有些學者（Okun & Kantrowitz, 2008）和諮商訓練者會特別強調，應該將有效的非口語技巧特別地獨立出來，並對新手諮商師加以特別指導。但是，也有一些人持相反的意見（Egan, 2010），他們反而建議新手諮商師應該「整體性地」覺察自己在晤談時如何透過手勢、臉部表情、聲音語調等在進行溝通；同時，他們也相信一個信念：當諮商師懷抱一個想要了解當事人、對當事人有幫助的心願時，自然就會使諮商師的非口語行為朝向這個方面來展現。Peter 有一同事曾指導學生使用身體姿勢、點頭、笑容和前傾等非口語行為對於有效晤談是多麼重要；這即是持第一種信念者。而相反地，Egan

（2010, p. 133）則建議新手諮商師不要「變得過於關注在身體與聲音特質這些溝通的資源上」；他提及，晤談者「明顯調整出來」的非口語行為，其實有時看起來很「假」，除非這些非口語行為訊號是被一個願意仔細傾聽當事人並希望幫助當事人的心願所啟動的。

Egan 的觀點對我們來說是饒富趣味的，因為他的觀點強調了非口語訊息是整合在晤談者的意圖或動機之內的。「溝通」專業領域的最新研究甚至更進一步指出，非口語訊息與口語訊息乃相互整合在一起（Bavelas & Chovil, 1997, 2006; Bavelas & Gerwing, 2007）。這些研究者除了本身的研究之外，同時也回顧了在面對面對話中有關表現肢體動作與臉部表情的時機與功能。最後他們的結論是，在面對面的對話，如於治療性晤談中，參與對話的雙方都創造了一個整合的訊息；而在這訊息當中，臉部表情與肢體動作乃與對話者之口語訊息的意義與時機同步緊密相連。雖然非口語訊息的成分不見得總是與口語的字句內容搭配得天衣無縫，但是在對話過程大多數的時候，非口語訊息成分顯然是與口語訊息成分彼此整合或相互補充。

Egan 的觀點以及 Bavelas 與其同僚的結論，符合了我們如何學習焦點解決晤談技巧的觀察內容。雖然實務工作者的非口語溝通很重要，但是，我們逐漸地了解到，身為實務工作者的你，在晤談中好好思考你到底在選擇傾聽什麼內容以及需要詢問什麼問句，將更為重要；如此，方能向當事人證明，你一直在尊重地傾聽著他們的訴說。在建構解決之道的過程中，當你放下你個人的參照架構，努力去傾聽出什麼人與什麼事情對當事人是重要的，以及當你找出可能性的訊號，且使用併入當事人用字的未知問句去詢問更多的細節時，你非口語溝通的展現，便自然地會傾向於搭配著你對當事人發言的內容，呈現出一個統整的狀態。換句話說，如果你就像我們所觀察到成功學習晤談的那些人一樣，你就會在進行傾聽、簡述語意、形成問句時，以熟練的建構解決之道的方式，統整地、有效地展現你的非口語溝通。

我們尤其相信，最為重要的是，我們應該對於「如何學習有效傾聽的技巧」以及「如何根據當事人先前回答的內容彙整形成問句」等部分，給予非常高度的關注。因此，值得你花費心思去注意你自己在晤談中的非口語溝通狀態，

特別是剛開始執行專業晤談的工作者更是如此。你可以定期透過錄影的方式記錄下你實作晤談的過程，並且加以回顧檢視。身為焦點解決晤談者，我們建議你特別審視你是如何配合自己的意圖與口語訊息內容，展現出你的非口語溝通。審視這些，將會幫助你增進身為晤談者的自我覺察，也會增加你個人的自信心。同時，如果你注意到自己的非口語或口語行為不夠專注於與你晤談的當事人時，你便可以反思：自己可以有什麼不同的作為？如果決定那樣做，又會有什麼差異產生？以及，你需要什麼，才能真的多去做這個不同的行為？

(十二) 注意當事人的非口語行為

在諮商與晤談技術的相關資料上都強調，我們需要對當事人的非口語行為有所警覺（Egan, 2010; Ivey, Ivey, & Zalaquett, 2010; Okun & Kantrowitz, 2008）。當事人會藉由微笑、轉動眼睛、觀察空間、低頭、嘆氣、交叉手臂和腿、變化語調或是陷入沉默，來回應實務工作者的意見；透過這些非口語訊息所傳達的意義，如同他們用口語敘述情況一樣地重要（Okun, Fried, & Okun, 1999）。當你跟隨著當事人的步調時，你便會關注到：這些非口語訊息及其所使用的脈絡、不同當事人所使用不同類型的非口語訊息，以及在這些類型中的任何改變。

當事人使用非口語行為的方式乃會展現出他個人獨特的風格，因此，這些非口語訊息的意義需要被放置於當事人的脈絡中，才能得以釐清。根據研究，當事人的非口語行為會因其文化群體而有共同性。Lum（2004）指出，有色人種在非口語表達上，如：眼神接觸和聲音語調的使用上，與白人不同，就連非裔美籍、亞裔美籍以及拉丁美洲人也展現出特殊的非口語行為類型。認識這些文化類型是有用的。當你與這些族群的當事人一同工作時，你也需要知覺到，每個文化族群當中仍然存在著許多個別差異性。我們相信，要了解當事人非口語訊息的意義可能為何，你需要著手於理解當事人的整體自我表現，包括其口語和非口語行為。多數人是直覺地、整體性地回應他人的；也就是說，我們對於他人的回應，是建立在對其口語與非口語訊息所組合的整體解讀基礎之上。我們與當事人工作的這項專業，道理亦同。在此類同的關聯下，如同我們於前

面段落所指出的，在助人晤談這種面對面的對話當中，近來溝通領域研究已支持了：非口語及口語訊息乃一直以統整且同步的方式來形成與呈現，而非處於不一致、不同步的狀態（Bavelas & Chovil, 1997, 2006; Bavelas & Gerwing, 2007）；此觀點對我們來說，是極富意義與樂趣的。

　　單獨觀察且開放地回應當事人的非口語訊息，並非建構解決之道的主要部分。許多派別依賴實務工作者對當事人行為的解釋，包含非口語的部分，以促進當事人改變；但建構解決之道與其他取向不同，它的效益取決於未知的問句以及在當事人參照架構下的問答往返過程，以能創造出改變的可能性。然而，當你開始晤談時，你需要十分留心當事人對你陳述與提問的非口語回應，因為這些回應都能反映出你的陳述和回答是否尊重了當事人、是否以當事人的參照架構來工作。例如，如果當事人保持沉默、癱在椅子上、將視線移開或出現似乎失去興趣等重要指標，那可能表示你提問的問句並未緊扣著誰或什麼對當事人而言是重要的。發生這種狀況時，與其拉回當事人的注意力來繼續討論，不如提問下列的問句，會更有助於將晤談拉回軌道上：「嗯，在我們這次晤談結束前，你認為什麼地方需要做些改變，好讓你能覺得我們在一起的談話對你來說是有幫助的？」如果當事人在試著回答這個問題時，你觀察到當事人一改姿態地出現噘起嘴巴、瞇起眼睛、緊繃著臉及努力地思索等非口語暗示時，你就可以有相當的自信，再多去提問類似的問題。

(十三) 自我揭露

　　身為實務工作者，如果你使用自我揭露（self-disclosure），你會「向當事人簡短地討論自己個人的故事、想法或經驗」（Ivey, Ivey, & Zalaquett, 2010, p. 325）。對於使用這項技巧，不同實務工作者之間存在相當大的差異。有些實務工作者會藉著揭露他們自己的感覺和經驗，來作為激發與教育當事人的方法；有些人不喜歡這樣的方式，因為他們認為這將會干擾當事人的自我決定，並逐漸削弱當事人的自我肯定。

　　我們也不建議你告訴當事人有關自己的經驗。建構解決之道背後的概念是：尋找解決之道的優點之處，通常也是唯一必然的要點，是發生在當事人的

參照架構和過去的經驗裡。然而,這並不意味著,你不應該對當事人表露心裡在想些什麼。有時候,告訴當事人你的想法是重要的。舉例來說,當你觀察到當事人說話內容矛盾,你可能會提出詢問:「剛剛,你說你和你媽之間情況相當不錯;但現在,你說你很討厭她。這把我搞混了!你能解釋一下這兩個狀況是如何同時存在的嗎?」適當地使用這類的自我揭露,可以幫助實務工作者了解和澄清當事人對他們自身生活的知覺。

自我揭露最為人所知的部分是指,使用你的知覺、批判思考能力及想法,來作為建構解決之道過程中的一個工具;但是,那不意味著,你需要告訴你的當事人,在你的青少年時期你也破壞了門禁,或者你也曾被性虐待。雖然有些實務工作者認為,後者的自我揭露形式可以促進彼此關係融洽,但我們相信那不是必要的,因為這會削弱當事人建立自己解決方法的能力。所謂「經驗過特殊悲慘境遇的人,會對正在為相同悲慘境遇掙扎的當事人最有幫助」的這種假設,是令人存疑的。

(十四) 讚美

當事人各有其個人特質和過去經驗,若能善加運用於解決他們的困擾以及創造更滿意的生活上,將會有很大的效用。這些特質如:面對困難的復原力、幽默感、有條理的心智、辛勤工作的能力、照顧他人的敏感度、從不同觀點看事情的能力、傾聽他人的意願、學習對生活和生命產生更高的興趣——這些都是當事人的優勢(client strengths)。有用的過去經驗是指:當事人曾想過的想法或是確實做過的某些事情,是能應用於解決目前困境者;這些即是當事人的過去成功(past successes)的經驗。

以下是一個讚美(complimenting)的例子。Peter 和一位具危險性的母親會談,這位母親因為被懷疑疏忽孩子,目前正處於小孩被保護服務機構帶走的處境。

Peter1 ：我了解到,兒童保護服務機構目前正在調查妳的家庭狀況,好評估你在妥善照顧孩子方面是否能令他們滿意。

Ellen1 ：沒錯，可是我真的很害怕！我有四個小孩：Bill四歲、Stacey三歲，還有一對十個月大的雙胞胎；我所負擔的工作量大到令人難以想像。

Peter2 ：我相信一定是這樣的。對妳來說，有四個學齡前的孩子一定很辛苦。

Ellen2 ：是啊！我覺得我好像被尿布和餐盤淹沒了，有時候他們似乎全都在同一個時間需要我！更糟的是，我先生才剛開始他的事業，他總是不在。情況真的變得很糟！

Peter3 ：〔讚美〕妳似乎是個很會照顧小孩的媽媽，總試著滿足每個人的需要。

Ellen3 ：〔啜泣〕是啊，我是。但有時候我就是無法撐下去，然後事情就變得很混亂。我會試著花一些時間跟每個小孩個別相處；每個小孩都需要知道他們自己是特別的。

Peter4 ：〔繼續讚美〕妳很努力在當一位好母親。我對於妳剛才說的「每個小孩都是特別的」這個想法感到相當有興趣；這對妳來說似乎是重要的，是妳自己想出來的嗎？還是從某人身上獲得的靈感？

Ellen4 ：我的母親有很多小孩，她得了相當嚴重的憂鬱症，必須住院。她一直沒有時間照顧我們，更別說是跟我們每個小孩個別相處了。所以，從很久以前我就決定，當我有自己的小孩後，我不會跟我母親一樣，我要讓每個孩子都能個別地被關注到。

Peter5 ：〔再度讚美〕我想妳在這個方面做了很多考慮。告訴我，在妳把每個小孩視為一個獨特的個體看待時，妳都會做些什麼？

讚美的使用不應該只是為了想對當事人表達仁慈友善而已；讚美反而應該以**現實為基礎**（reality-based），是源自於當事人透過口語及非口語訊息所告訴你的內容。一如在 Peter 和 Ellen 的對話中你可以看到的，讚美通常用來增強那些在當事人心目中所看重之處。

在威斯康辛州密爾瓦基市的短期家族治療中心（BFTC）開始使用讚美時，主要用在晤談結束的時候，以吸引當事人注意到可能有助於達成目標的優勢和

過去經驗。漸漸地，實務工作者轉而在治療過程中處處讚美，因為這個作法似乎可以幫助當事人變得更有希望與自信。在治療過程中，讚美也有助於發現更多當事人的優勢和成功資訊。當被讚美時，當事人通常會同意地點頭；這告訴了你，他也有同樣的觀察，然後你就可以更進一步地問更多問題，以了解當事人生活中究竟是發生了什麼，可以支持這項讚美。

讚美有幾種類型（Berg, 1994; Berg & De Jong, 2005）：直接讚美（direct compliment）是實務工作者在回應時，直接給予當事人正向的評價或反應。一個正向評價的實例在 Peter 與 Ellen 對話中：「妳似乎是個很會照顧小孩的媽媽。」如果當事人正在努力戒酒，並告訴你，他已經有四個星期沒有喝酒了，你可以訝異地說：「哇！我想那一定很困難、很不容易做到！」這個反應也是一個直接讚美的表達。MacDonald、Ricci 和 Stewart（1998）稱之為「讚嘆欽佩」（admiration）。謹慎地使用正向評價，並經常性的給予讚嘆是最有效的。不過這兩種直接讚美的最佳使用時機，仍是需要用於能反映當事人所在乎的價值觀。

間接讚美（indirect compliment）是暗示當事人正向部分所在的一種問句。間接讚美的其中一種方式是，針對當事人所陳述他想要的結果，多去問些相關資訊。舉例來說，Peter 也許會問 Ellen：「妳怎麼能這麼冷靜地處理這些家務？」另一個方式是，透過一組關係來暗示正向之處，也就是說，實務工作者要求當事人從他人的優勢位置來回答問題；Peter 可能會問 Ellen：「如果我問妳的小孩們，對他們而言，妳之所以是個好母親，是因為妳做了什麼，妳猜他們會說些什麼？」第三個方式，是暗示當事人知道什麼是對他最好的；就像Peter 詢問了 Ellen：「對妳來說，妳怎麼知道將每個小孩當作是獨一無二的個體來照顧，是很重要的事？」間接讚美比直接讚美更好，因為它的問句形式會引導當事人去發現和陳述他們自己的長處和資源。

最後，當事人也許會使用自我讚美（self-compliment）。他們可能會說：「我決定不再吸食海洛因，因為我變聰明了。」或者「我決定了，既然我要去學校，我也要在學業上有所表現。」身為實務工作者，你的職責是盡可能去辨識出這樣的讚美是進步的徵兆，並以間接讚美來增強他們：「這樣做會令你自

已感到驚訝嗎？」「那對你來說，是新的經驗嗎？」「過去這件事是困難的嗎？」「這是會讓你持續做下去的原因嗎？」

很多當事人會輕易地接受讚美，而有些人則會貶低或甚至否定之。當實務工作者開始給予當事人更多的讚美時，常對當事人可能會如何回應感到擔憂和焦慮。如果你覺得焦慮，記得給予讚美的第一個目的是：讓當事人注意到他們的正向改變、優勢之處和資源所在；而且，對於當事人來說，開放地接受讚美並非一定是必要的。

(十五) 確認當事人的知覺

Felix Biestek（1957）是一位擅長於「信任發展」的知名作家，他系統地闡述了幾個建立關係的重要規則，其中之一即是：有意圖地表達感覺。Biestek 相信，當事人對專業協助產生需求之際，常是伴隨當事人有意圖地表達了一種感覺：當事人是否覺得已被了解而能開始信任實務工作者。

許多實務工作者已經將這個規則當成他們與當事人工作的重要核心。關於了解當事人感覺以幫助當事人之重要性，其部分原文摘錄如下：

> 讓當事人更加明確清楚地知道自己的情緒性生命——發現「事件的核心」。在當事人的言詞、想法、行為底下，乃為感覺與情緒，其為驅使行動的動力所在（Ivey, Ivey, & Zalaquett, 2010, p. 171）。
>
> 反映情感，在助人中是最關鍵的一個技巧（Carkhuff, 1987, p. 99）。
>
> 反映情感的技巧意味著，要協助他人去感覺與經驗自己最基本的部分——了解他們是如何真的感覺他人或生活的事件（Ivey, Ivey, & Zalaquett, 2010, p. 182）。

在這些引文中所暗示的信念是：感覺呈現了人性核心的層面，而且當事人必須先了解他們的感覺，而後才能繼續前進以解決他們的困擾。擁有這樣信念的實務工作者，會持續試著調整自己，以便了解當事人的感覺程度並表達之：

「你好像很生氣」或「你似乎很恐懼」。這樣的實務工作者還會去注意當事人是否能適度地表達合宜的情緒，抑或壓抑與忽略了他們的感覺。而且，這些實務工作者會加以注意當事人是否能擁有（own）自己的感覺，並真實地以此作為回應生活中重要他人和事件的基礎；還是他們只會將自己感覺的責任，推到其他人的挑釁行為上：「都是因為我媽媽批評我所有的朋友，所以我才會這麼抓狂。」

相對於這個觀點，我們並未發現，當事人需要常聚焦於自己的感覺並坦承之（尤其是那些所謂被壓抑的感覺），才會讓他們覺得被了解或有所進步；然而，他們確實需要被人問及他們的「知覺」（perceptions），包含：和他們困擾本質有關的部分、他們已嘗試做些什麼來克服他們的困擾、他們想要在生活中有什麼改變、他們已經做了什麼及什麼還沒有做。《韋氏新世界字典》（*Webster's New World Dictionary*）（1988, p. 1002）對知覺做出下列的界定：

1. (1)知覺的行動或能去知覺的能力；透過感官、覺察、理解，達成對物體、特質等心理上的理解。
   (2)洞察或直覺方面的能力，或者同時具有二者之能力。
2. 透過知覺歷程、特殊的想法、概念、印象等，而獲得理解與知識的形成。

由此定義看來，知覺指的是個人自我覺察或覺察生活的一個層面，而且這種覺察透過感官、個人思考和感覺能力，以及他或她的直覺而達成。

知覺是整體的，包括一個人的想法、感覺、行為和經驗。實務工作者透過邀請當事人藉用言語的描述而得知他們的知覺；因此，當事人對於他所知覺的一切，能以語言來加以描述，將會是一種有生產性的想法，因其反映了當事人經驗和參照架構（意指當事人用來組織和賦予他經驗意義的概念）之間的相互作用。

當事人不只需要被人問及有關他們的知覺而感到被了解，同時，他們也需要實務工作者對於他們的知覺加以肯定；他們需要一些跡象來顯示實務工作者

是能夠了解他們是如何思考、感覺、行動或經驗生命。這項觀點，在 Insoo 與一位因愛滋病而垂死的年輕娼妓晤談時，再次戲劇性地獲得證實。這位女性告訴Insoo，在她所接受愛滋病治療的診所裡，工作人員皆催促她去面質挑戰過去對她性虐待的兄長們。然而，她卻只想將所有心力放在好好地面對死亡這個議題上；這意味的是，她想要讓她的母親了解到她是一個好人，並在她的小公寓度過最後的時光，而不是依照工作人員認為的：她應待在診所才是對她最好的選擇。Insoo持續探索引導，進而肯定她對這些渴望的知覺，並且和這位女性一起探索如何讓她的渴望能真正發生。由於她的身體太過虛弱，使她無法出遠門，這位女性最後選擇了寫封信給她的媽媽，然後待在她的公寓裡，直至她過世。

實務工作者可以用以下幾種方式來肯定與理解當事人的知覺。可能只是透過點頭和簡短地回答「嗯」、「的確是」、「當然」來簡單表示自己的接納；或者，選擇表現出一種清楚的肯定與理解：「從你告訴我的所有事情中，我能了解你想在自己公寓裡度過最後時光的原因。」

再次反思 Biestek 所謂「有意圖地表達感覺」這個原則，我們得出一個主要的結論：雖然感覺是當事人知覺的一個重要部分，但感覺不會比當事人的想法、態度、信念和過去行為等等來得更重要。我們發現，盡可能詢問和傾聽當事人完整的知覺，會是更為有益之舉；而非把當事人知覺裡的特定層面加以獨立出來並標籤之，才會產生效用。一旦我們捕捉到他們的知覺後，我們就可進而確認這些知覺的意義。我們相信，如果你選擇這麼做，你會展現出：對當事人知覺的尊重、視每位當事人為單一獨立個體、鼓勵當事人珍視及相信他們的經驗等等的態度，並且能引導他們更願意信任你，而與你進入一個更具生產性的工作關係。

探索、肯定與理解當事人的知覺──從當事人的語言描述中──是建構解決之道晤談中會去完成的主要事項，因此，幾乎在這本書裡的每一段晤談摘錄，都在說明這項技巧。Peter 與 Ellen 晤談摘錄的引用，即是一個能說明如何利用讚美以認可當事人知覺的例子。請注意 Peter 是如何持續地要求 Ellen 擴展她的陳述，並邀請 Ellen 對她的處境及其選擇的處理方式給予更多的描述。邀請當事人進行更為豐富的描述，即是肯定當事人知覺的另一個例子。藉由純粹詢問

當事人知覺並接納他們所告知的資訊，實務工作者亦肯定了這些知覺的重要性。最後，在下一節裡，有些關於同理的例子也會說明要如何確認、肯定與理解當事人的知覺。

通常在我們的工作坊及課堂上會出現這樣的提問：「你們總是肯定當事人的知覺嗎？假使當事人正考慮以自殺當作是逃避沮喪的方法呢？或是恐嚇說要去痛打情敵？或者考慮毆打不守規矩的小孩時？」這些問題的言外之意似乎是說，提問者無法想像要如何持續地肯定當事人的所有相關想法，他們會傾向立刻使用教育和面質的方式，來阻止當事人將這樣的想法轉為行動。對於考慮進行激烈極端行動的當事人，我們將會在第 10 章討論如何與之工作；但是，我們基本的原則仍是：即便是在這樣的案例中，實務工作者仍然可以從一個未知的立場開始。那些考慮極端行動的當事人，如自殺、痛打或攻擊敵手，常是在幾種相關的知覺脈絡下才會如此行動。在探索和了解之後，這些知覺能幫助實務工作者和當事人理解到，是什麼促使當事人以這種方式來表達與表現自己。在遇到前述那樣的當事人時，你可以尊重地邀請他們提供自身極端知覺的資訊。舉例來說，對一個考慮要打孩子的當事人，你可以說：「在你的生活裡發生了什麼，讓你覺得打孩子會對現在的情況有所幫助？還有其他的想法嗎？那樣做會有什麼幫助呢？會有效嗎？」你還可以繼續問：「如果你決定那麼做，你跟孩子之間會有什麼樣的變化？你和其他的孩子之間又會有什麼改變？在你和法院之間，還會有什麼不同？」

這樣的問句將可幫助你理解：是什麼原因，驅使當事人在言談中表達出要去執行如此極端的行動。當我們聽完當事人的故事後，我們常發現自己會如此回應：「從你剛剛告訴我你家發生的事情後，我能夠理解為何你有時會想要打小孩，即便你說這理解對你沒有任何幫助。」很多實務工作者認為，這樣肯定當事人的知覺，會增加當事人採取行動的機會，或是更加容忍這樣攻擊小孩的行為；但奇怪的是，我們的發現卻正好相反。在當事人被尊重地問到如自殺、毆打或攻擊別人等相關的可能性的知覺時，他們通常會變得較放鬆，並將他們的對話轉而朝向較不極端的可能性繼續發展。

(十六) 自然同理

　　Biestek（1957）闡述另一項建立關係的原則是：實務工作者一定要有控制情緒涉入的能力——Biestek 將之定義為：敏察當事人的感覺、能了解其感覺的意義，並且適當地回應之；這項原則促使實務工作者需要在感覺層面與想法層面，同時與當事人進行溝通。例如，對一個描述其配偶用殘忍的方式挪揄她體重過重的當事人，實務工作者也許會說：「他的批評一定相當傷人！這些話一定刺到你骨子裡去。」很多實務工作者——不論是新手或是有經驗者——都會發現到，發展和使用這項技巧是個挑戰。有些實務工作者因為從未能與當事人達到這樣的接觸程度，而使此領域中的許多人認為，這些實務工作者在此方面的能力是有缺陷的。

　　Biestek 的原則與其他作者（Benjamin, 1987; Egan, 2010; Keefe, 1976）所提到的同理（empathy）非常接近。同理具有難以明確捉摸的本質——這看起來好像是在反對「精確的概念化」（有些作者，包括 Benjamin，偏好以故事的方式來說明同理的意涵）。同理被認為是實務工作者運用想像進入了當事人的思考、感覺和行動世界的一個結果。同理與同情並不相同。同情指的是和當事人有相同的感覺和關心的事。同理並非表示實務工作者認同當事人且迷失在當事人的世界裡，而是，實務工作者在晤談中探索並接納當事人對他經驗的感受，但並不失去實務工作者和當事人兩者是不同獨立個體的這份內在感。根據 Carl Rogers（1957, p. 99）的說法，同理的感覺好比「感受當事人的私人世界就好像是你自己的私人世界，但是永遠不要失去『好像』的本質」；同時，「去感受當事人的氣憤、恐懼或困惑，但卻不會被困住。」

　　那些撰寫同理此一主題的作者們強調，同理他人需要實務工作者去感受，或被當事人的故事所感動；這帶領我們回到 Biestek 所提之控制情感涉入的想法。實務工作者對當事人所溝通的內容，必須超越僅是認知層面的理解，一定要盡其所能地以整體的角度來了解當事人的故事——包括他們的情感以及想法（有些實務工作者視同理的陳述為「發自內心」的陳述）。實務工作者愈能做到同理地了解當事人，也就愈能自然地以同理的陳述來回應當事人；實務工作

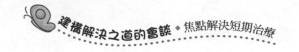

者愈能使用同理的陳述，當事人也就愈能感覺到被關心以及全然地被了解。

Lambert 和 Bergin（1994, p. 164）提到長久以來一個實際存在的一致性看法：一般說來「精確的同理、積極的關懷、無條件的溫暖、一致或真誠」，都是與當事人建立「工作同盟」（working alliance）關係以及促使當事人進步不可或缺的要素。然而，當研究結果持續證實精確同理之重要性的同時，它們卻變得「比昔日的想法更為含糊不清」（Lambert & Bergin, 1994, p. 165）。這些研究結果指出，實務工作者的同理確實與當事人對彼此關係的滿意度呈現正相關；再者，當晤談的進展是以當事人對進步的看法來測量時，研究結果也指出，同理與當事人的進步亦呈現正相關。然而，當晤談的進展以某些更客觀的工具來測量時──如：標準化測驗，或對當事人的改變直接觀察時──實務工作者的同理反而顯得沒有那麼重要。

有關實務工作者能確認與傳達出含有對當事人情緒反應的同理給當事人，此一重要性，在焦點解決取向的實務工作者間，已成為一個具有爭議性的問題。Kiser、Piercy 和 Lipchik（1993）以及 Lipchik（1999, 2002）爭論著，針對當事人的情感進行詳細的對話，仍然可以促進同理，也可提升當事人和實務工作者之間的正向連結。但是，從另一個角度來說，Miller 和 de Shazer（2000）則暗指，這樣的對話對於當事人和實務工作者之間建立的合作關係並非必要；甚至，這樣的作法反而還會塑造出實務工作者的「精良形象」──將其專家解釋強加在當事人的困境和解決方法上。Miller 和 de Shazer 指出，由於情緒深埋於當事人對生命中他人與事件之全盤回應上，若將情緒單獨提出並予以特別的關注──未經當事人確認此是否為他們所想改變之處──將會創造出一個傾向於視情緒為當事人困擾之肇因的對話脈絡。這種思考情感的方式將會不必要地限制了實務工作者與當事人建立和發展合作關係，也會阻礙實務工作者和當事人一起建構可能解決之道的知覺發展。

Bavelas、McGee、Phillips 和 Routledge（2000）是一個研究溝通主題的團隊，他們歸納出用不同方法回應個人敘說的故事研究時，間接地支持了 Miller 和 de Shazer（2000）的觀點。這個團隊在研究中，對三種溝通進行了比較：第一種，將焦點置於複述敘說故事者感覺的「積極傾聽」（如：「妳的丈夫昨天

晚上沒回家吃晚餐，妳感到很生氣。」）；第二種是「無關干擾」（如，詢問無關故事重點的細節：「妳先生上班時會繫領帶嗎？」）；第三種則是未受訓練的、自然傾聽者典型的「有關干擾」特徵（如，當故事敘說者描述出她的丈夫不回家吃晚餐時，說：「噢，不！」）。研究結果顯示，故事敘說者本身與這個互動裡的觀察者皆偏好「自然傾聽（有關干擾）」勝過「積極傾聽」；他們將前者視為更真實、更能表達關心的回應方式，同時也表現了傾聽者真的有留意到故事敘說者所描述的內容。有趣的是，那些偏好「積極傾聽」（勝過「自然傾聽」）的觀察者則為少數在「積極傾聽」方面受過訓練的人。Bavelas 等人（2000）對「積極傾聽」做出最後結論：

> Norgaard（1990）與 Armstrong（1998）都發現，有相當多關於這些技巧的文獻，實際上都沒有包含效果評估的研究，因而無法說明這些技巧是如何對當事人有效，或如何受到當事人的喜歡……因此，我們懷疑這些傳說中的溝通技巧──持續教導溝通「應該是」如何進行的內容，其實從未被系統化地觀察是如何在互動中發生作用的。

我們同意 Miller 和 de Shazer（2000）的觀點：並不是要特別在對話中獨立挑出「情緒」主題，才會有利於與當事人建立一個合作的工作關係。我們也同意 Bavelas 等人（2000）認為在溝通技巧的主題上，需要持續進行實證研究之看法。基於他們的成果以及我們與當事人工作的經驗，我們大力推薦，在你晤談時，使用「自然有關的干擾」。我們絕對不會建議使用多愁善感或傾向誇大負面感覺的同理方式。舉例來說，我們不建議重述當事人所描述的經驗，像是：「你現在真的很受傷！似乎這是你生命中相當挫敗的一段時光。」這樣的陳述無法有效引導當事人朝向產生正向改變的方向前進。另一方面，我們也相信，自然、同理理解的展現是必要的，這對許多當事人在描述事件及其個人反應的狀況，會是很有幫助的。有時，在當事人描述於一段特別關係中有些艱辛和傷痛的時刻時，實務工作者對當事人的知覺展現出同理的肯定表達會是有效的，例如：「我能了解你和他之間的情況不是你現在想要的。」然後，你可以開始

探索當事人想要在這段關係中有何不同，或者當事人可以做些什麼來動員他或她的優勢之處，以度過這段艱困時光。在本章的前段裡，Peter 和 Ellen 之間的交流，便提供了對這種同理理解取向的另一個實例。

身為一個實務工作者，你能使用多元、自然的方式來展現對當事人的同理理解，例如：了解地點頭；以簡述語意和摘要來傳遞出你對當事人敘說內容重要性的了解；尊重的沉默；以及蘊含同理的聲音語調。口語同理技巧的例子遍布本書，隨處可見，非口語技巧之說明則可自行參閱原文書搭配出版的相關DVD。

我們對於同理的討論，猶如它是個獨立的技巧，然而，在你與當事人工作時，同理的出現或缺席，乃與本章所描述的其他技巧運用是密不可分的；你的非口語反應、簡述語意及對當事人知覺的肯定，皆能點滴傳達出實務工作者有無同理的展現。同理，就像當事人與實務工作者互動中的其他重點，應被解讀為「成分中一個主要組成要素」；當事人與實務工作者間的互動就像一塊蛋糕，一旦這塊蛋糕被烘焙了，我們就不能把糖從麵粉當中分離開來；蛋糕的味道乃是依靠所有成分的結合。同樣地，當事人對互動的感受——當事人如何評估實務工作者是否真的了解他、是否對他有幫助，乃大部分取決於實務工作者如何統整組合地使用各種技巧（註3）。

(十七) 一般化

掙扎於高度情緒張力的當事人，常會失去洞察力。由於無法發現滿意的解決之道，以及身陷在疼痛和緊張當中，當事人對困擾的思考與談論，好像會開始變得像是困擾已然超出他們可以控制或常態之外的範圍一般。例如，與青春期孩子發生衝突的父母，或剛發現配偶過去幾年風流韻事的當事人，常會以強調自己的情況乃異於他人的方式來訴說其觀點。實務工作者很容易陷入這個高壓的問題式談話，並失去形成建構解決之道問句的能力。

在當事人的問題式談話中，一般化（normalizing）可用來回應當事人所認為的困境是否已超過一般生活困擾的範圍。一般化即是反對將生命中預期之挑戰，視為根深柢固之困擾以及個人病狀的傾向。身為一個實務工作者，有不同

的方法可以讓你進行「一般化」回應。假設一對父母為了年輕兒子而來到你這個專業人士面前，說了如下的話：

母親：我們在與 Evan 的相處上一直有很大的問題。Evan 就是我們十五歲的兒子。他一直在蹺課，他會去上前兩堂課，然後就走出學校到停車場，坐在他的車子裡。他被教官抓到在車子裡抽菸，那是違反校規的。就我所知，他甚至會抽大麻。過去在學校的這幾年，他對學校的功課是很感興趣的，但現在的他，似乎跟他的班級一點關係都沒有。他的老師曾向我說，他拒絕參與班級活動，只會繃著臉坐在那裡。當老師詢問他問題時，他會拒絕回答，或者會說他不知道為什麼他得學這些內容，因為這對他來說沒有價值。叫他去校長室也沒有效果；他完成課後留校的懲罰後還是依然故我。他對我來說是個相當棘手的年輕人，我想不出來該怎麼對待他。也許他還有吸毒，誰知道！

父親：更糟糕的是，我太太還是 Evan 就讀學校裡的英文老師。她告訴我說，在她休息時間，其他老師和教官會來告訴她所有 Evan 做錯的一些事情，這讓她很難專注於她的教學。

運用一般化的方式之一是：去問這些當事人，就他們所描述的內容，這是否是個可預期的狀況。你可能會回應說：「你說 Evan 是一個十五歲的青少年，對吧？所以，你覺得他所做的事，對一個青少年來說算不算是正常的？」你也可以使用一個更直接的方式來進行一般化。假如這個當事人看起來還有點幽默感，而且你相當有把握你在直接提出時不會觸怒到父母，這時，你或許會說：「是啊！畢竟他是一個青少年！青少年都不時在違規的啊。」另一種直接一般化的方式是使用簡短的陳述，像是「當然」、「的確」或「是啊，這是可以理解的」。在前述 Evan 的例子裡，你也許可以用這個方式來回應父親的意見。

一般化最好能自然且自信地展現之，否則當事人可能會覺得實務工作者低估了他們的掙扎。如果你是這項技巧的新手，我們建議你以更「暫時性」（tentative）的形式去詢問當事人對其困難的常態化觀點；隨著經驗的增加，使用直

接的方式會愈來愈容易。更重要的是,你需要仔細傾聽和回應當事人對你給予一般化的反應。不論當事人的反應為何,你仍然應該仔細傾聽當事人是如何在表達他所想要的目標之種種線索。在先前的例子裡,在使用一般化後,Evan 的母親也許會說,她同意 Evan 的行為對她來說是棘手的,但是或許這對一個青少年來說是正常的,所以,她想要努力發展出新的、較沒有緊張情緒的方式,來回應同事向她談論 Evan 的狀況。比較少見的狀況是,她可能對你的一般化變得更加緊張,堅持給你更多 Evan 行為可能會變得更為嚴重的細節,像是要說服你,他的行為並非只是一般的困擾而已。當你認可她的知覺,並詢問你該怎麼幫助她時,她很可能回答說:在事情還未太遲之前,她和她的丈夫必須先找到一個可靠近 Evan 的方法。在這兩個案例裡,彙整與形成下一個問句都是──去發現當事人想在哪些方面有所不同,進而將對話朝向一個具生產性的方向發展。在建構解決之道裡,一般化是有用的,因為它提供當事人一個對他們的困擾「去病理化」(de-pathologize)的機會,同時也幫助當事人和實務工作者澄清當事人所想要的改變為何。

(十八) 將焦點回到當事人

本書所描述的使用程序,於 BFTC 及其他治療機構的經驗中,已被證實的確能協助許多當事人;藉由發展明確的目標,以及將目標轉變成現實的步驟來達成目標,乃促使當事人創造出更為滿意與具生產力的生活。在這個過程中,當事人會進行一些工作;通常,當事人需要就長久的慣性做些改變而調整。

我們的觀察指出,大部分當事人在描述他們的困擾,並企圖明確表達他們想透過與實務工作者之間的關係所達成的目標時,他們常會談到他們想要別人(others)做些改變;他們傾向於表現出:在那樣的處境下,自己是無力的,是受到他人支配的。他們的說法如:

■ 我的小孩很懶惰,他們早上不肯起床,而且一天當中大多數的時間他們都在休息,只看電視。他們似乎都不知道有時候我需要幫忙。

■ 我希望我的父母能進入二十一世紀。我十五歲了,而他們仍維持這個荒謬的門禁時間──他們要我這星期每天必須十點前回家。

■ 我的孩子功課相當差。我想了很久，這件事之所以會發生，是因為他有特殊的學習需求，而他的老師卻不知道該如何處理。

■ 如果我的老闆能停止高高在上對我說話的姿態就好了；有時候他把我當作小孩看待。

■ 我先生的脾氣糟透了；當他失去控制時，他會打我。我想這是因為在他的成長過程裡，他經常被粗暴地對待。當他那樣發狂時，我真的很害怕，因為我不想被打。

　　傾聽和尊重當事人的這些知覺是重要的，因為在當事人說話時，這些知覺展現了當事人如何看待他們生命中相關事件的觀點。為了能使無力感轉向賦能感，當事人必須轉變他們的焦點；他們必須減少將焦點置於他們不欣賞的人和當下的處境上，反而應多聚焦於在此情境中他們想產生的改變，以及他們如何看待自己參與解決的過程。

　　身為一個實務工作者，我們能時時幫助當事人轉移焦點。下列的問句是你可以用來詢問當事人，以邀請他們將焦點重新回歸到自己身上：

■ 是什麼告訴你，你的小孩是可以多幫忙的？

■ 當事情愈來愈好時，會發生什麼改變？別人又會注意到你做了什麼不同的事？

■ 要讓事情更好，即使是一點點，需要有什麼事情發生？

■ 假設你的老闆在這裡，我問他，你要有些什麼不同，才會讓他比較容易不再那麼高高在上地跟你說話。你想，他會說些什麼？

■ 你從何處看到希望，而讓你認為這個問題是可能可以被解決的？

■ 假如今晚你睡覺時，奇蹟發生了，我們所談論的困擾在明早就解決了。假設你不知道奇蹟已經發生，因為你睡著了。而你起床後，你會注意到的第一件讓你覺得情況變得更好了的事會是什麼？其他人又會注意到你做了什麼，而讓他們知道你已經變得更好了？

■ 在你的生命中，是否已經發生過你所描述的部分奇蹟時光？

　　在這些問句中，有些問句明白地邀請當事人將焦點轉移到他們自己身上，而有些問句則以暗示的方式進行。邀請當事人進行「焦點轉移」，是 de Shazer（1994）所稱之由「問題式談話」轉至「解決式談話」的轉變中，一個相當重

要的關鍵。所以，本書從頭到尾呈現了許多這些類似問句的實例。

(十九) 探索當事人的意義

　　當事人常常會疑惑某些事件在他們生命中的意義，有時候也會詢問實務工作者有關這些意義的相關想法：「所以，在我的朋友過世之後，我完全失去外出以及與朋友見面的動力。我不明白我怎麼了。」很多其他治療取向的實務工作者會提供一個解釋讓當事人去思考：「常常，那些曾經歷過失落的人都很努力控制他們的情感，並且把自己與其他人孤立開來。你認為這也在你身上發生了嗎？」

　　在建構解決之道中，我們不傾向去解釋當事人的經驗。我們尚未發現解決方法會來自「探索事件和經驗何以會如此發生」的相關對話中。舉例來說，如果在我們與當事人開始工作時，他問了一個如前述的問題，我們便會問更多當事人生活中正在發生的相關資訊——哪些資訊向他證實，他是「完全失去外出以及與朋友見面的動力」的。在當事人描述這些資訊時，我們會同理地承認當事人處境的困難，傾聽當中有什麼對當事人來說似乎是重要的，並且注意任何有關當事人可能想要什麼目標的暗示。

　　這並不表示我們對當事人經驗的意義不感興趣；反而是，如同建構解決之道的其他觀點，我們相當仰賴當事人的專家性。對於建構解決之道最有幫助的意義所在即是：過去的成功經驗和未來的可能性，而非困擾與問題本身。SFBT常用未知的問句，來邀請當事人努力建構他們自己的意義，如詢問當事人過去做了些什麼，或考慮未來會做些什麼，會是有效或有幫助的。舉例來說，掙扎於藥物濫用的當事人也許會告訴你，他過去參加過住院治療；你也許會問他治療是否有效，如果他說是，則更具體明確地詢問這個有效的治療方法是什麼。另一個詢問的方法，本質上與第一個問題是相同的：「這個治療讓你的生命有了什麼不同？」這同樣是在尋求當事人對未來可能性之意義。再舉例來說，對一個與老闆在基本薪資上談不攏，且正考慮以他描述過的一些細節再跟老闆談談的當事人，你也許會問：「所以，假設你決定用這種方式跟老闆談，你認為這會使你們之間有什麼不同？」在努力形成答案的過程中，當事人正建構著未

來可能行動的意義——一個對他在決定是否採取實際行動上也許會有用的意義。

　　與當事人之意義進行工作時，另一件建構解決之道值得注意的原則是：除了詢問當事人的成功經驗及可能性的相關意義外，我們也會先積極詢問互動的意義。因此，在先前的例子裡，當事人正考慮用他之前的說話內容與方式來跟老闆溝通時，我們便會問：「所以，假設你決定用這種方式對你的老闆說話，你認為你們之間會有些什麼『不同』呢？」我們增加的覺察是——指出有哪些互動意義會是對當事人「最有用」的——這會有效地引導我們。而「所以，用這種方式對你的老闆說話，你覺得會如何呢？」的這種問句，反而無法達成這種覺察。

(二十) 關係問句

　　關係問句（relationship questions）是用來邀請當事人對人際互動及其對自身的意義進行描述，以便建構解決之道。人們大都活在與他人互動的生活裡；在關係互動中，有很多人對當事人來說是極度重要的。在當事人描述他們的困擾時，他們可能便會渴望他們的生活能有些不同；一般來說，其內容就會包含對重要他人觀感的參照架構（Mead, 1934）：「我的困擾是我的女兒使用毒品，而且不再聽我的話。」「我的先生和我總是在吵架。」或者「當我的老闆與我的對話能提升到人對人的方式，我便會知道事情是愈來愈好了。」身為一個晤談者，你一定要找到當事人的重要他人是誰，而且將他們編排到你的問句中，如此才能鼓勵當事人去描述他們的情境、他們想要的不同，以及如何在互動觀點中啟動解決之道的發生。如果你不知道當事人的重要他人是誰，你就直接簡單地問：「誰最了解你？」

　　以下舉例說明關係問句進行的方式：假設當事人說了他想要的一個改變為：當女兒叛逆反抗的時候，他可以用不同的方式與她說話，而不是發脾氣或對她吼叫；此時，你便可以進一步地邀請他以互動的觀點，來定義這個顯現的目標，例如問他：「假設你不再對她發脾氣及對她怒吼，她會注意到你有什麼不同？」父親若回答：「我想我會更平靜，並且以一個平靜的聲調跟她說話。」你便可以繼續問：「當她注意到你的改變時，她將會做些什麼？」如同

前面所描述的,你也能邀請父親在互動的觀點中去建構這些新可能性的意義,例如詢問:「所以當你能更平靜地說話,並且用溫和的聲音來對她說話時,在你們之間會有什麼不同?」以及「當你以這樣的方式說話時,你的女兒將會說你們之間有些什麼不同?」你還可以對已經浮現的解決方法引出更多的確認與擴大:「假設你決定與女兒更平靜地說話,而且常常用溫和的聲音來說,那麼你和你太太之間又會有什麼不同?」「你和家裡其他人可能還會發生什麼不同的事?」「在你的生活中還可能會有什麼不同?」這些額外的問句,促使當事人發覺在他心中,他想要和女兒發展的關係可以有何不同,而此不同又會對其他重要他人有何影響,甚至還會因此影響他選擇在生活這個領域裡做些其他不同的改變。常常,當事人在一個關係中有正向的改變時,將會出現漣漪效應,影響到其他關係的改變。因此,當回答這樣的問題時,對當事人來說,原有可能性的吸引力將會被當事人增強之。這些包括當事人及重要他人的互動脈絡問句,被稱作關係問句;這是邀請當事人去擴大已浮現之解決方法的主要方式之一。

(二十一) 擴大解決式談話

當事人和實務工作者之間的解決式談話,將能說明當事人想要有的改變,及其在生活中能夠發生改變的可能性。我們已經提供相關問句的例子來解說,如何邀請當事人投入於建構解決之道的對話中。有些當事人已經準備好接受邀請,有些則否。不願意接受的當事人也許堅持聚焦在他們不喜歡的生活,或與其他人有關的問題式談話上。然而,當你引導出解決方向時,大部分當事人便開始參加解決式談話。因此,你的任務即是有意地將晤談轉換至解決式談話,並且鼓勵當事人盡可能地提供細節。

在下面的例子裡,Insoo邀請一位年輕人詳述:如果使用毒品的困擾被解決了,他的生活將會發生什麼不同。

Insoo1 :所以當你的困擾被解決時,那將會有什麼不同?
Kenrick1 :我完全不會再使用毒品。

Insoo2　：所以在那時，你若又有使用毒品的渴望時，你會做些什麼？

Kenrick2：做一些建設性的事，讓我不再想它；或是做任何事，像打籃球、跑步；就是做些事，讓我免於誘惑；或者去和某人說話，你知道的。

Insoo3　：這些會有幫助嗎？

Kenrick3：是啊！

Insoo4　：〔回應他的評論，他先前留在醫院的期間是沒有使用毒品的〕當你在醫院的時候，是什麼幫助你的呢？

Kenrick4：是啊，你知道，就是說笑話或一些事。

Insoo5　：說笑話有幫助嗎？

Kenrick5：是啊，當你坐在那裡與一群人說話時，因為你說的某些事，每個人都在笑，你知道，這會讓你感覺很好。然後，你就好像不需要毒品一樣。

Insoo6　：我了解。你有好的幽默感？

Kenrick6：是啊。

Insoo7　：其他人告訴你的嗎？

Kenrick7：是啊！

Insoo8　：真的啊？你總是那樣嗎？

Kenrick8：是啊！

Insoo9　：啊！你說是幽默感對你有幫助嗎？

Kenrick9：是啊。它可以幫助我。

Insoo10　：還有什麼可以幫助你面對這些渴望？

Kenrick10：我的小孩。

Insoo11　：你的小孩嗎？他們會如何幫助你？

Kenrick11：因為他們讓我回想起我對孩子的渴望。就像我在他們身邊一樣，你知道，我會想去做一些壞勾當，好拿到一些毒品，而那時我的大兒子會跟我說話──你知道，當這些渴望發生時──那就像是我注視著他而且注意他，然後我對他做了一些有建設性的事，我

們做某些事，就像……〔沉默〕

Insoo12 ：像什麼？什麼是有建設性的事？

Kenrick12：我們會寫他的名字；我們會算數學、寫 ABC 等，你知道。

Insoo13 ：你嗎？你教他嗎？

Kenrick13：對啊！

Insoo14 ：噢，好啊！那有幫助啊？

Kenrick14：是啊！

Insoo15 ：你喜歡做那些？

Kenrick15：是啊！

Insoo16 ：〔注意他的聲調反應〕他看起來很喜歡嗎？

Kenrick16：是啊！他也很喜歡。

Insoo17 ：你一定非常愛他。

Kenrick17：是啊，我非常愛我的小孩。

在這段對話裡，Insoo 邀請 Kenrick 描述：如果困擾被解決時，他的生活會是什麼樣子。由於 Insoo 注意到他已持有一些關於希望生活可以有何不同的想法，以及 Kenrick 已能聚焦在他可以做些什麼不同上，因此 Insoo 便努力地讓他詳述這些差異。Insoo 並不滿足於 Kenrick 所描述不吸毒時會有的不同生活；Insoo 緊接著詢問更多的資訊：當他生活有吸毒渴望的時候，他會做些什麼？Kenrick 回答更多細節且更具體：「會打籃球」、「跑步」、「跟某個人說話」以及「說笑話」。Insoo 再問他如何進行這些事情，特別是說笑話這方面的幫助，也就是說，笑話對他的意義和重要性。Kenrick 藉由描述互動的意義確認出更多方法。他解釋當其他人因他的笑話而有反應時，他不需要使用毒品就會感到好多了。Insoo 也問：「還有什麼可以幫助你面對這些渴望？」Kenrick 提供了他和小孩間更多建設性的相關資訊。

與當事人建構解決之道時，你一定要努力擴展任何當事人所提供的解決式談話內容。於當事人第一次前來尋求服務時，當事人便得去對抗自身所經驗到的巨大無力感；對此，解決式談話是非常有用的。起初，當事人會聚焦在他們

的困擾上，也會一直討論這些困擾如何使他們的生活艱苦。一旦實務工作者開始邀請當事人談論他們想要的生活有何不同的細節，以及它們會如何發生時，他們就變得更有希望，並更能自信於這些可能性的發生。在某種程度上，賦能是一項知覺，是會被當事人的解決式談話所提升的一種心理狀態。

　　值得注意的是，近來關於焦點解決對話的研究，進行了實作經驗化的探討，其結果顯示：實務工作者認為，當他們與當事人的晤談從問題焦點式談話（problem-focused talk）轉變為焦點解決式談話（solution-focused talk）時，他們所注意到的改變為：關於問題的談話將會衍生更多關於問題的談話，而解決之道的談話則會導致更多解決之道的談話。在此研究中（Smock, Froerer, & Bavelas, in review），研究者分析了焦點解決取向、認知行為學派的大師及其當事人的晤談對話內容，並探討了運用「正向」與「負向」敘述內容的結果。這些研究者定義了「正向治療師內容」（positive therapist content）為：治療師以當事人生活中某些正向層面（如成功、優勢力量、資源）的問句與陳述為焦點；而所謂「正向當事人內容」（positive client content）則為：當事人以自己生活某些正向層面的問句與陳述為焦點。相對地，研究者定義負向治療師內容與負向當事人內容為：將晤談焦點放在當事人生活的負向層面（如問題、弱點或缺陷）之上者。這個研究是就治療晤談對話的逐字內容及逐句發言順序來進行資料分析的。研究結果發現，不管是焦點解決取向或認知行為取向，當治療師的發言聚焦於正向層面時，當事人便較容易接著說出一些正面的內容；同樣地，當治療師的發言是以負向層面為焦點時，當事人便會跟著說一些負面的內容。這個研究也顯示，整體而言，焦點解決治療師的發言顯著地更聚焦於正面，而較少以負面為焦點；此與其他派別的治療師大為不同。而且，比起其他取向的實務工作者，焦點解決實務取向者對於當事人任何形態的陳述（不管是正面、中立、負面），都較會以正向回應之。這樣的結論是相當引人注目的。

　　在說明關於如何拓展解決之道的談話這個段落之前，我們想邀請你運用Kenrick和Insoo之間的對話來做個實驗。請回到他們的對話當中，並且盡可能找到本章討論過的特定技巧，包含仔細傾聽、注意可能性的徵兆、回應當事人的關鍵字與併入當事人的用字、開放式與封閉式問句的使用、簡述語意、注意

當事人的非口語行為、讚美、確認當事人的知覺、自然同理、將焦點回到當事人身上、探索當事人的意義等等的例子。在這簡短的對話片段中，可見到 Insoo 實務性地將所有基本技巧整合入她的工作中。在與原文書同步發行的 DVD 中亦可看到；每一個 DVD 的片段都會統整運用這些基本技巧，也會在螢幕上顯示出目前正在運用的主要技術（譯者註：DVD 未於台灣發行，請有興趣的讀者自行向國外購買，詳細購買資訊見第 xiii 頁）。

二、建構解決之道是一個合作協力的對話：「身後一步引導」

在本章中，我們所討論的溝通技巧，都是促使你能夠鼓勵當事人成為他們生活經驗及其意義的專家。然而，有效地運用這些技巧並不意味著我們是被動地對待當事人，或只耐心地等待他們表達自己；當你能在某種程度上主動引導他們時，你會對他們相當有幫助。我們相信，當你能以身後一步引導（lead from one step behind）的方式來引導當事人時，將會是最佳的一種引導（Cantwell & Holmes, 1994, p. 20）。在本章的最後，我們將簡短地討論語言心理學與溝通領域對於溝通方面新興的研究與觀點，並特別關注他們對於如焦點解決治療這種治療性談話的應用情況（詳見 Bavelas, 2012; De Jong, Bavelas, & Korman, in review; Korman, Bavelas, & De Jong, in review）。我們相信，這項一直在進行中的研究工作，使得我們能更清楚地描述一位實務工作者如何處於未知之姿又同時能進行引導工作。這樣討論的目的是希望能提供一個方式來讓你自己檢視你所執行的焦點解決晤談，以期能幫助你有意識地、統整地、有效地綜合運用本章所討論到的各種特定技巧。

(一) 溝通是合作協力完成的

過去二十多年來，語言心理學家對於面對面對話中溝通如何發揮作用，從事了許多實驗，他們背離於治療及晤談之文獻，發展出一個新的、非常不同的觀點，其稱為「合作協力模式」（collaborative model）（像是 Clark, 1992,

1996）。合作協力模式不同於傳統溝通模式。傳統溝通模式聚焦於個別的個人身上，並視對話僅為雙方各自的長篇獨白。傳統溝通模式認為發言者傳遞了訊息，而傾聽者雖專注但乃處於被動狀態，一直到他們交換角色為止；其重點在於強調：發言者說得有多好，傾聽者便聽得有多清楚。如同 Reddy（1979）所指出，傳統溝通模式將溝通簡化為個人觀點與情感的中立管道。相對地，在 Clark 的合作協力模式觀點中，發言者與傾聽者乃同時一起產生資訊，持續相互協調與協力合作地形成一個彼此都有貢獻的、都同時同意的觀點版本。在此有一個例子是 Insoo 晤談一位名叫 Carl 的高中學生，他們一起工作，朝向「Carl 是一個有能力的人」這個共享版本或理解的方向邁進。

1. **Insoo**：Carl，嗯，什麼，嗯，你在學校最擅長的科目是什麼？

2. **Carl**：我最擅長的科目，現在，應該是數學或代數 2。

3. **Insoo**：數學或代數。

4. **Carl**：或者只是代數 2 階。

5. **Insoo**：代數 2。

6. **Carl**：對。

7. **Insoo**：喔！什麼是代數 2？（當事人笑了）我學數學或代數是很久以前的事情了。

8. **Carl**：嗯，這是一個過程。在高中你學前代數，它像寫出來的數學，像你使用因數分解、解題、集合等，基本上是一個消除法，諸如此類。然後你就會升級，就像你上高中。（T：是的）你會修代數 1、真代數。然後你再修幾何學，我不喜歡幾何學。然後再修代數 2。

9. **Insoo**：喔！所以這是你現在在修的課。（C：對，這是我喜歡的課）這是你最擅長的？

10. **Carl**：我都拿 A 喔！

11. **Insoo**：都拿 A？

12. **Carl**：對！

13. **Insoo**：所以，你一定是非常聰明的年輕人。

14. **Carl**：嗯。不。（笑）不，我還可以而已。

15. **Insoo**：你還可以。

16. **Carl**：就一般的水準吧。

17. **Insoo**：一般的水準，OK，很好（註4）。

這段簡短的對話提供了 Insoo 與 Carl 參與對話中合作協力的資訊；他們的對話，在他們之間，也朝向所發生之新的、共享的理解移動，而此理解是在兩人對話之前還未存在的。Insoo 以詢問 Carl 最擅長什麼作為開始，而 Carl 回答「數學或代數 2」。在回應 Carl 的關鍵字以及使用併入 Carl 用字的澄清性問句後，他們兩個之間共享著一個解釋：Carl 最擅長「代數 2」以及「成績都拿 A」，雖然他不認為自己是一個「非常聰明的年輕人」，但稱自己為「還可以」和「一般的水準」，此為 Insoo 當時所接收的訊息。

(二) 共同理解基礎

在對話領域的共同協力理論中，核心歷程是共同理解基礎（grounding）。Clark 和 Schaefer（1987; 亦見 Clark, 1996, Ch. 8）論及，在任何對話中，參與者都持續投入這個過程，時時刻刻一步步地建構了相互的理解或「共同理解基礎」（common ground）。一個共同理解基礎最簡單的形式包括以下三個系列步驟，並都涉及了：在特定時刻貢獻新訊息的說話者，以及說話者向其說明的對象。大多數的對話，說話者以及接收訊息者皆不是固定不動的角色，兩個角色會快速且流暢地調換。三個系列步驟為：

A.呈現一些新訊息的說話者。

B.一位顯示或展現他了解或不了解新訊息的接收訊息者。

C.說話者體認到接收訊息者正確或不正確地了解他。

在先前 Insoo 與 Carl 的對話上，我們對他們發言的每一句話都依序編號，以說明其共同理解基礎。於編碼 1 處，Insoo 以一個問句形式呈現一些新訊息（「Carl，你在學校最擅長的科目是什麼？」）。在編碼 2 處，Carl 提供了有意義的答案，而展現出他是了解問句的（「我最擅長的科目，現在，應該是數

學或代數 2」）。於編碼 3 處，Insoo 以一種接納的聲調，從 Carl 的答案中回應他的關鍵字，而表示體認到 Carl 了解了編碼 1 處的問句（「數學或代數」）。共同理解基礎可以很快發生，也會很快地流動變化，因為每一方的每一次發言都會提供多元的功能。於是，Carl 在編碼 2 處展現理解也呈現了新的訊息，如此一來，便快速地激發第二次共同理解基礎系列的啟動。其中 Insoo 使用重複關鍵字來展現理解，而 Carl 在編碼 4 處已經體認到 Insoo 理解了新的訊息，所以再以一個新的、有意義的發言顯現了這個體認（「或者只是代數 2 階」），而快速完成第二次共同理解基礎系列。請注意，這個共同協力不僅是快速地在發生，同時，透過這個重複的系列程序，新的訊息也一直在形成與增加。在第二次共同理解基礎系列的最後，Insoo 與 Carl 當時便能共享一個理解是：Carl 最佳的科目是「代數 2 階」，而非早先他所說的「數學或代數 2」。所以，令人驚訝的是，當參與者小心地建立共同理解基礎時，一份新理解可以在一個對話中如此快速與有意義地被建構。建構共同理解基礎是一個複雜的技能；其實我們都已經了解如何去建構共同理解基礎，因為我們從很小的時候就被教導與學習應如何與人會話，而早已開始學習此一技能了。不過，這樣的確認仍是令人鼓舞的。

Insoo 與 Carl 的對話例子也展現：建構共同理解歷程乃提供了對話中的參與者關於彼此理解的、持續發展的一個證據。當有證據顯示有誤解發生時，兩位參與者會適時予以修正。例如，在編碼 13 處，於 Carl 代數「都拿 A」的資訊後面，Insoo 呈現了一個詮釋：「所以，你一定是非常聰明的年輕人。」Carl 並不接受這個理解，於是回應：「嗯。不。（笑）不，我還可以而已。」Insoo 接著理解地重複「你還可以」，於是雙方在對 Carl 在代數 2 階都拿 A 這件事情的意義上，建立了共同理解。

研究證據顯示，參與一個持續建立共同理解基礎的合作協力會話，將會增加理解，其理解度乃超越了只在對話中聽著一方分享資訊的形式。Schober 和 Clark（1989）證實，被說明的這一方，其實可以與發言者一起參與於一建立共同理解基礎的過程中；若他參與其中，相較於聽到同樣資訊的其他類型傾聽者，將會顯著地產生更多的理解。

接收訊息者有許多方式來顯示或展現他或她已了解了發言者所說的話（Clark & Schaefer, 1989, p. 267; Clark, 1996, pp. 228-229）。以下的回應方式是有強弱程度之差異的：

- 藉由簡單地持續注意發言者；如眼神接觸。
- 藉由一個微小的、不打斷的回應來表示；如說「嗯哼」，或用非口語姿勢，如點頭。
- 藉由開啟一個新的說話循環來表示，亦即由發言者說話；例如 Insoo 在她提出的問句中，併入 Carl 最後一個發言內容的用字。
- 直接表明了解，包括口語地，如回應關鍵字，或者非口語地，如對於發言者所言表現了適當的臉部表情。

以最強烈以及最直接程度的證據來表明理解，則可包含「簡述語意或逐字重複一個片段」的方式（Clark, 1996, p. 229）。藉由反映予發言者他自己所言為何，簡述語意或摘要的方式事實上展現了接收訊息者的理解。

(三) 傾聽、選擇與建構

在此處，先來回憶我們先前對簡述語意與摘要的看法，會十分重要。多數關於晤談的文獻乃跟隨著 Carl Rogers（1957, 1961）的觀點，強調晤談技術是「反映性的」（reflective）；然而，我們反而是跟隨著語言心理學與溝通領域研究者的論點，認為晤談的技術是具有「選擇性」（selective）以及「轉化性」（transformative）的（見 De Jong, Bavelas, & Korman, in review; Korman, Bavelas, & De Jong, in review）。一直在研究日常會話的 Heritage 和 Watson（1979），是指出「簡述語意與摘要絕對是具有選擇性」的第一批學者。他們認為，雖然這兩個技巧保留了發言者的所言，但在保留的同時，另外一些發言的內容也被刪除了，以至於傾聽者回應中所呈現的訊息已然轉化了發言者原來版本的組織。讓我們再次連結到 Insoo 與 Carl 的對話，在發言編碼 1 至 6 間，已經有兩個共同理解基礎發展了，最後的理解為：Carl 最好的科目是代數 2。之後，在編碼 7 處，Insoo 接著詢問細節（「喔！什麼是代數 2？（當事人笑了）我學數學或代數是很久以前的事情了。」），而 Carl 以相當長篇的表述回

應之。在編碼 9，Insoo 再以簡述語意回應：「喔！所以這是你現在在修的課。（C：對，這是我喜歡的課）這是你最擅長的？」請注意，這個簡述語意已經幾乎刪除了 Carl 提供的所有關於修課歷程的細節，只選擇保留了他「目前修的課程」是代數 2 而已，而且從前面的談話內容可知，代數 2 是 Carl 最擅長的科目；所以，對於 Carl 所說的很多內容，Insoo 是暫時擱置在旁的。這並不令人驚訝，因為對一個實務工作者來說，要保留當事人所有說過的話是絕不可能的事；因而，這也表示了，簡述語意不全然是反映性或中立的，反而是選擇了當事人所說的內容且深具轉化性的。是以，心理語言學家已經改稱簡述語意及摘要為「形塑」（formulations），意指這兩個技巧真的會轉化發言者所說的內容，這同時也大大顯露了傾聽者是會對發言者所說的內容進行詮釋或概念化整理的。

有時，簡述語意與摘要的轉化性內容是由觀察者（傾聽者）自發產生的，因為，很明顯地，傾聽者會增加一些內容或片段，是發言者從未說過的部分；在編碼 13 處，Insoo 的簡述語意就是一個很好的例子：「所以，你一定是非常聰明的年輕人。」Carl 從未說他是一個聰明的年輕人，他只說了他的成績都得 A 而已，所以當 Carl 與 Insoo 建構了他代數 2 成績都是 A 的共同理解後，Insoo 便從她自身的推論架構——「當事人是勝任的」的焦點解決假設，去增修了 Carl 所說的內容，並以簡述語意回應之。在此刻，重要的是，即使實務工作者簡述語意的內容增修了新的內容，當事人通常對此會加以接受並再建構理解基礎；特別當實務工作者是根據當事人之前說的話來成為此新增修內容的證據，而使此回應聽起來是頗有道理時。凡此種種都表示，傾聽者新增修的內容在一個對話中扮演了重要角色，因其可能會引發一個新的共同理解基礎。如此一來，如果 Carl 接受或理解了 Insoo 所說，他一定「是一個非常聰明的年輕人」的觀點，那麼在他們兩人之間就會建構出這個新的理解基礎，他們也會以此新的理解基礎再繼續向前推進。不過，Carl 在此處並不同意這個觀點，反而提供了另一個對自我評價較為中庸的版本；他表示自己只是「還可以而已」，之後又說「一般的水準」，而此說法又被 Insoo 所接納。

當你持續在訓練自己逐步成為一位未知的、建構解決之道的、身後一步引

導的晤談者時，我們相信，語言心理學家及溝通領域研究者對於對話中共同協力、轉化性與累進性等特徵的觀點，會對你非常有幫助。在本書中，我們會在焦點解決晤談中持續使用「傾聽、選擇與建構」的詞彙，來捕捉合作協力的會話歷程。**傾聽**是：對於當事人發言中有關以解決之道為焦點的可能性徵兆，你會非常仔細地掃描、捕捉、傾聽出來。**選擇**則意指：在晤談中某一當下的時機，從所注意到的諸多可能性當中，挑選出最為有用的內容來加以回應。**建構**則表示你要形成一個簡述語意或問句（通常兩個都會有），然後讓你於下一次發言中提出，以便邀請當事人朝建構解決之道的方向邁進。當你於簡述語意及未知問句中更能熟練併入當事人對可能性徵兆的用字時，你將能真的做到身後一步引導，同時，也能真的與當事人一起在他的推論架構中，朝解決之道的方向繼續建構之。當你能將「傾聽、選擇與建構」視為是手邊的速記地圖，並加以應用於你與當事人時刻進展的晤談當中，此時，你就會自然地記得在口語與非口語的層面上，同時建立共同的理解基礎。如此一來，你和你的當事人將對於你們在建構解決之道的過程中到底一起走了多遠，會有持續性的回饋。每一次建構理解基礎系列的完成，將能在實務工作者以及當事人之間，產生更多對當事人、其情境，以及解決可能性的諸多理解。就好比你會與每一位當事人一起創造出該當事人所偏好或較滿意之未來藍圖一般，每一次建構理解基礎在完成三個步驟系列後，便是增加了完成當事人未來藍圖的一筆線條。當然在會話中，有些藍圖的線條是有可能會被擦掉或重畫，但每一筆線條都是很重要的，因為每一筆線條，都可促使你們雙方朝向幫助當事人產生不同解決之道的方向，並不斷地邁進。

目前，我們開始會去描述一個建構解決之道的晤談是如何以未知及身後一步引導的態度來使用這些技巧，以使晤談能歷經前面章節所提及建構解決之道各個不同的階段。我們於晤談一開始就在這麼做了；而此也稱為：如何與當事人開始工作。

◈ 註 解 ◈

註 1：推薦配合原文書的 DVD 教材第一個片段，此片段內容還包含了很多本章
　　　所討論到的技術。許多在此獨立介紹與討論的技巧，其實是在實際晤談
　　　中持續被整合運用，而且，許多技術是在晤談開頭時便開始被應用的；
　　　如第一個片段所示。

註 2：本書的對話中，中括號〔 〕裡的楷體字或詞語，通常為定義實務工作者
　　　所使用的技巧和步驟，或者，有時它們象徵晤談當下實務工作者所注意
　　　或思考的事物。

註 3：當事人帶進晤談的東西也會影響他們如何理解實務工作者的回應。能將
　　　傾聽和回應技巧整合至與當事人互動相處中的實務工作者，會傾聽並試
　　　圖適當地回應不同當事人之間的差異性。

註 4：《我很高興還活著：與自殺的青少年工作》（2008）這片 DVD 的逐字稿
　　　引用，乃獲得威斯康辛州密爾瓦基的短期家族治療中心的同意。此 DVD
　　　可至焦點解決短期治療協會（Solution Focused Brief Therapy Association）購買（網址：www.sfbta.org）。

第四章
開場：如何關注到什麼是當事人想要的

告訴我，我會忘了；展現給我看，我也許不會記得；參與我，那麼，我將會了解（美國原住民諺語）。

　　第 2 章定義了建構解決之道過程中的幾個階段：描述困擾、發展出良好構成的目標、探索例外、晤談結束前的回饋，以及評量當事人的進步等。從第 4 章到第 10 章，我們會逐一介紹上述的階段，以及這些階段應用於各種不同實務中所使用的適當技巧。我們也會呈現一些案例，這些案例是我們曾輔導過的當事人；我們會在案例解說中，以對話的方式來示範解說這些技巧的應用。

　　這一章聚焦在如何開始與當事人互動。我們的討論會只限於實務工作者與當事人之間的對話。我們選擇在此先不討論許多機構會問新來當事人的一些初談資料表格內容，雖然這些資料表格是可以被設計成更著重於解決取向的。我們將此主題放在第 13 章，屆時會說明在與當事人工作時，機構的表格及文件可以如何轉化為建構解決之道的模式。

一、當你第一次見到當事人

(一) 自我介紹、簡介晤談架構，並傾聽可能性之線索

　　你很少會在第一次見到當事人時，手中沒有任何當事人的基本資料以及關於當事人需求的資訊。基本上，與當事人會面之前，你通常會有一份完整的當事人初談表格資料，或是一些轉介資訊。這些資料至少會包含當事人的名字、家庭、學校和工作環境等。雖然不同的實務工作者，會以不同的方式來使用這些資訊；而我們則認為，在晤談一開始就把這些資料用來建立起尊重和賦能的晤談基調——包含尋找當事人的能力並逐步建構之——會是很重要的原則。

　　當我們向當事人自我介紹時，我們也會詢問當事人喜歡如何被稱呼。我們需要告訴他們，我們比較習慣被稱為 Insoo 或是 Peter。我們認為，一開始使用一些問句來了解當事人如何運用他大部分的日常時間，會是一個好方式。雖然有些實務工作者把這類問句視為破冰之旅，並企圖拉近當事人與實務工作者之間的距離，以作為開場；但是，我們也發現，其實這些問句所獲得的資訊，對於建構解決之道會是有用的，因為當事人通常在回答這些問句時，便已透露出什麼事和什麼人對他們是比較重要的，也會流露出當事人的優勢之處。以下是

一段 Peter 如何和當事人 Christine 開始對話的例子。

Peter1 ：嗨！歡迎，〔朝著其中一張空的椅子走去〕請坐。

Christine1：謝謝。

Peter2 ：〔看著手上的表格〕我看了妳填的表格，妳的名字是 Christine Williams。在一開始，妳希望我如何稱呼妳？Christine？ Williams 小姐？還是其他名字？

Christine2：嗯，我的朋友都叫我 Christi。我喜歡被這樣稱呼。

Peter3 ：OK。我想妳可以叫我 Peter，可以嗎？

Christi3 ：嗯，好啊！

Peter4 ：OK，那就先這樣。如果之後我們還要再改變稱呼也是可以的。那麼，Christi，妳可以跟我說一說，平時妳都做些什麼事情呢？

Christi4 ：嗯，我大部分的時間都在大學上課，但是最近我不是很喜歡上學了。我喜歡去旅行，去不同的地方。我喜歡參加社交活動。我喜歡閱讀，〔不好意思地笑〕我喜歡課外讀物，不是上課的那種教材。我也喜歡戶外活動，像騎腳踏車和網球。最近，大部分的時間，我比較喜歡社交活動。

Peter5 ：社交活動？妳是指和朋友在一起嗎？

Christi5 ：是啊！和我的朋友或是家人。最近我花了大部分的時間和朋友在一起，或許太多了點。

Peter6 ：所以妳喜歡與人聊天囉！這是妳所擅長的，對嗎？

Christi6 ：〔笑〕對，人們喜歡和我說話，他們都會和我說些有趣的事或是他們的煩惱，他們好像也會很想要跟我討論困擾著他們的問題。我也會試著幫助他們。

Peter7 ：真的嗎？

Christi7 ：是啊！我不會讓他們失望的，我想我是一個善於解決問題的專家。

Peter8 ：真的嗎？他們有告訴妳嗎？

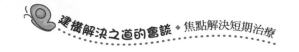

Christi8	：〔微笑〕是啊！他們還會跟我道謝呢！我猜那是我想當社會工作者的主要原因吧！
Peter9	：嗯，我可以開始了解妳所說的。妳似乎擁有激勵他人的能力以及容易與人相處的個性。我看得出來妳是個很容易與人聊天的人。
Christi9	：謝謝，但那也是我來這裡的部分原因。我花了太多時間在別人身上，卻沒有花足夠的時間在我的課業上。這個就是我真的要討論的問題。

　　Peter 與 Christi 之間的晤談是發生在一個專業的情境中。但有時，你會需要與當事人在他們的家中進行晤談。Insoo 曾提及如何在這樣的環境中進行晤談（Berg, 1994, pp. 22-23）。當被邀請到當事人家中時，她建議實務工作者可以藉由觀察，得知這個家庭哪些是不錯的、有吸引力的地方，或是當事人在某些地方已經很明顯地花費很多努力之處。實務工作者也可以問問自己所看到的當事人家族照片。這樣的觀察和問題會將當事人置於一個專家的角色，同時，也示範了對當事人的尊重，以及關心與增強當事人的興趣和優勢。通常，在當事人家中進行面談會比較容易開始進入工作，因為藉由當事人家中的擺設，可以得知當事人的喜好與興趣，實務工作者也可立即對擺設的物品提出詢問；通常當事人也會感到比較輕鬆自在，因為他們是在自己熟悉的地方。

(二) 澄清如何進行工作

　　在尚未開始深入當事人在意之處前，與當事人描述你將會如何進行晤談過程，會是個很好的主意，同時你也要詢問並確認所屬機構是否可以接受此一晤談架構。在採用 BFTC（de Shazer et al., 1986）所發展出來的這個焦點解決取向時，我們發現，先和當事人談論有關他們的關注、目標、例外和優勢等主題，並用之來組織晤談結構，乃是一種相當有用的方式。一旦蒐集到這些資訊後，我們將會暫停十分鐘，並於晤談結束前，基於晤談中所獲得的資訊，形成一個回饋給當事人。有時，我們會以團隊的方式來進行晤談（須先徵得當事人的同意）。團隊若能經由單面鏡來觀察與當事人的晤談，將有助於回饋的形成與發

展。然而，大部分的時候，我們都是單獨作業的，而這個十分鐘的暫停時間，便可讓我們整理思緒，並決定哪些回饋資訊會對當事人建構解決之道最有益處。不管是哪一種情況，我們通常會事先告訴當事人，我們所偏好的晤談進行方式。

Peter1　：在我們開始進入妳所關心的事情之前，讓我先告訴妳我會如何進行晤談，也看看妳是否能接受。今天我會做的，是先和妳晤談三十到四十分鐘，然後暫停十分鐘，讓我可以整理妳剛剛告訴我的資訊。在暫停期間，如果需要，妳可以在休息區喝些飲料或是留在這裡。十分鐘後我會回來這裡，並且給妳一些回饋以及一到兩個建議。這樣可以嗎？

Christi1：當然，可以。

Christi 非常能接受我們希望進行的晤談方式。在隨後的章節中，我們將會討論這種取向的優點。

二、問題描述

(一) 探問當事人的知覺並尊重當事人的語言

要在當事人的參照架構中工作，你必須先位於一個未知的姿態；你也必須探問、傾聽和確認當事人的知覺。當你在這麼做時，你可以用筆記本記下當事人所使用的語詞。

在這個階段，實務工作者容易以專家角色的耳朵來傾聽當事人的故事。強調問題解決取向所表現的助人專業，在此時也可能會將當事人的困擾與問題詳加分類。一旦接受這樣的訓練，我們便會輕易地不自覺地應用之，而失去了探索當事人參照架構的工作焦點。下列對話，Peter 採取了未知的態度來探索 Christi 所關注的議題。

Peter1 ：那麼，妳希望我可以如何幫忙妳呢？妳之前有說到，妳會來是因為妳花太多時間在他人身上，但是在自己的學業上花的時間不夠。

Christi1 ：嗯，我出現的是大部分升上大四的學生會有的症狀──「成為四年級生」。我現在就是這樣。

Peter2 ：是什麼讓妳覺得妳有「成為四年級生」這樣的困擾呢？

Christi2 ：嗯，在過去的三年中，我可以看到自己的改變。但在今年，我就是沒有動力。我本來對我今年在上的課程很有興趣，因為它們是主修課，但我好像突然厭倦了這整個學習過程。所以，就是說，我對這些過程感到厭煩了。

Peter3 ：嗯！嗯！

Christi3 ：像是去年，如果我有考試或報告，我會很緊張，然後會用我所有的時間去學習或閱讀，或是把它當成是必須優先處理的事。今年我都感受不到這種動力。並不是說我不讀書，但是……但是我並沒有讀那麼多書……我猜我只是不那麼在乎了。

Peter4 ：嗯，這是妳想要表達的，還有別的想說的嗎？「成為四年級生」──妳覺得變得無聊、較缺乏動力、較少讀書──還有嗎？

Christi4 ：〔緩慢地〕我想就是這些了。

(二) 當事人對於「問題如何影響他」的理解

假設你已經能了解到當事人的知覺和經驗對他／她本人的意義為何，會是很令人振奮的。在和 Christi 的對話中，對 Peter 而言，較容易去做的是，直接假設 Christi 因為較少讀書、得到較差的分數、又希望她自己能和去年一樣用功，而有了「成為四年級生」的困擾。然而，當你任何時候想要採取下一個步驟前，先去確認當事人所說的問題對他來說何以是一個困擾，而非假定你已經知道他的問題成因，會是十分重要的態度。Peter 若不先對 Christi 有預設立場，那麼他將提問一些不同的問句，而會獲得非原先預期的資訊。

Peter1 ：嗯，「成為四年級生」何以會成為妳的困擾呢？〔檢核他認為 Christi

可能是表現變差的假設〕順帶一提，妳今年在學校的表現是比去年好還是比去年差？

Christi1：〔笑〕那就是奇怪的地方。我表現得一樣好。我不知道為什麼。但那不表示我都不用功，比較像是我不像以前那樣投入很多的心力。

Peter2：嗯，這的確令人困惑。這情況的哪個部分對妳來說是一個困擾？

Christi2：嗯……我對於我竟然沒有很緊張、積極，覺得有罪惡感——因為我花了相當昂貴的學費，所以我應該投注更多的心力在學習，而且應該要能學到愈多愈好。我去年就是這樣子的，但是今年我只求及格或是覺得差不多就可以了。

Peter3：所以，妳希望在我們談話之後，可以有所不同的是，在這學習及受教育的過程可以獲得更多，是嗎？

Christi3：〔猶豫〕嗯……是吧！嗯，或許我只是想要消除我的罪惡感。

Peter4：嗯！哪件事比較重要呢？消除罪惡感或是從受教育過程中多獲得一些？

Christi4：我想是結合這兩者吧。假如我能多獲得一些，我就不會有罪惡感了。

Peter5：關於妳會來晤談的目的，除了妳剛剛告訴我的這些，還有什麼是妳想再多告訴我的？

Christi5：沒有了。

除了檢核 Peter 自己的假設之外，Peter 的問句還提供了第二個目的。他給了 Christi 一個機會去仔細反思她自己的知覺——在這點上，即是讓 Christi 知覺到自己的問題如何影響了她。

當事人對某件事的知覺或多或少是流動變化的，因此若給予他們一些時間以及未知的不預設問句，當事人通常就會回應、探索、再思考，並努力用話語將他們的想法表達出來；有時候，在這個過程中，他們的知覺就會有所轉變。

舉個例子來說，Christi 似乎轉變和擴展了她對問題的感受——從對學習缺乏動力，轉變為罪惡感。她之所以會有罪惡感，是因為她沒有盡自己所能和投注很多心力，畢竟大學學費是相當昂貴的（在後來的晤談中，她提到她的父母

為她付了很多學費）。

Peter並非直接透過晤談技巧的使用來造成Christi對問題界定的知覺轉變；反而，我們相信，當事人知覺的轉變是來自雙方晤談中的彼此互動，並且謹慎地以彼此互動中所產生的理解為基礎。很多當事人尋求幫助的困擾或主訴是不夠清楚的，當事人若能澄清他們問題的意義及其影響，將會對當事人很有幫助。Peter 在晤談互動中的角色乃是讓 Christi 能投入對話，進而說明了「成為四年級生」對她來說何以會是個困擾。故 Peter 所提出的問句，即是引導當事人停留在探討她困擾的意義與影響；Christi 的角色是接受邀請的一方，並試著將她「成為四年級生」的困擾化為語言描述出來。他們的互動引領Christi去擴展和重塑她對「成為四年級生」這個議題的定義。

(三) 到目前為止，當事人已嘗試什麼有效之舉？

詢問當事人：他到目前為止已經嘗試做了些什麼事情來解決他來談的困擾，將會是一個很好的主意。當事人通常已經採取了幾個步驟來重整他們的問題，而且這些嘗試基本上或多或少都會有一些成功經驗，因此，詢問「當事人已經嘗試做了什麼」的問句，乃傳遞了一個訊息——我們認為當事人是有能力的——他們是有能力促使好事在他們的生活中發生的。當事人有時也會非常具體地告訴我們，他們已經做了哪些嘗試行動且創造出哪些不同。實務工作者若能採取未知的姿態並以身後一步引導的方式來獲取細節，將能從當事人的描述中學習到他們的成功經驗，並可從而得知以往促使成功發生的力量何在。有時候，當事人也會描述一些他們已經嘗試過但卻沒有多大效用的方法；其他時候，他們可能會說沒有任何方法是有效的，並因此感到絕望。Christi 的例子即是出現在兩種極端之間。

Peter1 ：妳曾嘗試過任何方法來改善妳這些「成為四年級生」的症狀嗎？

Christi1：嗯，有啊！我現在不再常去圖書館了。像去年，我每晚都會去圖書館，但今年我或許一星期只會去一次。不過，我會試著在不同的地方讀書。

Peter2 ：到不同的地方讀書有幫助嗎？

Christi2：是啊！有幫助。但我不會，嗯，例如，勉強自己今晚一定得讀六個小時的書。我變成是想讀就讀，如果不想讀，我也不會強迫自己去讀。

Peter3 ：若妳不勉強妳自己，會有什麼不一樣嗎？

Christi3：嗯，我就不讀了。

Peter4 ：嗯，這對妳的症狀有幫助嗎？

Christi4：有，像之前，當我覺得我不想讀書的時候，我就會強迫自己繼續讀。但現在我不想讀就不會讀了。

Peter5 ：嗯，妳的成績跟去年的表現差不多。〔她點頭〕所以，我還是困惑，這對妳來說，是如何成為妳的困擾呢？

Christi5：我猜是因為罪惡感，我希望可以將罪惡感去除……我猜我沒有嘗試過任何可以將罪惡感去除的方法……或許我可以花更多時間讀書，但是我就是不想。

Peter6 ：妳還有試過其他什麼方法嗎？

Christi6：嗯，我想不出來。我真的應該為這種情況做些什麼事的。

　　這對話已沒有太大進展。雖然 Christi 說她曾試著在不同地方讀書，但她也不能確定這個方法有多大效用。如果她可以確定的話，Peter 便會多花一些時間來探討這個成功的方法，並且會問她是怎麼想到要這樣做的，以及她是如何落實執行這個方法的。然而，她反而回到罪惡感這個議題，並且知道她沒有嘗試過其他方法，所以 Peter 選擇繼續探討下去。

(四) 對當事人而言，先處理什麼問題是最重要的？

　　我們常遭遇到這樣的情況：在當事人被問及來談的問題時，他們會提出一個接著一個的困擾，直到我們都已暈頭轉向為止。通常當事人對困擾的描述，混雜了他們對各個問題源由及其如何相互連結的觀點，當事人也可能因而感到無法負荷。對於這種當事人，實務工作者可以採用以下幾種方法處理。我們通

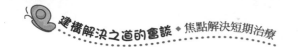

常會表示：對於當事人而言所有的事情是多麼的困難，然後通常會再扼要地問：「在這些事件中，先處理什麼事會是最重要的？」如果當事人給了「幾乎都是」的答案。接下來我們會問：「現在在你的生活當中發生了什麼事，因而告訴你優先處理哪一個事件可能會是最重要的？」這些問句再次彰顯了焦點解決取向是以「當事人的知覺」及「尊重當事人的自我決定」的信念，來建構解決之道的。

三、如何針對當事人可能想要的目標工作

假若實務工作者詢問當事人，實務工作者可以如何對他有幫助，大部分的當事人會以描述他們關注的議題和困擾作為回應。在建構解決之道的過程，我們更有興趣去探索的是：當事人想要生活中「出現什麼不同」。有時候，當事人在談論他們的問題時，會開始詳述他們想要的不同生活。舉個例子來說，Christi 說她想要消除罪惡感，並從教育中獲得更多學習。但是，這些陳述還不是良好構成的目標，不過，這些陳述已經開始清楚表達出她想要看到生活中有何變化。

通常當事人在談論到他們的困擾時，對於在問題解決了或是部分問題解決後，他們想要擁有怎樣不同的生活，是很少透露或幾乎沒有任何提示的。反而，他們似乎比較傾向於仔細描述他們的問題是多麼的恐怖和困難。他們也會花較長的時間去談論，別人做了什麼事讓他們的生活產生很大的困擾。很多當事人也無法明確指出，他們為了處理目前的處境所嘗試過的策略。當被問到他們試過何種方法時，他們會很快又回到描述困擾及其對生活所造成的各大影響。就像在第 3 章所提及的，de Shazer（1994）稱此為問題式談話（problem talk）。相反地，去談論當事人希望生活有何不同，即是解決式談話（solution talk）的一個層面。身為一個實務工作者，首先你會遇到的挑戰是，在足夠時間裡讓當事人描述他們的困擾，並讓他們感到他們的困擾是被聽見的；然後，再邀請當事人從「問題式談話」轉移到「解決式談話」。這個切入點通常會在初次晤談的五到十分鐘之內引入。

　　圍繞在當事人想要的方向上而開啟或維持一段對話，在實務工作上看似容易，但實則困難。實務工作者通常會說最困難的情況是：當事人是在其他人（如父母或法院）強迫或施壓下來與你會面時。不管當事人是在哪一種情況下來與你晤談，身為實務工作者，在建構解決之道過程的觀點中，你的任務都是一樣的——與當事人建立一個合作的、可工作的關係，並協助當事人發展出希望生活可以產生什麼不同之意義，以及能有動力願意去採取不同的行動而使希望成真。在下個段落中，我們將檢視實務工作者所會面對的不同晤談情境，同時介紹在這些情境下有哪些有用的方法，來與當事人討論他們想要什麼，以能維持在建構解決之道的軌道上。

(一) 當事人有所求，且視自身為解決之道的一部分

　　於此情境的當事人會與實務工作者共同界定出所在意之議題，並開始一起發展出希望有何不同的圖像；此外，從當事人的回應中，當事人很明顯地可以很快視自己是能對問題解決之道有所貢獻的。通常，此晤談情境是發生於當事人是基於自身的意願而前來尋求協助的，因為這些當事人通常會想藉由與我們一同工作，來獲得他想要的結果；而且他們也能了解到，若真的要能獲得他想要的結果，自己應該還是得有所努力。

　　Christi 與 Peter 之間的互動就是這種晤談情境的一種示範形式。在他們的對話中，Christi 與 Peter 共同成功地定義出「成為四年級生」的這個困擾。他們也一起界定出初步的目標——消除罪惡感。然而，在這段對話的一開始中，我們尚無法得知 Christi 是否把自身視為是解決方法的一部分——也就是說，她是否已經知覺到她自己必須做些什麼不同之舉，才能針對「成為四年級生」這個困擾，開始建構出解決之道。不論如何，Christi 和 Peter 已經有一個良好的開始可以來發展之。他們藉由確認——就一般說法——到底什麼是 Christi 想要的，成功地將對話轉移到解決式談話。Christi 並沒有將其他情況視為造成四年級生此一困擾的來源；反而，當她說「我真的應該為這種情況做些什麼事的」，這時，她似乎已將自己視為任何解決之道的一部分。

晤談小秘訣

　　Peter 起初並沒有特別做些什麼介入來邀請 Christi 進入解決式談話。他在一開始，先邀請 Christi 描述自身的困擾以及她已經嘗試過的方法。當 Christi 給予資訊時，Peter 很仔細地聆聽，以發現 Christi 是否有界定出她所在乎的重點，以及她是否想要有任何改變。當 Peter 聽到「成為四年級生」是她的困擾時，他將對話轉向 Christi 目前對四年級生定義的知覺，以便真正了解她所在乎之處。當 Christi 在描述時，Peter 保持好奇的態度，嘗試去了解這些知覺暗示了 Christi 想要什麼樣不同的生活。Peter 並沒有展開一個詳細的「問題評估」工作，反而是與 Christi 一起釐清了，她其實並不是真的想讀更多書或是有更高的成績，而更在乎的是希望能消除罪惡感。當 Peter 知道 Christi 想要從他們的關係中獲得些什麼後，Peter 便曉得他們現在可以開始去發展良好構成的目標；這是建構解決之道的下一個步驟，我們會在第 5 章中有詳細的介紹。

(二) 注意事項

　　我們想強調的是，我們在這裡說明的是一個「建立理解或意義」的過程。以 Peter 與 Christi 這一段實務工作者與當事人的工作過程為例，我們並沒有標註 Christi 是哪一種類型的當事人，比如，我們並沒有指出或診斷 Christi 是合作型或是自願型當事人。若實務工作者在心中先思考當事人為自願、非自願、合作或非合作的類型，會讓實務工作者對不同當事人有哪些建構解決之道的相關能力，造成不正確的期待。當我們能不去想當事人是什麼類型時，我們比較容易對當事人種種可能性懷有希望。實務工作者要去思考的是，和當事人之間所建立的共同理解或意義為何，如此，對於當事人才會較有幫助，對身為實務工作者的我們也會較有賦能感。

(三) 當事人表示別人需要改變時

　　此狀況是，當事人與實務工作者可以一起界定出他／她所在意或困擾之處，但是卻無法確認出當事人在建構解決之道中所需扮演的角色。雙方的對話

顯示的是，當事人通常可以在細節上描述困擾，也能說明解決之道的重要性，但是，當事人並不會體認到自己是解決方法的一部分，反而，當事人常認為要解決困擾乃是需要他人的改變──或許是配偶、小孩、員工、朋友或同事的改變。以下即為這種情境的一個實例。

Insoo1 ：我可以怎麼幫妳？

Alice1 ：我希望我的兒子還有一線希望可以改變。他從來就不是大家所謂的有動力讀書的孩子，但是他最近的情況更糟了。他是個聰明的小孩，但他讀書嗎？不，他總是很懶惰。他的父親也是那樣──對生活毫無野心。他只在乎和朋友出去玩，而且變壞了。我很怕我的兒子最後會像他父親一樣。我孩子現在都不準時回家，也不會幫忙做家事，他現在就只會蹺課。

Insoo2 ：所以，我可以如何對妳有幫助？

Alice2 ：我已經不知道要怎麼處理他了。當他不準時回家時，我就會像個瘋子似的，擔心得要命。外面的世界充滿了暴力，母親總會擔心這些事。當然，他的父親就不會擔心。當他和別的女人在外面鬼混的時候，他眼中就只有那個女人，一點也不擔心他的小孩。我曾懇求他考慮一下小孩，但有用嗎？當然是沒有。我現在努力維持一個完整的家，但是他卻一點也不感謝我。

在上述的例子裡，Insoo 和 Alice 正在對 Alice 的問題發展出共同的理解──Alice 的小孩缺乏動機，而且他有不良的行為。然而，沒有任何跡象顯示出，Alice 知道自己要做何改變，才得以展開建構解決之道。她對現況似乎是感到無力，並且以問題式談話在談論她兒子和先生的情況。我們剛開始和當事人對話時，通常會跟 Insoo 與 Alice 的對話很像。人們需要把自己視為解決之道的主要部分，才比較有可能靠自己的力量繼續採取行動向前走下去。身為一個實務工作者，代表著你要有能力和像 Alice 目前處於這樣情形的當事人一起共事；而這樣的當事人，即是尚未視自己為解決之道的一部分。

1. 晤談小秘訣

在這種情況下，當事人通常想要實務工作者去改變他所提及造成困擾的那個人——不論是配偶、小孩或是同事。假如促成當事人感到困擾的人並未到場，當事人或許會要求實務工作者與他碰面，並詢問實務工作者是否認為這是個好方法。換句話說，當事人想要實務工作者去「修理」（fix）另一個人。

在許多情境下，要讓當事人感到麻煩的一方來加入服務，是不實際且不可能的事。此時，當事人會希望實務工作者給他一些關於如何改變這個令他感到困擾的人之種種指示。最糟的是，當事人可能只想表達對他們重視的人所產生的沮喪和失望的情緒，而非真的想要看到任何人或任何事有所改變。也就是說，當事人只是想要實務工作者好好傾聽一番罷了。

通常實務工作者會認為，當事人若不願意對創造生活的改變勇於負責，當事人便需要被教育：一味責怪別人是無法解決困擾的。Egan（2010, p. 212）於書中寫下：實務工作者要學習「挑戰」當事人去陳述出，「何者妨礙他理解和管理問題情境，以及何者妨礙他去確認和發展機會以提升生活」。這些阻礙包含了「自我挫敗的心理意向」、「失功能的外在行為」、「對於世界的曲解」以及「未使用的力量及資源」等等。Egan 也指出，實務工作者具有「面質」「停滯不前」及「維持失功能行為模式，或……失於把握機會」的當事人之角色（Egan, 2010, pp. 238-239）。關於前述，我們並不同意；在我們的經驗中，挑戰或面質當事人目前的知覺並非是最好的方法。我們傾向採用第 3 章所提出的技巧；透過這些技巧，我們試著尊重當事人的觀點，但是同時我們也將焦點從那些令當事人困擾的人物轉回到當事人自身，或者轉回到任何他可以擔任的角色上，如此才能將晤談置於有助當事人產生正向改變的話題上。透過我們的問句，我們邀請當事人從問題式談話轉移到解決式談話。以下便是 Insoo 和 Alice 開始進入這個歷程的例子。

Insoo1 ：我現在知道妳遇到了相當嚴重的困擾，而我很好奇的是，妳認為妳需要發生什麼，才能促使妳比較容易與妳兒子相處？

Alice1 ：他必須先去上學。我一直跟他說，若他不接受教育的話，是不會有前途的。

Insoo2 ：這真的是件大事。我不知道他要如何馬上能夠做到，但是，我假設，只是一個假設，雖然不知有什麼力量會讓妳兒子上學且待在學校裡，但是假設這件事情真的發生了，妳的兒子會說，妳對他的方式會有何改變？

Alice2 ：他叫我不要一直對他嘮叨不休。這可能是他會說的——不要一直嘮叨；或許他也會試著跟我聊聊。事實上，只要他開始去上學，並且照我說的話去做，我就沒理由嘮叨他啊。他根本不知道我有多麼擔心他。

Insoo3 ：我知道妳很擔心他。妳看來真的很在乎他。

請注意，Insoo 並沒有挑戰 Alice 對問題的知覺，或是誰需要有所改變。她接受 Alice 的知覺——只要她的兒子做些改變，就會對 Alice 有所幫助。接著，Insoo 試著將對話的焦點從 Alice 的兒子有什麼問題（問題式談話），轉移到 Alice 身上；這個轉移的媒介是以「假設兒子真的按照她想要的方式去做時」的大方向來詢問 Alice。當 Alice 開始思考到這個可能性時，Insoo 便緊接著問 Alice，在這種情況下，Alice 的兒子會看到 Alice 對他的行為有何轉變。Alice 藉由說出或許「不再對他那麼嘮叨」而接受了 Insoo 的邀請，如此改變了晤談焦點，而開始進入解決式談話。在接受 Insoo 的邀請及與 Insoo 的對話中，Alice 開啟了一個可能性，她可能建構了一個知覺：她可以對兒子做點不同的事，而朝向解決之道——例如少嘮叨兒子或「跟他好好講話」。此外，Insoo 的下一項任務可能會是再推進解決式談話，並邀請 Alice 明確談談，對她而言，什麼是對兒子「少嘮叨並多與兒子好好講話」之定義，以及她將如何具體實行這些想法。有關如何發展良好構成目標的議題，我們將在第 5 章討論。

2. 當事人拒絕進入解決式談話的邀請時

學生和工作坊的實務工作者常會問我們：「假如當事人不接受我們的邀請

進入解決式談話，只是一直在她或他的困擾中抱怨和批評他人，這時我們該如何做呢？」這是值得關注的重要議題，因為很多當事人確實會是如此。

你可以有幾種方法。一是將焦點帶回到當事人身上，並定期地詢問：「有發生過什麼事而告訴你，這個困擾是有可能被解決的呢？」你也可以問：「你希望我可以如何幫忙你，才會對你是真有幫助呢？」另一種可能是問當事人，我們有多少機會可以發現解決之道，以 0（沒有機會）到 10（非常有機會）的量表來評估，然後要求當事人解釋他所選的評估數字。如果當事人仍然一直淹沒在其困擾裡，你可以轉向因應問句。這些回應的方法會在往後的章節中一一介紹，尤其是在第 8 章至第 10 章中。

(四) 當事人似無興趣或拒絕改變時

在實務工作中，還是會有當事人於一開始晤談時便表示，他們沒有興趣和你一起工作；他們可能會告訴你，他們沒有問題，問題全出在別人身上。通常，被迫來接受諮商的當事人——舉例來說，被法院、社工機構、學校或父母強迫而來者——較傾向會有這樣的開場。

實務工作者經常告訴我們，最為困難的晤談情境是這一類。要說明我們如何思考和處理這個情境，最好的方法就是來看一個具體的案例。

1. Beth：背景資料

最近，Insoo 被要求去諮詢一位十五歲的當事人，我們稱她為 Beth Visser。在 Insoo 見到這位當事人之前，已經收到此當事人的背景資料了，同時也被告知，社工人員與 Beth 的父母已經無法再處理 Beth 了。社工人員告訴 Insoo，Beth「斷了自己所有的路」，她像是「在處置中心毫無進展已經很久了」，她真的需要協助。很明顯地，社工人員對於 Beth 感到很無力，並且不滿意於輔導此當事人的成效，因為她已經投注了無數時間與 Beth 在一起解決問題。

社工人員認為 Beth 有一個核心問題是：「無法控制的、衝動的、操弄性高的」。社工人員也描述了好幾種她曾嘗試過協助 Beth 的方法；她以相當有程度的專業，從「問題解決」的觀點來思考如何改變 Beth 的核心議題。她藉由指出

Beth 的錯誤、跟她講理由、告知 Beth 言行不一致之處、威脅要送她去住院治療、利誘她、建議保護管束與送她進入保護管束一年、安排與心理師接受個別治療、安排其他的治療師進行家族治療，以及將她送到寄養家庭去等等，來「試著讓 Beth 懂事一點」。漸進的約束力和昂貴的措施，對於幫助 Beth 不再有那些毀滅性的行為，並沒有帶來真正的成功。因此，Insoo 可以了解社工人員的挫折和沮喪。

社工人員以及曾參與過 Beth 這個案例的其他人，都認為這些嘗試之所以沒有成功，是因為 Beth 不合作。她們也同意 Beth 的毀滅性行為是導因於她潛在的憂鬱傾向。因此，她們相信唯一的治療選擇，依舊是在住院機構下進行長期的、密集的個別治療。

當 Insoo 接觸到 Beth 時，社工人員正向法庭就此昂貴、長期的個別治療尋求同意與資助。她希望將 Beth 安置到另一州一間以治療難纏青少年而聞名的機構去。社工人員所喜歡的這個機構位於很遠的地方，並且她非常看重該機構有約束力的措施，因為 Beth 有逃離及威脅自殺的歷史紀錄。

Beth 最近的一起危機事件是發生在前一晚，Beth 向警察報案說她父親虐待孩子，於是警察趕到 Visser 家；Visser 先生被銬上手銬，帶進警局拘役、按指紋，最後被釋放。同一時間，Beth 被帶進醫院急診室、檢查和釋放。在她身上檢查不到身體受虐的痕跡，例如說破皮或瘀青。社工人員決定讓 Beth 在朋友家過夜，直至有更穩定的措施為止。隔天，Visser 夫婦立即要求 Beth 的離家安置。

Insoo 被邀請和社工人員一起到 Beth 的學校，社工人員打算在學校和 Beth 談談前一晚的事。晤談的地點在校長室。社工人員先起了頭。

社工 1 ：我知道妳和妳父母昨晚大吵一架。妳父母感到相當沮喪。發生了什麼事？

Beth1 ：這並不是我的錯。我的父親毫無理由地把我推向牆壁。他總是把我推來推去。我的朋友也在場，她也看到了，妳可以問她。我的母親總是站在我父親那邊。我跟妳說的是實話。我父親完全毫無理由地把我推向牆壁。我只是說我想要出去玩，而且想要跟他要一點錢。

他沒有理由要這麼用力地把我推向牆壁嘛，害我的頭都爆開了。我想這就是虐待兒童的行為。

社工 2 ：我看到了警察的報告，上面並不是這麼說的。現在，妳認為妳父親為什麼要推妳呢？

Beth2 ：瞧，都沒有人相信我。每個人都說是我的錯。

社工 3 ：妳知道，Beth，妳說妳的頭流血了，但是警察和醫院的報告都說，沒有任何醫療證明可以指出妳的皮膚有破損。

Beth3 ：〔開始哭泣並將頭埋進手裡〕每個人都和我作對，都沒人相信我。甚至我的祖母都說是我的錯。但是我就說我父親有推我嘛。去問我的朋友 Melodie 啊，她也在場目擊了整件事。我父親也有推了她。

社工 4 ：嗯，這實在是很難相信妳。妳不是每次都會講實話。這次醫院的報告說妳沒有流血的痕跡。好吧，妳可以回家了，我們會找一個臨時住所給妳待一下。

Beth4 ：〔繼續哭泣〕每個人都和我作對。現在我沒有地方去了，我不想再去寄養家庭，他們都把我當作是寵物之類的東西。

社工 5 ：妳不認為妳應該對發生的事情更誠實一點嗎？妳忘了上次妳謊報妳被強暴的那一次，又是如何替自己製造了麻煩的嗎？誠實地告訴我到底發生了什麼事，不是比較好嗎？所以，到底發生了什麼事？

Beth5 ：沒有人相信我，我正在告訴妳事實啊！我父親這次很大力推我，讓我的頭裂開了，而且我用浴巾反抗我父親，我還看到浴巾上面有血。他用包起來的拳頭打我這一邊的頭〔指著她右邊的頭〕。

社工 6 ：在報告上並沒有這麼寫。警察報告上說，妳父親承認用手掌打妳而已。

Beth6 ：騙人，妳們要相信我。我那時還得用浴巾包著我的頭〔把她的右手放在她頭的右邊〕，我拿下浴巾時，上面都是血。

社工 7 ：Beth，妳應該要對這件事誠實一點啊。

Beth7 ：〔又開始哭泣〕看，每個人都和我作對。沒人相信我。我現在說的都是事實啊。妳要相信我，因為我現在說的都是事實啊！

社工 8 ：我不知道我還要如何才能再相信妳了。不過，我還是會找個地方讓
　　　　妳先臨時住一下，直到我想出對妳最好的辦法來。

Beth8 ：我想要回家，但是我知道我的父母不會讓我回家的。他們會因為我
　　　　爭取我的權利而生氣。我必須叫警察，但是我的祖母說我不應該這
　　　　麼做，她再也不會和我說話了。沒有人在乎我。

社工 9 ：我會試著去做一些對妳最好的處理，Beth。而且，妳的父母叫妳別
　　　　再回家了，這代表我們要為妳另外找一個地方住。

Beth9 ：我不想去寄養家庭；假如我真的得去住的話，我會逃跑或自殺。

　　當對話持續時，Beth變得極度防衛，並被困在她自己原本的故事情節裡。
她變得愈防衛，社工人員就指出愈多警察和醫院報告的事實。很快地，兩人交
談就變得像拉鋸戰，而非有益的對話。很明顯地，不論是社工人員或Beth，兩
者都沒有感到對方被了解，也都變得極度沮喪，因為她們想起來現在的對話結
局都跟以前的一模一樣。

2. 晤談小秘訣 1：尊重且好奇於當事人的知覺

　　像Beth這樣的案例，實務工作者通常會將之標籤為慢性的、多重困擾的，
或是困難處理的長期案例，因而具有高度的挑戰性。儘管有著最縝密的評估以
及實務工作者最強烈的助人意願，這種當事人還是時常不想合作。他們通常不
配合實務工作者所細心設計的介入建議。結果，現在大部分的實務工作者變得
會預期當事人將有所抗拒。在這個領域裡，這似乎變成一種標準的實務方式，
且會被寫在教科書中，以教導剛出道的實務工作者如何辨識及處理當事人的抗
拒。Beth 的社工人員即遵守其中一條標準程序中的原則，來處理當事人之抗
拒：藉由挑戰或面質（Egan, 2010; Hepworth et al., 2010）Beth 所提及的虐待行
為，因其與警察和醫院的報告內容完全不同。

　　我們則經由另一種方法來接近當事人。如同第 3 章提到的，我們採取未知
的姿態以及身後一步引導的方式來與當事人工作。當我們開始和當事人共事時，
我們假定當事人對自身的知覺及其對所在環境的知覺，在當事人的參照架構之

下，都是有其道理的。我們的工作是對當事人尚未讓我們理解他知覺之處，尊重地提出問句。我們也假設當事人是有能力的，即使他們所告知的資訊或觀察，對我們來說是難以置信的。

3. 晤談小秘訣 2：讓當事人為他們的知覺負責

　　儘管尊重當事人的知覺是很有意義的，但我們也會同時保持在一個讓當事人「為他們的知覺負責」的立場。舉例來說，假設一個青少年當事人說：「我少讀一點書的話，在學校的表現會比較好。」我們就會開始詢問探索性的問句：「當你書讀得比較少時，發生了什麼事，而讓你知覺你表現得比較好呢？」「書讀得比較少，是如何幫助你的呢？」這樣的問句讓當事人有機會向實務工作者負責任地解釋他的知覺；當然問句會在尊重當事人的氣氛中被提出。這些問句暗喻著當事人是有能力精確地覺知周遭的一切，並且對他們的知覺進行有意義的陳述。矛盾的是，雖然這樣的責任會對當事人造成一股壓力，然而我們卻發現，正如 de Shazer（1985）所提出的，當事人的抗拒會漸漸消失。

　　當我們開始晤談時，至少會有兩項令我們真誠地好奇之處：第一，當事人對他們本身和外在環境的知覺或理解為何，以及第二，當事人對於他們想要什麼的知覺為何。我們對兩者都有相同的關切，不論當事人是否是憑自己的意願來見我們。不過，像 Beth 這類的案例，這些被施壓或被迫來見實務工作者的當事人，對他們的外在環境，以及他們想要從專業關係中獲得什麼的知覺，乃深深地受到他們當時來見實務工作者的背景狀況所影響。

4. 晤談小秘訣 3：注意當事人是如何來到你這裡的

　　當事人起初是如何進入專業服務系統，將會影響到當事人和實務工作者一開始的合作。所以，我們從接觸當事人之初便十分注意，當事人在何時及何種情況下進入到這個系統，以及何以在這個特別的時間點中，當事人會來到我們這裡。這些訊息會告訴我們很多如何與當事人繼續工作的訊息。在 Beth 的案例中，我們發現 Beth 不是唯一的當事人。社工人員、Beth 的父母、法院和學校都希望某些事情能夠發生。當 Insoo 第一次接觸到 Beth 這位當事人時，她對

Beth 身邊的人所想要的，比對 Beth 本身想要的，還了解得更多；至少一開始，Beth 身邊的人才是真正的當事人。藉由注意到 Beth 是如何到她這裡來的過程，Insoo 看到，Beth 應該非常沒有動力去遵循 Beth 身邊的人所想要的目標；同時，Insoo 還發現她對於 Beth 想要的——假如 Beth 有想要的事物的話——仍所知有限。

注意到當事人是如何進入這個服務系統是很重要的事，因為這對當事人「如何看待問題以及認為什麼事或人需要改變」，扮演了一個很重要的角色。以 Beth 的角度來看，有關她虐待兒童的報警、法庭與學校和她之間強制的關係，或她所揚言要逃跑和自殺等，都不是問題所在。對 Beth 而言，問題可能是：父親是有虐待性的，而這個系統是有侵入性的。Beth 對問題的定義會影響她的行為舉止，也會左右她想要朝哪方面來回應實務工作者。

被周遭的人要求來見專業人員的當事人，通常會伴隨著某種被給予的命令，並要求他們完成——停止喝酒、找到工作、當個好父母、去上學和別在街上逗留、停止虐待等諸如此類的事項。這些當事人通常會覺得，他們毫無轉圜空間來選擇目標或達成的方法；他們通常也會視這些命令是沒有理由的懲罰、不公平的，或是某人試圖找碴的證據。在這些情境脈絡中，正如 Haley（1987）所指出，周遭的人會期望實務工作者能展現出社會控制的功能，而大部分被迫來談的當事人也會感到實務工作者是扮演此一角色，因此，便會預期實務工作者只會好好傾聽周遭人們所要的，更甚於了解他／她自身想要的。

對於被迫來談的自然反應是：抗戰、抗拒和產生想要破壞其他人企圖控制的舉動。當人們允許自己臣服於他人的控制下，不知為何，便會覺得自己的尊嚴被剝奪了。或許這就是為什麼，遍及各種歷史和文化，抗拒活動對於壓迫行為來說，會是很平常的反應。這觀點使得我們認為，Beth 之所以會向社工人員做出這樣的反應，是有其道理的。回到社工人員與 Beth 的對談中，我們注意到這兩個人無法對問題做出相同的定義：Beth 知覺到的是虐待兒童行為，而社工人員則認為 Beth 誇大事實，並對前一晚的事說謊。此外，她們也無法一起訂出一個目標：Beth 說她想要回家，而社工人員則認為這是不可能的，而且還說必須為 Beth 另找一個地方讓她居住。

在我們的觀察中，若沒有對目標及困擾產生共同的觀點，當事人便不太可能會投資時間於改變上，至少不會於其他人想要他做的改變上努力。像之前提過的，在這個領域中很多人相信，社工人員應該要面質及挑戰當事人的否認，以幫助當事人正確地覺知問題及其所需的改變。舉例來說，Ivey、Ivey 和 Zalaquett（2010, p. 239）表示：「面質技巧會有助於將抗拒最小化，並會促進當事人於新領域之發展。」這幾位作者認為，當事實不能支持當事人的知覺時，實務工作者須藉由面質技巧，試著使當事人改變他對困擾或目標的觀點。然而，藉由面質去改變他人的知覺是很困難的。這幾位作者與其他作者的看法一致，認為面質是一種複雜且為進階的技巧。

5. 晤談小秘訣 4：傾聽與選出當事人所要的，並以此基礎向前推進

讓我們回到 Beth 的案例上，當 Insoo 和 Beth 一起確認出 Beth 想要的目標時，請看 Insoo 是如何把注意力放在當事人的知覺上，以及如何嘗試理解當事人是怎麼來到此處的。由於社工人員了解到她和 Beth 重複著同樣令人挫敗的互動模式，她轉而朝向 Insoo，詢問她是否有如何繼續晤談的任何看法。Insoo 則詢問 Beth，是否肯先回答幾個 Insoo 不是很了解的問題。

Insoo1 ：我坐在這裡聽到妳有多沮喪，Beth。假如可以有任何方法的話，妳
　　　　　想要妳的生活有什麼不同？
Beth1 ：〔被激怒〕我告訴妳了，我想回家。沒人肯讓我回家。

藉由簡單詢問 Beth 她想要有怎樣不同的生活，Insoo 確立 Beth 真正想要的是「回家」。Beth，如同許多在相同情境下的當事人，已經說了很多次她不信任之處及她不想要的目標，然而當這樣的當事人能被尊重地詢問想要什麼，她將會很快地準備好回答。Insoo 突然想到，或許 Beth 和她在回家的目標上，可能可以發展出建設性的工作關係，因為 Beth 無興趣於社工人員圍繞在希望 Beth 「講實話」或「對發生的事情誠實」之工作關係上。因此，Insoo 更進一步地具體釐清 Beth 想要的目標：

Insoo2：我有點困惑，Beth，「回家」對妳來說，怎麼會這麼重要呢？

Beth2：因為我想和父母住在一起，而不是和寄養家庭在一起。我已經有一個家了嘛。

Insoo3：我可以看得出來回家對妳很重要。妳認為妳的父母知道這一點嗎？我是說，妳想妳父母知道妳覺得和他們住在一起是很重要的嗎？

Beth3：我愛我的父母，他們應該知道的。

Insoo4：妳真的認為他們知道嗎？我不確定他們是否知道。妳必須做些什麼，才可以讓他們知道妳有多愛他們，以及妳有多麼想和他們住在一起？

Beth4：嗯，我想回家。

Insoo5：好，我知道妳很想回家。妳必須做些什麼好讓妳可以回家？我是指，先要有什麼事情發生，然後妳才可以回家。妳認為呢？

Beth5：我的父母得先說我可以回家；但是他們不會願意的，因為他們還在氣我昨天做的事。

　　Insoo 已經邀請 Beth 去擴展她想回家與家人住在一起的期待了。當對話繼續發展時，Insoo 更加確認這是 Beth 真正想要的目標。因此，她邀請 Beth 發展如上述的對話，談談她需要做些什麼，才可讓回家這件事真正發生。請注意到 Insoo 在整個過程中，是如何停留在 Beth 的知覺上。Insoo 以未知的態度，反而獲得了更多的資訊。她並沒有給 Beth 任何忠告或建議，因為她知道 Beth 會拒絕，就像她拒絕社工人員的提議一般。相反地，Insoo 要求 Beth 去擴展她的知覺，以盡可能清楚了解 Beth 的立場與觀點。即使這代表著，對 Beth 來說，還有很多工作要做，因為她以前或許沒有採用這樣的方式思考過，然而，她似乎是有動力去做的，我們認為會有此情況發生，是因為 Insoo 在 Beth 真正想要發生的目標上工作所致。

Insoo6：好吧，我想我可以了解他們今天對妳有多生氣。所以，妳父母會說要發生什麼，才會讓妳回家？

Beth6 ：他們認為都是我的錯，但是我爸爸真的有打我。

　　在這裡，若被 Beth 企圖拉回到前一晚的事件、或表示應該責怪誰等主題而分心的話，會是很不智之舉。這段過程社工人員已經遭遇過了；像往常一樣，這會導致毫無進展的結果。就像許多當事人一樣，Beth 並不具有選擇其他實務工作者的條件。Beth 或許與社工人員、成人寄養家庭的父母、心理學家、諮詢者以及其他許多試著想幫助她的人，有著很多年的爭論經驗；例如，爭論什麼事真的發生、為什麼會以這樣的方式來發生，以及到底是誰的錯。這些爭論其實很少能找出解決方法，通常只會以挫敗、誤解和傷害收場。防止問題式談話發生的一種較有用的方法是，將對話重點放在了解當事人對事實的知覺，並重新聚焦於：「什麼是當事人想要的；進而探討當事人認為要讓它實現的話，必須採取什麼樣的行動」之對話上。這些是 Insoo 選擇和 Beth 一起工作的方式。

Insoo7 ：我可以看得出來，妳相信妳的父親真的有打妳。〔真誠好奇地〕所以，要發生什麼，妳才可以回家呢？

Beth7 ：我的父母會說我必須道歉，並且保證我會聽他們的話。

Insoo8 ：假設妳去道歉，並保證會聽他們的話，妳想他們有多少可能性會相信妳呢？

Beth8 ：我知道我父親對我很生氣。

Insoo9 ：所以，他們會說妳必須先做些什麼，才可以讓妳回家？

Beth9 ：我可能需要等待幾天，直到他們冷靜下來為止，然後我再跟他們道歉。

　　比較一下 Beth、社工人員之間以及 Beth、Insoo 之間兩種不同對話的結果。Beth 和社工人員之間的對話陷入了僵局。相反地，Beth 和 Insoo 一起發展的方向是定義了什麼是 Beth 想要的，並且開始努力於要怎麼做才可促使它發生。Insoo 的角色功能之所以能發揮，是因為 Insoo 以未知的態度詢問 Beth 的知覺，並接納 Beth 的知覺是有意義且可了解的。Insoo 將焦點持續保留在 Beth 身上，

並且當 Beth 又轉到問題式談話時，再度邀請 Beth 回到解決式談話。儘管其他人對於協助 Beth 已經感到很挫折，Insoo 仍然假設 Beth 是有能力的——有能力去思考、有能力在一個緊張及困難的情境中去反思和談論什麼是她想要的，以及有能力去發現和善用她身邊可獲得的力量和資源。

如何與看似抗拒或無意改變的當事人開始工作之指導方針，我們將之整理如下：

■ 假定當事人有一個好的理由會如此去思考和行動。

■ 保留你的評斷；對當事人知覺背後的謹慎小心與警戒保護的態度，表示接納與理解。

■ 記得問當事人，就他的知覺，什麼是他最關注的焦點。換句話說，詢問當事人什麼是他想要的，同時，接納當事人的回答（存在於這一個問句的暗示性是：你已有意願接納對方對於這個問句的觀點）。

■ 傾聽和回應當事人所使用的語言，而不是試圖以自己的說話方式去修改當事人的語句。

(五) 如果當事人想要的乃不利於他們時？

當我們與研討會的實務工作者和學生談論到接納當事人所要目標的知覺時，這個問題通常會被提出。我們很少遇到當事人會堅持想要那些我們覺得對他們不利的事情，然而，這還是有可能會發生。

讓我們假設有一位當事人——Bill，他告訴我們繼續喝酒對他和他的家庭是有利的，而且這是他想要的，這時我們該怎麼做呢？其實很難回答這個抽象的問題，因為當事人在對話中某一時間點所說的話，必定和之前說過的話有關。然而，廣義地說，我們的回應和我們之前討論過的情況會是一樣的：我們會採取未知的態度，以身後一步引導的方式，納入當事人的語言去反應之；同時，我們也會假設當事人是有能力的，並邀請他去擴展他的知覺：「你的生活中發生了什麼而告訴你，繼續喝酒對你有好處？」「是什麼告訴你，這對你的家庭是有幫助的？」我們或許也可以藉由關係問句的詢問，邀請 Bill 從其他重要他人知覺的角度，思考什麼是他想要的：「假設我問你的妻子，如果你繼續喝酒

對你的家庭會有什麼好處,你認為她會怎麼回答?你的小孩又會如何回答?」

　　即使當事人一開始所說他想要的目標,是看似不健康或甚至是危險的目標,我們仍相信實務工作者繼續維持尊重他們的姿態,是有可能找到當事人真正想要的目標。如果實務工作者採取認真和尊重的方式來對待當事人,大部分的當事人會對他們所想要的目標變得非常敏銳,即使是在很極端的環境中。實務工作者總是有機會,儘管很不願意,或許會在特定的狀況下奪走當事人自我決定的權利,但是我們建議這個方式必須在好幾個建構解決之道的程序都無效之後再使用。我們在第 10 章討論特殊情況(有關虐待與自殺的危機案例)的建構解決之道時,會再回到這個主題。

(六) 如果當事人完全不想要任何事情?

　　在極少數的案例中會遇到,即使你在這一整次晤談已經採用了好幾種建構解決之道的程序,當事人似乎仍不想從與你的專業關係中獲得什麼。假如發生這樣的情況,則會影響你給當事人回饋的類型。例如,在此狀況下,你不要建議當事人去做任何不同的事情,因為當事人已經多次告訴你,在這一點上,他或她並不想要有何不同。然而,還是有一些話可以在此情況下回應給當事人。我們將會在第 7 章說明與討論如何於晤談結束時給予回饋。

四、影響當事人的合作性與動機

　　幾乎在每本有關如何和當事人共事的教科書上——不論是於諮商、家庭治療、醫藥、護理、心理學、社工、物質濫用治療、職業諮商或其他助人專業裡,都會討論到如何降低當事人的抗拒、矛盾反應或不順從行為,以便增加當事人的合作和動機。這種討論,多少弱化了專業領域中之勝任基礎模式,而持續反映了受 Freud 所影響的助人醫療模式。在這種模式中,專家為了了解什麼對當事人是最好的決定,而將當事人暗自分類為合作型及抗拒型。當事人若不理會專家經訓練過的問題剖析,且不遵循專家建議的處遇方案時,當事人這種不順從通常就會被歸因於當事人對現實的扭曲,或者一些深層的個人病理狀態。在

醫療模式上，專業人員很少（即使曾經有過）會為專業關係中的處置不當而負起責任。

　　關於當事人的抗拒的論點是長久以來的觀念。就像本章先前所提及的，實務工作的教科書持續地教導初學實務工作者如何去預測當事人的抗拒，因此，當實際與當事人工作時，便能夠傾聽與觀察出他們抗拒的所在。一旦實務工作者認為他們知覺到了抗拒，特別是當事人抗拒的類型，實務工作者便被教導著要去面質之；因為當事人被假定為沒有能力改變，除非他們願意承認自身的問題。

　　我們對此信念質疑，而我們的質疑促使我們指出：這種抗拒和面質的意識形態，在這個領域中，其實是為「自我服務」（self-serving）而產生的。此一形態長久以來都認同了醫療模式的見解。醫療模式假設實務工作者和當事人乃是「主體─客體」的關係，換句話說，期待實務工作者（主體）應用專業的評估與處遇去改變當事人（客體）。因此，如果當事人有進展，實務工作者就能獲得功勞，並且覺得自身是有能力的；然而，如果當事人沒有進步，實務工作者很明顯地沒有獲得好名聲，實務工作者和當事人也都會對實務工作者的服務效能感到懷疑。而當事人之抗拒，就會成為當事人缺乏進展而被歸咎的主因，並且允許實務工作者不用對當事人沒有進展負起任何責任。

　　在一篇有著戲劇性標題──〈抗拒之死〉（The Death of Resistance）的文章中，de Shazer（1984）宣稱，在這個專業領域中，當事人抗拒的主流概念化，乃是以實務工作者的觀點或以實務工作者所建構的真實來表述的，少有其他客觀真實觀點的角度。de Shazer 以非常不同的方向思考；他提出，實務工作者視為當事人抗拒的訊號，即是當事人所選擇合作的獨特方式。舉例來說，當事人之所以沒有接受與做到實務工作者所給的治療性或問題解決式的建議，並不是在抗拒，而是在告訴實務工作者，這些建議並不適合他們做事的方式；這單純只是一種展現合作的方式（de Shazer, 1985, p. 21; 1991, p. 126）。

　　就像抗拒的概念是源自醫療模式的假設一般，基於自己的假設，de Shazer 也將抗拒再加以概念化，而視其為一種合作形式。de Shazer 假設當事人有能力去想出他們想要的（和需要的），也有能力去思考如何實現目標的方法。實務

工作者的責任則是協助當事人發現這些能力，並且引領他們為自己創造更為滿意和建設性的生活，如果這是當事人願意選擇去做的話。

一旦我們接納「當事人是有能力的」這項概念時，便會得到一個謙虛及挑戰性的結論：我們之前認為所謂「當事人的抗拒」，將可被更精確地視為是「實務工作者的抗拒」。我們工作中的僵局與明顯的失敗，並非起因於當事人抗拒我們致力促使他們變好的專業努力；相對地，抗拒乃是因為我們沒有傾聽當事人的知覺，也沒有將他們告訴我們的想法，認真地當成一回事。

在建構解決之道中，我們並非藉由「克服當事人的抗拒」去提升當事人的動機，而是藉由「停止運用我們的參照架構去詮釋當事人」，才使我們得以展開建構解決之道的雙耳來傾聽當事人所言，並邀請他們參與建構解決之道的談話。本章一開始，已透過美國一則俗語，來展現對當事人此一動機的觀點。

> 告訴我，我會忘了；展現給我看，我也許不會記得；參與我，那麼，我將會了解。

我們相信這個俗語有可能是由我們的當事人所寫下的。

如同本章裡的案例說明，當事人的合作和動機是可能會急遽改變的，端賴當事人認為晤談內容是否對他們有效用或有幫助而定。如果此一專業關係的目標是要能夠對當事人有效用，我們就必須能夠做到尊重地探問當事人對其問題的定義、他們想要什麼以及認為解決之道的可能性所在。舉例來說，我們很可能輕率地誤以為 Beth 想和父母一起住的期待是不實際的願望。相反地，Insoo 注意到這個提示的可能性，並且尊重地以問句與她繼續進行對話。Insoo 摒除了她自身的參照架構，同時在「如何讓Beth回家」的議題上，開啟彼此的對話。

在建構解決之道上，邀請當事人的參與，開始於第一次會面；晤談則結束於當事人向我們指出晤談工作已完成時。如果當事人的聲音被聽見，並獲得幫忙形塑他或她的未來，那麼即使像是Beth這種名聲的當事人，也都有可能會與她的父母合作。Beth或許最終會決定她需要待在寄養家庭或機構裡一段時間；如果她是經由與實務工作者的尊重性對話而獲得這個結論，那麼，她將更可能

有意願去配合這個方案，而且較不會逃走或有自殺的威脅。在思考什麼對 Beth 會是最佳的治療方式之主題上，Beth 本人是真正握有決定權的人。我們相信這樣的參與，代表著真正的賦能。

我們再回到 Insoo 與 Beth 的對話中，此對話將會顯示出她兩個是如何發展出一個可行的短期目標計畫。

Insoo10：妳需要等待幾天，直到妳的父母冷靜下來後，再跟他們道歉，這會是一個不錯的主意。那麼妳在未來這幾天，等待好時機到來之前，妳又必須做些什麼呢？

Beth10：我猜我還是必須每天繼續去上學，遵守規矩，和我父母好好談談，並且不要再向他們要求什麼。我知道如何與 Peggy 的媽媽相處。當我和他們住在一起時，我會做好我的家事。Peggy 的媽媽說只要我需要，我想在她家待多久都可以。

Insoo11：哇，妳知道很多事情呢。大家說妳很聰明，我猜是對的。告訴我，為什麼 Peggy 的媽媽會願意讓妳住在她家？沒有人會想讓另一個十五歲的孩子待在他們家的。〔兩個人一起笑出來〕

Beth11：她人很好，我很喜歡她。我通常會幫忙煮菜，也會幫忙收拾桌子和一些雜務。當我在 Peggy 家時，我很乖巧。她媽媽說我想在她家住多久都可以，因為她說我幫了很多忙。

Insoo12：真的，我不敢相信，十五歲的小孩通常都是很髒亂之類的。

Beth12：〔笑〕嗯，我是啊！但是當我住在別人家時，我知道要如何好好表現。

這段對話開啟且確認了 Beth 幾乎不可能出現的另一面──如果 Insoo 沒有去問 Beth 想要的目標和要怎麼做的話。這段對話清楚顯示，Beth 乃是擁有優勢及一些過去的成功經驗，或可應用於朝向她想要的目標邁進。除此之外，這個對話在建構解決之道的軸線上維持得愈久，Beth 愈容易覺得她自己是可以成為一個能助人、愛整潔、有規矩的人。Insoo 的任務即是繼續維持解決式談話。

Insoo13：妳從哪裡學到這些事？

Beth13 ：我媽媽和祖母。

Insoo14：妳媽媽和祖母知道她們教了妳這麼多嗎？

Beth14 ：嗯，我想我得跟她們說才行。

Insoo15：妳要怎麼做呢？我的意思是，如何才能使妳母親知道，她教了妳這麼多事？

Beth15 ：她現在對我很生氣，但是我會在幾天後跟她說的。

　　即使在會面的一開始，Beth 和社工人員無法在 Beth「說實話」的主題上建立工作關係，Beth 也對諮商服務採取了防衛及不合作的態度。不過，Beth 在與 Insoo 的對話中，漸漸改變了態度，同時她還看見了自己想要什麼，也對她所想要的目標產生了初始的計畫。很清楚地，還有許多工作等著 Beth 與她身邊的人一起去完成，但是在討論她如何回家的主題上，Beth 已與 Insoo 發展成合作型的工作關係了。

　　在本章裡，我們已經討論了實務工作者與當事人一開始晤談時，可能面臨的不同晤談情境之關係形式。在此，我們的目的是去闡述我們是如何與當事人在任何一種關係下建立合作型工作關係之觀點。雖然每一種情境都有很多面向上的差異，但每一位建構解決之道的實務工作者都會嘗試相同的行動：傾聽並獲取當事人想要有何不同的細節。在我們的經驗裡，一開始尊重地探討當事人的目標，將能自然提升當事人的動機與合作。

第五章
如何確認當事人的期望：
奇蹟問句

有些人會看著事情的發展，且問「為什麼」。我則夢想著本不可為之事，並問「為什麼不？」（Robert F. Kennedy 改述 George Bernard Shaw）。

只有當人們開始創造可能性的景象時，他們才能邁向令其滿足之方向，而（他們的）問題多多少少就會失去了影響力（Saleebey, 1994, p.357）。

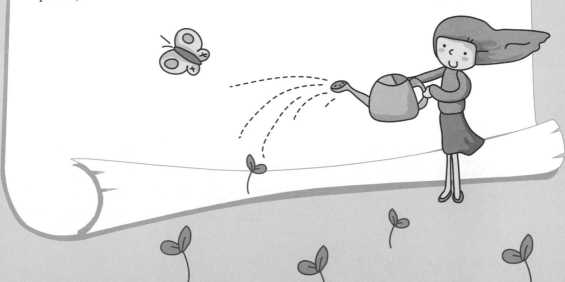

Saleebey 於 1994 年以同僚的研究（Modcrin, Rapp, & Poertner, 1988）為證，闡述他對當事人潛能的信念。此研究以一些被診斷出有慢性心理疾病的當事人為研究對象，其中為數不少的當事人以前都曾經接受過住院治療。於諮商過程中，Saleebey 的同僚們嘗試去肯定當事人的能力並確認其定義的目標，竟然親睹了令人驚嘆的成果。

　　這些人，幾乎沒有例外，開始同心協力地去建構生命——令人大感意外。令人玩味的是，他們真正做到了「不為病情所困」的境地。事實上，他們的病症都差不多，但是，在病症的事實之外，諸如：「我是個上班族」、「我是個鋼琴家」、「我是司機」、「我是人家的配偶或父母」等角色，都各自訴說著迥異的故事，而將這些病症帶往更富有象徵意義的環境背景上（Saleebey, 1994, p. 357）。

我們和當事人諮商的經驗與此十分相同。如同 de Shazer（1991, 1994）以及其他先進（Berg, 1994; Berg & de Shazer, 1997; Berg & Kelly, 2000; Berg & Miller, 1992; Berg & Steiner, 2003; de Shazer et al., 2007; Fiske, 2008; Furman & Ahola, 1992; George, Iveson, & Ratner, 1999; Lee, Sebold, & Uken, 2003; Mcdonald, 2007; S. D. Miller, Hubble, & Duncan, 1996; O'Hanlon & Weiner-Davis, 1989; Talmon, 1990; Walter & Peller, 1992, 2000; Young, 2009）所發現到的：當事人常能動人地建構出更為圓滿豐富的美麗人生。

　　為了說明建構解決之道的過程，我們以一位名叫 Annie 的女性對度假的計畫為例。在日復一日的生活壓力下，Annie 覺得她的生活或許應該要有些變化。有一天她暗忖著：「假如能去某個地方度個假那該有多好。」倘若此想法繼續駐留於心，Annie 便會開始為這個可能的旅程構思出一個大概的方向：「我想要遠離這裡；也許是離開這個國家；也許去到較溫暖的地方，離開此地冰冷的雪季。」在評估旅行所需花費的時間和金錢之後，若她仍然覺得可行的話，她便會開始更仔細地去思考，到了當地之後，可以去哪些地方玩以及想做哪些事等等。她可能會和去過這些地方的朋友聊聊，也可能會去接洽旅行社，或到圖

書館與書店瀏覽旅遊方面的書籍。當她閱讀到有關巴哈馬群島、墨西哥、希臘、巴西、夏威夷的介紹後，如果 Annie 開始思考要去哪一個地方，她就會對書中所介紹的內容逐漸形成更豐富的概念。巴哈馬群島有獨特美麗的海灘，並且能享受在岸邊浮潛的樂趣；希臘和墨西哥能展現出古文明的經典遺跡；巴西的里約熱內盧似乎有著驚喜刺激的夜生活。在對幾個可能會去的景點有了更清楚的概念之後，她可能特別喜歡其中某些景點。接下來，當考慮到可行性的相關因素時，她也會開始衡量要如何抵達目的地，並且在心裡盤算著各種不同選項所需的各項花費：搭飛機比較快也比較經濟，搭船會比較貴但是比較能夠放鬆心情。這番如何到達目的地的考量可能很容易左右她最後的定點。Annie 也許會因為花費太貴，從原本計畫要出國度假，改成到國內比較溫暖的地方去旅行；她也可能會折衷地決定：「至少，這樣我可以自己開車，也比較省錢。」

對於 Annie 決定行程的過程，我們提供以下幾點觀察。首先，Annie 的思維從原本天馬行空地亂想目的地，進展到用較為縝密的方式在考量，例如一旦到了當地，必須注意哪些事。當她考慮得愈深，便會發現自己愈被能否執行的可能性所影響。第二，思及如何抵達當地，亦會影響她對於目的地的選擇：包括所需花費的時間與金錢，以及其他所需的各種程序等等；這些資訊已經轉變了 Annie 的知覺及對行程的看法，於是不同的旅行地點對她便產生了不同的吸引力。第三，如此一來，她便形成了這趟旅行諸多可具體準備的細節工作。第四，這個過程顯然並不是要找到一個「完美」的目的地，而是要找到足以讓她有「動力」去實踐旅行的地點。

根據這個旅行的譬喻，我們發現，與當事人工作時，對於目的地之考量應優先於運輸的方式。一旦當事人開始去思考自己的生活想要有「什麼」（what）不同時，似乎能令他們更為有效地去對未來可能的轉變形成概念，然後，才可以掌握住「如何」（how）令它成真的一番討論。雖然這兩方面經常被併在一起，甚至與其他問題混為一談，然而「什麼」（what）應該比「如何」（how）更佔有邏輯上的優先性。基於第 4 章的基礎，本章更進一步將焦點擺在更多晤談問句的探討上，以便讓讀者能夠運用這些問句，與當事人展開並維持一連串關於「『什麼』是他們想要的改變」之對話。到了第 6 章，我們

則將焦點轉為探討當事人要「『如何』使這些改變成真」的問句技術上。

　　如同第4章所言，當實務工作者與當事人討論到他想要未來生活有何不同時，當事人的動機經常會戲劇性地增強。很多當事人其實不容易清晰地表達自己想要什麼目標的細節。通常他們的期望在剛開始時只是一個抽象含糊的概念。當事人可能會說：「我將會在學習上的動機愈來愈強，也將會知道得愈多」；「當我對生活不再感到這般沮喪時，我的問題便能迎刃而解」；「我會與父母相處得更好」；「我的小孩將會重新回到我身邊，保護禁令將徹底從我的生活中消失」。因此，一旦當事人開始陳述他們希望看到的改變，實務工作者的下一個任務即是開啟另一段對話，詢問當事人於問題解決時的未來，生活可能是什麼樣的圖像，以使他們能從抽象模糊的概念轉化為更具體明確的遠景。Berg和Miller（1992）稱這樣的過程為：與當事人發展良好構成的目標（well-formed goal）。這個過程是焦點解決晤談中一個合作的歷程，含括了當事人與實務工作者雙方的共同努力。

　　焦點解決學派的實務工作者，針對「良好構成的目標」歸納了幾個特徵（Berg & Miller, 1992; de Shazer, 1991）。在針對每個特徵下定義並做簡單的描述之後，我們將介紹奇蹟問句；奇蹟問句能與當事人開啟並發展有關良好構成目標的對話。本章將介紹兩個新的案例：Ah Yan與Williams家族。在以下的章節中我們會介紹建構解決之道的所有階段，同時，也會一直回到這兩個案例，並說明他們於各階段的情形。

一、良好構成的目標之特徵

(一) 對當事人具有重要性

　　首先，「目標」一定得是對當事人非常重要之事；無論當事人所訂的目標對身為實務工作者的你而言，是否同意它應是當事人的主要目標。這個特徵與第4章的主題相互輝映。實務工作者必須盡可能去確認出當事人真正想要的目標，否則你的努力與成效在還沒開始時就已經打了折扣。第4章中有關Beth的

例子便能說明此信念的真實性。當實務工作者盡其所能地去了解當事人對生活的想望時，當事人會有一種備受尊重的感覺，因而能更為增強自尊心以及改變生活的動機（de Shazer et al., 2007; Saleebey, 2009）。

(二) 具人際互動的用語

在計畫旅行的譬喻中，旅行者往往在一開始對於要前往哪個目的地僅有一個十分模糊的概念；對於一位即將要開始發展目標的當事人來說，也是如此。假設你問當事人：當他的問題解決後，生活將出現什麼樣的不同時，他大概會這麼回答：「我會覺得好多了」或者「我的工作態度會更好」。此時，你可以邀請這位當事人開始澄清這些敘述；你可以這麼問：「當你覺得比較好的時候，其他人會注意到你有什麼不同呢？」或者再問得更詳細些：「他們還會注意到你其他的變化嗎？」

如同第 3 章所述，Mead（1934）教導我們，人們對自己的期望、優勢、限制以及可能性等向度，乃是知覺自己的面向，而這些面向深深被當事人社會網絡中的重要他人會如何看待他的觀點所影響。我們可將 Mead 的發現以詢問的方式，幫助當事人發展出良好構成的目標。例如，假設一位當事人對於「問題解決時自己會有什麼樣的改變」毫無頭緒時，你可以這麼問他：「如果你的媽媽在這兒，而我問她，當你的問題解決時，會有什麼改變，你想她會怎麼說？」那麼當事人就可能會想到一些答案：「喔，我想她會說我比較少看電視、找到工作，諸如此類的事。」有時候，讓當事人從自己的立場思考周遭重要他人看待自己可能轉變的角度後，再反觀自己，當事人會比較容易產出一些可能性。

有時候，實務工作者與學生會問我們，該如何詢問社交孤立的當事人，並得到一些人際互動方面的內容。就我們的經驗而言，一個在人際互動上完全與外界隔絕的當事人是非常罕見的。以一位單親媽媽及她的小孩為例，如果孩子們已經具備可以描述所見一切的言語表達能力時，便可以詢問這位母親：如果她有任何改變，小孩會怎麼形容她？

Insoo 曾接觸一位長期照顧年邁父親的當事人，她在父親往生後變得非常沮喪。她提及，在上班的時候因為周遭一切以及擁有與同事的互動，還不會感到

如此沮喪，但是當她一回到家，整個心情便垮了下來。這位女士透露她家的小狗對她的情緒起伏非常敏感。於是 Insoo 問：「如果妳的狗能說話，當妳的問題解決時，牠會怎麼形容妳的改變呢？」這位女士回答：「牠會說我變得很有活力，會興致勃勃地帶牠去晨跑，並且開心地跟牠說話。」

(三) 具情境化的特徵

由於當事人往往已經與問題搏鬥了幾天、幾個禮拜、好幾個月，甚至好幾年，所以會覺得沮喪乏力，而當他們在描述問題時，常會令人覺得這些問題似乎不曾停止過，好像隨時隨地都在發生。是以，我們會嘗試協助他們：將他們可能想要的改變縮小，設定在某些地點或情境中，如此將會使目標的形成與設定變得較為可行。舉例來說，假使某位當事人抱怨自己總會遲到，這對她整個人生造成莫大的困擾；那麼，與其邀請當事人發展出一個「在往後人生中再也不會在任何重要活動或場合中遲到」的目標，還不如問她：「在妳生命的此刻，妳在哪一件事情上最不想遲到？」她可能會告訴你，上班不要遲到最為重要；她或許可以在家庭或朋友的約會遲到，因為他們比較不會放在心上，然而，老闆卻可能會因為她上班太常遲到而開除她。

(四) 出現正向所欲的行為，而非令問題永不復存

當事人在描述自己想要的目標時，往往藉由「抱怨他們不想要什麼」的方式來表達。例如：當你問一位婦人，她對於家庭生活所遭遇到的問題「希望能出現什麼樣的轉變」時，她可能會回答你這麼一長串的話：

> 我和孩子們之間的爭執實在太多了。我不想再對他們大吼大叫，因為這樣對他們不好，對我也不好。同樣地，我也希望我的兒子不要再和他的姊妹們爭吵，而且不要再偷拿我皮包裡的錢，或者對我撒謊。我希望我的女兒不要再蹺家，還有我希望我老公能停止酗酒，然後多幫我一點忙。

　　對當事人來說，像這樣的陳述是毫無幫助的。因為這是一個「負向的」描述，它充滿了挫折、低能量，和一種膠著愁困的感覺。若能聚焦在當事人擁有的一點點正向能量，將會使當事人更加願意去嘗試脫離這種種負面的情境。對人們來說，去做知覺為「要做什麼」的事情，會讓人們覺得比較容易執行些。舉例而言，通常對想減重的當事人來說，起來走動走動，會比要他們不斷去提醒自己不要走進廚房拿起整包的洋芋片和飲料來大吃大喝，來得容易許多。因此，良好構成的目標是指：「出現」一些「正向所欲」的事情，而非只是使所知覺的問題「消失」。

　　de Shazer（1985）提出一種更為直接的方法來回應當事人的負面陳述，以便使當事人能開始描述一些所欲的改變——實務工作者必須詢問當事人：當問題解決後，什麼樣的情況將「取而代之」（instead）？

Joanne1：我很討厭兒子對我撒謊。我知道他不再對我撒謊的時候，事情會有所改善。但他扯謊時，竟然還能對我裝出一副若無其事的樣子，這真是把我給嚇壞了。

Insoo1　：當然，我看得出妳的擔憂是有道理的。所以，假如情況好轉了，他不再撒謊了，妳想他會出現什麼行為來「取而代之」呢？

Joanne2：當然他會變得更誠實。

Insoo2　：那麼他看起來呢？他會有什麼樣的不同，而讓妳知道他變得更誠實了呢？

Joanne3：嗯，他會坦承他曾經向我撒謊，並且跟我道歉。

Insoo3　：那他還會做什麼呢？

Joanne4：我不知道，我從沒想過這些……可能他的態度會比較坦然，語氣也比較堅定，不會像平常那樣閃躲、囁嚅，像做了什麼虧心事似的……他會直視我的眼睛，抬頭挺胸，而不是彎腰駝背。他會更開誠布公地面對我。

Insoo4　：可以看得出來妳對妳的小孩真的非常了解。所以，他會直視妳的眼睛，語氣堅定，並且抬頭挺胸。這些都很合理。妳真的很了解妳的

孩子，不是嗎？

Joanne5：當然，我是他媽啊。〔大笑〕做母親的都很清楚她的孩子腦袋裡裝了些什麼。我總是這麼告訴 Robby。

(五) 可以開始的一個步驟，而非最終的結果

通常當事人不會在問題一發生，就直接去尋求專業協助，除非到了最後關頭。當事人可能會先嘗試一些處理方式，在沒有什麼滿意的成效之後，才會再到一位專家那兒去尋找答案。而此時，當事人通常會冀望獲得立刻的舒緩。

能立即解決問題的希望，是當事人常見的渴求。然而，當事人的渴求會讓他們不停地尋求建議，並壓迫著你要去減緩他們的痛苦。縱然如此，實務工作者仍不可對當事人承諾專業能力所不能及的事情。在多數現實狀況下，當事人都無法即刻解決問題。通常，只有在當事人能夠開始採取一些初步或階段性的步驟，來嘗試改變他們的生活時，方能獲得最終的解決。我們能夠提供給當事人的協助就是：幫忙他們發展新的行動步驟，以建構較易成功的解決之道。

當你問當事人要如何知道自己的問題已經解決了，你可以預料他們會回答的內容是關於他們期待中的結果，而非初步改變的徵兆。比如，當 Insoo 在先前描述的案例中，詢問那位媽媽希望能有什麼樣的改變時，她回答的乃是最終的結果：Robby 能夠變得更誠實。於是，Insoo 接著問，那是什麼樣的情景呢？她回答：「語氣也比較堅定……他會直視我的眼睛，抬頭挺胸……他會更開誠布公地面對我。」這樣的定義仍較為偏向最終的結果，而非初步的步驟，因此 Insoo 繼續了這個對話。

Insoo6：妳確實十分了解 Robby。不過，很明顯地，要 Robby 對妳總是誠實，必須花上一段時間才可能達成。那麼，有什麼樣的小小跡象，會讓妳覺得：「嗯，他『開始』對我稍微誠實一點了」呢？

Joanne6：是啊，我猜這也是需要時間的，〔笑〕當然，我真希望他立刻產生改變。我想應該是，當我們談話時他能看著我，讓我能看著他的眼睛。

Insoo7 ：那麼，妳將會在他眼裡看到什麼是妳現在看不到的，而使妳知道 Robby「開始」對妳比較誠實一點了呢？

在這個對話交流中，Insoo 邀請 Joanne 調降她的期望。Joanne 已經能縮小對孩子「開始改變」的界定：「當我們談話時他能看著我，讓我能看著他的眼睛。」由於將焦點放在兒子某一部分的改變上，Joanne 將會更容易注意到孩子眼睛有注視她的時候，如此將能協助改善她和兒子之間的互動模式。

(六) 當事人為自己確認的角色

一些當事人開始諮商時，常會因期待事情能有所好轉而感到失望，因為這些當事人往往相信自己的問題是他人的言行所造成的，所以他們對問題的改善也會因而覺得無能為力。因此，當實務工作者詢問這些當事人，若「問題解決，事情將會有什麼不同」的問句時，他們通常會回答，身旁的他人應當要出現哪些改變。如同第 4 章所述，我們發現：跟隨當事人的知覺，並要求他們多描述生活中的重要他人將有什麼樣的改變，會是一個十分有效的方法。

Insoo8 ：那麼，能不能請妳談談，假如 Robby 能在你們說話的時候更常看著妳，這對妳會有什麼幫助呢？

Joanne8：這種情況如果能發生，那就太棒了！我的日子就會過得輕鬆多了。我就不用再這麼害怕，擔心他會像他姊姊一樣逃家。我就可以多花點時間在其他該操心的事情上——像多花點心思在我的女兒和丈夫身上。

Insoo9 ：那麼，假如他真能做到在你們說話較常看著妳，他又會發覺妳有什麼不一樣呢？

Joanne9：噢，我不知道……我想，我也許就不會老是對他大吼大叫……妳知道的，保持平靜。

藉由 Insoo 的引導，Joanne 開始思考與兒子之間的關係能有怎樣的轉變。

雖然尚需釐清所謂保持平靜與較少責罵的真正意涵，但是，Insoo所提出的焦點解決問句，已能幫助Joanne開始將焦點轉移到自己身上。通常，在當事人能夠有這樣的轉變時，往往他們就會變得比較愉快且覺得較有希望。

(七) 使用具體化、行為化與可測量化的語彙

幫助你的當事人去釐清出具體的、行為化的、可測量的目標，如此便能在當事人朝著令他們滿意的解決方向邁進時，讓你與他們都能有所依據。當事人若覺得自己有進步時，往往就會更燃起去創造美滿生活的努力與動力。因此，與其接受模糊與浮光掠影類的目標陳述，諸如：「當問題解決後我將覺得更好」、「我會更快樂」或「我會更有生產力」，還不如在你與當事人晤談時，把目標具體地確立清楚。例如，當Joanne說她希望她的兒子能更誠實時，Insoo接下來就鼓勵她，將這個目標定義得更為具體化、行為化及可測量化。

(八) 合於現實的用語

在當事人被問及想要看到什麼樣的改變時，有些當事人的回答是不切實際的，例如：「希望我的心臟病會消失」、「我的兒子永遠遵從我對他所提出任何幫忙家裡的要求」，或者「我會中樂透」，這一類看似十分美好的憧憬，但卻令實務工作者不禁這樣想：「這聽起來不是一個實際的目標。這些當事人當然不可能藉由專注在這些不切實際的目標上，而變得更有希望，更遑論還要去創造出一個美好的未來了。」

所謂合理的目標，必須是當事人的能力所及且在其實際生活中能夠達成的目標。在剛開始，你不會了解當事人的能力及其周遭環境如何，因此，必須從當事人那兒得知他們所發展出的目標是否實際。這可從幾方面著手。譬如，一位當事人告訴你，他希望能與兒子好好相處。經過和你的一番討論之後，當事人對目標做了較為具體的定義：「多花些時間在兒子身上，常問兒子星期六想做些什麼，並且認真看待兒子的回應。」你便可以接著問：「這些都有可能發生嗎？」或「這些都是你認為能夠辦得到的事情嗎？」若當事人回答「是」，那麼你就可以繼續問他：「你怎麼知道自己辦得到？」「在這些事情當中，有

哪些是曾經做到過的呢？」很快地，你和當事人都會對於當事人的優勢與過去的成功有了清晰的了解，也能得知當事人相信在他生活的世界裡，哪些事情是有可能發生的。

另一個可以鼓勵當事人發展更為實際的目標之方式是，邀請他們思考：在自己有了改變之後，所可能帶來與人互動的變化。例如，假使一個父親告訴你，當女兒做錯事時，他想要用較為和緩的語氣跟她說話，而不是直接把她臭罵一頓，你便可以問他：「假如你能夠做到，你覺得她會有什麼改變？」亦即詢問，據他所了解，假如他果真能有這樣的轉變，女兒將可能怎麼回應他；如此，你等於間接由此得知他這種作法是否合於現實。

(九) 對當事人是有挑戰性的

在開始接受諮商服務時，當事人常對自己與生命感到沮喪。他們可能會對自己竟然必須接受協助而覺得失望與羞愧。許多當事人情願將問題歸因於生理因素，而去看醫生並接受醫療診斷，卻不願意承認這是個人或家庭的問題。個人或家庭出了問題，代表當事人與他周遭親友間的關係產生了裂痕，並且他是需要背負責任的；但生理狀況不好，通常被視為是非個人所能控制，或非個人責任所及的。

實務工作者可以讓當事人明瞭——解決問題是需要花費心力的，這等於間接強化了當事人的尊嚴與自尊心，因為：第一，當事人能更加確信他來尋求專業協助是個正確的抉擇。倘使一個問題需要花費這麼大的心力去解決，這必然是一個非常棘手的問題，因此十分值得當事人尋求專業的協助。第二，萬一當事人進步緩慢甚至停滯不前，當事人毋須感到挫敗，實務工作者應再把焦點放在當事人如何能繼續堅持下去的必要性上。最後，若當事人有了快速的進展，他的自尊心會因為這些棘手的問題竟然能在短時間內獲得解決，而大幅地被提升。

實務工作者不必直接明說，只需要提醒當事人花費心力的必要性，便能將改變且找尋解決之道的責任放在當事人身上。剛開始，當事人的期望常常超越專業實務工作者所能負荷的範圍；藉由提醒當事人花費心力的必要性，便能傳

遞一個訊息：「唯有親身實踐，改變才有可能發生。」多數當事人對此提醒均能虛心接受，儘管他們可能會寄望有更簡便的方式。從我們的經驗中，當事人其實也明白，在過去成功的事件上花費心力，乃扮演了關鍵性的角色。

(十) 結論

思考以下對於良好構成目標所做的其他觀察：第一，這些目標是從當事人本身的參照架構中發展出來的。在焦點解決晤談中，實務工作者避免向當事人提議什麼是當事人所需要的，或者什麼方向是他們該努力追求的；相反地，實務工作者應藉由未知問句、拼入當事人用字，以及身後一步引導的方式，堅持邀請當事人自己去構思目標，並用自身的語言來陳述這些目標。第二，在當事人與實務工作者工作時，當事人鮮少能在一開始就擁有一個良好構成的目標；這些目標乃是在和實務工作者持續的互動中所發展出來的。就像在建構解決之道的過程中，目標的建構對當事人來說是項大工程，這需要仰賴實務工作者的耐心、堅持和技巧才能達成。

實務工作者可以運用奇蹟問句，來與當事人介紹與維繫在有關目標的對話上。奇蹟問句能夠描繪出當事人的參照架構，並結合先前我們所討論過的目標特徵，來促進「目標形塑」（goal formulation）的完成。

二、奇蹟問句

Insoo 與她的同事意外地發現了奇蹟問句（miracle question）。Insoo 有一次與一位似乎不堪負荷的婦人晤談時，該婦人表示，她的孩子們不守校規，並被校方指責他們囂張的行徑；她的丈夫已經嚴重酗酒長達十七年之久，終而導致失業並因此影響家庭生計；這位婦人沮喪地訴苦著，彷彿她再也無法支撐下去了。Insoo 問她：「妳認為需要發生什麼事，才會讓妳覺得我們在一起會談的這段時光是對妳有幫助的？」當事人說：「我不太確定耶。我的問題這麼多。恐怕只有『奇蹟』出現才能夠幫助我吧，但是，這不過是我的癡心妄想罷了。」順著當事人的話語及思路，Insoo 接下去問：「好，假如奇蹟真的發生了，讓妳

來求助的問題都獲得了解決，那麼，妳的生活將會發生什麼樣的轉變？」

令 Insoo 感到驚訝的是，這個似乎被打擊到無法再繼續支撐下去的婦人，竟然開始描述生活轉變後的種種情景。她說她的丈夫會變得「更有責任感，繼續工作並且較懂得善用金錢」；她說她的小孩會「遵守校規和家規，盡自己的本分，不再惹這麼多麻煩」。甚至，她說自己將會有所不同：「我將會更有能量，更常微笑，並且能與小孩們更溫和地相處，用平常的語氣跟他們說話，而非劈哩啪啦地把他們臭罵一頓。我甚至可能會和丈夫恢復到像剛結婚時那樣窩在一塊兒聊天的生活。」

Insoo 和她的同僚們開始思索：在這段晤談的段落裡，這位婦人的身上究竟是發生了什麼事。他們發現到，即使一般人不認為奇蹟會發生，但是，當事人對於奇蹟發生後的生活卻描述得相當合理，而且符合了一個功能運作良好的家庭實景。婦人將其對於奇蹟的描述，轉化為一組依其觀點認為是值得實踐的目標──奇蹟問句於焉誕生。Insoo 與同僚便開始經常地使用奇蹟問句來詢問當事人。

奇蹟問句之所以有效，至少有以下幾個理由。第一，藉著對奇蹟的探問，容許當事人無限地思考任何可能性；他們會被熱烈地邀請對他們所希望看到的改變做出定義。第二，這個問句著重在未來，並能勾勒出：有一天，若他們的問題不再是問題的時候，生活會是怎樣的景象，於是便將焦點從過去與現在的問題，轉移到未來更美滿的生活上；即 George、Iveson 和 Ratner（1999）所稱之「偏好的未來」（preferred future）。

這個奇蹟問句在世界上已經被使用過不下千萬遍，它被實務工作者反覆地試驗並改編成不同的問法。在使用這個問句時，最好能夠以刻意誇張的方式來提問。

現在，我想要問你一個奇怪的問題。「假如」，你今晚正在房裡沉睡而四周一片寂靜，此時，一個奇蹟發生了，**你帶來諮商室的問題解決了**。然而，因為你正在酣睡，所以並不知道奇蹟已經發生了。那麼，當隔天一早醒來，**你會發現有些什麼不同，而讓你發覺奇蹟真的**

已經發生，你帶來的問題都被解決了呢？（de Shazer, 1988, p. 5）

以這樣的方式來詢問奇蹟問句之目的，即是要當事人跳脫以往的信念，並想像當問題解決後，他們的生活將產生什麼樣的改變。這對當事人來說，並不是一件容易的事。他們必須從原本繞著問題打轉的思緒，戲劇化地轉向以解決之道作為投注與思考的焦點。大多數的當事人需要一些時間與協助，以催化這項轉移。身為實務工作者的你，即可在此轉移的過程中給予當事人莫大的幫助。在對當事人使用奇蹟問句時，我們建議採取以下幾個準則：

■ 用徐緩而溫和的語氣，讓當事人有時間從原本被問題糾纏而無法自拔的思緒，轉而將焦點放在解決之道上。

■ 以這個奇蹟問句是少見且奇異的介紹手法，清楚而戲劇性地開啟建構解決之道。

■ 運用間歇穿插的停頓，讓當事人有時間去消化奇蹟問句，並透過奇蹟問句的不同組成成分來釐清他／她的經驗。

■ 既然要求當事人對未來進行描述，則需用未來時態的問句：將會有什麼改變？將會出現什麼樣的奇蹟徵兆？

■ 當要探問後續的追蹤性（follow-up）問句時，必須經常重複以下這個句子：「這個奇蹟已經發生而且你所帶來的問題已經獲得解決時」，將會促使當事人持續把思考問題的焦點放在解決之道上。

■ 若當事人又退回去談論問題，則可慢慢再將他們的注意力重新聚焦於：當奇蹟出現的時候，他們的生活將會產生什麼樣的改變。

請記得奇蹟問句是一個開場白；當事人通常給的答案，並不全然符合良好構成目標的特徵。實務工作者的責任是提出一連串後續相關的問句，邀請當事人表達他們對於美滿未來的憧憬，以便能達成良好構成目標的原則。讓我們以Peter 和他的當事人 Ah Yan 的諮商工作為例。

(一) Ah Yan 的奇蹟之景

Ah Yan 是一名年約三十的亞裔美國婦女。已婚，育有兩名子女。她到一家

公立機構尋求協助時遇見 Peter。

Peter1 ：有什麼事是我能夠幫忙的嗎？

Ah Yan1 ：〔非常焦慮地〕我覺得……我的問題很嚴重。我常常會覺得惶恐不安，但我只能坐著試圖讓自己冷靜下來。我擔心可能會出什麼事情。

Peter2 ：Ah Yan，發生了什麼事讓妳覺得自己恐慌不安？

Ah Yan2 ：我不曉得……我老是會有這種感覺，內心裡感到非常惶恐，我整個身體會不由自主地顫抖著。我好害怕，覺得自己快要窒息了。

Peter3 ：嗯。這聽起來似乎非常嚇人。〔Ah Yan 贊同地不停點頭〕那麼，還有什麼其他的事會讓妳感到惶恐的嗎？

Ah Yan3 ：有的，去年我曾一度認為自己可能快要瘋了。當我一早醒來，一下床就看見掉了滿地的頭髮；還有，當我洗完澡後，便有一大束頭髮落在我手上。我去看醫生，問他：「醫生，為什麼？為什麼會這樣？」然後他們就開始幫我做測試，一堆的測試。

Peter4 ：所以妳去看醫生並做了測試？那麼，這對妳有幫助嗎？

Ah Yan4 ：是的。呃，這個測試的結果並沒有顯示什麼，但他們告訴我可以如何治療自己。醫生建議我要多走路、騎腳踏車，或者多休息。

Peter5 ：這樣求醫的經驗有沒有幫助呢？

Ah Yan5 ：我不確定。那些方法我都試過了……或許有一點吧，但是我仍然感到驚恐不安，而且呼吸異常急促。

　　Ah Yan 已經能開始描述她所遭遇到的問題，但是她無法察覺到任何存在的問題模式，也沒有發現有任何持續性的幫助；醫生們對此也感到困惑，因為她的身體並沒有什麼大礙。這也就是她來尋求諮商協助的原因。

　　經過十幾分鐘晤談，Peter 選擇從奇蹟問句來開始進行目標建構的工作。

Peter6 ：現在，讓我問妳一個不尋常的問題。假如〔停頓〕今天晚上妳睡

覺的時候，〔停頓〕一個奇蹟出現了，〔停頓〕這個奇蹟就是今天妳所帶來的問題被解決了。〔停頓〕但是因為妳在睡覺，所以並不知道這個奇蹟已經發生了。〔停頓〕那麼，當妳醒來時，什麼樣的徵兆會讓妳曉得事情已經有了改變？〔停頓〕已經有奇蹟出現了？

Ah Yan6 ：我不知道。我想……我想我就能更像我自己。你知道的，笑，我會笑，但那是表面上的。在內心裡，我還是會不斷地感到害怕——像是害怕會病倒，甚至可能會死……我好害怕自己就這麼死掉。

Peter7 ：妳剛提到妳會變得更像原來的自己。那麼，當妳更像原來的自己時，會有什麼不同嗎？

Ah Yan7 ：也沒什麼。我……我會想出去走走，笑得毫無顧慮。我現在的笑都是表面上勉強裝出來的，事實上內心裡還是充滿恐懼；我好害怕自己會病倒。

Peter8 ：所以當奇蹟出現時，什麼將會取代害怕呢？

Ah Yan8 ：噢，我不知道，我總是身陷絕境。這個問題太難回答了。我不知道。

Peter9 ：是的，的確。這的確是一個不容易回答的問題，我看得出來妳真的很努力在與妳的害怕搏鬥，它不時讓妳的生活變得很痛苦、很難熬。我想，這讓妳有很充分的理由想要到這裡來——看看能不能做些什麼。〔Ah Yan 點點頭〕我很好奇，我對那個早上起床之後所發現到的奇蹟感到很好奇——發生了什麼樣的事會讓妳的丈夫驚覺到——哇！情況不一樣了，事情變得更好了？

Ah Yan9 ：當我跟他說話的時候，他會告訴我說我已經變好了，而且一切都好轉了。當我變得很開心時，他也會變得比較快樂。

Peter10 ：所以當奇蹟出現時，妳會更快樂囉？〔她點頭〕所以，他會在妳身上看到什麼不同而告訴他，妳變得比較快樂了呢——無論是在內心裡或在外表上？

Ah Yan10 ：我和他說話時……他會看到我看起來高興多了，不會再不停地掉

眼淚。我能吃點東西，也會在家裡做更多的事情。

Peter11 ： 當他看到這些事情的時候，他會有什麼樣的反應？

Ah Yan11 ： 〔顯得較為輕鬆愉快〕他會更快樂，因為他總是在我驚恐不已的時候感到憂心忡忡。他會更常擁抱我和親吻我。他會問我，他是不是也能夠一起來幫忙，我們可以一起讓這個家看起來更好。

Peter12 ： 他還會做些什麼事呢？

Ah Yan12 ： 我知道的大概就是這樣吧。我不曉得……也許會一起出去走走看看之類的……

Peter13 ： 妳說妳有兩個小孩，他們多大了？

Ah Yan13 ： 哥哥名叫 Di Jia，今年六歲。Ah Lan 今年三歲。

Peter14 ： 哇，有兩個小孩；妳一定是個非常忙碌的媽媽。〔Ah Yan 點頭，停頓〕所以，回到這個奇蹟上，妳的小孩會注意到妳有哪些不一樣的改變呢？

Ah Yan14 ： Di Jia 嘛——我不知道。他在我生病時會特別注意我，像我在發抖的時候，他會跑來告訴我：「媽，明天早上我煮湯給妳喝。」你知道，他試著想要幫忙。

Peter15 ： 所以當奇蹟發生時，會出現什麼不同呢？

Ah Yan15 ： 他會到外面玩盪鞦韆，在屋子附近騎腳踏車，在屋裡屋外跑進跑出。

Peter16 ： 這對妳來說具有什麼樣的意義呢？

Ah Yan16 ： 我喜歡這樣，因為這就像原來的他。我知道那時候他不會放心不下我，而會盡情地奔跑玩耍。

Peter17 ： 那麼 Ah Lan 呢？她會注意到什麼？

Ah Yan17 ： 她會，嗯……開始觀察到一些事。我想她會……她是一個討人喜愛的小傢伙。她喜歡被擁抱、被親吻，並說「我愛妳」。她會很開心。她會注意到我們都在一起玩遊戲或做事，而且樂在其中。

Peter18 ： 還有哪些人可能會注意到轉變的發生？

Ah Yan18 ： 我不知道，也許我大嫂吧——因為她知道我經歷了些什麼。

Peter19 ：所以她會注意到什麼呢？當她在這奇蹟的早晨看見妳時，第一件會吸引她注意力的小事情是什麼呢？

Ah Yan19 ：她會看見我在笑。她會驚訝地說：「Ah Yan，妳笑了耶！」

Peter20 ：因為這個奇蹟，你們家還將會出現哪些改變呢？

Ah Yan20 ：我不知道，我所能夠想到的大概就是這些了。

Peter21 ：嗯，沒關係。妳已經說了會有哪些不同的事情會發生了。那麼我問妳：假如讓妳決定在明天早上可以出現奇蹟中的某個部分，妳覺得哪一個部分會是最容易做到的呢？

Ah Yan21 ：噢，我不能確定耶。也許是去跟我丈夫多說點話吧。

Peter22 ：妳大概會跟他說些什麼呢？

Ah Yan22 ：哦，你知道的，也沒什麼特別的。就跟他說：「早安哪，天氣真好。今天有什麼打算嗎？」之類的話，大概就像這樣吧。

Peter23 ：那麼妳可以做到嗎？〔Ah Yan 點頭〕何以見得呢？

Ah Yan23 ：我想，就去做吧。

Peter24 ：真的，這是真的嗎？假如妳決定要做什麼，只要下定決心，就一定能做到嗎？

Ah Yan24 ：〔點著頭〕是的，但這很難，因為我心裡還是會感到非常害怕，而且……

Peter25 ：是的，我了解。從妳所說的我能夠體會，對妳來說，這真的必須費很大的心力才能做到。

　　在此奇蹟問句的詢問過程中，Peter 邀請 Ah Yan 和他進入一個對話，在此對話中，Ah Yan 可以建構一個假設性的解決之道。根據之前對度假例子的譬喻，當 Peter 邀請 Ah Yan 去談論她想要選擇哪些目的地時，如果她願意選擇與 Peter 繼續工作，那麼她的問題可能就會某個程度變成「過去式」。不出所料，Ah Yan 一開始對於「當問題解決時會有什麼樣的改變」，只有一個相當模糊的概念：「我想我就能更像我自己」。於是，Peter 使用後續的追蹤性問句來促進良好構成目標的發展，並給她一個機會去形塑較鮮明、較可能達到的景象。Peter 問她，什麼將會取代她的害怕（用這樣的方式來邀請她去描述一些可能會出現的正向行為）。Peter 也問 Ah Yan 當她比較像自己的時候，她會注意到有哪些改變（以此鼓勵她進行一些具體的、明確的、行為的描述，並且針對她在其中的角色做一些說明）。Peter 還問 Ah Yan，她丈夫和孩子會注意到她有哪些改變（來鼓勵她描述人際互動情景的一些可能性）。Peter 追問著，當其他家庭成員注意到她的改變時，她將會出現什麼樣的反應（藉此來邀請她進行情境化的、人際互動的且符合現實條件的思考）。Peter 問起其他人第一個會注意到什麼樣的小事情（以此來探索一個可能的起步）。Peter 還問 Ah Yan，奇蹟中的哪個部分對她來說，是最容易在次日早晨就能達成的（藉此邀請她去思考哪些可能性是最符合實際的）。最後，Peter 讓 Ah Yan 了解到，要將奇蹟轉為事實，是需要花費很大的心力。

最初 Ah Yan 常這麼回應 Peter：「我不知道」，其情況就如同第 3 章所討論的。而 Peter 並不會覺得詫異；Peter 仍然保持緘默，給她時間去思考，好讓她把思考轉為話語。Peter 的耐心以及沉默的運用被證明是有效的，因為 Ah Yan 在 Peter 沉默的這段時間裡的思考，讓她形成相當有意義的答案。

多數的當事人發覺，這些「目標形塑」的問句是具挑戰性且有主導性的，然而，當他們努力形塑目標時，他們會覺得愉快且變得較有希望。這些問句吸引了當事人的注意力，當事人將會非常賣力地回答。

有時候，我們也會遇到拒絕回答奇蹟問句的當事人。他們可能會說：「奇蹟是不可能發生的」，或者「問題已經存在我的生活當中很久了，我知道我的生活絕不可能會有什麼奇蹟出現的」。如果你遇到像這樣的情況時，你可以說：「嗯，假設真的有奇蹟，即便是很小的一個呢？」如果這個當事人依然堅持回到問題有多麼痛苦之上來打轉，你則可以再次使用「當這個問題被解決或是減輕時」而非「當奇蹟發生時」的句子來加以回應。例如，你可以這樣說：「當問題解決或是減輕時，你會注意到生活中發生了什麼樣的改變？」這樣的問句會將當事人原本不停贅述問題的膠著情勢，扭轉到對目標形塑焦點的討論上。你可以運用相同的原則、不同的問句，來發展出良好構成的目標。

若你對焦點解決晤談不是很熟練，那麼你要能覺得自在地開場，並與當事

人持續做奇蹟問句的對話，可能需要先花點時間做些練習。為了努力去幫助這些對焦點解決晤談形式不熟悉的人，我們已經發展出一個良好的目標形塑工具單及問句清單，以幫助大家建構良好構成的目標（請參見附錄）。這些工具可被學生運用於角色扮演的晤談之中，直到他們對這些晤談問句更為駕輕就熟為止。一些新學焦點解決晤談的實務工作者也都回應我們：這些工具單對於要轉到此一新的工作方式，是很有幫助的。

(二) Williams 家族

在實務工作中，你經常會被要求同時和一群人做晤談。雖然在這些情況下，焦點解決晤談的基本結構並沒有改變，但你仍必須敏感地覺察每位出席者各自擁有的知覺。這些知覺經常是彼此對立的，此時，你必須朝向一個較為統合界定的目標以及共同的解決之道方向來運作。為此，我們舉出一個尋求 Insoo 幫助的家庭為例，來闡述整個運作過程。我們稱呼這個家族為「Williams 家族」。

當要在家庭中發展一個良好構成之目標時，你會同時和兩個或兩個以上的當事人共同工作；他們對於發生問題的原因，以及當問題解決時生活會有什麼樣的改變，抱持著不同的意見。由於家庭成員持有不同的知覺，他們往往將會談各自帶往不同的方向——通常是更為依據他們的立場，發展成問題導向的晤談。在此時你必須這樣想：家庭成員會有這樣的情況，是因為他們企圖去提出能幫助改善家庭狀況的重要訊息；之後你需要找尋方法，讓他們再回到立即性的任務來——建立良好構成的目標。有時候，你會注意到家庭成員之間所燃起的緊張與相互的衝突；當發生這樣的情形時，請記得要尊重這些家庭成員所激盪出的火花，一一詢問他們的知覺，並同時了解：當問題解決時，他們認為會產生的改變為何。這將會鼓勵他們將焦點轉回到發展目標的工作上。最後，與個別諮商時一樣，請注意每一位成員曾經做過哪些利人利己的行動，並予以大大的讚揚。

在接下來一長段的對話中，Insoo 做到了上述所提及的每個環節，並標示出目標形塑過程中許多的開端與停頓。在這個對話中，我們將不時地說明 Insoo

處理的過程，並點出暗藏在問話背後的動機。

　　這個來尋求協助的 Williams 家族成員包含：三十二歲的 Gladys 和她的四個小孩，以及她二十八歲的弟弟 Albert；她的四個孩子分別是十二歲的 Marcus、十歲的 Offion、八歲的 Olayinka 以及七歲的 Ayesh。Albert 被他的母親趕出家門，現在與 Gladys 及她的孩子們同住。當他不與 Gladys 同住時，他會暫住在其他家庭成員或朋友家中。Gladys 劈頭就說，他是一個沒有工作且「遊手好閒的人」，並表示自己的丈夫這五年來也都像他一樣在混日子。Insoo 在得知這個 Gladys 家族的一些資料後，她希望能從他們身上知道他們何以要來見她的相關訊息，所以開始探問這些家族成員。

Insoo1　：現在，我想，對你們來說，你們認為來到這裡之後，如果發生什麼樣的事，就會讓你們覺得：「我們來見這位女士，真是個正確的決定」？

Gladys1　：我現在胸痛的毛病——醫生們說這是因為壓力造成的——能夠痊癒。這樣我可以幫助……妳多少可以幫我處理一些我現在有的問題。

Insoo2　：所以，妳覺得當妳能處理這些問題的時候，妳胸痛的毛病會自動痊癒？

Gladys2　：我希望是這樣。

Insoo3　：好的。還有呢？當妳能處理這些問題時，還會發生什麼事呢？

Gladys3　：我的孩子們會開始去做他們該做的事，我就用不著對著他們大吼大叫，或是怨恨地處罰他們。

Insoo4　：嗯哼，所以他們會更聽妳的話？

Gladys4　：是的。

Insoo5　：〔開始朝某些合於現實的改變前進〕嗯，但他們不太可能凡事都聽妳的，不是嗎？

Gladys5　：是啊，他們不是總是能夠做到。

Insoo6　：處在這個年齡的孩子不是總能這麼聽話的。

Gladys6	：但是有時候，妳會認為他們是可以做得到的！
Insoo7	：所以，妳希望他們有時候也能夠聽妳的話？
Gladys7	：當然。還有我希望，我可以學到一些控制自己行為的方法，像是能夠幫助我如何表達同意或不同意的方法，好讓我的母親或親戚們都能夠聽到我的意見。嗯，也就是當我說了什麼話時，他們都能照著我的意見去做。
Insoo8	：所以，當妳說「不行」的時候，他們都能聽妳的話？
Gladys8	：沒錯。
Insoo9	：好。那還有呢？
Gladys9	：我不知道。我現在暫時還想不到什麼其他的。
Marcus9	：我們所有人都能好好地相處。
Insoo10	：〔重視當事人的話和參照架構〕「好好地相處」？你的意思是？當你們全都能夠好好相處在一起的時候，你會怎麼做呢？
Marcus10	：會相互分享。
Insoo11	：很好。相互分享並且和睦相處。還有呢？
Marcus11	：沒有了。
Insoo12	：沒有了？
Gladys12	：他剛才說的那些——他只會去分享你的東西，而不是他自己的。
Insoo13	：〔轉向 Gladys〕所以，妳也贊同要相互分享且和睦相處囉？
Gladys13	：是啊，但是他必須先學著如何分享他自己的東西啊！
Insoo14	：是的。〔對著 Marcus〕我猜你說的是你也想要分享。我的意思是，你願意學著如何分享？是嗎？〔Marcus 表示同意〕好的。很好。那你呢，Offion？
Offion14	：讓這個家能更常聚在一起。就像開家族會議那樣。
Insoo15	：所以，當你們有個家族會議，你們便會聚在一起囉？
Offion15	：我們會有更多時間能在一起。
Insoo16	：更多時間在一起？嗯哼。更多共同的美好時光？
Offion16	：是的。我們大家大多數的時候都待在外面，從來沒有聚在一起做

過任何事情。

Gladys16 ：〔笑〕他腦袋裡想的就是要怎樣才能把我給搞瘋，而不去管他自己該做的事。這是不夠的，他必須更在乎一點他自己的事，懂嗎？

Insoo17 ：這並不是你所想要表達的意思。我的意思是，你並不是在說要如何把媽媽搞瘋。你在說的是，大家如何凝聚在一起。

Offion17 ：差不多吧。

Insoo18 ：差不多？

Gladys18 ：哼。上帝真是仁慈！

Insoo19 ：〔邀請做具體的、行為上的目標描述〕所以，當你的家人都能聚在一起，有個家族會議，家族的成員都能參加，那麼你們大概會在一起做些什麼事呢？

Offion19 ：玩。

Insoo20 ：一起玩。還有呢？

Offion20 ：開玩笑……而且〔指著 Albert，Gladys 的弟弟〕不要有舅舅在旁邊。〔Albert 笑著〕

Ayesh20 ：他要在旁邊。

Insoo21 ：你希望他在旁邊，但你不要。〔所有人都笑了；繼續探索每個人的知覺〕好的，Albert，容我問你個問題。我們姑且說 Gladys 正在處理她的壓力。她希望不再胸痛，能和孩子們好好相處，她想要孩子們都能聽她的話，並且希望這個家族的人也都能接受她的意見。讓我們假設這些事情都是有可能會發生的；那麼，你想，她會發生什麼改變，而告訴你說「哇，她正逐漸好轉中」？

Albert21 ：我不認為我能曉得……〔笑〕因為，噢，我也可以這麼告訴妳，我有一個超脫世俗的心靈，好嗎？而且我不認為我可以告訴妳——喔，我不知道將會發生什麼改變。

Insoo22 ：等一下。你說你有一個超脫世俗的心靈？

Albert22 ：是的，我常會坐下，然後只是單純地在思考；有時候我會大笑地

談論著,而她總是面露笑意。也就是說,每次當我靠近她時,她會對著我笑。這對我是很重要的。

Insoo23 :〔聚焦在此事的建構上〕我懂了。但是她喜歡你在她身邊嗎?

Gladys23 :有時候吧。有時候他讓你覺得很生氣,因為他做了一些惹你生氣、讓人惱怒的事情,我有告訴他不要做了,結果他還叫孩子們跟他做出同樣的事,然後他們就會有樣學樣。

Insoo24 :好的。所以有時候,Albert在妳身邊對妳是有幫助的,而有時候則不是。

Gladys24 :是啊。就像他明天要幫我把地下室的東西搬到外面去,然後就可以把暖爐和熱水器給搬進屋裡來。但他有時會把我給他的錢花在買菸和〔指著Albert的褲子〕買這些褲子上。

Insoo25 :〔讚美地〕所以Albert,看來你姊姊相當幫你的忙;你幫她,她也幫你。

Albert25 :妳可以這麼說。

Insoo26 :是,好的。所以在某種程度上,你們知道如何互相幫助囉?

Gladys26 :當你在一個沒有人要互相幫助的家庭下長大,那麼你就會想說——為什麼你們從來不互相幫助呢?你會告訴自己:「噢,我不想變成那樣。」然後你就會試著讓自己不要成為那樣子的人,所以你會到外面去幫忙其他人。我不只幫忙他,我也幫忙其他人。我猜我心裡面是……

Insoo27 :所以,妳並不是從母親那兒學到這些的?

Gladys27 :不,喔,不是,因為我媽從來不這麼做。她是個酒鬼,而且她一直就像個賭鬼那樣賭牌……

Insoo28 :〔回到目標形塑〕想像一下,當妳不用再來這邊了,而且,有一天會說出「我們已經從這位女士的身上得到了幫助」的時候,〔對Gladys說〕妳的家庭可能是出現了什麼樣的轉變,而讓妳會說「我們不再需要到這位女士這裡來了」呢?

Gladys28 :當他們不再做出像現在正在做的事情一樣,像是……

Insoo29	：〔詢問會出現的正向行為〕那麼，他們會做些什麼呢？
Gladys29	：他們能夠學會如何控制他們的言行舉止，並且去做他們應該做的事，這樣我可以讓他們到別人家玩，甚至住在那裡一晚也不會擔心；好比說，他們不會淨在那兒打混耍嘴皮或是胡鬧打架，學別家孩子的壞習慣。也就是不管在外面或者在別人家裡，都能夠讓我信任他們。
Insoo30	：〔詢問具體的、行為的、可測量的描述〕那麼，他們在別人家裡得做些什麼，才能讓妳信任他們呢？
Gladys30	：他們會做出像在自己家裡面平常會做的事一樣啊。比如說，Marcus 去朋友家，他可能會做出和其他的小男孩打架、和人家媽媽頂嘴的事情來；就是去那邊瞎混、惹事生非就對了。但是如果真有奇蹟出現，他就不會再那麼做了；他到人家家裡，就只會和小男孩們一起玩耍，度過一段快樂的時光，然後回到家裡來。
Insoo31	：好，所以他將不再做出不被期望的事。他的言行會表現得相當得體。OK。像個紳士一樣。
Gladys31	：對啊。
Insoo32	：很好。OK。那麼 Offion 呢？Offion 會有什麼樣的改變，而讓妳覺得「我們不用再去見那位女士」呢？
Gladys32	：Offion 有個毛病，當他告訴妳他想要什麼的時候，他會希望妳能立刻去做他要妳做的事。比如說，當他正要告訴妳某件事，而當時妳正在跟別人講話，沒有辦法專心聽他說的時候，他就會覺得非常煩躁；有時候他還會做出打妳的舉動，還會對妳暴力相向。
Insoo33	：〔尋求可出現之被期待的、正向的行為〕所以，他會停止那些行為，那麼，他做出什麼改變來取代這種暴力的表現呢？
Gladys33	：如果他正在跟妳說話而妳不想聽的時候，他會說好吧、算了。妳知道的嘛，就繼續去做他的事。也許等一會兒再來告訴妳他想要說的事。他看到妳在忙，就不會覺得煩躁還跑來煩妳，因為……
Insoo34	：好的。所以，他會打退堂鼓並且冷靜地跟妳講話。

Gladys34	：對。
Insoo35	：好的。所以這是他將會做的。OK。所以，當他這麼做的時候，Marcus 和 Offion 也可以這麼做，OK 嗎？〔轉向這些男孩，用互動的詞語邀請對方做出關於目標的描述〕讓我們假定你們也都可以做到，你們學著朝這個方向做，那麼，如此一來，你們的媽媽將會有什麼樣的改變呢？
Offion35	：她就比較不會像過去那樣要做那麼多事情了。
Marcus35	：她就不會再胸痛了。
Insoo36	：她不會胸痛了。當她不胸痛的時候，她會像是什麼樣子呢？
Marcus36	：我們會去野餐，或是去不同的地方玩，也不會筋疲力盡。
Insoo37	：嗯哼。我猜你很希望看到媽媽不再有壓力，可以跟你們一起去野餐，諸如此類的。你們也是一樣。嗯哼。〔讚美當事人的優勢〕你們一定非常關心你們的媽媽？嗯？是嗎？媽媽她知道嗎？
Marcus37	：我不清楚。
Insoo38	：你不清楚？媽媽知道你們有多關心她嗎？你認為呢，Marcus？
Marcus38	：不，她不知道。
Insoo39	：她不知道嗎？她並不知道你們有多關心她？那你呢，Offion？你認為呢？媽媽知道嗎？
Offion39	：我不知道。
Insoo40	：你不知道。
Gladys40	：你知道我有多愛你們嗎？
Olayinka40	：知道，媽媽。
Gladys40	：我甚至不認為你們知道。〔提高她的音調〕我甚至不認為你們知道！如果你們知道，你們就不會做一些正在做的事情了。
Insoo41	：〔再次將焦點集中在母子關係中可能的優勢上〕等一下。你認為呢，Offion 你知道嗎？
Gladys41	：你知道嗎？
Offion41	：知道。

Insoo42 : 是嗎？你怎麼知道媽媽是關心你的呢？

Marcus42 : 因為假如她不關心我們的話——她是一個單親媽媽，假如她不關心我們的話，我們會知道的。

Insoo43 : 好的。她是一個單親媽媽，而且她照顧你們；因為這樣，所以你們知道她是關心你們的。那你呢，Offion？

Offion43 : 因為我們擁有其他小孩所沒有的……

Insoo44 : 像是什麼？

Offion44 : 所有小孩所渴望的一切。

Insoo45 : 哇，真的？你的意思是，就像任天堂之類的東西嗎？

Offion45 : 是的。

Insoo46 : 真的，哇！〔讚美當事人的優勢〕妳一定非常努力地和妳的小孩們相處。

Gladys46 : 我一直都在努力，我盡我所能，而且我常祈禱他們能夠健健康康地成長。

Insoo47 : 唔，聽起來他們知道妳非常努力在做。

Gladys47 : 但願如此。

Insoo48 : 嗯，聽起來他們知道。

Albert48 : 他們知道，但是他們不乖乖做事。

Insoo49 : 〔邀請家族成員更廣泛地去思考另一個可能的未來〕現在讓我問一個你們聽來有些奇怪的問題，我將會一一詢問你們每個人，好嗎？假如我擁有一個神奇的棒子。你們知道神奇魔法棒嗎？〔對著孩子們說，他們個個面露懷疑之色〕你們不相信，沒有關係。假設說我有一個神奇的魔法棒，並且我將輕輕地像這樣揮舞我的魔法棒，好嗎？今天，嗯，在我們談完話後，你們都會回到家裡，然後在今晚就寢時……

Gladys49 : 嗯。

Insoo50 : 每個人都睡著了。整個家都沉睡著，這時我揮舞我的魔法棒，金粉隨之落下，魔法降臨了，霎時你們今天所帶來的問題消失不見

了。但是你們並不知道，因為所有人都在睡覺，所以沒有任何人知道發生了什麼事。

Gladys50 : OK。

Insoo51 : 好的，各位。你們每個人都在睡覺。那麼當你們隔天一早起來，你們如何知道在前晚你們睡覺時，奇蹟已經降臨了呢？

　　也許對一些很小的小孩來說，「奇蹟」實在太抽象了，可能沒辦法激起他們的想像力。然而，Williams 家族的小孩們卻像其他多數人一樣，能夠去想像魔法棒、金粉以及奇蹟。

Olayinka51 : 那一定會有不同的。

Insoo52 : 〔強調奇蹟未來是一個不同的未來〕會有所不同？妳怎麼知道哪裡有改變？會有什麼樣的不同呢？

Olayinka52 : 我們……會做媽媽希望我們做的事，像是清理房子啦……

Insoo53 : 〔尋求確認擴大當事人的人際互動內容〕所以，你們會開始自動清理房子，並且去做你們被期待要做的事。你們每個人都會做。嗯哼。好，很好。所以，當你們這麼做的時候，媽媽看到你們每個人都能自動自發地去做她希望你們做的事情時，她會有什麼反應呢？

Marcus53 : 她會摸摸自己的頭，並且懷疑究竟是發生了什麼事。〔笑聲〕

Insoo54 : 那麼你呢？你又怎麼知道前晚發生了奇蹟呢？

Offion54 : 因為當我的兄弟姊妹們都幫忙整理家裡，並做好每一件事的時候，媽媽可能會想：「為什麼你們會表現得這麼好？你們是想要求什麼嗎？」

Insoo55 : 媽媽會這麼說嗎？

Offion55 : 是，我是那樣想的。

Insoo56 : 〔對著 Albert〕那麼你怎麼知道？你如何能判斷前一晚發生奇蹟了？魔法降臨了？

Albert56	：我哪裡會知道啊。
Insoo57	：怎麼說？你怎麼會說你不知道呢？
Albert57	：因為我已經告訴過妳了，我擁有超脫世俗的心靈。這整個家就是沒有……有時候它運作得很好，有時候卻又不是這樣。
Insoo58	：〔給 Albert 另一個參與發展共同奇蹟圖像的機會〕OK。假設它真的運作良好，〔笑聲洋溢在家族的成員間〕並且奇蹟出現，問題被解決了。
Albert58	：好吧，聽著，我身陷問題之中，而妳揮動妳的魔法棒，然後我醒來，而且可能會……會……唉，反正我就是改變了。我的意思是，我不知道啦！
Insoo59	：〔堅持地〕好的。假如你真的改變了。
Albert59	：但是這二十三年來，我的意思是，我並沒有改變。我不認為改變會來得這麼快。
Insoo60	：嗯哼，所以，這就是為什麼需要使用魔法呀。
Albert60	：是啊。
Insoo61	：〔再次邀請他去思考有關的可能性〕這就是為什麼要用魔法來達成。所以，假使魔法真的發生了，你會有什麼改變呢？
Albert61	：如果是真的，我不知道。我可能會停止酗酒，不再和這麼多不同的女人胡搞，還會把藥癮給戒了。
Insoo62	：真的嗎？
Albert62	：而且，我還會有一個屬於自己的房子，娶個好女人一起穩定下來，生一些孩子。我猜是這樣吧。
Gladys63	：這聽起來還滿不錯的。
Albert63	：但是，妳瞧，我花了二十三年的時間試著要這麼做，但一切仍然沒有發生啊。所以，我猜這真的得要一個魔法棒。但是，魔法棒在哪裡呢？
Insoo64	：〔鼓勵 Albert 在他擔心「如何」讓奇蹟發生之前，先去思索「會有什麼樣的改變」〕等一等，所以這些是你將會做的事情囉？

Albert64 ：是啊。

Insoo65 ：所以，你將會和一位好女人安定下來，並且……

Albert65 ：找個工作，生孩子，結婚。

Insoo66 ：就像其他人一樣。

Albert66 ：沒錯。

Insoo67 ：〔邀請他藉由身邊一位重要他人的眼光來看待自己，以拓展這些可能性〕嗯哼。所以當你真的做到了，你的姊姊會注意到你有什麼不同，而讓她知道你有所改變了呢？

Albert67 ：唔，她可能會想：「唔，他一定又會為所欲為，或者跑回去賣藥。」之類的，我不知道啦。

Insoo68 ：她會這麼想嗎？

Albert68 ：是啊。

Insoo69 ：但是，她將會察覺到你有了一個正常的生活，而且有工作了？

Albert69 ：〔朝向 Gladys〕妳怎麼知道我有改變了？

Insoo70 ：〔為 Albert 製造一個機會，讓他看到在一位重要他人眼中的自己〕是啊，妳要怎麼判斷他有了改變？

Gladys70 ：我會說：「神一定是趁我熟睡的時候，過來幫我淨化了這個男人的生命，並且讓他離開我了。」

Insoo71 ：〔不屈不撓地藉由併入當事人用字的方式，以導向未來的可能性〕假如 Albert 真的做到了。假設神趁著妳熟睡的時候降臨，那麼 Albert 將會有什麼轉變呢？

Gladys71 ：他會有何不同嗎？

Insoo72 ：是的。

Gladys72 ：他不會再沉迷於打電動。

Insoo73 ：〔繼續朝一個與家庭共同的奇蹟圖像來運作〕那麼，他對妳的態度會有什麼改變嗎？

Gladys73 ：對我？如果我告訴他應該讓孩子們在幾點前上床睡覺，他不會再說出「讓我再等個五分鐘十分鐘」之類的話來。如果我說讓孩子

　　們在幾點前上床睡覺，他會說好，並且告訴孩子：「你媽媽要你們這個時候上床睡覺」，然後他會要求他們遵守規定。

Insoo74 ：所以，他會幫妳管好這些孩子？

Gladys74 ：是的。

Insoo75 ：那麼妳呢？〔企圖聚焦在她可以開始跨出的一小步上〕當妳隔天一早醒來，妳是如何察覺到昨晚神悄悄地來過了，並且展現了一個小小的奇蹟？是什麼樣的跡象告訴妳，哇，神一定是來過了？

Gladys75 ：當我告訴我的小孩……比如，如果我對 Offion 說：「Offion 去把澡盆刷一刷」，他不會推說「我不要」或者「那個我昨天就刷過啦」。我不是徵求他同意，我說的是去把澡盆刷一刷，或者當我說：「到樓下去，並且……」

Insoo76 ：〔要求出現某些具體而非抽象的正向行為，也非什麼行為消失〕所以，妳希望當妳說「去刷澡盆」的時候，他會怎麼做？

Gladys76 ：他就會照著去做。

Insoo77 ：他會照做。OK。

Gladys77 ：他不會回答我：這次該輪到誰做了，或者誰誰誰該去做。

Insoo78 ：那麼 Marcus 呢？Marcus 會有什麼樣的改變呢？

Gladys78 ：他不會再去想說他比其他人都強，他會多替其他的孩子們著想。他簡直把自己當成是上帝了。但是，對我來說，他不知道他自己做的還不到其他孩子們所做的一半；他成天只會晃來晃去地說別人壞話，要不然就是一天到晚批評別人。就像 Offion 的一個朋友……

Insoo79 ：那麼，他會有什麼樣的轉變呢？他會做什麼來取代他現在的行為呢？

Gladys79 ：他會成為他的兄弟姊妹最好的朋友。他會試著讓他的弟弟們尊敬他，而不是只會嫌惡別人地說「我不許你們跟著我」，或者視他們如糞土。

Insoo80 ：所以，他會表現出一個兄長該有的樣子？

Gladys80 ：沒錯。

Insoo81 ：好的。那麼 Olayinka 呢？她會有什麼改變呢？

Gladys81 ：喔！她非常會說謊。當她停止說謊——假如神真能夠顯示神蹟的話，那麼她就不會老是在對妳說謊話；她簡直沒有一句話是可以信的。

Insoo82 ：〔要求出現誠實的一個小訊號〕那麼神降臨的隔天，妳是怎麼發現她不再說謊欺騙妳了呢？

Gladys82 ：神會親自對我說：「Gladys，Yinka 永遠都不會再騙妳了。」我是認真的。因為妳要我就只是……只是看著她，聽她講話，然後就相信她所說的……唉！那是不可能的啦！

Insoo83 ：〔鼓勵她朝向更符合現實的方向推進〕唔，但是神不太可能這麼做的，不是嗎？

Gladys83 ：這就對啦，所以我也不相信這會發生啊！

Insoo84 ：好的。所以什麼樣的徵兆會告訴妳，嗯，此時，我可以開始相信 Yinka 說的話是真的？

Gladys84 ：當她跑來坐在我旁邊跟我說話，很想待在我身邊的時候。

Insoo85 ：當她想待在妳身邊的時候？

Gladys85 ：是的。

Insoo86 ：她會做出什麼樣的舉動，表示她想要待在妳身邊呢？

Gladys86 ：她會過來我這邊。當我們全部都在房間裡看電影時，她會過來和我們在一起。她不會說：「我不想過去，我想要去我的房間玩」，或「我想去地下室玩」，因為她的玩具全都放在那裡。或者如果她，哦，永遠都不要再尿床了，永遠永遠，那麼我會說：「哇，神真的眷顧了這個孩子。也許神是因為她會說謊而來改變她的，讓我為她來感謝神吧！」但那是最難發生的事了。

Insoo87 ：所以她不再尿床，而且她會開始誠實。妳要如何判斷她開始對妳誠實了呢？

Gladys87 ：我不知道。我一點也沒辦法想像。

　　Insoo 繼續詢問家庭成員更多他們認為奇蹟發生後，大家將可能會發生什麼樣的改變，以及這些改變對於家人間的人際互動將會產生什麼樣的影響。Gladys 透露出自己更多的優勢，以及她有多麼希望她的家庭能有什麼樣的改變等等。

Gladys88 ：他們不想被處罰，因為他們都很聰明。他們還會去上私立學校。

Insoo88 ：〔聚焦在一個可能的成功上〕他們真的去了？

Gladys89 ：是的，不是那種教會學校。是一個沒有宗教色彩，單純是私人辦的學校。

Insoo89 ：〔探索一個可能的成功〕妳是如何讓他們能夠去上私立學校的呢？

Gladys90 ：因為當我打電話〔嘆氣〕……我打電話，在我打給這間學校前，有打給另外兩間學校，那些人在電話裡對我的口氣真的很粗魯，還說：「噢，如果妳想要到這邊來填表格的話，我想妳可以來吧，但是我沒辦法再告訴妳什麼資訊了。」然後，他們竟然就把電話給掛了。後來我打給現在這所私立學校時，是他們的秘書接的，然後我，妳知道，我當時說話結結巴巴的，但她親切地問我孩子們的名字，而且把孩子們的名字給記下來，還告訴我一些孩子們可以入學的日期，甚至說我有空可以順便過來參觀這所學校，也可以進去和校長談話。她盡可能地幫助我，還告訴我一些相關的就學方案——她一直詳細地為我解說著；他們會說法語。她對我真的好好，跟我之前說的那兩間學校的態度簡直是天壤之別。那些人當著我的面掛電話，我才不想讓孩子們去上那種人的學校。我不想……我才不會這樣對別人，我根本不想讓孩子們去上那種人的學校。

Insoo90 ：〔肯定當事人的知覺〕的確如此。哇，妳真的非常關心妳的小孩，是吧？

Gladys91 ：是的，我一直都試著努力在做。當我跟他們一樣年紀的時候，根本就沒有人關心我。所以我告訴我媽，也告訴我自己：「我絕不

讓我的小孩像我小時候那樣。」她現在看到我對我小孩所做的，妳知道我不會說謊。她不喜歡我對我小孩們所做的。她看到……比方說，我耶誕節時都會給他們每人一百塊美金，我一年給一次。這要花我一整年的時間才能存到四百塊美金，因為我只有一份收入，但我努力地為他們每個人都各存了一百塊錢，然後放進他們的戶頭去；但我媽卻因此覺得非常不高興，要求孩子們都要各給她五十美金；她要求每個人給五十塊錢啊！我叫他們不要給。因為我得花好長時間才能存到五十塊、一百塊錢啊。

Insoo91 ：〔認同、讚美，並探索當事人的優勢〕哇，所以，妳是從哪裡學會要如此當一位這麼好的媽媽呀？

Gladys92 ：在我被虐待的時候。

Insoo92 ：嗯哼？

Gladys93 ：如果有人在妳的人生中一直對待妳像條狗似的，妳便會說：「我不想變成那樣。我不要對任何人那樣。」至少我是真心這麼想的。我以為每個人的想法都跟我一樣，但事實上我發覺並不是每個人都這麼想。像我丈夫，他曾經受虐過，但他卻不會像我那樣想，他反而會想要去虐待別人。

Insoo93 ：是的，所以，妳是怎麼學會成為這麼好的一位母親呢？

Gladys94 ：透過被虐待的經驗。我小時候曾遭到性侵害，而我媽媽卻從不願意聽我訴苦。而且當她聽到的時候，她甚至還咆哮著：「那又怎樣？還不快給我滾出去！」從此我就不斷在心裡告訴自己那些前面跟妳提過的話，而且我還告訴自己：「不，那是不對的。如果我有小孩，我絕對不會對我的小孩那樣。」

Insoo94 ：〔讚美的〕妳怎麼知道那是不對的呢？

Gladys95 ：因為他們對我所做的行為是不對的啊。

Insoo95 ：喔，所以妳那個時候就已經知道了？

Gladys96 ：是的。

Insoo96 ：在妳還只是個孩子的時候？

Gladys97 ：是的。

(三) 良好構成目標的晤談藝術

　　前述的對話範例，含括了這本書到目前為止所討論過的所有焦點解決晤談的運作過程。在奇蹟問句及其追蹤性問句的問答過程中，Insoo 使用了各項技術，包含傾聽可能性的線索、併入當事人的用字、給予當事人讚美，以及接納他們的知覺。這些技術都是以協助當事人發展良好構成的目標為核心，並且在其中融合了當事人個別的參照架構。Insoo 的任務是去探索另一個可能的未來，肯定當事人曾經做過對事情有幫助的那些行為，並邀請他們去強化這些成就。在當事人這邊，則依據他們的觀點和過去的經驗來回答這些問句。

　　如果你才剛開始接觸焦點解決晤談，Insoo 與 Williams 家族所進行目標形塑這部分之案例資料，可能會對你特別有幫助。初學者常常很難去維持一個意圖去建立良好構成目標的晤談，並且對於要詢問奇蹟問句感到很彆扭，即使當事人可能會發現它的迷人之處。Insoo 與 Williams 家族一起努力之處，即是能為雙方提供一個對話的途徑，以便說明大家所在意之處。

　　讓我們回到這個對話，並從這一個對話發展過程中有所學習。Insoo 企圖選擇不用奇蹟問句來開啟目標形塑的任務；相反地，她選擇藉由詢問一些其他的問句，將 Williams 家族對於問題的描述，巧妙地轉向目標形塑的任務上。她藉由詢問這些當事人：如果發生什麼，便會讓他們認為當初決定來尋求 Insoo 的協助真是個很棒的主意，來作為開場白。依據 Williams 家族的回答作為開始的重點方向，Insoo 接著使用一些追蹤性問句來引發與形成良好構成目標的特徵。此後，她用不同的方式來重複詢問第一個問句，例如：「當這個家庭的問題被解決了，將會有什麼樣的改變呢？」「當這個家庭做得更好時，將會有什麼樣的不同？」「當這個家庭不需要再去找 Insoo 諮商的時候，是發生了什麼樣的轉變呢？」她運用了許多追蹤性問句，並給予這些家庭成員很多機會去進一步探索及澄清他們各自對這些追蹤性問句所做的回答。只有在這個家庭成員肯花些時間去描述可能的不同未來時，她才能詢問奇蹟問句及其追蹤性問句。因此，在第一次晤談中，Insoo 藉著其他目標形塑的問句來接連到奇蹟問句的使用，並

花了不少時間進行了這樣的對話；但同時，Insoo 也讓對話從尋常的問句轉變到較為迷人的奇蹟問句，並開啟與維持這些對話。

(四) 避免過早的終止

　　這一長段的對話可展現出實務工作者與當事人雙方相當大的努力，雖然這對 Williams 家族來說，思索並決定出一個更具吸引力的未來，僅僅是一個連續過程的開端。Williams 家族的成員，無論是個人或全體，在離開諮商室之後，都非常有可能去繼續思索 Insoo 的問題。當家族成員能夠確認奇蹟圖像時，實務工作者不應期待立刻就能達成結局。事實上，最好能使他們的對話保持各種可能性的結局，如此大家才能夠更自由地深入探索各種可能性。

　　我們知道要當事人自我探索那些為他們而存在的可能性，會是多麼的困難，所以，實務工作者經常會企圖將當事人推往結論，且基於自己的觀點向當事人提出建議，以紓解他們的困惑與挫敗感。然而，隨著時間的歷練，我們發覺自己愈來愈能輕鬆地堅持我們的探問，並避免急於立刻為目標下定論。從經驗累積中，我們證實當事人是具有能力勝任的。給他們一個機會，當事人不僅能夠去激發與形塑一個更令人滿意的未來，同時還在這樣的過程中，展現出令人驚奇的力量，甚至重現過去的成功。在 Williams 家族的案例中，Insoo 亦獲得了相同的發現。

第六章

探索例外：
奠基於當事人的優勢與成功

　　當我聚焦在今日美好的事物上，我便擁有美好的一日。當我聚焦在不好的事物上，我便擁有不好的一天。如果我聚焦在問題上，問題便會增加；當我聚焦在答案上，答案便會變多（Alcoholics Anonymous, 1976, p. 451）。

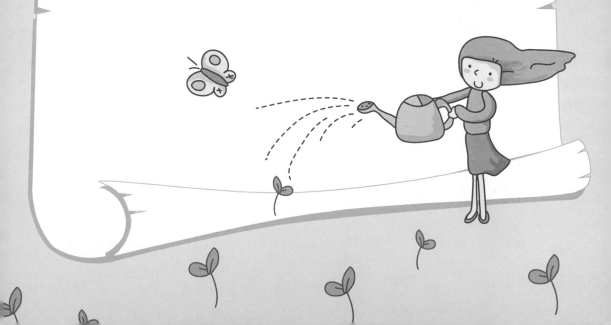

　　第 5 章一開始，我們以一個旅行計畫的過程，作為建構解決之道歷程的譬喻。這二者皆包含了兩個主要的步驟。第一，這位旅者與當事人都必須決定出一個目的地。因此，旅者蒐集了關於每個可能目的地很多相關資訊；同樣地，當事人也會詳細描述在奇蹟發生時，他的生活將產生什麼樣具體的改變。第二，無論是旅者或是當事人，一旦愈來愈想到達某一個目的地時，都必須去思考如何用最好的方式抵達。旅者會思考各種交通運輸的優缺點，而於建構解決之道時，當事人則必須去探索例外（exceptions）——而此，正是本章的主題。

一、例外

(一) 定義

　　如第 3 章所述，當我們一開始與當事人晤談時，會發現他們傾向以問題為焦點。當事人會為了如何驅逐生命裡那些惱人的問題想破了頭，所以會鉅細靡遺地描述這些問題。舉例來說，假設你有一個名叫 Joy 的當事人，她的困擾來自於她的孩子老是不肯乖乖聽話。Joy 可能就會描述當她的孩子不聽話的時候，都會做了什麼事（「他們會對我頂嘴，並且對我所說的話完全不予理會」）；她可能也會指出這些情況所發生的時間點（「每當我叫他們做家事的時候」）；也會指出誰涉及其中（「他們三個都有做這件事；但是我們家老大 Ken 是最壞的」）；她還可能會描述問題是在哪裡發生的（「當我們在一起的所有時候」）；而且指出這個問題什麼時候最為嚴重（「當他們想看電視或者有朋友在的時候是最糟糕的」）。這些對於問題的描述是有助益的，因為它們能夠提供當事人一個發洩挫折與負面情緒的管道，也讓他們能藉機紓解一下鬱悶的心情；同時，它們也可以作為實務工作者評估當事人身處於問題討論時，所可能遭遇到的危機之程度。然而我們發現，描述問題對於建構解決之道來說並沒有什麼幫助，反倒是描述「例外情境」更有助於建構解決之道。

　　例外是指：當事人過去的生活中，在合理的預期範圍內，應預期會發生某個問題，但卻因某些不知名的原因而沒有發生之時刻，稱之為「例外」（de

Shazer, 1985）。例如，回到 Joy 的例子，這個例外可能是指任何一次她的孩子 Ken 能遵從她的命令去洗碗，而沒有頂撞她的時候。

例外也可能是指當問題程度較為輕微的時候。例如，Ken 過去可能不曾在毫無頂撞的情形下去洗碗，但是他有可能在最近一次，向他媽媽頂嘴了五分鐘之後，還是去把碗給洗好了。

(二) 尋求例外的晤談

身為一位焦點解決取向的實務工作者，你將會很快地學習到如何去探尋例外的幾個重要方式。首先，從你的當事人身上找出他／她是否知道有任何例外的存在。你可能會問：「在過去的幾個星期以來，這個問題是否曾經不存在過，或至少，是情況比較沒有那麼嚴重的時候？」如果當事人無法答覆這個問題，你可以再問：「假如我去問你最好的朋友，最近你是否有些時候情況稍微好轉，你的好朋友會怎麼回答呢？」

注意這些問句都是圍繞在尋求「最近」所發生的例外情境上。觸及最近的例外，對當事人來說是非常有幫助的，因為當事人對最近的經驗記得比較清楚詳細，而且，因為它們才剛出現過，再度發生的機率也會比較高。

一旦當事人確認出一個例外時，你應該要追問關於這個例外的細節。在追問的過程中，要特別注意例外時期和有問題時期的差異所在。焦點解決取向和專門探索當事人問題中的人事時地物等「問題焦點」取向最不一樣的地方是：你要對問題時期以外的例外時刻特別重視——將晤談的關注擺在探索這些例外期間內的人事時地物上。

當我們設計引導當事人發展良好構成目標的問句時，當事人可能會因為得去回答這些例外問句而感到有些猶豫掙扎；然而，他們也將會因為察覺到例外的迷人之處而盡力回答。

在聽取當事人對於例外問句的回答時，要注意例外時期與問題時期之間的差異；為當事人複述、摘要及共同理解這些差異是重要的，因為這些差異是建構解決之道的關鍵原始素材。

(三) 意識化與隨機式的例外

在當事人已經盡力描述例外的情境後,你可以進一步探索:這些例外何以能發生。為了發現例外為何能發生,你要注意是誰做了什麼,得以讓這個例外產生。有時候,當事人能夠描述例外是如何產生的。以 Joy 為例,若她被問到上星期 Ken 那次沒有頂撞她就順從地去洗碗的情況是怎麼發生的。她可能會回答說,她是刻意等到他已經吃完晚餐,看起來心情似乎還不錯的時候,才提醒他這回輪到他去洗碗了。假如她同意她的行為轉變是造成這項改變的原因,你將發現這便是 de Shazer(1985)所說的意識化的例外(deliberate exception)。倘若你要 Joy 回答 Ken 的行為何以會發生,而她只是聳聳肩說:「我不知道啊,他一定是被雷打到了吧。」那麼,從 Joy 的角度來看 Ken 去洗碗的行為,便是一種隨機式的例外(random exception)。

發展敏銳的覺察來分辨當事人的例外是意識化或隨機式,是十分重要的。這種辨識,在建構解決之道最後的階段要給予當事人回饋時,扮演了非常關鍵的角色。詳情請參閱本書第 7 章。

(四) Ah Yan 的例外

讓我們回到 Ah Yan 的案例,看看 Peter 是如何和她一同探索例外的情境。Ah Yan 想要解決她那種恐慌的感覺。當 Peter 問她奇蹟問句時,她能夠描述當她的問題被解決時,她和先生、小孩可能會有的一些改變。基於這些可能的改變,Peter 轉而進行例外的探討。

Peter1 : Ah Yan,在最近的幾個月裡,曾經有類似妳所描述的奇蹟情景發生過嗎?

Ah Yan1 : 有的,我有時候也會覺得自己真的很好。那時,我很 OK,彷彿所有的問題都消失了。

Peter2 : 妳最後一次感覺很好是在什麼時候呢?

Ah Yan2 : 我不知道,也許是三個禮拜前的某一天吧。

Peter3　：那一天有什麼不同嗎？

Ah Yan3　：我覺得真的很好。嗯——我可以好好地呼吸，沒有顫抖，沒有害怕……我好快樂。

Peter4　：真的，妳真的感到很快樂，沒有害怕！那感覺一定很棒！這是怎麼發生的呢？

Ah Yan4　：〔停頓〕我不知道。

Peter5　：如果妳的丈夫在這裡，而我問他如果注意到妳那天有什麼不同時，妳想他會怎麼說呢？

Ah Yan5　：他會告訴我，要我停止手邊的家事，坐下來，吃點有益健康的東西。

Peter6　：他說的對嗎？這些對妳有幫助嗎？

Ah Yan6　：我不能光坐在那兒看著我的孩子們弄得一團糟。我必須得……客人會來，而家裡總是一團亂啊。

Peter7　：那麼，吃些有益健康的東西呢？

Ah Yan7　：對，我必須這樣才對——用水果代替糖果零食之類的。我嫂嫂也是這麼跟我說的。

Peter8　：那她還說了什麼呢？

Ah Yan8　：她還說我每天早上都應該吃得健康一點，而我通常都沒有這樣做，所以我的胃常會翻攪難忍。她建議我那時可以出去散散步、做做運動和深呼吸一下。

Peter9　：那麼這些會有幫助嗎？在那些感覺好的日子裡，妳比較常做這些事嗎？

Ah Yan9　：嗯，可能吧……我不知道。我無法理解——我究竟是怎麼回事。我不知道該怎麼做。我就是覺得有這些感覺……我必須去弄懂我到底是出了什麼問題。

　　這段話可以顯示出，Ah Yan 在解決之道的建構上究竟有了多少進展。她對於發生在生活中的例外時期很清楚；她稱這些例外是「那些她感覺很好的日

子」，她也能描述它們和困擾時期的區別：「我可以好好地呼吸，沒有顫抖，沒有害怕……我好快樂。」然而，當 Peter 想更進一步地了解時，她卻無法針對這些例外的日子提供更詳盡的描述，也無法回答 Peter 這些例外是如何發生的。在這個對話點上，她所經驗到的是個隨機式、而非意識化的例外，因為她無法逐步地描述她的美好日子究竟是如何發生——看來不像是她有意識地讓它們發生——她對於要如何控制恐慌的感覺也一無所知。在這段分享交流的最後，她表現出挫折與沮喪，並又退回到她原來的框架中——「我必須去弄懂我到底是出了什麼問題。」

在與 Ah Yan 的初次晤談中，Peter 詢問了奇蹟問句及其所帶出的追蹤性問句後，他選擇去探索例外。你並不一定要跟著這麼做，但有一些很好的理由讓我們可以依循 Ah Yan 案例的作法。第一，在當事人剛開始與實務工作者晤談時，很少注意到例外情境，因為他們都將焦點放在問題描述上；在一開始晤談這個時間點上，去使用詢問例外的問句似乎是不恰當的。然而，一旦當事人能具體地描述奇蹟發生時，生活會是怎樣的一個情況，就像 Ah Yan 先前的狀況一樣，那麼此時對實務工作者來說，轉而探索例外的情境，便是再自然不過的事了。第二，這樣的順序讓當事人所提出的例外，較可能與奇蹟情景有直接的相關——例外可能是當事人期待在生活中有所改變的具體延伸版；對建構解決之道來說，這是最接近當事人所冀求的目標，也會是最有用的例外。

(五) 當事人的成功與優勢

藉著探索例外，你可以幫助當事人變得更能覺察與其目標有關之現在或過去的成功所在（De Jong & Miller, 1995）。每當你和當事人發掘一個例外時，你們都會了解當事人生活裡所發生過的一些美好事物，因此，你與當事人對於當事人的未來都會感到更有希望。舉例來說，當 Peter 和 Ah Yan 意識到在最近的某一天，Ah Yan 覺得相當好，亦即，在這成功的日子裡存在一些訊息——使她們察覺到 Ah Yan 能夠擁有一個更加美滿未來的可能性。同樣地，我們注意到，當事人能去確認例外的情境時，往往能增加其對建構解決之道的興趣；當事人通常會坐得較挺直、面帶笑容且更加積極。

當事人的特定優勢力量與能力也常在例外探索中展露無遺。若當事人能描述他或她是如何促使一個例外產生時，實務工作者便可欣然地扼要複述這段描述，並且讚美當事人的一些優勢。讓我們回想 Joy 的案例和 Ken 洗碗的當晚；當 Joy 提到她對這個例外的貢獻，是她決定等到 Ken 吃完晚餐，並有一個不錯的心情之後，才提醒他今天輪到他洗碗的相關作法時，你便可以指出這一點，並且可用不同的方式來讚美她這個優點。你可以問：「等到他吃飽且心情不錯的時候，這對妳來說是項新的嘗試嗎？」或者「妳是如何知道這個等待可能會有所幫助呢？」你也可以給予評論：「妳似乎非常了解妳的兒子」，或者「妳想必是一個非常在乎孩子的媽媽。妳知道對小孩子來說，做家事的訓練是何等的重要」。

(六) 尊重當事人的話語及其參照架構

探索例外和其他焦點解決晤談過程一樣，均須尊重當事人本身的參照架構。在例外探索的過程中，實務工作者須傾聽當事人的談話，透過邀請當事人去澄清自己語言的含義，以表示對他們的尊重。當 Ah Yan 告訴 Peter 她曾擁有一個感覺相當好的一天，Peter 便會問她，是什麼樣的改變使那一天可以感覺這麼好。Ah Yan 的話語被當成是通往她的過去經驗以及參照架構之門徑——Ah Yan 被視為是「理解這些話語及其意義」的專家，Peter 的角色則是去提問，而使 Peter 能學習成為一位「理解 Ah Yan 是如何看待她自身世界」的專家。

二、評量問句

藉由評量問句（scaling questions），實務工作者將能協助當事人表達出他們對過去經驗種種複雜而直覺的觀察，以及對未來可能性的評估（Berg, 1994; Berg & de Shazer, 1993; Berg & Miller, 1992; de Shazer, 1988）。評量問句能邀請當事人將他們的觀察、印象以及預測，置於 0 至 10 的量尺上。例如，你可以問 Joy：「在 0 到 10 的量尺上，0 分代表不可能，而 10 分指的是一定會發生。妳猜想 Ken 在下星期的某個時候，將會再次洗碗的機率有多少？」當詢問這個評

量問句時，實務工作者會指定當事人生命中的一段特定時間，諸如「今天」、「在你約好要來見我的那一天」，或者「下星期的某個時候」。評量問句可以讓當事人複雜生活層面的描述變得更具體，也會讓當事人與實務工作者均能輕易理解。如同奇蹟問句，評量問句是當事人進行焦點解決對話中，優先介紹給當事人的代表問句。Steve de Shazer（personal communication, January 23, 2001）提及評量問句的起源。在 1970 年代早期，他與一位當事人晤談，那位當事人宣稱自己好多了，de Shazer 問他有多好，他回答：「在 1 到 10 的量尺上，我已經從 1 分變成 7 分了。」de Shazer 曾幾次提及這是自發產生的，之後他才開始經常使用評量問句；現在評量問句變成焦點解決工作的一個代表性問句，甚至在每一次的晤談中都會被使用到。

　　評量問句具有非常多的功能。它可以被用來了解當事人的各種知覺，包括「自尊、晤談前的改變、自信、對改變的投資程度、願意努力達成所冀求改變之強烈度、排列問題解決的先後緩急、絕望的感覺，以及對晤談過程的評估」（Berg, 1994, pp. 102-103）。

　　評量問句常被用在與當事人的初次晤談時。評量問句也是揭開當事人生活中例外時刻的另一種方式。

(一) 晤談前改變的評量

　　在過去，往往假定要等到實務工作者開始協助當事人去處理問題時，當事人才會開始做改變。一般實務工作者在談到尚未求助前的當事人，常形容他們是「陷入膠著」或者「被擊垮了」。然而，相反地，我們經常可以見到多數的改變已經發生在當事人的生活中。當被問及來晤談之前，是否曾出現過任何的改變，約有三分之二的當事人會說，在約定與實務工作者會面晤談到他們第一次來談的期間，會出現正向的改變；這即稱之為晤談前改變（pre-session change）（Weiner-Davis, de Shazer, & Gingerich, 1987）。

　　在焦點解決晤談中，你可以用評量問句來喚起當事人對晤談前改變的注意力。藉由探索任何你發現到的改變，你能更進一步地使當事人敏銳於例外情況。有些在被問到例外問句但顯然無法辨認例外情境的當事人，反而比較容易透過

實務工作者所提問的評量問句，辨認出晤談前的改變。隨著後續問句的詢問，這些當事人通常便能夠開始辨認出例外。

在第一次與 Ah Yan 的晤談中，Peter 邀請她對任何晤談前的改變進行評分。

Peter1 ：Ah Yan，這裡有一個不同的問句，這個問句會放入一個由 0 到 10 分刻度的量尺。我們定義 0 分是來和我約定諮商的當時，妳心情那種糟糕的感覺，而 10 分則相當於妳先前所描述的，當奇蹟出現時的那種感覺。那麼，妳今天的感覺是位於這個量尺的哪一個刻度上呢？

Ah Yan1 ：嗯，大概在 6 分左右吧。

Peter2 ：在 6 分，不是開玩笑的吧！那非常高呢！在 6 和在 0 之間有什麼差別呢？

Ah Yan2 ：我不能光是坐著。我必須去做一些事……嘗試做一些事，像是來這裡，找出我是哪裡不對勁了。

Peter3 ：除了到這兒來，還有什麼是讓妳能處在 6 分的原因嗎？

Ah Yan3 ：和我嫂嫂談話吧。她曾告訴我：「如果妳有什麼話想說，那就讓我們來聊聊吧。」她會試著和我談談。我也會比較常出去走動走動。

Peter4 ：所以，妳後來有比較常出去走動嗎？

Ah Yan4 ：有的，在來晤談之前的那個週末，我和老公及孩子們去湖邊之類的地方。

Peter5 ：還有呢？

Ah Yan5 ：還有，禱告。我比較常禱告了。

你也許注意到在上述一系列問句中所發生的四件事情：第一，Ah Yan 在 Peter 問到她晤談前改變的評量問句時停頓了一下；這就代表她雖然直覺到自己今天相較於剛約定晤談時，感覺是好些了，但還是為這兩者不同的感覺到底各應打多少分想了一下。

第二，藉著詢問評量問句，Peter 提供 Ah Yan 一個有效率甚至更具說服力

的精確方式，來表達這個感覺。因為倘若 Peter 這麼問：「和之前妳約好要來看我的那時做個比較，今天妳的感覺如何？」這個問題對 Ah Yan 來說可能比較困難，她可能會發現自己要掙扎於如何決定舉出哪些經驗，也會猶豫於該使用什麼樣的言詞來描繪她的感受。然而，評量問句讓她可以用一種更直接且精準的方式去呈現她的知覺。

第三，當 Peter 因 Ah Yan 選擇了 6 而感到驚訝時，他接著使用了一個十分有意義的方式，去探索剛發生在初次晤談前的例外：他問 Ah Yan 在 6 和在 0 之間有什麼不同之處。他期待她會說一些感覺更好的例外情境，並能更充分地描述這些例外，但她卻跳過了；取而代之的是，她開始定義與解釋她在 6 分的一些可能原因。Peter 發現這是個非常有趣的現象，因為他在晤談較早階段詢問 Ah Yan 的例外經驗是如何發生的時候，她似乎覺得很困惑。因此，詢問晤談前改變的問句不單只向雙方證實了 Ah Yan 確實有例外的存在，雙方亦能開始去意識到：是誰可能做了什麼，而使這個例外發生。

第四，請注意 Peter 詢問了 Ah Yan 在 6 分和 0 分處有何不同，而非詢問在 6 分和 10 分的差異；聚焦於前者的作法將會導引雙方辨認與發現可用於建構解決之道的例外。

晤談前改變的探索能夠揭露新的資訊，並不令我們驚奇。焦點解決晤談乃建立於朝向建構解決之道的方向上。對於一些複雜難解的議題，只去建立單一可能的解決方法是沒有用的；這也是我們比較喜歡使用「建構解決之道」（solution-building）這個詞彙勝過「問題解決」（problem solving）的另一個原因。

(二) 奇蹟評量

在前一個晤談段落中，Peter 詢問 Ah Yan 的評量問句，也可稱為「奇蹟評量」（miracle scale）（de Shazer, 1994; de Shazer et al., 2007）。之所以如此稱謂的原因，是因為「10 分」乃由實務工作者定義為：「你剛剛跟我說的奇蹟」或「在奇蹟發生後的隔天」。Steve de Shazer 在與當事人進行奇蹟問句對話後，若當事人能夠清楚建置一個所欲未來的圖像，且其服膺了第 5 章所提及的良好構成目標的特徵時，他偏好隨即接著使用奇蹟評量。Steve de Shazer 和他的同

僚也發現，當事人在回答這個奇蹟評量時，最常會給的分數是 3 分，當然也有當事人會給更高的分數（de Shazer et al., 2007, p. 62）。所以，如同我們在先前針對 Ah Yan 和 Peter 對話內容所討論與說明的，使用評量問句可以讓實務工作者與當事人在朝向「奇蹟」發展的路上，評估出改變（或進展）之所在，並且可再進一步探討促成正向改變的種種例外。一旦例外被辨認與發現後，便可以接著詢問當事人於量尺分數再高 1 分時會產生的差異，以及如何造成這些新差異的方法；關於此部分，我們在第 8 章會討論得更多。換言之，實務工作者可以運用量尺來建立「後續的小步驟」，以使奇蹟圖像的更多部分能落實發生於當事人的現實生活中。

(三) 動機與信心的評量

明瞭當事人對於建構解決之道的動機是如何運作的，對你和你的當事人來說，會是十分有助益的。當事人於自身願意努力工作程度的評量問句上所做的回答，將對你要形成晤談結束前的回饋有所幫助。若當事人產生了高度解決問題的動機，則較有可能繼續去做那些過去曾經做過的有用之事，同時也會比較想去嘗試新的、可能有效的解決策略。

對當事人的動機進行評分是一件簡單的事。以下是 Peter 對 Ah Yan 所採行的方式。

Peter6 ：我想詢問其他的評量問句，這一次是關於妳願意花多少努力來解決妳現有的問題。讓我們定義 10 分代表妳樂意做任何事來找尋解決方法，而 0 分則代表妳完全不甘願做任何事，只想坐著等待好事發生。從 0 到 10 分，妳有多願意努力去做呢？

Ah Yan6 ：10，我必須這樣。

Peter7 ：10？這是最高分了。是什麼因素驅使妳這麼願意努力呢？

Ah Yan7 ：我必須做，為了我和我的家人而做。

當 Ah Yan 表示願意做到 10 分的努力時，Peter 並未因此停下腳步。藉著問

當事人其動機從何而來,他給了 Ah Yan 機會去表達,她之所以願意這麼努力是「為了自己和家人」。就像大多數的當事人一樣,Ah Yan 將她的動機與其價值觀相連結。是以,去發掘對當事人來說什麼是重要的,以及當事人可能想要的是什麼,乃是十分關鍵之舉。

在與當事人發展關係的早期,你也會發現:經常去衡量當事人是否懷抱自信為其問題找到的解決方法,也會是很有用的。在與當事人進行目標形塑,以及在例外探尋的前幾次晤談中,Peter 幾乎都會請當事人評量此點。在這個階段之前,當事人將有許多進行「解決式談話」的機會,因而他們的自信心通常也會有所提升。

Peter8　：如果 0 分代表妳對於找到解決方法毫無信心,而 10 分則表示妳有充足的信心,那麼,目前妳對於自己能夠為了這個恐慌的感覺找出一個解決方法的信心有多少?

Ah Yan8　：10 分。我不達目的絕不停止。

Peter9　：妳是那種一旦下定決心要做某件事,就會有自信能夠讓它發生的人嗎?

Ah Yan9　：我必須做到,也想要做到,我不能讓我的餘生就只是枯等著。我想要得到解答。

Peter10　：OK,所以,這就是妳覺得妳能夠找到解決方法的信心來源囉?

Ah Yan10　：唔,我媽媽,她告訴我要完成學業!但我沒有。她是對的,我學到了一個教訓。我想要做到,而且我必須做到。

Peter11　：妳似乎是下定決心了。

Ah Yan11　：是的。

評量問句可以提供當事人機會用較為特定的方法定義自己。每次 Peter 提供 Ah Yan 機會去陳述她的決心或信心時,她就多一次機會去深信自己是一個有決心且有自信的人。

同樣地,藉著評量動機與自信,你可以探索並增強當事人的優勢。Peter 發

覺：Ah Yan 是一個有決心、關心家人的人，也能從過去的經驗中學習、有長遠的個人目標，且能夠將目標排列出優先順序。對 Peter 來說，從 Ah Yan 的自我描述中，Ah Yan 認為自己是一個很有決心的人，她從過去未聽從媽媽的話而錯失良機的教訓中學習成長，這些都讓 Peter 感到印象深刻。

　　最後，當事人在回答評量問句中有關他們的自信與動機程度時，當事人通常多能確認出更多的例外，而讓實務工作者能夠陸續追蹤這些例外情境的細節。

三、例外：Williams 家族

　　在與 Williams 家族的第一次晤談中，Insoo 主要將晤談重點放在發展良好構成的目標上。在之後的晤談時間裡，她將焦點放在例外的探討，不過，她沒有運用任何的評量問句。

　　Williams 家族由 Gladys、Gladys 的四個小孩，以及不時會和她住在一起的弟弟 Albert 所組成。Gladys 已被因壓力而導致的胸痛困擾多時，而醫生也無法將其歸因為生理因素。Insoo 幫助這個家族開始去發展一個他們所想要的共同願景。在形塑目標的過程中，家庭成員表示，倘若他們所帶來的問題真能獲得解決，他們建議能對家庭生活造成影響的一些改變為：當孩子們拜訪他們的朋友時，會有較為良好的表現；他們會更聽 Gladys 的話及協助她，且彼此會互相幫助；Albert 會和一個很好的女人找個地方安定下來，並且生兒育女；Olayinka 會更想待在母親身旁，因為她能誠實面對母親，諸如此類。一旦幾個可能性被定義後，Insoo 便開始去探索例外。

Insoo1　：〔邀請例外的知覺〕好的，現在我問你一個問題。在這奇蹟願景中，是否曾經有任何一小部分發生過呢？不一定是全部，一點點也行，甚至是現在出現的也算。

Gladys1　：有的。好比說，Ayesh 就有兩個星期沒有尿床了。

Insoo2　：〔為了要認可一個重要的例外，Insoo 以一個興奮的口吻回應著〕她真的做到了？

Gladys2 ：所以當她昨晚尿床時，我並沒有說什麼，因為她已經有兩個禮拜沒尿過床了。

Insoo3 ：〔對這個例外表示非常有興趣，並詢問例外是怎麼發生的〕兩個禮拜耶？妳是怎麼辦到的呢？

Ayesh3 ：我沒喝這麼多的水，而且……

Insoo4 ：是嗎？所以當妳沒有喝這麼多水時，便不會尿床囉？哇！所以，已經有兩個禮拜了。很好，〔詢問更多的例外〕那還發生了什麼事嗎？任何其他的小事也行。

Gladys4 ：Offion 交了一個朋友。

Insoo5 ：交了一個朋友？一個好朋友嗎？

Gladys5 ：是的。

Insoo6 ：〔面對 Offion〕你有好朋友嗎？〔他用手比二〕喔？兩個朋友？

Gladys6 ：是誰，是 Antowan 嗎？還有 Brian？

Insoo7 ：那他們是乖小孩嗎？

Gladys7 ：是的，他們是乖小孩。我不介意他們到我家來玩。他們甚至可以在我家過夜。

Insoo8 ：〔詢問關於例外是如何發生的，並給予間接讚美〕你是怎麼做到的呢？你是怎麼交到兩位這麼好的朋友呢？

Offion8 ：我在暑期學校和現在就讀的學校認識的。

Insoo9 ：是嗎？哈。〔讚美的〕他們也認為你是一個非常乖的小孩，是嗎？

Offion9 ：我不知道耶。

Insoo10 ：他們一定也這麼認為的，對吧？哈。〔Offion 同意〕那很好。真是太棒了。還有什麼其他小小的好事發生了嗎？

Gladys10 ：我現在想不起來了。我不記得還有什麼。

Insoo11 ：就是像我們討論過的奇蹟景象中的一小部分……

Gladys11 ：有時候，有時候，嗯，我並沒有要求 Marcus 去清理房間，也沒要求 Offion 要把掉在床後面的衣服撿起來。但是，屬於 Marcus 那一塊地方是保持整潔的。

Insoo12 ：〔讚美一個明顯的長處〕他非常愛乾淨！

Gladys12 ：是啊。但是，當你看到房間中屬於 Offion 的那一塊，你就會問：「這是同一個房間嗎？」他喜歡……

Insoo13 ：但他是否偶爾也會將衣服撿起來呢？

Gladys13 ：每個晚上我都聽到 Marcus 對 Offion 說：「Offion，你趕快去把衣服撿起來吧。你知道媽媽快要來了。」但大部分時間他都會回答：「那又怎樣？」然後，也不會管那些被丟在地上的衣服。

Insoo14 ：〔聚焦於例外的時刻〕但有時候他還是會聽 Marcus 的嗎？

Gladys14 ：是的。有時候他會說：「好吧。我最好去把它們給撿起來。」那他倒是真的會去做。

Insoo15 ：〔讚美的〕真的嗎？所以，有時候，你也是一個好弟弟囉？哇！這真是一個很棒的開始。還有呢？即使只是一點點小小的改變？

Gladys15 ：〔指著 Ayesh〕嗯，當她沒有把食物帶進房間留給蟑螂吃，妳看，我準備好好的午餐讓他們帶去私立學校吃，她卻把午餐帶回家。因為她沒吃，然後她還會說：「不管了！」還把它藏在房間裡。為什麼要把它藏在房間裡呢？如果妳不想吃，把它直接丟進垃圾桶就好了啊，可是她不。

Insoo16 ：好的。所以，我很好奇妳認為 Ayesh 有什麼地方——有一點點像奇蹟的改變？

Gladys16 ：我的意思是，我看過她把衣服都撿起來，那是她的新衣服，並且把它們掛好。是啊，我並沒有告訴她要這麼做，但她卻將它們撿起來掛好。

Insoo17 ：真的嗎？所以她知道該怎麼做囉？

Gladys17 ：是的，她還知道怎麼清理她的床，她知道怎麼擦地，她會洗碗，她才七歲，但她會做這麼多的事。

Insoo18 ：〔間接地稱讚並詢問這個例外是如何發生的〕妳是在哪兒學的呢？

Ayesh18 ：跟 Offion、Yinka 和 Marcus 他們學的。

Insoo19 ：噢。是他們教妳的？是他們教妳該怎麼做的？好不可思議啊！

Gladys19 ：〔引以為榮地〕她還會自己搭配衣服，會自己穿衣服。她會自己去拿衣服穿上。每個人都會自己去拿衣服，所以他們會穿自己想要穿的衣服。

Insoo20 ：〔藉著指出孩子們如何穿衣而讚美他們〕他們真的做得非常好耶！

Gladys20 ：如果他們穿到冬天的衣服，我會說：「你必須去把它換掉，這是冬天穿的。」然後他們就會去找另一件來穿。他們會問我：「那麼這一件怎麼樣？」

Insoo21 ：〔認可例外及孩子們的一個優勢〕所以有時候他們真的很聽妳的話囉？

Gladys21 ：有時候啦。某些事他們會聽，雖然不是全部。

　　在這裡示範了如何探討例外的幾個面向。Insoo 會去問關於例外的知覺。她也會提問，讓當事人去澄清處於例外時期以及處於問題時期的差異。透過對例外內容的複述，彰顯了不同的家族成員可做的好事，藉此也間接地稱讚當事人的優勢。例如，事實上有時候 Offion 也會聽從 Marcus 的要求，去撿起他自己的衣服，這表示即使他無法持續做到，但至少 Offion 是清楚該怎麼去收拾房間裡屬於自己的那一塊空間。當例外出現時，Insoo 會詢問那是如何發生的，而開始去蒐集與了解例外是隨機式或意識化的。

　　就如同在設定目標的時候一樣，於探討例外時，當事人會傾向輕視或根本無視於覺察例外的重要性。由於輕忽例外，他們會重回問題之中，並且繼續談論問題有多嚴重，又如何令他們深感挫折。這種情況是可以想見的，原因是，在面對看似令人無法負荷的問題下，當事人的例外可能無法一開始就獲得當事人或實務工作者的重視。即便如此，在當事人愈能對晤談發展方向的正確性有所覺察時，當事人便可以開始凝聚一些動力，而此時，「成功」似乎也會開始自我醞釀——即使在原本成功機會不高的情況下亦然。因此，當家族成員不談論例外情境反而又繞著問題打轉時，Insoo 會稍微聽一下，然後藉著複述那些已經浮現的、細微卻有益的徵兆，再將當事人的注意力重新拉回到「解決式談話」上。簡而言之，身為一個實務工作者，你應該遵循以下的指導方針：

- 經常習慣地詢問你的當事人有關尋找例外的問句。
- 用心地聆聽例外，即使當事人十分貶低它們的重要性。
- 記得詢問當例外發生時期與身處問題時期，會有什麼不同（或者相較之下有多麼好）。
- 探討是誰做了什麼而讓例外發生。
- 在討論例外時，要複述與確認當事人隱含在例外中的優勢與成功。

四、探討差異將創造新的差異

　　如同形塑目標時一樣，當進行例外探索時，焦點解決取向的新手實務工作者常會有過早終止晤談的傾向。一旦當事人提到例外，他們就想讓這個改變立刻轉變成解決之道。例如，一對夫婦來尋求如何在彼此的關係中降低衝突的協助，他們可能會這麼描述：「當我們晚上到外面用餐時，比較不會爭吵。」初學者常會抓住這一點而傾向這麼說：「唔，那麼假如你們多到外面去用餐，嗯，也許一週一次的話，會對情況有幫助嗎？」

　　對多數的當事人來說，像這樣一下子就跳到結論似乎是過早了些。探索例外的問句對大部分的人來說，都是比較陌生的，他們比較習慣問題焦點型的問句。當被問到例外時，這可能是他們第一次注意到例外的存在；對於所找到的例外，他們也可能尚未準備好去決定是否要讓其成為解決之道的其中一種。基於我們的指導方針，實務工作者應該給當事人機會去談論例外對他們的意義與重要性。

　　另一個 de Shazer（1988, 1991）的觀察也能夠在這個脈絡下有所幫助。受到 Bateson（1972）的影響，de Shazer 指出探討例外的對話，是一個朝向「差異」工作的方向，而此將會創造出一個新的差異（working toward a difference that makes a difference）。他強調解決之道常常是奠基於之前未能被辨認出的差異（也就是所謂的例外）所建立起來的（de Shazer, 1988, p. 10）。在聆聽與探索這些例外時，實務工作者必須將所有的相關資訊，與當事人的目標、優勢相互結合，以此作為結束時給當事人的回饋。回饋是被設計來給予當事人一個機

會去重溫過去的例外，繼而創造新的例外，以便更接近解決之道——亦即，接近差異將能創造差異。第 7 章我們則把焦點擺在如何形成回饋的主題上。

第七章
為當事人形成回饋

在下個星期，秘密地任意挑兩天；在那兩天裡我們要你佯裝我們討論過的奇蹟已然發生了（de Shazer, 1991, p. 144）。

之前的章節，已經探討了焦點解決取向晤談幾個重要的要素，諸如如何與當事人形成具生產性的合作關係、如何尊重當事人想要的、如何產生良好構成的目標，以及如何探索例外等。本章則檢視：實務工作者如何根據前面晤談階段中所蒐集的資訊，去形成適合當事人的回饋，以有效協助他們建構解決之道。

建構解決之道過程中的「晤談結束前的回饋」（end-of-session feed-back），非常不同於一般問題解決取向的介入性回饋。在一般問題解決取向中，實務工作者是根據當事人問題本質及嚴重度的專業評估，再決定什麼行動會對當事人最有益。實務工作者將會直接採取這些正向行動，或鼓勵當事人去進行某些行為，並且相信這些行動或介入建議會為當事人帶來正向改變。但是，正因為那些介入性的建議是實務工作者基於專業評估與理論所設計的，於是在問題解決取向中，實務工作者就成為造就當事人改變的首要媒介（Pincus & Mina-han, 1973）。

相反地，建構解決之道的取向並不像問題解決取向那樣重視「晤談結束前的回饋」，它反而重視晤談過程中的每個要素。在建構解決之道的取向中，解決之道是由當事人所建立，並且是針對當事人看重的目標方向來發揮優勢。當事人，而非實務工作者，才是造成改變的首要媒介。於晤談過程中，當事人揭露他們自己及其困境的相關訊息，「晤談結束前的回饋」僅是協助當事人將這些訊息的各層面加以強調與組織；而此，是在當事人努力建構解決之道時，最為有效的工具。

在本章中，我們首先將說明「形成回饋」的重點。第二，我們將探討回饋訊息的結構。第三，我們將繼續利用 Ah Yan 與 Williams 家族的例子，解釋如何基於晤談資訊來形塑回饋訊息。第四，我們提供焦點解決晤談常用的幾種回饋方式。最後，我們提供一份與當事人初次晤談時將會完成的大綱，以說明初次晤談中可以進行的幾個重點方向與順序。

一、暫停

在焦點解決晤談中，我們通常會建議實務工作者在給予回饋前，先讓會談

暫停五到十分鐘。短暫的休息將能讓你和當事人都有所受益。

　　正如第 4 章所述，通常你在首次與當事人開始面談時，會對當事人解釋晤談流程結構，你即可說明你希望在晤談中能有一段暫停時間，並解釋暫停的目的；暫停將給你空間去完整思考之前晤談中當事人告訴你的資訊，以便你能形成有助於當事人的回饋。我們注意到，當事人通常都很能接受這樣的流程安排；當事人在暫停後，會更加投入於與實務工作者的談話，他們往往會非常仔細地傾聽實務工作者所說的一切。

　　有時我們是採團隊形式在工作，其他團隊成員會藏身在單面鏡牆後觀察晤談的進行。於暫停時間，實務工作者將與團隊成員會談，他們會給予實務工作者關於回饋的建議。但在大部分的晤談中，實務工作者是獨立工作的，暫停時間則方便實務工作者寧靜地反思。

　　於暫停時間時，實務工作者會離開，讓當事人獨自待在會談室；如果是家庭會談，則會讓家庭成員待在客廳或廚房。通常當事人會回想之前的談話、閱讀雜誌或走到戶外抽根菸等。如果你是在你的辦公室與當事人晤談，此時你也可以建議他們回到等候室等你一下，等到你準備好回饋的內容，再邀請當事人回到辦公室繼續會談。

　　有些實務工作者會在暫停時給予當事人一些功課。例如，Andersen（1987, 1991）曾以團隊諮商進行會談，且讓當事人聽聽其他團隊成員的建議；或者，在暫停時間也可要求當事人自行構想對現況有助益的方案等（Sharry, Madden, Darmody, & Miller, 2001）。倘若當事人能想出一些建議，實務工作者通常會將其揉合在自己的回饋之中。這些例子皆顯現了焦點解決取向盡可能以合作的方式與當事人一同工作。

二、回饋的架構

　　關於形塑回饋，我們建議你採用 de Shazer 與其同僚（de Shazer et al., 1986）所發展出來的回饋架構；此回饋架構具有三個基本要素：提供讚美（compliments）、建立橋樑（a bridge）、給予建議（suggestions）。回饋的設計旨在：

讓當事人感受到他們被仔細地聆聽,表達你同意他們對問題的觀點,重述實務工作者對當事人想要改變方向的理解,以及提供當事人增進生活滿意度的步驟。

(一) 讚美

讚美是對當事人的肯定。第一,讚美將對當事人看重的事予以肯定。比如,很明顯地,Ah Yan 很關心丈夫和孩子的幸福;她說為了家庭與自己的利益,她要知道自己究竟是怎麼回事。我們因為她這份肯為家庭、丈夫及孩子們的盡心付出,由衷地讚美她。

第二,讚美、肯定當事人的成就以及那些支持這些成就所顯現的優勢。在 Ah Yan 的案例中,當她與 Peter 探索例外與晤談前的改變時,她陳述在約定晤談到真正與 Peter 初次晤談的期間,有些時候她的恐慌並不會像之前那麼糟糕,而且,她也嘗試行使了一些控制恐慌的策略。Ah Yan 因為她的堅持與努力不懈,以及試著創造不同的解決方法,而值得獲得如實的褒獎。

用一連串的讚美作為回饋的開端,能對當事人產生莫大的驚喜與戲劇性的影響力。大多數的當事人都被問題壓得喘不過氣來,並沒有預料會聽到一連串因他們的想望及一些有效嘗試而獲得的讚美。通常,他們會對過去的選擇感到沮喪而期待未來。當實務工作者暫停回來後,許多當事人會想得很負面,並緊張地追問:「唔,這有多壞?」或者「你認為我們有希望嗎?」因而,用讚美來開啟回饋,不僅創造了希望,同時也暗中傳達一個訊息給當事人:解決之道,主要是建構在當事人所描繪的成功(例外)及優勢所構成的目標上。

當你讚美當事人時,記得注意他們對這些讚美的反應,他們的反應將可提供你判斷讚美是否貼切的重要線索。若你仔細觀察,會發現他們通常以點頭表示贊同,或微笑地說聲「謝謝」。若是他們並沒有這些反應,你可以在下一次與他們會面之前重新評估你所蒐集到的相關訊息。最起碼,當事人傾向因我們所回饋的讚美而獲得激勵,也更常因此而明顯地流露愉悅。

(二) 橋樑

橋樑指的是:在回饋中,將開頭時的讚美與結束時給的建議加以連接的部

分。任何實務工作者對當事人所做的建議，都必須讓當事人覺得有道理，否則這些建議將會被忽略；橋樑，提供了建議的合理性。

橋樑的內容通常是從當事人的目標、例外、優勢或知覺中所截取出來，一般說來，實務工作者會這麼開始話題「我同意你說的……」。如果可行的話，結合當事人的語言與用字習慣作為陳述，會是很重要的。例如，在給 Ah Yan 的回饋中，Peter 可能會提供下列的橋樑陳述：「我同意妳所說的，Ah Yan，了解妳那恐慌的感覺是怎麼回事，對妳來說是個重要的目標。對妳或妳的家人來說，若妳的餘生就只是坐在那兒讓那些感覺擄住妳，這樣的確不好。因此，我建議……」

(三) 建議

第三個組成回饋的要素乃是給予當事人建議。在焦點解決工作中通常會給予建議，雖然在此結構下也會有些例外原則。這些建議可分為兩大類：觀察型的建議以及行為型的建議（de Shazer, 1988）。在觀察型建議中，基於晤談時所獲得的資訊，實務工作者會建議當事人注意他或她生命中那些可能有利於建構解決之道的部分。例如，Peter 可能會建議 Ah Yan 特別去注意那些她感覺比較不那麼恐慌的日子，特別是與那些感覺很糟的日子相比，會有些什麼差異；Peter 也會建議她持續追蹤這些差異——當感覺較好的日子發生時，她做了哪些事、跟誰在一起等等，並且在下一次他們會面時向他說明。

行為型建議需要當事人確實去做某些事，即期待當事人去採取那些實務工作者相信將會對當事人在形成解決之道上有所幫助的行動。跟觀察型建議一樣，行為型建議也同樣基於晤談期間所蒐集到的資訊，並需要符合當事人參照架構的價值。因為 Ah Yan 已經表示與嫂嫂的談話對她有相當程度的幫助，因此，Peter 乃派予她繼續從事此一行為之行為型建議。

在形塑當事人的焦點解決回饋時，你會發現要去決定是否給予一個建議，以及該給予什麼樣的建議，將會是回饋階段中最困難的部分。工作坊的參與者與學生們不斷地向我們反應，歸納當事人的成功與優勢並給予讚美清單，是既簡單又能令當事人為之一振的事，而且，在建議前有一銜接性的橋樑是非常有

用且可行的；然而，即將到來的新建議卻常會讓他們感到困惑而猶豫。是以，在形塑建議時，你需要先回顧每一段與當事人之間對於問題的談話、當事人所想要的目標，以及良好構成目標的內容、例外、動機，以及自信等內容。

三、決定一個建議

(一) 當事人想要的是什麼？

在第 4 章裡，我們討論到你在展開焦點解決對話時，因為當事人所要的不同，會使你需要面對三種可能的晤談情境。有時，當事人會告訴你他們有一個問題，希望找到解決之道，而他們也視自己可能會是最後想到解決方案的一部分。有些當事人則會說他們真的面對了一個困境，需要一個解決方法，但唯一的解決方法是某個人需要先行改變。還有一種情況是，當事人告訴你，他會來晤談是因為別人的要求，他們自己並不認為有任何需要處理的問題或得澄清之處，所以他們並不想要與你展開任何工作。

第 4 章提供了如何在這些情境下做回應的一些看法。所有的晤談訣竅就是：對當事人的知覺保持「未知」的態度，然後仔細聆聽任何可以透露當事人希望自己生活有所改變的小小線索。晤談過程幾乎總是可以如此：在初次晤談結束前，焦點解決實務工作者與當事人對於當事人想要的目標，會多一些共同的了解或更為接近，即使一開始當事人對於自己想要的目標並不清楚；為了決定出給予當事人的建議，此即為首要的注意事項。不管當事人有沒有想要改變，你總是可以給予建議。在晤談最後，當事人已知自己想要什麼，並視自己為解決之道的一部分時，通常我們就給予行為型建議。在當事人認為他們看到問題但尚未視自己為解決之道的一部分時，給予任何行為步驟的建議是沒有意義的，此時，通常你可以給予一些有用的觀察型建議。極少數的當事人在晤談最後會表示不想有任何改變，對這種狀態下的當事人給予建議，可能會冒一種風險，會讓當事人以為你在晤談過程中沒有仔細聆聽他在講些什麼。在這種情況下，我們認為，只要讚美當事人他們在目前環境中正在做的那些對他們有意義的事

情，對他們反而比較有用。

(二) 這是一個良好構成的目標嗎？

第 5 章描述了良好構成目標之特徵，以及晤談時所使用的問句；這些都將有效地幫助你與當事人維持在目標主題上的對話。對大多數的當事人來說，發展良好構成目標常是一個不容易的過程。當你能不急切地逼迫當事人時，你對他們便具有最佳的助益性。

當你說明回饋時，去思考當事人的目標已經具備了多少良好構成目標的特徵是十分重要的：當事人是否已經能歸納出在他們的生命中可能想要的改變？當事人是否能夠以具體的、行為上的語言來定義這些改變？當事人是否能定義且描述出他們所想要的目標，而不只是要求讓問題消失？他們所訂出的目標是否是一個起步，而非是最終的結果？當事人所描述的目標是否有利於互動與情境的條件？每位當事人是否在正確描述所欲目標的能力上不盡相同？當他們的描述更接近良好構成目標之特徵時，你將可以更自信地基於當事人的目標陳述，而給予他行為型建議；這對他們來說將會很有意義，也有助於解決之道的建構。所以，在形成回饋時，一開始就要這樣問自己：「當事人的目標構成與設定，已經發展到什麼程度了？」當你同時與一個以上的當事人諮商時（如：Williams 家族），那麼你必須問自己，在晤談中的每位當事人是否都形成良好構成的目標了？若其中有一個人能夠發展出良好構成的目標，而其餘的人還不行時，你就不能給予所有人相同的建議。

(三) 有例外嗎？

形塑回饋的最後一步就是：回顧例外。當事人所定義的例外，是否與他／她所想要的改變有關？如果是的話，指派給當事人的觀察型建議，則可將焦點擺在對例外情境的觀察上。若你們已共同界定出問題，但當事人無法找出任何例外時，你仍然適合指派觀察型建議給當事人，只是這個建議可以是比較一般性的：讓當事人去留意在他／她的生活中出現什麼樣的跡象，而讓他／她知道問題是有可能解決的。

若你和當事人所確認的例外是與當事人想要的改變相關，則須自問這個例外是隨機式的還是意識化的。倘若是隨機式的，則可以提供觀察型建議，諸如當未來類似的例外情境再次發生時，特別留意它們是如何發生的。倘若例外是意識化的，且當事人能夠詳細說明他／她對例外的發生有著怎樣的貢獻，這代表當事人已經界定了一個合適的行為型建議——此時則可以建議他／她「再多做一些相同的事情」（de Shazer, 1988）。

四、給 Ah Yan 的回饋

在 Peter 花了約三十到四十分鐘與 Ah Yan 晤談之後，Peter 表示想稍事休息，去思考一下關於 Ah Yan 跟他說的事。在形塑回饋中，由於建議是最後一道底線，Peter 首先會去思考晤談中能指出要給予當事人什麼樣建議的相關資訊。一旦實務工作者形成了建議之後，就容易去形成相關的讚美和橋樑。

Peter 最先思考的是 Ah Yan 想要什麼。他們已能一起去界定問題（驚慌的感覺），也能一同界定出一個開始的目標（減少她的恐懼以及被設限的感覺，以及去做「那些對我和家人有益的事」）。最後，Ah Yan 也能指稱她將自己視為是問題和任何重要解決之道的一部分（當被問到何以她願意解決問題的動機是 10 分時，她說「我必須做，為了我和我的家人而做」）。

其次，Peter 思索的是 Ah Yan 目標構成的良好程度為何。從他們在奇蹟問句的對話中，Peter 認為 Ah Yan 已逐步發展出良好構成的目標。她描述出，當奇蹟發生時，數件事情將會有所不同：她會更常笑；她的丈夫會看到她為這個家付出更多；她和丈夫能一起努力讓這個家變得更好；他們會更常親吻與彼此擁抱、一同出遊；她六歲大的兒子 Di Jia 會注意到她的情況愈來愈好，因此他出門時會玩得更盡興，例如會更放心地出門去玩盪鞦韆或騎腳踏車。

第三步驟，Peter 對 Ah Yan 所確認出來的例外進行反思。他記得 Ah Yan 說，她曾經擁有一些非常美好的日子。經過進一步探討得知，她無法描述是誰做了什麼，而讓這些美好的日子發生；所以這些美好日子可被歸類為隨機式的例外。不過，在稍後的晤談中，Ah Yan 表示晤談前的改變是存在的；當 Peter

問她從指數 0 到 10 分，0 分代表她當初約定晤談時那種恐慌無助的感覺，而 10 分則代表奇蹟發生時的感覺，那麼現在的感覺是處於多少指數時，她回答 6 分；也就是說，相較於十天前，她現在好多了。Ah Yan 是能夠確認出她要如何邁向奇蹟願景的一些方法的，例如和專業人員談話、與嫂嫂討論、更常和家人出門玩，以及禱告。

　　簡而言之，Peter 的結論是：(1)Ah Yan 清楚地想要一個解決之道，也有一個良好構成的奇蹟圖像；(2)Ah Yan 的美好日子是屬於隨機式的例外；以及(3)自預約晤談之後的進步，可以歸屬於意識化的例外。基於晤談的資訊，他發展出對應這些結論的三個建議。他再次從晤談中所獲得的資訊，形成了讚美與橋樑。他將回饋寫下來，讓他能自信無誤地將它傳達給 Ah Yan。由於它的真實與有效，讓 Peter 覺得自己能夠放心地告訴 Ah Yan。

Peter ：Ah Yan，我想過妳告訴我許多有關妳自己和妳所面臨的情況。我想提供妳一些想法和建議。因為我不想遺漏任何一項，所以我將它們都寫了下來。〔Ah Yan 點頭，表示她正在聽，也了解他所說的〕

　　〔讚美〕首先，我想告訴妳，妳有幾件事讓我印象非常深刻。第一，我看得出來妳非常關心妳的家人。妳想要和妳丈夫多聊聊，希望看到他變得更快樂。妳想讓妳的孩子 Di Jia 能夠到外面盡情地玩盪鞦韆，不用掛心妳。妳是一個以家庭為重的人，所以妳想要了解這種恐慌的感覺到底是怎麼回事。再來，我也對於妳有多清楚妳的奇蹟願景而感到印象深刻。妳可以很明確地告訴我，在奇蹟中，妳的家裡將會有什麼樣的改變，以及當妳弄清楚到底發生了什麼事情時，妳會有什麼樣的不同。我也同樣地被妳那願意竭盡所能的心，以及深信終將覓得解決之道的堅持，深深撼動著。最後，我看到妳已經做了一些事情，而讓情況有了一些改變——比如來到這裡、禱告、試著和其他人聊天，以及較常到戶外走動。當其他人，像是妳嫂嫂給了妳很好的建議時，妳也會很想要去嘗試看看對自己會不會有效。有時候妳會提出一個很好的想法，像是禱告，並且會有勇氣與

力量去嘗試它。我為所有妳所做的嘗試，以及妳是如此努力，而深受感動。因為這些，讓我毫不驚訝妳今天會有 6 分這樣的成果。

〔搭建橋樑〕Ah Yan，在這個時候，我和妳一樣，還不明白妳究竟是怎麼回事。但是，在我們仍需繼續探討下去的同時，我有以下的建議：〔建議〕第一，持續去做那些能讓妳達到 6 分的事情。

接著，請留意，當妳擁有一個美好的日子時，會產生什麼改變——包括發生改變時所有相關的資訊：妳的家有什麼改變，讓妳覺得那一天是真的過得很美好，以及誰做了什麼等資訊，然後下次回來時跟我分享。

還有，最後一件事是，在此次與下一次晤談中間選一天，「佯裝」（pretend）奇蹟已然出現，也就是說，在那一天裡妳得想像及假裝奇蹟已經發生了，但是不要告訴任何人，只要去表現得像是奇蹟已經發生的樣子，然後再回來告訴我，有哪些情況變得比較好了。

Peter 仔細謹慎地將這項回饋告訴 Ah Yan，並小心地觀察她對每一部分的反應。由於 Ah Yan 不斷地點頭表示贊同，有時，她會微笑並說「是啊」或「喔，對耶」，因此 Peter 覺得他與 Ah Yan 有連結上。

五、對 Williams 家族的回饋

接下來是關於 Insoo 與 Williams 家族晤談的回饋，同樣依循著焦點解決模式，針對家族所關心的議題、目標以及例外，在晤談後，Insoo 稍事休息且彙整之。Insoo 與 Williams 家族的晤談乃是和一個團隊共同合作進行的。在暫停時間，她走到單面鏡後的觀察室，與團隊成員交換意見。由於 Williams 家族是多位家族成員出席了這個會談，故在沉澱出最後的回饋之前，團隊先分別針對每一位家族成員進行個別的討論。他們先從 Gladys 討論起（請回顧第 5、6 章中 Williams 家族的晤談資訊）。

此團隊很快結論出，Gladys 是那位提議要來尋求協助的人。她不只安排這

個會談，而且當 Insoo 問到該如何幫助這個家族時，也是 Gladys 來為他們的問題下定義。她和 Insoo 共同定義了問題（如，Gladys 的壓力和胸痛、對孩子們吼叫、用「處罰」的方式迫使他們就範），以及一個初步性的目標（如，讓孩子可以更聽她的話，讓她對親戚可以表達出同意或不同意，且讓親戚們會聽她的話）。然而，晤談的資訊也顯示出，Gladys 傾向不將自己視為是問題的一部分；她認為問題主要是出在孩子們不聽話，以及她弟弟的惡劣行為上。同時，Gladys 也沒有將自己視為解決之道的一部分；她對於奇蹟問句及其追蹤性問句的回答，主要都是以當奇蹟發生時，別人會有什麼樣的改變作為前提（如，Albert 不會老是玩任天堂，也會離開家；她丈夫不會再做出犯法的事；Marcus 會做手足的好朋友；Olayinka 不再說謊，諸如此類）。最後，Gladys 確認出一些例外的存在，她注意到有時她並不需要命令 Marcus 清理家裡、Ayesh 會自動撿起她的衣服、Offion 會和乖孩子當朋友等；但團隊注意到這些都是隨機式的例外，因為尚無資訊顯示，Gladys 和其他家庭成員知道該做些什麼，才能促使這些例外發生。

團隊於是做了一個結論：雖然，似乎 Gladys 擁有動機以及一個整體性的大目標，但她的目標構成並不完善，而且她也沒有覺察到自己在任何解決之道上可以扮演的角色，因此，團隊決定根據她所確認的隨機式例外去給予一個觀察型建議，或許才會對她較有幫助。

團隊認為，在孩子的部分，孩子們知道媽媽所承受的壓力，大都願意去學習分享及和睦相處。經過 Insoo 的詢問，他們提供出一些能釐清家庭奇蹟願景的看法，然而，他們的回答卻還是認為別的孩子們應有什麼樣的改變，例如，Offion 說當奇蹟發生時，「我所有的兄弟姊妹都會幫忙清掃家裡」。孩子們甚至沒有確認出任何的例外情境，或發展出任何企圖想要努力找尋解決之道的傾向。團隊於是決定僅給予他們讚美而不給予建議。

團隊認為，Albert 也和這群孩子的狀態差不多。在回答 Insoo 的問句時，他僅默認存在的一個問題是家族的問題——如果真有所謂的問題存在的話。他和 Gladys 及孩子一樣，不認為自己是問題的一部分。當被要求參與陳述家族未來目標的走向時，他並沒有給予什麼協助（他無法回答奇蹟問句），他說：

「因為……我擁有超脫世俗的心靈……有時候它運作得很好，有時候卻又不是這樣。」但 Albert 為他個人描述出一個奇蹟願景（「我還會有一個屬於自己的房子，娶個好女人一起穩定下來，生一些孩子。我猜是這樣吧」），但他卻對這之中的任何部分是否要付諸實現，表現得毫無希望且興致缺缺。此外，他無法找出任何隨機式或意識化的例外。於是，團隊認為他就跟孩子們一樣，應給予讚美而不給予任何建議。

團隊對於 Albert 和四個 Williams 家族孩子的回應，說明了預備回饋時的另一個原則：往較為保守的路線前進。在暫停時，當思及當事人在晤談中所告訴你的內容，你通常會發現自己對於要給予行為型或觀察型建議常感到猶豫不決。在這樣的情況下，採取較保守的態度來給予回饋，較不會離當事人已做到的建構解決之道的方向太遠。是以，因 Albert 和孩子們的確在晤談中表示了他們都希望 Gladys 所認為的問題能有所改變，但他們都不認為自己可以在達成家族共有的奇蹟遠景上有所貢獻，也沒有展現使奇蹟成真的動機，或者回想到任何例外，故團隊決定採取較為保守的評估，僅給予他們讚美，而不給予建議。藉著採取較為保守的方向，你不但能減少因誤判晤談資料而產生的風險，也比較不會提出不適合當事人的建議。最後，我們常發現當事人在晤談之後所做的事，遠比回饋中給予的建議還要多。當你採取較為保守的立場，你反而常會因當事人在建構解決之道的過程中，採取了頓悟化、戲劇化、不被預期的步驟，而為他們喝采並真誠地讚美他們。

以下是團隊為 Williams 家族所發展的回饋。請注意，它是多麼簡明直接有力，又能顧及整個思考面的完整性。從 Insoo 給予回饋的過程中可以看到，家庭成員選擇去加入意見並提供更多的回饋，這些現象證實了這個回饋符合了家族現有的參照架構。

Insoo1 ：OK，我有些事要告訴你們。有很多話想跟你們說。

Albert1 ：OK。

Insoo2 ：〔讚美地〕我要對你們所有的人說。首先是，Gladys，我們想要告訴妳，我們對妳所遭遇到的，以及妳的生活是這麼的不容易，

感到十分印象深刻。

Gladys2　：我知道。

Insoo3　：不，這真的非常不容易。除此之外，妳對自己的小孩應該要有個
　　　　　怎樣的好母親十分有概念，而且妳真的做得非常好。

Gladys3　：我還上過親職教育的課程呢！

Insoo4　：〔間接地讚美可能的成功，以及暗示可能蘊含的優勢以及動機〕
　　　　　真的？

Gladys4　：真的，是在輔導中心上的。我還拿到了證書——唔，我可以把它
　　　　　找出來。那時每個禮拜都得上一次課。

Insoo5　：所以對妳來說，做一個稱職的好母親是非常重要的。

Gladys5　：沒錯。

Insoo6　：妳對孩子們所做的真的很棒。

Gladys6　：〔又確認另一個例外〕是的，就像住我樓下的那位太太——我不
　　　　　太了解，但她，她總是在打小孩。於是我告訴她，我說：「嗯！
　　　　　當我想要孩子們做什麼而我已經說了超過五遍，但他們還沒有過
　　　　　來的時候，我就說我會開始從 1 數到 10，而當我數到 10 的時候，
　　　　　他們就要倒大楣了。」但是他們幾乎都在我數到 10 之前就會過
　　　　　來。

Insoo7　：妳找到這個方法啊，很棒啊。也就是說，即使妳正身陷非常艱難
　　　　　的環境裡，仍然擁有一群好孩子。〔直接讚美 Gladys 以及間接地
　　　　　讚美孩子們〕我們團隊注意到他們在這裡已經表現得非常好了。

Gladys7　：對啊！〔確認更多的例外時刻〕他們不管到哪裡全都像現在這樣。

Insoo8　：真的嗎？

Gladys8　：除了我不在的時候。當我不在身邊時，他們會做任何事情。若我
　　　　　在他們身邊，他們會變得比較規矩。

Insoo9　：哇！他們在這裡真的表現得很好耶！他們是這麼的吸引人，又很
　　　　　懂禮貌，妳知道嗎？妳擁有一群非常不錯的孩子；很明顯地，這
　　　　　都是因為妳這麼努力想成為一位稱職的單親媽媽的關係。聽起來，

　　　　　　妳似乎是靠著自己的力量而把他們撫養得這麼好。

Gladys9 ：〔愉快地〕是啊。

Insoo10 ：所以，我們真的非常佩服妳這一點。

Gladys10 ：〔笑著〕謝謝。

Insoo11 ：〔開始建構一個橋樑〕我想，讓我們感到驚訝的是，妳能夠因為妳的遭遇，反而使妳想要孩子們擁有一個比妳以前更好的生活。

Gladys11 ：沒錯。

Insoo12 ：妳希望他們能有個美滿幸福的生活。

Gladys12 ：對啊，像他。〔指著 Marcus〕他不想上私立學校，因為有一個男孩子告訴他上公立學校比較好。但是，對我來說，他真的很幸福，他可以上我從未上過的私立學校，他能得到我從未擁有過的。而那個小男孩，一個和他年齡差不多大的男孩子，告訴他上公立學校比較好，他就想要去跟那個男孩上同樣的學校。

Insoo13 ：我對妳是多麼堅持並確信自己應將孩子們送進私立學校就讀會比較好，真的感到印象深刻。

Gladys13 ：是的。我的確是費了一番工夫。

Insoo14 ：〔讚美 Gladys 的優勢〕妳希望他們接受良好的教育。我的意思是妳突破了很多困難，才找到一所對他們來說是最好的學校；妳認為若學校的人對妳不是很友善，那麼他們也一定不會友善地對待孩子們。妳很清楚知道什麼對孩子比較好，以及他們應該接受什麼樣的教育。

Gladys14 ：沒錯。

Insoo15 ：好的。除此之外，我們發現妳的孩子們有時是會做點事情的……他們會獨立自主，他們會想要幫忙妳。

Gladys15 ：有時候是這樣。

Insoo16 ：這是個很好的開始，不是嗎？

Gladys16 ：是啊。

Insoo17 ：實際上，他們有時候知道該怎麼做，不是嗎？

Gladys17：是的。我知道他們明白該怎麼做。他們只需要真的去實踐就行了。

Insoo18：是的，完全正確，的確是這樣。所以妳教了他們所有對的事。

Gladys18：是的，我試著這麼做。

Insoo19：妳做得很好啊。我們都有目共睹。

Gladys19：是啊，只要他們能持續做兩個禮拜，我就會住在非常乾淨的屋子裡。

Insoo20：現在，Albert，我們想跟你說，我們真的非常喜歡你的奇蹟願景。

Albert20：我的什麼？

Insoo21：你的奇蹟願景。當〔引述 Gladys 的話〕「神到來時」，會承擔了你們所有的問題，你會希望事情變得如何如何的那個願景。我想有時候你會去幫姊姊的忙，你來找你姊姊，而你姊姊也倚靠你的幫忙，這是一件好事。

〔更加讚美地〕我們也對你們全部的人所做的事印象深刻，你們全部，所有的六個人。你們都希望大家能擁有更美好的生活，你們希望彼此更加和睦相處，你們盼望大家能成為一個很美滿的家庭，並且能一同享樂。

〔轉向 Gladys〕小孩子喜歡這樣，他們都知道那是他們想要的，因此，我們必須向妳致上更多的敬佩之意。

Gladys21：謝謝。

Insoo22：〔創造一個橋樑的陳述〕所以，妳已經做得非常好了。OK，所以我們知道，妳希望妳的孩子們擁有一個美好的生活，同時也希望他們能夠聽妳的話。我們都曉得，有時候他們可以表現得很好，而且非常有禮貌，這都是因為妳很努力，下了很多工夫。我們對於妳究竟是如何努力辦到這所有的事情並不是很清楚，因此，我們希望能再次和妳晤談。

Gladys22：好的。

Insoo23：〔給 Gladys 一個觀察型建議〕OK。我們希望妳從現在開始，直到下次我們再度會面之前，能夠留意，然後來告訴我們：妳是如何

為這個家打理這一切的，以及妳是如何去做這麼多重要的工作。

Gladys23 ：OK。

Insoo24 ：OK。那麼，讓我們來約定下次一同會面的時間吧。

Albert24 ：我也要嗎？

Insoo25 ：當然，歡迎你再度回來這裡。

Gladys25 ：不，他不能再來。

Insoo26 ：他不能再來？

Gladys26 ：不，他必須回家去。

　　Gladys 在回饋結束時，主張 Albert 不能再來晤談，著實讓人嚇了一跳，因為在晤談一開始，Gladys 就說過，她所想要的其中一項改變就是，要學習如何適當地對她的家人表示同意或不同意，以使他們更容易聽她的話。Gladys 的反應又再次支持與證實，在形塑回饋時，所應發揮「保守」思想之智慧。由晤談中所得的資訊，Insoo 和團隊選擇給 Gladys 一個觀察型而非行為型的建議；但是，第一次晤談尚未結束時，Gladys 似乎就已經能將解決之道的建構超出回饋所設定的範圍，開始去採取行動而非僅做單純的觀察。是以，團隊的回饋常因選擇較少、較保守的路線，反而發揮更大的效益。

六、回饋的指引

　　於建構解決之道時，在晤談結束前所給予當事人的回饋，為的是要協助他們不僅能發展良好構成的目標，同時也能讓他們把焦點放在與他們目標有關的生活例外，並鼓勵他們去留意是誰做了什麼而使這些例外發生，特別是他們目前自己正在做的那些例外。下面的幾點指引對於如何形塑回饋，以及如何將回饋傳遞給當事人，都會有所助益：

■ 首先，先尋找底線建議；晤談資訊指示了什麼樣的建議？

■ 當無法確定底線是什麼時，偏向較為保守的選擇。

■ 藉著了解當事人想要什麼、對目標構成的完善程度，以及例外是否存在及其

類型，來發展回饋的形成。

■ 對當事人認為什麼是重要的，以及什麼是他們所想要的部分表示同意。

■ 若當事人正在做的是對建構解決之道有益的事情，則大大讚揚他們。

■ 提供橋樑陳述，讓每項建議看起來都較為合理。

■ 利用當事人的話語，得以能停留在當事人參照架構中運作。

■ 讓回饋保持簡單易懂。

■ 將回饋謹慎從容地傳遞給當事人，並觀察他們的反應。

七、常見的訊息

當你在形成回饋上累積相當的經驗時，會發現某些情況會重複出現。有一些基本的陳述，稱作常見的訊息（common messages），你可以在這些反覆出現的情況中，參考這些訊息來建構回饋。「常見的訊息」最初是由 de Shazer（1985, 1988）和他的同僚們在翻閱許多焦點解決文獻（Berg, 1994; Berg & de Shazer, 1997; Dolan, 1991; Durrant, 1995; Furman & Ahola, 1992; George, Iveson, & Ratner, 1999, 2011; Metcalf, 1995, 1998; S. D. Miller & Berg, 1995; S. D. Miller, Hubble, & Duncan, 1996; O'Hanlon & Weiner-Davis, 1989; Selekman, 1993, 1997; Turnell & Edwards, 1999; Walter & Peller, 1992; Weiner-Davis, 1993）後，所一同發展出來的。我們將他們的表單中最被廣泛運用的、最精簡的常見訊息呈現於此。根據經驗與演練，你可以將這些訊息中的任何一個，修正運用在大多數你所遇到的回饋情境中。

這些「常見的訊息」是刻意聚焦在當事人的經驗中對建構解決之道有所助益的層面與脈絡。如同指導方針上所列的，你要如何給予當事人回饋，乃基於以下評估：(1)當事人知覺到問題存在嗎？他又想要有什麼不同？(2)當事人在良好構成目標的發展上，已經到什麼程度了？以及(3)與當事人目標有關的意識化或隨機式的例外，是否存在？

(一) 當事人未知覺到有問題且沒有任何目標

若經研判，當事人沒有與你發展出對問題共同的理解，也沒有想要什麼目標，同時，從當事人的角度，並沒有你們兩人可以工作的事情，在這種情況下，最低限度是你至少能給予當事人讚美，並說明你非常高興能與他／她再度會面。例如，Insoo 給予一位被藥物濫用機構送來的當事人如下的回饋（Berg & Miller, 1992, p. 99）：

Insoo ：Curtis，我們對於你今天來到這裡感到印象深刻，雖然我們知道來這裡並不是你的意思。你真的可以選擇不來這裡的，那是一個比較容易的選擇……對你來說，今天來到這裡已經不容易了，因為畢竟你必須放棄你私人的時間，談一些你真的不想談論的話題，以及還得搭公車來到這裡等諸多因素……

我了解你是一個心智獨立的個體，並不想被告知要去做些什麼；我同意你的看法，你應該不被打擾的。但你也了解，去做些大家告訴你的事情，會有助於讓那些人遠離你的生活，並且很快地，你就不會被打擾了。因此，我想要跟你再度碰面，進一步想想做些什麼會是對你自己有幫助的。所以，我們下星期同一時間再碰面。

若 Insoo 賦予這位當事人一個行為型或觀察型建議，是沒有意義的，因為這表示 Insoo 並沒有注意聆聽當事人。藉著在結束階段給予讚美，她便能確保在當事人離開時，當事人會知道他的感受被用心聆聽了，並且有備受尊重的感覺。這個方法增加了當事人可能會再來晤談的機會，並可能更願意決定要與我們在他想要的目標上工作。

(二) 當事人知覺到問題，但未視自己為解決之道中的主要角色

1. 沒有例外也沒有目標

這個情形是指，在暫停時，晤談資訊顯示你和當事人能共同定義出問題，

但當事人卻無法確認出例外，或者當事人忽視例外的程度，甚至使你相信他們懷疑例外的存在。這樣的當事人傾向於詳細地描述他們的問題有多麼嚴重，他們相信那些問題都是外在環境——如其他人、其他組織等等——所造成的。如同他們對自己在問題中的角色毫無概念一樣，他們也看不出自己或許可以做些什麼事來解決問題；他們似乎充滿無力感。一般說來，他們除了希望其他人能夠做某些改變之外，他們對於自己需要進行怎樣的改變並不太清楚。如第 4 章所述，你很容易對這樣的當事人感到不耐，並開始建議他們應做什麼樣的改變以解決問題。

在這個情形下，你可以從兩種常見的訊息中進行選擇。第一，對此類當事人，我們就是重複給予一個問句形式的觀察型建議。以這個情況為例：首先，你可以用正向而尊重的口吻，真摯地讚美當事人對這個問題的細心觀察，以及他／她是多麼努力地思索這個問題對他／她所造成的影響。藉由「同意這個問題已嚴重陷入膠著」的陳述作為橋樑，而給予這樣的建議：

> 在這次會面以及下次我們再次會面的中間，請去留意你的生活中發生了什麼事，而告訴你這個問題是可以被解決的。

由於當事人可能不清楚他所想要的是什麼，因此對於此類當事人的第二個選擇，就是給予一個能引導他／她朝向過去經驗及對其脈絡有所知覺的建議，如此便能逐漸獲得晤談方向上的一些靈感。這個建議稱為*初次晤談的任務形成*（formula-first-session task），因為它原本是用於協助當事人在初次晤談時發展其目標（de Shazer, 1985）。「初次晤談的任務形成」之焦點，乃放在當事人生活問題，但卻建議當事人要特別去關注生活中有哪些吸引他的正向之處，而非只是那些痛苦和有問題的部分而已。在這類情境中，無論他／她所做、所想是否有效，都可以藉著稱讚他們為了和你晤談所必須付出的努力和時間作為回饋的開場；接著，在表示同意了問題的嚴重性之後，便能給予他們如下的建議（de Shazer, 1985, p. 137）：

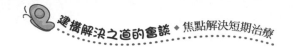

在現在與我們下次會面的期間，我希望你能夠盡量觀察，然後在下次晤談時跟我說，在你的（選一個：家庭、生活、婚姻、關係）裡，你希望能持續出現與存在的是什麼？

2. 有例外但沒有目標

在這類情況下，你和當事人已經進展到：對問題有了一致性的共識，且當事人能界定出例外。然而，由於當事人認為這個問題導因於外在世界，尚未覺察到任何自己能夠做些什麼改變來創造解決方法（Insoo 和她的團隊在形成 Gladys 的回饋時，就面臨了這樣的情形）。此時，回饋底線應圍繞在已定義出的例外情境，而給予觀察型建議。

從現在到我們下次再見面的期間，請注意那些比較好的時光，並且向我鉅細靡遺地描述它們。注意它們與其他日子的差異之處，以及它們都是如何發生的；同時，也注意是誰做了什麼導致了它們的發生。

這類的觀察型建議包含了兩個部分。第一，對當事人來說，這建議意味著例外時刻將會再度發生——常理來說，這樣較好的時光是必然會再次出現的——如此一來同時創造了希望。第二，它點出了：有益的資訊大都是存在於當事人自身的經驗中。

如果當事人能告訴你例外是如何發生的訊息，但其所描述的內容架構，卻完全是以其他人（常是一個重要他人）有了一些什麼改變所導致時，則像前述這種稍有變化的觀察型建議，就會特別有意義。例外可能是來自當事人本身意識化行動的結果，但當事人卻堅稱它們是由於其他人的行為所致，此時觀察型建議的些微變化，可能會是比較有用的。例如，Peter 曾有一位名叫 Alice 的當事人，她對她和老闆之間的關係感到非常沮喪，Alice 用「跋扈苛刻且無法溝通」來形容老闆。然而，她也描述在有些場合中，老闆是對她比較客氣、合理以及開放的——「那時他的表現比較有人性」。Peter 便追問這些時候都是怎麼

發生的，但 Alice 卻無法界定出任何她曾做過的努力，且推說這些例外「會發生都是因為老闆自己，因為有時候老闆會比較努力去嘗試」。她無法覺察自己在例外中所扮演的角色，對解決方法的可能線索也感到無能為力、毫無頭緒，於是 Peter 尊重她對於例外的覺察，給了她一個觀察型建議，同時為搜尋解決之道提供了一個可能性的開展。

Alice，請去留意當妳的老闆比較合理、開放、表現得比較有人性的那些時候，在那些時候發生了什麼樣不同的事情。去注意一下，以便在下次我們會面時告訴我——也許他注意到妳做了什麼，而使他對妳變得比較有禮貌、較為合理開放。持續觀察這些事情，然後回來告訴我，有沒有什麼事變得比較好。

若當事人視問題存在於自身之外，但又能定義出隨機式的例外時，那麼藉著加進一個「預測」的要素，來修改基本的觀察型建議，也會是個可行的作法（de Shazer, 1988）。例如，Peter 也可以給予 Alice 這種建議：

Alice，我贊同妳。很明顯地，妳老闆有時似乎會變得比較合理、開放，並表現得比較有人性。所以，從現在到下一次我們再見面的時候，我建議妳：每晚在妳上床睡覺之前，預測明天他會不會對妳表現出合理、開放、有禮貌的態度。之後，當天結束前，在妳再次對隔天做預測之前，回想妳昨晚的預測有沒有成真；然後，再去對任何妳的預測與隔天真實情況之間有何差異之處做一些解釋。持續以這樣的方式進行觀察，再將這些有關的訊息帶回來讓我知道。

de Shazer（1988, pp. 183-184）表示，在這種情況下加進預測的要素，可能會很有用。他承認，他並不知道這些建議到底是如何運作與發揮功用的，而且「乍看之下，讓某人在上床前對明天所可能發生的事進行初步的預測，似乎是很荒謬的」。然而，根據實際經驗卻顯示出，這種預測的建議十分有效。為什

麼呢？

　　根據 de Shazer 的說法，這種預測之所以有效，乃在於其蘊含著「暗示」的力量。當事人已經承認例外真的發生過；藉著預測建議的給予，實務工作者暗示著這些例外將會再度發生，或許就在下個星期的某一天。再者，當接受這個建議並預測一個較好的日子時，當事人可能會對較美好日子的來臨懷有較高的期待，並且因此在不知不覺中，將之內化於創造與擁有美好日子的過程之中；或者，為了期盼較美好日子的到來，當事人更有可能去尋找它的徵兆，也因此會對這些徵兆更加的敏銳與關注。根據 de Shazer 的說法，一個預測建議包含了幾個可能，以至於在行動上能增加自我滿足的要素。

　　當你思考是否要在觀察型建議的結構中增加預測的形式時，你應該考量的是當事人看來有多確信隨機式例外真的發生過。有時候，當事人認為例外曾經發生過，但卻小看了它們的重要性，或者對它們是否存在感到猶豫不定；Gladys 就是一個例子。不過，有些時候，當事人會比較明確地說「是的」、「有時候是比較好」。當你詢問：「最後一次感覺比較好是出現在什麼時候呢？」他們會描述例外的時間和地點；或者問：「那時候跟在困境時有什麼不同呢？」他們亦會給予具體的細節。

　　當隨機式例外能較清楚地被當事人界定出來，且當事人是能辨認出這些隨機式例外與處於困境的差異時，於觀察型建議的結構中增加預測的形式，就會變得十分有意義。此時建議的內容表達了：在當事人的內心，對於好與壞的日子之間的差別，是能有非常明確的劃分。若當事人對於隨機式例外似乎較無法明確界定時，我們建議你用其他方式來形塑建議；例如 Peter 對 Alice 的回饋，以及 Insoo 對 Gladys 所做的回饋。此時，實務工作者僅要求當事人在此次與下次晤談期間去搜尋與注意任何的例外，無論它看起來有多麼的模糊。

(三) 當事人有目標且視自己為解決之道的一部分

1. 有清楚奇蹟圖像卻無例外

　　你和你的當事人對問題已發展出一個共同的定義，當事人也接受他／她將在問題解決上扮演一些角色，並似乎被激勵去實踐之，同時，當事人亦能夠具

體描述因他們自己而造成改變的奇蹟圖像，然而，當事人卻無法找到例外——當然更不可能是意識化的例外——在這種情況下，因著當事人能釐清奇蹟願景而讚美他們，並且建議當事人：去「佯裝」（pretend）這些奇蹟已然發生時的樣子（de Shazer, 1991）。舉例而言，Peter 對一位名為 Ann 的當事人如此建議：

Ann，我能看出妳已經經歷很多事了，家裡的氣氛很緊張，Al〔Ann 的丈夫〕和 Tina〔Ann 正值青春期的女兒〕總是彼此咆哮。我想，這些都是讓妳決定到這裡來的原因；這也表示妳非常關心妳的家庭和自己。就像妳說的，妳已經竭盡所能了。

Ann，從我們的討論中特別讓我注意到的是，妳對於奇蹟願景能這麼清楚地描述。妳說了一些當奇蹟出現時，妳的家會有怎樣的轉變，以及妳將會在與 Al 和 Tina 的相處上所做的一些調整。〔她點頭表示同意〕

我也贊成，有些事必須得做；但是我也和妳一樣，還不確定該怎麼解決。所以，現在，我提供妳以下的建議：

在下個禮拜中挑一天，不要告訴任何人，包括 Al 和 Tina 在內；在那一天，妳要佯裝奇蹟已經發生。請去注意，當天妳的家會有什麼樣的改變，然後在我們下次見面時，妳可以告訴我這些不同。

藉著要求當事人佯裝奇蹟已經發生，實務工作者給予允許，讓當事人敢去嘗試與試驗那些他們所想出的各種可能性。建議要求他們去做一次（或是兩次）的佯裝，而非每天，因為就解決之道而言，這是一小步，也不好太過費力；而且只有一次的佯裝可使奇蹟之日與其他的日子有明顯的區分，會讓當事人更容易覺察到任何可能發生的變化。

記住，佯裝奇蹟已發生是一個行為型建議，這需要當事人去「做」一些不同的事。這比觀察型建議要求得更多，賭注也更大；成功的滋味可能很甜美，然而失敗的滋味卻也可能更加苦澀。在提出這個建議之前，當事人應該要能讓你深信，他有足夠的動機願意將它真的付諸實現。

2. 高動機卻無良好構成的目標

在這個情形下，你會發現你得面臨當事人的底線，他們會說：「有些事必須改變」及「我會做任何事來找到一個解決辦法」。你可能會對這樣的當事人印象非常深刻；你的心會被他們所吸引，因為他們幾乎總是在嘗試一些可以尋求解決的途徑，但始終都沒有任何成效。他們會鉅細靡遺地向你描述他們試過了哪些方法，他們願意努力的強烈動機是很明顯的；然而，他們卻無法定義出例外，特別是意識化的例外。所以，當你要去形塑回饋時，你或許會發現，要帶給他們改善的希望是很困難的。

在這樣的情況下，你若只想依靠自己的參照架構去想出任何特定的、令當事人的情況有所改變的建議，會是一個錯誤的信念。我們已經從當事人身上學到比較明智的一個原則是：信任他們對自己資源的知覺及對何為有用的直覺理解（註1）。當形塑回饋時，de Shazer（1985）和他的同僚已經規畫出一種建議，可讓你將焦點放在當事人以及他們的資源上──稱之為「做一些不同的建議」（do-something-different suggestion）。在此，舉一個此類建議的例子，並依 de Shazer 的推薦方式提出：

> 我對於你是如何努力在解決你的問題，以及對於你能這麼清楚地向我描述你迄今所嘗試要讓事情變得更好的方法，都十分印象深刻。
>
> 我也同意，這是一個非常棘手的問題。
>
> 因為這個問題是這樣的棘手，所以我建議，從現在到我們下次再會面的期間，當這個問題發生時，你「可以做些不一樣的事情──不管你所做的事情看起來有多麼奇怪、不可思議，或多麼不按牌理出牌。不論你決定怎麼做，唯一重要的是，你必須做一些改變」（de Shazer, 1985, p. 123）。

這個建議允許當事人：在需要時，可以自發且饒富創意地面對問題。

能夠成功運用此建議來產生建構解決策略的當事人，常常會因此而大感意

外──他們竟然能形成一些策略，是實務工作者永遠無法事先預見或提前為他們設計的。例如，Peter 曾經給予一對埋怨惡質婚姻和家庭關係的夫婦這種建議。他們的問題從這名丈夫罹患嚴重背疾的前幾年就開始了；她先生後來被迫成為一位身心障礙者。由於嚴重的家庭經濟困難，這五口之家入不敷出。這對夫妻和小孩之間都變得孤立而彼此疏離；除了批評之外，家人間不再互相傾訴，再也沒有人能夠開懷地大笑。他們已經試過很多種方法，諸如每天全家一同用餐，一週一次的晚間家庭活動，像是玩遊戲或去看場電影，但這似乎都沒有什麼幫助。Peter深信，他們有很高的動機朝解決之道而努力，因此給予他們「做一些不同的建議」。

當這對夫婦再回來晤談時，Peter問他們有哪些情況好轉了。他們兩個聳聳肩並說他們不確定，但他們都面露笑意。再進一步細問，他們都指向一個十分「怪異的晚上」──在這星期的前幾天，當家人們開始用晚餐，爸爸和孩子們圍在桌子旁，而媽媽則在爐邊做著義大利麵醬，其中一個孩子對他的父親做出憤世嫉俗的批評，這位父親「深感憤怒且心情很差」地用叉子攪起麵條，並「將它們彈向坐在我對桌的兒子，並且打中了他的臉」。此時，其他孩子發出小心翼翼的竊笑聲，並朝著正將醬汁放在桌上的媽媽看去。她回憶了當時的狀況：「我那時非常生氣，幾乎準備要對我丈夫開罵，罵他不懂得管教孩子。但我腦中所浮現出的……是你告訴我，無論我做什麼，我都得要做一些不同的事……於是，我將湯匙放進醬汁裡攪動了一下，並將它輕輕彈向我的丈夫，然後我們展開了五分鐘的食物大戰，麵條、醬汁齊飛，弄得滿廚房都是。」這對夫婦發現了一件無可預料卻又十分重要的事情發生了：進一步的交談在這家庭當中展開了，家人們花了「兩個小時去清理我們這五分鐘所製造的混亂，但談話和笑聲卻是我們這三年來從未擁有過的」。Peter在剩下的時間裡和他們探討：他們清潔時，家人間所發生的溝通，以及他們想要如何將之持續下去。

3. 有良好構成目標和意識化例外

此狀況即是：當事人已能描述日子變得比較美好的時刻，且一步一步地告訴你他／她是如何讓它們發生的。此時，當事人暗示這是個意識化的例外，雖

然還沒有完整的解決方法,但卻是往正確的方向邁進;亦即,這是一個能為當事人完成其目標的好策略。這樣的當事人在中場暫停的時候,會比剛開始晤談時顯得更有希望與自信。這樣的狀況,像 Peter 與 Ah Yan 的互動一樣,是比較容易形塑給當事人的回饋。以下是這類回饋的例子。

> Ralph,我對於你的幾件事情感到印象深刻。第一,你是多麼盼望和孩子之間的關係能變得比較融洽。第二,已經有一些比較好的時光出現過了,就像……〔給例子〕。第三,你可以這麼清楚而詳盡地向我描述在這些美好時光出現時,你做了些什麼,像是……〔給例子〕。對於所有你所做的,我可以看出為何你說事情已經到達 5 分的位置了。
>
> 我同意這些都是你必須去做的,以便達成你理想中的親子關係。
>
> 因此,從現在到下次我們再見面的時候,我建議你繼續做那些你試過有用的方法。同時,再多注意你又做了其他哪些讓情況變得更好的行動,是以前沒有特別注意到的,然後再帶回來向我說明。

此建議即是邀請當事人多做有用的事,但附加的觀察型建議則暗示了當事人,他所做到的遠比他自己所知道的還要多,所以他可以多去注意這些既存而未覺察的策略。讚美當事人的成功,並鼓勵他們立基在這些優勢之上繼續行動,是非常具體且有意義的方法。

當你遇到一位能夠界定出意識化例外的當事人,很重要的是,去確認他們採取了什麼行為而能使例外發生。這些例外,是否又存在一些能夠被當事人自己接受的、可能的解決方法;因為,即使這些行為與當事人所想要的目標有關,此例外也不盡然就能被當事人納為解決之道。比如,Peter 曾與一位年輕媽媽晤談,她為了陪八歲女兒做晨間鋼琴練習而感到沮喪不已;這段練習期間的氣氛十分緊張,在練習結束時,她和女兒有八成的時間都噙著淚水。這位母親描述兩個意識化的例外:每當她給錢讓女兒去練習,以及每當她允許在例行的睡覺時間之後做練習,便不會發生這種問題。雖然 Peter 對於這兩個例外印象深刻,

但是這位媽媽卻說：「不知怎地，這麼做就是讓我覺得渾身不對勁。」當面臨
這種情形時，Peter 知道出錢和延後睡覺時間都無法納入解決之道。

八、其他有用的訊息

焦點解決取向的實務工作者已經發展出其他許多有用的訊息（Berg, 1994;
Berg & Miller, 1992; de Shazer, 1985, 1991; Weiner-Davis, 1993），但因為大部分
的資訊相較前述的內容，不是太特殊就是差異性太大，故在此不詳加討論。然
而，我們依然要檢視其中兩個被廣泛運用在實務工作中的建議。

(一) 克服衝動的建議

這個建議是 de Shazer（1985）以及他的同僚所發展出來的。在當事人定義
他們的問題是內心有一種強烈的感受，或很想去做某件事以引起某種改變時，
這個建議便會很有用（例如：強烈感到驚嚇、生氣、沮喪；或者會採取某些行
為，像是對他人大吼大叫、打人、酗酒或嗑藥）。當和這些人晤談時，你會發
現他們雖然有所不同，但是都無法視自己為解決之道、奇蹟圖像，或例外存在
的一部分。此時，無論所指派的是觀察型或是行為型建議，你通常能夠給予一
些不同的「克服衝動的建議」（overcoming-the-urge suggestion）作為底線，即
是：給予那些能夠描述隨機式例外的當事人一些觀察型建議。例如，我們假設
有一位當事人有恐慌的現象，你便可以跟他回饋：

> 請留意你克服恐慌的那些時刻。特別留意在你恐慌時，是出現了
> 什麼樣的改變，尤其是，你做了什麼而能夠克服那種急切的感覺。

如同其他建議一樣，這個建議乃是藉著指出當事人生活中的成功片段，及
其造成的成功優勢，來促進解決之道的建構。

 第七章 為當事人形成回饋

(二) 處理為解決方法而相互競爭的觀點

　　當和夫妻或家庭針對他們所關心的事進行晤談時，他們常會彼此爭論何者才是最有效的問題解決辦法。此時，無論你選擇站在哪一邊都似乎不對，因為這麼一來，你便會失去那些被你所忽略或駁斥的一方之信任。為了處理這個緊張且難以應付的場面，你必須形塑一個可以認可所有人之多元觀點的建議。In-soo 曾與一個團隊合作，一同為一對夫妻做晤談，這對夫妻對於到底該如何處理他們有嚴重問題的兒子彼此爭論不休，於是，他們便套用了這個方法。這對父母說，他們看得出來因為雙方迥異的成長背景，才會對於衝突的解決方法抱持著不同的看法。

　　　我們對於你們是多麼努力希望幫助你們的兒子戒除偷竊的行為而印象深刻；對於你們認為應該如何幫助小孩來度過這個難關所抱持的不同意見，也感到印象深刻。我們能看得出來，你們來自不同的家庭背景，並從中學到運用不同的方法來處理事情。

　　　這個團隊對於未來的走向也抱持著不同的看法。有一半的人覺得你們應該聽從 John 的想法，另外一半則認為 Mary 的主意會是最可行的。因此，我們建議每天早上在你們起床的時候，擲一枚銅板，銅板上的人頭朝上代表 Mary 的意見，所以那天你們就用她的方式和 Billy 相處，背面則代表那一天要履行 John 的想法。同時，當那一日不是採用你的方法時，請你多注意另一個人的策略中，到底哪些方式可以讓 Billy 有些改變，並請在下次我們再度會面時，讓我們知道。

　　這個建議有三個值得注意的重點。第一，此建議肯定了夫妻雙方的觀點，並且同時鼓勵他們在某個程度上去執行他／她認為對 Billy 最有利的方式。第二，此建議化解了兩個人的針鋒相對，就像許多當事人一樣，認為他們所持有的觀點必定是對問題最正確的解答（de Shazer, 1985），這樣的想法往往導致了輸贏的僵局。每個人都暗自想著：「要不就是我的意見對，另一方是錯的；要

不就是還有其他的解決方式。」這個建議藉著提醒彼此的方法都可能蘊藏著重要的參考價值，故而能營造解決的方法之一，便是去擷取並運用兩者的精華要素，提供他們一個能顧到雙方顏面的替代方式。第三，擲銅板是一個很聰明的解決辦法，因它能去除兩個外表獨立而又堅決的雙方繼續發生爭吵的機會。

當指派這項建議時，多數的當事人會結合雙方觀點的可能性與成分來建構解決方法，之後你就能進而探索每位當事人的貢獻，並為此稱讚他們。此外，所浮現的解決方法不見得非得要是這兩個策略的組合，有時，當事人所建構的解決方式，就是衍生此兩個原始策略中的一個而已。例如，當 John 和 Mary 回來見 Insoo 時，他們可能都同意 Mary 的方法是最好的。在這個情境裡，Insoo 視當事人為專家，並且維持著未知的姿態，如此便能夠與他們一同探索，他們是如何結論出 Mary 的方法才是對 Billy 最好的。一旦完成探索，Insoo 可能會稱讚 Mary 是一個非常了解兒子的母親，而且有能力去執行這個方法，同時也稱讚 John 的智慧與彈性，能夠看出 Mary 對小孩的管教方式是有價值的。

類似的建議也能被運用在當個別當事人無法從眾多選擇中做出決定的時候。在這樣的情形下，讚美他們在做出決定過程的謹慎與小心是很重要的，因為當事人是在眾多被清楚定義的可能性底下掙扎，也常會因為自己遲遲未能做出抉擇而感到焦慮和沮喪。例如，Peter 以一位當事人為例，她正試著決定是否要和有言語暴力的男友分手。

Nadia，首先我想要說的是，花時間去決定和 Bill 的關係該如何發展，是很正確的行為。很多人可能都沒有辦法像妳現在這樣，這麼有魄力地思考這個問題。Bill 對妳來說很重要，有時候他很好，你們可以一起做很多事。但在另一方面，他確實打擊了妳，讓妳深受傷害，而且妳並不知道他是否能有所改變。

其次，對於妳讓他明白（妳的想法），我感到印象深刻；妳向他澄清，並且告訴他有些事必須改變，否則妳無法再處於這樣的關係中。我知道要跟他說這些話，對妳而言是相當不容易的，那需要很大的勇氣。〔她同意〕我和妳一樣，無法確定妳和 Bill 究竟是要繼續維

持下去，或者該選擇分手，去展開另一段新的生活。這的確是個很困難的決定，要做決定真的得花一番工夫。所以在妳持續努力的同時，我想給妳一個建議。

我建議妳在每晚睡覺前，丟一次銅板。如果是正面，便盡可能在隔天以 Bill 不再是妳生活中一部分的方式來過日子：不要和他有任何聯絡，開始為妳恢復單身時所要做的改變跨出第一步，例如，花較多時間和朋友及家人相處在一起等等。

如果是反面的話，隔天便以 Bill 還是妳生活中一部分的方式過日子——再請妳向我描述這些情況對妳的意義為何。同時記得告訴我，當妳做這些事時，注意到究竟有什麼事情發生，而使妳更清楚必須要離開他，或是繼續待在那樣的關係中。當然，無論是誰，都無法百分之百地確定該做哪一種決定。然後，再請妳回來告訴我哪一個決定比較好。

對於一個不知道該做什麼抉擇的當事人，一種替代方法是提供他們一個觀察型建議。要求當事人去留意：現在發生了什麼，而讓他們此時對問題產生困惑，反倒是一件好事。建議個案使用分類紙，把對他／她是好或不好的事、讓他／她困惑的事，全都記錄下來。與之前的建議有所不同的是，此類型的建議並不是說在更加了解特定一個選項後，解決之道就一定會存在其中。但是，與之前的建議有著相同的暗示：有時候，遇到困擾是可以被接受的，甚至感到困惑，有時也會是有利的、有意義的。

九、對下次晤談的決定

請注意，在本章的訊息中，實務工作者不斷地以假定當事人將會繼續回來晤談，並邀請當事人向實務工作者描述在兩次晤談期間所產生的進展作為結尾。了解這些訊息是很重要的，雖然在後面幾次晤談，可以彈性地修改應用這些作業，但是在初次晤談的結束階段，則需要標準化地執行建議的給予。除非當事

人很明確地表示他們不會再回來了，否則必須在初次晤談結束前，便給予一個連帶請他們再回來晤談的建議。如果他們對於這個建議有所疑慮，則須探討一下他們所在意的事情是什麼。在第二次與往後的會談中，須詢問當事人是否覺得繼續晤談對他而言是有幫助的，如果是的話，又要間隔多久時間來進行下一次晤談。之後的章節將會建議要如何得知當事人在這件事情上的看法。

在初次晤談時，當事人會衡量我們本身以及我們所提供協助的狀況。換句話說，他們會開始研判是否該信任我們，以及是否該認真地與我們進行晤談。此外，大部分來尋求協助的當事人多已有心理準備，至少需要用一次以上的晤談來解決他們的問題。在這種情形下，如果在初次晤談結束前，就詢問當事人是否想再來晤談，他們便會覺得是我們不想繼續與他們工作，並認為我們對自己的能力沒有自信，或者對他們解決問題的能力不具信心。因此，在初次晤談結束前，我們建議你告訴當事人你還想再見到他們，同時告訴他們當他們再來時，你想要知道有哪些事變得比較好了。這樣的方法可以培養當事人對於實務工作者的信任與信心，同時，還會有一個附加的好處是：能培養當事人對於正向改變的期待。在初次晤談結束前的回饋中，你可以詢問當事人：「那麼，你覺得對你來說，什麼時候再來晤談會對你最有幫助呢？」諸如此類的問句，如此，將能釋出一個訊息給當事人：他們有能力決定什麼才是對他們最好的選擇，同時也讓當事人知道，你認為再回來晤談對他們是有幫助的。在後續的晤談中，若當事人對你和對自己的能力都變得更有信心時，便可以開始詢問他們是否需要再回來和你晤談。

十、檢核單、草案與筆記

形塑當事人回饋可能是困難而令人困擾的。在晤談中，當事人釋出的大量訊息，必須根據之前的準則，在短時間內迅速地組織這些訊息。如果你是個初學焦點解決晤談的新手，於形塑回饋時的暫停階段，很容易感到迷惘或被訊息所淹沒，最後就容易以你原先所熟悉的方式去回應當事人，這樣一來，將會使你覺得更加沮喪，並懷疑你是否能一致地以當事人自身的解決之道為重點，來

作為給予回饋的基礎。

　　很多工作坊的參與者與學生都發覺，小抄、草案能夠幫助他們將晤談維持在焦點解決晤談的架構上，對於剛開始學習焦點解決晤談程序的人會特別有幫助。一旦學生的技巧較為純熟了，檢核單及草案也許可以作為定期複習的參考。第 5 章指引你利用附錄發展良好構成的一組問句。草案摘錄了第 5 章所討論的晤談問句，並提供了一些範例。附錄中有兩個與本章題材有關的項目。第一項是一份形塑當事人回饋的草案，在暫停時也可以使用這份表單。若當事人同意有其他實務工作者或學生可一同觀察晤談的過程，他們便可以使用草案來記錄他們在晤談過程中對底線的想法，以及對當事人可有的讚美。第二項草案則是對本章中已提及常見訊息的摘錄。

　　在執行建構解決的初次晤談中，你將可能需要用到所有的基本晤談技巧與回饋方式，這些均已在本書中完整呈現。這些技巧與回饋方式已程序化地介紹，也說明如何運用在初次晤談中。這個程序從第 4 章開始講述，而在第 4 章中，我們建議你可以在晤談開始沒多久，便詢問當事人：「我可以如何對你有幫助？」來作為開場。而在你給予回饋，並和當事人安排好下一次的晤談後（如果你和你的當事人決定要有下一次會面的話），便結束整個晤談。附錄中的草案列出這個過程中的每個步驟，可作為你第一次和當事人晤談的藍圖。

　　當提供這份草案給工作坊的實務工作者與學生時，他們常會詢問該如何使用，尤其他們想知道，使用這份草案來作為晤談的筆記是否明智。雖然我們兩個都會在晤談中做筆記，不過 Insoo 沒有使用草案，而 Peter 則有。Insoo 比較喜歡用自己的直覺，去決定接下來的焦點解決過程與順序；而 Peter 則較偏向以草案來作為整個晤談的架構。我們兩個都將當事人的問題、奇蹟願景、例外、評分的回應等記錄下來。Insoo 會將這些資料寫在空白紙上；Peter 則將這些資訊寫在一份適當的草案單上。將當事人的話寫下來，讓我們能夠敏銳地覺察出，當事人在焦點解決晤談中想法的轉變，並且能幫助我們形塑晤談尾聲時的回饋。我們都會將這些筆記與當事人的檔案放在一起，並且把這份資料運用在此一個案工作中其他所需的文書處理上。與 Benjamin（1987）一樣，我們發現，在我們向當事人解釋晤談中所做的筆記，乃是為了讓我們更能記住他們所談論過的

事情與處境之後，他們均能對此表示同意。

《 註 解 》

註1：我們了解到，在某些情況下，必須為某些特定當事人結合社區資源。我們將在往後的章節中逐一介紹這些情況。

第八章

後續的會談：發現、擴展和評量當事人的過程

　　沒有任何一個人涉水過溪時走同樣的步伐，因為那溪已不再是同一條溪，那人也不再是同一個人（Heraclites，希臘哲學家）。

　　總是在那裡傾聽我，總是留時間給我，鼓勵我往必須走的路前進。他對我有信心，這幫助我朝向那我知道必須前往之路（短期家族治療中心，一位當事人對實務工作者的描述）。

　　本書從頭到尾都在強調：當事人透過描述成功經驗和優勢來建構解決之道；而此，乃比分析問題更為重要。整個焦點解決晤談過程都呈現對此一重點的反映與主張。本章將說明在後續會談裡，如何持續鼓勵當事人以其優勢繼續前進。

　　所有後續會談的目標都一樣──環繞在對於當事人而言「何處已較好了？」（What is better?）之對話的開啟與維持。實務工作者的任務是催化當事人開始探索上次會談後他們所發生的例外，因為這些例外是通往解決之道的基石。

　　後續會談的架構反映出了這個意圖與目的。當例外於實務工作者與當事人的互動間浮現時，實務工作者會運用焦點解決會談程序，邀請當事人去擴展與增強此一例外；這樣的工作佔據後續會談的大部分時間。之後，實務工作者運用評量程序去獲得當事人對進展的評估，並促使其開始做些額外的目標形塑工作。目標形塑工作，就當事人而言，包含去決定下一個步驟為何，以及多加思考他們希望生活可以有何不同，以至於覺得可以終止此一諮商服務。接著，就如同初次晤談一樣，實務工作者會稍事暫停，發展出回饋，並再給予當事人回饋。

　　本章將檢視後續會談的每一個構成要素，這些構成要素被含括於草案中，並放在本書後面的附錄裡。在此處的討論是有所組織的、高廣泛性的、與草案大綱相符合的。後續將以 Ah Yan 和 Williams 家族的部分對話來舉例說明。

一、「何處已較好了？」

　　我們透過詢問當事人：「何處已較好了？」而開始後續的會談。最初許多工作坊的成員和學生都告訴我們，這個開場有些奇怪。他們問道：「藉著詢問當事人是否完成前一次晤談所指定的建議來開場，不是更合邏輯嗎？」或者他們會問：「為何不用比較謹慎且檢視的口氣問：『自我們上次會談後，有沒有任何事情好轉了？』」我們不做這兩種探問，自然是有其道理的。

　　我們不仔細地去詢問當事人是否已經完成建議的理由如下。首先，如第 7

章所指出的，我們不認定我們的建議一定就是當事人問題的解決之道；相反地，我們之所以提供建議給當事人，是為了增加與激發我們和當事人互動間所浮現的資訊。給予建議時，依舊必須維持「視當事人為專家」的立場，這是很重要的。是當事人，而非實務工作者，才能決定是否要完成某一特定建議，以及判讀此建議是否將有利於他們去建構解決之道。再者，藉由不去詢問當事人完成建議與否，我們將可避免把當事人和我們自己置入棘手的情況；如果當事人沒有完成建議，他們可能會感到被迫解釋他們為何沒做，同時，我們可能也得去解釋，為何我們現在暗示當事人應該要去做在上次晤談中那些只是被提供作為建議的事。第三，如同在第 7 章結尾時提過的，當事人的表現經常會超越所建議的範疇之外。另外，也有一種可能性是，在上次晤談後，當事人生命中又發生了某些事情，而使此建議變得較無關緊要；在這樣的情況下，當事人自然會朝另一個方向去尋找解決方法（在這樣的情況中，當事人甚至可能會忘記我們的建議）。因此，我們會以非常廣泛的、含括一系列可能性的問句，來開始後續會談。

　　不要以詢問「自我們上次會談後，『有沒有』任何事情好轉了？」來開始後續會談。如同 Insoo 在他處所提及（Berg, 1994, p. 150），詢問這個問題暗示著我們對改善與否是存有一些懷疑的，而更加深當事人對進展的矛盾心理。總之，依 de Shazer 與他同事（de Shazer et al., 1986, 2007）的建議，開始後續會談時，只需簡單地問：「何處已較好了？」此問題反映了我們的信心，因為我們信任當事人對於他們說過自己所想要的目標——無論目標多麼小，都有採取行動前進的能力。

　　詢問「何處已較好了？」來開始後續會談最根本的理由是——它再次反映了：解決之道，主要是建構於對例外的覺知。自上次晤談後，在當事人的生活中，問題時段和例外時段可能會同時發生，因而會藉由詢問：什麼對當事人最有用——任何覺察到已發生的例外——來開始後續會談。

　　當你詢問當事人「何處已較好了？」你可以預期他們各種不同的反應。Berg（1994）發現，主要會有三類不同反應基調的當事人。第一類，無疑是佔最多數，能界定出自上次晤談後，已經發生好轉的經驗。在此類中，有些人立

刻能確認出這些例外，有些人則需要實務工作者的鼓勵和探究，方能辨認出例外的發生。第二類的當事人會說「不是真的很確定」或「我認為情況幾乎一樣」。第三類是很少的少數，他們會說情況變糟了。

當你遇到第二和第三類的當事人時，記得，持續多問一些「何處已較好了？」的類似問句。隨著探究和鼓勵，很多一開始不確定有任何進步的當事人，仍會慢慢能確認出例外，也進而能肯定其價值。請當事人去思考是否有某一兩天過得比其他日子要好一些，也會是一個有用的技巧；例如，如果當事人沒把握任何事有變得較好，你可以說：「OK，讓我想想看。前一次我見到你是上星期四早上，因此，上星期五是否有任何比星期四下午好一點之處？」接著你可以問：「上週末是否有任何比星期五好一點的地方？」一次只詢問前一週的某一天。通常，隨著較具體的詢問，矛盾搖擺的當事人和那些一開始說情況變糟的當事人，將可能會發現一些例外。

因此，隨著實務工作者在此處的一些堅持，大多數的當事人將會發現例外已然發生。實務工作者的任務是去開啟和維繫環繞於當事人這些例外的對話，並朝向解決之道加以進展；在後續會談中，多數的治療工作即是進行這樣的對話。而本章所描述的，即是運用於這些後續會談中的焦點解決程序。第 10 章也將說明如何處理以下這種情況：儘管實務工作者盡了最大的努力，當事人仍無法確認例外，甚至可能深深地感到挫折；雖然這種情況是較不常見的。

二、 EARS

一旦當事人確認了一個例外，不管多模糊或難以置信，你的角色都是：仔細地去探索它。在短期家族治療中心（BFTC）的實務工作者針對此工作已花了多年工夫，並成功地造就出最新且更有效的方法（Berg, 1994）。他們發展出以 EARS 四個縮寫字母來含括實務工作者在此處工作時的重點。E 代表引發（eliciting）例外。A 指拓展（amplifying）它，首先，藉由請當事人去描述例外時刻與問題時段之間有些什麼不同；之後，再探究例外何以能發生，特別是當事人在其中扮演了什麼角色而使例外發生。R 是指去增強（reinforcing）例外中所

含有的成功與優勢；即大量仔細探討例外，並於合適時機大大讚美之。最後，S 則為提醒實務工作者再次開始（start again）去詢問：「還有什麼地方也已較好了？」（What else is better?）[註1]

Ah Yan 的案例

當你發展焦點解決方式的會談時，你可以預期在後續會談中 EARS 的這種分享活動會有增加趨勢。讓我們看一下 Peter 與 Ah Yan 於第二次會談的例子，以說明這個過程。

Peter1 ：Ah Yan，有什麼較好的事情發生了嗎？

Ah Yan1 ：嗯，這個，嗯⋯⋯

Peter2 ：好吧，什麼地方讓妳注意到情況變得好一點了？

Ah Yan2 ：我有回去工作。上個禮拜我整個禮拜都沒去工作。

Peter3 ：〔好奇，回去工作能否代表一種例外〕喔，妳這個星期回去工作？

Ah Yan3 ：是啊，我這個星期回去工作。

Peter4 ：〔注意到她似乎對自己很滿意，並讚美這明顯的成功〕嗯，這對妳很好！

Ah Yan4 ：謝謝。

Peter5 ：那妳今天有工作嗎？

Ah Yan5 ：我們一直工作到七點。我剛下班。

Peter6 ：喔，哇！妳一定很忙吧？

Ah Yan6 ：嗯，對，這星期我們工作十二小時。

Peter7 ：一天十二小時嗎？

Ah Yan7 ：對，而且我星期六也工作。

Peter8 ：星期六？

Ah Yan8 ：對。

Peter9 ：妳每天工作十二小時，一個禮拜工作六天嗎？

Ah Yan9 ：對。

Peter10 ：妳一星期工作七十二小時？

Ah Yan10 ：對，但我上星期沒工作，所以好像還 OK。

Peter11 ：這個星期還 OK。下星期妳的工作也會一樣是那麼多時間嗎？

Ah Yan11 ：不，我想應該不會。我認為只是這個星期，因為他（Ah Yan 的老闆）剛接到一個大訂單，所以他想試著把它全部做完。

Peter12 ：如此看來，有時妳會有許多工作，有時會比較少。

Ah Yan12 ：對。

Peter13 ：妳能回去工作，這是怎麼發生的？

Ah Yan13 ：我覺得變好了一點，像是，嗯，我告訴他我準備好去工作了。

Peter14 ：〔現在更確信例外已被引出，而開始去探索之〕因此，嗯，妳是在哪一天早上醒來，覺得變好一點了，而且知道妳可以回去工作了？

Ah Yan14 ：星期一。

Peter15 ：星期一早上？

Ah Yan15 ：昨天。好像是星期天，嗯，我不清楚。整個週末似乎……不好，像是一直在發抖。這讓我覺得，你知道……那種狀況……讓我覺得無法對抗得了它。我只想棄械投降，只想……我不知道。它搞得我情緒低落。

Peter16 ：〔接納她的感覺，並請 Ah Yan 開始擴展例外〕是的，聽起來是非常不容易的，但是，在這個週末，妳說妳曾經覺得有比較好的時候？

Ah Yan16 ：對，這個週末，我有對抗它。我和我先生去跳舞。我們星期六去參加一場婚禮舞會，跳舞時我覺得不舒服。他，我先生，問我：「妳還好嗎？」我說：「不，我不舒服，我想到外面去。」你知道。接著他說：「好，讓我們去外面。」接著我到外面散步。我們散步了十分鐘。然後他問：「妳覺得 OK 了嗎？妳想回家嗎？」我說：「不！我們不回家。」

Peter17 ：〔探索例外產生的差異並間接讚美之〕真的嗎？那對妳而言，有

些什麼是不一樣的嗎？——例如妳能說不離開？

Ah Yan17：是的，而且我說，你知道，「我們不要停下來！」你知道，我只是——我必須繼續散步。

Peter18：〔以間接讚美來增強，並邀請她再多做描述〕妳怎麼知道那時候妳需要聽妳先生的話，和他離開舞會去散步？

Ah Yan18：〔擴展她對例外以及如何使例外發生的描述〕我不知道，我感到像是，因為我們在——哦，那邊有很多人，OK？我不知道，是否是我，我不知道，我不會說，因為我感到那裡似乎太擁擠。太……你知道，而且我感到好像無法呼吸了。我不知道，我只是——我不知道我是緊張還是怎麼了。我只是告訴他我必須到外面。「我現在想獨處。」你知道，「讓我們去外面。」你知道，所以我們走到外面一會兒，你知道，然後我們開始說話，你知道，他說：「妳還好嗎？」接著我說：「是的，我們回到裡面去。」

　　當事人通常需要掙扎著去概念化他們的例外、他們在創造例外中的角色，以及這些例外在他們生活裡的重要性。Ah Yan 的工作——是此過程的好例子。Peter 的任務即是讓她可以持續聚焦於解決式談話上；如此一來，他便能找出更多的成功和優勢，並再加以讚美和擴展而強化之。在接下來的段落中，請特別注意 Ah Yan 在對她的問題建構解決之道的過程中，對於例外之中她自身的角色，是如何發展出一個較清楚且完整的意識。

Peter19：那真令人驚嘆！〔間接讚美〕妳原先就知道這方法會管用嗎？

Ah Yan19：哈？沒有，但我只是走出去，你知道，只是不讓它阻擋我。有太多人在那裡，真的很擠，我必須離開。你知道，我只是到外面散步，你知道，去冷靜一下，那樣對我比較好。

Peter20：對，接著妳回到舞會中，那感覺有再回來嗎？

Ah Yan20：那感覺好像想要再回來，但我忽略它，而它想要回來，你知道——我就繼續說話，你知道，就是忽略它。好像是……

Peter21　：〔明確地探問例外發生中她的角色，擴展之〕妳如何做到的——
　　　　　忽略它？

Ah Yan21：因為當它開始，它像是，如果我的注意力放在到底是什麼發生在
　　　　　我身上，它就會變得更劇烈，會變得更糟。如果我只是，略過它，
　　　　　你知道，像他們說的，略過它，就忘記它吧！我就開始聊天，你
　　　　　知道，把注意力轉移到跟我講話的人身上，然後就……忘了它，
　　　　　你知道。

Peter22　：〔併入當事人用字〕那當妳略過它，妳採取了什麼不同的行動嗎？
　　　　　妳提到，和別人說話？

Ah Yan22：就是和他們說話，對，或笑或跳舞。

Peter23　：妳喜歡跳舞嗎？

Ah Yan23：是啊。

Peter24　：妳擅長跳舞？

Ah Yan24：是的，我跳得很棒。

Peter25　：是哦？很好，不是每個人都擅長跳舞，我可以確定。OK，我知道
　　　　　妳喜歡和人們說話；妳上次告訴我，妳喜歡和妳的嫂嫂講話。〔探
　　　　　索更多她如何使例外發生的細節，以擴展之〕所以，除了妳略過
　　　　　它，妳當時還做了什麼？

Ah Yan25：我不知道，轉移注意力到其他事情上，你知道。因為，我也不知
　　　　　道，我也在試著去弄懂我自己。

Peter26　：我可以告訴妳，妳真的非常努力地在弄懂妳自己。

　　當 Ah Yan 談到「弄懂自己」，Peter 記起她在初次晤談時用過很多次相同的措辭。對他而言，似乎這些話對她來說已經開始代表著一個不同的意義。在他們的初次晤談中，她談到想要「弄懂」是什麼引起她的顫抖、呼吸急促和掉髮；為了停止這些症狀及變好，她好像必須去揭露一些肇因（她非常懷疑是自己的內心或性格引起的）。現在，「弄懂」似乎意味著發展一些策略，使她能讓它（據推測，發抖）保持在控制之中。當她對例外時期及她已做了什麼使例

外發生，發展出較清楚的覺知時，她對所有關於肇因的關心，就被置放一旁或忘記了。

Ah Yan 改變對這措辭的運用，在解決之道的建構工作中，是一個常見的證據：當事人的知覺和意義會隨時間轉移，有時甚至會是戲劇性的改變。以焦點解決取向工作的我們，對於這些轉變是更能敏於覺察的。當晤談程序已擁有更大的開放性和彈性時，實務工作者就可去追問當事人的知覺和意義的轉變。

注意 Ah Yan 在問題解決方法或問題本身的知覺上，如何持續在轉變著。

Ah Yan26 ：我也這麼想，上星期我離開這裡後，去了圖書館，我找到一本書——焦慮恐慌或焦慮發作？

Peter27 ：焦慮發作。

Ah Yan27 ：我讀了這本書，很多症狀是我正在經歷的。我喜歡這些情況只是症狀，你知道，書上說「你擔心得愈少，你就愈健康」；書上也說：「誰在控管：你或你的大腦？」之類的。你知道，我試著去閱讀這本書。或許那就是它的樣子，只是擔心太多，你知道，這真的讓我知道：「你擔心得愈少，你就愈健康」的意思。我不知道，這句話對我意義很重大。

Peter28 ：這句話是在書裡看到的嗎？

Ah Yan28 ：對，我還在讀這本書。

Peter29 ：這句話是「你擔心得愈少，你就愈健康」，這句話真的對妳意義重大嗎？

Ah Yan29 ：對，是的。而且還有「誰在控管？」

Peter30 ：〔重複回應〕「誰在控管？」

Ah Yan30 ：「你或你的心智」或是「你的大腦」，我不記得他說的是哪一個：心智或大腦。像是，你可以控制你的思想；你的大腦控制你，還是你控制大腦。你知道。這似乎就是在說我是怎麼回事。因為它是——我不知道，書上所提到的所有症狀，都是我正在經歷的事情。而且像是，我無法向任何人解釋它，但我不知道——有許多

的感覺困擾著我，我經歷了所有這些症狀，這些想法我全部都有，你知道，很難去解釋它，很難向人解釋它。所以我買了這本書，我正在讀它。我還沒讀完，但我已經開始在讀它。

Peter31 ：哇，妳學到了很多。所以，妳家有這本書。

Ah Yan31 ：對。

Peter32 ：好，這本書是真的有幫助。

Ah Yan32 ：對，我正試著從這本書中去學習。

Peter33 ：〔再次擴展例外〕我可以看到妳是正在學習的，妳似乎已經學到很多了。OK，妳還做了什麼不一樣的事，讓妳自己可以處於「控管」的位置？

　　雖然 Ah Yan 已經指出數種讓她覺得已較好的自發行動，也已向 Peter 和她自己說明了她是如何做到的，但是，Peter 仍繼續探尋更多關於她如何使例外發生的細節。很明顯地，Ah Yan 已能確認自己在使例外發生方面，扮演了一個重要的角色。對於 Peter 來說，Ah Yan 對自己所擁有的能力的信心，已經開始在建立了，因此，Peter 想要盡可能獲得更多使她覺得較好之例外的相關細節。

Ah Yan33 ：信念。在我做任何事之前，我內心裡必須有一個信念。深呼吸，說：「OK，你知道，停止去想有什麼不對勁。」你知道，因為我就是那種人。我有些恐慌：「喔不，我到底出了什麼毛病？」你知道，現在我會說：「不，那是我之前的方法」，接著，你知道，我想回到我習慣的方法，那真的不好。我現在會想：「在發生事情時，我在想著什麼？」我想到我自己，我又去想更多什麼地方不對勁了——你知道，「這正發生在我身上，像是這樣，或是這樣……」就是——我的心智不斷的、不斷的，你知道，就像是……

Peter34 ：所以，如果妳不是這樣想妳自己，那麼妳又會如何想呢？

Ah Yan34 ：我正試著，你知道——你會如何說這個？〔她吸了很大的一口氣〕

Peter35 ：妳做了一個深呼吸。

Ah Yan35 ：對，接著對自己說：「OK，做妳必須做的，或者繼續做妳正在做的。別停下來。」你知道，因為過去我都會停下來，就像是，開始想：「喔不，我哪裡不對勁？」你知道。現在就像是我會說「不，持續去做」，你知道，去做那些我必須做的，你知道。或像是，我愈來愈能控制了。

Peter36 ：是，是的。這對妳來說是新的經驗嗎？──妳到底做了什麼不同的事啊？

Ah Yan36 ：對！對！它是新的……

Peter37 ：妳對妳能做這些事感到驚訝嗎？

Ah Yan37 ：對。就像每一天那樣過去。我試著去弄懂，你知道，一些事，你知道，我感到像是我能承受任何事，我能忍受它，像是，我讀的那本書。「誰在控管：你或你的心智？」或，你知道。像，是我！我要控管，你知道，如果你真的思考一下，我不知道。我真的──如果我真的很用心去想，你知道，我將會做得到。

Peter38 ：Ah Yan，那真令人驚嘆！恭喜妳！

Ah Yan38 ：對，謝謝。我了解到這真的有幫助。你知道，它並非全都操之在我，我也必須學習如何控制我自己，你知道。我就是這麼想的，你知道。這需要花時間學習。

Peter39 ：對，它需要花時間學習。這需要練習的。

Ah Yan39 ：對，練習，對。

Peter40 ：〔持續去增強和讚美她的成功和優勢，特別聚焦於她在例外中所扮演的角色〕對，而且妳找到有效的方法了。看起來妳正非常努力在這方面工作，非常努力。所以，妳告訴我，妳能夠控管自己的方式，是透過深呼吸、持續做妳手頭上的事，有時候，嗯，妳會控制自己讓自己離開那個情境一下──就像當妳知道舞會太擁擠時，妳就離開一會兒。

Ah Yan40 ：太多人了。很多人在抽菸，像是「不，我絕對必須離開」，你知道的。

Peter41 ：去弄懂什麼對妳是比較好的情況，以及弄懂妳在這些情況中的需要，對妳而言有不同的意義嗎？

Ah Yan41：我猜這取決於我自己的思考點。像是星期日，我有點……你知道，有點像我在車上採取的方法。你知道，像是，你知道——我嘗試，我猜，當它發生在我身上，我就想：「OK，我在這兒。在此時，什麼是我該去做的呢？」你知道，我沒有辦法離開車子，你知道，車子正在開，你知道。因此我只是搖下窗戶……

Peter42 ：所以，妳讓情況好轉——搖下窗戶。

Ah Yan42：對，我搖下窗戶。我做任何會讓我在那時感到舒服的事。上星期日我在我祖母那裡，直到——星期六沒有——我所有的親戚都在那裡。我們聊天，我猜我又開始出現這些症狀了，我勉強停止看報紙。像是，你知道，我們全在笑，只是自然地，你知道，我就安靜下來。像是，我試著在人們還沒發現時就嘗試去做，我不認為他們知道在我身上發生了什麼事，你知道的。

Peter43 ：所以，通常妳甚至不用告訴妳身邊的其他人。

Ah Yan43：對，我不用這麼做。

Ah Yan 繼續在描述例外中，當她上星期覺得較好時，她做了什麼去取得控制權。Peter 接著以 EARS 第四個字母，S，再開始，他詢問：「還有什麼地方也已較好了？」結果在後續對話中，Ah Yan 則能描述她正學著去區辨：對她而言，什麼時候是適合的時機去告訴別人關於她的焦慮，什麼時候又是不適合的時機。除了和她先生在跳舞時的例外，她也描述另一個與她表姊有關的例外。Ah Yan 發現她表姊也有她自己的害怕，因而 Ah Yan 發現，對她表姊敞開心胸是有幫助的；她總結道：「我不是唯一感覺到恐慌的人」，且「有恐慌感表示你是人」。

當 Peter 繼續詢問 Ah Yan 較好之處為何，Ah Yan 開始說「我不知道」，於是 Peter 轉至關係問句，以延續 Ah Yan 的解決式談話。他問道：「因此，當妳覺得較好時，妳告訴妳先生妳真的比較好了，妳猜他會注意到妳有什麼不同？」

他也問 Ah Yan，請她就她母親和她孩子的角度，來回答類似的問句。有時，新的例外會經由關係問句的詢問而浮現；有時則不會。不管如何，這些問句協助當事人從另一個脈絡或系統的知覺，來看待他們已創造出的進展所帶來的後續成果。以下是一個簡短的例子。

Peter44　：孩子們的角度呢？妳想像，當妳告訴他們，他們的媽媽覺得比較好了，他們可能會注意到妳有什麼不同呢？

Ah Yan44：我不知道。他們總是超過我的想像，他們全超過我的想像。我不知道，嗯，我不知道。他們還是一樣在玩。我不知道，我猜他們只是做他們自己──他們就像一般的孩子一樣。他們甚至不需要去注意媽咪，你知道。我很好，你知道；他們在玩。但當我覺得不好，他們似乎……

Peter45　：妳是說他們似乎也擔心？

Ah Yan45：對。你知道，他們玩，但他們有點安靜……看著我……

Peter46　：現在他們不需要再這麼常常注意妳了嗎？

Ah Yan46：對，當我較好，他們甚至不會記得要去注意媽咪。

Peter47　：他們關心媽咪，但會放任自己玩耍，就像是一般的小孩子，那對妳而言又是如何呢？對妳而言有些什麼不同嗎？

Ah Yan47：很好，真的很好。那是我想要的。〔充滿淚水的〕你知道，他們應該不需要去擔心我才對，讓他們當他們自己，他們只是小孩，他們不應該擔這個心。

Peter48　：真的很好。對，我能了解，真的很好。〔停頓〕所以，還有任何其他較好的事，是我們還沒討論過的嗎？

Ah Yan48：沒有，我們已經都討論了。

三、有用的事，多做一點

　　若當事人能確認例外時，就接著詢問可以做些什麼有用的事，好讓例外再

次發生。如果當事人似乎不清楚例外是如何發生時，問此一問句便會特別有用；就算當事人能夠陳述他已經做了什麼使例外發生，這樣的問句還是重要的。例如，Peter 可能會問：「對妳而言，發生什麼事，會讓那些妳做過的、妳自己感到較好的事可以繼續發生呢？」他也可能會問：「對妳來說，要使所有的這些好事可以維持繼續運作，什麼事情會是最重要的？」不過 Peter 沒有問這些問句，他反而透過評量當事人的信心來獲取類似的訊息。

四、評量

　　Peter 和 Ah Yan 討論「何處已較好了？」後，Peter 覺得她似乎發展出與焦慮有關的幾個例外，同時，對於如何去使例外發生的步驟，也有了更清楚的知覺，於是，Peter 判斷她已準備好往下一個方向前進。根據後續會談的草案大綱，Peter 轉向「評量」。在評量 Ah Yan 目前對自己進步程度和信心程度的知覺後，他運用她的評量反應，來進行更進一步的目標形塑。注意評量問句是如何協助 Ah Yan 和 Peter 獲得她對進展更為清楚的覺察，以及進而幫助 Ah Yan 更清楚知道接下來她需要做些什麼。

(一) 評量進展

　　當 Ah Yan 告訴 Peter，他們已討論完上次晤談後每一件已較好的事情後，他開始詢問評量問句。

Peter49　：OK，太棒了。所以，讓我再用數字問妳一個問題，OK？若 10 分等於奇蹟發生時的情況，0 分是當妳決定妳要來和我討論時的狀況。妳會說妳這個禮拜的狀況在幾分呢？

Ah Yan49：現在嗎？

Peter50　：對，現在。

Ah Yan50：7 分或 8 分吧。

Peter51　：喔，哇，7 或 8 分！好的，當然，那合理。妳已經告訴我，妳覺得

比較好，以及妳為了讓較好的情況發生所做的事情：像是妳回去工作，妳笑得更多，甚至當這種感覺來襲時，妳開始以某些方法去掌握它。

Ah Yan51：對，那是正確的。我已經開始那樣做了。

Ah Yan 選的數字，Peter 覺得是很合理的。因為她已仔細創造了許多例外，所以 Peter 預期她會選一個較大的數字。若她選了個較小的數字，他將探索這明顯的不一致；這類探索常常會再發現一些重要的新訊息。

(二) 評量信心

Peter 接著繼續去評量 Ah Yan 對維持其改變的信心水準。

Peter52：好的。所以妳在 7 或 8 分……嗯，而且我已經問過妳能維持在 7 或 8 分所做的每一件事。現在，如果我問妳，「在 1 到 10 分的評量上，1 分代表妳沒信心，10 分代表妳有充分的信心，妳認為，妳可以一直讓這樣的進展持續維持在 7 或 8 分的信心有多少？」妳會怎麼說？

Ah Yan52：我認為是 9 分。

Peter53：真的嗎？

Ah Yan53：對，我知道有些事就是，我不知道……

Peter54：那信心是從哪來的？什麼事讓妳覺得，妳可以那麼有信心、那麼確定？

Ah Yan54：我想要處在那種狀態下……讓它可以重複發生。

Peter55：〔讚美明顯的優勢〕所以，妳已經做了一個決定。

Ah Yan55：是，我是，我想要……

Peter56：所以，做出決定的力量來自何處？

Ah Yan56：我不知道。你知道，我現在就是感覺到這樣，這樣的感覺很好，我很想要如此。我就是想維持平靜，所以恐慌感再也沒回來過。

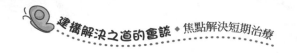
我只想維持在目前這樣的狀況。我知道它多麼令人感覺到正向，你知道。這非常好的。

Ah Yan 似乎有個直覺，這個直覺是她能持續最近的改變，但除了強調她如何感覺到這個直覺之外，她卻不能清楚表達這直覺的來源。有些當事人能更完整地描述他們信心的來源，甚至能進一步描述可展現他們優勢的過去經驗，但 Ah Yan 無法這樣做。為了再追蹤下去，Peter 可以詢問過去她是否曾有過幾次類似這樣的好感受？如果有，它們是否也有類似的助益？

五、下一步驟

第二次會談中，每個重點都集中在 Ah Yan 的例外及其可能解決之道的關聯上。在每次後續會談中，再次確認此時此刻的目標是重要的；因為當事人對他們目標的知覺，正如同他們對問題和可能的解決之道的知覺一樣，是會隨時變動與轉移（shift）的。例如，在考慮上次晤談後有什麼較好之處而發現少有進展時，當事人可能會判定他們原有的目標是不切實際的，於是便會修改目標，使其變得較可被達成。另一方面，若當事人在建構解決之道的過程中，獲得超出他們所預期的收穫，那麼他們則可能會再發展出額外的目標。

在後續會談中的目標形塑，不見得一定要重複使用奇蹟問句。作為一個焦點解決取向的實務工作者，你能簡單而有效地以當事人評量進展的答案為基礎，將其轉換進入目標形塑的工作。例如，當 Ah Yan 說她在 7 或 8 分，Peter 可以問她：「當妳在 9 分時，會有什麼不同？」即在更加覺察前次會談後所發生的例外之下，再請她去思考往上移動評量分數，在她的生活中將會發生什麼；此即是邀請她去探索目前知覺到下一步想要的目標為何。藉著小幅度提高評量的分數，Peter 鼓勵 Ah Yan 朝著較小、較具現實感的目標繼續工作。

在後續的會談中，目標形塑的工作會比在初次晤談時晚一點開始，因為後續會談的開場乃根據「何處已較好了？」的話題，進行徹底的探討。在進入第二次會談約三十分鐘後，Peter 開啟了一個有關 Ah Yan 目標的對話。

Peter57 ：讓我們討論一下與下一步有關的事情。當妳可以一直維持在 8 分，而不是在 7 或 8 分的狀態時，那麼妳會有什麼不同？

Ah Yan57 ：我想，我將不會再那麼害怕去想……無論我將去哪——我的意思是，我有這些症狀——和，你知道，我不認為我甚至可以——忘了它的存在。我想我可以超過目前的狀況。

Peter58 ：〔併入當事人用字〕所以當妳忘了它，取而代之的是，妳會想些什麼？

Ah Yan58 ：更健康、更快樂和……我不知道。

Peter59 ：妳到達 9 分時，妳又會如何？

Ah Yan59 ：9 分嗎？我猜會比現在擁有更健康、更樂觀的思考，我猜啦，我不知道。

Peter60 ：所以，聽起來像是發生了更多目前正在進行的事情。

Ah Yan60 ：對。

　　除了奇蹟問句之外，在第 5 章中所有目標形塑的問句，都可以在後續會談中繼續被運用。目標形塑對話的方向要往何處去，仍依晤談的情境而定。你可能將會與有著不清晰或似乎不具現實感目標的當事人、上週沒有好轉的當事人，一起進行更多目標形塑的工作。當你與像 Ah Yan 一樣的當事人工作時，他們花將近三十分鐘在描述進展以及他們如何創造了例外等主題上；雖然你已感受到他們的信心，但你將只有較少的時間在目標形塑上工作，而且也可能比較不需要，因為這些當事人擁有較強烈的方向感。

　　當 Peter 問 Ah Yan 有關後續可能的步驟時，她給了一個頗為含糊的答案：她在那時將會有較多快樂和健康的想法。Peter 可以透過更多澄清和具體化來繼續探索之；但他卻選擇透過包含她先生、母親和孩子的關係問句，去邀請 Ah Yan 在目標上工作。接下來的對話，是由 Peter 提問有關 Ah Yan 孩子們的關係問句而形成的；請注意此過程是如何針對目標工作的。而在此過程中，Ah Yan 又提到了一個新的例外；這說明問關係問句甚至是可以澄清與豐富當事人建構解決之道的內容。

Peter61　：所以，當妳往上移到 8 分，妳的孩子將會注意到妳做了什麼，而
　　　　　那會告訴他們，妳有比較好了？

Ah Yan61：我的小孩們，我必須是更為——我必須讓他們走遠些。我看到其
　　　　　他的小孩，我必須喜歡……我最小的男孩，我從不想要他離我太
　　　　　遠。我害怕某些事將發生在他身上或會傷害到我的女兒。就像「你
　　　　　待在房子前面。不要離開房子前面。不行！」所有在他這個年紀
　　　　　的孩子們，是騎在他們的腳踏車上，在街區四處走動，你知道。
　　　　　就像是——讓他去，讓他去，就給他一定程度的距離，你知道。
　　　　　我告訴他：「現在，OK，這個方向有五間房子、這個方向有三間
　　　　　房子，就在這距離內；你過馬路時要確定你有注意到車子。」而
　　　　　我不知道，我週六看著他，我讓他離開，我看著他。

Peter62　：〔注意被引發的例外〕那對妳是不同的嗎？

Ah Yan62：感覺像是，嗯，一種釋放。很好。這是一大步，你知道。我還是
　　　　　有點想說：「不可以過馬路。」

Peter63　：〔探索例外〕妳星期六真的那樣做了！

Ah Yan63：對。

Peter64　：〔重複回應她的話〕真的嗎？妳讓他離開？

Ah Yan64：對，他過了馬路。

Peter65　：所以，這是另一個妳所做的不一樣的事嗎？

Ah Yan65：對，他過了馬路。我不知道，這仍然令人害怕，但他也必須成長。

Peter66　：他幾歲？

Ah Yan66：Di Jia，他六歲。

Peter67　：他六歲嗎？這是妳第一次讓他那樣過馬路嗎？

Ah Yan67：對，沒錯。

Peter68　：〔間接讚美，以一個字去凸顯例外的發生〕哇！

Ah Yan68：像是，我有點——我想哭又想笑。我不知道。我真的讓他過了馬
　　　　　路，你知道，但這很難，因為我害怕某些事情會發生。

Peter69　：對，真的是很不容易的事。

Ah Yan69　：我就是不能……我聽過很多孩子被撞的事情，你知道。我就是會去想那些困擾我的事情。我害怕失去某個人。

Peter70　　：對，的確，當然。

Ah Yan70　：當我看著他，我有點想笑，你知道，又想哭。你知道，同時的。他這麼大了，像是，我想要他在我身邊。但我不能那麼做，我就是不能。

Peter71　　：那很不容易，是嗎？

Ah Yan71　：我的小女兒曾縫了好幾針。她跑步，當然，像孩子們那樣。她碰到一個樹枝，它刮到她的屁股。我有時感覺到我本來是高興的，但接下來某些事就不對勁了。它會讓我想到不對勁，你知道，或想到不好的事，像有什麼事會發生在我小女兒身上一樣。OK，但我的小兒子，他玩得很OK，這讓我覺得很好，因為我讓他離開，你知道——有點像是他必須變得更有自信。

Peter72　　：哇，這真令我印象深刻。那樣做對妳來說是很不容易的。妳怎麼能讓自己那麼做呢？

Ah Yan72　：有人告訴我：「妳都不讓妳的孩子做任何事情。要讓他們去，妳知道。讓他們去。妳和妳的孩子太親密了。」他們這麼對我說。

Peter73　　：〔再次聚焦於 Ah Yan 的成功〕上週六，是什麼告訴妳這些人的話是對的，是什麼使妳覺得必須讓他離開？

Ah Yan73　：因為我看見所有的小孩子。他們正在玩而他看著他們。

Peter74　　：的確，當然。

Ah Yan74　：他覺得遺憾。我想如果我是他，我也會覺得遺憾，所以我必須、我必須讓他去。他已經有一輛腳踏車，和他同年紀的那些孩子都擁有一樣的腳踏車。為什麼他們可以騎，而他卻不能？他會遺憾的。

Peter75　　：所以妳很注意他，並且弄懂了什麼是對的，以及什麼對他是好的，是嗎？

Ah Yan75　：對，然後我說：「好的，你可以到那個有很多房子的地方去，那

是你的區域，也是媽媽可以讓你去的距離。你不能在那個街區四處走動，因為我看不到你。」然後，我想他對這樣還是有點意見。接著我說：「你可以過馬路，請小心。你知道，在這個區域裡，你不能走到太過去的地方，因為你知道有很多交通事故發生在這條路上。」我看著他，覺得很好，因為他看起來很高興，他看起來像「我正在街上」。你知道，像是——我不知道，感覺很好。我的小女兒受過傷，你知道。她跑來跑去。有樹枝，她碰到它，接著她縫了好幾針。然後像是，質疑自己為什麼，為什麼讓它就這麼發生了？你知道，但我不能那麼想。我的表姊說：「我小女兒腿斷了，還有，手指斷掉、手臂斷掉，你知道，全都有。」然後她繼續說：「發生事情，不管他們是否在同一個地方發生。事情會發生。」像是……

Peter76　：事情會發生。

Ah Yan76　：很難，我不知道——只是有點害怕任何——其他的事情會發生。你知道，我必須，因為，如果我不讓他們出去，他們將無法成長，你知道，他們將無法學習到如何靠自己去辦好事情，而只會想要我在那兒告訴他們方法。但是我想要他們對自己有信心。我正在試試看。我正在試試看。

Peter77　：〔擴展和讚美她決定去做對孩子們最好的事〕是，我能了解。我能了解妳想讓他們更能走得出去，好讓他們有自信。妳真的很關心他們。

Ah Yan77　：對，我愛他們。

　　Peter 使 Ah Yan 能夠形成自己的結論：「我愛他們。」Peter 並不是直接讚美 Ah Yan 對她孩子們的愛，而透過提問問句，幫助 Ah Yan 形成她對自己特有優勢的評估；這真是一種賦能；亦即，在這個過程中，當事人會形成一些結論：會去評定自己有多好，以及多有能力。

六、結束

　　在建構解決之道的晤談中，從初次晤談一開始，你便會同時思考與處理關於當事人的結束。在初次晤談中，一開場即詢問當事人的目標形塑問句，便反映了這個態度：「對你來說，你希望來晤談後你的生活有什麼不同，才會讓你覺得來到這兒和我晤談是有價值的？」相同的態度在後續會談中仍持續維持。

　　在後續會談裡，你能藉由當事人對進展評量問句的反應，來有效地和自然地說明與處理結束晤談之事。在額外的目標上工作之後，你可以開始透過詢問：「為了再也不要回來和我談話，什麼數字是你真的需要到達的分數？」來開啟結束晤談的對話。接下來，則是 Peter 問了 Ah Yan 有關結束會談問句的例子。

Peter78　：OK，讓我問妳，現在，妳正在 7 或 8 分。為了不要再回來這裡、為了不用再來看我，妳需要變成什麼樣子？

Ah Yan78：學習不去擔心與……我不知道，只是去停止往壞的地方想，你知道，像好的反面。我只是想去感覺我自己的好而已。

Peter79　：若以數字來代表，妳覺得會是幾分？妳現在正在 7 或 8 分，對妳來說夠好嗎？妳能以 7 或 8 分過日子嗎？

Ah Yan79：對，是的，因為我現在有信心。我不知道，當我分數變得較低時，就變得不確定。我有點怕，比對正面的想法還害怕。我試著持續不斷地對抗害怕。那本書，你知道，它有幫助。討論它，討論和開放……

Peter80　：那也會有用。

Ah Yan80：我認為，當我告訴人們，我不知道，我不覺得像是 ── 像是，當我沒告訴任何人，像是沒有人聽見我，沒有人。

Peter81　：妳覺得孤單。

Ah Yan81：對，我覺得孤單。我覺得陷入困境。我不知道。我只是覺得如此孤單。現在我會講 ── 像我的姊姊說：「我聽說妳覺得不好。」

然後她說：「我告訴媽妳擔心太多。妳想太多。」你知道，既然我向人說了，那就像我能向任何人講的樣子，你知道。有人會在那兒。不是——我猜想我沒有講，所以就沒人在那兒聽。現在我講，像是我們相互分享困擾或……

Peter82 ：對妳來說，現在，妳有時會是那個先採取行動的人，這對妳來說有什麼不同嗎？

Ah Yan82 ：〔似乎是擴大了她對問題的概念〕對，是不同的。我總是聽，從不講話，或許那也是我的問題：我從不講，總是把每件事留在心裡。現在，我開始……有點讓我，「喔，有人傾聽我」讓我覺得比較好。

Peter83 ：那很有意義，真的很有意義。妳已經對此做了很多思考，是嗎？

Ah Yan83 ：我只是想變好。我只是想要每件事變好。

Peter84 ：對，我了解妳正非常努力。OK，所以現在，我問妳，為了不要再回來見我，妳需要到達哪一個數字？我還不太清楚。

Ah Yan84 ：我只是想要那些症狀消失。它們像，我不知道。我去找我先生——我覺得它們很少發動攻擊、發作什麼的，但我是指，像，我哥哥有癲癇——你知道，他常發作。他不會記得任何事情。他徹底昏迷，而我沒有。我知道發生了什麼事，對我來說它就像是個夢。我把注意力放在什麼正在我身上發生，它就會變得更糟，而當我想要，我只是想忘記它，然後它就消失。你知道，像是我試著去弄懂，如果我能控制它，如果就是我。是我自己讓我自己變成這樣，然後——我不知道。它是如此怪異……

Peter85 ：所以，妳目前正在做某些事，是妳必須去做而能控制它。

Ah Yan85 ：對，現在，我注意到，如果我想要，我就能控制它。

Peter86 ：所以，哪一件事是妳必須去做的、最重要的，以確定妳的狀況可以維持在 7 或 8 分，而能保持妳的信心？

Ah Yan86 ：什麼是我想要——我不知道。我正在嘗試，你知道，我試著去統整每件事。我覺得真的是我讓自己這樣覺得。我覺得是我。我試

著去弄懂事情──我不知道。人們會告訴我，OK，他們告訴你，你精疲力竭了，你知道，你累了；但是我只想要四處逛逛。他們告訴你那樣，但是我不知道，我理解到，我想我真的把自己逼得太緊。我認為那是我的問題，然後我想──我對它不積極，但是為了他們，我想我需要協助來表現出我自己，我不知道，像是如何去……我不知道。我不知道；我無法解釋它。

Peter87 ：OK。聽著，我將暫停一下，然後思考妳所告訴我的。OK？〔她點頭〕還有其他任何事情是我們應該要再多加討論的嗎？

Ah Yan87 ：沒有，我全都說了。

雖然 Ah Yan 沒給 Peter 一個數字，她確實開始去衡量：要結束晤談，她需要覺得舒服和有信心，那麼，自己一定需要有些改變。她說她想要症狀消失，但她也似乎發現，症狀的嚴重性和她自己有很多的關聯（「真的是我讓自己這樣覺得」），而且她能夠控制它們（「現在，我注意到，如果我想要，我就能控制它」）。Peter 理解到 Ah Yan 還沒準備好對結束去定義一個評量分數，Peter 決定以暫停和形塑回饋，來代替催促她去提出一個數字。他的選擇展現出一個重要的觀點：在當事人已盡力以語言表達他們的覺察，但不能用數字代替時，實務工作者必須接受這個情況並尊重地回應之。實務工作者提出的問句會「種下種子」，之後，當事人可能會做得比想像中的還要多、還要好；這情況總是如此在發生著。

七、暫停

在現在這個時刻，請詳見附錄並回顧草案內容來形塑回饋。請你根據第二次會談資訊，以此為基礎，完成對 Ah Yan 的回饋內容，在草案上寫下底線、讚美和橋樑；大聲朗讀它，彷彿你正把這些訊息傳遞給她。接下來，你會聽到在暫停時 Peter 的反思描述，再比較你和他的結論有何不同。

與 Ah Yan 的第二次會談提醒了 Peter，當事人的知覺在解決之道建構中，

是可以有所變動的。在他們的初次晤談中，Ah Yan 談到干擾她生活的問題，像是掉髮、發抖和換氣過度等恐懼症狀，是來自某些未知因素。隨著第二次會談的結束，她似乎轉至不同的定義了，即，問題變成是 Ah Yan 她自己，以及她所做的特定選擇（「我想我真的把自己逼得太緊」）。她的知覺、定義和意義似乎隨著時間及與他人的互動——與她先生、母親、嫂嫂、孩子和 Perter 的互動——而有了轉變。

在暫停後，Peter 很快地就想出了底線。如同他在初次晤談後所做的，他了解到問題（感到恐慌）和 Ah Yan 想要的（減少她的害怕）仍然沒變。接近第二次會談的尾聲，Ah Yan 似乎更能覺察到她自己是問題和最終解決之道的關鍵。Peter 也注意到自初次晤談之後，已有數個例外發生；由 Ah Yan 對這些例外的描述，可以知道它們是意識化的例外。最後，Ah Yan 似乎能形成良好構成的目標：她已經知覺到她意識化的例外是成功有效的（「我注意到，如果我想要，我就能控制它（恐慌）」），她也有很高的意圖希望可以去重複那些使例外發生的行動。因此，Peter 決定明顯的底線是建議她去做更多同樣的事。Peter 將有系統地形塑出讚美和橋樑，也決定讓 Ah Yan 更負起選擇下次晤談與否的責任。是以，Peter 準備好給予 Ah Yan 回饋。

八、回饋

(一) 讚美

Peter88 ：OK，Ah Yan，我想過所有妳告訴我的事情，我確定妳可以想像得到，對於那些發生的事情，以及在那些事情中所顯現出妳的優勢，都十分令我印象深刻。首先，妳看起來是個非常有創意的人。光是在上個星期，妳就有這麼多不去理睬它〔恐慌〕的不同方法，也做了很多讓妳自己可以擁有控管權的事情。像是當它〔恐慌〕出現時，離開舞會，去休息並呼吸些新鮮空氣、打開窗戶和深呼吸，及和妳嫂嫂談得更多且更開放等等。

Ah Yan88 ：〔微笑並點頭〕對的，謝謝你。

Peter89 ：而且，嗯，我也對妳想教育自己去認識這些恐慌感，感到印象深刻。妳花時間盡力讀懂那本書，這是妳取得控制感的另一個方式。妳知道，妳不斷在增加理解關於恐慌感的知識，妳也在那本書中發現某些很有意義的內容——例如「誰在控管？」和「你擔心得愈少，你就愈健康」。

Ah Yan89 ：對，OK。

Peter90 ：妳也是個有勇氣的人。在停止工作之後，妳以自己的勇氣為支撐，又回去工作。那真的很難得，因為雖然妳覺得變好了，但是妳並不知道當妳回去工作時，又會有什麼變化。嗯，我也認為決定讓自己置於一個控制事情的位置，必須擁有很多的勇氣。然而，去冒險嘗試新事物，也得要有勇氣。例如，說更多話以遠離孤單的困境，決定妳對 Di Jia 必須做更多不同的事情、並承受讓他過馬路所冒的危險。對妳來說，這些都是很大的一步，真的需要很大的勇氣和力量。

Ah Yan90 ：對，是需要的。

Peter91 ：是的，難怪妳會已經在 7 或 8 分了！〔停頓〕妳不只正在做，而且妳精確地、仔細地去注意到妳是如何完成這些行動的，這也讓我印象深刻，並且覺得更加欽佩。

(二) 橋樑

Peter92 ：Ah Yan，我同意妳說的那句話——「是我讓自己這樣覺得」；而且，我同意絕大部分的解決之道，是有賴於妳能夠握有控制權。

(三) 建議

Peter93 ：所以，我建議妳繼續去做這些妳已經弄懂的、對妳自己來說是有作用的事情。而且，當妳持續變好的同時，我還建議妳再去關心原先妳沒有注意到的、其他妳可能正在做的、有幫助的事情。

Ah Yan93 ：〔點頭〕是，好。

Peter94 ：OK，現在我正在考慮，接下來可以做些什麼？妳認為再來這裡，再談更多的事情，是個好主意嗎？

Ah Yan94 ：對，我想試著不再來，但我還不知道……我想要有自信。你知道，假如它又發生呢？

Peter95 ：是的，OK，就妳所說的狀況，我也同意妳的看法，那麼，何時？一、二或三個星期，或幾個星期後再來談？

Ah Yan95 ：我想兩個星期。

Peter96 ：OK，聽起來很適合。讓我們來約時間。

Ah Yan96 ：謝謝。我認為這樣很好。

九、與 Williams 家族的第二次會談

　　與 Williams 家族的第二次會談，提供一個在後續會談中，與數個家庭成員同時工作的例子。Insoo 根據個別家庭成員的知覺在工作，但同時又會以家庭為一個單位去揭露他們的優勢，並在優勢上工作。

(一)「何處已較好了？」

　　第二次會談中，Gladys 和她的四個孩子回來談。如同她在初次會談結束時提過的，Gladys 送走她的弟弟 Albert，而且第二次會談時也沒再邀請他。Insoo 一開場便以「自上次會談我們碰面後，何處已較好了？」來開始這次晤談。Gladys 回答：她送走了來造訪的媽媽。她和她的孩子在「救援團體家庭營」待了一個禮拜，他們在那裡游泳、釣魚和享受其他休閒活動；Gladys 和孩子們指出，他們在那裡，有著美好時光且能和睦相處。Insoo 接著將話題轉移到他們在家中互動的焦點上。

Insoo1 ：〔探索例外〕好的，所以，當孩子們相處得比較好時，他們的情況是什麼樣子？

Gladys1 ：對我來說，他們像是兄弟姊妹應該有的樣子。他們玩在一起，彼此之間不打架，不用我坐在那裡一直監視他們。不過，當他們在外頭的時候，我就不用看著他們了；如果他們在房子裡，我依舊還是得監督他們。

Insoo2 ：〔再次聚焦於原來的問句，以再次尋找例外〕OK，所以，告訴我關於——當他們和睦相處時，他們看起來像是什麼？

Gladys2 ：和平。

Insoo3 ：〔注意到並拼入當事人用字〕妳說他們像是兄弟姊妹。那是什麼意思？

Gladys3 ：他們不再爭吵。他們不會彼此小題大做和爭論。像 Marcus，他總是一直在與人爭論。

Insoo4 ：當 Marcus 不和他們爭論時，他是什麼樣子？

Gladys4 ：我也不知道，像是，他得到任天堂，他覺得他是唯一可以玩它的人。他總是和他們爭論，因為他們在他的房間裡，他們也想玩任天堂。我要把它放在客廳並用電視玩，但他不想這樣做。所以我說：「好，我就放在你的房間裡，你可以玩。」因為孩子們白天不在那裡，因此他有一整天可以玩。然而，當他們回到家，他們可以玩時，他又不想要他們玩。

Insoo5 ：嗯哼。所以妳想要他分享。〔對著 Marcus，尋求一個例外〕你覺得自己是什麼樣子？你有時必須和某些人相處對嗎？

Marcus5 ：對。

Insoo6 ：是的，你和誰處得好呢？

Marcus6 ：我朋友，有時和 Offion 處得好。

Insoo7 ：你怎麼能做得到？

Marcus7 ：當，像是……我和我的朋友，我們，喜歡，我們喜歡，我們參加生日派對，也做每件事情；我們打保齡球、籃球和棒球。而且，像是社區中心樓頂，那是，我可以去的地方，而 Offion 和他們，不能去，它是只給青少年去的。我能去而且玩得很開心。

Insoo8 ：〔間接讚美〕真的？而媽媽妳沒有聽到他去那裡玩卻被人抱怨的事情嗎？

Gladys8 ：沒有。但在家裡，我卻夜以繼日地聽到抱怨。我不懂他怎麼能和其他人一起去玩，但他和我們生活在一起，卻沒辦法和家裡的人玩。我真的不懂。

Insoo9 ：〔確認她的看法〕嗯。這必然讓妳困惑。

Gladys9 ：〔回到問題式談話〕對。這些人是你的兄弟姊妹，你得和這些人待在一起。你得和這些人生活。然後當你長大後，某天你可能會需要他們。而他說他不要他們在身邊，他說他們——嗯，他總是說他想去某些可以和他同年紀的孩子在一起的地方，但 Offion 十歲，他十二歲，也是他這個年紀的啊。

Insoo10 ：現在，妳在乎他們可能——怎麼樣？太常吵架嗎？妳想要他們彼此相愛嗎？

Gladys10 ：對，那是我在乎的地方。

Insoo11 ：嗯，OK。現在，妳覺得他們比大部分十歲和十二歲的兄弟更常吵架嗎？

Gladys11 ：我不知道……我不是說他們倆，我是說 Marcus，他太常跟人爭吵，而且不聽話。

Insoo12 ：妳所了解到的是……？他聽其他人的話卻不聽妳的話，這是怎麼回事？

Gladys12 ：反抗。對，就像是「嘿，讓我測試她。讓我試試看在她規定下，我可以多麼不聽她的話」。對我來說，這就是我在他身上看到的。

Insoo13 ：妳是這麼想的。OK。〔持續去探索例外；問關於 Offion 的事〕目前，有沒有幾次他對妹妹們是比較好的時候呢？

Gladys13 ：他有很多次對她們都很好。

Insoo14 ：是嗎？告訴我這些事。告訴我有關你對妹妹們好的那幾次的狀況。

Offion14 ：當她們真的想要我跟她們玩時，我就會和她們玩。

Insoo15 ：你真的這樣做嗎？真的？嗯。對嗎？他和妳們玩？〔對著 Olayinka 和 Ayesh 說〕妳們喜歡和他玩嗎？〔她們點頭〕

Offion15 ：因為有 Marcus 會變得更有趣。但他總是待在房間裡玩任天堂，都不理我們。

Insoo16 ：〔問 Gladys，探索關於 Marcus 行為的一個例外〕OK，現在，當妳單獨和 Marcus 在家時，會發生什麼事？沒有其他三個孩子的時候？

Gladys16 ：那時我會去睡覺，而他會待在他的房間裡，或是他會在屋裡任何他想去的地方，因為只有我和他沒有別人。

Insoo17 ：所以，那時他就沒問題。

Gladys17 ：沒有，他會去外面騎他的腳踏車，或者去社區中心。但我有時得告訴他關掉電視。

Insoo18 ：〔探索關於例外時期會有什麼差異〕你那時怎麼能夠不惹麻煩呢？

Marcus18 ：因為對我來說，我像是擁有整個房子。媽媽通常不會真的命令我去做任何事，像是，如果我知道輪到我洗盤子或做某些事情，我可能就會去洗盤子，之後我會問她：「我可以去騎我的腳踏車嗎？」因為我不可以就這樣離開家裡，不然她會不知道我去哪裡了。但是我問她後，我就可以離開房子了。

Insoo19 ：〔讚美〕那是真的嗎？有時你洗盤子嗎？

Marcus19 ：啊，我們全都得洗盤子。我們輪流。

Insoo20 ：喔，你們全都得洗盤子，不只是你。不只是你。你也洗嗎？我的天，真的嗎？

Offion20 ：我們全都會洗盤子。

Olayinka21 ：我們輪流洗。

Insoo21 ：〔讚美 Gladys〕妳把他們調教得很好。

Gladys22 ：他們討厭盤子——洗盤子。

Insoo22	：〔堅持她的讚美〕但他們還是洗了。
Gladys23	：對。
Insoo23	：〔強調 Gladys 對她孩子們的教養成功〕雖然他們討厭洗，但他們仍然會洗盤子。
Gladys24	：對，但他們不是每一次都可以把盤子洗得乾淨。
Insoo24	：當然。哇。妳把他們教養得很好。
Gladys25	：噢。謝謝。
Insoo25	：很多這個年紀的孩子不見得會做這些事情。
Gladys26	：真的嗎？
Insoo26	：〔就這個家庭所定義為最困難之問題，探討例外的所在；對著 Marcus 和 Offion〕那麼告訴我，當你們兩個在一起相處得很好時，是什麼樣子呢？
Marcus27	：嗯，好像，有時候，這個，像，真的從沒發生過。但有時我們在外面玩，然後我——我們和 Tony，我們，好像玩一個遊戲，接著我們，「嗯，這個遊戲我玩膩了。為什麼我們不玩另一個遊戲」。然後我們來回地丟橄欖球。
Insoo27	：你們沒開玩笑？你們真的那樣做？
Marcus28	：有時候我們會一起玩任天堂，有時候啦。

　　對 Insoo 來說，Willians 家是有其成功和優勢的，關於這一點，在本次晤談中也已明顯地顯現。他們描述全家一起去家庭營隊，三個孩子享受彼此的陪伴。Gladys 指出，她已經對不支持她的姻親們設下更多的界線；而且Gladys 表露出她非常關心孩子們責任感的培養、是否會做家事，以及是否能與她和其他任何一個人好好相處。對 Insoo 來說，很明顯地，Gladys 是這個家庭的領導者，也是促使家人凝聚在一起的關鍵人物。雖然在此刻，對Gladys 來說，最讓人煩惱的困擾是 Marcus 的反抗行為，但目前 Insoo 選擇將那件事放在一旁，而先聚焦於 Gladys 的成功和優勢。

Insoo29 ：〔讚美並探討 Gladys 是如何使好的事情發生在她家裡〕現在，Williams 太太，妳想要當一位如此好的母親，這個想法，是怎麼來的？

Gladys29 ：我沒有，它……好像，是在我有了孩子後開始的，我知道我不想以過去我被對待的方式去教養我的孩子。因此我必須做些事。我選擇不去虐待他們。我猜這就是這想法的來源。但是，這不是，不是計畫中的，因為我本來不想要任何孩子。

Insoo30 ：但是，結果妳卻對如何當一個好媽媽，變得這麼煞費苦心。

Gladys30 ：是啊。

Insoo31 ：妳非常努力在當個好媽媽。

Gladys31 ：我猜這也是因為，在發現他們的爸爸虐待他們之後，好像，那使我更警覺到我得看緊他們；現在我帶著他們到我去的每個地方。以前，因為他是父親，我不會帶著和拖著他們到每個我去的地方，我留下他們和他在一起；甚至在冬天，我要去兌現我的支票、付帳單，然後回家。我會想孩子幹嘛出去，我沒必要帶著孩子出門，他可以待在家裡照顧他們；加上我沒有車子，他們得跟我搭巴士和走路去每個我去的地方。可是他卻對他們做這些殘忍的事，我就是沒發覺到他是這樣對待他們，他們那時應該跟著我的。

Insoo32 ：〔很快地理解到保密的需要〕我要請你們四個去外面的等候室等著，因為我想和你們的媽媽談談，OK？

Gladys32 ：再見〔英文〕，再見〔法文〕。

Marcus32 ：再見〔法文〕。

Gladys33 ：再見，再見〔法文〕。

Marcus33 ：再見〔法文〕。

Insoo34 ：「再見」〔法文〕？我的天。

Gladys34 ：是的，他們都在學法文。

Insoo35 ：好棒。〔再次聚焦於 Marcus〕Marcus 是個十分聰明的孩子，他是嗎？

Gladys35：是的，對我來說他是。A 是他應該可以達到的最高分數，他卻得到 B。最高分是 A，他拿 A 比拿 B 多。

Insoo36：哇，妳一定十分以他為榮。

Gladys36：〔指出另一個成功和更多優勢〕對。我喜歡他的作業，他可以一直做作業。如果我能，我會幫他做作業。我又回到學校去上學，他們把我排在和他同年級的程度，這樣我就能教他某些他們教我的事情。

Insoo37：他說話說得很好。妳有注意到嗎？他能把他自己的情況說明得很清楚。

Gladys37：但願，因為去那個學校，你知道，他們教他正確的表達方法，而且我也在家裡這樣做。如果他們說，像，他持續說「不能（can't）」和「不是（ain't）」，〔咯咯地笑〕我會告訴他，我說那不是一個字，他就會變得生氣。他去拿字典，說它是個字，但至少我不覺得他該用這個字。

Insoo38：他去拿字典並指給妳看那是一個字嗎？

Gladys38：對啊，指給我看它是個字。

Insoo39：妳有個非常聰明的孩子，對嗎？

Gladys39：是的，我可以看到。

Insoo40：是的，而且扶養一個聰明的孩子並不容易。妳不知道嗎？

Gladys40：嗯，感謝老天，我做得還不錯。

Insoo41：是啊，真的。感謝老天，妳做得不錯，而且妳似乎願意繼續做下去。

Gladys41：對，因為我想要他們都上大學。嗯，Marcus，好像對藝術有興趣。他真的不想上大學，如果他真的不要的話，我想他可能想去上藝術學校。

Insoo42：喔，他是嗎？

Gladys42：是的。Offion 很迷豪華轎車和凱迪拉克。他很不情願去上大學。

Insoo43：在他這個年紀，是會這樣。他可能可以上大學。

Gladys43 ：我說：「為了得到那些東西，你必須上大學。」接著他便「是，
OK，如果那是我必須去做的事」。但 Olayinka 和 Ayesh，我就還
不知道她們的情況。

Insoo44 ：是的，她們還太小。妳必須等一段時間。〔讚美〕哇！所以妳對
妳的孩子們有很多期許與抱負。

Gladys44 ：是。

Insoo45 ：〔間接讚美——以詢問關於她優勢來源的方式來建構之〕妳從哪
裡學到要這麼做的？

Gladys45 ：我不認為它——是學來的，而是我經歷的事情造成的；如果說我
有學到任何事，那是我經歷過的事情教給我的。好像，當我懷了
Marcus，我那時十五歲，我想去上學，我繼續去。接著，我開始
擔心 Offion 和我媽……當我去上學時，我每個月付她一百塊房租，
和一個月五十塊照顧 Marcus。接著她拿走我的食物券，所有的食
物券。而且當我懷 Offion 時，她一點也不想照顧他。即使孩子還
沒出生，我剛懷孕，孩子的心跳都還沒出現。我大約懷孕一個月，
如果她知道的話。我說，妳知道，我發現我懷孕，我想繼續上學，
但她就說，不行，她不想照顧他。所以……

Insoo46 ：所以，儘管如此妳還是十分有抱負。

Gladys46 ：對，如果我能去上學，我會繼續去，但是她就是不想幫我解決困
難。所以我想算了，接著她開始……像是，妳必須找到妳自己的
住處，然後離開我母親家，就那樣。

Insoo47 ：所以，妳從那時起，變得非常獨立。

Gladys47 ：喔，我不能離開啊。當我離開時，她就叫警察來找我、抓我，所
以我沒能離開，直到我滿十八歲，我有三個孩子。所以我搬出來。
那時我有兩個孩子，後來又懷了第三個。

Insoo48 ：對妳來說生活十分艱苦啊，妳一定經歷了很多事情。

Gladys48 ：對。而且，我不想要看著我的孩子重蹈我的覆轍。如果我可以阻
止他們經歷它，我會去阻止。

Insoo49 ：是的。

Gladys49 ：我媽，我坐下來試著和她講，就像我跟妳談這樣，但她卻告訴我她不想聽。

Insoo50 ：〔探索 Gladys 如何使她的成功發生〕所以，妳知道，這似乎像是，儘管妳與母親之間發生那些事情，但就某種角度來說，妳決定不受母親的影響。這是怎麼能夠發生的？

Gladys50 ：對。因為我知道我在她那裡經歷到什麼，而那像是，如果我坐下來聽她的話，我的人生就會像她一樣。

Insoo51 ：〔強調她去終止循環並堅持她的獨立〕妳想要妳的人生和妳媽媽的不一樣。

Gladys51 ：是的。

Insoo52 ：妳覺得，在「讓妳和她的人生有所不同」這個部分上，妳有多成功？

Gladys52 ：我擁有我自己的家。我沒有一個男人支配我、控制我。我有我的孩子，由我自己管。如果我告訴他們其中之一得去做某些事情，他們常不去做，有時我必須威脅他們去做，但我更常會堅持告訴他們，該去做某些他們得做的事情。嗯，我不需要——我有一個小額存款的帳戶。四十元，我今天發現了，那是我的錢。我可以——我有衣服可以穿，我不需要去向其他人借衣服。當我準備好要洗澡，我有體香劑、肥皂和洗髮精。

Insoo53 ：所以，在妳的年紀，妳已經做得比妳媽媽所做的還要好。〔邀請 Gladys 擴大她對自己優勢的覺知〕妳從什麼地方形成這種抱負的？

Gladys53 ：我——對我來說，我想要離開那麼糟的房子。我曾被我父親猥褻；我媽不相信；他還打我，因為他不希望我告訴她；她也打我，因為她說我躺在他身上，他是她的丈夫。我想要逃離那裡。我一直說：「如果我離開，我知道我一定要成功。」後來我到這個城市時，我和我的先生，他有三個星期沒領薪水了，我不得不四處討生活，大家開始告訴我冷菜廚房在哪，也告訴我如何能得到一些

我孩子需要的衣服；而且妳知道，如何做些義務的工作來得到東西。如果你告訴我要如何做些事情——我可能無法讀和寫，但如果你展現給我看或告訴我，那我就能幫我自己和我的家人脫離困境。那是以前發生的事情。我的媽媽，她上個星期來我這裡，在她離開前，她說她想要搬來和我一起住，但我拒絕她。

Insoo54 ：〔間接讚美並詢問這些例外是如何發生的〕那麼，妳如何知道妳不想那樣做？當妳母親想要搬來和妳一起住的時候，妳怎麼能對她說「不」的呢？

Gladys54 ：〔嘆氣〕我先生目前在一個中途之家，而且他……

Insoo55 ：是嗎？喔，他在中途之家。

Gladys55 ：是的。他是——他在那裡。為了他對孩子做的事情，他把他自己送進去。對我來說，那是一個開始；妳知道，這比我父親好。我就說，好吧！或許，這可以幫他。誰知道呢？但是，如果我真的想要等待，一直到我的孩子們長大以及回到我先生身邊，或是在他們長大前，能得到某些保護——直到他們真的長得夠大到能管理他們自己時，我再回到我先生身邊。我不想要我媽待在我的屋裡。她一直告訴我，我什麼都不行。現在，那是她之前告訴我的話。她現在不在我家了。但是她仍和我爸住在一起，他沒為他的判決服刑過一天。他真的虐待我、我阿姨和我小妹，然而妳竟然還和那個人在一起！還告訴我，我不能和我先生在一起，但我先生卻是一個有為他所做的事服刑的人？我不懂。我那樣對她說，我告訴她，我說：「唔，我先生可能會回來。」而我知道她不喜歡他，為了減少混亂，我仍舊是他太太。接著我說：「為了減少混亂，妳得回到妳自己的房子，然後妳就不用看到他了。」

Insoo56 ：很好。很好。那麼，我猜妳會想討論有關妳先生回家的事情。

Gladys56 ：對。

Insoo57 ：好的。我們下次可以接著談這個主題。

Gladys57 ：好的。

Insoo58 ：好，很好。那我想花些時間和我的團隊討論。我會在五分鐘左右回來，OK？

Gladys58 ：OK。

(二) 暫停

　　Insoo 並沒有選擇評量進展，但運用這次和 Gladys 會談中的結果，去形塑了額外的目標。然而，在 Insoo 提出對例外和優勢的問句後，確實發現 Gladys 已能運用這些優勢來讓例外發生；也再次證實，即使在這麼艱困的境遇中，Gladys 仍能做一些令人印象深刻的事情，包括對她的孩子和她的原生家庭。而未來可能會使 Gladys 的生活更複雜化的，則是她先生被釋放的這件事。

　　在此刻，你也花些時間寫下你將如何回饋，如同 Williams 家族是你的案家一般。根據第 7 章的指導原則，組織你的回饋，放進讚美、橋樑和建議（要有依據）。讓我們來看看 Insoo 是如何呈現她和她的團隊所發展出來的回饋。

(三) 回饋

1. 讚美

Insoo59 ：OK。我們團隊想要我告訴孩子們，我們完全不了解你們怎麼能夠在這兒表現得這麼好；你們四個都是。坐在這兒討論事情會有點無聊，是吧？當大人坐在一起討論，那是無聊的，但是你們真的把它處理得很好。而且，我們團隊說在你們的談話中，是有很多的愛和感情在底下運作著；在所有的談話中。我們團隊特別想要我對 Marcus 提出，他是這麼的聰明，也表達得如此好。〔轉向 Gladys〕而且我認為，妳能知道每個孩子所擁有的優點，這是很重要的。

Gladys59 ：嗯，喔。

Insoo60 ：妳能看到他們每個人的優點，每一個人的。他們都是不同的，而且妳能夠了解。

Gladys60 ：是。

Insoo61	：那麼我們想再次告訴妳，所有妳靠自己做到的事情，是多麼的美好神奇。
Gladys61	：謝謝。
Insoo62	：真的不容易！
Gladys62	：對，是很不容易，一直都不容易。
Insoo63	：一直都不容易。妳還有一段很長的路要走。
Gladys63	：對。
Insoo64	：但是，到目前為止，妳已經做得非常好。
Gladys64	：謝謝。
Insoo65	：而且，嗯。他們絕對是好孩子。絕對是好孩子。而且，嗯，那是因為，我認為，妳用愛扶養他們，而且妳想要他們未來是有成就的。
Gladys65	：謝謝。
Insoo66	：OK。那麼。好，孩子們，我們想要你們保持下去，好嗎？你們再到外面去等一下，我想要和你們的媽媽再談一會兒，OK？
Gladys66	：再見〔法文〕。
Ayesh66	：再見〔法文〕。
Olayinka66	：再見〔法文〕，笨蛋。
Gladys66	：〔笑〕我會找妳算帳的，妳聽到了嗎？她叫我笨蛋。我會找她算帳的。
Insoo67	：〔笑〕嗯，又來了。再一次。我知道，妳已經經歷太多事了。可是，儘管如此，妳已經到達這個程度了。妳對於應該對孩子做什麼，擁有很好的想法——妳知道妳要如何扶養妳的孩子；妳想要他們做得比妳好；妳不想要他們經歷妳所走過的路。妳已經是個好媽媽，已經是了。妳還有一段很長的路要走，但是妳實在很神奇，因為，儘管妳媽媽不懂得讚美妳，但是妳還是能看到每個孩子的優點。
Gladys67	：對。

Insoo68 ：而且妳試著去弄懂……「我如何能幫助每個孩子顯現他的優點？」

Gladys68 ：〔指出另一個成功經驗〕對。當我坐下來，我看著他們每一個，我想我能做到。像是Offion，在課業上，他需要在數學和閱讀上再多加提攜，這一定會使他學得更好；我還為他訂了一些書了。

Insoo69 ：對，而且妳已經正在那麼做；那真是太令人驚嘆了。因為妳的媽媽從沒對妳那樣做，但妳仍知道要如何做。

Gladys69 ：對。

Insoo70 ：對，嗯，另一件事是妳運用妳的生命經驗，不止幫助了妳自己，還幫助了妳的孩子。

Gladys70 ：對。

Insoo71 ：妳從妳自己身上學習。

Gladys71 ：我不懂我先生他為何去做那些事情，因為他說那也曾發生在他身上；但它也發生在我身上，卻沒讓我想那樣做。

Insoo72 ：妳沒做。那是對的！

Gladys72 ：所以我不懂，但那是他的理由。

Insoo73 ：妳是對的，是的。我們可以下次再討論。〔停頓〕妳很會運用資源，在年輕的時候，來到一個陌生的城市。妳弄懂——什麼是妳必須做的。妳學會如何得到食物，如何為妳的孩子得到衣服，及如何照顧妳的孩子。妳全靠妳自己完成這些事，沒有人幫你。

Gladys73 ：對。

Insoo74 ：因此，我認為對妳的孩子來說，妳真的是個非常好的真實模範。

Gladys74 ：我一直在說——妳知道，我不知道怎麼讀書和把字拼好，但不是——如果妳真的想做某些事情，妳就會發現方法。

Insoo75 ：對，而妳做到了。同樣地，我認為妳已經弄懂——什麼是妳需要對妳母親做的——而且，妳知道，妳想要的是不一樣的生活。所以妳也明白對妳和孩子來說，什麼是最好的。這部分妳已經知道得非常多了。

Gladys75 ：對。我試著離開我去的教堂，因為孩子們，他們，像是，去，是
因為我讓他們去。〔顯示出她深思熟慮地運用另一個社區的資
源〕但是我帶他們去其他的教堂，而他們——他們想回原本的教
堂，因為那兒有兒童的活動。

Insoo76 ：所以妳說，妳做了像是去了解學校那種類似的事情。

Gladys76 ：對。

Insoo77 ：所以妳正在使用相同的方法。

Gladys77 ：對，他們喜歡他們讀的學校。

2. 橋樑

Insoo78 ：很好，很好，是的。所以我們團隊——我們全都對於妳正為了妳
自己本身和孩子所做的事感到驚嘆，我們也同意妳去做這些事情
是重要的，而且對妳來說，是有價值的。

Gladys78 ：沒錯，謝謝。

3. 建議

Insoo79 ：所以，我們認為妳應該持續去做妳目前正在做的事，持續去弄懂
什麼才是對妳和孩子最好的。

Gladys79 ：OK。

Insoo80 ：而關於妳該如何處理妳先生的所有事情，妳也需要繼續思考。妳
知道妳先生什麼時候會被釋放嗎？

Gladys80 ：不，我不知道什麼時候，但他已搬到另外的地方，我去看他，孩
子也會去。他們與他在一起似乎是自在的。

Insoo81 ：好的。所以他離開監獄，他目前在中途之家。

Gladys81 ：它不是——對我來說，它不像個中途之家。那仍然是個矯治機構，
因為在中途之家，他可以離開並回來一段時間。他現在還不能走
在街上。

Insoo82 ：所以他不能出來。他目前不能回家嗎？

Gladys82：對，還不能，這個地方不行。他幾週內都不能離開。

Insoo83　：OK，那麼，讓我們敲定下一個時間再見面。OK？

Gladys83：OK。

在 Insoo 與 Gladys 的工作朝向她們第二次會談的結束時，仍然展現了如何維持以成功和優勢為焦點的會談方式；此方式將有助於當事人更能察覺，他們正在做的事，是否正是一些有助於建構解決之道的行動。透過直接和間接的方式，Insoo 將對話導向解決之道的討論，Insoo 也持續給 Gladys 機會去回憶以及用語言表述她過去的成功經驗，而 Gladys 也就真的做到了。當她連結那些成功經驗時，對於她家人所面對的挑戰，她也就變得更有信心；她相信自己將能成功地處理這些難題。

十、倒退、復發，以及沒有何處已較好時

　　生活充滿高低起伏，有時候，當你問「何處已較好了？」你必須預期你的當事人會以事情變得更糟的描述來回應。他們或許會告訴你，本來已經變好的青少年如何在上週又被捉到做了哪件壞事，或變得更糟了，或者他們又再次開始酗酒，或比之前更加憂鬱了。你或許會覺得這些報告令人洩氣，特別是當你和你的當事人已經在建構解決之道上非常努力工作過。當事人也將感到洩氣；當事人或許也會在報告倒退（setbacks）、復發（relapses）時感到愧疚或難為情。在這些情況下，實務工作者容易覺得似乎沒有什麼可以使得上力，而當事人則易於去質疑如此努力的嘗試到底有什麼用。

　　倒退和復發，就我們看來，仍有著不同的意義：如果沒有變化，我們將如何辨認出穩定？如果沒有穩定，我們將如何理解改變？同樣地，我們無法在沒有失敗的情況下，理解得了成功。它們是一枚銅板的兩面。大部分的人傾向聚焦於銅板的一面，以致忘了這是相對的。例如，多數的人們告訴你爭吵如何開始與如何持續，但是他們忘記這個爭吵有時也會停止。或許他們告訴你，他們上週有三天重回酗酒的狀況，但是卻忘了提及基於某種原因，前兩天他們又沒

喝酒了。

　　若當事人專心於連結他們失敗的事情，且不回應你探索「何處已經較好了？」之企圖時，請仍充滿尊重地傾聽這些描述，同時接納並一般化他們的失望；這會是最重要的回應。在他們覺得被聽到後，你就可以再去問他們關於爭吵是如何停止，或他們是如何可以不再繼續喝酒的例外。我們相信，當事人有能力去控制他們自己的行為，因此，這是合於邏輯的；舉例來說，對喝了十二瓶啤酒的當事人，去問他怎麼知道不去喝第十三瓶；對一個很想要出手打出言不遜的孩子之年輕母親，去問她是如何設法做到以走出屋子來代替打孩子的。在當事人變得更能覺察那些有助於阻止他們自己不當行為的能力時，便有助於他們以新行為來代替因循舊有的模式。此時，這些例子，即當事人知道如何阻止他們自己這些行為的例子，就會被當事人視為例外，並因此用以建構某些解決之道。

　　有些當事人會從頭到尾地說「沒有，沒有事情變好了，事實上，事情很可怕也變得更糟了」來回應你關於「何處已較好了？」的問題；但這是極為少見的情況。若當事人的態度，顯示他／她深深地感到沮喪，且在完成簡單的日常活動上也有困難時，實務工作者則需要改而詢問因應問句（coping questions）；此將在第 10 章討論之。

十一、結論

　　透過先前所呈現的個別當事人或一個家庭的案例，關於建構解決之道的初次晤談和後續會談中所會運用到的焦點解決會談技巧和程序，都已經全部呈現了。或許，你有可能遺漏了大圖像的視域——整體歷程的連貫。因此，回到第 5 章，找出哪兒是 Ah Yan 這個案例開始的起點；並去閱讀第 5 章到第 8 章中關於 Ah Yan 與 Peter 的對話，理解她的案例由開始到結束的過程。一旦你完成了，再回去對 Williams 家庭的案例做相同的事情。當你閱讀時，請注意 Peter 和 Insoo 如何一致地維持在未知的立場上，並如何持續邀請他們的當事人成為他們自身生命的專家。也請注意焦點解決會談是如何一直以當事人所擁有的成

功經驗和優勢的知覺，來作為晤談的焦點；同時，實務工作者又是如何藉著專注於當事人的優勢而給予回饋，並結束會談。

《 註 解 》

註 1：就目前來說，你可以知道「何處已較好了？」的問句，是另一個發現例外的方式。附錄中的發掘例外問句學習單，彙整摘述了去詢問當事人已有例外的各種方式及其他切入點，你可加以閱讀及運用之。

第九章

非自願處境中的晤談：兒童、成對者與被強制的當事人

社會工作者和其他臨床工作者的「罩門」（Achilles' heel），正是抗拒的當事人（Hartman & Reynolds, 1987, p. 205）。

通常被標籤為「抗拒」的行為，是可以從「合作」的觀點……有效地再被轉換描述的（de Shazer, 1984, p. 13）。

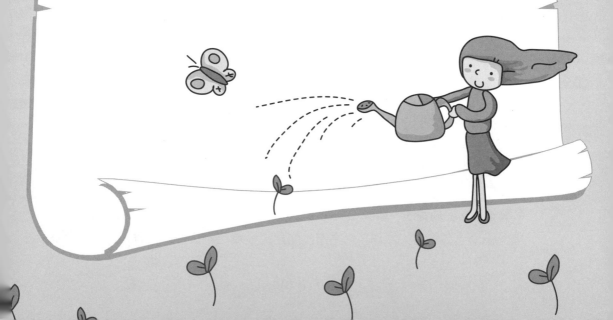

　　「抗拒」、「敵意」、「不敬」、「忿怒」、「脅迫」、「高姿態」、「無動機的」、「防備的」、「害怕的」、「困難的」、「反對的」、「不信任的」、「常不知所措的」、「逃避的」，以及「動機不明的」，是實務工作者對於一些曾與他們工作過的、處於非自願來談情境的當事人，所常常使用的形容詞。在這種狀態下的當事人雖不至於是絕大多數，但實務工作者卻會見到不少；然而，將前述那些形容詞如此套在當事人身上，是毫無一點正面激勵作用（Ivanoff, Blythe, & Tripodi, 1994; Rooney, 1992）。

　　這些當事人常是被強迫或被逼來與實務工作者會面的，或是處於非自願情境下來談的。舉例而言，一些兒童由於他們尿床或者因為情緒失控而亂發脾氣，被他們的父母送來晤談。一些青少年，他們的父母對於要如何處理他們是困惑不解，因為這些青少年破壞門禁、不做功課，或者使用毒品。成對者（dyad）或其他類似狀況（如：兩人的關係像是兩個室友、一對情侶，或是父／母與兒童）來談的人，也可能只是其中一位成員堅持要他們兩人一起去見實務工作者。最後，這些非自願來談的當事人，也可能是被具有合法權力的代理人強制送入服務系統；比如，當一個法官命令某個酒醉駕車肇事者，必須去接受治療。

　　關於和非自願來談的當事人工作方面，專業的文獻並沒有提供有效的實務步驟；很多有經驗的實務工作者和那些新進實務工作者，於我們的工作坊和實習會議中都提及相同的結論。他們的觀點並不令人意外，因為專業助人的實務程序，原本就是發展自與自願來談當事人的工作情境中（Ivanoff, Blythe, & Tripodi, 1994）。這些程序涉及一開始先經由積極的傾聽、同理，與當事人連結並建立信任與合作關係後，再往問題解決的方向前進。此取向假定當事人願意選擇接受幫助，儘管當事人未必會做出什麼改變，但仍有意願去理解並解決問題。

　　此傳統程序的假定，並不適用於那些處於非自願情境下的當事人。由定義來看，這些當事人並沒有選擇去見他們的實務工作者。他們經常將這些接觸視為不必要，甚至有侵犯之虞，並視推薦給他們的解決之道是毫無意義，甚至是有害的（G. Miller, 1991）。除此之外，一些研究顯示出，在非自願處境中晤談的當事人，對於溫暖、真誠和同理通常沒有回應，也不可能去承認他們的問題。因此，同這些當事人工作，常在還沒開始之前就已經失敗了。實務工作者對於

如何和那些被迫來見他們的當事人進行有效的工作，經常感到十分困惑。

最近在此專業領域出版的一些書籍主張：對於「如何發展當事人動機」以及「實務工作者所須提供的服務」兩者間的適配性，必須特別注入更多關心（Ivanoff, Blythe, & Tripodi, 1994; Rooney, 1992; Trotter, 1999）。這些作者撰寫了如何能加強兩者的適配性，以及增加當事人的動機和順從的有效策略。例如，Trotter 訓練實務工作者須關注且公開讚揚當事人之「正向或合乎社會的評論或行為」；並且強調，需要去挑戰或面質反社會的議論或行為，但此須相當謹慎地執行，而且須在一個能提供正向評論的脈絡與平衡中進行。Rooney 寫出過往研究所支持的策略：(1)對當事人強調：在可能的範疇中，所可擁有的選擇權；(2)知會當事人關於處遇以及他們在其中被期待的角色；(3)訂定那些與目標和處遇程序有關的契約；以及(4)促進當事人全程參與處遇。

我們已在他處表示過，我們認為這些策略和假設的背後理念，顯然都是朝向正確方向的一個步驟（De Jong & Berg, 2001）。這些策略與假設都值得被注意，因其試圖將當事人對選擇和控制的意識最大化，並且會對當事人澄清所有不可談判的事物，例如父母親（對兒童與青少年）的要求、特定機構或法院的要求等。當評論與欣賞前述這些貢獻時，我們再次發現建構解決之道，經由典範的轉移，已經在當事人的目標、當事人的選擇、改變的動機上，以及如何與非自願來談者工作等主題上，擲入一個不同的閃亮觀點。

一、以解決之道為焦點

在前面的章節中，我們希望已經清楚地說明，聚焦於當事人的目標和選擇去建構解決之道，不是一種為了增加當事人順從或動機的策略而已。在發展焦點解決會談的早期，由短期家族治療中心（BFTC）工作中觀察得到的一個結論是：不是實務工作者能直接改變當事人，而是：「當事人多數是透過他們自己選擇去做一些不同的事情，而改變他們自己的。」在假定當事人是有能力去做改變的前提下，如果當事人決定改變時，實務工作者便會詢問和擴展當事人想要有什麼不同以及如何使此目標發生；而這也是實務工作者最能有效率與成效

地催化促進的一個歷程。

在 BFTC 的觀察者學習到，當實務工作者並不企圖去改變當事人時，當事人的改變歷程反而會更為快速且確實發生。乍看之下，這似乎是一個令人吃驚、甚至無法令人滿意的結論。你或許會質問：「實務工作者不是應該關心一個有酒癮的酗酒者是否須停止使用酒精，或是一個忽視孩子的父母是否應開始付出較多關注於滿足小孩的需要嗎？」我們會如此回答：「當然，在倫理觀念以及從當事人生活品質的觀點上，我們深深地關注當事人的改變。」然而，最不能迷失的專業實務論點是：「如何才是對當事人最有幫助的。」BFTC 的觀察者很快地注意到，這似乎是有些矛盾的現象：當實務工作者愈在意看到當事人的改變成效時，他們愈容易使用更多的晤談問句去催化當事人的動機；而當事人直覺地感到實務工作者的介入降低了他們探索的自由，或減低他們對生活自由選擇的可能性時，反而會更不願意投入於改變之中。這些觀察導致了一個結論：實務工作者最能有效地工作時，是實務工作者不視自己為當事人改變的起因，而只視自己為一位尊重當事人的、處於未知的提問者，並能傾向置當事人於一個位置是：會告知實務工作者他們自身可能想要什麼、什麼可能會在他們的處境中發生，以及如何著手使那些事情發生。有趣的是，此結論同樣適用於自願來談與非自願處境下的當事人；所以，你同時可以運用建構解決之道的程序於兩種處境中的當事人。

二、對非自願當事人建構解決之道的要點

與處於非自願前來的當事人進行晤談時，仍以解決之道為焦點；這個部分已經在第 4 章 Insoo 與 Beth 會談中舉例說明過。在此接下來的說明是有關引導原則、有效問句清單，以及後續會談中所提供之契約等基本重點。

請回想 Beth，那個宣稱她在身體上被父親虐待的青少女。當此虐待事件未被證實時，社工人員與她工作的方式是：試圖指出她的錯誤，規勸她，面質她的宣稱與警察報告裡所含括的事實之間有不一致，以及挑戰她所陳述寄養家庭對她不好的歪理等；但是該社工人員的這種工作取向是無效的。相反地，Insoo

和 Beth 則展開了建構解決之道的歷程；她企圖了解 Beth 對處境的知覺，將注意力放在認識 Beth 認為重要的人事物之線索上，而得知 Beth 是如何進入服務機制的。Insoo 也開始去建構什麼是 Beth 想要的目標，並且嘗試從 Beth 的觀點去理解，對於解決之道可能可以如何發生，Beth 所持的觀點為何。

(一)開場時假定當事人可能並不想要有任何收穫

請重新讀一次第 4 章有關 Beth 的案例。第一件要記在心上的事是：若當事人為非自願來見實務工作者時，他們會傾向於假定實務工作者無法提供任何有價值的事物給他們。許多人有著像 Beth 的過往經驗：實務工作者並未真正傾聽什麼是當事人想要的，反而較感興趣於：如何使當事人能像實務工作者看待問題的方式般地去面對問題，並且採取實務工作者認為可能有效的介入。然而，當你能假定當事人可能沒有想要從你的服務中獲得什麼時，你將會處於一個適當的心智框架，較能緩慢且有準備地去傾聽當事人抱怨他從前與像你一般的實務工作者工作之挫折經驗。

(二) 對生氣和負面的反應

當你開始去會談，你必須準備好聽到如下的內容：
■「我不需要在這裡。」
■「來這裡不是我的主意。」
■「你能幫我？我不這麼認為。」
■「我已經看過很多諮商師了。諮商對我根本沒有任何好處。」
■「我不是那個有問題的人，是我媽。她應該在這裡，而不是我。」
■「我認識很多社工人員，他們只會毀了人們的生活。」
■ 或許當事人也可能僅僅安靜地坐在你面前，雙手交疊似乎表達著：「我沒有什麼事要對你講。」
在我們工作坊的實務工作者和學生都認為，會談中的這些時刻是最棘手的。記住，在所有類似的情況中，你一定要這樣想：當事人只是還沒有要從你這邊獲得什麼而已。同樣地，不要採取批判或非關己事的態度。在每位當事人這些反

應的背後，都有著一個故事，這個故事就是你下一步可以進行的切入點。接受這些當事人的知覺，並且詢問他們更多與這些觀感有關的事情。要掌握一個原則：你的下一個問句，要以當事人的最後回應為根據——你可以尊重地回應他前述的不滿，接著說：

■「哦，你不必來。是什麼告訴你不用來到這裡？」

■「所以，是誰的主意要你來到這裡？你認為他們希望你來見我之後，可以有什麼不同呢？」

■「你一定有一個非常好的理由說我無法幫忙你。你能告訴我那個理由是什麼嗎？」

■「哦，所以你曾見過諮商師。之前發生了什麼事嗎？」

■「是什麼告訴你，你媽才是那個有問題的人？」

■「對於你來說，你和社工人員相處時，必定有某些不好的經驗。發生了什麼事？如果他們做了什麼不同的事，可能就會對你有所幫助？」

■若你在自我介紹和詢問當事人是如何來到你的辦公室後，他／她依然保持安靜，你便可以接著說：「你一定有一個不想說話的主要理由。可以告訴我你的理由嗎？」這個問句藉由集中於當事人「不說話的主要理由」而反映了一個我們相信當事人是有能力的假設，如此，實務工作者就不會一直集中於「不說話」的行為，而暗示了當事人正在抗拒。

(三) 傾聽什麼人事物是重要的

　　一旦當事人開始告訴你，他／她對情況的理解為何，你便可以專心傾聽，對當事人來說，誰和什麼事物是重要的。面對那些不是自願選擇來見你的當事人，你通常必須打開你的耳朵去好好傾聽，在當事人生氣評論的背後，對他來說，到底什麼才是重要的。例如，一個青少年可能說：「我父母讓我很生氣。他們總是問我是否又在吸毒。」你可以藉由回應：「喔，所以你想要和父母之間的相處情況可以有所不同囉？」來開始建構解決之道，而不是去探究青少年的父母跟他數落了什麼細節或他的吸毒史。前者的回應方式強調了：對這位青少年來說，什麼似乎是重要的事情；如果他同意你的回應，你就有機會可以問

他想要什麼、什麼該發生等細節。雖然當事人強烈的否定性和生氣的評論自然會有些嚇到我們，特別當我們是新手時；然而，這種情況仍存有一線曙光，即：如果我們好好傾聽這些評論，將會明白對於當事人來說，誰和什麼對他／她是重要的，並且也會對於當事人想要什麼，開始萌生一些想法。一旦你能得知且接納這些當事人的意願時，晤談的氛圍與態度便會有所轉變，如同 Peter 的學生告訴他的：「非自願來談的當事人，會快速地變成像是自願前來的當事人。」

(四) 運用關係問句了解脈絡

當事人，無論自願前來與否，都必須在他們目前的生活脈絡中去抉擇是否要去做些不同的事。與非自願前來的當事人一起工作時，經常可透過轉介過程中所提供的早期資料與評論，清晰得知是誰或哪個單位製造了此一晤談機會。例如，Beth 的脈絡包含她的父母、社工人員、先前的諮商師、服務提供者、警察和法院。在建構解決之道時，並不以當事人生活脈絡中重要他人和機構的「事實」和「要求」來面質和挑戰當事人；反而會藉由詢問關係問句，邀請當事人在其脈絡中建構他們的解決之道。在 Beth 的案例中，Insoo 很快理解到 Beth 想要回家，因此 Insoo 透過環繞 Beth 父母為對象所構成的關係問句，邀請 Beth 把她的目標放在此脈絡中加以考量。

■「我可以看得出來回家對妳很重要。妳認為妳的父母知道這一點嗎？」
■「妳必須做些什麼，才可以讓他們知道妳有多愛他們，以及妳有多麼想和他們住在一起？」
■「所以，要發生什麼，妳才可以回家呢？」

當事人對於關係問句的回答，將可告知當事人自己和實務工作者，那些浮現的目標和解決之道，是否有用與實際。

(五) 將無法協商的要求帶入

你或許會疑惑於實務工作者是否必須就轉介或託管機構所堅持與要求的向度，去面質非自願前來的當事人。例如，作為青少年的諮商師，一個少女的父母可能會告訴你，他們的女兒「必須停止去見她吸毒的朋友，不然就會被扔出

家門」。或許,你會看到一個孩子被安置於收養照護中心,只因為他的母親持續與同一個會虐待她孩子的男人住在一起;而且你知道,只要那個男人依舊住在那個家裡,法院就不會讓她和孩子有重聚的機會。在這些實例及其他許多類似的狀況裡,我們相信面質是沒有必要的;尊重並給予清楚的資訊,以未知的態度繼續進行,才會是最為需要之事。例如,你可以對那位少女說:「我從妳父母那了解到,他們堅持要妳停止去見妳那個會使用毒品的朋友,他們的想法妳知道嗎?」假如當事人回答是的,你可以繼續講下去:「所以,他們是認真看待這件事情嗎?」或者「對於父母要妳做的,妳有什麼想法?」或「如果妳的父母知道妳這樣做的時候,妳覺得妳的父母會真的把妳扔出家門嗎?什麼事情有可能會改變他們的想法嗎?」

(六) 給予當事人控制權

當實務工作者使用接下來提及的指導原則,你會發現,與非自願來談或自願來談之當事人建構解決之道時,實際上,兩者的工作方式與過程是一樣的。我們有此想法並執行與觀察無數次會談之後,我們的結論是:之所以會一樣,乃是因為運用了焦點解決問句,實務工作者總是能將控制權和責任還給當事人。實務工作者給予當事人控制權的方式,包含:詢問當事人會如何說明他的情況(例如:「你對你情況的理解是什麼?」)、如何談論他們自己(例如,「當你父母說你是_____時,你是否同意他們?」)、想討論什麼(例如,「你想要有什麼不同嗎?」),以及什麼可能是有用的(例如,「就你對你自己和你父母的了解,用什麼方式來和他們談論_____,會是最有用、最有效果的?」)。在建構解決之道的會談中,當事人很快就會理解到,他們能夠安全與自由地去探索他們想要什麼及如何使它發生。如同在第 4 章討論到的:當事人無需費力去保護他們自己,同樣地,實務工作者也不必費力於與當事人陷入拉鋸戰。

三、指導原則、有用的問話、與非自願來談當事人的晤談契約

關於如何與非自願前來的當事人建構解決之道，一些額外的、一般性的說明已日漸增加，而這些說明可轉換成指導原則；這些指導原則可加入於第 4 章開始出現的、以 Insoo 對 Beth 會談為基礎的清單裡。

■ 假定你自己將與來到你服務處的一位當事人會談，而他還沒有想從你這邊得到任何獲益。

■ 假定當事人的想法與做出的行動，都一定有一個主要的理由。

■ 懸置你的判斷，並同意當事人那些小心翼翼和保護姿態背後的知覺。

■ 傾聽對於當事人來說，誰和什麼對他是重要的，包括在當事人生氣及挑剔的時候。

■ 在當事人公開地生氣或批判時，詢問當事人：那令人不舒服或生氣的人，如果做些什麼不同的事，對當事人會是更有用的。

■ 務必去尋求：就當事人的知覺而言，什麼是他／她的最高興趣與關注；亦即，尋求當事人可能想要什麼。

■ 傾聽和反映當事人運用的語言。

■ 藉著詢問關係問句，將當事人的脈絡帶入晤談中。

■ 尊重地提供任何不可談判協商之規定等相關資訊，並立即詢問當事人看待這些規定的知覺。

■ 總是停留在未知的姿態中。

■ 除了這些指導原則，我們已經寫下了有效問句的清單，以及一份契約是可應用於處於非自願處境下晤談之當事人。這些工具性的資料都放在附錄中。

四、與兒童建構解決之道

我們常被問到，建構解決之道的思考方式要如何應用於與兒童的工作中，

因為多數實務工作者相信，與兒童的工作需要依賴非語言的一些技巧和技術。多數實務工作者也相信，一個人可能對兒童造成極大的傷害，因為兒童被認定是較為脆弱者。如果你同意這些信念，你與兒童工作時，會預期的是一個特殊化的、精緻化的過程；而此，將導致我們無法完全理解兒童的反應，只因一直在擔心他們表達自己的語言和能力是有限的。不過，你可能已經學到大量關於如何有效地和兒童一起工作的方法，例如：透過好好觀察父母、老師、實務工作者和兒童照顧工作者的作為；這些人對於兒童需要朝何處成長和發展，及評定這些方向何以對兒童是有用的，已經發展出豐富的、直覺的判斷力。

(一) 當兒童是非自願的參與者

在我們這個年代的助人專業領域，從未聽說過會有兒童自己主動打電話給專業人士說：「我有一個行為問題，我需要幫忙。」會來見實務工作者的兒童，全是處於非自願的處境中，亦即：他們的問題和成功，是由在他們生活中重要且具影響力的成年人來界定；這些成年人持續地監控、評價、增強、比較、支持和訓斥兒童，直到他們認為兒童表現合宜。當兒童需要送至專家那裡時，他們生命中許多擔心與關心他們的成年人，包含父母、老師、親戚、鄰居、保母、牧師，甚至警察，早已嘗試過許多幫助他們的方法。如果你成為被送來服務機構之兒童的實務工作者，通常意味著你將面對的處境是：到目前為止，已經有數個成人努力過但卻無用，因而成人是挫敗的，並且焦慮地希望孩子改變（Berg & Steiner, 2003）。

你可以想像孩子們的知覺，他們可能很常被告知他們有著什麼錯誤；當他們來到你的辦公室之前，他們或許對所有「好的建議」、訓誡、責罵，及成人企圖幫忙的事宜，感到精疲力竭且忍無可忍。你也可以試著想像他們因為接收了如此多的負向訊息和明顯失敗，必然感到非常挫折與洩氣。你可以問問自己，兒童來看你時，是否已被這些訊息嚴重地傷害了？你可以合理地假定，你將面對的一位兒童是：一開始看起來，對你能提供的服務沒有任何興趣的孩子。

(二) 準備好去與孩子會面

　　依據你即將會面的孩子之年紀，擺一些孩子能坐的小椅子、能寫或畫圖的矮桌、玩偶、故事書與其他適齡的玩具，會是很好的環境設置。你也可提供一些美術用品放在手邊，例如蠟筆和紙或白板，讓孩子可以在說話時邊畫圖。確認你的辦公室可以保護兒童的安全，如此才能使你保持平靜和集中精神。你的辦公室要夠大且整齊，這樣孩子才可以自在伸展及四處走動。

　　依據孩子的年齡，以短期會談的方向進行思考。「愈短愈好」是最為重要的好規則，特別是對於精神不易集中的孩子。既然所有年齡層的孩子都比成年人有著更多能量及喜歡四處跑，你也可以考慮和他們去散散步。

(三) 正向的開場

　　總是由「認識兒童」來開始會談；去了解他最好的朋友是誰、他泰迪熊的名字、他寵物的名字、他最喜歡的書或電視節目。注意與孩子有關的正向事物；她頭髮上的緞帶、他很酷的新鞋子、他所引以為豪的蜘蛛人卡片——這個孩子任何引人注目、傑出之處。你也可以詢問有關他／她的家庭、父母、有多少兄弟姊妹、誰住在家裡等；也可以問問誰對此孩子是有幫助的（包含親戚、堂兄弟姊妹、鄰居和最喜歡的老師等），以及他們做了什麼有幫助的事。這樣正向的開場會很快地吸引大多數的孩子；而且，此種歡迎他們的正向開場，相對於他們對一位實務工作者的預期，是大相逕庭的。

　　尤其，務必要使用簡單的日常生活用語，避免那些可能會考倒孩子的難字。他們的童言童語無須校正，因為孩子們有著受限的語言技巧，常渴望去取悅成人、傾向去模仿成人的語言。坐在地板上，保持和兒童眼睛同高的位置，以便兒童不需要抬頭就可以看見你，也會是很好的舉動。

　　以下是 Insoo 與 Sam 會談的開場，可用來說明如何開始與兒童進行會談。Sam 是一名五歲男孩，他被母親帶來諮詢，諮詢討論的主題是他正在與學校社工進行的輔導，以及如何使 Sam 在學校能更有效地控制他的脾氣。Insoo 以第一個注意到 Sam 的地方，來作為會談的開始。

Insoo1 ：現在，你的嘴裡還有軟心豆粒糖嗎？

Sam1 ：〔咯咯地笑〕是呀。

Insoo2 ：軟心豆粒糖味道如何？

Sam2 ：好吃。

Insoo3 ：好吃？好的，很好。現在，我們一起來看看。我知道你是六歲？六歲呀！

Sam3 ：五歲半。

Insoo4 ：五歲半。很抱歉。所以，你什麼時候會是六歲呢？

Sam4 ：嗯，8 月 10 日。

Insoo5 ：8 月 10 日。啊，OK。你很大了，對嗎？五歲半嗎？對，沒錯。那你有兄弟姊妹嗎？

Sam5 ：有姊妹。

Insoo6 ：姊妹。一個姊妹嗎？嗯。比你大還是比你小？

Sam6 ：比我小。

Insoo7 ：比你小，嗯。

Sam7 ：一歲半。

Insoo8 ：一歲半。那是個寶寶，對嗎？

Sam8 ：嗯哼。

Insoo9 ：是的，很好。那麼你應該上學了吧？對吧？你幾年級呢？

Sam9 ：幼稚園。

Insoo10 ：幼稚園。好的。你認為學校怎麼樣？你喜歡幼稚園的什麼地方？

Sam10 ：我喜歡玩，我喜歡到外面去，還有我喜歡玩遊戲。

　　在會談初期，你也可以運用關係問句帶出兒童的正向層面，以便能更快與兒童有所連結，並獲得對兒童的認識。例如，Insoo 在獲得更多關於 Sam 優勢的細節後，可加以詢問：「假如我問你媽媽，你做了什麼去照顧你妹妹，你想她會說你做了什麼，對妹妹是有幫助的呢？」類似的關係問句包括：

■ 你最好的朋友會說，當你們兩人相處時，你是一個怎樣的朋友呢？

■ 你媽媽會說你有什麼優點，是你不好意思告訴我的呢？
■ 你老師會說什麼呢？她會說你在學校最擅長什麼呢？

　　這些問句可修改至各種兒童可接受的程度，以幫助兒童去理解其他人所欣賞他之處以及他目前正在做的事。透過關係問句，你已經在和孩子溝通：你有信心相信他已有成功之處，而且別人對他的優點也具有部分的理解與認識。之後，你可以逐步移至其他較麻煩的領域，例如他／她的脾氣、拖延，或對父母的反抗等。

(四) 與成人建立同盟

　　當與兒童、青少年工作時，不管他們幾歲，與兒童周圍的關鍵成人建立起同盟關係是重要的。因為會談結束後，孩子還是得回去與這些父母親、老師們和其他人繼續互動。由於兒童的問題行為是成人所定義的，因此，僅有成人能改變或修改他們關於兒童問題的定義。兒童的問題會在兩種不同的方式下獲得解決：(1)當這些麻煩的行為不再發生；以及(2)當成人決定這些問題行為不再是個問題。

　　第二項解決方案發生的比率，乃超出你所能猜測的。例如，雙親可能會判定：孩子們的手足競爭行為「問題」，就孩子的年齡來說，其實是正常的；而這兩個孩子的堅強意志，將使他們在往後生命中，能更有效地面對類似的成人競爭，因此，在目前這一個有愛與關懷的家中，學習如何去面對這些競爭，反而是較好的。有趣的是，當父母在討論這些事情時，他們可能同時改變了他們談論的方式：從「解決手足競爭的問題」到「學習如何在一個競爭的世界中一起生活」。無論改變從哪一個途徑發生，重要的是：什麼轉變了成人對於孩子們已經改變或正在改變的知覺。這個轉變將能導致他們對於孩子態度的改變，也能因此創造出成人與孩子間不同的互動模式，而能更懷抱希望地關愛孩子，親子間也能更正向地相互接近。

　　相較於兒童，成人擁有較多的能力、理解力、技能與資源去改變，所以我們較喜歡與那些和孩子問題有關聯的成人工作，特別是當孩子非常小的時候。改變可透過單獨與父母工作，或者同時與父母和孩子的聯合工作來完成（下一

節會討論成對的晤談）。特別是當父母親被這名所謂具有「失控行為問題」的孩子困擾時，前述的方式將更具有賦能父母親與其他成人的效益。父母親或其他成人能透過發展出與孩子不同的互動方式，而感到被賦能；他們也能透過更多有效的互動方式，進而賦能他們的孩子。

然而，要使所有父母親或其他成人都參與晤談，是不可能或不實際的期待。有時，由於父母親或其他成人被監禁、經常出差，或者因兒童被安置於家庭之外，而導致父母的角色缺席。或許，當能獲得父母或相關成人參與時，這些重要的成人已被兒童的行為搞得筋疲力盡了，所以在要求他們投入任何可使改變發生的努力之前，他們首先會要求兒童必須改變。在這種情況下，於會談一開始時先與兒童工作，是必要且可行的。

(五) 獲知兒童的觀感

由於常有多位的成人都對幫助某一位孩子有興趣，身為一個實務工作者，你可能會難以去釐清你和孩子正在工作的方向是什麼。你將遇到的兒童，大都會有數個協助者，而每一位協助者對於孩子的問題，都有他／她自己的想法。他們會和你分享想法，或要求你去做他們認為應該有幫助的事；但這些意見也可能令你淹沒和混亂。不論在什麼情況下，你務必確實地去詢問兒童本人：他／她對自身處境的知覺是什麼，以及什麼是對他／她可能會有幫助的。很可能沒有人認真地去問過兒童：對於如何不使他／她自己陷入更大的麻煩，他／她個人的想法是什麼。

在 Insoo 開始與 Sam 會談後不久，Insoo 打算透過評量問句來得知 Sam 對自己處境的知覺。

Insoo11：你正在學數學。哦？所以你認識所有的數字，對嗎？嗯哼。很棒，很好。而且你也正在學所有的字母。嗯哼。你也學到所有的顏色，對嗎？好的，很好，嗯。現在我了解到，你已經和 B 老師談過話。嗯……那麼，我將問你幾個有關你和 B 老師談話的問題。沒問題吧？

Sam11 ：V。

Insoo12：V。哦，是 V 老師，OK。很好，我以為她是 B 老師。所以假如我們講一些數字，你是 OK 的。很好。很棒。那麼我要問你，既然你全都知道——你已經學完數字。我要說的是，我要畫一條線，這就是那條線。那條線在這裡。下面這裡是 1，最上面這裡是 10。沒問題吧？

Sam12 ：嗯哼。

Insoo13：OK，那麼這代表，1 代表嗯……老師認為你有你的脾氣和像這樣的問題……

Sam13 ：嗯哼。

Insoo14：OK。這是最糟的，這是最不好的，是吧？

Sam14 ：嗯哼。

Insoo15：那是 1。而 10 代表像 V 老師會說：「嗯，Sam 的脾氣問題全在控制中。我再也不用去和 Sam 見面了。」那是 10，你的幼稚園老師也同意 V 老師的看法，你媽媽也和 V 老師的看法一樣。OK？所有的那些，那些都代表 10。你想你目前在哪裡呢？今天在 1 到 10 之間，你會說你在哪個數字？

Sam15 ：嗯，10。

Insoo16：10？好。那很好，很好。那麼你認為你在 10。好。假定我問 V 老師同樣的問題，對 V 老師說：「嗯，V 老師，10 代表 Sam 不用再跟你見面了。而 1 代表當你第一次看到 Sam，Sam 的脾氣問題是最壞的。」那麼 V 老師會說你現在是在 1 到 10 之間的哪個位置呢？

Sam16 ：9。

Insoo17：9。她大概會說你在 9。太棒了。很好。那我再問一個相同的問題，OK？現在，我問你媽媽同樣的問題。我問你、V 老師以及你媽媽。所以，這次是換媽媽。我又問了相同的問題。媽媽會說什麼呢？

Sam17 ：嗯。嗯，9。

Insoo18：9。媽媽也會說你是 9。哇！你的分數已經變得這麼高了，你進步了

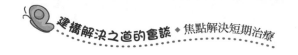

這麼多的分數。你是怎麼做到的？10 分、9 分和 9 分。

這個段落的對話是有趣的，因為它表示了：即使是和一個年幼的小孩工作，只要孩子已具有較高或較低的數字概念，評量問句就可以被用於引出孩子的知覺。Sam 清楚地相信，他在控制他的脾氣上有了很大的進步。Insoo 接下來想要了解在 Sam 的觀點中，他是如何能進步這麼多的細節。Insoo 沒有在口語上要 Sam 去描述 1 分和 10 分的意義為何，而是做了以下詢問：

Insoo19：嗯哼，OK。所以，當你現在不再發脾氣時，你都做些什麼？

Sam19　：我是好的。

Insoo20：你是好的。啊哈。很好。所以你知道，Sam，如果你想要的話，你可以畫一些畫。你可以在這裡畫一幅畫給我，告訴我當事情或你的脾氣是非常壞的時候嗎？而現在，你在 10 分了，事情又有了怎樣的不同呢？你可以畫一幅畫給我嗎？大的。

Sam20　：用紅色代表不好的事。

Insoo21：你想要用紅色，很好。那代表不好的事。是，好的。

Sam21　：那也是好。

Insoo22：〔關係問句〕是嗎？那麼現在你做得比較好，你真的做得很好，媽媽又做了什麼？媽媽對你的方式有什麼不一樣嗎？

Sam22　：嗯……她買東西給我。

Insoo23：她買東西給你。像是軟心豆粒糖。嗯啊，好的。我了解……這是誰？

Sam23　：Boom〔碰，隆隆聲〕。

Insoo24：Boom，哦，這是當你脾氣相當不好的聲音。

Sam24　：嗯哼。

Insoo25：好的。現在，你可以畫一張你現在的樣子嗎？

Sam25　：〔正在選一支不同的色筆〕嗯……

Insoo26：哦，你可以解釋那一個小點嗎？

Sam26　：這是我給某個人某些東西。

Insoo27：這是誰？那個是你嗎？

Sam27：嗯。

Insoo28：我了解了。這裡有一個微笑。是，你是對的。啊哈。我懂了。那很
好。

對很多孩子來說，先畫一個圖來代表他們的知覺，再去討論它，會變得較為容
易進行。畫圖使討論慢了下來，也給予孩子時間去思考，使他們漸漸冷靜下來；
一旦圖畫好了，也提供了某些使孩子更能專注於討論的具體事物。同時，這也
使實務工作者更容易停留於未知的姿態上；如 Insoo 所做的，是透過詢問關於
Sam 圖畫的細節，來保持好奇之姿。Sam 如同多數的孩子，是具有創造力的；
他挑選紅色來表示他突然發怒時的樣子，而選了較柔和的顏色，來代表評量上
較正向的那端。

有時，尊重地探問孩子他認為「什麼將能改善事情」的知覺，其結果會令
實務工作者深受感動，特別是那些你被知會為正在犯許多錯誤的兒童。Insoo 曾
與一個被媽媽和老師認為十分麻煩且具破壞性的孩子會談。她問那男孩說：如
果神仙教母晚上突然來到他家，並揮動她神奇的魔杖，讓媽媽和老師所描述的
問題都被解決了，那麼隔天早上，他會看到什麼不同？他表示：他將知道神仙
教母確實來過，是他醒來時會聽見媽媽唱歌，也會看見她微笑，而且，他會有
足夠的錢給媽媽去買任何她想要的東西。這樣的答案，除了會使你的眼中流出
淚水之外，這答案也告訴你，如果你繼續提問「需要發生什麼」才能使部分的
奇蹟發生，以及繼續尋求相關例外時，這孩子將會有改變的動機。

(六) 與兒童會談的其他秘訣

一旦你根據上述內容進行調整，並尊重兒童和青少年的心智發展水準，你
將發現與孩童建構解決之道的歷程，本質上是與成人相同的（Berg & Steiner,
2003）。本章前段再次提及，第 4 章所述的 Insoo 與 Beth 的會談，即是一個好
的例子。無論來晤談的當事人年紀為何，改變乃透過實務工作者關心對當事人
來說誰和什麼是重要的、當事人想要什麼，及相關的例外等而發生。然而，與

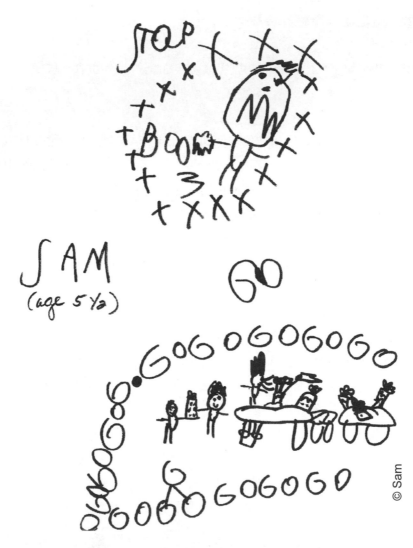

圖 9.1：Sam 的圖畫

兒童和青少年晤談時，仍需要具有一些「必須做和不能做」的堅持。

1. 多使用關係問句

所有的兒童，特別是青少年，生性敏感於他人對自己的評論和評價。他們

已大量學會如何因應成人對其觀點的方法；這些成人（如父母）常假定他們了解自己所養育的兒童，或是以「為孩子好」的立場，去監督孩子的想法和感受。當兒童重複修正成人的觀點卻失敗之後，許多孩子就放棄了，反而讓成人去假定他們就是什麼樣子；尤其，那些被認為是麻煩的、難相處的、頑固的、難以控制的孩子，以及在家裡、學校和社區裡曾有數個行為遭懲戒的孩子，更是如此。

多數來尋求服務的孩子，對於自己究竟有何感受和想法，常是感到困惑的。因為當他們嘗試表達自己的意見時常會被制止、嘲笑或不理睬，因此，他們更容易去回應那些無關自己的問句；亦即，他們會更有意願去回答關於其他人的想法。所以，關係問句是與兒童和青少年工作時的完美工具，如同對於所有非自願來談的當事人的工作一般，關係問句能在提問者與回答者之間建立一段安全的距離。

以下是一些關係問句的例子，可以被運用於兒童和青少年的會談。這些問句亦反映了聚焦於正向的重要性，特別是當你開始接觸兒童和青少年、想與他們建立關係時。你要特別花些力氣去注意：關係問句是如何提供了距離的元素，以及你要如何從最初或許不想和你說話的某些當事人那裡，增加獲得答案的可能性。

■ 你媽媽會告訴我，你在學校最好的科目是什麼呢？你的老師會怎麼說呢？
■ 你媽媽還喜歡你哪些其他天分，是你不好意思告訴我的？
■ 當你在家時，她會說她最喜歡的是什麼？
■ 你媽媽是從哪裡來的想法，會覺得你需要來和像我這樣的人談談？
■ 你媽媽需要從你身上看到什麼，她才會覺得你再也不需要來看我了？還有其他的嗎？
■ 假定你選擇去做這些事情，在你和她之間將會有什麼不同？

關係問句也有附加的利益，它可以教導兒童和青少年，其他人的知覺會如何決定與他們的互動，而無需實務工作者給予另一場告誡。對兒童和青少年來說，「其他人」是對他們具有權威與影響力的成人，是他們必須去適應與配合的人；兒童的重要成人，是他／她發展解決之道的必要脈絡。因此，在稍早的

對話中，Insoo 不僅請 Sam 評量他認為在學校時，自己控制脾氣的分數會是幾分；Insoo 也問 Sam，就他的觀感而言，他的媽媽和老師將會評量他的分數為幾分。關係問句有助於在「當事人想要的目標」、「願意去做的目標」，以及「周圍成人對其的要求」三者間取得平衡。很多時候，什麼是成人想要的，乃與兒童自身想要的，是相似的；例如：行為變好、變得較安靜、能更切實地依循規則，以及與他人和平相處等等。

2. 避免「為什麼」問句

探問某一個人行為背後的「為什麼」（why）似乎是合理的，甚至也能顯示出真正的關注焦點。例如，如果一個人原本正常地走著，現在卻變成一跛一跛地走，有些人就會問：「為什麼他一跛一跛的？」但是，由於成人已經問了兒童非常多次「為什麼」，甚至已經成為一種責罵或譴責的形式，因而大人通常也會接收到孩子如下的反應：聳肩、咕噥、沉默、「我不知道」或防衛的反應。很多孩子把「為什麼」問句和嚴厲的聲音、食指指著他們等等，聯想在一起，那會立即喚起不安、罪惡和充滿羞愧的感覺。所以，以「怎麼發生的」（how come）替代「為什麼」會更佳。你透過詢問「怎麼發生的」所獲得的訊息，與你欲透過詢問「為什麼」而獲得的訊息，會是相同的，而且，你還更可能會得到你想要的有用訊息。

3. 對於「我不知道」的回應

無論是初入此專業領域或已有很多年工作經驗的實務工作者，要如何回應當事人「我不知道」的反應，都可能是在與兒童和青少年工作中，最常被提出的問題；當然，青少年似乎在此問題上更佔據多數。如果你是經驗較少者，要對此進行回應，似乎會是特別困難且令人費解的，因為它會帶給你非常大的壓力去採取接續的行動；同時，你也會擔心你是否要再問另一個問題，然後你又可能會得到另一個「我不知道」的反應。

我們首先建議你停留在冷靜、不過度反應、不去假定他們內心存有某些黑暗的動機或抗拒等的狀態，你反倒可以逐字重述青少年的話。他們很有可能是

真的沒有什麼答案，所以你可以如此真誠地回應：「我了解我正在問某些艱難的問題。〔暫停〕因此，假定你真的知道，你猜你會怎麼說？」請當事人去佯裝他們知道答案，有時會使他們放棄防衛；有時他們會開始回應，而且通常會在一個對你和他來說都是嶄新的方式下。另一個建議是，帶入其重要他人的知覺，藉由詢問：「你最好的朋友將說什麼……？」「最好的朋友」對兒童和青少年是非常有用的，因為就定義上而論，最好的朋友意味著某個站在你這邊、接納你且沒有過度要求的人。

雖然十分罕見，但若真的沒有其他可以工作之處，仍可嘗試將「我不知道」或沉默視為一個正向特質。或許，兒童已經學到不要太快表達自己，也或許他是個深思熟慮的思考者，在他有把握之前是不會回答問題的。有時，你也可以去欣賞這類「堅決沉默類型」的孩子，對他保持好奇心，並以這些為基礎來給予他讚美。面對成人期盼一個答案時，兒童必須擁有一個強烈的意志和決心，才能繼續在成人面前維持沉默。如果你決定對青少年說出類似上述的話，那麼給他／她一段不短的時間去沉默一下，便是一件重要的事；這需要你自己能發展出一種能力與耐心：似乎擁有全世界的時間一樣。有時，在兒童能回答你的問題之前，他會很需要你這種無條件接納的展現。

兒童會以「我不知道」或維持沉默來回應的另一個罕見且困難的情況是：他們對於自己的處境感到沮喪和無望，以至於全然放棄他們的未來。就如在第10章所討論的，因應問句在此情境是十分有效的；因應問句易於回答，因為它們要求的是小的、無可否認的成功，例如一個人在這個早晨如何做到起床或到達實務工作者的辦公室。結合因應問句和關係問句，將能提供最佳的機會，引發當事人敘述他們所擁有的優勢，同時這也能喚起他們在艱困的處境下，繼續去嘗試的意志力。

4. 假定當事人是可勝任的

最近 Insoo 為一家提供寄養處遇的中心進行諮詢，社工員提出了一個青少年男孩的案例。這位名叫 Adam 的青少年，想找一份工作卻不斷遭遇失敗，因而無法逐步完成他想要獨立生活的承諾。Adam 對於工作有著許多想法，他或

許想要能輕易地得到工作，例如在速食餐廳，這種雖然要求高但支薪也較高的廚房工作。最初，社工員對 Adam 的前景十分看好，但當他無法貫徹他的想法時，便立即改變。社工員發現自己已在「嘮叨 Adam」，也理解到那個嘮叨是其他每個與 Adam 相處的人都會對他做的事，但卻仍無助於他的改變。

此時，你可能會變得對協助當事人感到挫折，也會困惑於他們的能力和動機。在一起進行了諮詢之後，Insoo 和社工員決定對 Adam 試試另一種取向：假定他是有能力的、能勝任的（competent）；如果他下決心的話，他就能改變。在下次有機會接觸 Adam 時，社工員小心地接近他，並在他們的晤談中說道：「你知道的，Adam。我一直在思考我對你找工作的嘮叨行為，我了解到你沒有找到合適的工作一定有個主要的好理由。你可以告訴我這個好理由嗎？」Adam 立即回應他真的沒有一個好理由，他「只是徹底的懶惰」且不認真地看待生活而已；這是他得「整頓生活」並往前邁進的時候了。社工員和善地聆聽，但不是期待 Adam 非得特別去做任何事情不可，而是在腦中思索著她和 Adam 這段對話與先前大為不同之處。然而，下一次 Insoo 和社工員再討論時，社工員報告 Adam 已受僱於某速食餐廳，並且已經工作兩個星期卻沒有任何一天蹺班。

5. 傾聽例外的暗示

一旦兒童或青少年開始參與晤談，並告訴你是什麼讓他們來到你這裡，你便要特別注意例外的存在。例外通常是可進入解決之道談話的優先入門通道。我們有一位同事 Cynthia，是一位心理學家，她講過一個案例：一位名叫 Justin 的男孩，有偷竊商店物品的紀錄。Justin 面臨被送往矯治機構的下場，因為檢察官和法官厭倦他習慣性地偷店裡的東西。由於 Justin 年紀輕、非暴力本質的犯罪，以及 Cynthia 擁有能與其他年輕人有效工作的名聲，Justin 被轉介給 Cynthia，以作為最後的輔導手段。Cynthia 與 Justin 碰面時沒提到偷東西，反而問 Justin 有關他怎麼會這麼喜歡逛街；他在購物中心花多少時間和錢，他最喜歡的商店類型，他猜他在買東西上面花了多少錢，諸如此類的事情。Justin 無意間自己坦白，他從來沒為任何他所擁有的東西付過錢：如 CD 片、鞋子、襯衫、衣服或任何他想要得到的東西。在他們談話的過程中，他提及他曾為一片 CD

付錢，Cynthia 認定這是個例外，於是便仔細地探問，他是怎麼決定為那片 CD 付費的。Justin 變得十分專注於講述他排隊結帳的經驗——銷售員如何給了他一個有著商店商標的彩色封套，銷售員又如何把帳單放進封套裡等。他敘述他如何揮舞著商店封套走出店門，坐上公車，並把封套放在他的膝蓋上，然後，手拿著 CD，把收據拉出封套，讓在他周圍的其他人能看見他買了它。

Cynthia 說，Justin 看起來很自豪，好像他實現了一個偉大的成就一樣。她問了更多關於他如何決定去買那張特別的 CD 之細節，以及他付錢後又有什麼不同的過程。在晤談的尾聲，她讚美他的成就，及他一直變強的良心，也強調他媽媽一定會以他去買那張 CD 的決定為榮。晤談後一年內，Justin 沒有再偷商店裡的東西，且最後免於被送去矯治機構。

一旦你和當事人能確定一個例外，依照 Cynthia 的例子，盡你所能去得到與例外相關的許多細節，包含孩子如何能做到。Insoo 對 Sam 在接下來的對話中也是這樣做的。

Insoo29：啊哈。那很棒。你是怎麼學會不用拳頭打別人的？

Sam29　：我，我⋯⋯

Insoo30：你會怎麼做，當你現在想要用拳頭打人的時候？

Sam30　：數到 10。

Insoo31：數到 10。

Sam31　：10、9、8、7⋯⋯

Insoo32：給我看一下你會怎麼做。

Sam32　：6、5、4、3⋯⋯

Insoo33：做給我看，你怎麼數到 10。

Sam33　：10、9、8、7、6、5、4、3、2、1。

Insoo34：很好。

Sam34　：倒過來數。

Insoo35：它也可以倒過來數。啊哈，OK。那很好。所以數到 10，會有幫助。

(七) 結論

當與兒童工作時,你需要記住,兒童和青少年通常是非自願前來的,並且有時是被迫來談的當事人。由於他們須仰賴周遭成人的支持、認可與持續的善意,實務工作者需要將兒童的改變歸功於對孩子來說的那些重要成人,此為一關鍵原則。如果孩子在他/她與你的工作中變得更好,你不是將孩子的成功歸因於孩子而已,你還可以賦能孩子的重要成人——透過強調成人如何為孩子成功地奠下基礎,那麼他們持續關心和支持孩子的力量,將會成為孩子成功的基石。如此,才會對孩子最有幫助。

既然兒童是有創造力和想像力的,你也可以持續考慮如何允許他們運用這些長處來加入晤談。保持真誠的興趣去傾聽「什麼是有效的」,並尊重地和他們藉由這些長處來建構解決之道,會是很重要的態度。當你對他們真誠且誠實時,所有的孩子都能敏於理解。真誠和尊重也意味著,不去承諾你不能給予或不能保證的事項,或者去勉強自己非得用兒童和青少年最新的時髦語言,除非對你來說這是自然的。盡一切辦法,享受與他們在一起的工作,樂意從他們那裡學習;因為他們如同其他當事人,在關於他們本身以及我們如何幫助他們的方面,是有很多東西可以教給我們的。

五、成對當事人的會談

成對者(dyad)是指有著親密關係的兩個人:父/母和孩子、先生和太太、學生和老師、同事、室友等等。當成對關係者對彼此及其關係不滿意時,實務工作者通常必須同時會談兩人。當兩個人一起來見你時,幾乎總是其中一人想來會談的念頭強過另一位。例如,在親子檔中,絕大部分是父母親認為要來會談,而不會是孩子;亦即,當父母自願前來時,孩子通常是非自願的。在本章中討論過的指導原則亦可在此發揮作用。而這種會談的形態被稱為「聯合會談」(conjoint interviewing)。

你可能如同此領域的許多實務工作者,會因為要同時與兩位或更多的人會

談而感到有些驚慌，這是自然的反應，因為其中一個當事人很可能是非自願的，且另一個人可能又正是令其挫敗和壓迫的源頭；對於彼此生氣、準備打算在你面前鬥爭到底的成對關係人來說，這些都是典型的情況。然而，別忘了他們也帶著包含私密語言和相處關係的歷史故事來見你。他們傾向於敏銳地相互調整其非口語姿勢，包含身體動作和姿勢、嘀咕聲、嘆氣、看地板或天花板、眼神轉來轉去等等。當你進入這個會談，如果你企圖快速地解譯這些信號，以理解他們的關係裡正在發生什麼，你將會不知所措。較好的方式是：採取未知的態度，使用一些良好組成的問句，並假定他們將會帶領你進入他們的關係，就像其他個別當事人一樣。

(一) 聚焦於關係

在成對或任何聯合會談工作中，於「關係」的層面上多加考量，會是一個重要的原則。對你來說，這或許是個挑戰，因為大多數來看你的伴侶或家庭的成對當事人，只想在個人的人格層面上進行討論。一個媽媽可能這樣說她的女兒：「她是那麼自私，她的喜怒無常影響全家人，她表現得像是沒有其他人住在家裡一樣。」你可以假定當成對中一個人有所抱怨時，那關係即是處於不滿意的狀態，且那「自私的」女兒也會有著她對媽媽的抱怨，她可能會回應道：「我媽總是批評我好吃懶做，說我和不好的朋友黏在一起。」在初次晤談時，當成對當事人以批評彼此作為開始時，你可以在兩人的關係焦點上進行一些闡明和摘述，以作為開場。你可以對這對母女說：「好的，所以現在，妳們之間的情況都不是按照妳們各自想要的方式在進行。」留在「關係」層面中的思考和反應，將幫你免於落入每個關係人對另一人負面觀點的細節，而使另一人被迫變得對你有所防衛。關於與成對當事人進行建構解決之道的會談，從頭到尾都強調：實務工作者在詢問每位關係人有關他／她個人的知覺時，需要一直聚焦於他們的關係之上。以下的例子將說明之。

(二) 開始會談

事前知道成對當事人是如何決定來見你的過程，會是個好主意。通常，想

要晤談的那個人會來電預約；有時他會以簡短的問題來開始陳述，例如：「我兒子和我處不來。我們需要幫助。」在你們正式見面相互介紹之後，一個開始的方式是對媽媽說：「我了解妳打電話的用意，而且妳關心妳和妳兒子之間的相處情形。」當你以這個方式開始時，你可預期媽媽會就她對兒子的擔心和抱怨來作為開場。你必須探問兒子關心的重點與知覺，然後以關係的焦點來複述與摘要。當你複述和摘要的同時，也去傾聽：對每一個人來說，在這個關係中，什麼是重要的，以及彼此想要的可能有何差異。在此，也可依循稍早在本章中所提供與非自願來談當事人工作的指導原則。

　　還有另一個開始會談的方法，此方法提供了一個機會，可避免或減少成對會談裡一開始最易見到的雙方衝突。由於成對者之間長久的相處歷史以及對彼此的熟悉，會談很快就有失控的可能。家庭成員、伴侶或朋友可能很快會挑起舊帳或熟悉的衝突點訊號；他們知道彼此的行話，也知道如何去踩彼此的痛腳。對於這樣的情況，抱持以下這一個假定會是安全的作法：他們在尋求幫助以及準備好告訴你他們自己那一面的故事之前，彼此已經有過許多討論和爭執。而一個去避免雙方爭執再次發生的可能方法是：先與非自願來談的那一方開始接觸，並聚焦於其優勢之上。接下來所呈現的名為 Alex 的十五歲男孩及他的母親 Nancy 來與 Insoo 的會談中，便是如此進行。Nancy 帶著 Alex 來會談，是因為關於做家事方面的爭執。

Insoo1 ：哈囉。

Alex1 ：嗨。

Insoo2 ：你說你的名字是 Alex。

Alex2 ：是的。

Insoo3 ：Alex，OK。Alex，你幾歲？

Alex3 ：十五歲。

Insoo4 ：十五歲。哦，那你是高中一年級嗎？還是二年級？

Alex4 ：新鮮人，高中新鮮人。

Insoo5 ：〔對著 Alex 的媽媽〕哦，好的。他是個好學生嗎？

Nancy5　：高材生。

Insoo6　：OK，好的。噢，他這好頭腦來自誰？

Nancy6　：來自他媽媽。

Insoo7　：〔笑著〕當然是來自於他媽媽。

Nancy7　：是的，是的。

Insoo8　：你認為呢？你的好頭腦來自於誰？

Alex8　：〔加入玩笑〕哈。不是相當確定來自於那個人。

Insoo9　：你不是很確定。你不確定，是嗎？

Alex9　：是的。

Insoo10　：你恰巧有一個好頭腦。你生下來就有一個好頭腦嗎？或者你開發了它？

Alex10　：我想我開發了它。

Insoo11　：你認為你開發了它。

Alex11　：是。

Nancy12　：〔也加入了玩笑〕遺傳學和它沒有關係嗎？

Alex12　：沒有。

Insoo13　：哦不！〔每個人都笑了〕好的，好的。什麼是他拿手的科目？什麼是你的拿手科目？

Alex13　：可能是英文和數學。

Insoo14　：英文和數學。哦！那樣很好。

Nancy14　：是呀，我很以他為榮。

　　注意 Insoo 透過詢問 Alex 的媽媽，把對話聚焦於 Alex 的長處來吸引 Alex 的參與；此乃藉著運用媽媽作為 Alex 的專家證人所致。Insoo 還詢問 Nancy，Alex 在學校是否表現良好。一旦她發現 Alex 是高材生，他們三人就開始了解此一優點的細節，並在過程中有些具樂趣的對話。你可以做相同的事：認真地詢問成對當事人中自願前來者關於另一人擅長什麼，或欣賞他什麼。最可能的情況是，一旦非自願前來者的長處被討論過後，你需要如以下 Insoo 對 Alex 與

他媽媽所做的，那麼你就可以使狀況平衡。

Insoo15 ：所以，你喜歡媽媽什麼地方呢？媽媽做了什麼而把家照顧得很好呢？

Alex15 ：她是一個好廚師。〔笑著〕

Insoo16 ：她是一個好廚師。啊哈。〔笑著〕我看得出來他喜歡吃，哈？

Nancy16 ：嗯哈。是，他不會錯過任何一餐。〔笑著〕

Alex16 ：嗯，在她的身旁很有趣。她喜歡……我喜歡她和我朋友互動的方式。

Insoo17 ：你的朋友？

Alex17 ：是的。

Insoo18 ：〔印象深刻地〕我的天啊。

Alex18 ：是啊。

Nancy18 ：我也是足球贊助者的主席，所以……

Insoo19 ：足球贊助者，嗯哼。

Nancy19 ：我常到他學校，而且……

Insoo20 ：啊哈。真的。太好了。真棒。

Alex20 ：她是真的很支持，而且……

Insoo21 ：她非常支持。

Alex21 ：是啊。

Insoo22 ：啊，所以媽媽非常聰明，也非常忙碌，還是一個好心腸的媽媽。

Alex22 ：嗯哼。

Insoo23 ：啊哈。好極了！太好了！

他們對焦點解決問話的反應並非不尋常，因為在此過程他們描述了對方的優點而讚美彼此，即使他們之間有著許多潛在的嚴重衝突，如同其他成對當事人一樣。這毫不令人驚訝，因為在成對的關係及相處中，通常意味著共同愉快的時光和挫折的記憶是一樣多的。這個開始的方式十分有效，因為它可以引發

希望和善意，通常也會促使後續解決之道建構的歷程更加快速與更少衝突。

(三) 朝共同的目標工作

1. 詢問當事人想要什麼

　　與成對者一起工作時，很快地就進行到詢問每位當事人他／她想要有什麼改變；因為環繞這個主題來發展對話，是另一個使衝突的可能性降到最少的方法。將晤談焦點放在每位當事人想要什麼樣的未來，將可邀請當事人由過去關係中的問題和挫折之思考，轉移到更具生產力和滿意的事項上；同時，這也是一個開始朝向共同目標的工作方式，這對於增進關係是不可或缺的。在找出 Alex 和媽媽彼此欣賞與欽佩對方之處後，Insoo 立即轉向探討：在他們的關係裡，他們所想要產生的不同為何。

Insoo24 ：所以，在今天的會談中，如果你們得到了什麼，就會讓你們認為這個會談是有幫助的呢？

Nancy24：嗯，對我而言，如果能讓 Alex 有一個清楚認知，或者應該說是了解要去遵守家中的規定、參與家事，有這類應負責任的尊重，是很重要的，這樣我就會覺得這個會談是有幫助的。特別是，我們輪流做家事，像是洗碗盤，類似這些。所以，假如他可以了解他應如何參與，而非頑固的抗拒，嗯，應該不只是打著幫我的旗號，然後說「我累死了、我累死了」，而是真的願意幫助整個家。

Insoo25 ：〔了解解決之道，乃是涉及要去做一些不同的事〕嗯哼。那麼，妳是認為他應該要能理解？還是他已經知道了，所以應該開始做些事情？

Nancy25：好問題。嗯，兩者都有。對，我樂見他能理解並且能接著去做一些事情。

Insoo26 ：去做一些事情。OK。好，嗯哼。Alex，對你而言是如何呢？需要發生什麼，才會使你說：「嘿，來會談不是個太糟的主意。」

Alex26 ：嗯，希望她能了解我對這個話題的感覺是什麼。

Insoo27 ：在這個話題上。

Alex27 ：是啊。

Insoo28 ：那麼，好的。所以，你只是想要你媽媽去了解這一點嗎？或者你會⋯⋯

Alex28 ：只是了解。

Insoo29 ：〔關係問句〕只是了解。好的，這很有趣。OK。希望她能了解，媽媽能了解你的感受、你的意見、這個論點，這樣對嗎？

Alex29 ：嗯哼。

Insoo30 ：OK，若真是這樣，會有什麼不同呢？

Alex30 ：我在想，她以後的反應會不一樣。她會如何反應——不是現在，是她在一個禮拜或之後，她的反應可以不同。

Insoo31 ：OK。

Nancy31 ：對什麼的反應？

Insoo32 ：對，多說一點她會如何改變。

Alex32 ：OK，例如假如我回到家，我剛做完足球練習，而且我一整天在學校，和其他所有的事情。假如⋯⋯我去看我爸，正好是不久前的一個禮拜，我待在那裡，所以我沒有吃家裡的任何菜，吃任何食物，那麼我不覺得我應該去洗碗，我並沒有弄髒碗盤。

Insoo33 ：哦，好。是的。不錯，你在這裡有一個好的邏輯。

Alex33 ：對。

Insoo34 ：嗯哼。好。OK。那麼接著，一旦媽媽了解這點，那麼，在你去探視你爸爸的那一晚，她可以不要你洗碗嗎？

Alex34 ：對。或者我們能得到一個共識就是，我應該少洗一點碗盤或⋯⋯

Insoo35 ：啊哈。你是指少洗一點碗盤或少點洗碗日嗎？

Alex35 ：少洗一點碗盤。

Insoo36 ：少洗一點碗盤。

Alex36 ：是的。

Insoo37 ：在你必須洗碗的日子裡。

Alex37 ：嗯哼。

Insoo38 ：〔關係問句〕不錯，好的，我可以理解這點。OK。對妳而言是怎樣呢？當 Alex 了解到，為什麼他必須參與幫忙做家事後，在你們兩人之間會有什麼不同嗎？

Nancy38 ：會有不同的。嗯，你知道的，減少爭吵，不會斤斤計較地說：「不，這是輪到你！不，這是該我。這次輪到我！」對他而言，他應該去了解到每個人都會輪流，不論他有沒有去他爸爸家。你知道的，家還是家。而且他或許星期四沒有吃，因為他在他爸爸那裡，但是回到我家是星期五，還是有碗盤要洗。這就是輪流。這個輪流就是這樣。假如這是輪到他，他就應該去做，不論他在哪裡。

Insoo39 ：所以，妳希望在家中能減少摩擦爭吵。

Nancy39 ：是的。

Insoo40 ：在他和其他小孩之間嗎？

Nancy40 ：還有和我之間。

Insoo41 ：還有妳。OK。那麼，這會使事情……這會有什麼幫助呢？

2. 如何停留在聚焦於關係上

　　雖然不是所有的案例都跟 Alex 和 Nancy 一樣，能夠開始於停留在他們想要有什麼不同的主題上。但如同在稍早的章節裡所描述的，Insoo致力於澄清、擴展與發展每位當事人的目標，來作為開場。注意 Insoo 如何小心地鼓勵每一個人，使他們的目標浮現，並聚焦在他們的關係上，以使他們有機會朝著關係中的共同目標工作。Insoo以一個可識別的、謹慎的方式進行。當每一個人各自能定義他／她想要有些什麼不同時，Insoo便請他們各自去想像在想要的情況發生後，將在他／她本身與另一人、第三者之間，又會產生什麼樣的改變。例如，當 Alex 說他想要媽媽理解他在洗盤子這件事情上的感覺時，Insoo 請他去假定當他的媽媽能理解他想要什麼時，什麼樣的改變是他可期待看到的結果。因而 Alex持續聚焦在他與媽媽關係的焦點上，並開始去敘述她可能如何調整關於洗盤子的要求，而能依他的各種情況有所調整，例如：特定日子的忙碌程度，或

者當他預定洗盤子的那天,是在爸爸家而沒在家吃晚飯時。

3. 維持平衡

　　先前的對話示範了 Insoo 如何仔細地在她與 Alex 和 Nancy 的互動裡,維持著平衡。正如同在稍早的段落裡,她給予兩個人相同的探索長處的時間,而現在她也會輪流詢問每個人所想要的事物,以及希望在關係中產生的變化。一旦Alex 已經回答了他想要在關係裡所發生的改變時,Insoo 便轉向 Nancy,同樣詢問如果 Alex 了解他必須幫忙做家事時,她和 Alex 之間將會產生什麼不同。在成對者的晤談裡,維持這個平衡,是證明實務工作者對兩人都同等尊重的一個方式,而且也表達著:「為建構一個更滿意的關係,兩人的看法及投入都是必要的。」有時,成對者之一簡直是在命令實務工作者去改變另一個人,例如父母親命令實務工作者要好好地「修理」他/她的孩子;但即使實務工作者真的這樣去做了,仍然是沒幫助的,因為孩子很快便會認為實務工作者像是另一個支持他爸媽的父母代表。

4. 增強建構共同目標的邀請

　　除了維持在「關係」上的焦點,以及給予成對的每一位當事人同等的時間之外,先前提及的各種詢問方式,也可持續地邀請當事人朝著他們關係中的共同目標繼續工作。當成對當事人各自被邀請去計畫他/她想要的未來,及假設其在關係裡會引發改變的狀況,兩人都被給予機會去仔細考慮自己看法的可能效益。這些反思將引出額外的可能性,使實務工作者可以再繼續追問關於當事人如何將這些可能性投射於未來,並且思考關係中可能產生之變化的意義為何。在多數的案例中,這個歷程揭示了兩位當事人都想要相同的事情——一個有進展的關係——為了促使這個目標發生,便需要他們一起工作。

5. 當事人只進行問題式談話時

　　在很多與成對當事人的會談裡,當你詢問每個人各自想要什麼改變時,並無法立刻像 Alex 和 Nancy 這樣,能馬上一起形成共識。甚至,無論你多麼仔

細和謹慎地提問你的問題，當事人還是以描述他們不想要什麼來反應之。成對者常會這樣說：「我們十分厭倦一直爭吵。我們再也不能繼續這樣下去。我們表現得像是我們討厭彼此。」家長可能說：「我的兒子一直對我這麼不尊重。他認為他什麼都知道。」當這樣的情況發生時，請記住運用本章稍早列舉的，關於如何使抱怨轉變為一個初始目標的指導原則。例如，你可以對初期的抱怨如此回應：「所以，你們想要彼此相處得更好，對嗎？」或「所以，你想要你的兒子變得更尊重你，這是你的意思嗎？」一旦這些當事人接受他們的抱怨含有這些正向目標的陳述，你就可以接著對這個描述進一步探問。例如，於想要兒子更尊重父母親的案例裡，你可以詢問以下問句：

- 所以，當你的兒子變得對你更加尊重時，你將看到他做什麼而讓你知道：「嗯，他現在終於尊重我了」？
- 假使他開始去做那些事情，你們之間將會有什麼不同？
- （看著兒子）假使你尊重你的母親，如同她剛剛描述的，你會看到你母親有些什麼不一樣，那不一樣將讓你知道：「嗯，媽媽終於承認我尊重她了。」
- （聚焦於回到關係上）假如你看見母親的反應，你將會做什麼不一樣的事嗎？

6. 詢問奇蹟問句

一旦你的當事人回答了這些邀請他們的起始問句，且能就他們的關係去建構共同的目標時，你便可以透過詢問奇蹟問句，提供一個機會，進一步地去發展出良好構成的目標。在詢問成對者奇蹟問句之後，你就可以如一般情況中使用所有的追蹤性問句，如同與個別來談的當事人的工作一樣。注意，會談成對者，自然會鼓勵你去問許許多多的關係問句。因為當你詢問關係問句時，你便可以把另一個人納入，不管那人是否在場。例如，假設你與名為 Ann 和 Audrey 的兩個室友會談。你可能問 Ann：「假如我問 Audrey 在奇蹟發生之後，明天早上，她第一個將注意到什麼不同的事時，她將說些什麼？」甚至如果 Ann 說：「她在這裡。為什麼你不問她？」你可以回答：「喔，我想要聽聽妳的觀點，就妳對她的了解，妳覺得她將會最先注意到的是什麼？」當事人應該能夠回答這類問題，因為他們多直覺地知道，投入於一個關係中，有一大部分是需要與

另一個人的想法、感覺和反應相調和。

你可能也希望在會談初期運用奇蹟問句，而讓正在強烈批評的雙方超越衝突並變得更有生產力；奇蹟問句的確是一個好方法。Insoo 曾與一對十分直言不諱、善於表達的伴侶會談。這對伴侶在太太的堅持下來見 Insoo，因為她（Leslie）已經「忍無可忍」了。Leslie 說，她在沒有先生的援助下，除了得平衡管理業務的職業、獨立照顧兩個孩子，還須負起家裡所有的重擔。她的先生 Bill 每週工作六十到七十小時，一直努力在發展他自己的事業。此兩人在開始會談時，訴說著他們對彼此的極度挫折，也批評彼此已經很久無法親密了；除此之外，還爭論著他們的關係會變得如此令人遺憾，誰的錯比較多。於是，Insoo 詢問奇蹟問句，以找到他們想要的方式以及想要的不同。而此舉快速地促使他們的語言從生氣的指控，改變為想要尋求某些共同的目標。

Bill1	：〔嘆氣，做深呼吸，並且首先回答 Insoo 的奇蹟問題〕在早晨的第一件事，我將以微笑來取代躲避。
Insoo1	：你會對 Leslie 微笑。
Leslie2	：他會將他的手臂圍繞著我。
Insoo2	：他會將他的手臂圍繞著你。OK。
Leslie3	：在那一刻，這真的會是一個奇蹟徵兆。
Insoo3	：OK。不錯，假設他這麼做了。那麼妳會對他的行動有著什麼樣的反應呢？
Leslie3	：我不會背對他。〔笑著〕
Insoo4	：好，對嗎？這是她會做的事嗎？那對你來說會是一個奇蹟嗎？
Bill4	：這一定非常的不一樣。
Insoo5	：那對你來說是一個奇蹟。
Bill5	：那會大不相同。
Insoo6	：所以，當她面對你時，當你對她微笑時，她會面對著你而不是背對著你。當你看到她這麼做時，你會做些什麼？
Bill6	：我不知道。我想我可能會擁抱她。

Insoo7 ：Leslie，妳會怎麼樣呢？妳將會做什麼，當他給妳一個擁抱時？

Leslie7 ：這個嘛，假如他給我……擁抱我，我會回抱他。

Insoo8 ：OK。接下來會有什麼呢？

Leslie8 ：明天是星期六，你永遠說不準的呀！〔說時帶著性感的姿勢朝著 Bill，並且笑著〕

Insoo9 ：〔笑著〕OK。

Bill9 ：一個奇蹟！（註1）

7. 運用評量，以繼續引發可能性

　　即使多數成對者可能會同意他們想要彼此的關係更為改善，但他們對於應該改善什麼，誰和什麼必須改變才能改善，每一方都有著非常不同的看法，並且會堅持好一陣子。當你會談成對者，又感覺他們已陷入僵局，以至於他們會棄械投降、拒絕再前進時，實務工作者很容易就會被誘惑去給予建議或面質他們表面的抗拒。千萬不要這麼做！你記得要轉向評量問句。評量問句能使對話保持在朝向共同目標的方向上，並能有助於進行討論如何達到目標的方法。即使那些對他們的關係最為洩氣的當事人，也很少會將關係評量在分數的最低點；他們或多或少已經開始朝向他們想要的 10 分方向在前進著。詢問評量問句能幫助當事人去接觸他們的成功和優勢，也能催化他們去討論可能會有用的下一步。以下的例子即 Insoo 對 Alex 和媽媽使用評量問句，並邀請他們繼續建構一個他們都能實踐的解決之道。

Insoo42 ：OK。那麼讓我以這個方式來問你。說說看你認為媽媽改變的可能性，若你的堅持說服了媽媽，你覺得可能成功的機率……10 分代表你非常有自信你可以用某種方式堅持下去，而最後使你媽媽改變對這件事的想法；就是你是非常地有信心，這是 10 分。1 分是：算了吧！媽媽是絕不會改變她的主意，我現在就可以放棄了，我打算將精神花在其他事情上；那是 1 分。你會說現在的你是處於 1 到 10 分的哪一點上？

Alex42 ：現在嗎？

Insoo43 ：是的。

Alex43 ：可能在 1。

Insoo44 ：可能在 1 分？

Alex44 ：是，但當我繼續要求時，它就會增加。

Insoo45 ：是嗎？

Alex45 ：是。

Insoo46 ：即使它現在只有 1 分，你並不打算放棄。

Alex46 ：是的。

Insoo47 ：哦，OK。你從何處得知你母親會是有希望改變的？

Alex47 ：我不想說，嗯，她不軟弱，但是我想，我知道如何讓她同意的方法。

Insoo48 ：哦，非常聰明的年輕人。

Alex48 ：是的。

Insoo49 ：好。

Alex49 ：我不會真的這麼做。

Nancy49 ：如果我現在掐著他的脖子，是可以的嗎？

Insoo50 ：〔笑著〕

Nancy50 ：〔笑著〕我現在可以掐著他的脖子嗎？

Insoo51 ：嗯，所以你似乎很有自信你是了解你媽媽的，而且你也知道怎麼做，假如你堅持得夠久的話。

Alex51 ：嗯哼。

Insoo52 ：我了解。OK。〔轉向 Nancy〕那妳又會是如何呢？讓我以這個方式問妳。在了解了 Alex 及妳自己之後，在了解他有多堅持後，妳覺得他能夠說服妳的可能性會有幾分？

Nancy52 ：他說服我的機會嗎……

Insoo53 ：是的。

Nancy53 ：嗯，我大概會輕易地給他大約 4 分左右。

Insoo54 ：4分。所以妳給了比他高的分數？

Nancy54 ：嗯哼。因為我認為，我只是想要、願意去聽他的意見；雖然，這未必表示我打算改變我的主意。

Insoo55 ：是的。

Nancy55 ：但是，至少我願意打開心門，他或許有一個好的想法。他依然得去洗碗，但是他或許有一個好的理由。

Insoo56 ：我了解，OK。這是非常困難的，是嗎？

Nancy56 ：嗯哼。

Insoo57 ：這樣，好的。〔轉向Alex〕那麼，你的想法是怎樣呢？你如何去看待這件事呢？媽媽認為你有一個大約4分的機會，較高的4分，和你的分數是處於1分相較。那麼當媽媽，我是指，當你達到4分，在你和你媽媽之間，你想將會有什麼改變呢？

Alex57 ：我希望的事情會在這家裡發生。

Insoo58 ：OK。那麼你可以多說明一點，什麼將會改變嗎？什麼樣的事會發生在這家裡呢？

Alex58 ：嗯，她對於我的想法、感受比較能了解。

Insoo59 ：媽媽會比較了解。

Alex59 ：是的。而且我對她也會有相同的了解。

Insoo60 ：OK。好。所以假定你到達4分。如果，你們兩人都到達4，妳想又會有什麼改變？妳認為在你們兩個之間會有什麼不同嗎？

Nancy60 ：我會期望緊張的程度可以降低。嗯……我想，假如我們各自了解彼此和接受彼此的話，嗯，那就會減少爭吵與摩擦。

Insoo61 ：是的。OK。即使妳可能依然有那些相同的規定。

Nancy61 ：是的。

Insoo62 ：摩擦將會減少。

Nancy62 ：我希望如此。

Insoo63 ：OK，而且緊張也會減少。

Nancy63 ：我希望。是的。

　　此評量對話對 Alex、他媽媽以及 Insoo 揭示了：Alex 的媽媽對於傾聽 Alex 是開放的，而這樣做也可能會使家裡的爭吵和緊張變少。Insoo 現在可以接著詢問：當家裡是較少爭吵和緊張時，兩人各自會注意到有什麼不同？要使那些不同發生，又需要做些什麼？同時，她也可以探問關於那些不同的例外。聚焦於共同的目標，目前已在會談裡充分被建立了，後面的工作便會如同其他建構解決之道的晤談所進行的程序一般，繼續完成之。

(四) 其他的提示

1. 對更多衝突和干擾的處理

　　雖然詢問焦點解決問句，會傾向於減少成對者之間的衝突，但某些成對者仍可能會繼續爭吵，或對另一個人進行口語攻擊，或是又落回問題式的談話。有些其他的方法可以處理這樣的情況。一個方法是，在當事人回到問題式談話時，如 Insoo 一般會做的事——她會打斷並說：「好的，好，我們將會再回到這個話題。」但她很少會再回到該主題，因為一旦兩位當事人能繼續更清楚地定義共同目標，他們便不需要也不渴望回到原先爭執的話題上。面對衝突與干擾不斷的另一個方式是：溫和且堅定地中斷那位製造干擾的當事人：「如果要我能對你們有幫助，我需要聽到你們各自的心聲，這是非常重要的。一次只能一個人說話，這將對我有幫助。你可以同意嗎，＿＿＿＿＿＿（第一個人的名字）？你也可以嗎，＿＿＿＿＿＿（第二個人的名字）？」同時得到兩人對於此基本規則的同意，是非常重要的。一旦爭執又再次開始，你便可以尊重地提醒兩位當事人他們剛才已經同意的規則。

2. 維持中立

　　無疑地，在成對者的晤談裡，實務工作者必須維持中立；一旦失去你中立的立場、開始靠邊站時，你對當事人的助益性將會減少。若你失去你的中立，你將會冒著傷害兩個人的危險。你偏袒的那個人可能會不切實際地相信，他／她的知覺比另一個人的知覺更有價值或更正確，而另外一方則會覺得不被尊重。維持中立，聽起來容易，但做起來可不簡單，特別是當家庭議題震撼人心時，

例如，在幫助被照顧者虐待的小孩，或是被伴侶以卑鄙或虐待方式對待的婦女時。

在面對某人被惡劣地或不公平地對待時，你要如何確認你是否已經失去你中立的立場，最可能的一個訊號是：你開始對成對者的其中一人產生負向反應。例如，在 Alex 和他媽媽的案例中，你可能開始去相信 Alex 的媽媽是不公平或不合理的，並開始認同 Alex 沒在媽媽家用餐時，不應被要求去洗碗盤。一旦你在解決事情上變得同情某個人的立場，你便限制了——而非增加——解決之道的選擇和機會。避免偏袒的方法是：不去接受任何一個當事人所提議的可能性或方法，而只聚焦於他們的關係上。例如，在關於 Alex 該不該洗碗盤的特定主題上，Insoo 沒被捲入，而是聚焦於要如何減少家裡的緊張和爭吵，並且對彼此產生更多理解。在其他更重大的議題上，例如是否結婚、如何減少家庭成員間的咆哮和尖叫、如何減少已逐步暴力化的爭吵……等等，實務工作者仍應採取同樣的中立姿態。當實務工作者維持中立，成對者才擁有建構解決之道的最佳機會，此機會也才能促進及刺激解決之道的發生。如同在與非自願前來的當事人工作時，若實務工作者能不去要求當事人改變，此時實務工作者才會是最能發揮功能的。

3. 總是尋找善意

當你初次與成對者或一位父／母親和孩子會面時，會因為他們似乎對彼此是如此生氣、受傷和失望，而很容易忘記他們本是關心彼此的。要記住對另一個人生氣、傷心和失望的另一面，就是希望被那個人關心、尊敬、重視和愛等渴望之反應；這個想法應會對你有幫助。覺察情感的兩面，而不僅僅是表現出來的那一面，總是會有所幫助。記住，當人們真正不關心另一個人時，他們不會對另一個人有激動的反應，只會在快要衝突時冷淡地走開。例如，一般來說，你並不會因為陌生人對你不尊重而不高興，反而容易認為該陌生人可能有著很糟的一天，或者是無知、沒教養……等等而不加以理會。當事人會對另一個人如此生氣的原因，是因為他們深深地關心這些人。對你來說，覺察情感的兩面，會使你更能勝任於探問與邀請當事人去建構更令人滿意的事情。

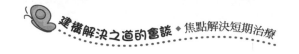

我們實務工作者的任務，是促進與強調成對關係人之間的關心和善意的訊號，進而能提升他們對這個關係的希望感。你可以藉由強調抱怨中的正向面，而達成這個目的。例如，當父母親強烈抱怨孩子時，不要視這些抱怨為父母親討厭或不喜歡他們的孩子，而讓你進入不喜歡父母親的危險；可視父母親的反應為：這些父母親並沒有放棄孩子。你可以為了父母來見實務工作者而讚美他們，因為那意味著儘管孩子已發生了這些令人失望的事情，他們仍然沒有放棄他／她。你也能以這些問句來介入：「我猜，你比任何人更了解你的女兒。你知道她究竟有什麼能力，而讓你覺得她是能夠學習得了守規矩的行為？」類似的方法也有益於處理敵對的伴侶。當伴侶為他們共同生活的每個層面爭吵時，其實還是為了使他們能繼續在一起而來尋求你的幫助。此時，實務工作者不應對這對伴侶感到無望，而可問道：「你們目前已經認識兩年了，對嗎？因此，你們彼此都相當了解對方。在你們中間存在了什麼，而讓你們覺得，你們兩個人應該是可以相處得更好的？」另一個類似的問題是：「你們之間的關係，是如何讓你們相信你們是可以相處得更好的？」

當事人會藉由描述例外，來回應前述問句。意即，他們會開始討論過去他們關係中狀況較好的時刻。一旦他們那樣做，你便回到熟悉的晤談基礎上，繼續去蒐集與過去成功事件有關的細節：它們怎麼發生的、他們認為需要什麼才能使之再次發生。記得去理解批評背後的關心和情感，而未知態度與問句的運用，經常是建構善意的關鍵；同時，這也能說服你和你的當事人：在成對關係裡有著足以建構更為滿意關係的資源。

4. 當成員之一拒絕會談時

一些學生和實務工作者常會問我們，當成對者裡有一位關係人拒絕參加聯合會談時，要怎麼辦才好；例如，「父母親與青少年」成對裡的那位青少年，或夫婦裡的男性伴侶，拒絕去見專業人員。這不會是一個關鍵問題，因為你與一位關係人仍可以在成對的關係上工作。單一當事人帶來的抱怨和他們建構的目標，通常會涉及他們與生活裡的重要他人。所以真正的關鍵是：藉著詢問關係問句，去運用當事人的能力與專家角色，把消失的那位關係人帶進晤談室。

例如，如果你正與一位有青少年兒子的爸爸會談，爸爸說：「兒子拒絕去見諮商師，甚至到達拒絕溝通、不斷鬥爭的程度」，你接著便可以詢問：

■ 你的兒子同意他自己是拒絕溝通與不斷鬥爭的嗎？

■ 假如他在這裡，以你對他的了解，你猜他會說什麼，是他想要在你們的關係中可以看到的不同之處？

(五) 結論

　　與成對者工作和與個別當事人晤談之間最主要的差別在於：須一直將晤談焦點維持在成對者所呈現的「關係」上。這個焦點的開端為：實務工作者詢問一位成員他／她對另一方的欣賞所在，並且持續透過目標形塑和例外探索，去連結浮現的共同目標。與成對者的聯合會談，並不需要特別新的焦點解決問句或原則，僅需在程序上有些修改，而這些修改即如本書上述之說明。

六、與強制來談的當事人工作

　　有時，你會遇見被法院命令進入諮商服務的當事人，也有被學校、父母或配偶非正式要求進入諮商服務的來談者。在本章先前提過處於非自願來談處境的當事人，即可能是那些被要求進入諮商服務的來談者中最普遍的類型。本節以 Tim 的例子來說明如何應用先前列舉過的指導原則。Tim 是一位被強制進入領養照顧部門的當事人，由於他對兒子們（小兒子二歲，大兒子四歲）的身體施虐，該縣的保護部門工作者遷離他的兩個兒子。Peter 是晤談者。

(一) 準備開始

　　面對強制來談的情況時，在一開始，對實務工作者來說，都會有些額外的要求。由於涉及法律的強制性，你就如同當事人，也會受制於某些不可協商的要求。例如，在 Peter 與 Tim 的工作裡，他和 Tim 兩人都必須遵守外來的期待——領養照顧部門工作者（Peter）和 Tim 這位當事人，得在三十天內形塑出一個正式的同意函，內容為：在孩子們回到 Tim 的照顧之前，Tim 可以做出什麼

改變，以使法院能消除疑慮。任何 Tim 和 Peter 可能共同形成的解決之道，將必須建構於此一主要要求與數個其他要求所形成的脈絡之中。作為一位實務工作者，你有責任去理解外界有什麼要求，並在適當的時機，隨時預備好明確且尊重地與當事人溝通。不可協商之明確事宜的優點之一是，你沒必要向當事人辯護此一事宜。同時，只要這些不可協商之明確事宜生效，你和當事人一樣，都得在它們的限制下工作。在強制來談的情況裡，你必須準備好向當事人澄清你的角色。

清楚知道當事人案子的相關資料，是很重要的。例如，最近的日子裡有發生什麼重大事情，以至於當事人需要來到你這裡。除此之外，記得依照本章先前列舉的指導原則來進行會談。

Peter 與 Tim 開始的方式如下所述。就目前所知，Peter 已打過電話預約這次見面，但 Tim 的電話無法聯絡，所以 Peter 就非預期地出現在 Tim 的門口。

Peter1 ：〔敲敲門〕

Tim1 ：〔打開門〕啊？

Peter2 ：哈囉，Tim Smith 先生嗎？

Tim2 ：是。

Peter3 ：對了，我的名字是 Peter De Jong。〔角色說明〕我是來自兒童服務中心領養照顧部門。

Tim3 ：是。

Peter4 ：嗯，我這裡有一張身分證明卡。

Tim4 ：是有關我的孩子嗎？

Peter5 ：是的，是有關你的孩子。

Tim5 ：哦。

Peter6 ：嗯，我上週有試著打電話給你，但是發現你的電話不通。

Tim6 ：對，一些有關帳單的事或者什麼的。（關於孩子的事）我不知道。真是瘋狂。

Peter7 ：〔說明他所知道的當事人狀況〕對，我了解，上星期才第一次聽到？

Tim7　　：對，對。

Peter8　：而且你的小孩被帶走了。

Tim8　　：對。你知道有關這件事的任何消息嗎？你有參與這件事或什麼的嗎？

Peter9　：〔更多的角色澄清說明〕是這樣的，我來自領養照顧部門，而且我知道你的孩子正被領養照顧中。

Tim9　　：對，這是他們之前說過的。那個 PS（保護部門）的女人之前有說過。

Peter10　：〔角色說明〕對，對。那就是我在這裡要做的事，我想要和你談談關於接下來可能會發生什麼事。而且，我希望能夠和你訂一個時間見面。〔將控制權給當事人〕我打過電話，嗯，我現在能和你談個四十五分鐘左右嗎？如果可能的話。

Tim10　：嗯，這樣，我想想。我想沒問題啦，但是你知道的，法院的整個情況仍讓我非常生氣，我還在對那個情況生氣呢。我是指，就是都不對勁，聽起來像是，你知道的，假如你是那裡頭的人，我不認為我會想要你在我的房子裡。

　　因為 Tim 並不期待 Peter 來，Peter 得特別仔細地去介紹自己是誰，並澄清他的角色。很明顯地，就像許多被強制的當事人一樣，Tim 最放在心上的是，他與系統接觸的最近經驗。Tim 顯然認定他被不公平且不尊重地對待。牢記我們和處於非自願情境當事人工作的指導原則，Peter 接受 Tim 的知覺並開始去探問細節（見下述的對話）。他傾聽 Tim，試著注意什麼對 Tim 是重要的，並且提出來；如此，Tim 就能進而澄清和擴大 Peter 對其觀點之理解。這個過程可減少逐步上升的緊張和潛在的分歧衝突，並且是一個能促進合作關係的最快方式。

Peter11　：〔接受當事人的知覺〕嗯，是，我了解。我說過，嗯，從 PS 的工作人員那兒聽到，在法庭裡，事情並沒有照你想要的方式進行。

Tim11　：是的，一點也沒有，一點也沒有。我是指，只有謊言中的謊言。

Peter12　：〔探問細節〕哦，是哪些呢？

Tim12 ：哦，對。PS 的工作人員說謊，而且，嗯，法庭剛好採信她的話。嗯，那麼你同她是一夥的嗎？或是只在這件事上和 PS 在一塊兒？

Peter13：〔角色說明〕嗯。不是，不是的。嗯，一旦兒童進入領養照顧機制，一個領養照顧的工作人員就會被指派來和他的父母一起工作。

Tim13 ：對，他們有說過這件事。

Peter14：這主要是想了解，對於這樣的狀況，父母會想要怎麼做，而且，嗯，保護部門的工作人員今天沒有和我一塊兒來。

Tim14 ：好的。

Peter15：而且，保護部門的工作人員在這一點上並不會涉入。

Tim15 ：這樣啊。

Peter16：嗯，未來或許會再回到法庭，但是，嗯，你的案子現在已經被指派給我負責了。

Tim16 ：好的。

Peter17：〔探問更多關於當事人知覺的細節〕我了解在法庭發生的事，讓你很不舒服。

Tim17 ：哦，對。

Peter18：是對被證實有虐待的事，感到非常不舒服。

Tim18 ：是，是的，因為根本沒有任何的虐待，但是……

Peter19：事實上，PS的工作人員說過，嗯，在法庭上甚至還有大聲喊叫的情況發生。

Tim19 ：是，哦，是的。哦，是，是的。我希望我的意見被聽見。

Peter20：〔定義出對當事人什麼是重要的〕哦，你希望你的意見被聽見。

Tim20 ：對，一點也沒錯。

Peter21：但你好像覺得你的意見沒有被聽見。

Tim21 ：是，是的。

Peter22：〔對於當事人認定重要的事，表示尊重〕那麼，我非常想要仔細地聽聽你想要說什麼以及……

Tim22 ：OK。

Peter23：也想試著釐清我們可以如何一起工作的方式。

Tim23　：好的。

Peter24：嗯，為了讓你想要發生的事情真的能發生，我們也來看看你對這個情況想要做些什麼。

Tim24　：是，好。

Peter25：〔給予當事人控制權〕我們現在有可能面對面談一談嗎？

Tim25　：是，現在談應該沒問題。我是指，聽起來像是，嗯，你知道的，我不認識你，但是聽來像是你或許是和我站在一起的，像PS的工作人員就不是，但你是和我站在一起。所以，或許，我們現在可以談一談。

Peter26：我會非常努力對你保持坦誠。

Tim26　：好，那會很有幫助。

Peter27：〔承諾讓當事人對他的案情保持知情〕一直保持這樣，就不會有意外的事了。

Tim27　：對，因為我可以是，我可以是坦白的。

Peter28：OK。

Tim28　：是，是的。這聽來不錯。OK，OK。那麼你可以進來了。

Peter29：好。謝謝你。

　　透過這樣的互動，在第一次接觸的五分鐘內，Tim便願意讓Peter進入他的房子，以便能談得更多。他們在門口談話的內容，是你在面對強制晤談的當事人時可預見的典型狀況。通常一開始，他們會多疑且自動防衛起來，他們在乎他們的知覺是否有被傾聽和尊重，也在意自己是否能知道案情的發展及制度的運作。除非他們明白你真的不同於那些不傾聽他們的人，否則你是不可能被邀請入內的。

(二) 獲得更多關於當事人的理解以及想要什麼的細節

　　雖然 Peter 現在知道 Tim 想要從作為社工員的自己這裡得到什麼，但是他

對 Tim 目前的處境以及他可能想要什麼改變，仍舊知道得很少。進入屋裡後，他詢問更多關於 Tim 目前處境的資訊，持續傾聽誰和什麼對 Tim 是重要的，以及 Tim 可能想要的是什麼。

Peter30：OK。那麼我們來了解一下。嗯，在這裡發生了什麼，你的了解是？有關這情形？

Tim30：這，我不知道。我不曾，你知道，嗯，你知道的，我真的不確定。我只知道那個，你知道的，那些孩子們是，你知道，我的孩子們從我身邊被帶走。你知道，我知道的是他們，我在法庭上說過，他們現在在某個寄養家庭裡。

Peter31：嗯哼。沒錯，他們現在是在那裡。

Tim31：對，嗯，而我不知道事情是怎麼樣。你知道，這很令人不快，我不知道何時我才能看到他們。

Peter32：嗯哼。

Tim32：你知道，我是指，因為我知道他們想看到我。嗯，我知道這很荒謬，真的很荒謬。這是瘋狂的，真的很瘋狂。我認為這個制度只是想要賺錢而已，他們就是在做這種事，帶走孩子好賺錢。

Peter33：哦，OK，所以整件事情你已經說了很多，嗯，一件非常清楚的事就是：你想見、你想見你的孩子。

Tim33：對，我想要見到他們，對的。他們在法庭上說過那件事，法庭上他們說每個禮拜我都會見到我的孩子。

Peter34：嗯哼，嗯哼。在我們今天結束之前，我們會談論這件事，而且會安排第一次會面。

Tim34：好，這太棒了，你知道的，因為我願意花任何代價去見我的孩子，以及讓他們回來。

Peter35：OK。

Tim35：是的，無論花什麼代價。

Peter36：而且，那個，嗯，非常清楚地，你想要那些孩子回來。

Tim36 ：對，毫無疑問地。你知道的，他們屬於這裡。

Peter37 ：OK。

Tim37 ：他們屬於這裡。

在強制晤談的情況裡，當事人想要什麼，經常是立刻清晰可見的。顯然，Tim 的兩個兒子對他而言是重要的，而且他想要他們回家，回到他認為他們歸屬的家。理想上，法院想要的也是相同的事，就是要 Tim 能夠呈現一些證據，證明他確實能為他的兒子們提供一個安全且毫無疏忽的家庭環境。

(三) 以關係問句詢問脈絡

身為一個晤談者，去注意前個段落的最後一個句子是很重要的。因為這句話能將法庭要求證明家庭環境是安全之責任，放回 Tim 身上，而不是 Peter。以「Tim 一定得建構解決之道的脈絡」的未知問句來詢問 Tim，Peter 將會對 Tim 最具助益。因為保護部門工作者帶走孩子，並說服法院，孩子必須安置在寄養照顧體制，於是 Peter 從此處開始。注意，藉由運用關係問句，Peter 免於袒護 Tim 或偏袒保護部門的工作者，而且還能容易地了解 Tim 的知覺，而這些知覺乃是最終解決之道所必須尊重之處。

Peter38 ：假如 PS 的工作人員在這裡，你猜對於她為什麼會帶走孩子，她會如何解釋？

Tim38 ：嗯，你知道，她會說得很瘋狂。如果她在這裡，你知道，她會說我是一個糟糕的父親。你知道，就是我虐待我的孩子，嗯，打他們屁股或是類似的事，那全不是真的。你知道，嗯，我知道有些鄰居，而且我想我知道是誰，打給 PS 說，這是你知道的，深夜裡有人待在我這裡，而且大聲的，而且你知道，和孩子說話。我不知道他們對孩子說了什麼，但他們說的都是建立在謊言上的謊言。嗯，所以我認為，她會以任何方式來編造謊話。你知道，而且我認為就是會跟她在法庭上做的一樣。嗯，所以我認為這真是瘋狂。就是瘋狂的。

嗯，會有這整個情形。你知道的，我還是……

Peter39 ：〔釐清當事人的知覺〕所以，那麼，對你而言，在這當中沒有任何的實情。

Tim39 ：是的，一點也沒有。

Peter40 ：虐待事件真有發生。

Tim40 ：一點也沒有，完全沒有。

Peter41 ：〔提及當事人的脈絡〕現在，我讀了，我讀過這份報告。而且這份報告，嗯，這份報告說道，嗯，在 Sean 身上有些傷痕。

Tim41 ：對，Sean，對，Sean。對，他在躺椅上玩耍，而且他摔下來。你知道，他在玩耍。他兩歲，他才開始到處爬動，你知道的。而且我不在場，嗯，而且啊，呃，他掉下來，你知道的。

Peter42 ：他從躺椅上摔下來。

Tim42 ：從躺椅上摔下來。你知道，他哭了一下，但你知道的，他是沒問題的。但是 PS 的工作人員卻認為是我讓它發生的，或是我打我兒子或其他什麼的，那全都不是真的。

Peter43 ：哦，哦，OK。

Tim43 ：你知道的，我知道孩子不見了，就是接下來發生的事情。

Peter44 ：〔澄清當事人所看到的事實〕嗯哼。所以當他跌落躺椅時，你不在房間裡，或是你有其他什麼事。

Tim44 ：是，我不在，你知道，我甚至不在那裡。

Peter45 ：我懂了。

Tim45 ：你知道。這事情發生，呃，你知道，我真的很快地去一家店，有一家店就在轉角，一家辦宴會的商店，我當時正好很快地走到那裡，嗯，你知道，正好挑包香菸。然後，嗯，你知道，就回來，啊，他就在哭了，你知道的。

Peter46 ：嗯哼。好的，所以你不同意所有相關的判決……

Tim46 ：是，是的。

Peter47 ：那個報告的判決。

Tim47　：嗯，嗯。

Peter48　：OK，OK。你可以告訴我任何其他關於這個狀況的事情，以及 PS 的工作人員如何將你的案子送到法院去的嗎？

　　透過運用關係問句去獲得於當事人脈絡中他／她的觀點之相關細節，實務工作者可以詢問一些主題，是和指控事件高度相關，但又不危及當事人與實務工作者之間信任的發展。事實上，以此尊重的方式來詢問些棘手的主題，還能增進合作關係的發展。

　　在 Tim 的脈絡中還有幾個重點，是可以運用關係問句來加以介入的。因為 Tim 已清楚形成他大致的目標——與他的孩子們團聚，因而其他的關係問句應要能反映這個目標。當如此做時，便能證明 Peter 有仔細傾聽 Tim，並在 Tim 想要的方向上工作。這也會促使 Tim 更有動機與希望感去思考處境、採取措施，以得到他想要的事物。Peter 可詢問的有效關係問句如：

■ 以你在法庭裡聽到的事情為基礎，在把孩子還給你之前，法庭會期待你做些什麼？

■ 你猜，什麼事情將會說服得了保護部門的工作者，如果你的孩子回家，會是安全的？

■ 你的孩子們會希望看到什麼事情發生？如果他們能回答的話？

■ 你的男孩們將會說，他們想要在他們回家之前，能看見什麼不同呢？

　　上述每個問句，都在詢問 Tim 的脈絡，在 Tim 回答後，都應接著詢問一些問句，讓 Tim 更能詳細描述如何在目前的處境中，朝自己想要的方向邁進。例如，一旦 Tim 指出他認為法院期待他做什麼，Peter 便可以問 Tim：

■ 如果你決定去做那個行動，你和你的男孩們之間會有什麼不同？

■ 你和法庭之間又將會有什麼不同？

■ 對你來說還會有什麼不一樣？

■ 就你對自己的認識，你剛說的這些事情中的哪一件，是你將會去做的呢？

■ 你怎麼知道你可以做那件事？

■ 這件事足夠說服法庭把你的男孩們還給你嗎？

■ 你認為就法庭來說，要把你的男孩們還給你，什麼是你必須要做的最低限度？Peter 詢問了 Tim 幾個這些後續問題，而 Tim 也真的給了答案。

(四) 共同建構當事人的勝任能力

對當事人來說，要能產生勇氣和意志力，是需要採取新的行動和必要的步驟，因此他們需要希望和自信；而希望與自信往往來自於一個人能覺察先前的成功經驗及其相關優勢。當事人在強制來談的情況下，常會感到無力對抗系統，並較少意識到他們過去的成功和長處，因此，當你詢問此類當事人關於他們想要什麼時，請密切注意與過去成功相關的線索。後續是 Peter 如何與 Tim 一起朝此方向工作。

Peter49 ：Heidi（孩子母親的名字），對吧。那麼，Heidi 在六或七個月前離開了？

Tim49 ：對。

Peter50：而且，嗯，她是你孩子的媽媽吧？

Tim50 ：是，是的。我們沒有結婚，你知道，但是我們這六、七年裡已經在一起，分開又復合了好幾次。而且，就是這樣了。

Peter51 ：〔注意到一個成功的線索〕哦，六或七年了……

Tim51 ：我們沒有一直在一起，但是你知道，有某種原因住在一起，然後為了某種因素而處在一塊兒，然後就不是這樣了。

Peter52 ：〔詢問細節〕那麼，這，嗯，這對你必定是個相當、相當大的改變。

Tim52 ：對，它是，你知道，很瘋狂。你知道，她離開，並把兩個男孩留給我。

Peter53 ：你有兩個男孩。

Tim53 ：對，剛好都被帶走。

Peter54 ：〔讚美〕有很多，嗯，很多的單親父母可能無法一直保有那些孩子，但是你卻能擁有你的孩子。

Tim54 ：對，我也告訴了法官那件事。你知道，我說，我一直在盡力去當好

　　一個單親爸爸，你知道。

Peter55：〔探問細節〕這對你是有困難嗎？

Tim55　：是，它有。它真的很辛苦。

Peter56：嗯哼。

Tim56　：你知道，要和學校保持聯絡以及為了他們要待在這裡，你知道嗎？
　　　　　　扮演兩個角色，你知道嗎？你知道，這是有壓力的。這是沉重的，
　　　　　　但是我做到了。

Peter57：〔探問更多細節和間接讚美〕你是如何做到的？

Tim57　：嗯，你知道，很多，嗯，自己會，想要做，而你知道，當個男人，
　　　　　　對於這整件事，由於通常是女人，通常是男人會離去，通常是由女
　　　　　　人來扶養小孩。而且，嗯，你知道，我完全不是那樣。你知道，我
　　　　　　自己是領養照顧制度扶養大的，而且在不同的寄養家庭搬來搬去。
　　　　　　我不允許我的男孩發生這種事，那就是我現在這麼惱怒的原因，你
　　　　　　知道，嗯，我不會讓這個制度來扶養我的孩子。你知道，那發生在
　　　　　　我身上，而且這是錯誤的。所以，那是我為什麼在這裡這樣做，你
　　　　　　知道，嗯，照顧著我的孩子，而且，我會扶養他們。

Peter58：所以你對此非常堅定。

Tim58　：一點也沒錯，一點也沒錯。

Peter59：對此非常堅定，所以，你的自我意志是來自那個經驗嗎？

Tim59　：是，它是，你知道……

Peter60：因為你有過被領養照顧的經驗？

Tim60　：對。被推來推去，從一個地方到另一個地方。你知道，為了這個被
　　　　　　斥責、為了那個被罵。而且，你知道，那是，你知道，那對我沒好
　　　　　　處，你了解嗎？我的孩子不需要那樣。

Peter61：那麼，你想要你的孩子有什麼不同呢？

Tim61　：你知道，我要他們被自己的家庭扶養長大，由他們的父親來扶養。
　　　　　　嗯，你知道，我想要那樣，而且那就是我在做的事。你知道，我讓
　　　　　　他們去學校。有時候我在工作時，我會讓他們在日間托兒所，你知

道，我會讓他們在日間托兒所。你知道，而且我會花時間和他們一起做些事。你知道，像那樣。你知道，所以那就是我想要的不同，就是：繼續維持這一切，讓他們回到我身邊。

(五) 回到熟悉的基礎來

對於強制來談的當事人，你仍可以回到熟悉的 SFBT 晤談基礎上，只要：一旦你已澄清你的角色，藉由注意和探索你可做什麼不同之事才會是最有效的介入，來處理他們對制度最初的猜疑和憤怒，以及，藉由問句的形塑而納入當事人的脈絡，開始共同建構當事人想要的事物時，你便回到了熟悉的基礎上。由於建構解決之道的這些程序聚焦於：對當事人來說什麼是重要的，以及當事人想要什麼，因此通常會導致合作關係的產生。在這點上，你與處於強制來談當事人的晤談，就與其他當事人的晤談形式十分相像；然後繼續目標形塑的工作，包含奇蹟問句、評量當事人的自信與到目前為止的進步，並且規畫會談結束的訊息。在後續會談中，你仍可以依循晤談草案的指引繼續進行。

(六) 當要給予強制單位的建議，並非當事人所願時

如果你像其他的實務工作者和學生一樣，你可能會在此時接著問：「好的，我可以理解這個取向是很適合與強制來談的當事人開始會談，並且能和他們討論到他們想要什麼，以及如何去符合法庭期盼的行動；但是當實務工作者實行了前述程序之後，仍然必須給予法庭一個建議，而這個建議卻又是當事人一定不會同意時，那又要怎麼辦呢？」

以此取向的方式與當事人工作，是能大幅減少實務工作者和當事人對於同一議題之討論結果的差距。在這類案例中，實務工作者需要考慮到自己並沒有在不慎的情況下，與當事人停止了建構解決之道的工作。舉例而言，Peter 曾被一寄養照顧的個案管理者問到：原先她和當事人在一個合作的關係中，但後來因為她告訴當事人在下次法庭審理時（三個月覆審），她將建議孩子仍需繼續此寄養照顧，不該在這個時候回家，此時，當事人馬上變得生氣而有距離——那麼，她又應該繼續做什麼呢？她之所以如此建議法院的原因，是因為有一些

足以證明的文件，證實最近當事人對於她四個年幼孩子的照顧，在每三十分鐘的互動中就會有失誤。而另一個主要的考量，是因為媽媽在監護孩子方面有不良歷史；她最大的孩子，目前在收養機構，曾被性虐待，也發現他會對其他三個弟妹有性方面的舉動。然而媽媽和社工員先前都同意，要以媽媽能提供一致的、緊密的監督，來作為這個兒子能回家的條件。

雖然你可以理解到，實務工作者顯然有重要的證據足以相信，媽媽無法維持保護較年幼孩子所必要的緊密監督，因而應該建議孩子們此時不能回家；但是，實務工作者和當事人仍然可以一起進行更多建構解決之道的工作。在這個案例中，媽媽和社工員都同意，當能確保所有的孩子們住在一起是安全時，大兒子就能立即回到家裡，這已是清楚的共識。所以社工員便可以透過詢問接下來的問句，邀請當事人繼續建構解決之道，而不是藉由告訴媽媽社工本身反對讓兒子回來，而停止了解決之道的建構歷程。

■ 我可以想像孩子們的法定代理人和法官，會考量妳在監督照顧孩子上的這些失誤。妳認為他們的反應會是什麼？

■ 現在我們知道密切去監督孩子們是很費力的，但妳認為需要發生什麼才能使法庭採信：妳的兒子和他的弟妹們重聚，會是安全的？這些事情是可能發生的嗎？

社工員也可以用評量問句，去獲得媽媽對於安全議題的知覺。

■ 假如我問 Teddy（大兒子），如果他現在回家，他對年幼弟妹可以有適當行為舉止的這個部分，他的信心是如何？他會把他自己放在 0（沒信心）到 10分（百分之百的信心）的哪個位置？妳猜他將會說，是什麼讓他目前在那個數字上？如果他可以多得 1 分時，他會說出將有什麼不同？他認為需要什麼，才能使這些不同真的發生呢？妳猜法庭對他的信心評分將有何評論？對於法庭來說，這個時候 Teddy 那樣的評分，是足夠讓他回家的嗎？

■ 假如我問妳較年幼的孩子們，他們沒有在哥哥的旁邊，會覺得有多麼安全，他們將把他們自己放在 0 到 10 分之間的哪裡？他們會說，是什麼讓他們放在那個分數上的？妳猜在哥哥回家之前，他們想要看見什麼不同，好讓他們能盡可能地感到安全呢？

■ 就妳對妳目前處境的理解，在 0 到 10 分的量尺上，0 分是「較年幼的孩子們一點也不安全」，而 10 分等於「他們百分之百的安全」。如果妳的大兒子現在回家，妳認為較年幼的孩子們將會有多安全呢？是什麼告訴妳應該是這個分數呢？

在詢問完前面的問題後，如果當事人和社工員沒有達成對法庭建議的共識，社工員可以停留於下面的探問：

■ 妳知道我必須對法庭提出建議，是有關此時是否可以讓 Teddy 回家，或者將他繼續留在寄養照顧中，三個月後再做評估。如果妳站在我的立場，像我一樣了解妳的處境，妳會對法庭做出什麼建議？還有呢？年幼的孩子們會同意嗎？他們將會說什麼？Teddy 將會說什麼？

■ 假如我照妳提供的建議去做，妳猜較年幼孩子們的法定代理人將會有什麼反應？法官又會怎麼反應？

■ 假設法庭決定的結果，是不在此時讓 Teddy 回家，妳會建議我接下來三個月間，應去尋找什麼，而能告訴我：妳在監督照顧孩子們的方式上，已經有更多進步呢？年幼的孩子們將會注意到什麼，而能告訴他們，他們是可以更確定自己在家時會是安全的呢？

　　對於實務工作者和當事人間的歧見和痛苦感受，最為適當的處理方法，就是針對存在於二人之間的議題，盡可能尊重地啟動一個建構解決之道的對話，以能開啟各種可能性。在此案例說明裡，更多對話的重點，都在於讓當事人兒子回家之安全計畫的細節，這通常也會促使社會工作者、法庭和當事人，更知道如何清楚且有信心地繼續進行下去。雖然當事人可能還是會選擇跳出與實務工作者的對話，但是只要實務工作者沒有直接說：「這是我對法庭在下次審訊時的建議，此建議是不會改的」，而關上其他可能性的大門即可。實務工作者需要知道，終止對話是當事人的選擇，且當事人將必須與那個選擇的必然結果共同生活。然而，只要當事人相信對話中存在著自己被聽到的可能性，他們通常就會選擇待在對話裡。

七、最後的提醒

在解決之道的建構裡，沒有最後的提醒。在前面的案例中，即使法庭仍採取了當事人不同意的行動，還是會有方法可以持續去建構解決之道。

第 4 章以影響當事人合作和動機的討論為結尾，其中我們有提到，我們發現 de Shazer（1984）已將當事人的抗拒再概念化；其想法之所以有說服力，不是因為在所有理論和道德意識裡，它是最真實的，反而是因為，它是接近當事人最為有效的態度。在當事人憤怒、抗拒，或對特定談話主題不積極時，最有助於提醒我們自己的是：當事人是有能力的，只是我們還沒發現與他們共同合作的方法。知覺到當事人的抗拒對我們來說，反而成為使我們努力組成一些未知問句的訊號；而這些未知問句，即是去理解：抗拒代表著當事人看重之處為何；而非斷定當事人為抗拒或無動機的人而已。這個態度，同時也可應用於與所有的當事人建構解決之道時，不論他們是自願或非自願的前來者。

《註解》

註 1：此文字記錄來自於 DVD 光碟「相互對立的差異」（*Irreconcilable Differences*, 2008）。本書之引用乃獲得威斯康辛州密爾瓦基市短期家族治療中心（BFTC）及焦點解決短期治療協會（SFBTA）的同意。此案例之光碟包含初次會談及後續會談，可於 SFBTA（www.sfbta.org）取得。

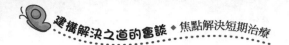

第十章
在危機情境中的晤談

重大緊急危機事件讓我們知道：我們所擁有的可貴資源，遠比我們認為的還要多得多（W. James 引述自 H. James, 1920, p. 254）。

最少最少，優勢觀點迫使實務工作者去了解：無論一個人的情況有多糟、多被壓迫，這個人還是倖存下來了（甚至有些人還能茁壯成長）。這些人採取步驟、召喚資源、加以因應。我們需要知道他們做了什麼、是如何做的、從哪裡學來要這樣做的，以及，有什麼樣的資源（內在與外在）是可用以努力於超越自身困境的（Saleebey, 1992, pp. 171-172）。

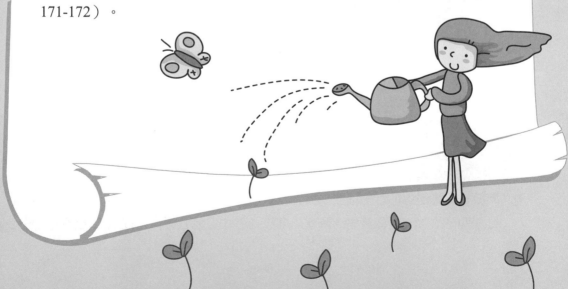

在助人專業中，危機（crisis）可能是挑起人們強烈反應的各種事件或情境。Roberts（1990, p. 4）列出以下幾個危機的例子：「暴力犯罪、自殺意圖、藥物濫用、自然災害、離婚、失戀、性無能、車禍等事件的後果」。其他危機的種類還包括：性侵害、軍事攻擊、致命疾病末期的診斷結果、家人或摯友死亡……等等。這類事件會瓦解人們的生活，並常使人感到紊亂、失序、受傷、驚嚇以及孤單。受害者也可能會經歷創傷事件重現、做噩夢，或者失去專注於日常活動的能力。

危機發生後，人們需要能馬上穩住其強烈反應的立即性支持，並需要展開重新適應已瓦解之生活的歷程。基於了解人們這方面的需求，醫院裡提供了危機服務，同時，也有快速成長的危機專線、強暴危機方案、受虐婦女與兒童的庇護所、青少年危機中心、家庭危機介入方案等；其中，提供受害者持續性支持及治療的支持性團體以及個別諮商服務，乃不斷在擴大其服務的規模。

R. K. James 和 Gilliland（2005）回顧了許多不同的危機定義。如同助人專業領域裡的早期理論（Carkhuff & Berenson, 1977; Parad, 1971），他們認為危機的特徵並非在於特定的情境，而更是個人對此情境的知覺與反應為何。他們亦認為：「危機是指當事人知覺或經驗到一個無法忍受的困難，是超過現有資源與因應機制所能負荷的」（R. K. James & Gilliland, 2005, p. 3）。此取向確認了，不同個體對同一個創傷事件會具有不同的反應及不同的適應速度。我們與當事人工作的經驗，也證實了危機是一種「知覺的機制」（a matter of perception）。我們還會加入一個觀點：當事人對危機事件的知覺，的確能夠「轉移」（shift）；這些轉移正為「當事人之優勢」更進一步的證據。焦點解決晤談即是一種有利於助長當事人知覺正向轉移的取向。

一、以解決之道為焦點 vs. 以問題為焦點

當你與剛經歷創傷事件、企圖自殺或傷害他人的當事人見面時，你可能傾向於去蒐集創傷的詳細細節，並且會針對當事人真正深陷危機程度的多寡，進行問題評估；一旦你蒐集到這些訊息後，你才可能會對自己提出的後續建議感

到較有信心。這種以「問題為焦點」的回應方式，即表示你又回到原始的「問題解決」取向上了。危機情境中的感染力是很強烈的。剛經歷創傷事件的當事人很可能會因為創傷事件而形成防衛，並對生活出現失控感；他們會退縮、無法溝通，或者會說：「我沒有辦法處理這件事，我想我快瘋了。」這些反應似乎指出當事人缺乏資源，所以你也會覺得，要開始建構任何解決之道會是很勉強的舉動。

　　一些學生以及工作坊的參與者告訴我們，他們發現與危機中的當事人晤談時，要具有焦點解決精神是特別困難的。他們問道：「難道我不應該只是用支持與同理的態度去探索當事人的危機症狀，然後建議當事人去做一些可以變得更為穩定的作法就可以了嗎？難道我不應該在當事人變得更能投入之後，才於後續會談中採用建構解決之道的工作嗎？」

　　在我們的經驗中，大多數處於危機情境的當事人，一旦參與了建構解決之道的歷程後，他們便會開始出現穩定與進步的情形。就像其他當事人一樣，危機中的當事人會因為能夠聚焦於他們希望看見的改變，以及能夠運用過去的成功經驗與力量，而使目前的狀態獲得改善。因此，焦點解決程序對處於危機中當事人的協助，就像是對其他人一樣有用。這也表示，我們需要小心處理，因為處於「嚴重」創傷狀態的當事人，通常一開始只能規畫近期內的短程計畫，同時也對次數較為密集的會談會有最好的反應。近期短程計畫通常包含圍繞在：今晚住哪裡、如何度過今晚、誰會陪同、要吃什麼等主題上。與嚴重創傷的當事人工作時，在間隔較密集的各次晤談中對於前述這些主題進行討論，並以「一次做一小步」為原則。我們發現，我們的取向，相較於替他們決定的作法，更能對這些當事人產生具有賦能與生產性的效益。

　　現在，我們將簡述與處於危機中的當事人進行晤談的綱要，此綱要能邀請當事人去談談如何運用那些受到危機事件衝擊而被掩蓋了的優勢力量及資源。有時，晤談會如同其他初次會談之情況一樣發展；有時則需要使用另一組問句——因應問句，來協助晤談的進行（Berg, 1994）。

二、以「我可以怎麼幫忙？」開場

　　剛開始晤談時，你可以像任何初次晤談一樣，詢問當事人你要如何幫忙，來作為開頭。此方式立刻把你放在一種未知的狀態，讓你放下你對當事人的一些預設，包括你認為當事人在危機中的可能樣貌，以及他們對你的需求等。就像其他當事人一樣，最近經歷創傷或破碎生活的當事人，通常會以描述創傷事件及其對事件的反應作為開始。他們雖是問題描述，但你的任務（見第4章）卻是要去仔細傾聽：什麼人與什麼事情對當事人是重要的，當事人希望見到什麼特定的改變之線索等等知覺，以及他們用來描述這些知覺的語言。

　　如果當事人看起來是受到驚嚇、憤怒、哭泣時，可以使用第3章裡提及的自然同理和確認當事人知覺的技巧，來向當事人保證你是真誠地關心他們的困境，並且非常願意從當事人的觀點來了解他的經驗。自然同理及確認知覺的回應，也給予當事人擴大和檢視自己知覺的機會；這將會減輕伴隨創傷而來的個人疏離感，並且還會促進當事人將創傷經驗訴諸文字，而開始助長其控制感。

　　有時候，創傷事件才剛剛過去，當事人會顯得退縮。他們可能是不願意說話，也可能就是無法說話。在這種情況下，你要注意當事人的非口語訊息。你詢問他們此刻正經歷到什麼，同時再向他們保證你的關心。你可以說：「從你臉上的表情看起來，你似乎非常緊張。我想，如果你正在思考自己發生了什麼事，我希望讓你知道：不論你想說什麼，我都很願意聽。」有些感覺很混亂的當事人無法說明自身狀況，遇到這種情形，你光只是陪伴他們坐著並且保持沉默，就會很有幫助了。你的肢體表現、再三表示關心與耐心，對當事人而言，都具有安撫作用。一旦當事人開始說話，你就可以像任何建構解決之道的晤談一樣，繼續往下走。

　　與受創傷的當事人開始工作，就像你和其他當事人工作的開場是一樣的。焦點解決取向不僅堅持著當事人富有能力及優勢的信念，也反映了改變必然發生的觀點；創傷事件在個體的生活中即代表了一種改變。許多問題焦點的實務工作者傾向於把危機視為對個體平衡的破壞者，而把危機處遇視為努力於恢復

正常平衡的介入。然而，我們發現，把創傷改變視為：「一個機會，是當事人需要發展更多新力量與重整舊有優勢的轉機」，將會是個更有效用的想法。當事人優勢力量的發展與重整是可以有很多面向的，端賴當事人的期望、動機及才能而定。

危機當事人如何敘述他的創傷經驗，會形塑出這個取向的精神。例如，當事人有時候會打電話來堅持說要立刻安排會面，因為當事人說他們「正在危機中，而且沒有被幫助的話，就會沒辦法應付危機」。同一天稍晚，當事人被接見之後，他們通常就已經變得冷靜許多。當進行建構解決之道的晤談時，當事人大都能夠描述他們做了什麼事情而使情況有所改善，並能知道接下來他們需要做些什麼。事實上，有的當事人甚至並未出現在約定好的緊急會面中；這種情況發生時，有些實務工作者會認為這種當事人是製造混亂的人格違常者，但我們則比較偏好於假設當事人已經找到了因應之道。

身為一個實務工作者，你需要認可當事人一直處在需要去適應生活各種遭遇的歷程中；他們適應創傷事件，就像適應生活歷程中的其他事件一樣。你或當事人都無法事先預知當事人會引發出什麼樣的力量與才能，來面對這個創傷事件。你只能繼續去做你平日會做的事——採取未知姿態，接納當事人的能力，直到當事人證實了它們的存在。

三、「到目前為止，你已經嘗試過什麼方法？」

當你在開場中去詢問面對創傷的當事人，什麼將會對他有助益時，他總是只會回答發生了什麼事情的問題陳述而已。一旦你認為當事人有機會表達了他們的問題及反應，你也有機會確認了他們的知覺並能展現你的了解與關心時，你便可以繼續詢問當事人已經採取了什麼方法來處理這個情況。很多處於創傷中的當事人，仍然可以說出他的因應策略。有些當事人會說：「我用深呼吸來克服我腦中的影像。」其他當事人可能會告訴你，他們打了電話給最好的朋友或家人：「與我可以信任的人說話。」他們也可能會說他們曾尋求緊急服務，例如使用醫院危機單位或危機專線，或者和某個「知道我遭遇到的問題類型」

的人談話。

若當事人已經靠自己採取了一些步驟時，你便能以一般初次晤談的方式來回應這一點。你可以對當事人已經做的事予以直接和間接的讚美，你也可以探問當事人是從哪裡獲得靈感而採取了這些動作，不管在這過程中他是否對自己曾感到驚訝；你還可以詢問當事人他是如何有效地控管自己及掌握情境的。如同任何初次晤談，我們期望聽到，在問題式談話中，是可以混合一些成功經驗或力量之描述。

四、「你想要事情有何不同？」

有些經歷創傷的當事人可以說出為了幫助自己適應危機而做的努力，但有些當事人只能說出創傷及其衍生的痛苦與驚嚇。不論是哪一種情況，很重要的是，你需要去詢問當事人，他們希望和你會面之後可以發生什麼不同；這個問句試圖使當事人開啟目標形塑方向的對話。雖然一開始你可能會覺得，去問受創者這類問題是有些不安的，但是我們卻發現，這項作法對當事人會是很有效用的。引導當事人開始去思考：在痛苦情境中，他想要走向何方，這將能傳遞一個訊息：「他們對生活是有控制感的，即使在此時此刻這個控制感是很小的。」此外，當事人的答案也會讓你了解，當事人在這個時候是否具有一些能力，是能有助於目標形塑的。

我們從未停止對當事人才能的讚嘆，甚至是在當事人處於最艱困的環境時，也是如此。當事人往往一開始會進行問題式談話，指稱他們如何被創傷擊敗、沒有能力處理內在情緒的混亂或目前的處境，然而，當我們轉至目標形塑的問句後，他們又能開始有效能地工作；此種情形發生的次數，我們已經無法細數了。當事人的痛苦或其創傷事件的嚴重程度，並無法精準預測出當事人形塑目標的能力；因此，你必須避免自己根據創傷事件或當事人症狀的嚴重性而做出任何假設。如果當事人能對著你談論他們自身的痛苦，你便嘗試在初次見面的某一刻，去詢問目標形塑的問句，看看這樣探問會帶來什麼結果。通常，當你幫助當事人開始知覺到自己擁有塑造出解決方法的可能性時，當事人的心

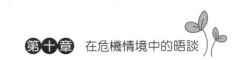

情及信心程度也會隨之改善。

Insoo 運用這個取向與一位名叫 Jolene 的當事人談話。Jolene 是臨時走入諮商服務系統的，因為她說她生活中出現危機且需要幫助。三天前，她發現結縭四年的丈夫偷偷帶著東西離家出走，並且一去不回。Jolene 說：「從此之後我什麼都沒做，就是一直哭。」她無法吃、睡或如往常一樣發揮生活功能。雖然她看起來很茫然，但是她卻能夠回答出她的名字、地址、每天該做的例行公事、現在與誰一起生活等問題。Jolene 說她結婚四年，還有一個兩歲大的女兒。在會談初期，她重複述說此刻她主要的問題是：現在的她不能入睡，而且腦袋混亂得不知道該思考什麼才好。

Jolene1：睡眠，我必須睡覺。

Insoo1 ：所以，假如妳能睡覺了，會對妳有什麼幫助呢？

Jolene2：如果我知道他為什麼離我而去，但他不會跟我說的。我不知道他住在哪裡，我試著打電話問他在哪裡工作，但他都沒接電話。

Insoo2 ：所以，這件事讓妳感到十分震驚——他想要離開妳？

Jolene3：我從來都不知道他會對我這樣做，我們不曾吵架，他從來沒有說過他不快樂。每個婚姻都有遭遇困難的時候，所以我想我們的情況是很正常的。

Insoo3 ：如果我們假設——我知道他不會到這裡來跟我談話——但是如果我們假設他在這裡，而我問他：回來和妳一起住的可能性有多大時，妳猜想他會說些什麼呢？

Jolene4：他會說，他再也不會回來跟我住了。我在睡覺的時候聽到一些雜音，我才剛起床，就看到他拿著袋子走出門外。我求他不要走，但是他就是一直走出去，說他再也不想要婚姻生活了，所以我不認為他會回來。如果是這種情況，我就必須找出能夠讓我繼續生活下去以及照顧我寶寶的方法。但是我一直好累，我需要一點睡眠。

Insoo 並不訝異聽到 Jolene 有睡眠上的問題，因為這是重大事件剛發生後，

人們常有的共同反應。Insoo 在更了解了 Jolene 對自己目前問題的觀點後，Insoo 意圖開啟一個對話，讓 Jolene 可以開始思考可能的目標。

在這段交談中，雖然 Jolene 看似茫然，但是她卻能開始進行想要生活中可以有何不同的解決式談話。為了邀請 Jolene 能更實際地去思考，Insoo 詢問 Jolene 丈夫回家的機率有多少。即使她的痛苦很深，Jolene 並未垮掉或轉回至談論問題式對話之中；反之，她能思考 Insoo 的問題，回答說她知道丈夫不可能回來了。Insoo 無法預測 Jolene 在目標形塑方面的能力；為了要了解 Jolene 這項能力，Insoo 必須開啟此番對話，然後看看後續發展為何。

Insoo 傾聽 Jolene 的答案時，注意到 Jolene 雖然對婚姻結束的原因仍感到困惑，但她能夠思考到未來的生活以及孩子的需要。很清楚的是，她的孩子及教養孩子的責任對她而言是非常重要的，這對她接著要選擇如何去組織未來生活，應當扮演了重要的角色。然而，Insoo 也聽到了 Jolene 對自身立即需要的假設——對睡眠的需求。由於尊重當事人對事情優先考量的排序，Insoo 接續睡眠的需求再繼續探問下去。

Insoo4 ：所以，當妳試著要睡覺時發生了什麼事呢？是什麼事情阻礙了妳睡覺呢？

Jolene5 ：我睡不著，因為當我試著要睡覺時，我就會對他在我身上所做的事情感到很憤怒，還會去猜想在他現在的生活中是否有另一個女人存在，然後我會變得更生氣，就會開始哭。之後，我又得再讓自己冷靜下來。

Insoo5 ：〔注意可能性的線索，並擴展解決式談話而探問 Jolene〕所以，妳在那些時候是怎麼使自己再冷靜下來的呢？

Jolene6 ：我試著不去想我有多生氣。我就讀書、看電視、深呼吸。只要我停止去想……我走來走去、很生氣，然後開始哭。我哭很久，喔！天啊！我不知道我身體裡裝著這麼多的眼淚。

你可以看到 Jolene 和 Insoo 之間的對話，已經具有初次晤談的一般特徵了。

Jolene 雖然開始談她的睡眠困擾，但她也談到已經做了什麼事情來克服困境，而開始參與了建構解決之道。Jolene 的回答混合了問題式談話以及解決式談話，為了開始讓晤談對話的焦點更能放在解決式談話上，Insoo 可以有以下幾種選擇：(1)她可以讚美 Jolene 的努力；(2)她可以問 Jolene 讓自己冷靜的方法中，哪一個是最有效的；(3)她可以探索自從 Jolene 的丈夫離開後，睡眠問題的例外時刻；或者(4)她可以請 Jolene 評量目前適應的程度，藉由詢問 Jolene：「妳會做什麼事情可以讓自己比較冷靜一點，而那時和現在比起來會有什麼不同」，然後再次回到目標形塑的對話上。

　　這次和 Jolene 晤談其餘探索的部分，就如同任何初次晤談進行的過程一樣。Insoo 詢問的焦點解決問句，乃以目標形塑及例外探索為主要目的，暫停後也系統地陳述回饋。對 Insoo 而言，似乎 Jolene 在放鬆方面的努力是有用的；當她想睡覺時，她仍會掙扎地找出使自己冷靜的方法。在 Insoo 的回饋中，還提到了一個可以協助 Jolene 使自己冷靜下來的額外策略。

　　　　Jolene，首先，我想告訴妳，妳今天會來到這裡，真是一個正確的決定，我相信對妳而言，這是需要鼓足勇氣才能做到的。三天前發生的事情令妳很震驚，我想妳的反應是有其道理而且是可以理解的。我看到妳哭了很久、對丈夫生氣，而且難以入睡；這些都是遭遇令人震驚事件時的正常反應；尤其，妳丈夫離開的方式更傷害了妳，這也更使我可以理解妳何以會有這些反應。然而，最重要的是，妳可能一直找不出他會這麼做的理由，就像妳所說的，因為他拒絕談論這件事。我想要讓妳知道，妳處理這一切的方法，令我印象十分深刻；即使妳是這麼痛苦及不適，妳對於想要如何扶養女兒仍然有很清楚的想法。我同意妳現在要做的是，如何可以獲得好一點的睡眠方法〔Jolene 點頭表示同意〕。所以我要給妳一些建議。

　　　　第一，既然妳已經知道讓自己放鬆的活動，我建議妳繼續使用它們：當妳躺在床上時，妳讓自己在床上處於舒服的姿勢，放鬆全身，並使用妳的放鬆及呼吸技巧。第二，在妳完成例行公事後，妳還要做

一件事,當妳躺在床上,關燈等著入睡時,妳讓妳的舌頭不要頂到嘴巴上顎,同時保持雙眼張開直到妳能安靜地睡著為止。最後,在我們這次與下次見面的期間,我希望妳關注並持續追蹤任何可以讓妳自己好一點時所做的事情。

詢問奇蹟問句

一些工作坊參與者與學生常常想知道:對危機中的當事人詢問奇蹟問句是否適合?當然,在面對危機個案時,詢問奇蹟問句不會是你會去做的第一個介入,亦即,還是要視情況而定。如果當事人像 Jolene 一樣,可以從對話中開始概略地指出,對她而言,什麼人及什麼事情是重要的、做什麼事情可以克服困境時,你可能就可以詢問奇蹟問句。如同第 5 章所說,奇蹟問句允許當事人夢想未來,或者,可以讓當事人「為自己彩繪繽紛色彩的生活」。要回應奇蹟問句,當事人是需要一些能量的,他們需要擁有能夠相信生活可能會有所不同的一絲希望。如果你的當事人真的擁有能量與一些希望時,詢問奇蹟問句便會是有用的選擇。

然而,奇蹟問句的形式應該要和當事人的獨特性互相配合。在與經歷生活嚴重破碎的當事人工作時,縮小奇蹟的範圍是相當重要的。也許奇蹟是當事人明天早晨醒來便能開始整頓生活;或者像 Jolene 的例子,她可以睡得好一些。不過,當你問到奇蹟的結果會對當事人有什麼不同時,你要有心理準備,你常會聽到當事人此刻回答的是與問題的知覺似乎無關的答案。例如,Jolene 可能會回答說:「我更有力量了,而且會帶我女兒出去玩。」雖然表面上此答案和 Jolene 睡眠困擾無關,但是當你更聚焦在她與孩子之間的關係時,可能無形中就會協助 Jolene 使自己冷靜下來。

相較於 Jolene 的例子,有些在危機中的當事人顯得更為徹底絕望與無助,他們也會用問題式談話來應付所有實務工作者的提問。這些當事人會一直陳述生活中對於創傷的反應與失序的情況,他們的態度似乎述說著他們能度過每一刻,已經是他們所能應付的極限了;不過,這是極少數的案例。通常,把這些

當事人推向目標形塑的奇蹟問句，是沒有幫助的。這樣的當事人在此時期會覺得自己被遭遇的痛苦所纏繞，而且覺得注定會痛苦很久——甚至可能終生都會如此。以下即是與這種當事人晤談的一些方法。

五、因應問句

因應問句（coping questions）企圖將當事人的注意力從生活中那些來自醜陋可怕事件的恐懼、孤單、悲慘中移開，而重新聚焦於當事人在這份痛苦中及在此處境下是如何生存下來。因應問句對感覺被擊垮的當事人而言，是一種修飾過的、有意義的、解決式談話之形式（Berg, 1994）。因應問句將會幫助當事人及實務工作者一起揭開當事人掙扎反抗困境的次數和方法。當你的晤談經驗累進時，你將會發現，詢問因應問句，其實就是探索例外的一種特殊形式。

(一) Jermaine 的案例

有一天，Insoo 的辦公室接到一通身陷困境的男人來電。Jermaine 說他「最近有困難」，並且最後同意他太太說的：「最好來尋求一些專業協助。」Jermaine 表示他有「創傷重現跟回溯」的情形，並且問秘書：「請問我可以立刻見某位治療師嗎？」Insoo 於同一天的稍晚，答應與他會面。

當 Jermaine 走進 Insoo 辦公室時，很明顯地，他是很不安的；他駝著背，看起來很疲倦，有著黑眼圈，緊張地摩擦自己的手。當 Insoo 開始和他會談時，Jermaine 聚焦在他的症狀上。Jermaine 說他半夜會因為創傷經驗重現而醒來，他難以入睡，並經驗到心悸及手心流汗。他也害怕離開房子；當他真的要出門時，常常會東張西望地看是不是有人在跟蹤他。「最重要的是，」他說：「不能入睡的情況使我感到很緊張，要是我可以擺脫那些可怕的噩夢該有多好。」當他在回答 Insoo 的詢問時，他向 Insoo 再三表示說，這些反應「一點都不像正常的自己」。

Insoo 問 Jermaine 這些症狀是什麼時候開始發生的。Jermaine 說大概三星期前，有一天，他在他居住的社區裡從自動櫃員機提領現金；領完錢後，他回到

車子上。令他喪膽的是，有兩個男人從車子後座舉槍對著他的頭。他們想要Jermaine 的錢，並叫他開車到別處的自動櫃員機去領錢。在這個突發的驚嚇下，他按照匪徒的要求去做，開著車一台接一台地換櫃員機領錢，直到領完當日領錢金額的上限為止。

令 Jermaine 更為畏懼的是，持槍者決定綁架 Jermaine，並把他銬在一間房子的地下室。綁匪也拿走他的鑰匙及皮夾，因而知道他的名字跟地址。第二天，在「轟掉腦袋」的威脅下，綁匪又叫他做同樣的事。綁匪載他到每台自動櫃員機，直到又領完當日領錢金額的上限為止。

綁匪與 Jermaine 相處愈久，在 Jermaine 旁邊時似乎就愈放鬆。在 Jermaine 被綁架的第三個晚上，當綁匪在樓上辦派對時，他恰好被銬在地下室的門上。他哀嚎說：「我的胃很難受，我想吐。」其中一個綁匪便讓 Jermaine 走到後門外；此時 Jermaine 開始奔跑，設法逃走。之後他回到家，他說他「嘗試控制自己，但我做不到」。他還補充著：「我很疲憊，因為我太害怕、太疲憊了，我無法回去工作；而且，如果還要再去想我失去了多少錢，只會讓我的情況變得更糟。」

當 Insoo 詢問 Jermaine 到目前為止，他已經試過什麼方法來處理這個創傷事件及其影響的時候，Jermaine 說道，他曾告訴太太發生在他身上的一些事情，以及所做的噩夢，但是他也提到「事情經過的很多部分都沒有說出來，因為怕會嚇到太太」。基於相信「所有經歷被虐待及侵犯的人，都有其因應與抵抗虐待的獨特方法」（Dolan, 1991; Wade, 1997, 2007），Insoo 決定藉著詢問因應問句來加以探索：到目前為止 Jermaine 已經做到的事情。

(二) 因應策略的探討

開啟關於「因應」的對話，只要去詢問：「你發現，到目前為止，什麼是有幫助的？」這個問句意味著，你認為當事人已經發現可以開始用來調適創傷經驗的有效方法；同時，這不僅展現了我們尊重當事人自發產生任何因應策略的價值，也強調你想要運用這些因應策略作為起點，再繼續建立他們自身其他任何策略。Insoo 即用這個取向來與 Jermaine 一起工作。

Insoo1 ：我相信半夜驚醒流汗以及心悸，是很令人害怕的事情。所以，當你從噩夢裡及創傷經驗重現中醒來時，你發現什麼事情是可以幫助你冷靜下來的？

Jermaine1 ：〔在很長的沉默之後〕我非常安靜地躺在床上，因為我無法分辨噩夢究竟是真是假。當我仍然躺著——非常害怕——我可以聽到我太太睡覺呼吸的聲音。

Insoo2 ：〔探索當事人的意義〕OK，這意味著什麼——聽她的呼吸聲有幫助嗎？

Jermaine2 ：〔再度沉默〕你知道的，我以前沒有這樣想過；在她睡著時，聽她的呼吸聲是有幫助的，她是躺在我旁邊的。〔停下來思考〕因為當我聽到她在我旁邊呼吸時，代表著我在家裡和我的家人在一起，這也表示，我是安全的。

Insoo3 ：我想，你是對的。

Jermaine3 ：當我躺在那裡很久，聽著她的呼吸聲是如此平靜——然後，當我的眼睛適應黑暗時，我可以看著她熟睡的臉龐。

Insoo4 ：所以這會有什麼幫助呢——看著她熟睡的臉龐？

Jermaine4 ：當我能「看到」我太太的臉龐，這代表著我真的安全，我真的在家。我不用再那麼害怕了。知道我的家人是安全的，對我也有幫助。

Insoo5 ：你還發現有什麼其他的人事物是對你有幫助的？

Jermaine5 ：當我無法入睡時，我在黑暗的房子裡走著，戴著耳機聆聽古典音樂，那會使我的緊張平靜下來。我也有試著看電視，但很糟糕的是都是廣告而已。我也試著閱讀，我試著去翻很多書，但是也讀不了多少。

Insoo6 ：我想你是對的，你只能讀這麼多。所以，你發現還有什麼其他事情是對你有幫助的？

Jermaine6 ：我試著幫忙整理房子。令我心痛的是，我太太工作這麼辛苦。她每天回家時真的很累，她的工作是很有挑戰性的。所以，我試著

打掃房子來幫忙她。〔無力地微笑〕我們現在擁有全鎮上最乾淨的房子，因為我天天打掃。當她疲憊地回到家時，我也會試著把晚餐先弄好。

Insoo7：我想，她一定很讚賞與感謝你所做的。

Jermaine7：她是個好女人。我告訴她，我很幸運能擁有她。她的工作表現很好。她告訴我應該花些時間來復原。我真想要保有這段婚姻。

Insoo8：我能想像她會說你也是個好丈夫。

Jermaine8：對，她總是這樣告訴我。

　　就像其他建構解決之道的對話一樣，環繞在因應策略的主題上，通常會導致一個互相發現的歷程。在 Jermaine 告訴 Insoo 之前，Insoo 並不知道 Jermaine 是如何因應這一切的，甚至就連 Jermaine 自己也不知道；至少在回答 Insoo 的問題之前，Jermaine 並不知道自己對問題的因應到達了什麼程度。藉由使 Jermaine 更敏察於自己已經做了什麼事情，他可以變得更有信心，了解自己並沒有被問題卡住或打敗，而且他甚至已經在復原的路上了。透過這樣的對話，他更能完全了解，是他自己發展出這些策略的。我們發現這樣的覺察勝於其他事情，因為這樣的察覺能在當事人身上建立起希望感與動力，而使當事人能在這一個最艱難的處境中繼續努力。

(三) 與更大之圖像連結

　　為了與當事人一起建立因應機制，你需要關心及讚美當事人與重要他人之間的連結，也需要關注對他們而言是十分重要的經驗。這些連結通常提供了當事人因應沉重意外事件的動力，而且能成為進入當事人最有意義的成功經驗之切入點。因此，當 Jermaine 提到他以在房子走動、打掃、準備晚餐來幫助自己因應困境時，Insoo 在這些方面間接讚美他，他們的對話因而很快就將 Jermaine 成功且具支持力的婚姻關係加入其中；這是他生活中的一種優勢與希望的來源。

(四) 應用因應問句於談論自殺的當事人

　　大部分的實務工作者在與有自殺威脅性的當事人晤談時，會覺得疑惑和焦慮；因著當事人行為的結局，以及自殺行為會帶給失去他者驚人的痛苦，因而實務工作者會有這些反應是可以理解的。任何經歷自殺威脅之家人、朋友或當事人都知道，自殺的結果對於生存者來說將會是很悲慘的事，甚至這種情形會持續多年。

　　在當事人提到自殺時，許多新手實務工作者會失去冷靜。新手實務工作者於剛開始執業時，有時會很衝動地想去說服當事人接受自殺是不合常理的、是危險的、是令他人感到受傷的，或者只是對目前處境的一種扭曲式回應。然而，屈從於這種衝動的實務工作者，會因為前述這種駁斥當事人知覺的行為，不自覺地加劇當事人自殺的危險，反而會孤立了當事人。有些新手實務工作者甚至會採取反對且同樣極端的一個介入取向：輕視或拒絕相信這是當事人因絕望所致的求救信號，甚至有時，還會拒絕相信這乃是當事人「欲解決對他／她而言一個無法克服的問題」之企圖。

　　許多新手實務工作者相信，在當事人談到自殺時，可能需要運用醫療及住院的立即解決方法，這可能是事實；然而，在實務工作者求助於醫療的建議前，應該讓有自殺意念的當事人能先進行因應式的對話。

轉向因應式談話

　　如同所有困難的任務一樣，對你而言，最艱難的部分會是與想自殺的當事人開啟談話，因為想要自殺的當事人常會告訴你，他的生活充滿痛苦、折磨與創傷性的屈辱，也會訴說著種種個人失去的功能與失敗之深奧意義。身為一個慈悲的傾聽者，你很容易覺得自己已被捲進當事人的無助感中。

　　我們發現，不對當事人的未來失去希望的最佳方法是：告訴自己，事情總是有「另外一面」，然後開始去尋求「另外一面」的意義。從某個角度來說，現在與你談到自殺的當事人，他仍然出現在你面前、仍然活著，而且還在呼吸；這亦是值得實務工作者重複提醒自己並謹記在心的。即使有著過去的創傷和目

前的痛苦，當事人仍是很努力地繼續活下去。從這個角度來看，提到自殺的當事人和 Jermaine 沒有什麼差別。當你想協助當事人動員自身優勢力量，以及重建對情緒及處境的控制感時，詢問因應問句並鼓勵他們擴展答案，會是最佳良策。

提到自殺的當事人，特別會覺得自己活在被擊敗的感受之中。應用因應問句的某些意義即是，在尊重當事人目前對生活感到無望的知覺之下，同時仍持續邀請當事人去思考如何讓他們繼續活下去的各個方法。

從微小且無法否認的真實事件作為起點，會是很重要的。「你今天早上怎麼起床的？」即滿足了微小且無法否認的兩個標準。能成功到達你的辦公室，或者能起床、穿衣服，然後在家中與你見面的當事人，他們已經做到對一個非常沮喪的人來說，要花費很多能量才能完成的事情。

當你用真摯及好奇的態度詢問因應問句時，要有心理準備，你的當事人會感到困惑與一副不可置信的樣子。有時候，當事人的表情看起來像是：「我在這裡告訴你我生活中所有的遭遇，而你卻問我是怎麼起床的。我真不敢相信你會問這種愚笨的問題。」但有時，當事人會看重這個問題並試著回答。不管是哪一種狀況，因應問句是一個能觸發當事人開始描述微小成功的起點。有位名叫 Ruth 的當事人，以下面的方式回答因應問句：

Insoo1　：〔在傾聽並同理 Ruth 生活中發生了許多可怕的事情後〕最近發生這麼讓妳感到沮喪的事情，但我很驚訝，妳今天早上怎麼還能設法起床，並面對這新的一天，妳究竟是怎麼做到的？

Ruth1　：什麼？起床？任何人都可以做到啊！

Insoo2　：〔間接讚美〕喔，我不這麼認為。當別人和妳一樣沮喪時，有些人甚至是一整天都無法起床。

Ruth2　：是的，我知道。我自己也曾經那樣過。我忘了那些日子了。

Insoo3　：〔快速地確認今天是比較好的一天，所以是個例外〕所以，妳今天早上做了什麼不同的事，讓妳可以起床並來到這裡，而不像其他人或其他比較糟的日子一樣，是躺在床上的？

Ruth3 ：一開始是很困難。我甚至拿出槍來，而且一直看著槍，但之後我把槍收起來了。我也帶著一罐藥，但還是決定打電話到這裡，因為……我不知道，我內心裡面某個東西讓我覺得現在去死是很笨的事。

一如 Ruth 回答的例子，詢問如何起床的問題，是可以引出建構解決之道第一階段有用的重要資訊。接下來，Insoo 可以做的是：(1)確認更多今天早上「有何不同」的細節，如同探詢任何例外一樣；(2)在過去較糟的日子裡，Ruth 是如何因應的；或是(3)此刻對 Ruth 而言，幫助她知道「決定現在自殺是很笨的事」的那個內在力量到底是什麼。

在採取任何選項時，Insoo 皆回到焦點解決實務工作者熟悉的基礎。她探索（因應型的）例外，並在過程中，傾聽什麼人以及什麼事情對 Ruth 而言是重要的。

「你是如何讓自己一直活著，甚至能夠來到這裡？」這是前一個問句的一種變化式。如果當事人告訴你，他很訝異自己在「昨天」或「幾個小時前」陷於離自殺很近的痛苦之後還能繼續活著時，你提問這個問句會是合適的。在你尊重地傾聽當事人細數他們的痛苦，並開始正向審視痛苦的深度時，你便可以運用這個問句將對話轉換到因應式談話上。

「你多常會有這種想法？」在詢問當事人出現自殺意念的頻率時，你會驚訝地發現，他們並非無時無刻、百分之百或全神貫注地想著這件事。即使在哭泣中，當事人仍會說出他們送孩子去上學、為家人準備食物、去購物、在工作中持續發揮功能之處，或繼續每天的一些活動。我們時常因為人們處於沮喪中卻能繼續正常行使功能感到印象深刻。因此，潛在地，解決模式乃與問題模式是緊緊並存的。詢問自殺意念的頻率，即在對當事人傳遞：每個人都有沒去想到要自殺的時刻。即使面對有 95% 的時間都在想自殺這件事的當事人，你仍可以去探索在其他 5% 的時間裡，他們在做些什麼；希望藉此能確認出：是什麼能夠協助當事人降低自殺意念的密集度，甚至，是什麼使自殺意念能夠離開片刻。

「你如何能夠應付這個問題如此之久？」有些當事人與他們痛苦的感覺奮鬥了許多年。有時，他們會感到被擊垮及無助、失去控制感。在企圖自殺的想法裡，有許多當事人具有過度要求自己及他人的強烈傾向，因此他們會陷在對自己或重要他人的失敗感中。

當你遇到這種說話方式的當事人時，你可以詢問他們是如何設法因應這一切的。再一次，這個問題一樣是得以事實為基礎，才能邀請當事人確認出他們是如何已然因應了這些明顯可見、難以克服且維持很久的困難。這個問句也暗示了他們過去的成功經驗及優勢力量，是值得加以大大討論一番的事情。

「事情何以沒有變得更糟？」有時候，當事人會對過去的恐懼——殘忍的暴行、童年一再受到的侵害、破壞身體的疾病——用著非常生動、令人感慨的細節加以描述，讓你對這個人竟能繼續活著而感到訝異。當你學會以好奇的方式、真誠想要了解他的態度，來提出這個問句時，你將會聽到一些令人激勵、具有勇氣以及饒富人類尊嚴的故事。

Peter 有一次與一位當事人會談，這位當事人，Linda，在青少年時期曾被兩個同事性侵害數次。這兩個同事用威脅當事人及她姊妹的方式，來控制當事人將近兩年。當事人說，大約超過十年之久，她仍然會經歷到創傷重現、失序及解離的情況。當 Peter 在傾聽時，他了解這個女人幾乎每天重複著她的恐懼與羞辱，並持續有著結束生命的想法。Peter 很驚訝她竟然沒有被擊垮。

Peter1 ：我無法想像這些年來，妳是怎麼與這些情況共存下來的。我知道在很久以前，妳可能曾經決定要放棄，但是，我知道妳現在卻能擁有工作，還可以照顧家庭。似乎妳應該被擊垮，但很明顯地，妳並沒有。究竟事情是如何沒有變得更糟的呢？

Linda1 ：在每一個星期中，有很多次我都會想放棄，並且去終結仍存在我腦海中的影像。它們是多麼有力量及具有威脅性。〔她開始再次描述它們，並變得更為驚嚇及悲傷〕

Peter2 ：是，我知道、我知道。從妳所描述的事件中，它們真的很可怕。所以讓我問妳，是什麼使這些影像及記憶沒有完全佔據妳的生活呢？

Linda2 ：這並不容易，但是我想我很幸運。我遇到一個仁慈、溫柔的人願意當我的朋友，我們已經是好幾年的朋友了。〔她敘述他們的關係〕然後他問我是否願意跟他結婚，我嚇壞了。這件事使我很混亂，似乎每一天的每一分鐘都更加混亂一樣。但我一再禱告、一再禱告，他也一直等我，最後我就嫁給他了。我從來沒有想過我可以跟一個男人在一起，並且能夠去愛他。

　　在 Linda 及 Peter 探索她如何應用過去及現在的記憶與想像——她的丈夫、孩子及工作——來與受虐的記憶奮鬥對抗時，這便是因應式對話的開始。

六、評量問句

　　在當事人被鼓勵去談論成功經驗及優勢時，當事人的知覺會「轉移」，即使剛開始的轉移看起來非常微小。一旦你與當事人揭開了他們的因應策略，你就可以使用評量問句來增強他們的成功因應。評量問句也可以協助當事人在他們的掙扎奮鬥中形成下一步行動。接下來介紹的是你可以與處於危機情境中的當事人使用評量問句的一些方式。

(一) 評量現在的因應能力

　　許多處於危機中的當事人在談論成功經驗時，多少會抱有一些希望。所以，能使當事人更明確地表達對成功的知覺，會是具有助益性的（Berg & de Shazer, 1993; de Shazer et al., 2007）；為達此目的，你是可選擇詢問評量問句的。例如：「在 0 到 10 分的評量表中，10 分表示你能夠應付、處理你的處境，是你想像任何人都可以應付的程度；而 0 分表示你完全無法因應。你會說你現在因應困境的程度是幾分呢？」有時候當事人所給的數字乃相對應於早先的因應式對話，但有時候，他們給的數字會是一個意外驚喜。不管是哪一種，你都可以進一步澄清數字的意義，並以此協助當事人建立信心。

　　Peter 有一次遇到一位名叫 Jim 的男人。一星期前，與 Jim 同居的女人把他

的家當全都扔到走廊上，Jim 開始有了「嚴重的自殺意圖」。那個女人還附上一張紙條說，她找到新的對象，並且永遠不想再看見他。Jim 說自己「被遺棄了」。他去父母的家裡住，因為父母出門旅行了。那天傍晚，他說：「車庫的門關著，然後我坐進我的卡車、關上車窗、發動引擎、躺在前座，並且閉上眼睛。」令 Jim 驚訝的是：「第二天我醒來時，我的車子還在發動著，車窗被搖下來，而我仍然活著。」

　　Jim 告訴 Peter 他會來晤談是因為：「我親戚怕我會再次自殺，並且說我應該要來確定一下狀況才行。」Jim 說他已經比較好了，因為在之後的幾天中，Jim 開始吃東西，也睡得比較規律；三天前，Jim 就回去工作了。當 Peter 詢問 Jim 是如何能面對失去同居女友的，Jim 回答說：「就是下定決心，不想再讓這件事困擾自己。」Peter 讚美他的決心，並詢問在此過程中，什麼人事物確實可以幫助他。Jim 則回答他去整修自己蓋的房子，並重拾他造槍的嗜好。經過三十分鐘的因應式談話，Peter 請 Jim 評量自己目前因應的情況有多好。

Jim1　　：〔很長的沉默〕你知道的，我覺得我是 8 分。是的，也許是 9 分。

Peter1　：〔驚訝〕哇！我原本預期會聽到 4 或 5 分，但你說甚至可能是 9 分。所以發生了什麼事，可以使這分數這麼高。

Jim2　　：我知道，9 分似乎很高，這就是為什麼我剛剛想了這麼久。〔沉默〕也許是昨天上班時發生的事吧。我和老闆從未深交或多說些什麼。他是一個遵守宗教教義者，他不喜歡我的生活方式、我的笑話，或任何其他有關我的事情……除了我做的工作之外，他無話可說，他又能說什麼呢？所以昨天，我心想「管他，我已經這麼盡力了」。我要改變氣氛。你知道嗎，我們做到了，我們一直說話，說了很多困擾我們的事，說了又說。

　　Jim 和他老闆的新經驗是一個例外，因此 Peter 立刻開始加以檢視。Peter 詢問 Jim：到底發生了什麼事；在這個重要的事件中，Jim 個人的條件是如何發揮作用的；以及，與老闆的對話是如何對 Jim 有幫助的。當 Jim 開始敘述時，Peter

對 Jim 一星期內能有這麼多進步感到驚奇——甚至在他們晤談的一小時中，他也在進步著。Jim 不管他親戚想要幹嘛，他決定不再來晤談，因為他說：「我現在已經沒事了，我不需要再來了。」^(註1)

(二) 晤談前之因應改變的評量

不論創傷事件發生了多久，都可以請當事人思考：「目前現在」自己因應得如何？相較於「創傷震驚『剛剛發生』之時」，自己又已經有了什麼不同？即使是在創傷發生後的幾小時，去詢問這些問句也會是很有用的；只要當事人的情緒已經整頓好到足以和你對話時，就可以詢問這樣的因應問句。你要做的第一步，是與剛受創者建立一個關懷、了解和被接納的接觸。一旦彼此的關係開始發展，你便可以詢問當事人有關晤談前改變的評量問句，如下面的例子一樣。

Peter　：Allen，現在距離你被搶劫大概才過了幾個小時。從你所說的話，我知道你已經開始整頓自己了。我很好奇，如果你可以告訴我的話，你到底是怎麼成功地做到目前這一切的？在 0 到 10 分的刻度上，0分是你剛被搶之後的立即反應，10 分是你因應得比自己想像中可能做到的程度還要好，你覺得你現在因應這情況的分數是多少？

在重大的震驚後，幾乎所有當事人多少都會開始重新組織自己，通常也能對此問句打出比 0 分還高的分數。然後，你便可以探索當事人到底已經做了什麼，才能使他從 0 分到達目前的分數。

(三) 評量下一步行動

在與當事人討論評量數字代表著他因應得多好後，你與當事人便可以開始朝目標形塑的方向前進。你可以藉著問：「OK，你說你在 3 分的位置。對你而言，為了要繼續維持在 3 分，你必須記得繼續去做的最重要的事情是什麼？接下來，你必須記得持續去做的下一個重要事項又是什麼呢？」或者，你可以在

稍後的晤談中改編一下目標形塑的程序（見第 8 章），並與你的當事人開始努力使數字進步一分：「所以，當你到達 4 分的因應程度時，你會做了哪些舉動是現在尚未去做的因應行動呢？」「當你因應得比較好一點時，你認為你的朋友可能會注意到你做了什麼不同的事情呢？」「你需要什麼才能使這些事情發生？」根據當事人投入於晤談的程度，以及受到你鼓勵的程度，你可以再改編在本書第 5、8 章中提到的任何目標形塑的問句。在一些案例中，奇蹟問句的變化形式是可以用來探索有關未來因應方式的可能性。

(四) 評量動機與信心

一旦你開始了在因應性目標方面的工作後，你可以邀請當事人評量願意努力達到這些目標的意願程度為何，以及擁有多少信心相信最終會發現成功因應的方法。若欲回顧一下這種評量方法，請見第 6 章所述。

七、回饋：多做有助益的事

一旦你意識到對於覺得快被擊垮的當事人，你已經開始詢問因應問句時，這個晤談便接近一般的建構解決之道的談話模式了。探討因應方式乃是探索例外的一種形式；你也可以採用平常的方式來使用評量問句。晤談結束的回饋也一樣。在探討因應的情況中，回饋通常是有組織地集中在建議當事人繼續去做於這場因應式對話中所找到的有效方法。Insoo 採用了這項準則對 Jolene 進行回饋，就如本章先前所提到的內容一樣。

另一個在晤談結束時給予回饋的例子，來自 Jermaine 的案例──那一位被歹徒持槍綁架，並經歷創傷重現、噩夢不斷以及害怕離家的當事人。Insoo 在回饋中做的第一件事就是讚美 Jermaine。

> Jermaine，你告訴了我一個駭人聽聞的恐怖故事。你不只在第一天被歹徒持槍威脅要你交出金錢，還被關了三天，然後又被脅迫一次又一次這麼做；在這三天的每一刻，你都不知道自己會不會被殺害，

或者能不能再見到你的家人。我很驚嘆你能找到忍受恐懼的力量；毫無疑問地，並非每個人都可以做到。你不只忍受了這一切，同時也擁有保護自身的智慧，並能聰明地找到逃跑的方式。你在等待綁匪降低警戒的時機，提出一些讓他們可以相信你並把你放出後門外的方法。然後你跑走——你努力地逃脫了。我想要恭喜你是如此堅強與聰明。

Insoo 有系統地將圍繞在晤談後期中所浮現的意見，形塑成回饋的其他內容。Jermaine 的妻子已告訴 Jermaine 他的症狀有一個名稱——「創傷後壓力症候群」（posttraumatic stress syndrome）。Jermaine 說他因為發現他的症狀有個名稱，因而對他所經歷到的事情以及他不是發瘋，有了一個合理的解釋。Insoo 確認創傷後壓力症候群是 Jermaine 目前參照架構中的一部分，因為這個標籤對 Jermaine 有意義，因此 Insoo 決定將這點納入回饋中。

由於你的反應是創傷後壓力症候群的一部分，也由於在你身上發生的事如此令人驚恐，且這驚恐持續了好幾天，所以我想你還會持續做噩夢、失去知覺、害怕離開你的房子，當你在車內時，還是會害怕有人跟蹤你；這樣的情況可能還會持續一陣子。這種確認自身安全的高度警戒反應是一種正常的反應，也是一種有用的求生本能。在你今天告訴我的這段特殊且恐怖的經驗中，這些反應大部分是有助於保全你的生命。你的心靈似乎仍會試圖一再藉由檢查噩夢，或以其他方式，去了解與釐清這件可怕的事，所以，這仍將會使你的心靈需要花些時間，繼續隨時去確認每時每刻的自己是非常安全的。

所以，在此同時，當你的心靈在繼續弄懂這些事情時，我建議你持續去發現：你做了什麼有效的行動以及能給自己時間康復的事情。繼續聽音樂、打掃房子、煮飯、和你太太談話，會使你們二人可以一再確認你是持續在恢復中的。〔他點頭表示同意〕希望你可以在未來的日子裡，持續去發現還有什麼其他事情是有助益的，並且回來告訴我，什麼部分又更好了些。

八、蒐集問題評估的資訊

當你與受創傷或被擊垮的當事人晤談時，新手實務工作者通常傾向於較自在地去詢問問題評估（problem-assessment）的問句，而不會提問焦點解決問句。雖然透過因應式對話建立解決之道，會比逐項進行問題評估來得有用，但有時實務工作者仍會需要進行問題評估。

在當事人與實務工作者互動時，當事人的知覺及參照架構會有所改變。問題評估是指：施以標準化紙筆測驗的概念，或由實務工作者詢問一連串的問題，以快速對當事人某些層面的知覺形成簡要的概念；但是這一切都僅提供一個靜態的觀點，只有再次的檢視才會允許你進行改變的評估。此外，由於問題評估是對問題進行評估，並未測量當事人的優勢、過去成功因應的事件、對當事人而言什麼事與什麼人才是最重要的、當事人尋求希望的能力，以及找到下一步的行動等等，換言之，他們並未蒐集與建立以解決之道為焦點的要素。是以，即使在危機情境中，我們仍建議問題評估要在建構解決之道中來進行才好。

然而，對你而言，能熟悉一些用來評估個體生存基本需求的重大標準是非常重要的。Abraham Maslow（1970）界定並排列出人類生存需求的順序。最基本的層次，他定義為生理與生存需求，例如食物、水、空氣、居住的需要。在此一階層中的下一個層次，他界定為生理安全需求，如保護自己免於攻擊及疾病的需要。這些需求比其他包含愛、自尊、自我實現需求等層次的形式，更為具體。在危機情境中，當事人通常處理的是生存及生理安全需求。

每位當事人會認為滿足自己需求的方式與內容並不盡相同。很多不同的研究者已發展出一些規格化的問句，可用以了解在當事人的知覺中，他們是否在滿足這些需求上有困難。有些問句則能提供一些資訊，是有關滿足需求之困擾方面的客觀指標。為了認識這些可以用來評估當事人生存及滿足安全需求的標準與測量的相關問句，你可以參考的資料包括去評估：個體不同部分的心理狀態、物質濫用的類型及程度、自傷傷人的可能性，以及兒童虐待與疏忽是否存在等等多元向度（Cavaiola & Colford, 2011; R. K. James & Gilliland, 2005; Kanel,

2007; Lukas, 1993; Martin & Moore, 1995; Sheafor & Horejsi, 2008）。如果你能
熟悉這些資訊，將會更快地了解並同理當事人在危機經驗中的恐懼及失控的內
在感覺，你對於當事人所描述事件的層面及其個人反應的理解能力，也會有所
提高。閱讀經歷不同危機經驗的第一手資料會很有幫助；小說也會很有用。例
如，Peter 的學生讀了 Judith Guest 的小說《平凡人》（*Ordinary People*）後，
更加了解一個家庭在失去兒子及兄弟的危機中之體驗與觀點。

　　一旦你對於圍繞在基本人類需求的問題評估資訊變得熟悉時，你將會注意
到：當你探索當事人的參照架構，並開始建構解決之道的歷程時，很多資訊是
會自動浮現的。當你詢問焦點解決問句時，當事人會在問題式談話以及解決式
談話之間來回移動。問題式談話包含了符合問題評估標準的資料，但常常會沒
有你或你的機構需要的特定資訊。所以，實務工作者可以直接去問一些特定的
資訊，然後再轉向解決式談話，如下列對話所示：

Peter1　：所以，當奇蹟發生時，妳還會注意到有什麼不同？

Emma1　：〔沉默〕我猜另一件事是，我不會這麼常想到要去結束我的人生。
　　　　　　現在我的生活這麼不幸，我沒有錢，保護機構一直在我背後看著
　　　　　　我。他們已經帶走我的孩子並且把他們放在寄養機構。我很難過我
　　　　　　的孩子不能跟我在一起。

Peter2　：是，我可以看到妳深愛他們，也希望他們現在能跟妳在一起。

Emma2　：確實是，我一直在想，沒有他們我就活不下去了，我一直想要自殺。

Peter3　：妳有這些想法多久了？

Emma3　：在我孩子要被帶走的前兩週開始。

Peter4　：妳以前有過這種想法嗎？

Emma4　：我之前就曾沮喪過，但我從來沒有像現在這樣糟糕。我以前不會想
　　　　　　到要自殺，但現在這個思緒會一直回來找我。

Peter5　：我很好奇……妳最近有真的去做嗎？妳曾嘗試去結束自己的生命嗎？

Emma5　：不，我不能這麼做。孩子不能和我在一起令我很傷心，但是我不能
　　　　　　這麼做——留我的孩子在人世卻沒有了媽媽。〔哭泣〕我只是希望

傷害能夠減少。不能和他們在一起真的很令我傷心。

Peter6　：是，我可以感覺得到，妳與妳所摯愛的人分開是多麼地難以忍受。〔沉默〕所以，我想一想妳剛剛說的，聽起來比較像是：妳把自殺想成停止受傷的一種方式，而非妳真的想去死？我對妳的了解正確嗎？

Emma6　：是，對！我不想死，我想和孩子們在一起，而且我也想停止受到傷害。沒有他們，我覺得好寂寞。

Peter7　：有一件事我不太確定，雖然我想我是知道答案的；但是，我所屬的機構要求我們一定要問這個問題——在我們碰到當事人痛苦到想結束生命時。我的問題是：妳有沒有想過，如果妳改變心意決定結束自己的生命時，妳會如何去做呢？

Emma7　：不，我從來沒有想過這件事，我只有想過要怎樣才能使痛苦停止。我不要我的孩子有的是一個死掉的母親。

Peter 8　：妳一定十分深愛妳的孩子，即使妳這麼受傷，妳似乎決定承受妳的痛苦，好讓妳可以為了孩子而活下來。

Emma8　：〔點頭表示同意〕是的，他們是我的一切。

Peter 9　：所以，回到這個奇蹟上；當奇蹟發生之後，什麼事情會取代痛苦及自殺的想法呢？

　　你可以採用評量問句來蒐集問題評估的資訊。例如，Peter 可以詢問 Emma：「從 0 分到 10 分，0 分表示沒有任何妳會去結束生命的可能性，而 10 分表示很有可能。妳認為妳真的會這麼做的可能性有多少？」一旦 Emma 給了一個數字，例如 2 分，Peter 可以探索 2 分對她的意義。這種問題評估性對話，是以當事人的知覺與描述為基礎。同時，也可以透過含有主動關係觀點的評量問句來擴展之：「假設我問妳最好的朋友——在同一個量尺上——妳真的會結束自己生命的可能性有多少，她會說什麼？」用評量問句所獲得之問題評估資訊，會提供你一個備胎，好讓你容易回到進行解決式談話的軌道上。一旦當事人解釋 2 分代表發生了什麼事情時，你可以輕易地轉移去問：事情何以沒有糟

糟到是 4 分、6 分，甚至是 10 分。

　　與危機中的當事人使用因應式對話時，可能會透露出一個看似矛盾之處：最佳的評估資訊，是來自當事人能進行解決式談話的程度與類型。然而，對當事人使用因應問句及評量問句來聚焦形成下一個步驟時，你可能遠離了評估當事人在目前危機中能否滿足生存及安全需求的重要資訊，而後者卻又是問題評估的基本目的。是以，實務工作者需要去蒐集當事人現今危機與問題的性質與程度，以評估當事人能否運用自身資源來因應困境，或者需要採取更多資源與行動等資訊，例如選擇住院等醫療策略的介入。

九、在當事人仍覺得被擊垮時

　　努力進行因應探索及詢問評量問句之後，你可能會做出的結論是認為當事人仍覺得被擊垮，且沒有足以因應目前問題的內外在資源。這種情況在我們的經驗中並不普遍，但若真的面臨這種景況，除了可再與當事人多加探索因應之外，也可能會推薦當事人接受一些有用的社區資源。提供這種利用相關社區資源的訊息，是你工作機構或臨床工作的一部分；你要記得對當事人說明各機構所偏重的轉介程序。當你決定要轉介當事人運用社區資源時，如果你在這個領域或機構又是新手，那麼打電話給督導或層級較高的行政人員，會是一個好主意。

　　如果你覺得與當事人進行因應式對話有困難，而且當事人仍覺得自己是被擊垮的時候，他可能需要對更多檢查與照顧持有開放的態度，如接受藥物與住院等方式。如果你與當事人進行因應式對話，而對話清楚顯示當事人現存的因應能力很少時，當事人常常也會因而明白他／她需要的是更為密集的照顧和監控。從因應式對話中蒐集的資訊，會允許你對即將提出的建議更有自信與更為確認，也會在個案文件的紀錄上更具信心及更為確定。

十、結論

　　危機中的當事人確實與其他當事人不同。然而，即使當事人把帶來見你的事件描述得比其他當事人更緊急、恐怖、令人害怕，對待危機中的當事人仍可以像對待其他當事人一般，同樣地使用相同的建構解決之道歷程。在本章的例子中，Insoo 和 Peter 對待近期生活中未經歷創傷當事人的方式，與他們對待處於危機中當事人的互動方式，都是一樣的。在與危機中的當事人工作時，主要的差別在於，他們比較不會接受目標形塑的邀請與努力，同時，他們會比較容易聚焦在陳述問題上。在此刻回應他們時，我們將暫時擱置目標形塑的意圖，而先回到因應問句上。因應問句乃用以揭露這些受到驚嚇、被打擊的當事人，能在日復一日、每一時刻的因應中，所經歷到之微小、不可否認的成功經驗。在當事人能確認出微小的成功並能開始建立能量及信心時，我們便會藉由評量問句來幫助當事人，於目前限制的基礎下，找出下一個行動步驟，之後，再回到目標形塑的方向。

　　當你將目標形塑暫為擱置，並先進入因應問句的過程時，只是稍微改變建構解決之道歷程中的程序和當時的介入意圖而已，你毋須轉換到另一個截然不同的介入歷程。最後，與最近經歷創傷的當事人晤談時，對於「思考他們是否處於危機中」的部分可以減少一點，反而是要多去「想想如何揭露當事人現今的因應能力」，以參與推進目標形塑的工作。這些想法反映在本書最後的附錄中；附錄裡將危機晤談及有用的因應問句，都呈現在草案上。

《 註 解 》

註 1：另一個使用因應問句和評量問句於具自殺意圖危機之當事人的資料，為一位名叫 Carl 的青少年，在嘗試自殺後的第二日與 Insoo Kim Berg 會面的晤談紀錄。該晤談紀錄可在 SFBTA 的網站尋得（www. sfbta. org）。

第十一章
實證研究基礎

我們已檢視了將近三十年的研究，包含來自溝通實驗室的基礎研究，以及描述性的、相關性的以及實驗性的研究。整體而言，這些研究支持了 SFBT 的有效性……SFBT 已經有相當多實證研究的支持，並持續致力於實證研究的成長茁壯（Trepper & Franklin, 2012, p. 411）。

我認為要提升心理治療中「改變的靈魂與熱情」（heart and soul of change）的下一步，乃需要藉由「正式的監控改變」，以及，願意投入於「與當事人坦誠且開放地討論他們的進展」之中（Lambert, 2010, p. 241）。

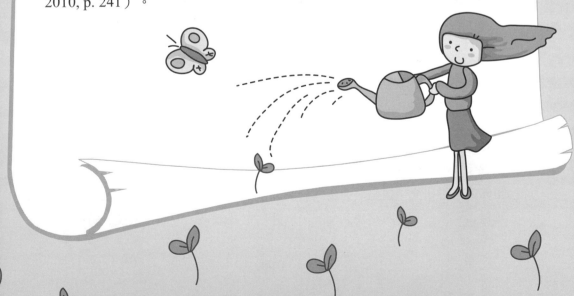

　　你期待本書所描述的 SFBT 晤談程序對你的當事人具有多少效用呢？如果你希望能帶著信心與你的當事人一起工作，那麼，得知 SFBT 程序的實證研究基礎，以及此程序對於不同當事人與多元問題類型的治療效益，是非常重要的事。

　　近年來，心理學中「以實證研究為基礎的實務工作」（evidence-based practice in psychology, EBPP）概念，在助人專業中已經逐步成形並益發看重其重要性。如同起初在醫學領域中產生此一概念的原始目的一般，「以實證研究為基礎的實務工作」在於：運用相關研究倡導該醫療措施的確是能造成當事人情況的改善（Sox & Woolf, 1993; Woolf & Atkins, 2001）。最近，美國心理學會（American Psychological Association, 2006）在進行大規模的研討和討論之後，目前對此下了一個定義：「心理學中的以實證研究為基礎的實務工作（EBPP），乃為『最佳可行的研究』與『病人特性、文化及偏好之脈絡中的臨床專業知識技能』之整合。」其他助人專業，包含諮商及社會工作，也已採納與此相似的定義（Kim, Smock, Trepper, McCollum, & Franklin, 2009）。

　　值得一提的是，在這些「以實證研究為基礎的實務工作」的定義中，「最佳可行的研究」一詞乃涉及了實證研究的許多類型。例如，美國心理學會舉出九種實證研究的形式，皆有助於建立某一實務類型與特定介入的實證研究基礎。「隨機控制試驗」（random controlled trials, RCTs）被視為是：「對介入效果形成因果推論的標準形式」（American Psychological Association, 2006, p. 274）；但是，同時亦需要其他研究證據的形式，來說明關於實務有效性的一些重要問題。例如：以臨近的臨床觀察，來發現可能會對當事人造成差異的新實務程序；以歷程結果研究，來識別出改變的機制；於自然情境以及實驗室中進行研究，來確認臨床實務程序的效力；以及，進行含納多種研究結果的後設分析。

　　本書所提到建構解決之道的程序，大部分發展於過去三十年，因此，關於 SFBT 成效之研究結果資料，僅在過去二十五年中才開始有所呈現；於過去近十五年裡，關於 SFBT 研究的數量乃有顯著的增加。第一批的研究是缺乏控制組的描述性研究；這些研究趨向於詢問當事人是否認為自身問題已經解決，以及是否對所接受的服務感到滿意，以評估晤談效果。近期，較多的研究則加入

了比較組與控制組的設計，並且採用近似於專業領域較為相信的實驗設計（隨機控制試驗），以能對焦點解決取向效果進行最具說服力的檢視。本章將依據焦點解決晤談的發展時期，簡短回顧其實證研究發展歷程。本章關於 SFBT 實證研究之回顧，乃受益於近期出版的重要文獻《焦點解決短期治療：以實證為基礎的實務手冊》（*Solution-Focused Brief Therapy: A Handbook of Evidence-Based Practice*）（Franklin, Trepper, Gingerich, & McCollum, 2012）；鼓勵想要得知更多細節的讀者，可參閱此書。

一、短期家族治療中心的早期研究

(一) 觀察、發明創新及蒐集資料

　　如同第 1 章提及，密爾瓦基市的短期家族治療中心（BFTC）是發展出焦點解決晤談技巧的一個自然情境。BFTC 最早期的研究性質屬於探索性的質性研究，研究內容包括密集觀察當事人產生的進步（由當事人定義為有進步時），以及實務工作者對於促進當事人進步所做的貢獻為何。觀察團隊是由有經驗的治療師、臨床教授，以及研究生所組成；他們坐在單面鏡之後，單面鏡前則是一組治療師與當事人（已簽署相關之同意書）在進行著晤談。觀察團隊會仔細跟隨晤談內容，有時會在晤談過程當中提供一個可能有用的提問問句給予治療師。觀察團隊還會蒐集資訊，除了形塑出晤談結束前的回饋外，也會較為整體地觀察何者對當事人可能是有效用之處。在晤談當中以及兩次晤談之間，觀察團隊皆開放熱烈地持續進行討論，其討論主題包括：何者是有效的，以及應執行什麼樣的研究才能證實此一新興而有用的實務取向。

　　關於 BFTC 對 SFBT 如何有所發現之發展歷史，Lipchik、Derks、LaCourt 和 Nunnally（2012）進行了更為詳細的描述。他們指出，在 1982 年，有一觀察團隊的成員建議：與其請當事人列出他們想要改變什麼，不如請他們列出他們不想改變什麼。觀察團隊同意此舉可能會有用，於是開始實行於一些當事人身上。後來，當這些當事人再來晤談時，的確回報了他們不希望改變的事物，不

僅如此，他們也開始提及生活中已發生的正向改變。這項新程序的持續應用與精錬，即導致第 7 章提及之「初次晤談的任務形成」（formula-first-session task）作法之誕生；此作法在後來的研究中，也被證實與一些正向治療結果具有關聯性（Adams, Piercy, & Jurich, 1991）。

「晤談前改變」問句的發展，是在SFBT發展過程中另一個被發現的作法；「晤談前改變」也是來自於：團隊成員持續仔細地觀察案例、注意新穎有趣的事物、持續討論有趣的觀察發現、設計並引用此一新的治療技術於後續的治療晤談，以及系統性地監控執行研究的成果而得。Weiner-Davis、de Shazer 和 Gingerich（1987）提出一個案例，是關於一位母親與十二歲的兒子，因為兒子在校表現不佳而前來治療。這個案例的晤談過程，大部分是問題式談話內容，母親也將自己的離婚可能如何導致兒子變得憂鬱而影響其在校表現，建構了她的一番理論；但是，母親卻又提及於此治療晤談前的三天裡，她兒子在學校「已經有開始在嘗試努力了」。治療師注意到這項不尋常的評論，而開始詢問男孩：是真的如此嗎？他怎麼決定要這樣做的？他需要做什麼才能繼續下去？治療晤談持續聚焦於這個層面的解決式談話，並且於三次晤談就完成了治療。於是觀察團隊便討論及確認了許多 BFTC 治療師曾經聽過當事人提出相似的評論——在治療開始之前，剛發生的小改變。因此，團隊想知道：如果治療師能系統性地詢問當事人關於「晤談前的改變」，並且在確認出「晤談前的改變」後，接著提出詢問細節的問句，繼續強化這個改變，如此一來，又會發生什麼事情呢？他們建立了一項程序，在新來的當事人完成基本的初談表格後，立刻詢問當事人以下問題：

> 我們的機構正在著手一項研究計畫，研究者有給我一些問題，需要我們在開始治療前先請問你：
>
> 1. 許多時候，人們會注意到，他們從預約治療到第一次晤談之間的這個期間，事情似乎已經有所不同了。你注意到你的情況是如何呢？
> 2. （如果第 1 題的回答是肯定的）這些改變，與你來治療的理由有無關聯呢？

3.（如果第1題的回答是肯定的）這些改變，是你想要繼續發生的嗎？
（Weiner-Davis, de Shazer, & Gingerich, 1987, p. 360）

在他們第一項研究中，BFTC 團隊發現，於三十個案例中約有二十個案例報告出晤談前的改變，並對問題 2 和問題 3 回答了肯定的答覆。這項關於「晤談前改變的存在及其程度」的調查結果，是一項很引人注目的發現，因為在當時的心理治療領域特別會認為，有意義的改變只有在第一次治療晤談時才會開始；BFTC 團隊採取不同的觀點，並更有信心於他們發展的信念：當事人的改變是持續進行的；詢問「晤談前的改變」並強化此項改變，治療將可更為短期且有效。

(二) 處遇成果的研究

　　BFTC 除了研究創新之實務技術外，亦進行一整次晤談的處遇成果研究。在這些研究中，是以當事人被詢問關於治療成功與否為主；如同 de Shazer（1991, p. 161）所言：「畢竟當事人來治療是要解決問題的，只有他們才是可以判定治療成功與否的人。」這些研究詢問早期的當事人是否已達成治療目標；如果沒有，則了解是否有產生顯著的進步。de Shazer（1991, p. 162）提出 Kiser（1988; Kiser & Nunnally, 1990）執行一個研究的結果：「我們發現，在平均 4.6 次的晤談中，達成了 80.4% 的成功率（其中有 14.7% 的當事人產生顯著的進步，有 65.6% 的當事人達到他們的目標）。在接觸當事人長達十八個月時，成功率則增加到 86%。」

　　1992 到 1993 年間，BFTC 進行了另一項對 275 位當事人處遇成果的研究（De Jong & Hopwood, 1996）；這項研究以兩種方式來測量成果。第一種稱為「期中成果」：使用當事人第一次和最後一次對晤談的評量（從 0 到 10 分的程度），並看其間進步的差異；第二種稱為「最後成果」：於最後一次晤談後的七到九個月內聯繫當事人，詢問他們的處遇目標是否達成；若沒有，則詢問晤談有否產生了邁向其處遇目標的進步。這研究的期中成果指出：25% 的案例顯示出「顯著進步」（第一次和最後一次晤談之間，有 4 到 8 分的進步分數）；

49%案例顯示出「中度進步」（1 到 3 分的進步分數），以及 26%案例顯示「沒有進步」（0 到-3 分的分數差異）。於最後成果中，則有 45%的人表示達成了他們的處遇目標；其他 32%的人表示有進步，而 23%的人則說沒有產生進步。而此 275 個案例之平均晤談次數為 2.9 次。

　　BFTC 這兩項研究成果，與當時其他諮商取向的效果研究相比，晤談成效顯得較佳。首先，關於平均之晤談次數，Garfield（1994）發現：各諮商取向晤談次數的中位數在三到十三次之間，以六次為最多。而 BFTC 於 1988 年研究的案例，其晤談次數的中位數為三次晤談；1992 到 1993 年的研究則為二次晤談。由於 Garfield 回顧的文獻涉及了一兩種問題解決取向，所以 BFTC 的資料能支持一個結論：當事人透過建構解決之道，是可以更快速地獲得進步。

　　關於治療成效的部分，Lambert 和 Bergin（1994）回顧了不同諮商取向的控制組研究發現，平均而言，心理治療具 66%的成功率（亦即，66%接受治療的當事人顯示出改善）；而未接受治療者，則只有 34%能靠自己改善（p. 147）。BFTC 於 1988 年與 1992 至 1993 年研究所得之成功率，皆較此一 66%的數據更高。此外，BFTC 之成功率是在較少的晤談次數下達成的——於 Lambert 和 Bergin 回顧之研究中，晤談次數的中位數為六次；而於 BFTC 的兩次研究發現中，其晤談次數卻是三次與二次。

二、焦點解決治療的其他研究

(一) 自然多元的效果研究

　　隨著焦點解決治療技術開始普及至 BFTC 以外的機構與臨床工作，其他地區也實施了一些類似於 BFTC 成果研究之相關研究；這些研究大部分是在歐洲和美國執行。在 1994 年，歐洲短期治療學會（European Brief Therapy Association）指派 Alasdair Macdonald 為其研究召集人，負責尋找及持續更新 SFBT 研究之出版清單。當時，Macdonald 提及，類似於 BFTC 研究，包括 BFTC 出版的，共有八篇效果研究，而後，出現了更多的相關研究。這些早期的研究結果

一致顯示出：70%當事人達成了他們的治療目標或產生了顯著的改善（Gingerich et al., 2012）。Macdonald 持續彙整最新的研究，包含了範圍更廣的各項新近研究成果（www.solutionsdoc.co.uk）。

(二) Gingerich 與 Eisengardt 之對照研究回顧

　　第一份對於 SFBT 對照研究（controlled studies）進行回顧的文獻，出版於 2000 年（Gingerich & Eisengardt, 2000, 2001）。研究者在 2001 年夏天時檢視了十八篇發表於文獻中的 SFBT 對照研究。這些研究文獻皆符合了以下準則：為實施 SFBT 的研究；使用實驗控制的形式；評估當事人之行為或功能，並與當事人對治療效果的主觀印象相對照；以及，在治療尾聲或後續追蹤時，進行治療效果的評估。研究者也以這些標準來評估各研究之實驗控制水準：「(1)使用組別隨機分派，或尚可接受的單一個案研究設計；(2)聚焦在一個明確定義的心理疾患上；(3)將 SFBT 與另一個可供標準參照的治療派別進行比較，或者與安慰劑組、無處遇設計組進行比較；(4)使用處遇手冊或程序，以監控處遇的嚴謹性；(5)使用具有信效度的效果評量工具；以及(6)具有夠大的樣本人數，以能有效區辨出組別的差異。」Gingerich 和 Eisengardt 採用了上述嚴格的標準，在這十八篇對照研究中，界定了其中七篇乃符合上述五或六項標準，為嚴謹控制的對照研究；五篇乃為符合了四項標準之中度控制的對照研究；六篇符合了三或三項以下標準而為較弱於控制的對照研究。

　　在此處能舉出一個具有良好控制的研究並加以說明，是非常有意義的，因為這種研究形態，通常能夠被認可為是提供焦點解決實務有其成效的最有力證據。於 Gingerich 與 Eisengardt 回顧的文獻中，有一個探討焦點解決治療效果的研究，其實驗設計的控制相當良好，即是 Lindforss 和 Magnusson（1997）年所進行的研究。這兩位研究者對於以焦點解決治療是否具有減少瑞典斯德哥爾摩哈吉百監獄（Hageby Prison）受刑人之犯罪率的效果很感興趣。哈吉百監獄監禁的是「一群非常嚴重的犯罪人物」，多為長期嚴重犯罪、高再犯率、藥物濫用、以及在受刑期間仍發生紀律問題者。兩位研究者與一群願意參加研究的受刑人開始進行了這個研究。研究者隨機分派三十名受刑人至實驗組、三十名至

控制組；實驗組接受平均五次各一至二小時的焦點解決治療，而控制組在同一期間則未接受多於一般受刑人所得到的治療處遇。這個研究蒐集受刑人從哈吉百監獄釋放出來的第十二個月以及第十六個月的再犯率情形，以作為處遇效果的研究資料。在受刑人從監獄釋放後的第十二個月，實驗組與控制組的再犯率分別為 53% 與 76%；於釋放後的第十六個月，實驗組與控制組的再犯率則分別為 60% 與 86%。這兩組間再犯率的差異，達到了統計上的顯著差異，而且，實驗組受刑人之再犯罪行是較不嚴重的。因此研究者提出一個結論：焦點解決處遇對於受刑人產生了較低且較不嚴重的再犯率，因而為瑞典的監獄系統省下了相當多經費。

Gingerich 和 Eisengardt（2001）指出，在十八篇對照研究中，有十七篇指出，接受焦點解決治療後當事人有所進步；有十篇研究顯示當事人的進步乃達到統計上的顯著水準。此外，在十一篇比較焦點解決取向與另一個標準化治療的研究中，有七篇研究顯示焦點解決處遇與所對照派別的效果相同，或其效果超越了所比較的治療取向。在 2000 年，Gingerich 和 Eisengardt 對於焦點解決治療當時的研究情況，提出了以下的整體結論：

> 雖然目前的研究還無法指出 SFBT 的效能是如何建構出來的，但是這些研究確實提供了初步性的支持，指出 SFBT 有益於當事人。研究場域與對象的多元差異性以及研究形式的多樣化，都表示 SFBT 在廣大的應用領域中是相當有用的。然而，這個暫時性的結論，尚待更周全的研究來加以驗證之（p. 495）。

(三) 歷程研究

McKeel（2012, p. 130）指出：「改變歷程的研究，乃是去探究：治療室內，有無特定介入的發生及其如何產生效用，以及當事人在治療過程中經歷了什麼經驗。」這是 BFTC 團隊採用來發現與記錄許多焦點解決問句與程序的效用性，而這些資料在本書中都有加以描述之。McKeel 回顧了 BFTC 的歷程研究

與之前一些相關研究後指出，有經過研究的焦點解決技術包括：初次晤談任務的形成、預設的建設性問句（如：會談前改變的問句）、奇蹟問句、在後續會談中探索什麼已較好了，以及運用解決式談話。這些研究一致指出，焦點解決技術「完成了當事人所想要達成的治療目的」（McKeel, 2012, p. 139）。

McKeel 也探討一些研究是說明當事人如何經驗建構解決之道的歷程。這些研究指出，焦點解決會談增加了當事人對其處境的希望感，並提高其對達成治療目標的樂觀性。此外，當事人也提及他們的治療之所以能成功，SFBT 的問句與技術，乃扮演最重要的角色；當事人還對 SFBT 的正向氛圍、當事人與治療師之間合作關係的強調，以及對於優勢力量的聚焦等，表示感謝與珍惜。這項研究還指出，當治療師過度聚焦在技術而未能仔細傾聽當事人在乎的事，且未能對當事人的處境表達自然同理時，當事人便會對焦點解決治療感到不滿。

(四) 治療對話的微觀分析

微觀分析（microanalysis）發展自心理語言學的實驗研究，是一種分析可觀察的溝通序列之方式。Janet Beavin Bavelas 與她在維多利亞大學的團隊，從 1980 年代即開始在修改與精緻化這個分析方法，並從 1990 年代晚期開始使用微觀分析，來評鑑焦點解決取向及其他治療派別晤談對話每一片段的細節。他們早期的實驗研究以及較新近的治療對話微觀分析，都對治療對話之合作、共同建構的本質，提供了清楚的證據。Bavelas（2012）回顧了這些研究的發現，而我們也已將其中許多研究內容納入本書之中。這些研究透過可被複製的研究程序，讓會談技巧的細節變得更可觀察而知。因此在第 3 章中，我們提及微觀分析中的發現，這對於我們實施的基本溝通技巧，增加了許多理解，也獲得了很多資訊，其包括：問句的使用、簡述語意、摘要、實務工作者的非語言行為、理解當事人的非口語行為、運用自然同理、運用正向談話邀請當事人能進行正向談話，以及，能運用共同理解基礎，於實務工作者與當事人之間，且合作建構出對當事人可能性與解決之道的新理解。在第 15 章中，我們還會回到從微觀分析研究中所得到的其他發現，並再去擴大建構解決之道的理論意涵。

微觀分析對於發展焦點解決程序的實證研究基礎，是非常重要的。如同剛

才所提及的，這些微觀分析研究的研究結果是很有意義的，同時，這些研究發現對於改進焦點解決取向的其他研究形式也是同樣重要的。舉例而言，焦點解決短期治療協會（Solution Focused Brief Therapy Association, SFBTA）現在已根據此領域中治療手冊之標準，為 SFBT 出版了一本手冊（Trepper et al., 2012），並且將此手冊放在協會網站可供下載取得（www.sfbta.org）。這本手冊界定了 SFBTA 對 SFBT 要素的最佳理解；未來進行研究時，如採「隨機控制試驗」比較 SFBT 與其他取向時，便可用此手冊來為 SFBT 下操作性定義。這本手冊強調，SFBT 中「共同建構」的本質，即為此取向的關鍵要素。藉由使焦點解決取向合作與共同建構的細節變得更可觀察與被複製，微觀分析研究對於這本手冊的清晰度與有用性十分有貢獻，同時也助於擴大 SFBT 的實證研究基礎。

(五) 後設分析

上述所提的每一項資料來源，都說明了個別研究的內容，並摘要出各個研究所涉及的場域、研究設計、效果評量以及結果發現。當研究涉及焦點解決取向與其他實務模式的比較時，這些研究的資訊是能指出焦點解決取向為劣於、相等或優於其他派別的治療成效。除了此種獨立討論各個研究的方式之外，還有對現存的研究進行「後設分析」回顧（meta-analytic review）的方法。如同 Kendall、Holmbeck 和 Verduin（2004, p. 34）所解釋，「後設分析」涉及統計技術的使用，乃「將個別研究的結果轉成共通的評量單位〔通常是『效果值』（effect size）〕，以對多個研究結果進行跨研究的綜合分析」。「效果值」通常是指後設分析中，各研究的「實驗組／處遇組」以及「控制組／比較組」之間的效果平均差異。目前，對於焦點解決治療進行的後設分析研究共有兩篇（Kim, 2006, 2008; Stams et al., 2006）。

Kim 檢索專業文獻，發現了六十三篇自稱為探討焦點解決治療的實徵研究。他決定納入所有自稱「至少有使用普遍被認定的焦點解決取向四個程序的其中一個程序，並採用了必要的統計方法以推測其效果值」之研究。這四個受到普遍認定的焦點解決程序是：詢問奇蹟問句、進行評量、使用暫停、給予暫停後的讚美與建議。由於使用了這樣的標準，Kim 得以從原先六十三篇研究中

選出二十二篇，納入他的後設分析之中。他將研究主題分為三個類別，並分別計算它們的效果值；這三個類別為：內向行為問題研究（焦慮、憂鬱、低自尊）、外向行為問題研究（過動及其他行為問題），以及家庭與關係困難之研究。

Kim 指出，相較於其他後設分析，他發現，整體來說效果值是小的；其中，內向性問題較之外向性問題及關係問題的效果值大一些。同時，他指出有幾篇個別的研究，具有較大的效果值。此一後設分析研究的效果值相似於其他後設分析研究的效果值，包括了碩博士論文與出版的研究（註1）。同時，在比較組中，焦點解決處遇相較於其他心理治療派別（已被深入研究者），兩者之效果值基本上是沒有差別的。Kim 表述了這個後設分析研究發現的限制為：此研究分析僅基於中等數量的研究個數（二十二篇）；其中許多研究中的實務工作者接受了很少量的焦點解決程序訓練（於一些研究中只接受了二至二十小時的訓練）；以及，這些研究中的實務工作者，是否確實在晤談中進行了焦點解決工作，實在缺乏具嚴謹性與一致性的嚴格確認。Kim 的研究作為焦點解決治療一個早期的後設分析研究，是十分有趣與重要。這個研究還包含了幾項研究發現，並再次提及焦點解決治療是一個大有可為的新取向。然而，Kim 的後設分析研究結果不能被視為最終結論，因其分析的各個研究仍有其研究限制在。第二篇後設分析研究（Stams et al., 2006）乃以荷蘭文出版，並於最近由 Ginge-rich 等人（2012, p. 106）以英語摘述如下：

　　Stams 等人（2006）的後設分析，發現 SFBT 有 0.37 的整體效果值，以一般標準而言，乃為低度至中度的治療效果。比較 SFBT 與無處遇的研究（有四篇研究），產生了 0.57 的效果值；相較之下，比較 SFBT 與其他治療取向的研究（有七篇研究），只產生了 0.16 的效果值。對這項結果乃有多種解釋，其中之一為：SFBT 與其他被接受的治療取向一樣好，或稍微更好一些；而且，SFBT 顯然比完全沒有接受治療要好得多。

Stams 等人的後設分析亦有幾項限制，一如 Kim 在他的分析中所表述的一般。因此，即使這些研究結果十分有趣且具有建議性，但是更堅實的結論尚須等待更嚴謹控制的研究成果累積；如研究中須有一致且預備度高的 SFBT 治療師來進行介入。更嚴謹的研究也須對何謂施行 SFBT 有一個更詳盡的定義（即運用手冊化的定義，如前述之 SFBTA 研究手冊中的定義），並以嚴格的評量標準，確保 SFBT 治療師確實有在研究過程中一貫地實行 SFBT。Gingerich 等人（2012）提及兩篇近期較為符合這些標準的研究。

(六) 兩篇近期的重要研究

Smock 等人（2008）將一級物質濫用之當事人，隨機分派至六次的焦點解決團體治療（solution-focused group therapy, SFGT），以及六週的海瑟頓模式（Hazelden model）問題焦點與心理教育取向課程；之後，比較兩組當事人心理健康的成果。受試者乃由地方上的檢驗部門所提報，並隨機分派到 SFGT 或海瑟頓治療。受試者心理健康的成果乃以貝克憂鬱量表（Beck Depression Inventory）與 OQ 症狀困擾次量表（OQ Symptom Distress subscale）為主，並對當事人進行治療之前後測。研究者使用治療手冊讓治療師有所準備，以確認治療師是執行兩種模式中的一種。在整個研究過程中，研究者依照治療手冊去評量治療師是否恪遵於施行該種治療模式；同時，也會評量兩組治療師的技能程度，並控制住這項混淆變項。研究結果指出，接受 SFGT 的當事人在兩項心理測量中，從前測到後測期間，具有顯著的進步，而接受海瑟頓模式的當事人則沒有。研究者發現 SFGT 對於該兩項心理測量產生了中度的效果值（0.64 與 0.61），並強調這樣的結果是很重要的，因為：「憂鬱與物質濫用經常併發，且憂鬱治療也常會提升物質濫用治療的成果」（Smock et al., 2008, p. 113）。

Gingerich 等人（2012）指出，第二篇研究（Knekt, 2008a, 2008b）是特別重要的研究，因為它有以下的研究設計：是一個大規模的研究，有 326 位受試者；具有明確的診斷標準來指出誰可以被納為受試者；隨機分派受試者到不同的處遇組；使用經驗豐富且受過良好訓練的治療師；使用多樣的方式來評量治療成果；使用 SFBT 晤談手冊，並嚴格評估治療是否有遵行之；以及，將 SFBT

與其他兩種具實證研究基礎的治療取向加以對照比較。這個研究比較了 SFBT、短期心理動力治療（STPP），以及長期心理動力治療（LTPP），其對被診斷為憂鬱與焦慮症病患工作能力及心理健康的治療成果差異。第一組病患平均在八個月中接受了十次 SFBT 治療，第二組病患平均在六個月中接受了十九次 STPP 治療，第三組病患平均在三十一個月中接受了 232 次 LTPP 治療。在三年的期間，研究者以多樣的問卷來評量治療成果，包括：受試者之憂鬱、焦慮、工作能力、社會適應，以及就業或就學的普遍率、所請的病假天數。研究結果指出，這三種治療在這三年期間，顯示出幾乎相等且達統計顯著的正面成果。SFBT 與 STPP 在第一年時產生了較佳的結果，而 LTPP 則在第二年中迎頭趕上，並在第三年時產生了優於 SFBT 與 STPP 的結果。接受 SFBT 與 STPP 的受試者，在第三年時仍保持了從治療中的收穫，且兩者並沒有達到統計上的顯著差異。Gingerich 等人（2012）將這篇 SFBT 效果的研究視為目前最嚴謹的研究之一，並將其視為 SFBT 治療效益的有力證據，因這個研究將 SFBT 與兩種已被接受的、具有實證研究基礎的治療取向加以比較。

三、結論與下個階段的發展

有關 SFBT 的實證研究基礎已經十分豐富，且一直在成長中。Gingerich 等人（2012, p. 106）在對 SFBT 研究的回顧中，提及目前有四十六篇對於 SFBT 的獨特研究，都顯示出關於 SFBT 研究的「研究形態與品質都在自然地發展中」。值得一提的是，他們補充道：「近來，當 SFBT 於設計良好的研究中，與已被認可的治療取向加以比較時，SFBT 皆已經顯示出與其他具實證研究基礎的治療取向，具有同等的治療效益，甚至有時候 SFBT 治療效益的產生，花費較少的時間與成本的。」（p. 107）

許多研究也證實 SFBT 對於背景多元的當事人及其問題都是有效用的。Trepper 和 Franklin（2012）摘要了支持 SFBT 是有效應用的研究範疇，包括應用於學校（Kelly, Kim, & Franklin, 2008）、家暴與虐待（Lee, Sebold, & Uken, 2003）、兒童保護服務（Wheeler & Hogg, 2012）、依賴藥囑行為（Panayotov,

Strahilov, Anichkina, 2012）、青少年（Corcoran, 2012）、物質濫用（Hendrick, Isebaert, & Dolan, 2012），以及管理與教練（McKergow, 2012）等領域。

　　未來一定仍然可以有許多作為，能進一步地強化焦點解決晤談程序的實證研究基礎（Gingerich et al., 2012; Trepper & Franklin, 2012）。首先，需要更嚴謹地實施對照研究，對照研究本身極具價值，同時也應將對照研究結果納入後設分析之中，畢竟後設分析研究結果的有力程度，是基於其所納入分析的研究品質而定。其次，一些良好控制的對照研究，還必須繼續有如 Knekt 等人研究（2008a, 2008b）的大樣本臨床試驗（RCT's），同時還可以採用多元指標來評估治療成果，並比較 SFBT 與其他極被接受且具實證研究基礎的治療取向之效能差異。RCT's 將使 SFBT 具備充分的實證研究基礎，對於 SFBT 是否能被更為廣大的領域所採納，乃為不可或缺之關鍵所在。

　　若要 RCT's 能成為有力的實證研究基礎，參與研究的治療師必須都做到該研究所聲稱要進行的治療取向與形式；因此，對於治療手冊的持續修正，以及對於參與研究的治療師是否真的有遵行SFBT的形式，是必須進行嚴格評量的。幸運的是，歐洲短期治療協會與焦點解決短期治療協會內部設有研究委員會，並已承諾進行這項工作。再者，為了使他們能繼續強化手冊及檢視的評量工具，歷程研究與微觀分析勢必得持續去發現及記錄：以焦點解決取向的方式來與當事人工作時，其獨特之處何在？焦點解決晤談中哪一項要素，是最明顯有益於當事人的改變？

　　因此，本章所談到的每一項研究類型，都還需要更多的研究，因為這些研究類型之間是相互影響的，而增加研究數量的本身也將對焦點解決實務整體的實證研究基礎有所貢獻。如同我們在本章最後一節所闡述的，身為一位焦點解決實務工作者的你，乃身負一個重要角色：你與當事人進行焦點解決晤談時，必須產生以實務為基礎的證據，而為 SFBT 增進了實證研究基礎。

四、蒐集研究資料，改進你的實務工作並擴展實證研究基礎

本章一開始，我們提及焦點解決晤談程序的發展，是從研究與實務工作夥伴的合作開始著手的。在 BFTC 中，實務工作者密切地共事，運用著仔細的觀察結果，以歷程研究與治療成果之描述性研究，發現及記錄了與當事人更為有效工作的方式。類似這種以實務為基礎之研究，乃於世界各地一些機構和診所中持續進行著。英國倫敦的實務與教學組織「短期中心」（BRIEF），就是其中的一間探索實驗室。Shennan 和 Iveson（2012）記載著「短期中心」成立於 1980 年代晚期；自成立之初，「短期中心」便開始以類似 BFTC 早期研究方式，從當事人的觀點，探討 SFBT 所運用的問句，並蒐集「什麼是有效的」相關資料。他們的一些研究計畫，使「短期中心」發展出他們自己的焦點解決晤談形式，包含：(1)與當事人工作乃要發展出其「對『偏好的』未來」之豐富描述，此取代「短期中心」視為較狹隘的「目標」一詞；(2)以「偏好的未來」的「詳細實例」一詞，來說明與連結當事人的例外；(3)詢問當事人：「你對於我們一起工作之『最大的期待』（best hope）為何？」而非「在此（晤談中）需要發生什麼，才能對你是有用的？」；(4)取消晤談結束前的作業任務，而單純相信：透過晤談中共同建構的解決之道，便已能對當事人造成差異；(5)取消暫停，而以摘要「當事人偏好的未來」與「當事人已做了什麼可使之發生」來作為晤談的結束（Shennan & Iveson, 2012）。「短期中心」已在一本手冊中概述其創新之舉（George, Iveson, & Ratner, 2011），並將此提供於其網站（www.brief.org.uk）。我們相信如同 BFTC 與「短期中心」所發展出的實務和研究的合作關係，強化了實務工作者對當事人的開放及「什麼對當事人是有效的」的好奇心，而導致了更有效的實務作法之種種發現，在此同時，也增加了 SFBT 的實證研究基礎。

當你於自己的實務工作中採用焦點解決程序時，你或許沒有這樣的好運能像 BFTC 和「短期中心」那樣，可以與一群致力提升實務工作的同事一起工作，

但是，那並不表示你就沒有方法研究你的實務工作以便能對你的當事人產生什麼正面的差異，而持續地改進你自己的實務作法。一個聚集動能的管道，即是採用「治療成效管理系統」（outcomes management system）（Lambert, 2010）。這樣的系統，涉及了治療師需要蒐集當事人對於治療的反應等相關資料（稱為治療成果），而行政單位則要持續追蹤跨當事人的治療成果，以能有益於未來接受服務的當事人，並改進治療師的技能。當事人的反應告知了治療師其所經驗的成功程度；言下之意，當事人的反應亦需要在治療師與當事人之間公開分享與進行討論，以確認治療是上軌道的，並且在治療未上軌道時能加以正向調整。大樣本的控制試驗記載了：運用如此的系統，的確改進了當事人改變的維持度及治療成果，特別是對於那些對治療無正向回應的當事人而言。Lambert（2010）指出，運用「治療成效管理」之研究效果值是在 0.34 到 0.92 之間，所以這是一種對當事人治療成果進行固定追蹤的有力例子。

　　還有幾個追蹤當事人治療成效的系統。最簡要的一個系統為「改變成果管理系統的夥伴」（Partners for Change Outcome Management System, PCOMS）（Miller, Duncan, Sorrell, and Brown, 2005）。這系統有兩個各四項題目的量表（視覺模擬）、成果評量量表（Outcome Rating Scale, ORS）以及晤談評量量表（Session Rating Scale, SRS），可於 www.heartandsoulofchange.com 網站取得。成果評量量表是在每次晤談前請當事人評量她／他過去這一週在以下四方面的情況：「個人方面（個人的幸福感）」、「人際方面（家庭、親密關係）」、「社會方面（工作、學校、友誼）」、以及「整體方面（整體的幸福感）」。晤談評量量表是在晤談後馬上給予當事人填表，當事人便進行她／他對於晤談體驗的評量：她／他感覺有多「受到理解或尊重」、這次晤談聚焦於她／他「想要工作或討論」之程度為何、治療師的取向是否「對我是很適合的」，以及這次晤談「對我是很適合的」之程度為何。這個「改變成果管理系統的夥伴」包含了以下操作指南重點：如何向當事人介紹量表、如何進行量表的評分、評分分數的意義，以及如何在與當事人持續晤談的脈絡中一起討論此評量結果。這些量表亦有可適用於兒童與團體的版本。

　　關於記錄「改變成果管理系統的夥伴」使用效益的研究，Gillaspy 和 Murphy（2012）摘述其重點，並探究了此系統與焦點解決實務合併的有用性。他們建議兩者合併使用，並提醒著有一研究指出：「即使是最好的治療師，也只對大約十分之七的當事人是有幫助的（Hansen et al., 2002）；而且，早一點知道當事人並沒有一直在改善，會比更晚知道要來得好。」他們承認要把「改變成果管理系統的夥伴」合併於焦點解決談話的流程中，會需要對建構解決之道的紀錄大綱做一些調整，但是，他們也表示十分相信這個作法是可行的。他們還提及改進治療成果對於當事人的益處，並強調根據合併這些工具所進行的實驗，將能提供一個改進個人治療技巧的機會。我們同意這項建議，因為這些工具的目的是在更仔細傾聽當事人的聲音，以引導實務工作的進行；同時，對於新的實務作法進行實驗以提升治療中「有效之處」，乃正是「發現之靈魂」，而此，也為當年促使焦點解決實務於 BFTC 創新發展的最大動力。

《 註 解 》

註 1：Kim 的後設分析包括了十一篇碩博士論文，以及十一篇已發表的期刊文章；這些碩博士論文的效果值大都低於整體的效果值。

第十二章
專業價值與人類多元性

人類本身就有價值（Biestek, 1957, p. 73）。

……文化勝任是工作者與當事人之間、文化之間，以及人們與脈絡之間的一個關係性的、對話式的歷程（是對話而非強調工作者的能力）（Lum, 2011, p. 3）。

　　第 1 章中談到建構解決之道所使用的技巧,乃與問題解決取向展現了不同的助人專業典範。如果你同意這個觀點,你可能會問自己一些問題:

■ 焦點解決晤談如何與助人專業中導引實務的一些價值觀相配合?

■ 對於不同背景的當事人,焦點解決取向是否會一樣有用?

■ 如果我決定同我的當事人使用建構解決之道技巧,那麼我的同事、督導及僱用我的機構或臨床單位會如何看待呢?

■ 如果機構能夠開放與接受建構解決之道時,那麼這對於建構實務工作的哪些層面將會有所不同?例如個案文件、個案研究及員工督導?

■ 我可以看到建構解決之道對於個人及家族案例是有用的,但它可以應用於其他層面的實務工作或單位嗎(例如小團體或組織等)?

　　學生及工作坊成員常提出上述這些問題希望加以討論。在本章及第 13 章中,已將這些問題的解答,放在已將焦點解決晤談技巧融入實踐的學生與實務工作者的相互對話中了。第 14 章中,多位實務工作者、方案與機構將建構解決之道併入工作場域的經驗,將會由這些創新改革者自己來加以訴說。

一、建構解決之道與專業價值

　　任何專業的基石即是其專業價值。「專業價值」(professional values)涵括對專業的基本承諾與認同,並且提供一些標準,讓實務工作者用以評估與當事人工作時「可被接受度」(acceptability)的準則。在助人專業中,不論是新的或舊的理論觀點,所有實務的程序都持續被詳加檢視其與專業主流價值的距離。

　　許多助人專業是重疊卻又被加以區分的,包括:諮商心理學、婚姻與家庭諮商或治療、心理治療、復健諮商、社會工作、物質濫用諮商等等。在助人領域中,不同的專業及其專業協會,對於引導實務工作者與當事人互動的準則,其內容的一致性很高;這一點透過比較各特定助人專業的倫理法則之後,是相當顯而易見的(註1)。這項比較可由參酌助人領域中各項專業之實務教科書來進行;各書中一定會回顧該專業實務取向的基本價值觀點(例如,Axelson,

1999; Egan, 2010; Hepworth et al., 2010; Lewis, Dana, & Blevins, 2011）。

　　在討論專業價值及焦點解決晤談歷程時，我們運用了由 Sheafor 和 Horejsi（2008）形成的價值與實踐準則目錄，因為他們的內容比其他人所論述的更為詳細，而能使我們的討論更完整。下列內容所說明的價值觀是可應用於實務工作者與當事人互動間的價值觀，也是跨各助人專業領域可通用的。

(一) 尊重人類的尊嚴

　　所有的人，基於人類的本質，都應被視為是有價值的受造之物，而且應擁有被如此對待的權利。這個信念中包含了關於實務工作者如何與當事人連結的幾項暗示。首要的信念是，當事人必須按著自身的本質被接納。根據 Biestek（1957）的觀點，當事人的所有層面都必須被接納——當事人的優勢及限制、正向及負向態度、看起來健康或不健康的行為，以及具不具吸引力的特質和習慣等。如同 Biestek 及其他人（特別是 Rogers, 1961）所說，所謂接納，必須是無條件的，而不是以當事人過去的表現為基礎。

　　然而，Biestek 及 Rogers 很快地指出，接納不等於贊成。例如，一個實務工作者可接納當事人喜歡看有暴力畫面的電影而非家庭式電影，但可以不贊成這個喜好。接納的重點在於：對當事人而言什麼是「真實的」，而非什麼對他是最好的。

　　對於「尊重人類尊嚴」的承諾與認同，需要實務工作者維持著不妄加論斷的態度。對當事人持有這種態度的意義為：實務工作者不感興趣於論斷當事人本身或其故事。論斷包含了對一個人有罪或無罪的法律決定，或是有關個人態度或行為對與錯的道德陳述。論斷相當於進行責備或做出道德評價。

　　當實務工作者認同了要對當事人維持不論斷的態度時，他們也必須先認可當事人一直生活在持續存有評價個人態度與行為的家庭及社區脈絡裡。在解決當事人的問題時，當事人必須考慮他們生活的家庭及社區中之法律及道德標準；因此，若實務工作者忽略這個標準時，會給予當事人不切實際、沒有幫助的印象。

　　透過接納及不論斷的態度來展現尊重人類的尊嚴，是當事人與實務工作者

關係中發展信任與合作的基礎。當一位實務工作者用論斷或評價的方式來回應當事人時，當事人很快地便會意識到，實務工作者對當事人的思考方式與待人處事乃有其偏好（甚至是期待）；這表示實務工作者的接納是有條件的。在發現這一點後，當事人便會覺得尷尬及不被接納，除非他們的所愛正好與實務工作者的期待相符合。當事人會開始懷疑實務工作者是否真的願意理解他們，也容易對實務工作者能否帶來幫助失去信任感。

透過建構解決之道過程的運作，當事人很快能感受到被實務工作者接納及其不論斷的態度。從第 3 章出現的基本技巧開始，我們一直在強調：建構解決之道的基礎，是要接納當事人的知覺並在其參照架構中工作。關於注意當事人的抗拒與挑戰，或面質當事人的知覺等方式，在這個取向中並不存在。

建構解決之道的歷程也將任何晤談中出現的解決方法加以「脈絡化」（con-textualize）（De Jong & Miller, 1995）。當事人在回答奇蹟問句，並描述當問題被解決後他們的生活會有什麼不同的同時，他們會被問及在生活中如何得知這個不同是可以發生的。在當事人的答案裡，他們會描述他們生活中所處的家庭與社區脈絡，並會解釋他們的目標在這些脈絡中如何具有意義。焦點解決晤談中會問的關係問句，即是邀請當事人根據家庭成員及社區其他重要他人的觀點，來描述期望與確認目標，這即表示了 SFBT 十分看重這些人與當事人的關係。

與其他人產生關聯，是一個可以增進當事人價值感的方式，同時這也會提高人類的尊嚴；焦點解決晤談因為邀請當事人成為自己與生活的專家而做到了這一點。這個晤談法十分注意當事人的知覺，此舉無形地傳遞給當事人一個訊息：在建構解決之道的過程中，當事人的知覺是最有價值且最重要的資源。因此，焦點解決晤談歷程本身不只是尊重當事人，也會實際提升每位當事人擁有個人價值及尊嚴之感受。

(二) 個別化服務

每個人都是獨特的，每位當事人都希望不僅只是被「視為一個人而被對待，而是能被視為這個人而被對待」，同時，也希望是在「考慮其個別差異之下被對待」（Biestek, 1957, p. 25）。所有助人專業都會強調每個人有其自身的

態度、信念、希望、力量、成功、需求及問題的組合。當事人會期待他們的實務工作者能傾聽與尊重他們在意的議題，並在看重他們的獨特性下，能懂得彈性地協助他們。

尊重每位當事人的獨特性，是焦點解決晤談的基礎。採取未知的姿態、持續於當事人的參照架構及其語言中尋求確認與澄清目標時，焦點解決晤談揭露與發現了當事人個人對於自身問題、目標、過去的成功及力量的概念。解決之道是個別化的，因為解決之道都是從每位當事人特定生活事件所產生的例外經驗及因應策略中建立起來的。

要有效進行當事人之個別化服務，實務工作者需要保持最佳彈性才行。建構解決之道的歷程允許實務工作者十分有彈性地工作，因為晤談是根據當事人將龐大範圍的個人知覺及經驗等特殊特性（特定目標、因應策略、優勢等等）帶入助人關係中。焦點解決晤談並不受傳統的評估及診斷範疇所約束，也不會使實務工作者侷限於特定診斷問題之處遇方法的偏好中。反而，在當事人發展自己個別化的解決之道時，實務工作者乃會從當事人身後一步加以引導發展之。此外，建構解決之道支持著當事人具有內在與外在資源的信念，因為多數當事人可以建構出實際且令人印象深刻的解決之道。

(三) 助長當事人的願景

Sheafor 和 Horejsi（2008, p. 74）認為，實務工作者一定要引進與滋養「當事人的希望感」，並「提供當事人改變是有可能發生的、對問題是可以有新的、較佳解決方法的一個願景」。這個價值暗喻著實務工作者必須小心，不助長當事人錯誤的希望感或投射不實際的未來景象。

雖然焦點解決晤談採用了非常不同於問題焦點晤談的方式，但是焦點解決晤談對於 Sheafor 與 Horejsi 的這個價值觀是相當認同的。整個建構解決之道階段都在透過擴展奇蹟問句的答案，以能發展良好構成的目標；同時也鼓勵當事人發展出：當問題解決時，他們的生活會是什麼樣子的詳細願景。這些過程乃強調了實務工作者邀請當事人利用自身參照架構來創造願景，也意味著建構解決之道比問題解決取向更少依賴實務工作者給予建議。除了滋長當事人心中的

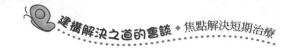

希望感及動機外，焦點解決取向也實踐了其他如「個別化服務」及「提升當事人自我決定」（self-determination）等價值。

焦點解決晤談反對實務工作者會讓當事人產生錯誤希望感的任何誘導。首先，由於 SFBT 是由當事人自己界定想改變的願景，實務工作者個人對當事人目標的偏好，較少有機會在焦點解決晤談中出現。再者，焦點解決晤談視當事人為身處其情境的專家，實務工作者會邀請當事人澄清，在奇蹟圖像中，什麼部分可以發生，什麼部分則無法發生，如此，也鼓勵了當事人思考及闡釋在其生活脈絡中，什麼才是合於現實的。

(四) 以當事人的優勢為基礎

Sheafor 和 Horejsi（2008）指出，在專業領域中，實務工作者的心裡常會被當事人的問題、限制或不足所盤據。他們認為，跨領域團隊之實務工作者對於當事人的評估時常是負面的，亦較少提及、甚至沒有提到當事人的能力。所以，他們悲痛於這項「思考當事人的負向方式」，並指出：「導致改變最為重要的關鍵，來自於當事人的能力及潛力」（Sheafor & Horejsi, 2008, p. 74）。

焦點解決取向強調多探索及澄清當事人的例外、經常讚美當事人的優勢及成功經驗，這證實著「建立在當事人的優勢上」是建構解決之道的代表標誌。

(五) 鼓勵當事人參與

在討論當事人的參與度時，Sheafor 和 Horejsi（2008, p. 74）重申專業領域實務工作者的格言：實務工作者應該「協助你的當事人能自助」，以及「與當事人一起（with）工作而非對他（to）或為他（for）工作」。換言之，助人專業應認同於「賦能當事人」的價值。

我們相信建構解決之道不只符合了這個價值觀，如同在第 1、2 章中的說明一般，SFBT 也會對當事人參與歷程及賦能給予更多的附加意義。SFBT 諮商師藉由扮演縮小傳統科學專家的見解以及最大化當事人知覺的角色，對於協助當事人如何自助，建構解決之道是一個不同的、更為完整的取向。焦點解決取向邀請當事人定義奇蹟的未來、界定例外、探索過去有關之成功經驗以建構解決

之道，這些過程都在要求著當事人自我幫助。焦點解決晤談對「與當事人『一起』工作的模式」的觀點，還能更加深此一深度。和當事人一起工作的意思是：藉著投入於當事人關注的事情與經驗之對話，來與當事人合作；誠懇地發展與當事人的對話，意味著探索和認可當事人與他人不同的「獨特性」。這也表示，承認當事人與實務工作者之間是有差別的，他們之間可能存有不同的希望與觀點。在焦點解決晤談中讓當事人呈現知覺時，實務工作者會持續尊重並肯定當事人個我的獨特所在。

(六) 最大化自我決定

這裡所討論的各項價值觀會相互補充與同時發生。例如，當你提高當事人的參與度時，你也做了個別化服務與擴大當事人的尊嚴。當事人的自我決定也屬於此類組成，並且應是實務工作準則中最被強調的價值。

Biestek（1957, p. 103）將「自我決定」定義為：「實際認可當事人擁有做選擇與決定之自由權利與需求。」如同 Biestek 所言，助人專業在對於此項價值觀的支持是全體一致的，因為自我決定不僅是人類的一個基本權利，也是尊重人類發展的方式。人們透過選擇的歷程來成熟發展與了解「我是誰」的觀點。雖然人們與問題奮鬥時，經常會疲憊與氣餒，但是當事人的自信與滿足，並非在實務工作者為當事人決定時出現，而是在當事人執行責任與運用選擇而獲得最佳生活時，才會擁有。即使當事人的心智能力有限，實務工作者仍被期望要採用能將當事人自我決定最大化的方式來與之工作。

焦點解決程序會增長當事人的自我決定。當事人透過建構解決之道的歷程而被鼓勵要對自己的生活負責：他們被要求界定他們的問題，定義出生活中發生了什麼事，使這些事變成了問題；他們也被要求去發展何謂更為滿意的未來，以及釐清現存的期望、動機與信心程度等的知覺。例如，在 Ah Yan 與 Peter 的對話中，Ah Yan 告訴 Peter 她想解除恐慌的感受，她也希望，未來自己的內、外在都可以快樂；而 Ah Yan 的兒子在注意到 Ah Yan 出現少有的冷靜時，他到外面盪鞦韆和騎腳踏車就會覺得很自在。Ah Yan 還描述了她呼吸較順暢而不會擔心及發抖的例外時刻，也指出她有 10 分的動機去努力，以及有 10 分的信心

會找到解決之道。

透過這個過程，Ah Yan負起界定問題的責任，如此也負起了選擇在生活中要做些什麼事情的抉擇責任。Peter邀請她成為問題及解決方法內容的專家。而Peter的專業知識，主要是發揮於：透過他詢問的問句與產生共同理解的方式，邀請 Ah Yan 從她對問句的回答中，進一步地建構她的解決之道。運用這個方法與當事人工作，會帶給當事人一個更深層次的自我決定。毫無疑問地，這一點絕不同於那些「視當事人知覺為專業評估與建議的原始資料」之諮商取向，即使在那些諮商取向中，當事人是可以選擇要接受或忽略這些專業評估與建議。

(七) 增長遷移性

理想上，於諮商服務期間，當事人所習得的問題解決方法，實務工作者應協助當事人能將其應用於生活中的其他問題。Vinter（1985）認為這是「理想的遷移性」（ideal transferability）。Sheafor 和 Horejsi（2008, p. 76）界定出遷移性其中一個層面的定義為：

> 協助當事人預備面對未來的一個重要層面，是教導他們如何確認
> 與善用在現今環境中所發現的資源。這種資源包括家庭成員、親戚、
> 朋友、服務社團，以及教會或猶太教團體等。

遷移性包括了如何增加當事人對內外在資源的覺察能力；焦點解決晤談能夠做到這一點（De Jong & Miller, 1995）。藉由持續邀請當事人探索與信任他們自己想要什麼及如何使其發生的知覺，焦點解決晤談給予當事人對其過去成功及優勢──他們的內在資源──的覺察變得更為敏銳的一個機會。例如，In-soo 與 Williams 家族訪談時（請見第 5 章），Insoo 肯定 Gladys 的目標是當個好媽媽，她讚美 Gladys 正在做許多使目標實現的事情。她邀請 Gladys 將內在資源以語言表示之，並鼓勵她將此持續應用於未來之中。

焦點解決晤談中的關係問句，也會帶給當事人確認外在資源的機會。例如，當探索 Ah Yan 做得更好而旁人會注意到事情有什麼不同的時刻，Peter 了

解到 Ah Yan 的丈夫及嫂嫂會給她很大的支持；同時 Peter 也看到 Ah Yan 一直在學習用新的、更有效的方法來運用這些外在資源。

本章後面的成果資料，也支持了建構解決之道的遷移性。短期家族治療中心（BFTC）1992 至 1993 年的電話調查中（請見第 11 章）包括了這個問題：「我們很好奇你在 BFTC 與我們一起工作時，我們用來幫助你處理個人或家庭問題的處遇方案是否有用？你會怎麼說？對處理這些問題是：有幫助？有阻礙？還是無影響？」前述研究中一半的當事人說，BFTC 的服務幫助他們處理了其他更多的問題；另外一半的人則表示，服務效果並沒有幫助也沒有負面影響。Kiser（1988）對 BFTC 當事人的研究，顯示了更高遷移性的比例；當他詢問這些當事人同樣的問題時，有 67%的當事人表示，BFTC 的服務幫助他們處理其他問題。

(八) 極大化當事人的賦能感

Sheafor 和 Horejsi（2008, p. 78）將賦能定義為：「幫助人們，個別及共同地，能獲得可以改變生活環境的權力以及能掌管如何生活的控制力。」他們也說明了實務工作者可以幫助當事人獲得對生活控制感的方式為：協助當事人與有用的資源與資訊做連結、發展做決策與行動的技能，而能增加自我依賴及對生活脈絡的改變力。

如同第 1、2 章中清楚地指出，我們完完全全、滿心同意這些作者認為實務工作者應認同於要賦能當事人。我們相信本書中所討論的焦點解決問句，能夠藉由形成當事人自身的目標，整頓內在力量及家庭、社區資源，以及釐清出可創造更為美滿生活的更多資源所在，來邀請當事人掌控自己的生活。

(九) 維護保密性

保密性的含義在於，要求實務工作者對於當事人在專業服務過程中所傳遞的任何私人資訊予以保密。實務工作者若將當事人所坦露的事情與看法向其他人洩漏，可能會對當事人或知道這件事的人造成傷害及尷尬。期待保密是當事人的權利。當實務工作者能滿足這個期待時，當事人便更容易信任實務工作者，

覺得受到尊重，也能與實務工作者一起進行具生產性的工作。

專業工作場所會定期編纂保密政策，也會讓新手實務工作者在開始會談之前，針對保密性進行專業定向。這些保密政策反映出政府認為當事人應被保護的法律及規定，這些政策甚至常比政府的規定更為嚴格。焦點解決程序也必須在法律及機構政策下執行。例如，當你要採用一個團隊取向時，當事人要完全被告知，而此團隊也不會在當事人沒有簽署同意書的情況下進行工作。

焦點解決晤談還會用其他方式來執行保密原則。助人專業長久以來的信念是，為了使當事人有進步，當事人必須表達過去深層的痛苦及其對羞赧事件的感受。有些實務工作者覺得必須去引出、探討這些事件，甚至要去處理當事人可被理解的抗拒。相反地，建構解決之道的取向以經驗及成果資料為基礎，認同當事人可以透過引發對其問題的意識、希望什麼事情變得不一樣、有什麼優勢及資源可供使用等方式，來產生許多或更多的進步。因此，當事人在焦點解決取向中不被要求要談論問題與私人的相關細節；當事人可以決定：為了建構解決之道，哪些內容是需要被討論的。我們發現，當實務工作者對晤談內容有所控制時，當事人幾乎總是會選擇保護自己——亦即「不會」揭露對過去事件的感受與私密的細節。Ah Yan 及 Williams 家族也是其中一例。

所以，焦點解決晤談創造了更深層之維護保密性的脈絡，而對身為實務工作者的你會產生一些有利因素：你不用再擔心要如何才能協助當事人揭露重要議題，也不會遇到當事人抗拒的情形；反而，當你允許當事人對自己如何建構解決之道負起更多控管責任時，你將比以往更能享受與當事人一起工作的時刻。

(十) 促進一般化

助人專業者亦提供身心障礙、長期心理疾病、心智遲緩以及其他失能者的服務工作，但是在服務過程中卻有愈來愈孤立這些當事人的趨勢。通常這些當事人被要求過生活的方式，常不得不反映了他們的障礙與低能之刻板印象。為了對這樣的狀況有所回應，此領域的專業助人者倡導「一般化」（normalization）的理想模式；這個模式乃呼籲實務工作者，在盡可能的範圍內，協助這些當事人能以一般常人的環境與方式來過生活（Sheafor & Horejsi, 2008）。

焦點解決晤談極符合「一般化」的理想模式，因為「一般化」是非常多身心障礙者的首要目標。當事人被鼓勵去擴展對所欲生活的詳細遠景，以及透過探索當事人的例外經驗來發現他們的成功經驗及力量。當事人被邀請如何重複並超越過去的成功經驗，同時能得知誰或何事會在此過程對他們有助益，以大大提升當事人的自信。我們發現，建構解決之道可以應用於協助重度心理疾病者、發現罹患狼瘡且需要處理後續情況者、近期被診斷為末期病患，以及具有其他生理障礙者。甚至在面對看似被擊垮的當事人時，焦點解決晤談也會有所幫助。當這些當事人被問到因應問句，並被讚美其因應的力量與策略時，他們通常會變得比較有希望感。當事人時常也會因此發現了要如何與痛苦或失能「共同生活」的新想法；如同在本書第 10 章說明的案例以及 Kidge Burns 於第 14 章中所描述的那些案例一般——那些因急性狀況（如中風、頭部受傷）或慢性疾病（如帕金森氏症、多發性硬化）而有說話及使用語言困難的病患。

(十一) 監測改變

由於當事人及其生活的脈絡總是一直在改變，Sheafor 和 Horejsi（2008, p. 78）認為，實務工作者與當事人必須經常一起蒐集對當事人有幫助的策略及其應用結果，以便「對改變的歷程進行持續的監控及評估」。如果這些資料顯示沒有任何想要的進步產生，那麼實務工作者應該要採取其他步驟。

在焦點解決晤談中，當事人的改變會經常被實務工作者定期監測。當事人對於監測性問句的答案，乃有助於去發現他的成功經驗及優勢，所以為不可缺少的一環。評量問句可用來促進當事人對自身改變的評估能力。例如，Peter 問 Ah Yan 晤談前改變的問句，並得到 6 分的答案，表示她在來諮商中心做初次晤談時，已經比還在要不要赴約的考慮階段，表現得更好了。在第二次晤談中，當 Peter 要 Ah Yan 評量她的進步時，她選了 7 或 8 分。在這兩個例子中，當事人在評量問句的答案都成為一個跳板，可以用來探索：生活中什麼事情變得不一樣了，以及她與其他人可能做了些什麼事而促使進步發生。由於評量對建構解決之道是不可或缺的技巧，因而監測進步對實務工作者及當事人雙方而言都會是自在的。

　　建構解決之道也尊重此專業領域在監測過程中發現當事人缺乏進步時，實務工作者有義務要採取其他步驟。建構解決之道的座右銘是：「當事人所做的事情都無效時，要鼓勵當事人嘗試『不同的』方法」。de Shazer（1985）將這個座右銘界定為焦點解決基本哲學的一部分，並且根據這個座右銘形塑了一個特別的建議：「做些不一樣的的建議」（do-something-different suggestions）（見第 7 章）。

(十二) 結論

　　焦點解決程序很符合助人專業中各種引導當事人與實務工作者互動的價值觀。事實上，使用這些程序經常能提升助人者的能力，使助人者能將這些價值觀鮮活地帶入與當事人的工作中。當你回顧關於優勢觀點所引發的力量及近來對於賦能看法的討論（請見第 1 章），你將會看到傳統問題解決典範之價值觀與晤談歷程的矛盾，而這些矛盾也激勵出實務工作中更多合作及賦能取向的需求（Weick, 1993）。

二、多元—勝任的實務工作

　　一般助人專業使用的實作教科書，都會要求助人者對人類的多元差異要更具有敏感度，有些書籍甚至會圍繞這個概念來建立他們的實務取向（Axelson, 1999; Devore & Schlesinger, 1999; Lum, 2011; Sue & Sue, 1999）。這些書籍的作者堅決主張，長期以來，助人專業領域似乎是以中產階級白人男性的特質、行為和與生俱來的喜好在運作著，這種偏好常貶低或忽視了貧窮者、女性以及其他有色人種的一般特徵。現今，助人專業領域比以往更有使命感地去培育具有多元意識以及多元或文化勝任能力的實務工作者。

　　在此一專業領域培養多元勝任實務的同時，主要是運用問題解決的典範；即在實務工作者初次評估當事人的問題後，便會採用以此評估為基礎的處遇。專家助人者被期待在評估階段尊重人類多元差異，並在處遇階段再次予以尊重。一些實作的教科書（Axelson, 1999; Ivey, Ivey, & Zalaquett, 2010; Timberlake, Farber, & Sabatino, 2002）強調，有抱負的實務工作者必須學習關於各種不同社經背景、族群、種族之價值、信念與世界觀，同時也得學習他們不同的溝通方式以及問題解決風格等等。這些作者也呼籲，新手實務工作者要積極檢視自身的假設、偏見、種族優越感；這些部分可被視為是專業實踐中的個人限制，所以實務工作者應努力減低其對當事人的負向影響。為了獲得對不同群體的專業知識及自我知識，實務工作者在評估階段要敏銳地應用這些知識，以免使當事人的文化特質被誤會成當事人的問題或缺陷所在。這種精神於處遇階段中應再次強調，以協助實務工作者提出無害與較有效的處遇方法。

對這樣的看法，我們甚為保留。當然，對實務工作者而言，學習不同群體的世界觀及偏好的生活風格是很重要的，而且所有諮商師都需要對自己如何看待多元差異的態度變得更有覺察力才行。然而，我們對建構解決之道典範的偏好，使我們不容易在各種專業評估及處遇的脈絡中特別去解讀各個差異，反而，焦點解決取向已經視文化多元性為人們各式各樣的差異之一，所以，實務工作者於晤談中需要採取「未知姿態」來進一步確認當事人之需求。

在助人專業領域中，目前對於提升實務工作者多元差異之勝任能力的作法，是不夠的。想像你是一位白人、中產階級男性，你要去晤談一位失業並靠社會福利維生的非裔美國女性。假設你已經很努力軟化你的階級、種族及性別偏見，而且你已經從專業文獻中學習不同族群的歷史、風格、喜好及模式，同時也擁有與非裔美國人工作的經驗等；有了這些能力及經驗，你可能會覺得自己已經預備好要進行晤談了。然而，這個背景並不足以保證你會擁有「多元勝任」（diversity-competent）的晤談能力，因為你不能假設你要晤談的這位非裔美國人，會和文獻中描述的、或和你過去曾經歷接觸的非裔美國人具有相同一致的特徵。其次，每一位個體皆為不同向度（階級、種族、性別、生理功能／失能、性取向、族群、宗教等）的合成體，你沒有辦法預知在某一當事人身上，這些向度會如何和另一個向度產生交互作用。所以，不論你對當事人所屬的特殊群體多麼有經驗，你仍必須對新的當事人盡量不要有太多預先的假設。你必須盡每一分努力，將每位當事人視為具有特定優勢、經驗及特性的人，來與他們連結。你必須這麼做，否則刻板印象便會產生。

　　助人專業非常需要具備與不同族群之個別當事人工作的有效方法；我們相信，建構解決之道的歷程會比問題解決取向更能貼近這個需求。焦點解決晤談乃側重以當事人的意見為主，並以此加以組織之。最重要的是，由實務工作者執行傾聽對當事人重要的事情，以及了解當事人希望在他／她的處境中產生什麼不同。焦點解決晤談的發展者與實務工作者很早就學習到，傾聽當事人的聲音意味著：於對話中尊重當事人的話語，並以當事人的話語為建構的基礎，而不是將當事人的話語轉譯成專業用語。其次，由於在實務工作者的分類系統與專業程序中很容易忽略當事人的聲音，焦點解決實務工作者認為「共同理解基礎」應建構於當事人與實務工作者間對話中的觀點，這一觀點的重要性是愈來愈被強調（請見第 3 章）。一旦建構了特定的共同理解基礎，例如了解當事人所想要的目標或是關於過去成功等層面，實務工作者與當事人則會以對話方式繼續進行更多細節的建構，包括任何正在發展中的解決之道，可以如何更符合當事人個人與社會的脈絡。當由當事人提供的細節乃建構自當事人對其處境的知覺、偏好未來，以及過去成功時，當事人的參照架構便在這個致力於產生「當事人塑造的解決之道」的合作對話中，持續受到了尊重與擴展。此外，由於當事人的知覺與語言在某種程度上會受到所屬群體的歷史、風俗、問題解決風格所塑造，因而當建構解決之道的過程在進行時，這些多元性的面向也會一直被整合於其中；而確實，每一個多元的面向都可被視為是潛在有價值的資源。

　　Lum（2011）在回顧了維護助人專業「多元文化主義與文化勝任實務」概念的歷史發展，將文化勝任之實務工作者概念化為：能敏覺於自身的價值觀與偏見，及其對不同族群的世界觀，並且，能在各自的領域中具備文化敏感度地運用診斷及介入策略。Lum（2011, p. 14）同意了 Johnson 和 Munch（2009）的看法，認為實務工作者這種「認識文化」的取向，會留太少空間去「從當事人身上學習」；因此，他呼籲：「主要的典範（模式）應從『強烈聚焦於工作者的文化勝任能力』，轉移為『基於助人歷程中，工作者與當事人雙方文化勝任能力精熟的發展，所形成工作者與當事人之間具涵容性的關係』。」如同我們於這整本書中呈現了迥然不同背景之焦點解決實務工作者及當事人之間的對話，來解釋與闡述的重點一樣，我們相信，建構解決之道以「未知」及「身後一步

引導」的實務工作，已然提供了許多服膺Lum及其他人所呼籲的觀點（Greene & Lee, 2011）。

(一) 多元性的成果資料

　　為了闡明焦點解決晤談對於不同族群是有效的，我們呈現了第 11 章所討論到的成果以外的資料，即 1992 到 1993 年對於短期家族治療中心（BFTC）的期中成果與最後成果的研究（De Jong & Hopwood, 1996）。在該研究時期，BFTC 位於一個多元種族與多樣經濟情形的區域。幾乎有一半的當事人主要是透過保險制度來為其私人晤談付費，而一半的當事人則是由政府的福利機構提報而來，其服務費用是由政府資金所支付。這些當事人的多元背景資訊呈現於以下資料中。這項研究中的 275 位當事人，57%認同自己為非裔美國人，5%為拉丁美洲人，3%為美國原住民，以及 36%為白人。在他們第一次造訪 BFTC 時，43%的當事人為就業者，而 57%的當事人則沒有工作。性別方面，60%的當事人為女性，40%的當事人為男性。兒童、青少年與較年輕的成人，在這 275 個案例中佔了較多的人數；三分之一的案例，是十二歲或更小的兒童被視為所謂的當事人；15%的案例，當事人為青少年（十三歲到十八歲）；整體而言，93%的當事人為四十五歲以下者。

　　以下即是四個不同背景類別之期中成果與最後成果。

1. 年齡

　　每位當事人的年齡，是來自當事人或監護人在初訪 BFTC 時在資料表上所填寫的內容。當兩位成人一起來尋求服務時，他們為了記錄需求及第三部門（私人保險或醫療）補助的目的，會被要求界定出哪一位才是當事人。

　　表 12.1 為依照年齡範疇所呈現的期中成果。如同第 11 章中所解釋的一樣，期中成果是測量當事人接受服務後的進步程度。表 12.1 的當事人資料只有到六十歲為止，因為年紀超過六十歲的案例太少了，無法拿來做分析。表 12.1 的最後一行提供每個年齡層的案例數。

　　如果你對表 12.1 的期中結果範疇進行跨縱列的比較，你會發現，當事人的

表 12.1：年齡之期中成果（I.O.）*

期中成果	12 歲以下	13-18 歲	19-30 歲	31-45 歲	46-60 歲	總數
明顯進步	24%	21%	29%	27%	13%	24%
緩慢進步	44%	58%	38%	56%	50%	49%
沒有進步	33%	21%	33%	17%	38%	26%
個案數	46	24	21	41	8	140

*表 12.1 至表 12.8 的百分比數據都經四捨五入為整數。

表 12.2：年齡之最後成果（F.O.）

最後成果	12 歲以下	13-18 歲	19-30 歲	31-45 歲	46-60 歲	總數
明顯進步	37%	42%	32%	52%	58%	44%
緩慢進步	40%	47%	36%	24%	17%	33%
沒有進步	24%	11%	32%	24%	25%	23%
個案數	38	19	22	42	12	133

年齡與期中結果並無顯著相關。每個年齡群體中有進步的人數比例是差不多的。唯一的例外是四十六到六十歲的當事人，其在最後一次會談顯示出進步的比例是較少的（13%）；然而，這個比例僅根據八個案例而來，對整體結果的影響其實很小。當進行跨越年齡範疇比較，所謂沒有進步者，年齡十三到十八歲以及三十一到四十五歲的當事人，顯示沒有進步的比例是較低的，且差異並不大。總而言之，這些資料證實，使用焦點解決晤談程序對所有年齡的當事人是一樣有效的。

　　表 12.2 是根據年齡群體呈現了最後成果之資料。最後成果的資料來源是當事人在 BFTC 結束會談之七到九個月後，BFTC 主動接觸並詢問當事人是否有達成處遇目標。一些回答「沒有達成目標」的當事人也會被問及是否有任何其他進步產生。

　　表 12.2 顯示十九到三十歲範疇的當事人較少陳述他們有達成目標，而其中一些當事人也會說晤談沒有幫助他們產生朝向處遇目標的進步。整體而言，年

齡與成果之間沒有什麼相關。因此,對期中及最後成果二者的測量,證實了建構解決之道對所有年齡層都一樣有效。

2. 職業狀態

　　此資料來自於當事人到 BFTC 進行初次會談時所提供之社經地位概況。當事人(或他們的監護人)都會被明確地問到當事人目前的職業狀態。那些定期就業的當事人都是有私人保險公司核准可以申請晤談服務的。一些沒有工作者大部分是使用公共福利救助的,而且他們的晤談費用都是在標示為 XIX 等級下被給付的。表 12.3 及表 12.4 呈現了當事人職業狀態及成果資料。

　　期中成果的資料指出,從初次到最後一次會談之間,將失業者沒有進步的人數比例拿來和圖表裡的就業者情況進行對照時,相較之下前者比例是更高的,但差異並不大(各為 33%與 19%)。此外,最後成果的資料中亦未呈現出二者之差異。這裡的結果顯示,雖然就業者(50%)較失業者(37%)有較高比例表示有達到處遇目標,事實上,失業者與就業者顯示沒進步的比例是相似的

表 12.3:職業狀態之期中成果(I.O.)

期中成果	受僱	失業	總數
明顯進步	22%	25%	24%
緩慢進步	59%	42%	50%
沒有進步	19%	33%	27%
個案數	63	76	139

表 12.4:職業狀態之最後成果(F.O.)

最後成果	受僱	失業	總數
明顯進步	50%	37%	44%
緩慢進步	27%	41%	33%
沒有進步	23%	22%	23%
個案數	74	59	133

（22%與 23%）。整體而言，就業者在焦點解決程序協助下具有較好的成果，但與失業者接受晤談成果之差異還是很小的。

3. 性別

表 12.5 及表 12.6 中呈現出女性與男性當事人的成果資料。在這裡可以看出，性別與成果並無關聯。女性及男性對期中及最後成果顯示同樣正向的結果。

4. 種族

當被界定的當事人第一次造訪 BFTC 時，他們（或他們的監護人）會被要求完成下列當事人資料問卷中的問題：「你認為你自己／你的孩子是歸屬何類種族？」問卷給予下列這些選項：美國印第安人／美國原住民、亞裔美國人／太平洋島民、黑人／非裔美國人、白人／高加索人、拉丁美洲人／拉丁／西班牙人，以及其他。由於美國原住民及亞裔美國人這兩項皆少於五個案例，所以並沒有呈現這些資料。表 12.7 及表 12.8 呈現了其他三族群的結果資料。

表 12.5：性別之期中成果（I.O.）

期中成果	女性	男性	總數
明顯進步	28%	20%	25%
緩慢進步	46%	53%	49%
沒有進步	26%	27%	26%
個案數	81	60	141

表 12.6：性別之最後成果（F.O.）

最後成果	女性	男性	總數
明顯進步	46%	44%	45%
緩慢進步	27%	40%	32%
沒有進步	28%	16%	23%
個案數	79	55	134

這些群體在期中及最後成果中顯示的差異很小。拉丁美洲、非裔美國人及白人當事人所顯示的模式有所不同，但這個差異也很小。拉丁美洲群體的人數又比前面二者少得多了。

(二) 多元服務及滿意度

在服務結束七到九個月之後的補充資料，可支持 SFBT 能有效與不同背景當事人進行建構解決之道。當時當事人會被問及下列問題：「整體而言，關於中心提供之治療服務，你會說滿意、不滿意或二者皆否？」137 位回答者中，有 72%的人說他們是滿意的，16%的人說既非滿意也非不滿意，12%的人說不滿意。再將不同年齡、職業狀態、性別及種族的當事人的滿意度分開檢視，結果其滿意度並未因此而改變比例。

所以，大多數的當事人在建構解決之道時出現良好的進步。這意味著，身為一個實務工作者，你不需要根據當事人的背景形成假設。反之，如果你具有多元差異的基本知識，並曾努力使自己擺脫對多元文化的偏見，你便可以進一

表 12.7：種族之期中成果（I.O.）

期中成果	非裔美國人	白人	拉丁美洲人	總數
明顯進步	27%	21%	43%	26%
緩慢進步	45%	58%	29%	49%
沒有進步	28%	21%	29%	26%
個案數	78	48	7	133

表 12.8：種族之最後成果（F.O.）

最後成果	非裔美國人	白人	拉丁美洲人	總數
明顯進步	48%	45%	36%	46%
緩慢進步	32%	26%	46%	31%
沒有進步	20%	30%	18%	24%
個案數	60	47	11	118

步從未知與身後一步引導的姿態來進行晤談。當你能從這樣的觀點來進行覺察時，你將會看到，建構解決之道歷程的本質具有對多元文化的高度尊重及對人類差異的高度敏感度。

《 註 解 》

註 1：若你想要再進行進一步的比較，有一些助人專業相關倫理守則之補充，標題為「助人專業倫理守則」；可參酌《助人專業倫理與議題》（*Issues and Ethics in the Helping Professions*）（Corey, Corey, & Callanan, 2007）一書。

第十三章
機構、團體及組織的實務工作

一、建構解決之道與機構的實務工作

如第 1 章所言，助人專業是在一個問題解決（problem-solving）典範中運作的，其不僅是對當事人及實務工作者的互動有清楚的成果定義，也界定著機構與心理健康中心應如何進行相關層面的實務工作。問題解決典範要求實務工作者使用專業知能，蒐集與當事人主訴問題有關的個案資料，並在問題評估（problem assessments）時使用這些資料，而這些資料又成為問題處遇（problem interventions）的基礎。一旦在機構中執行實務工作時，你會發現這個典範會與你寫的紀錄內容以及與機構同事、家人間的互動，有著明顯的關聯性。

(一) 問題焦點場域的個案文件

個案紀錄基本上包括了當事人特徵、界定的問題及其評估、目標、處遇、所提供的服務內容、當事人進步的資訊等相關資料。個案紀錄有幾項功用（Kagle, 1991, 2002; Sheafor & Horejsi, 2008）：幫助實務工作者能和個案資訊、個案改善狀況齊步並行，也有助於與同事、督導及家屬溝通有關當事人的狀況。個案紀錄對機構而言是很重要的服務證明，也是機構在申請經費需求與進行研究時的重要資訊來源。

機構本身通常需要受僱的實務工作者對於服務的每位當事人，能備有下列相關文件：

■ 一份初步評估：有時候被稱為個人史或社會史，此文件涵括當事人的相關背景資訊、現存問題資訊、轉介資訊、實務工作者對當事人及其問題的評估，以及（在心理健康體系中）一份 *DSM-IV-TR* 診斷（American Psychiatric Association, 2000）。

■ 一份處遇（或服務）計畫書：這份文件是對此當事人的目標陳述，以及說明可達成目標的處遇方式或服務之計畫。

■ 進步狀況的筆記：這份文件通常為簡要的、手寫而成的陳述，放在每次與當事人接觸後所寫之個案紀錄裡。此筆記描述著當事人從最近一次與實務工作

者接觸後達成目標的進步程度。如果當事人引發新的問題，文件內容也可以包含二度評估及再次構成目標的陳述。

■ 一份結案報告：這是一份對界定問題、目標、處遇及當事人進步的摘要陳述，並附入當事人在終止服務時的情況。此外，報告內容也包括未來服務或轉介到其他機構的建議。

這些資料反映了問題解決模式的工作階段。有時候，有些機構的程序是非常認同聚焦在問題上的。他們會要求實務工作者一旦懷疑某項問題存在時，就必須執行標準化評估工具的作業流程。之後，實務工作者也要將這些結果納入初步評估及處遇計畫中。

　　當你將建構解決之道加入你與當事人的工作中，你也許會發現，這些紀錄的一些部分會與你和當事人的工作無關。當你需要一些當事人自身對問題知覺的資訊時，你通常會發現，專業評估或診斷資訊是沒有幫助的。實務工作者在工作的處理變得更為焦點解決取向時，面對機構要求文件書寫的工作內容與方式，亦會漸增挫折感。

　　你該怎麼處理這個情形呢？以下提出一些觀察與建議。讓我們藉由檢視Peter 的經驗來開始。

　　Peter在一個以問題及病理學為主的臨床心理健康機構工作多年。在他的機構中，實務工作者於晤談時必須完成一份類別及問題的詳細調查表，以能得到那些可加入於初步評估及處遇計畫的相關資訊。這項資訊會在向任何第三部門提出服務補助的 *DSM* 診斷中派上用場。由於形成初談評估及處遇計畫的需要，Peter必須在一開始與當事人工作時，採用強調問題的方式來進行晤談，他為此感到壓力。

　　他必須遵循這份調查表的方向，這是機構的政策。後來他決定向當事人直接說明這是一份什麼類型的文件——亦即，這是機構的一個要求。當他在工作中變得更具焦點解決取向時，他會以下列方式作為開場。

　　　我們的機構要求我們在第二次會面結束前做出一個初步評估與處遇計畫。這項初步評估包括去詢問把你帶來這裡的重點與症狀等相關

問題,並且還要了解你的背景、家庭、個人史等。回答這些問題可能
會、也可能不會對你有幫助,因為有幫助與否似乎因人而異。於處遇
計畫中會談論到你希望未來有什麼不同,以及你怎麼做才會使這個不
同可以發生。我的經驗是,這一點對當事人來說會很有幫助。所以我
有個建議:讓我們今天努力把你所關心的一切訊息都寫下來,下一
次,我們就可以花更多精神在你希望有所改變的事情上。你也應該知
道,倘若你想要得到保險公司補助你在這裡接受服務的費用,完成初
步評估的資訊並讓我做出一個診斷會是很重要的。如果你想要的話,
我們今天也可以多談一下這個過程。不知道這樣的安排對你來說可以
嗎?

　　當事人第一次來諮商時,通常會聚焦在問題上,所以 Peter 的當事人都會
一致同意他的建議。接下來,Peter 會向當事人出示機構使用的表格,並與當事
人逐項完成。如果接近面談結束還有剩餘時間的話,他便會開始詢問當事人希
望他／她的生活裡可以出現什麼不同。通常,Peter 會藉由給予「初次晤談的建
議形成」(formula-first-session suggestion)來結束晤談,這會使當事人的注意
力轉到建構解決之道上。在下次晤談中,他藉由詢問奇蹟問句及追蹤問句來讓
主題轉到目標形塑上,同時他也會探索例外,進行暫停,並在晤談結束時給予
回饋。

　　這個機構也要求當事人在處遇計畫上簽名,原因之一是告知當事人他們自
身的處遇計畫,而尊重了當事人的權利。在第二次會談暫停期間,Peter 會寫下
以目標形塑對話為基礎的當事人目標。在暫停之後,他會與當事人回顧這些內
容,並詢問當事人,一旦他們將內容打成文字後,是否願意簽署這些內容。之
後,他會給當事人建構解決之道的回饋。在當事人離開後,他會運用兩次會談
之中獲得的資訊,來形成初步評估及處遇計畫。

　　Peter 對這種需要他妥協的形式仍然感到不快樂。原因是:第一,在建構解
決之道時,當事人並不需要被詢問問題細節及其歷史。第二,為了要使當事人
回顧這些項目的內容及滿足文件簽字的目的,可能會使當事人因而停止朝向目

標邁進，畢竟在晤談當下思考各種可能性，才是對他們更有助益的。然而，Peter 的妥協允許自己與機構的問題焦點取向保持某種程度上的距離，同時也可以把焦點解決取向程序的目標形塑部分併入，甚至在第二次晤談時便可將建構解決之道的所有要素納入。

另一個處理問題焦點取向紀錄格式要求的方法，是將問題解決以及焦點解決兩種取向的紀錄向度穿插在紀錄內容中。有一個很好的例子是：美國加州貝克爾斯菲市的肯恩縣心理健康部（Kern County Mental Health, KCMH）多年來以社區為基礎、與長期精神疾患的工作中發展而出一個紀錄格式。在過去，KCMH 的紀錄文件主要受到醫療模式取向所驅，必須記錄當事人出現的症狀、所受的傷害，以及被診斷的名稱。隨著 KCMH 愈來愈轉而採納焦點解決取向於它的服務之中，KCMH 重新修訂其紀錄內容。政府規章仍然要求實務工作者需要記錄「醫療所需」（即症狀、損傷與診斷）的項目；但是，現在，KCMH 已在聚焦於問題的向度之外，再將許多焦點解決與優勢基礎的問句鑲入於紀錄格式之中。例如，「心理健康評估」格式指示著實務工作者需要去詢問：「導致當事人現在來尋求服務的問題範圍」，在此之後，KCMH 的紀錄格式立刻提醒實務工作者接著要去探索當事人對其「偏好未來」的願景：「你想要變得不同之處為何，且其可作為前來治療的成果？」此紀錄格式也包含了下列的詢問指示及紀錄向度：「目前與過去的情況中，什麼是當事人生活過得較好的時候？」和「這位當事人現存的資源與能力為何？哪些資源與能力將可幫助他在問題範圍中尋找解決之道？」對於每個詢問與記錄的問題範圍，此紀錄格式都指示著，實務工作者要對特定問題的「例外」進行探索與記錄，例如，當記錄當事人物質濫用的狀況時，同時也要詢問當事人：他／她可以使用藥物卻沒有這麼做的例外時刻為何？他／她如何能做到沒有使用藥物？他／她如何克服了某一次的復發？在他／她控制物質濫用上，什麼事物會有效協助之？以及，誰對於他／她控制物質濫用是有幫助的？若關於當事人家族史與個人成長發展史之探索顯示出過去某些問題的存在時，此紀錄格式還會指示實務工作者去詢問類似於下列的問題：

■ 所以，你的父親掙扎於精神疾病中，而他是怎麼能管理他的疾病的？

■ 你告訴我，在你成長過程中，你的父母「爭吵並做了很多傷害彼此的事」；
那麼，你是怎麼因應這個情況，同時還能在學校表現得這麼好？
■ 我看到你曾與司法制度有過一些抗爭；你從這些經驗中學到了什麼？

　　同樣地，KCMH 對於後續晤談的紀錄格式，亦包括了探索症狀與問題的向度，以持續維持「醫療所需」的要求，但也同時指示實務工作者要對對應問題詢問相關例外，並記錄從上次會談或接觸後，當事人「何處已較好了？」以及是什麼幫助了當事人達成任何他／她界定已有的進展。

　　雖然這種將焦點解決問句鑲於問題焦點內容的案例紀錄方式，會減損實務工作者完全停留於聚焦在當事人希望有何不同的願景發展，以及，與此願景直接關聯的過去成功和優勢上；但是這個方式的確可以藉由同時詢問問題和勝任能力的兩面，於當事人／實務工作者的互動中以及個案紀錄裡，引入更多的平衡。如果當事人勝任能力的相關資料都可出現在初談評估和進展紀錄之中，那麼這些文件紀錄便提供了一個與當事人相關的、更為完整與正向的圖像，而此也可以提供給未來任何可能接觸當事人檔案的專業者加以運用。

(二) 焦點解決場域的個案文件

　　有些機構更為徹底地從傳統問題評估取向轉移至焦點解決取向，且更少要求一定要詢問當事人的歷史及問題評估問句。實務工作者唯一會詢問問題評估問句的時機，是當他們與當事人的對話指出：當事人有生理因素問題，必須轉介精神醫師及內科醫師時，或者，當對話指出有人可能正處於身體傷害的高風險中。更為朝向焦點解決取向的這種轉移，也改變了他們對文書工作的規定，使他們的文書工作更為貼近建構解決之道的各個階段。其中一個例子是「家庭解決之道方案」（Family Solutions program），此方案為英國倫敦某一自治區裡一所很大的公立機構，為兒童與家庭服務環節中的一部分。「家庭解決之道」是一種兒童及其家庭的早期介入方案，它的服務對象條件是：那些掙扎於兒童保護議題及其他困難因素，而可能會導致兒童被帶離家庭或進入機構安置的兒童與家庭。此方案的三個個案文件的格式，非常能反映出建構解決之道的各個階段。

第一種格式是轉介表，是由社工員在轉介家庭到此方案來時所需完成填寫的表格。此表格需要填寫的資訊包括：案家的種族，特別是所使用的語言，以及是否需要翻譯者協助；案家是否了解轉介過程以及能否接受被轉介；案家之所以需要被轉介的困難處境說明；需要被較大機構評估的相關作業是否已經完成；是否有其他機構也同時在處理此家庭；是否有關於兒童照顧事件，而有法院涉入其中；任何個人背景資料、任何犯罪紀錄，包括性侵害、暴力行為、藥物濫用等，以及任何轉介的工作人員認為此方案團隊需要知道的背景資訊；轉介的工作人員對方案團隊與此案家工作結果的「最大的期待」為何；為了兒童的福祉，轉介的工作人員認為此家庭是否必須要有任何改變之處等。注意此轉介表格雖然確實確認與呈現了案家現在與過去的問題，但並不意圖去蒐集更多詳盡的問題評估資訊。比方說，這轉介過程並不會要求轉介的工作人員需要把之前任何過去問題評估的文件送至「家庭解決之道」部門，反而是要求轉介的工作人員將何以會在此刻轉介這個案家的前因後果說明清楚，並且請轉介工作人員說明他們希望看到案家接受轉介後可以發揮什麼效果，以及一些可以確定這個案家是可以與方案團隊進行對話的有用相關資訊，甚至是去保障方案團隊與家庭工作時的生理安全性。此表格呈現了一些在第 4 章討論過的主題，特別是希望實務工作者在與當事人開始建構解決之道前，要能優先注意到當事人是如何來到實務工作者面前的相關注意事項。

第二種格式是初次晤談紀錄。此表格要求方案的團隊記錄一些重要資訊，包括：轉介的源由；目前的狀況；這個家庭對於來與方案團隊工作的「最大的期待」；轉介工作人員之「最大的期待」；案家對「所欲未來」的描述；例外：部分所欲未來已經發生的時刻；家庭優勢力量以及家庭採用的策略；在不同時間點的進展及動機、信心等進步程度的評量分數；所給予的讚美與回饋；危機程度的評估；未來工作方向的決定；如果，案家決定不與方案團隊一起工作，則給予一個結論性的摘要。這個表格需要案家根據各個項目逐一敘說內容，其形式與本書附錄中之初次晤談草案十分相似（請見本書附錄）。此格式非常不同於正式機構文件的形式，因其並未要求詳細記錄問題的相關訊息；即使是關於危機程度的評估，也以案家願意及能夠採取什麼樣的步驟來減低任何疏忽

與暴力的危機程度，來作為危機評估的基礎（亦即，解決之道是建立在案家與方案團隊之間的互動），而非是基於特定問題的詳細評估。

第三種格式是晤談紀錄，於所有後續會談中使用。需要填寫的資訊包括：第幾次晤談；目前的狀況；達到的進步；案家的優勢力量及其採用之策略；針對進展、動機與信心等的評量；所給予的讚美與回饋；危機評估；未來工作方向的決定；如果，案家決定不與團隊一起工作，則給予一個結論性的摘要。這個表格被要求需要記錄下來的晤談歷程重點，乃與本書提及之後續會談草案相當接近（請見附錄）。

「家庭解決之道」所設計的文件形式，透過案家敘說故事的媒介，讓方案團隊得以用案家話語中所說的關鍵字來記錄案家的知覺。因此，這些文件形式允許方案團隊可以記錄，每一個案家圍繞在他們偏好未來下，所建構的獨特解決之道；而非將案家過去的經驗與未來的可能性，依據一套標準化評估工具或結果測量，並簡化為一組專業類別或摘要性的分數。

愈來愈多機構認同與當事人進行建構解決之道的工作時，的確是需要不同的文件格式才行。如果機構及臨床主管想要他們的實務工作者更為焦點解決化，便必須以文件格式增強這個希望與期待。文件格式的要求，是機構告知實務工作者應注意及側重與當事人工作之處的一個重要形式。因此，這些文件之要求，再透過督導歷程之強化，將會使一個機構每日都發揮影響力，也會訓練實務工作者更為了解這個機構所要的合法實務模式。

愈來愈多革新的文件格式範例是可用且可取得的。舉例而言，Arlene Brett Gordon在一所佛羅里達州棕櫚灘縣的家庭服務聯合機構工作時，由於她致力於透過焦點解決實務來賦能案家，所以她設計了一些文件資料格式是一致於她與案家工作取向的哲學。Arlene Brett Gordon 的文件格式可以從焦點解決短期治療協會（SFBTA）的網站下載而得（www.sfbta.org/trainingLinks.html）。另一個例子則來自密西根州的人力服務部門；這個公立服務機構設計了一個需要由工作者與使用公共福利當事人一起合作完成的文件，稱為「成功（SUCCESS）」計畫。此英文字母縮寫反映出，這個機構已經將重點轉移到以優勢為基礎的訪談方式上，同時也表示這個機構使用了焦點解決取向，來從當事人身

上獲得關於下列成功計畫要素的相關細節。

- S：擁有一個願景（Seize a vision）。
- U：使用你的願景來獲得目標（Use your vision to get goals）。
- C：構思一個計畫（Conceive a plan）。
- C：考量資源（Contemplate resources）。
- E：擴展技巧與能力（Expand skills and abilities）。
- S：明智使用時間（Spend time sensibly）。
- S：開始！系統化的努力！（Start! Get organized and go!）

其他機構以評量進步的分數紀錄為基礎，對於當事人的進度設計出組織化的文件。表格被設計成有空間來記錄：「0分」、「10分」所代表意義的具體細節；當事人現在位於哪一個分數上；當事人進步 1 分時事情會有什麼不同；當事人會考慮或採取什麼步驟，好讓自己可以在量尺分數上能夠向上移動；以及當事人認為什麼資源會有助於他／她的分數向上移動。

(三) 問題焦點場域的個案研討

在問題焦點場域中，個案研討（case conferences）通常以危機個案、慢性與困難個案為焦點。往往，這些個案研討的開場是：督導者詢問有無任何實務工作者想要討論正在歷經危機的個案。之後實務工作者便會詳細描述個案危機的情況，包括當事人正在掙扎的一個或數個問題。接著，由督導者與其他實務工作者分享他們關於如何減低或移除危機介入的想法。在這些想法都被討論之後，就會安排一位或多位實務工作者，繼續呈現一個慢性或困難個案，然後大家接著討論。

在問題焦點機構的個案描述，會以當事人問題及其歷史的詳細報導作為開始；正式與非正式的問題評估資料也會呈現這些資料，通常還會伴隨呈現 *DSM* 的診斷。之後，個案研討的重點轉向討論問題的動力，輔以該診所或機構所偏好的理論取向與形式（如家庭圖等）。最後，實務工作者分享對於介入與資源的觀點，然後進到下一位個案的討論。

如果你變成一位焦點解決實務工作者，又受僱於問題焦點取向的機構單

位,你便會很快的意識到,這個機構是不太在乎當事人想要什麼不同、相關的
成功,以及個人的優勢與資源,也不太以這些向度來與當事人工作。思考你能
如何對這個機構有功能,同時又能忠誠於建構解決之道的假設與程序,會是一
件很重要的事。以 Peter 為例,Peter 主要是在這樣的機構執業,他很快學到,
要試著去說服那些懷疑 SFBT 的同事,讓他們相信建構解決之道的有效性,是
沒有什麼作用的;說服處於非自願情境的當事人能夠遵循原本不同意的指令可
能還比較簡單一點。處於這樣的場域,與建構解決之道一致的、也會比較有效
果的因應態度是:傾聽與詢問同事認為對此當事人可以做些什麼不同的行動;
目前有效之處為何,即使只有一點點;同事做了什麼讓小小的進步發生;以及
當事人會說實務工作者做了什麼是有助益之處。去肯定個案的情況及讚美同事
已經付出之處,是不容易的;要注意捕捉當事人想要的目標、願意或能夠做到
之處,也是非常重要之舉。由於較為合作的實務形式,在此領域是可獲得尊重
的,因此在焦點解決取向的個案研討中去詢問當事人想要什麼,會是比較容易
被接受之處。Peter 會詢問提案的實務工作者,當事人本人是使用哪些詞彙來描
述他/她所想要的目標;這時候其他實務工作者通常便會接著詢問這些關鍵詞
彙的細節,而提案的實務工作者通常也會表示沒有問過這個問題。接著,關於
如何問出當事人目標,及該如何設計達成目標策略的有效問句,便會成為討論
的主題。Peter 發現,提出「令他卡住的個案」的實務工作者,對於此點會比較
開放,也會比較願意嘗試提問一些建構解決之道的問句。Peter 也發現,下次個
案研討時要再追蹤該案例,探問這個個案何處改善了,當事人會說什麼地方比
較好了,以及,這些比較好的事情是如何發生的,包括當事人會說治療師做了
什麼是最有用的協助。若提案者報告了進展,Peter 便會讚美提案者,並歸功於
提案者的創意與努力工作。

　　在以問題為焦點的機構工作,由你來提案討論時,你仍然可以維持焦點解
決取向的觀點與實作。輪到你提案討論時,除了根據機構要求,提供個案問題
及其歷史的相關資訊外,你還可以提供你與當事人共同合作建構解決之道的相
關訊息,並提出你對於其他可能性、有效步驟或方向等疑問,以期能有助你與
當事人繼續對話。在呈現建構解決之道的相關訊息時,除了附註日期外,務必

要以當事人的用詞來描述當事人目前想要的目標、例外與優勢。以這樣的方式呈現個案資料，將會比較容易邀請你的同事幫助你形塑有效的問句，以繼續與當事人進行建構解決之道。若能以這樣的方式呈現案例，將會在問題焦點工作場域中建立焦點解決工作軸線，並且在此脈絡中進行個案研討的大方向上，成功邁出的一大步。

(四) 較為焦點解決場域的個案研討

在較為焦點解決取向的場域中，個案研討變成一個重要工具，不只是協助實務工作者排解疑難雜症，還可以從個案研討中學習到更多可以多加採取的行動，如此將使建構解決之道的取向變成他們的第二種選擇。即使是較為焦點解決取向的機構，也多為關注處於危機或所謂「卡住」的案例，一如在一般問題焦點場域中。然而，個案研討的格式在兩種工作取向的機構中卻截然不同，因為在較為焦點解決取向的機構中，個案研討的形式會更企圖於結構化地配合建構解決之道的軸線，一如在機構中與當事人的晤談過程一般。我們曾與一些機構工作，這些機構希望能將建構解決之道融入機構運作中的所有層面。根據與這些機構的工作經驗，我們建議以下的原則與形式：個案研討的結構是為了使同事間的尊重最大化；要善用所有實務工作的智慧、特定技巧與知識；以及運用可以逐一帶至個案研討會議中的其他資源。

另一個指導原則是，確保參與個案研討的成員包括了經驗豐富者及新手實務工作者。這樣的組合，會使此兩群體的實務工作者皆可有所獲益的機會大增。經驗豐富的實務工作者，可以提供他們多年從實務經驗中累積的精闢臨床洞察與智慧，而新手的、年輕的、經驗較少的實務工作者，則可分享在此領域中最新的發展，以及剛從課堂與文獻中學到的專業知識。雖然參與個案研討的實務工作者並不見得都能在專業經驗的程度上相一致，但是個案研討可以成為一個有用的工具，來協助參與的實務工作者提升資源與專業性；也可以使他們更加了解存在於社區多樣化群體、多元的個人興趣與習慣、創造性與具增強作用的解決之道等等資源的所在。例如，在個案研討中，實務工作者會被告知，在參與者中有人的妹妹是已註冊、有經驗的園丁，可以請託他的妹妹，來幫忙找到

一位受過訓練的園丁，願意自願教導那些在貧苦社區的孩子們學習如何打造社區花園。

　　還有一個指導原則是給個案研討的主席或主持人的建議。個案研討的主席或主持人，要引導與會者對提案的實務工作者產出助益性與有效性，所以需要確認與會者不會給予提案者一些不必要的、未被期待的、引起過早結束的建議。最重要的是，要假定機構內的實務工作者都是擁有勝任能力的，也是盡全力在幫助他們的當事人；這也表示在給予意見之前，有很多地方可以先行詢問提案實務者。所以，在個案研討中，如同與當事人互動一般，最好秉持著好奇與探索的態度，並以未知之姿的問句來進行個案研討。能有一份個案研討的大綱，是相當有幫助的，因為能讓與會者產生可期待的方向。我們鼓勵大家使用建構解決之道的問句來形成個案研討的大綱，如此也不需要正式的、三令五申的提醒一些不必要的個案研討過程。我們建議用以下大綱作為個案研討的方向。

■ 請提案者簡短地描述希望從這次的個案研討中想要有所收穫之處，或提出個人認為個案研討能有效的成果為何。

■ 請提案者簡短敘述當事人如何進入此服務系統。

之後，再詢問提案者以下這些問題：

■ 到目前為止，當事人會如何描述實務工作者對他有幫助之處？

■ 當事人想要看到的結果是什麼，例如當事人想要他／她的生活有何不同？

■ 實務工作者會說當事人目前有多接近目標的完成？（使用評量問句）當事人會同意實務工作的這項評量分數嗎？若同意，當事人會說何處較好了？若不同意，當事人會打的分數又是幾分？以及，當事人會說，是發生了什麼事，而讓他給予這樣的評量分數？

■ 如果實務工作者與當事人持有不同的目標（或者當事人的情況有所變化），當事人目前會認為何處需要改變？

■ 是什麼告訴當事人，他／她確實已經做出了改變？當事人會說，誰在此過程中給予他／她最大的幫助？

■ 為了要使評量分數再向上移 1 分，當事人需要優先採取的小小步驟為何？

■ 當分數再增加 1 分時，當事人的生活會有什麼不同的事情發生？

■ 當分數再增加 1 分時,還有什麼其他地方會改變呢?誰會注意到這些改變?這又會怎麼改變當事人與生活中重要他人的互動?

■ 還有什麼資源是當事人認為可能有助於他達成目標的?當事人又要如何獲取這些想要的資源?

　　在我們的經驗中,當實務工作者呈現了一個「卡住」的個案時,通常也表示,提案者對個案研討的所欲結果(最大的期待)還沒有被共構出來,或者當事人自身的目標,乃不同於提案者對當事人的目標。若當事人的目標是不清楚或不被認可時,當事人與實務工作者雙方都無法知道他們是否能成功地在一起有效工作。我們亦發現,在晤談過程中與當事人工作時,多問評量問句是十分有用的方法;因為評量問句可以協助確認當事人與實務工作者雙方對於當事人目標之知覺是否相同,也能幫助雙方理解當事人的進展究竟發生與否。同理,在討論所謂「卡住」的個案時,可以將個案研討的過程以評量問句的類似架構來加以組織與推進,將會是很有意義的。如此,也能同時幫助實務工作者重新聚焦於當事人想要有何改變與最希望發生的願景等參照架構之內涵。當採用我們所建構的個案研討形式時,提案者會在考量當事人的立場之下,繼續引導自己朝向建構解決之道已完成的部分前進;同時,也能讓提案者知道,再次與當事人會面時,可以多去詢問當事人有助於建構解決之道的問句。換言之,跟隨這樣的個案研討形式,提案的實務工作者可以在結束個案研討時獲得他想要的結果,亦即,提案者將可以清晰的得知,接下來在與當事人進行建構解決之道的對話時,可以再接續往下走的方向。

　　由於評量問句很能協助實務工作者維持在當事人逐步發展出目標的軌道上,在我們與機構及其當事人的諮詢工作中,我們會想要多加入評量問句。我們也發現當事人通常在量尺的 7、8 分時就會覺得相當滿意,但是有些實務工作者則有更大的企圖心。其實,曾遇到當事人告訴我們說,很感謝實務工作者可以肯定他們停在 6、7 分的位置上,因為這對他們來說是「夠好」(good enough)的成就了。有些當事人也表示感謝實務工作者沒有繼續堅持要協助他們到達 10 分的位置;當我們詢問這何以對他會有幫助時,這些當事人說,這表示實務工作者是允許他們擁有時間與空間,好讓他們可以靠自己繼續前進與產生

進步的，而當他們看到能仰賴自己來完成後續步驟、達成所欲的結果時，將會強烈地為自己感到驕傲與擁有自信。當事人這種想要擁有自己成功之自主權的期望，對我們來說是非常強烈明顯的；即使是在那些資源被剝奪或苦於經濟困境的當事人身上，也常會見到他們這樣的期望。當事人對評量量尺分數的觀點，以及對何時可以停止接受專業服務的看法，常會使我們訝異與耳目一新，即使是對那些已經十分懂得尊重當事人及非常認同建構解決之道的實務工作者而言，也是如此。記得要經常去詢問當事人，當他們覺得不用再來見實務工作者時，會是到達量尺分數的什麼位置。

　　以建構解決之道風格來組織個案研討的流程時，在我們的觀點中，並不表示我們是一直關注與討論所謂「卡住」的個案類型而已。有時機構應該可以利用個案研討來致力於探討成功的案例，如此實務工作者可以有機會詳細分享個人擅長的實務工作之處，大家也可以共同慶祝一番。不管是以「卡住」的個案或成功案例來進行個案研討，焦點解決取向的個案研討對於教導與增強治療師與當事人建構解決之道的工作，將會是必要且有效的方法。在兒童福利機構的一位督導者告訴我們，在將他們的個案研討流程改變為建構解決之道的形式後，她發現這樣的個案研討形式也是一種很有效用的團體督導工具。她也表示，此形式用在一對一的個別督導中同樣具有高度效能，因為此形式可以大量減少與實務工作者個別督導的整體時間。

(五) 建構解決之道的督導

　　督導者（supervisor）本身的字義代表著專家與非專家的關係。傳統上，「督―導―者」（super-visor）此字本身的意義就是某人被假設知道與擁有較多知識與技能於如何執行專業實務者，因而被賦予責任及權威去「監督」（oversee）與指導其他實務工作者。事實上，在許多實務場域中，常是「超級工作人員」（super workers）被提升成為督導者。有幾位這樣的督導者告訴過我們，他們成為督導者前曾歷經一些情緒反應，從很驕傲到恐慌，一直到想出辦法讓自己生存下來為止，因為他們發現，要去管理一群專業人員的艱鉅任務，會比負擔高度的個案工作量要來得困難許多，特別是這些人曾經是他以前的同事。

我們相信，如果督導者想要以傳統的方式完成任務，那麼一定會有這樣的感受的。

　　不管你是在以問題為焦點或以解決之道為焦點的機構擔任督導者，當你決定採用建構解決之道的精神來執行此角色任務時，你確實需要在你的工作上實際運用建構解決之道的假設與實務的進行方式。我們從澳洲墨爾本的 Peter Cantwell（Cantwell & Holmes, 1994）（他是創造「身後一步引導」這句話的人），聽到所謂勝任的、令人尊重的督導者模樣，的確是包括了如何大量運用優勢基礎取向於督導歷程（如建構解決之道的督導）的風格。

　　建構解決之道的督導風格，是以一組假設來引導受督者進行一些活動——或者，把督導歷程說得更好聽些：是教育、監督、滋養、啟發受督者。以下介紹的是我們對受督者所抱持的一組核心信念，並且希望我們能激發自己到達一種雄心壯志：在一開始時，必須得提高受督者進入這個助人專業的個人動機。除非被證實是錯誤的，否則我們相信：

■ 受督者希望他們的工作可以對某人的生活創造「改變」。

■ 受督者是想要學習一些必備技能，使其能達成前述目的與任務。

■ 受督者是想要被所屬機構所接受與肯定。

■ 受督者是想要融入機構的任務與目標。

■ 受督者已經擁有某個程度的問題解決取向技能，因此督導的任務即是在增強建構解決之道的技能。

■ 當受督者感到被機構及其督導者所尊重與支持時，將會自然而然地運用相同尊重的態度來與當事人工作。

　　雖然督導過程的細節，會因各機構與場域所擅長的特定實務工作種類不同而有所差異，但任何督導（包括行政管理）的核心要素之一，也是督導者的一個任務為：「引導」（lead）實務工作者更能勝任、更有能力，並能不斷提升自身的專業技能。我們相信要落實這個任務的最佳方式是透過建構解決之道的對話，因其會引導督導者及受督者同時發現，受督之實務工作者正在發揮的特定優勢力量與資源，也可以從中找到更進一步可有效運用的優勢力量與資源。舉例而言，有一位兒童福利機構的督導者，正在改變他的督導風格；他告訴我

們說，他目前作風的改變是，當工作人員繳交不完整的個案文件資料時，他就會：「先對工作人員已經做得很好之處給予肯定，然後再提及，如果可以更進一步增加蒐集一些資訊並予以記錄，將會讓這個文件資料變得更好、更完整。」這將會開啟一個對話，也會傳遞非常不同的訊號給工作人員：他們已有的勝任程度，以及，他們是可以持續對機構與當事人提供非常有價值的貢獻等等的可能性；而非是以一個傳統的督導立場，只以錯誤為焦點，並一直在思考要如何避免犯錯。

　　建構解決之道督導會談中對話的流動，主要的主軸與方向是，邀請工作人員以當事人的眼光而非自己的角度來看待當事人。這是因為所有單位或機構的專業活動，就某個角度來說，都是在服務當事人，因此，督導的任務即是持續在教導工作人員如何傾聽出當事人認為這些服務何以對他有效的種種觀點。我們鼓勵督導者大量運用評量問句與關係問句來觀察、監控當事人所產生的進步與改變。這些問句是很有效的，因其可發現並詳細得知實務工作者的成功所在，同時，也可以輕輕地提醒工作人員：他們可能錯失當事人的參照架構之處，以及他們還可以做些什麼，而能和當事人的互動更為焦點解決取向化。以下是一些有效的問句：

■ 你的當事人會說，目前為止，晤談對他們是如何有幫助及產生作用的？

■ 在 1 到 10 分的量尺上，10 分表示當事人最想要晤談能發揮的效果，1 分正好相反，你的當事人對於你目前和他的工作，會給幾分？

■ 猜猜看當事人會說到目前為止，對他最有幫助之處為何？你同意他的看法嗎？如果不同意，你的看法是什麼？

■ （如果工作人員不知道當事人認為最有幫助之處為何，督導者可問：）你要如何得知？你需要做些什麼才能知道？

■ 假設當事人認為你對他的幫助進步了 1 分，他會注意到你做了什麼不同的事情？

■ 在 1 到 10 分的量尺上，10 分代表你很滿意晤談工作的進展，1 分是很不滿意，你會說你目前的分數是幾分？

■ 當分數再調高 1 分時，你會發現你自己會做些什麼不同的事情？

你會發現，這些問句與我們所建議於建構解決之道個案研討會議中使用的問句是相類似的；這並不令人意外，畢竟督導與個案研討之目的是相同的，兩者的目的都在提升工作人員能勝任地運用建構解決之道的能力。Frank Thomas 從 Insoo Kim Berg 處獲得靈感，發展出建構解決之道督導於現實生活中的應用成果，其呈現於本書的第 14 章。同時也有數篇額外的資料，可供想了解更多關於應用建構解決之道督導的讀者參閱（Berg, 2003; Pichot & Dolan, 2003; Rudes, Shilts, & Berg, 1997; Thomas, 1996, 2010; Triantafillou, 1997）。

此番介紹建構解決之道督導主要在強調，我們相信，實務工作者要發展建構解決之道技巧的最佳方式是：於實務現場中，與真實的當事人透過運用建構解決之道的對話，累積相關的實務經驗。然而，我們清楚地知道，要實際教導與學習這個取向，需要花費很多成本與心力。督導者可於教學時透過科技媒體的協助，讓受督的工作人員直接觀看經驗豐富者的實作錄影帶紀錄。將受督工作人員的實作過程直接錄影或錄音，讓他們事後回顧，也可幫助他們更能捕捉與具體化他們想要在督導或個案研討中提出的個人問題。如同本書一樣，研究對話逐字稿亦是一個方式，其將會協助受督者發展能力，而更能以建構解決之道的方式來傾聽與回應當事人。實務工作者還可以自我教導與學習的一個小訣竅是，選出與當事人互動中最棒與最差的十分鐘對話，然後仔細研究何以這能成為最好的片段，以及，還可以做些什麼其他的行動來增進晤談效能。我們於撰寫本書的同時，亦完成一本《指導者手冊》（De Jong & Berg, 2012），而 Nelson（2005）也出版一本書，皆可成為督導者的資源，特別能啟發督導者如何教導建構解決之道技巧給受督的實務工作者。

(六) 在問題焦點場域中與同事的關係

如果你決定選擇在你的工作中變得更為焦點解決取向，你將會遇到對你和當事人工作的取向感到不熟悉及不舒服的同事與督導者。工作坊成員及實習場域中的學生多次重複提及這樣的情形一再發生。

遇到對你感到懷疑的同事時，你可能會企圖為你的諮商取向辯護，並可能會在對話中加入下列的字眼：「你的方法沒錯，但我的方式也是對的啊！」當

你在和當事人一起工作時，我們不建議你直接挑戰同事的參照架構，因為這些參照架構已經發展很長一段時間，並且會透過經驗彰顯出來，所以值得予以尊重。反而，我們建議你可以採取未知的姿態來探索同事所關注之處，並去注意同事想從與你的互動中得到什麼；通常他們只是想要對你的諮商取向有更多了解而已。有些時候，他們會明確地表示懷疑與批判；在這種情況中，你可以問問同事對當事人做了什麼不同的事情，以及同事怎麼知道這些事是有用的。你可以尊重地讚美同事的優勢及成功。如果他們感興趣，你便可以說明你和當事人所從事的建構解決之道對話，以及你是如何覺察你所做的何以有幫助。通常，當你與同事的對話能夠開始發展時，原本明顯的差異就變得較不極端了。

你與同事觀點的差異可能會一直延續。建構解決之道不同於問題解決取向。根據工作坊成員及學生所分享的經驗，會對你產生懷疑的同事，他們主要關心的是，建構解決之道不再那麼強調問題與解決方法之間的連結，也似乎不再這麼強調專業的評估與處遇，反而強調了當事人知覺的重要性。你和同事可能會決定多去談論在機構工作出現這些差異的內容與結果。你也許會希望有研究機構的圓桌會議或自備餐點的討論會，而討論主題是：在你們的機構中對於危機案例的問題評估與焦點解決晤談，各自會如何進行；或設計一份研究，來比較建構解決之道及問題解決取向對當事人的成效差異。重點是，你可以透過開放及尊重的對話方式，使彼此的差異變得較容易處理；直接深入挑戰的方式則很少會有幫助。

你可能會發現，你處於督導者堅持要你跟隨某一問題焦點步驟的情境中。你將必須決定你要偏離多少，同時又合併多少建構解決之道的步驟。關於這些作法的一些可能性，在本章較前面處已討論過了。

(七) 在焦點解決場域中與同事的關係

如果你選擇以焦點解決取向來和當事人工作，並且很幸運地和看法相同的同事共事時，你便可以使用建構解決之道的技巧於你和同事的關係之中。如同前面所建議的，有時建構解決之道晤談會正式地在你的門診或機構中結構化地進行；例如，個案研討會議及督導將採用剛才描述的焦點解決取向路線。在你

較不具結構化卻很頻繁地與同事討論如何面對「挑戰性案例」或「困難的共事者」時，你可以運用未知的姿態，非正式地與同事談話，取得他們對於挑戰性情境的任何知覺，並探索有什麼是他們已經做到且有幫助的事，以及，他們希望看見什麼不同、還有什麼可能會有幫助等等。

(八) 與專業同盟間的關係

同盟者是指與你合作的其他機構中某些對當事人工作結果感興趣的專家，因為他們也正在與同位當事人一起工作，並轉介了這位當事人到你的機構中，或是因其他理由而與你接觸。同盟者常包含監護警員、精神科醫師、老師、神職人員等等。他們常常對當事人的需求，以及如何與當事人工作有著明確的意見，而且，他們通常是以問題焦點架構在運作著(註1)。

如同與同事工作時一樣，你要假設同盟者是有勝任能力且值得你尊重的。好好使用你的晤談技巧去發現他們想從你這裡得到什麼。如果他們已和當事人有所接觸，那麼就去找出他們認為已經做了什麼是對當事人有用的事情；你可以肯定他們已經做的工作都是有價值的。

讓我們以 Peter 的經驗為例來說明這個方式。Peter 與監護警官轉介給他的性犯罪者進行諮商工作；以下是 Peter 和這位轉介當事人的監護警官 Jackson 談論轉介當事人的對話：

Peter1 ：Jackson，我從你寄來的信裡看到，你把 Fred Wilson 轉介給我。他已經排進我明天的行事曆中了。我該怎麼做才能有幫助呢？

Jackson1 ：你可以從我寄去的資料中了解到，他因「四級 CSCC」（犯罪性行為法規）的暴力行為被判有罪。他在公園的欄杆上盪來盪去，企圖協助少女爬上欄杆，並在她們跳下來時抓住她們。他觸碰了她們的私處。兩個女孩向她們的父母舉發。在公園裡，同時有目擊者證實了女孩們所說的虐待行為。他隔著她們衣服觸碰她們，並因毫無自覺而被判較輕的罪刑。這傢伙需要諮商。

Peter2 ：OK，你能告訴我更多你希望從我這裡可以獲得的協助嗎？

Jackson2：我見了他兩三次。我認為他在否認，因為他說他沒做過這件事情。他說他有罪的唯一理由是，他的辯護律師告訴他，女孩的故事互相被證實且充分地說服法官，尤其被害人分別是一個八歲、一個九歲大的女孩。我很擔心如果沒有雙管齊下的制裁，他下次會再做出同樣的事情。他可能以前就已經做過，只是從來沒有被逮到過。如果他像其他我處理過的傢伙，那麼他將會需要至少一年的諮商；這也是我在身為一個監護官的立場下，向法官建議他應接受每週一次、持續一年的諮商之原因。另外，他必須每個月至少見我一次。

Peter3：所以，什麼事情將會告訴你他不再否認了？他會做什麼不同的事？

Jackson3：有一件事——就是承認他確實做了這些事情，並且願意處理他的病態傾向的來源。如果你可以協助他這麼做，將會很有意義與價值。我和他談過幾次，我認為他還是有潛力改善。他仍然不承認他做了什麼，所以他必須來諮商，不過他已經有了一個家庭及一份好的業務員工作。

Peter4：我了解你對他的看法了。你認為當他承認之後會有什麼不同？

Jackson4：就像我說的，我認為他會得到一個機會。他已經有一個家庭及一份工作，但他都和工作綁在一起，一直投注在競爭中，而且與家人失去聯繫。他很嚴重啊。我甚至還不知道他有沒有朋友，他從未提過任何人。我想當他開始思考自己為什麼會變成這樣，並對自己承認、甚至對他的妻子承認犯罪時，他就會開始有些改變，他可能對於工作會有前瞻性的想法，對於家人也會更為關懷，會花更多時間和妻子相處，也許會去參加一些孩子學校辦的活動。他在運動方面已經獲得一些青少年的青睞，但他不會去參加他們的比賽。他甚至可能還可以交到一些朋友的啊。可以確定的是，他不會去公園〔警官譏諷地引用當事人的話〕「獨自散步」了。

Peter5：OK，Jackson，你提供了我要開始諮商時一些非常有用的資訊。你似乎對這個當事人以及可能會發生什麼，已經做了一些認真的思

考。我認為他很幸運，因為是你處理他的案子。你現在還有其他想要讓我了解的事情嗎？

Jackson5：不，我想沒有了……除了，我認為即使他仍否認這件事，他應該還是很適合諮商的。他十分仔細地聽我說話，說他關心他的家人，也說他感激家人願意和他緊緊靠在一起度過這件事。〔停頓〕他知道一開始我會兩週內就和你會談一次。他會簽名參加你的諮商。兩星期內當你的行事曆有空檔時，請給我一通電話。

Peter6　：OK，我會的。我在見了他兩次之後會給你回覆。謝謝你的轉介。

Peter 探索並接受 Jackson 對他新個案的知覺，他邀請 Jackson 分享對當事人的專業見解。在這個過程中，他肯定 Jackson 的關心與努力，同時，Peter 也詢問 Jackson 看見 Fred 做了什麼不同的事情等特定資訊，才能增加 Jackson 有信心於 Fred 是在進步中，以及可慢慢變為對社區較不具威脅性的人。

從 Peter 和 Jackson 的互動可知，任何時候在你和專業同盟工作時，你至少面臨兩種知覺是你會想去探索的——當事人及同盟者兩者的知覺。請運用焦點解決取向面對此二者。Selekman（1997）對實務工作者在兒童案例中提及如何接觸同盟者時，也給予了類似的忠告。

二、團體及組織中的實務

焦點解決程序是從與個人、配偶及家族的實務工作中所發展出來的，並且已在這個專業領域被廣泛地實踐與討論。而現在，焦點解決程序也在團體及組織場域經常被使用。

(一) 團體實務

在團體實務中，可以使用小團體發展出來的人際歷程來協助當事人達成他個人的目標。諮商師、心理學家及社會工作者都會用團體來進行工作。也有許多主題團體在協助不同背景的當事人，如：物質濫用問題、青少年未婚懷孕、

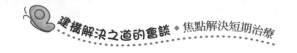

愛滋病患者、近期離婚者、酒癮者之孩子、飲食疾患、受暴婦女、施暴男性、亂倫倖存者。有些團體對行為及情緒疾患者提供了治療（如：在心理健康場域中進行焦慮疾患團體），有些團體則提供個人成長（如：自我肯定訓練團體），還有一些團體是參與者互助的自助團體（如：匿名戒酒會）。

　　大部分小團體的組織與歷程，反映其具有類同於多數個人或家庭工作的問題解決假設及歷程，所以，並不令人意外的，將建構解決之道注入團體實務的人，常常會發現這樣做是很有用的（de Shazer & Isebaert, 2003; Durrant, 1993; Gray, Zide, & Wilker, 2000; Hiebert-Murphy & Richert, 2000; Lange, 2001; Lee, Sebold, & Uken, 2003; McCollum, Trepper, & Smock, 2003; Metcalf, 1998; Pichot & Smock, 2009; Schorr, 1995; Selekman, 1991; Sharry, 2001; Uken & Sebold, 1996; Vaughn, Hastings-Guerrero, & Kassner, 1996; Young, 2009）。一些早期的團體效果研究，也支持了將建構解決之道注入團體實務的有效性（de Shazer & Isebaert, 2003; Hiebert-Murphy & Richert, 2000; LaFountain & Garner, 1996; Lee, Sebold, & Uken, 2003; Lee, Greene, & Rheinscheld, 1999; Sharry, 2001; Zimmerman, Jacobsen, MacIntyre, & Watson, 1996; Zimmerman, Prest, & Wetzel, 1997）。

　　一些機構在精熟建構解決之道歷程並運用於個人與家庭工作之後，會開始將其運用於團體工作中。他們的團體按照慣例，會有時間設定限制的設計（六到十二次團體）。許多經驗已教導大家，改變是可以在短期內發生的，而時間限制的設計，會鼓勵團體成員間產生更具目的性的互動。在下一章中，我們將會介紹幾個焦點解決團體之應用，其由幾位實務工作者所發展出來，我們邀請他們現身撰述之（請見 Shilts、Bluestone-Miller 和 Shilts；Young；Walker；de Shazer 和 Isabaert；以及 Uken、Lee 和 Sebold 所著之篇章）。

(二) 組織的應用

　　一個焦點解決原則與實務應用於組織層次的報告，眾所皆知地，是由 Sparks（1989）所提出的。她在一個大都市裡的車輛維修部門，使用建構解決之道取代了問題解決取向。身為一個管理諮詢者，Sparks 的職責在於刺激經理及其部屬之間可以產生更多開放性，並且讓督導之間可以有更多的團隊工作。她將她

的方式描述為組織性任務。她與督導們舉行了五個工作坊會議，並給予他們在
會議期間必須完成的焦點解決取向作業任務。這些作業包括要求經理和部屬會
談，並要求部屬思考：在未來十二個月後，若工作環境可以有改善的話，他們
希望看到的是什麼；同時，他們也須與部屬一同確認出這些所欲未來曾有的例
外。其次，經理也要與部屬會面，討論如何找出過去解決衝突或發展機會的成
功經驗。而經理也需要求部屬描述出曾有督導者協助改善部屬工作表現與士氣
的經驗。最後，還要觀察經理和他們之間有哪些事件會影響其表現與士氣，以
及觀察在工作場所中發生了什麼事，是他們喜歡或想維持下去之處。當然，經
理也需要在 Sparks 帶領工作坊期間，回顧檢視他們執行任務的結果。誠如他們
的焦點解決對話結果一樣，Sparks 發現經理會更仔細地傾聽部屬的聲音，會用
更自在的方式與屬下互動，也會更重視彼此間與工作有關的廣泛議題。不論巧
合與否，此部門的經理告訴 Sparks，任何關於工作表現的測量工具都顯示：在
接受她的諮詢之後，這個組織今年的生產力是最高的。此外，Sparks 自己也發
展出成果評量工具，用以測量成功團隊工作的四個向度：信任、開放、了解及
互相依賴。所有資料使得 Sparks 做出一項結論：「即使過了一段時間，這團隊
功能於此四個向度的進展，仍一直維持著。」（Sparks, 1989, p. 56）

　　Sparks 的方案是很有意義的，因為它是最早顯示建構解決之道取向對於實
現機構組織大目標，會是很有用的一種取向。一旦機構組織中的職員對問題的
描述與分析，被建構解決之道取代時，其希望感及動機似乎也會增加，同時還
能發生令人興奮的改變。實務工作者將焦點解決原則與程序應用於機構組織，
至今已超過十年，有關說明其程序與結果的書籍，現在也很容易買到（Berg &
Szabo, 2005; Cauffman & Dieroff, 2006; Jackson & McKergow, 2007; Jackson &
Waldman, 2010; McKergow & Clarke, 2007; Meier, 2005; Rohrig & Clarke,
2008）。除此之外，一個稱為 SOLWORLD（www.solworld.org）的專業組織，
致力於發展與分享焦點解決實務，以使管理階層及機構組織可以產生改變。
SOLWORLD 每年舉辦國際研討會與教育專題討論，吸引了來自世界各地超
過二十個國家的參與者。一本新的期刊《互動：機構組織中的焦點解決期刊》
（*InterAction: The Journal of Solution Focus in Organizations*）於 2009 年開始出

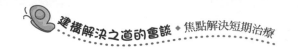

版論文。再者，現在兩個歷史最悠久、規模最大、持續致力於分享與促進焦點解決實務的專業協會——歐洲短期治療協會（www.ebta.nu）以及焦點解決短期治療協會（www.sfbta.org）——每年年會議程中的固定項目之一，即是呈現運用焦點解決實務於機構組織之演示報告與工作坊。這些演示報告與工作坊也針對這個主題的其他層面，針對一些希望將他們的機構組織更朝向焦點解決取向發展的實務工作者以及管理階層者，特地邀請他們說明他們是如何運用焦點解決的原則與程序於問題焦點診所與人力服務機構之中。

現在也有幾個從事機構組織諮詢之實務工作者的網站。這些實務工作者可以提供諮詢給那些希望將機構組織實務與文化更朝焦點解決取向發展的單位。其中一個是芬蘭赫爾辛基短期治療研究所（Helsinki Brief Therapy Institute），由 Furman 及 Ahola 所主持，他們在組織中建立焦點解決團隊應用的網站（www.reteaming.com）。這個網址也提供組織「再建團隊教練」（reteaming coach）方案，由機構聘請再建團隊教練進入機構組織，提供每週三到四次、每次兩小時的晤談服務；該晤談聚焦於如何將問題轉到目標上，也涉及如何「建構動機」與「探索資源」的作業與討論，並且還提出測量及擴展進步的方法。這種經過訓練的教練，在許多歐美城市是很容易找到的。Furman 和 Ahola（1998）寫了一本使用手冊：《透過合作而改變：再建團隊手冊》（*Change Through Cooperation: Handbook of Reteaming*）。這手冊已譯成好幾種語言出版，包含英文；透過他們的網站，亦可取得該書內容。

Mark McKergow 與 Jenny Clarke 以大不列顛為基礎，設立「於機構組織中使用焦點解決方法」的網站（www.sfwork.com）。他們的網站提供了關於諮詢、訓練、教練、書籍以及其他資源，也有相關網站的連結、如何參加一個應用焦點解決取向於機構組織之電子郵件討論團體的訊息，以及，目前這世界上發生關於運用焦點解決工作於機構組織的新聞。

下一章中，Paul Jackson 與 Janine Waldman 寫下了他們在英國與大型社區組織工作的經驗，以更進一步說明運用焦點解決思維與技能於機構組織層次的有效性。

≪ 註 解 ≫

註 1：值得注意的是，當你在你所屬的機構，與你同事一起和同一位當事人工
作時，基本上，你和你的同事之間就是一種同盟關係了。

第十四章
多元應用

一、導論

　　焦點解決實務模式擁有一個謙遜的起點，它是由一個充滿創造性與革新力的團隊所啟動——這個團隊的實務工作者並不滿足於當時尋求「如何解決生活問題」的方式。這一段令人興奮的日子是從 1970 年代中期開始的，在那時，傳統取向所抱持的信念、習慣等等，正受到挑戰質疑之際。這個團隊是由基層實務工作者、學者、社會行動主義者、細胞生物學家、家醫科醫生等所組成。他們野心勃勃地想發現與學習一些有效用、有效率的方式，讓美國威斯康辛州密爾瓦基市所成立的這個給門診病人的、立基於社區的心理健康服務機構，能提供更佳服務予尋求協助的人。這個團隊透過系統化的實驗方式來進行這項探究，其方式包括：詳細豐富的觀察紀錄、晤談過程的錄影帶、團隊與個案研討、現場單面鏡觀察等。此密爾瓦基團隊在一週五天中，一個接一個地進行個案工作；有時在當事人需要時，此團隊亦會於週六日與他們會面。除了個案工作外，這個團隊還會進行長時間的討論或重新觀看晤談錄影帶，甚至開始發行通訊雜誌「地下鐵道」（Underground Railroad），來發表其工作內容；而 Steve de Shazer 即是此雜誌第一位及唯一的編輯者。當此通訊雜誌開始廣為流傳時，這個團隊也收到很多質疑、批評及建議；當然，也開始有來自世界各地對他們的想法感到有興趣的親訪者。Steve de Shazer 的第一本書《短期家族治療的形態》（*Patterns of Brief Family Therapy*）於 1982 年出版；這本書是第一本以書籍的篇幅長度來說明這個團隊所發現這些與人工作的新方法。

　　從 1980、1990 年代到現在，全世界對焦點解決實務的興趣與關注遽增。這些領銜革新者與創作者，如 de Shazer、Berg 及其他夥伴，持續地琢磨與修正焦點解決模式，使其突破了治療室的有限空間，擴大至不同領域的多元應用，包括兒童福利、青少年觀護系統及其家庭、監獄工作、藥物濫用處遇、家庭暴力加害者工作、復健照護、學校系統、組織經營與督導、教練工作以及諮商治療工作等。如同當初密爾瓦基團隊一般，這些領銜革新者並不滿足於目前已建立的工作方式與結果，而開始多方創新地嘗試多元應用各個建構解決之道的新興

原則並累積實務經驗，特別是對所謂「困難」與「無望」的當事人。也因此，他們發現了人們無邊無際的創造力，並且注意到，當「人們想要自己的生活可以有何不同」的表述受到尊重，並成為合作式建構解決之道的起始點時，人們的創造力即可以在任何情境中發揮效力。

本章的內容即是要呈現一些身處世界不同地區的八位領銜革新者，針對所服務對象與所處的工作脈絡，如何應用建構解決之道的原則與實務經驗的工作成果。這些革新者如同密爾瓦基團隊，在開始有所創新之前，因為不滿意於現有的實務工作模式，而著手創造一些不同且更令人滿意的方式。在此，我們不想僅由我們來摘述這些領銜革新者的工作成果，而是想邀請他們親自說出自身的故事。我們邀請他們描述所處的工作脈絡，說明他們何以開始尋求改變、如何尋求改變、如何開展努力創新工作的過程，以及這些革新創舉已經為他們自己與所服務的對象，創造出什麼差異與改變（註：此章每一位撰寫者之背景簡介與聯繫資訊，乃呈現於本書作者群簡介處，第 vii-xi 頁）。

二、第一篇：改變心智，改變生活（Kidge Burns）

位於英國倫敦的切爾西與西敏寺醫院是一所急性的「國民保健服務」（National Health Service, NHS）醫院，其醫療團隊中有許多專業醫護人員共同協助著有身體健康問題的患者。我是一位語言治療師，我們的部門有轉診服務，照顧的病患種類包括：服務急性事件（例如：中風、頭部損傷、燙傷）、慢性疾病（例如：帕金森氏症、多發性硬化症、運動神經元病）、癌症、人類免疫不全病毒（HIV）、記憶困難、發音及口吃議題等。我們不僅接受病房病人有關溝通與吞嚥之轉診服務，如果他們是住在本社區，也會因應他們的需求而提供門診服務。這個醫院服務的地區範圍廣大，因此我們服務對象的社經地位與種族背景亦差異極大。

在本篇中，我將描述焦點解決實務如何深遠地影響著我們與當事人的互動，以及，它是如何影響我們部門內的工作和我們如何進行工作量的管理。我希望我的分享能對其他專業照護人員有所連結與具有意義，包括我們經常一起

工作的職能治療師與物理治療師；同時，我也會說明我們如何能夠和醫生與護士共享這樣「共同語言」與積極正向的成果。

(一) 聚焦在解決之道

1990 年，我決定去參加一個為期兩年的碩士後課程，以正式成為一位語言治療師。當我取得語言治療師資格後，我的第一份職業即是在醫院裡與年長者（六十五歲以上者）工作。當時，我很快就意識到，我所受的訓練並未使我具備足夠能力來處理這些當事人許多複雜的需求，因為我所熟悉的衡鑑標準都是基於「損傷」的觀點，難以衡量當事人的功能性進展，所以常無法協助不符合這些診斷分類的當事人。有一次有一位同事在同仁會議上介紹了「奇蹟問句」，邀請我們去想像當生活變得有所不同時的樣貌，在那時，我便知道這是我需要的、想繼續學習的；之後，我盡可能讓自己學習成為焦點解決取向者。

就像大部分健康專業人員一樣，語言治療師一直不斷提及，要以全人照護的角度進行介入，並看重促進當事人功能性技能及幸福感的需求。我們所受的諮商技巧訓練，能讓我們更仔細傾聽當事人，敏於覺察他們的需要，並能提供同理與支持。然而，當我於現在工作的醫院系統中使用焦點解決取向與青少年或兒童工作時，我發現到自己可以有著不同的對話方式，同時，也更能將當事人所談論的感覺（想要感覺到平靜、放鬆、開心）轉譯成他們日常生活中可能的樣貌（特別是關於他們的溝通技巧與安全進食的能力）。與當事人初次會談時，去詢問他們本人如何知道這次治療或這個會談是有幫助的，對我來說可是件新鮮事。讓當事人對期待的未來透過詳盡的描述而拓展之，對我而言都是一些新的經驗；而當事人所描述的正向結果大大鼓勵我再繼續多去這麼做，即使是在面對生命末期的安寧療護病人，也是如此。部門的主管相信焦點解決取向的有效性，並安排整個部門接受焦點解決取向的訓練。從那時候開始，我們發現到：焦點解決取向可以應用於任何衡鑑工作，或發揮於需要提供建議之時；在適當的時候，也可應用於整段會談中——當治療師對於使用這種方式來與當事人互動愈具有信心時，這樣的運用情形就愈容易增加（Burns, 2005, 2009）。

「心理—社會層面的協助」一直用於口吃或語音障礙的治療領域中，但是

許多語言治療師仍然可以看見焦點解決取向對於這些當事人如何產生效用。對於語言治療師來說，較具挑戰性的想法是：焦點解決取向是否可以成功地用於需要大量生理療護當事人之衡鑑、治療和支持上，例如吞嚥困難或肌肉無力的當事人。我會建議語言治療師及其他在醫療模式中的工作者，可以多花一些時間探討當事人偏好的未來，例如，讓當事人能夠去發現與現存問題似乎不相關的可能解決之道。特別是當較傳統的問題解決取向對於當事人無法產生效益，或者，你認可衛生署試圖推動的「讓患者成為專家」模式時，這樣的方式特別有效。具體而言，當有人因中風送至醫院，在當事人的意識清醒程度還不穩定時，醫療和治療團隊會盡可能地進行衡鑑，但所給予的回饋總是全以「損傷」觀點為基礎，而很難提出處遇計畫或與當事人／家屬有所合作。焦點解決問句提供我們一個新的工具，是有助於與當事人／家屬開展一種更為合作取向的互動：「自從你／他入院以來，你有發現到你／他有什麼進步的地方嗎？」（曾有當事人回應說：「我現在可以坐在椅子上了，所以我想要再做些事情。」）「從現在到下一次我們再次晤談之間，你可以持續關注任何你／他可能有細微進步的最小徵兆嗎？」「他目前可能還無法有所回應；在這次談話後，還有什麼可能會幫助你而讓你覺得來探訪他是有效用的？」

　　藥物治療和手術施行或可減輕生理症狀，但當事人仍然需要處理他們生活中的失落；當然，哀悼這項失落，是一個自然的歷程。對於當事人在醫院中的情緒低落，開立抗鬱劑或是轉介心理師，都是一些可行的有效之法；不過，此時，醫療團隊亦可同時考慮使用一種不同的介入取向：醫生與治療師可以花更多時間詢問當事人他們是如何處理目前的處境；也可讓當事人參與處遇決定的歷程而鼓勵當事人感覺到自己是一位專家：「顯然現在無論做什麼，對你來說都是很困難的，而且你現在仍然在醫院裡，但是，你今天是怎麼能做到這些事〔坐在床上／坐到椅子上〕的呢？」「你有沒有感覺到，現在，什麼人事物對你最重要、最有助益？」「這些人事物在哪些層面，會對你是有效用的呢？」

(二) 什麼有效，就做什麼

　　如果在病房裡的會談時間必須簡短，那麼能提問的問句就可能是一些關於

「最大的期待」的問句了。若當事人能夠回到診間或出院成為一位門診病人，就能有更多時間來探索其偏好的未來。在一開始即詢問當事人想要什麼、什麼在治療中可能是實際可行或可達成的，將可引導我們接續使用「奇蹟問句」，以至於能幫助當事人擴展和具體描繪出：當問題較少或不再對他們的生活產生影響時，他們將會做些什麼事。如果當事人有些認知功能的損傷，那我們可能需要邀請其他人加入談話或是使用評量問句。例如，畫出一條線，在線上標示一些可能達成的指標，並用一個笑臉放在當事人想要達成的位置上。最重要的是要能考量：「在這個量尺上，什麼位置對你來說將會是『夠好』的？」「如果我畫另一條線，10 分代表你有信心自己可以在第一個量尺上有些進步，即使那進步只有一點點，而 0 分代表著相反的情形，你覺得你現在是在幾分的位置？」往往當事人會在第二個量尺上為自己評量出比較高的分數，這時我們可以就這個分數多加探索，詢問他們過去或目前做了什麼，而鼓舞了他們能尋求未來的改變。焦點解決問句使用的是一個開放的量尺，這一個量尺的終點是 10 分，是關於我們前進的方向。評量問句不會在量尺上指定每一位當事人統一使用分數指標的意義。當治療師使用了不同量尺向度之後，永遠還可以補充詢問另一個有效的向度。舉例來說，假設物理治療師需要評量當事人的疼痛情形，而在第一個量尺上，10 分代表著最大的疼痛，那麼，治療師便可接著以另一個量尺來詢問：「假如 10 分代表你盡己所能地因應了這樣的疼痛，而 0 分代表著相反的情形，你現在是在幾分？」「你是如何能設法讓自己到達這種程度的？」「當你能因應得更好時，你會如何得知呢？」

　　初次會談之後，我們會接著追蹤當事人注意到兩次會談間的任何變化。與「何處已較好了？」相比，我可能會更傾向於去詢問：「到目前為止，你有開心的注意到什麼事發生了？」或是「自從上次見面後到現在，什麼事情是進行得不錯的？」接著我會盡我所能地仔細傾聽當事人的回應，以得知要如何提出下一個有用的問句。

(三) Bill 的案例

　　Bill 在六十三歲時第一次中風；六個月之後，他再度中風。他被轉介到我

們部門來，因為中風讓他產生語言困難、相關聯的肌肉中度緊繃，以及社會與情緒功能上的困擾。部門中的一位同事與 Bill 進行初談，並應其要求，於兩個禮拜後再次進行會談。那次會談後，Bill 間隔了四個月後再度被轉介來我們這裡。我接下了這個轉介當事人，並以好奇的詢問作為開場：他上次與我們見面到現在這段時間，他有注意到了什麼讓他感到開心的事情發生。Bill 說到，他覺得上次與他談話的那位同事似乎像是「點燃了我生命之火的火柴。她是讓我出門（家門）的教唆者。在與她會面之前我足不出戶，因為我的口齒不清讓我好尷尬」。奇蹟問句幫助 Bill 聚焦於他想做的事（「到酒吧並為自己點一杯酒」）；同時，在評量問句中，如果 10 分是 Bill 有信心自己可以持續注意到更多進展的徵兆（「可以與更多人說話，並告訴他們我曾經中風」），Bill 現在已經達到 7 分了。然而，他最近的情況似乎退步很多，他的會診醫師也想要趕緊看到他。Bill 很在意他的太太 Cath 得做太多事情。在會談最後給完 Bill 回饋後，Cath 進來房間：

KB1 ：Cath，聽起來最近發生了很多事。Bill 一直在想若事情持續順利的話，他可能會注意到的小徵兆……

Cath1 ：我真的快要累垮了……我曾經照顧過中風的人，但這跟中風的人住在一起又要照顧他，還是很不一樣……〔流淚〕

KB2 ：是的，妳說的沒錯，我能想像這真的是很不一樣，即使妳曾照顧過其他中風的人。假如 Bill 能在家中做一件不一樣的事情，會對妳有些什麼不同？

Cath2 ：他會給我一些擁抱、偶爾親親我，會和我說話。他都和鸚鵡說話！

KB3 ：〔轉向 Bill〕你能對 Cath 多做這些事情嗎？

Bill3 ：可以的。

Cath3 ：我覺得我需要和人聊聊……

Bill 決定一個月後回診。當他回診時，他說有個壞消息：他的喉嚨有些不對勁，需要做一個緊急手術。儘管如此，Bill 還是提到他和 Cath 外出去吃咖

哩：「在鎮上過完那一天。那真是奇蹟。」而隔天「是另一個特別的一天，我們到酒吧閒晃。如果滿分是 10 分，那 Cath 會說這真是 10 分。我們已經很久沒有這樣了，我現在都覺得自己身上發生的事情真是神奇啊」。

KB4 ：所以……也許手術會是很辛苦的。你會如何讓這些神奇的事繼續發生？

Bill4 ：我想要還能繼續感覺到我現在所感受到的。我不想要讓 Cath 擔憂，我必須保持開放的心胸……他們告訴我，如果禮拜五知道結果是壞消息的話，他們可能必須摘除我的喉頭；我爸爸之前也是這樣。

KB5 ：你可能會需要一位更專業的語言治療師了。

Bill5 ：不，我想要繼續來這裡。我覺得來這裡比較好，我也注意到我的說話有進步。〔KB 點頭〕我希望一個月內我能回來。

事實上，Bill 是在五個月之後回到了語言治療部門。他動了一個喉嚨手術，但是被告知他沒有罹患癌症。

KB6 ：自從我們上次見面至今，你還注意到什麼事情發生了，而讓你感到開心的？

Bill6 ：我自己覺得我有愈來愈好了。他們（Cath 與其他人）不覺得我有任何好轉，但是我現在是很堅持不懈的……Cath 覺得我的狀況一直在惡化。

KB7 ：所以你是怎麼知道 Cath 不認為你愈來愈好了？

Bill7 ：我……我現在常會糊里糊塗。我會接起電話然後說：「你要忍耐我……」當我興奮時，我還是會口吃，而且我走路時，的確是歪歪斜斜的。有一天我被逮捕並帶到警察局去，因為他們以為我喝醉了。這真的讓我很難受。〔Bill 淚流滿面，接著討論了他對於自己處理這件事情的感覺為何〕

KB8 ：所以自從我們上次見面後，即使你說話結巴，你還是讓自己與他人

一直在對話，而且那對你是 OK 的？

Bill8 ：嗯，對……我已經接受了……我之前不能接受，然後……這對我來說也是一種成長。

KB9 ：是的。

Bill9 ：我想剛開始時我並不想接受，但這是不得不接受的事情。

KB10 ：是的，是的。

Bill10 ：我不明白為什麼它會發生。我可以為了其他人接受它，但我實在不能理解這疾病為什麼會來攻擊我。

KB11 ：是的，所以，你說，對你而言，這事對你來說也算是一種成長。

Bill11 ：嗯。我必須接受這個局面。要習慣它，你知道嗎？

KB12 ：是的。

Bill12 ：我已經接受它了。

KB13 ：是的，真好！

Bill13 ：但是在你能正常地說話了六十年之後，這還是很令人傷心的事實。

KB14 ：是的，是。所以你是怎麼做到的？即使很傷心，你是怎麼能夠讓自己接受它的？

Bill14 ：我不知道，我不知道。這是個必須接受的事情。而且……就是這樣，不是嗎？Bill 永遠恢復不了以前的他了，他現在必須順勢而為，順著局勢走。

KB15 ：是的。而且順著局勢走……看起來這對你來說是行得通的？

Bill15 ：很行得通，很行得通。

KB16 ：是嗎？

Bill16 ：是呀，如果我能出門，我會給自己滿分，10 分中的 10 分；如果我能坐下來與人們互動，我會給我自己也許是 8.5 分到 9 分。我之前實在是很沮喪、跌到谷底呢；那就是我之前的感覺。

KB17 ：那你現在會怎麼形容自己呢？

Bill17 ：胖。

KB18 ：什麼？

Bill18 ：胖！

〔兩人同時笑〕

Bill19 ：沒有啦，我 90%是開心的。

　　Bill 要求在一個月之後再回來。在下一次的會談中，他說到：「醫生發現了另一塊腫瘤，他們希望我進行喉嚨手術……在我身邊一直有人想告訴我該做些什麼，但是我決定要聽我自己的意見。」Bill 想要在五個月內再回來晤談。使用焦點解決取向之前，我們提供的套裝服務應是一週一次、持續六週的會談；我們現在認為，雖然治療不會無限期地持續進行，但是，我們是由當事人決定晤談是否有幫助及何時需要晤談（除非是很明顯的，當事人正處在如吞嚥的危機中，需要進行評估以便進一步的衡鑑時）。事實上，Bill 與我們進行總共六次的晤談，只不過這六次晤談在 Bill 的要求下，分散於一年內來進行。焦點解決取向對 Bill 的幫助是相當具有代表性的，如同對其他許多的當事人一樣：

■ 剛開始 Bill 來看我們時，他覺得自己無法離開家，也無法與其他人溝通。後來，藉由思考他「最大的期待」、談論「奇蹟的一天」，以及使用評量問句，協助了 Bill 探索改變、強調進展以及描述了正向結果。

■ 當每日生活中要面臨使人身心交瘁的事件時，家庭關係常會承受到沉重的壓力，這是可想而知的事。Cath 有機會可以開放地去確認與談論這件事、去思考小而可達成的改變徵兆，並考慮尋求進一步的協助。

■ 治療師可以聚焦於監測 Bill 在溝通上的改變。在之前，語言治療師可能會給 Bill 一些有關改變徵兆的建議，而現在，這些建議都直接來自於 Bill。如果 Bill 覺得有用的話，他依然可以在會談的最後得到一些大綱或作業，讓他可以在家閱讀，並且在下次會面時提出一些看法或評論。

■ 治療師／醫師／護理師可以提供資訊或建議，但他們無須覺得自己必須成為「諮商員」；藉由與當事人的語言保持貼近並促進一些有效的對話，將可以讓當事人為自己做出選擇，並讓當事人覺得自己的心聲正被別人聽見。在這個案例中，Bill 著實面臨了自己有可能因為手術結果而喪失正常聲音的危機。

(四) 機構實務的成果

　　一旦焦點解決取向被視為是一種與個別當事人有效的工作方法後，其他的專業人員也會對焦點解決取向更具學習興趣與動機。當我們部門的同事被問到「是什麼鼓舞你將焦點解決取向整合至你原本的工作中？」常見典型的回應是：「治療師的熱忱。這個取向帶給了當事人與實務工作者很顯著的助益。它讓我從不同的角度去看到當事人的成功和技能所展現出當事人已經擁有的優勢。」而這個確認成功與技能的過程，會產生漣漪效應，對於我們自己的專業發展以及在提供專業服務上都產生了影響：

■ 每週的同仁會議包含了「一週活動」；所有同仁都被鼓勵去思考：從上週的同仁會議至今，他們有注意到自己做了什麼讓他們感到開心的事，即使是很小的事。這個活動現在已被擴展為我們團隊的年度固定活動，我們不再以腦力激盪或是新年新希望作為活動的開始，而是以詢問「何處已較好了？」作為開始，如此將能引導我們產生更多關於「去做哪些更多相同的事」或「去做哪些不同的事」之種種想法。同樣的，這種反思練習的方式在「持續專業發展」（continuing professional development, CPD）的一對一會議中用來作為催化媒介。

■ 在取得了「短期中心」（BRIEF，一個享譽國際的 SFBT 訓練機構）的焦點解決實務課程證書後，我開始以學生督導和同儕督導的時段進行試驗。在每週督導中有著「十分鐘的對話」（已為大家所知），我們用來討論「最大的期待」和「何處已較好了」。我們近來在部門內使用一份「臨床督導評量問卷」（clinical supervision evaluation questionnaire, CSEQ），這份問卷包含的題目像是「臨床督導對於我所提供的照護品質，無疑有著正面影響」、「作為臨床督導計畫的一分子，正協助著我發展自我覺察」、「臨床督導協助了我因應任何工作上的壓力」（Horton et al., 2008）等題項。在問卷全部十四個題項中，受督者 100%都表示「非常同意」或是「同意」。非常重要的，我們自己需要持續不斷地練習焦點解決問句，也提醒著自己，它對於當事人多麼有效。同樣的，把這種不同的思維與提問問句的方式介紹給新的同仁，

也是極為重要的事。

■ 大家對於我們所做一切的回饋，是與之前相當不同的。如今，在醫療報告或紀錄上，我們會加上當事人的評量分數和改變的徵兆；這些都成為重要之舉。另外，跟隨當事人的語言及其對我們的帶領，在一些層面上對我們是很有幫助的。舉例來說，我們在帶領一個「帕金森氏症教育團體」時，我們覺得將團體名稱改為「成功因應帕金森氏症」更為適合；在下次團體時，有一位成員（主動）回饋我們：「這個團體名稱非常好。」我們有一位與孩子和成人工作的同事，他注意到自己在提供托育人員的訓練方式上，開始有一些不同；他說道：「我會先請他們告訴我，當他們在與有溝通困難的孩子們互動時，什麼是有效的，而不是一開始就先講我準備的課程內容。」我們在工作場域以及和當事人的工作中，致力於促進對人的尊重與提高人的尊嚴──這會促進我們思考要如何系統化呈現我們所做的事。

(五) 當事人的成果

那麼，我們怎麼知道這對當事人是有幫助的呢？正向的回饋，是一個很明顯的開端；我們要做的事情之一，就是每個月都必須反思這個問題。這裡有一封最近寄達的信，寫信者是一位二十九歲患有口吃的女士：

> 感謝你們的所有幫助，讓我更了解關於我說話的「議題」。現在當我無法順利說話時，我仍有信心，也從容多了；我能將它當成一個指標，去看自己當下有何種感覺；或許我就是更有耐心了，因為我已經知道背後的原因。我現在講話波動不定的狀況遠比以前少發生了；如果再有，那我會簡單做個深呼吸，先停下來，然後說慢一點，那麼我的說話和思考就能放鬆一下，並且能以一個相似的（可控的）速度繼續說話。這真棒！

這封信值得一提的原因是這個治療只有兩次會談，而這封信是在治療結束後的六個半月所寫的。雖然有些語言治療師會說對於這類型的當事人，應該需

要提供更多次的會談，但是我們經由標準化的評量得到愈來愈多證據，顯示短期治療（二到五次）即能讓當事人有所進展。由於較少的治療次數即能造成改變，需排隊等候接受治療的患者與許多年前相比，明顯地減少了。在這兩次與這位女士進行的會談，包含了焦點解決對話的組成；我較不對她「說話的『議題』」進行了解，而是關注於在什麼時候，她能夠說話說得比較好。我很開心自己能對於治療中或治療後會發生什麼事情，保持著「未知」的姿態，那麼我們就會持續去與當事人檢核我們提供的服務是否確實有幫助。我們即將很快地要去推行讓當事人填寫病患滿意度問卷的計畫。

目前，我們給當事人使用的成果評量工具是「晤談評量量表」（SRS）與「成果評量量表」（ORS）（Miller & Duncan, 2000；並參見本書第 11 章對此工具的描述）。在過去八個月中，我們使用了晤談評量量表（評量當事人對於他們與治療師間夥伴關係之知覺）；在五十二人次的門診病人會談中，顯示出平均有 95%的當事人滿意度。國際品質革新委員會（Commissioning for Quality and Innovation, CQUIN）最近一年大力於醫院中推行的一個指標是：「改善病人的就醫經驗。」（在這指標下有五個問題，第一個問題就是詢問病人：「當你想對自己的醫療介入或照護參與決定時，你覺得你的意見有被採納嗎？」）這些問題跟醫師、護理人員與治療師皆有關聯，而焦點解決取向讓我們這些專業人員都能與當事人擁有蒐集到這些資訊的對話。

「我們需要從重視我們的評量，轉而評量我們所重視的……以掌握病患的健康和福祉」（Department of Health, 2009）。再一次強調，這樣的呼聲在英國並不陌生，但是否能施行最有效的評量工具與相關訓練呢？我認為焦點解決取向結合成果評量表，能夠提供臨床有效性的證據。在此提供一個真實案例應該有助於說明此觀點。

Steve，四十九歲，被診斷為患有帕金森氏症，最近開始因為說話的問題而求助於語言治療師。到目前為止，他已經完成了四個成果評量量表，並發現了四個有效因素（個人福祉、家庭／親密關係、工作／友誼、整體幸福感）。有關 Steve「最大的期待」和「奇蹟的一天」之問句，伴隨著評量問句，協助了 Steve 去思考 10 分的生活可能是什麼樣子，以及，「夠好」的生活又可能是什

麼樣子。從 Steve 提出了具體可行的改變徵兆之後，他便可以時時運用這個方式來監控與修正自己的行為。這對於像 Steve 這樣的當事人特別重要，因為他很清楚藥物不能完全「治癒」帕金森氏症，而且他某些說話、行動與認知功能都會有惡化的可能。成果評量量表顯示了 Steve 於每一次會談的改變，這些改變是高高低低的，但他對此是感到自在舒服的：「我現在服用新的藥，我覺得不錯。我懷有希望，也能對於我的目標有現實感，而且我想，這不僅只是藥物作用而已。」

成果評量量表之整體分數：

第一次會談：62.5%

第二次會談：70%

第三次會談：67.5%

第四次會談：80%

值得一提的是，在第三次晤談和第四次晤談間，另一位語言治療師提供 Steve 密集語言治療（現在已完成該治療項目）。Steve 在工作／友誼這個面向上的改變從 40%增到 80%，這是令他感到特別開心之處。Steve 認為焦點解決取向的意義在於：「我現在開始聚焦關注於我可以做什麼，而不是我不能做什麼。」

(六) 結論

焦點解決取向已經成功地整合進健康照護的專業部門。無論是在急症的情境（可能最多只能與當事人／家屬談話十分鐘）或與門診病人會面時，都可以運用焦點解決取向的核心原則來引導我們與他們的互動。人們可以（經常）說得出自己想要的，以及當想要的情形達成時自己可能會做的事。人們也可以運用評量問句具體描述出自己有多接近目標的達成，以及自己是如何設法到達目前的位置。人們還可以被鼓勵去想出下一個最小的改變徵兆是什麼。我們可以與當事人／家屬分享我們的專業，協助他們達到實際可行的目標，並接受當事人／家屬的指引，由他們決定要何時見面、何時停止晤談（須未具臨床風險時方可如此）。我們可以再次放下疑慮，知道自己無需成為每一領域（例如死亡

與臨終）的專家，也不可能知道對每一位個別當事人有效的方法是什麼。愈來愈多文獻指出，促進長期病症當事人參與關鍵決策和自我管理的重要性，而此進一步凸顯了健康照護相關人員接受焦點解決取向訓練的必要性。

三、第二篇：WOWW 方案
（Lee Shilts, Robin Bluestone-Miller, and Michael S. Kelly）

　　WOWW（Working on What Works）──「有效之處，多做一點」，是一個催化班級產生解決之道的方案；這個方案是於 2002 年由 Lee Shilts 與 Insoo Kim Berg 在美國佛羅里達州勞德岱堡市中心的新河中學開始萌芽的。因為就讀新河中學的學生人口背景多元、家庭經濟多為不利，新河中學因而獲得「第一級基金」及「移民基金」等補助。在 2005 年，Bluestone-Miller 與 Michael Kelly 將這個方案介紹至芝加哥公立學校的一些班級，所以這個方案也在芝加哥逐漸展開。在這一篇文章裡，你將會讀到有關 WOWW 是如何在佛羅里達州開始並擴展到芝加哥的過程。

　　WOWW 背後的整體概念，是緣起於 Lee 與 Insoo 和名叫 Ben 的男孩及其十分挫折的老師一起工作而來。Insoo 在南佛羅里達州帶領工作坊，又剛好到 Lee 家中小住幾日。Lee 的太太 Margaret，是勞德岱堡市的中學特殊教育老師。這一天，Margaret 諸事不順，大部分的原因是因為 Ben 整天一直在敲打自己的桌子。於是 Lee、Insoo 與 Margaret 有了一些討論，後來，談論的方向轉到一般老師會如何處理這種情況的孩子。Margaret 表示，通常在這樣的情況下，老師會將孩子送到學校諮商師那裡去，然後針對他的行為進行談話。這樣的處理是期待專業人員與孩子的晤談，能給予孩子與老師彼此一個緩衝的空間；同時，也希望孩子再回到班級後，能夠變得比較安靜一點。Margaret 很快地讓 Lee 與 Insoo 知道，這樣的方式到頭來還是沒有什麼效用，因為孩子因不專注而產生的破壞性行為，很快就會再度出現。

　　當我們三個談得愈多，我們便發現「隔離法」（removal）這種策略，其實大量削弱了教師於訓練中所學得的重要原則以及教師的專業；例如：老師必須

能夠經營一個班級——而這個班級裡，乃充滿一群一直精力旺盛、好奇好動的孩子。同時，「隔離法」忽略了對孩子本身及其學習十分有意義的重要部分——與老師之間的互動關係。我們後來也談到，孩子的天性是：想要學習新事物、希望被接納、希望隸屬於一個如班級同儕的社會團體。即使被送至學校諮商師那裡可以讓他們暫時逃離難懂的課程，如數學課，但孩子終究不喜歡被隔離，也不想要被標籤為「問題學生」。Margaret 還指出，老師們都覺得工作負荷已經過重且壓力很大了，還要花時間和諮商師商談「問題學生」的情況；這意思是指，老師們覺得工作量變多了、時間花得更多了，但是孩子的行為或班級的氣氛卻沒有變得更好。

所以，我們對「隔離法」的方式相當不看好。後來，Insoo 詢問 Margaret：「在一天內，Ben 總不會無時無刻都在敲桌子吧？那他有時是如何能夠停止敲打桌子的呢？」這個提問讓 Margaret 愣了一下說：「我的天啊！我從來沒有想過這個問題呢！」由於 Insoo 跟 Lee 隔日都有空，於是他們決定進入 Margaret 的班級中進行觀察，看看是否能發現一些有用的想法或作法。

隔天上午，Margaret 便向她班級的學生介紹 Insoo 跟 Lee 是要來「觀察與記錄大家表現良好之處」的拜訪者。Insoo 與 Lee 就坐在教室後面進行觀察。不久，Ben 走過來詢問 Insoo 是否去過一些他所知道的城市，包括他和家人之前居住的波士頓市。當 Insoo 回答「知道啊」之後，他們聊了一會兒，然後 Ben 就回到他的位子上開始自己的工作，完全沒有受到班上其他吵鬧的聲音所分心。在那日晚餐時，我們回顧了我們所觀察到的現象，並決定寫一封短信給 Ben，因為我們發現當時我們完全忘了要對 Ben 的專注表現、對不同城市的好奇心，以及與 Insoo 談話時禮貌與尊重的態度等予以讚美。結果，在那一星期，Ben 一直把這封短信放在他的書包裡，還會拿給任何願意聽這件事的人看。班上同學都很羨慕他，就連 Ben 很少出現在家長會的媽媽，也打電話給 Margaret 詢問此事，說到這封信對 Ben 產生了很大的影響。後來，Ben 撕了一張筆記本的紙，用鉛筆寫了一封信給 Insoo，他寫道：「……我只是試著專心在我的工作上而已啊！」也問及 Insoo 最近的旅行經驗如何。

這些事情真的讓我們都興奮不已。我們很驚訝：對孩子的一份小讚美，竟

然能有如此大的影響力。我們很好奇，如果能對類似 Ben 這樣情況的孩子持續
穩定讚美一段時間，不知道又會發生什麼事情？我們也捫心自問，如果我們能
確認與善用教師最擅長之處及教師的目標──「教學」以及「與學生建立強而
有力的師生關係」，那麼，又會發生什麼事？

於是，Margaret 決定招募一群特殊教育老師一起進行實驗，希望能共同發
現新的「班級解決之道」。Lee 也開始一週花二至三小時，到班級進行觀察，
然後把老師及同學們對於班級學習及班級解決之道有所貢獻之處，特別記錄下
來。Insoo 則是用電子郵件的方式，固定與 Lee 和 Margaret 討論他們的發現。
我們開始在 Lee 每次去班級進行觀察之後，都大大地讚美該班級的學生。不久，
班級學生都很期待 Lee 的到來。一年後，其他老師和校長也都注意到這班學生
的改變，包括：需要轉介給諮商師的次數減少、缺席率減少，以及具有更佳的
課業表現，校長與老師們的能量亦不斷地在增長。因而我們知道，我們乃是朝
著一個重要且有用的方向在前進。於是，我們決定給我們的方案加以命名：「班
級解決之道：有效之處，多做一點」（Classroom Solution: WOWW），並且繼
續努力於將建構解決之道的過程，修正得更能鑲嵌於班級經營的情境脈絡之中。
以下我將會介紹這個方案。值得一提的是，雖然 WOWW 方案的靈感來自於與
一位學生互動的經驗，但是這個方案其實乃是以「整個班級」為主，而不是關
注於某一個或某一群被標籤為「問題」的孩子身上。

(一) WOWW 方案

隨著 WOWW 方案在佛羅里達州勞德岱堡市不斷發展，我們很快注意到：
欲執行此方案，必須獲得學校行政人員的支持與認可才行。一旦學校行政人員
接受了此方案的簡介且「買帳」時，此方案在班級的工作就可立即展開。佛羅
里達州勞德岱堡市的 WOWW 方案有三個階段：(1)觀察階段；(2)創造班級目標
階段；以及(3)評量班級成功階段（Berg & Shilts, 2004, 2005a, 2005b）。

1. 由班級教練進行觀察及給予讚美

首先，我們會以學生們能理解的方式，先介紹何為 WOWW 方案。舉例來

說，我（Lee）會這樣介紹：「我是 Lee，我每週會來拜訪你們的班級，看看你們班上所有同學做的哪些事情，對班上同學是好的、有幫助的。一旦我真的看到什麼好事，我就會向全班報告，然後再聽聽你們對我觀察內容的回饋。」我很努力去注意班上老師與同學所表現出的每個有助於增進班級學習的舉動。然後，我就會把我的觀察回饋給他們，當然，我會盡可能地誠實報導。我的觀察經常會包含以下向度：(1)學生交談時，對彼此是很禮貌的；(2)當學生想要說話時，無論何時，他們都會舉手發言；(3)老師讚美了一位學生等等。我盡量讓我的回饋是簡短扼要的；我也僅去描述我所觀察到的，而不會對我所觀察到的行為做任何解釋或評論。通常班級學生聽到我的回饋，都會非常驚訝，因為他們已經很習慣聽到別人告訴他們做錯了什麼，而我的回饋則總是讓他們知道，他們是哪裡做對了！我會詢問大家是否有問題；如果有，我會盡量誠實回答。我也會邀請他們回應，問他們有沒有注意到一些同學好的言行是我所疏漏的。

當我造訪一個班級幾次之後，班級的老師與同學通常就會開始指出一些班級中其他額外的正向表現，包括在兩次造訪中間時所發生的好事情。這些額外的觀察是很重要的指標，因為這表示這個班級已經開始去注意那些可以對班上帶來正向貢獻的小事情。我們視此為焦點解決理論中的「漣漪效應」，即小改變帶來大改變。而班級學生願意增加參與正向觀察之程度，對我來說也是另一個重要的訊號；此訊號表示著這個班級已經可以考慮進入 WOWW 方案的下一個階段了。在每次造訪的最後，我們會留下觀察內容的清單給老師，讓老師把它列為班級檔案的一部分；同時，也讓班級同學在兩次造訪中間不斷回顧這些清單內容，甚至與其他學生、老師、行政人員以及家長進行分享。

2. 創造班級目標

大概在造訪的第三週至第五週左右，我們會找到一個適當的機會來向班上同學介紹與班級一起設定目標（setting goals with the class）的概念。在此之前，我們一定會先與班級導師單獨討論過 WOWW 的相關目標與哲學理念。在全班面前，我們會讚美導師和班級已經準備好進入下一個階段了，這樣便更能爭取大家對此方案繼續進行的支持。隨著 WOWW 方案的成熟與發展，我們從協助

個別學生設定自身的目標，慢慢轉向為：讓所有學生與導師都能發聲，並一起形塑出對班級的目標。我們發現，這樣的改變讓班級的士氣更為提升，也讓學生之間的合作更為和諧。我們可以先以 1 到 10 的量尺評分，組織出與班級的討論過程；量尺的 10 分代表著全班同學已經達成了他們的所有目標，而 1 分代表著在往 10 分的這個方向上，全班同學沒有做任何事或做得很少。之後，針對如何造就一個好班級的主題，我們會誠懇地徵求每個人的意見，包括導師的想法。期待發生的行為（共同的目標），必須是每個人都同意的，這是很重要的原則；而且，期待發生行為的本身也要很具體才行（簡要，容易執行，一小步）。例如，學生可能會說「尊重別人」是創造出一個好班級的要素，那麼我們便會接著詢問很多相關的延續性問題：「當每個人是相互尊重時，他們會看到什麼或聽到什麼」。以下舉出一個 WOWW 方案目標設定的討論片段，來作為示範。

Mr. Lee1 ：所以，有誰知道什麼叫做「目標」？

Jasmine1 ：我知道。目標就是你決定要去達成的事情。我知道怎麼做。

Tamika1 ：我也知道。就是說，我們決定要去做一些我們喜歡做的事情。

Mr. Lee2 ：對！你們兩位都好聰明喔！所以，我們現在再一起來討論一下，全班每個人都想要達成的目標是什麼。當你們班是處在「完美的 10 分」時，我會看到什麼樣的事情在班上發生？

Jimmy2 ：我們每個人會相互尊重。當上課鈴聲響時，我們大家都會在位置上坐好。

Mr. Lee3 ：這真的很棒！還有呢？當這個班級是在「完美的 10 分」時，我還會看到其他什麼情況發生呢？

Jasmine3 ：我們還會聽老師的指令，不會隨便亂說話。

Mr. Lee4 ：真的很好！我還會看到什麼呢？

Dewayne4 ：我們想講話時，會舉手發言。

Mr. Lee5 ：哇！實在是太棒了！讓我確定一下我了解得對不對，當我們班是在「完美的 10 分」，而且大家都為我們班感到非常驕傲時，我會看到我們班上的同學：會彼此尊重；在上課鈴聲響時，大家都會

在位子上坐好;會聽從老師的指令;會舉手發言。看來大家都很清楚知道,你們希望這個班級變成什麼模樣。所以,如果下次我來你們班上觀察時,你們大家都已經能尊重彼此的話,你們猜,我會看到什麼?你們可以再多說一點這個部分嗎?

　　一旦一個班級能適當地說明他們位於「10 分」的狀態,我們就會開始為量尺上各個分數的情況進行定義。舉例來說,我們會一個一個定義「尊重彼此」在「1 分到 2 分」的樣子,接著 3 分到 4 分、5 分到 6 分到 7 分、8 分到 9 分。如果這個班級評量班上目前的狀況是在 1 到 4 分的範圍內,表示在尊重彼此的這個向度上,他們才開始有這個想法,還不是習慣性的表現。若分數落在 5 至 7 分的範圍,表示這個班級在此向度上,已經有了一些進展;也或許表示,尊重彼此的這個想法,在一天當中有 50%到 75%的機率,會被班上同學想到或提及。最後,若班級的分數穩定維持在 8 至 10 分的範圍時,即表示這個班級每天都經常能做到尊重彼此了。如果一個目標已到達了 8 至 10 分的位置,該班級及其教練就可以朝向另一個目標開始努力,並再進行前述定義與評量的過程。一旦班級的多個目標都適切地達成了,即表示這個班級已經準備好進入第三階段了。

3. 評量班級的成功

　　我們發現,在 WOWW 方案中,以量尺來與兒童進行評量,是一個極佳的工具,因為兒童使用語言的能力有限,要與他人解說他們的想法與希望的內涵,並不是一件容易的事。然而,對於 1 至 5 分的量尺,兒童卻很容易理解:4 分是比 2 分或 3 分要來得好,但不及 5 分來得優。以數字來與兒童討論,是一個便於速記的方式,也能促使兒童針對任何主題進行有意義的對話,包括談論:心願、成績、希望、自信、進步、動機、情緒及幻想物等(Berg & de Shazer, 1993)。在 WOWW 方案中,在開展所謂評量班級成功的階段時,由導師(在教練的正面影響下)於每週的第一天針對班級共同同意的目標,引導全班同學去預測在這個星期結束時,他們會到達哪一個分數。接著,導師會在一個曲線

圖上記下這個被預測的數字，再把曲線圖放在教室裡一個很顯眼的位置。導師也會與同學進一步澄清與討論：如果全班真的到達了這個預測的新分數時，班上看起來會是什麼樣子？他們需要做什麼，才能到達這個分數？是什麼讓他們相信，他們是可以做得到的？在這週內，只要導師注意到學生有任何表現是有關於達成目標的小小成功時，便持續讚美學生。在一週結束時，導師會與班級回顧之前所預測的分數，並且討論目前他們所到達的分數及其明確的指標等；導師也會大大讚美學生的成功。以下引自一個班級於一週結束時，評量班上進步情形的一段對話：

班級教練 1：所以，在 1 到 10 分的量尺上（10 分表示班上每個人都好好在位子上做自己的工作；1 分是大家都在教室亂跑、吵到大家），你們覺得現在班上是在幾分啊？

Alice1　：大概 4 分。

班級教練 2：是什麼讓你們覺得是在 4 分啊？

Tommy2　：嗯，我們今天大叫的情況沒有那麼多啦。當老師要我們坐下開始做作業時，我們大部分的人都有做到喔！

班級教練 3：哇！你們大部分的人都可以跟老師合作，而且大叫的情況有減少喔。

Tara3　：是啊！我們這樣做時，老師看起來很開心呢。

班級教練 4：好耶！我想她有嚇一跳喔，而且，她真的因為你們的表現，非常的高興呢。

　　我們真的一直在發現，兒童就跟老師一樣，是具有自我評量與監控自身行為的能力的。我們相信，這是小小的第一步，可以教導兒童與老師們形成合作夥伴的關係，同時也為班級的解決之道——而非為了問題——負起責任。

(二) 教練

　　班級教練是協助方案技術的實施，以能發展出 WOWW 者；此一角色乃是

WOWW 方案能否成功的關鍵。班級教練除了提供初次觀察與讚美之外,他也會針對如何與班級學生進行目標構成、開展解決之道的對話,以及評量班級成功等階段任務,給予班級導師一些指導與支持。學校系統中,很多人都能勝任班級教練此一角色。在我們的經驗中,熟練焦點解決實務者自然是擔任 WOWW 方案教練的合適人選。然而,並不是一定要在相關技巧上擁有什麼雄厚背景的人才能成為一位有效能的班級教練。一位 WOWW 方案教練需要擁有的是:對班級場域工作的興趣、熱忱、動機,以及對成功與優勢的看重,而此,才是更為重要的核心之處。

我們經常被問到,一位班級教練需要和一個班級一起工作多久,才算完成他的任務。對於這一類的問題,我們並沒有制式化的答案,大概只有一個原則,就是當班級的導師與同學都對 WOWW 取向的大多數層面感到自在愉悅時,班級教練就可以減少參與的時間。通常,當班級達成了他們的目標,且目標的評量分數長期維持在高分時,大概就是班級教練可以退場的一個切節點。最重要的是,要讓導師與學生來決定班級教練於何時開始工作,以及如何逐步減少參與時間。班級教練工作時間的長短彈性相當大,最多如一週來訪班級一次,最少如使用電腦於網路上諮詢一下。

(三) 引介 WOWW 進入芝加哥公立學校(CPS)

1. 起源

我們(Robin 和 Michael)的進階實務學校社會工作課程方案,鼓勵碩士後的學生能夠提供教室裡的創新服務。在一些大城市,像在芝加哥,學生其實需要許多其他特別的服務,但是他們並沒有辦法常常離開教室,來得到以個別學生為單位的服務。這是因為,一來他們會錯過太多學業上的學習,二來也沒有足夠的時間來讓為數不多的社工個別服務這麼多學生。我們想要找到方法,令班級產生可具體測量的班級行為改變。當我們開始朝著這個方向著手進行時,透過經驗,我們逐漸相信:如果我們能夠注意到班級中的小改變,並且影響老師做些「不同的」事情,將可以於班級內產生最大的影響。

Robin 曾經在威斯康辛州密爾瓦基市接受過 Insoo 與其他 SFBT 夥伴的訓

練；在他看過 Shilts 與 Berg 關於 WOWW 方案發展的書後，對此產生濃厚的興趣。因此，他開始著手在芝加哥的羅耀拉大學推行 WOWW 以及其他與焦點解決取向有關的工作，並使其成為較為正式的課程與培訓。在此同時（但與 Robin 的工作是獨立分開的），還有位芝加哥的社工 Doug Brown，正在與 Insoo 合作舉辦焦點解決訓練，其中包含 WOWW 的訓練。Doug 服務的機構是芝加哥大都會家庭服務中心（Metropolitan Family Services）；他們開始在此機構服務範圍內的一些芝加哥公立學校（Chicago Public Schools, CPS），實施 WOWW。後來 Doug 與大都會家庭服務中心在羅耀拉大學社工學系的「家庭與學校夥伴計畫」（Family and School Partnership Program, FSPP）中，聯合進行了一項活動。也因為有這個初始的試探性活動為基礎，Robin 與 Doug 得以開始在羅耀拉大學提供焦點解決訓練給一些進入校園服務的社工；這些社工後來協助了我們，轉將 WOWW 帶給他們服務學校中有興趣的老師。到目前，我們已經訓練了 145 位兒童保護社工，也在 145 所學校、200 個班級裡，實施過 WOWW 的試探性方案。

2. 在芝加哥開展的歷程（2006-2011）

在芝加哥介紹 WOWW 方案時，我們希望在進入班級介紹之前，能先讓老師們對「改變」產生希望，也希望老師們能先學習一些解決式談話以及評量問句。我們運用了評量問句作為前測與後測，來了解老師們對於班級的評估，及其對於 WOWW 介入之有效性的預期。在老師們做完前測時，我們會在進入班級介紹 WOWW 之前，先與老師們會面討論其於前測的評分。無論在前測或後測，我們都使用 1 到 10 分的量尺來詢問老師們如何評量他的班級，包含學生在班上互相尊重的程度，以及老師們覺得自己班級經營的有效程度；同時，還會邀請老師們簡要地寫下最近使用了什麼方法來管理班級。為了獲得另一個角度的觀點，我們亦會邀請老師們以學生的立場，來評量學生間的相互尊重程度及行為表現良好程度。在 WOWW 介入後，我們進行後測，比較前測和後測的分數，並詢問老師們現在什麼已變得較好了。

在以焦點解決態度來與老師們進行第一次溝通時，我們便開始協助老師們

產生一個理論派典上的轉換；此將會幫助老師們產生他們想要在班級中產生什麼不同，以及希望學生的學習環境可以改善成什麼樣子。我們不談論問題，而是詢問老師們的目標和例外。我們會詢問的焦點解決問句如：他們如何知道事情變好了？什麼人事物會讓評量分數往前進步 1 分？過去曾經發生過這樣的事嗎（即使只有一點點）？當時是怎麼發生的？

在芝加哥，很多導師會在班上布置一個空間作為「WOWW 角落」；也許是一面牆或是布告欄，上面貼著不同層次的成功指標、評量的圖表、曲線圖和目標。「WOWW 角落」在教室裡持續提醒著大家：班級裡一直在發生好事。學生很喜歡看到他們自己的名字出現在上面，因為那代表著他們對班級的成功有特殊貢獻而受到讚美。一些導師喜歡使用圖表和評量曲線，一來可增加學生的數學概念，二來可以說明改變是如何能夠發生，以及，學生是如何在量尺上更進 1 分的。此種視覺的提醒，似乎賦能了所有人。

在班級本身，WOWW 被分為兩個階段，第一個階段是讚美階段。讚美讓我們可以和班級與導師建立關係。我們在一個課堂上觀察班級，然後回饋我們觀察到所有發生的好事情。我們也請學生注意班級中所發生的好事情。舉例來說，有一個被認為是自閉症的學生，他注意到老師數學課上得非常好，這個回饋讓老師非常訝異；之後，老師也能採取較為正面的角度來看待這個男孩。

當讚美階段上軌道後，我們就開始進入下個階段。第二個階段是創造班級中的正向指標，並用這個指標來評量班級的表現。我們會問：「想像這個班級是全校最棒的班級，你們會在班上觀察到什麼呢？」班級通常都會給出像是：「我們在對別人說話的時候會很有禮貌」、「我們能夠互相尊重」這樣的看法。此時班級教練（例如：Robin）便會進一步詢問相關的細節。他可能會問：「能夠互相尊重」看起來會是什麼樣子呢？學生可能會說他們「會說請、謝謝、對不起」，他們「會互相幫助」、「手腳不會亂動」。這些成功的具體指標，就會變成班級中的目標或標語。舉例來說，有個一年級的班級發展了紅綠燈的標語。

綠燈表示所有學生都坐在自己的位置上，手腳不會亂動，乖乖聽

老師上課並且在做自己的功課。黃燈表示大部分的學生都坐好並且聽老師上課，手腳不會亂動而且在做自己的功課。紅燈表示只有少數幾個學生安靜坐好、手腳不亂動，並且聽老師上課。

當我們設計 WOWW 在班級中使用的工具時，很多細節我們都經常倚賴導師的專業；導師們對於學生發展階段的了解以及工作經驗中與學生的良好互動，讓我們在不同的班級／年級裡，有著不同的評量方式。在幼稚園到二年級間，我們發現笑臉、皺眉和面無表情等這種臉譜，似乎較容易讓學生理解；隨著年齡的成長，二年級到五年級的學生，已經可以使用 1 到 5 分的量尺；而在五年級之後，能容易理解 1 到 10 分的量尺，而 10 分量尺可以讓他們擁有更多的空間去談論每個數字代表的不同進展意義。有一個中學的班級，很創意的發明他們的量尺，像是用披薩的六片來表示六個層次，當達到最高的第六層次，他們就以披薩派對來慶祝。

我們也由原來的 WOWW 方案做了延伸：在一週內更頻繁地進行評量，並將分數記在日曆或 WOWW 布告欄上。我們相信次數更為頻繁的評分，會讓這個方案的成效延續得更久。芝加哥的老師們告訴我們，學生現在常常提醒他們要更頻繁地進行評分。學生從頻繁的回饋中有所受益，因為它增加了學生的自覺，而能夠對於自己的行為以及該行為如何影響班級目標的達成，產生更多的覺察。導師也會從頻繁的評分變得更擅長且具效率地運用評量工具。舉例來說：在一個五年級的班級中，學生和導師訂定出「讓走廊變安靜」的班級目標。所以當老師走在學生前面時，他會舉起手指頭，以 1 到 5 分評分，藉此提醒學生對於班級目標及評分的約定；學生也會因為得到立即的回饋，而大大改善在走廊上的音量。

我們常被問到，什麼年紀的團體適合使用 WOWW 方案。事實上，我們已經將這個方案介紹到多種學校層級的班級，從幼稚園到中學都有。當然，其中焦點解決取向的對話、目標和指標，勢必依著學生的發展階段而有所不同。舉例來說，早上 8 點，在國中一年級的班級上，導師正在關注於那些睡眼惺忪、不願參與課程的學生。當我們在這時展開焦點解決的對話並詢問：「我們學校

裡最好的班級看起來會是如何呢？」，很多學生說到他們很喜歡課程主題式的小組活動。本來，這位老師之前做了很多的課前準備，提供了很多投影片和閱讀資料，但都無法引起學生的興趣。當他聽到了學生的回應後，了解到他們想要的是什麼，他便將學生的主意加入課程之中。之後，藉由讓學生興奮地討論及參與小組活動，他們的參與度日漸提升。一旦我們開始評分，就很容易可以從有多少人數的學生進行對話或回答問題，來追蹤評量這個目標的進展。班級教練同時也會注意到，只有非常少部分的學生是需要被提醒不要再睡覺及加入課程活動的。

(四) 成果

WOWW 的介入，希望能為老師與學生產生與提高：改善班級之社會、行為和情緒三面向學習環境的立即效果。WOWW 的意圖不僅希望能達到立即的效果，也期待促成長期的改變。這樣的意圖，作者已尋求研究經費，期盼利用隨機分派的大型研究規模，來驗證 WOWW 的介入效果。這個研究的主要研究假設，包含了：使用焦點解決技巧能創造對改變的正向期待，以及能促進正向行為而幫助班級達成班級目標（Visser & Schlundt-Bodien, 2009）。透過改善班級環境並提供教師需要的有效班級工作技能，WOWW 的介入的確間接造成了長期的影響，包含提升學生的學業成績、出席率，以及降低了教師的耗竭；對於老師而言，WOWW 的諮詢模式乃可提供支持、協助維持控制感，以及提升處理學生行為和情緒困擾的效能（Lynn, McKay, & Atkins, 2003）。

至今關於我們運用 WOWW 在班級介入上，已經進行了兩個試探性的研究，而第三項研究則是針對學校中的實務工作者，探討其接受 WOWW 訓練的影響。第一個試探性研究的執行時間是在 2004 到 2005 年，於佛羅里達州的中等學校，以準實驗設計的方式，將 105 位學生安排在 WOWW 實驗組，另 101 位學生則放在對照組（Kelly, Liscio, Bluestone-Miller, & Shilts, 2011）。於 WOWW 介入後，分析兩組學生的成績、出席率和行為紀錄。結果顯示，與對照組相比，實驗組（接受 WOWW 介入的班級）在降低缺席率（$p < .01$）與遲到（$p < .01$）方面得到了顯著的改善。此外，除了在學校裡的表現外，休學人

數的降低亦是 WOWW 的介入目標。雖然在學業成績部分，實驗組的成績較對照組高，但研究結果顯示兩組在休學或成績方面，並未達到統計上的顯著差異（Kelly et al., 2011）。

從 2006 到 2010 年，羅耀拉大學「家庭與學校夥伴計畫」將 WOWW 帶入芝加哥六十個中小學合校的公立國小。在芝加哥，我們已經研究了四十個班級（最先開始於 2009 年，Kelly 和 Bluestone-Miller 的討論）。我們運用前後測設計來檢視四十位導師和 1,200 位學生接受介入的結果。我們還設計了一份簡短的量表，測量導師對於班級經營能力的自評，同時測量導師認為 WOWW 如何影響學生行為的觀點。研究資料經由重複測量並使用 t 考驗，結果發現 WOWW 確實能有效提升班級氣氛。

最後，在羅耀拉大學，我們已著手提供學校心理健康專業人員（school-based mental health professionals, SBMHP）一些高品質的進階訓練與諮詢服務；這些受訓者願意將 SFBT 及 WOWW 的觀點帶入他們所屬的學校。在受訓者的回饋方面，有 97%的受訓者（N = 46）認為 WOWW 是「非常有效」和「有些有效」的，並有超過 60%的受訓者認為，不僅在 WOWW 方案，他們也會在其他的學校實務工作中，常常使用評量問句和例外問句；受訓者還描述到，他們藉此能和導師們建立更為堅實的合作關係。這個試探性的研究結果指出，當學校心理健康專業人員沉浸在焦點解決短期治療的思維或是 WOWW 一段時間後，他們開始會將這樣的理念投注於他們在學校的其他工作。有一些受訓者在問卷上如此回饋：

■「我在學校服務時，我向學校的校長說明了 WOWW 的理念。我運用 WOWW ／SFBT 的語言用字設計轉介單，來鼓勵學校老師能更具有反思性與主動性。此外，我也得到學校行政系統的同意，將『訓導處』改成了『解決之室』（solution room），這個行動也對學校系統造成影響。」

■「WOWW 的訓練，幫助我更能將目光放在觀察正向的事物上。經過這個課程，我愈來愈能進行觀察和評量了。WOWW 溫和地推動我使用這個方式來與班級導師工作。」

這些試探性的研究顯示，WOWW 對於提升學生表現將有更進一步的正面

影響，包括：增進學生和老師的關係，創造一個正向合作的班級環境，進而提升整個學校的學習氣氛。然而，由於這三個試探性研究受限於不夠嚴謹的研究設計，因此無法就 WOWW 的效果提出強而有力的研究結果。雖然之前的研究已經發現 WOWW 介入的效益，但到目前為止尚未有大規模的效果評估研究。作者目前正在申請經費，欲在伊利諾州的城市與鄉下學校，用隨機分派的方式來研究 WOWW 的介入效果。至少到現在，我們的確可以公平地說，WOWW 帶有一種前瞻性的新思維，嘗試運用 SFBT 的重要因素，來對班級行為、老師復原力以及學生課業成就，產生有意義的影響。WOWW 也讓許多州的學生能在班級內即可學習達到「社會情緒學習標準」，而不需要再另外學習一個全新的課程。

(五) 結論

在設定目標、徵求學生對問題解決的意見，以及尋求可努力建構的小改變上，WOWW 方案鼓勵老師與學生在此三方面能有所合作。因此，大家應可明顯的發現，焦點解決取向的實作與哲學，乃與 WOWW 取向相符合。我們觀察到，焦點解決取向的實作與哲學非常能與校園教育環境相融合，也能提供學校教職員工在與學生互動及對話時，採用另一種不同且獨特的方式。我們一直持續發現，WOWW 確實能增加學校老師的班級經營效能，因為 WOWW 提供了相關工具，能幫助老師與學生建立正向的工作關係，進而能提升班級的學習與正向氣氛。如同一位曾參與 WOWW 的資深老師所說：「在我運用 WOWW 之後，我回家就不用再頭痛了。」也有一位芝加哥的學生說：「感謝你們把友善與和平帶進了我們教室，讓我們的班級變成一個家，也使我們都變成了更好的學生。」

註：作者在此衷心感謝，謝謝 Doug Brown 和芝加哥大都會家庭服務中心的學校臨床工作夥伴。對於他們將 WOWW 帶入芝加哥公立學校的種種開創工作，我在此表示感謝。

四、第三篇：小學霸凌行為的解決之道（Sue Young）

到目前為止，我大部分的職業生涯，都是從事教職。我任教於賀爾當地的教育部門；賀爾是一個位在英格蘭東北方的大型港口城市。這個城市雖然曾經因為周邊的捕魚業而繁榮，但現在卻為高失業率與貧窮所苦。如同在任何一個內地都市，這個城市中的各個學校雖然都克服了一些困難而有成功之處，但學校人員仍舊必須管理各種困難的學生行為問題，包含攻擊甚至是暴力。我們知道，即使是在最有秩序、最成功的學校，也會不時傳出霸凌（bully）事件。

距今已經超過二十年，霸凌的議題一直受到很多的關注；許多創新的方法也都被試驗過，但結果總是令人沮喪。對於霸凌行為的理解，若能從個別侵犯者的問題行為，拓展為團體中的社會行為，將使我們對霸凌產生更多的認識以及更有效的介入方法（Young, 2002, 2009; Young & Holdorf, 2003）。

我們一開始展開反霸凌方案時，在這個領域工作的主流方式是問題導向的。這個方案最主要的目的是要減少霸凌問題；然而，我們很快地發現：專注在促進我們想要之處，會優於嘗試制止我們不想要的。於是，預防性的方案就此展開，也運用到學校裡的每個班級；我們透過小組合作、彼此欣賞、支持，來增進班級同學的友誼、同理心與團隊合作。這個預防方案變得較不關注於霸凌的主題上。雖然當時「以解決之道為焦點」這個詞彙在這個領域中並不為人熟悉，而是事後才清楚焦點解決取向即是我們開始思考如何工作的方式。

對於覺得在學校被霸凌的孩子，所持的思維不可避免地會影響對他／她個別轉介的介入方式。現存解決霸凌事件的策略都是問題解決取向的，基本上就是試圖停止問題，或者制止一些涉入的同儕團體。然而我和有關學生團體工作的方式，就是完全把問題放在一旁，而專注於讓被轉介來的孩子在學校可以更開心。不久後，出現焦點解決治療的文獻，而讓我對於這些早已發現有效的事情更為有信心。

雖然任何人都可以轉介到此方案來，但實際上較多是由父母或學校人員轉介而來。雖然此方案亦能用於較大的未成年人，但我們的方案最初是用於小學

場域。由於這個方案已在學校體系中被廣泛使用，它已然形成了一些停止霸凌行為模式的步驟化程序，可以提供已經準備好要使用這個方案的人能輕易上手。

(一) 霸凌的支持團體方法

在整個介入的過程中，「霸凌」這個字都不會被使用，因為這個字眼隱含了評價性；這字眼也暗示了轉介來的孩子是無知的受害者、受到其他人不公平的折磨。讓被轉介來的孩子及其同儕團體，能夠對所發生的事情先中止評價，是更有助益之舉；而此也能有助於在後續工作中，讓他們更容易即時對自己所做的貢獻表達珍惜與欣賞。

首先，要找到受苦的孩子，把支持團體的組成放在心上。這裡只有三個重要的問題要問這個孩子：

1. 「在那時你發現誰是最難應付的？」

   在小學，孩子通常會提及二到五個人名。不需要去問任何關於發生了什麼事以及如何發生的細節，只需要記下名字而不需要給予評論。

2. 「當事情很困難的時候，還有誰在身邊？」

   通常他會提到二到三個名字。這是校園霸凌很有趣的觀點——現場的旁觀者是很重要的要素。

3. 「你在學校的朋友是誰？」

有時候，特別是霸凌已經持續很長一段時間，這個孩子可能已經沒有任何朋友了；在這樣的情況下，我們會問：「你希望擁有像誰一樣的朋友？」若孩子給出的是一個已經被提及的旁觀者或霸凌者的名字，也不會是不尋常的事。

這個孩子會被告知，上述這些學生將被要求來協助他／她，使他／她在學校的情況好轉。然後我們會做成協定，大約一週左右和孩子再次會面，看看事情有什麼進展。

這個支持團體會由孩子給出的名單所組成。如果可能的話，這個支持團體會含括所有這個孩子認為難以相處的人，再加上一兩個旁觀者，以及他的任何朋友或潛在朋友。一個支持團體約由五到七個學生組成，效果會最佳。

之後，我們會立刻啟動此支持團體。此支持團體的成員會被我們溫暖的邀

請，並以直接的方式告知：我們需要他們幫忙；之所以選擇他們，是因為我們知道他們都能幫上忙；以及，希望他們能協助「某人」（孩子的名字）在學校更快樂。這是向團體解釋如何選擇成員及邀請目的一種最簡單也最為準確的方式。我們避免暗示：這個孩子之所以不快樂，是因為這個團體的某些人做了某些事；這會讓部分學生覺得需要防衛。讓團體的目標維持簡單易懂，會是有助益的。

接著，我們會詢問團體成員的建議，在即將到來的這個星期裡，他們可能可以幫上什麼忙。有些團體會充滿想法，有些則在一開始沒有那麼樂意幫忙，但由於每個建議都是被歡迎且被稱讚的，通常沒開口的成員也會慢慢形成他們自己的意見。有時候會有一兩個孩子到團體最後還是想不到其他可以有所貢獻之處，在這種情況下，我們就會詢問他們是否願意幫忙。

不可或缺的一個重點是，「如何可以為標的孩子做些什麼」的建議，必須來自於團體成員的提議。我們不允許由大人給予任何一個人「任務」，或者讓他們承諾做任何事，我們也不會要求他們和標的孩子「做朋友」。當他們說出建議時，我們便寫下提議人的名字及其意見，而此方式只是想表示重視與肯定他們的想法而已。在每個人有所貢獻之後，我們就會立即稱讚每個孩子的深思熟慮、友好行為、好的想法等等。

一旦支持團體中的每個人都有機會表示意見後，我們會很感謝他們的計畫，同時表示肯定這是很棒的計畫，並相信他們應會成功地讓標的孩子在學校變得更快樂的。我們約定大約一週後這個團體將再次會面，這樣一來他們就可以告訴我們，他們究竟做得如何。

約一週後，我們就約定好的時間在學校與標的孩子見面。如果每件事都有很好的發展，而且標的孩子在學校也過得很愉快，那麼這個會面就會很簡短，而這是常發生的狀況。我們還會特別去恭喜這個孩子，並詢問他／她，他們自己是做了什麼而讓情況有所改善。然後，我們立即會與支持團體有第二次會面。雖然這個會面通常時數不長，但是我們會給予每位支持團體的成員充分的時間與機會，讓他們在事後報告前一週他們做了什麼，幫助了標的孩子在學校變得更快樂。我們會稱讚每個成員以及整個團體。最好不要去詳述比對於前次會面

他們提出的建議和他們實際做的事。真正重要的是，標的孩子過得更快樂，而且是所有孩子共同來達成這個成果的。

有時候，一兩個先前和標的孩子相處有困難的學生，可能在第二次會面時表現得比較安靜，好似他們在退後一步衡量狀況一般。到第三次會面時，通常他們就會很放心地急著說出他們的貢獻。即便他們沒有自願提供任何資訊，還是有個重要的結果：他們都沒有再打擾標的孩子，而且他們可以完全投入於大家這次成功的恭喜中。

孩子們會報告在學校有人在霸凌，並不是一件不尋常的事，尤其是霸凌者不在這個團體中時。也常見「受害者」不會提及這類事情。在這個團體的孩子通常會採取主動，並且有能力靠自己處理較小的難題，而不需要成人介入幫忙。

如果需要，可用相同方式去詢問這個團體，他們是否願意多幫忙一週。這些孩子可能變得很熱衷，畢竟他們並沒有被要求去做一些太麻煩或任何他們不願意做的事。如果他們願意繼續，為了他們，我們也會繼續與他們碰面，好讓他們可以再次說說他們是如何幫忙別人的，但我們不會特別要求他們去報告任何其他問題。像這樣的會面可能需要幾次。在少數的例子中，我們發現協助標的孩子的團體需要增加到五次左右的增強，但很少有團體需要超過五次。

當標的孩子在學校過得快樂，團體成員也對於事情的變化感到開心，而家長和學校對於霸凌行為的停止感到欣慰，此時個案轉介就可以結束了。當轉介是由家長所提出時，家長會被告知整個過程；孩子在轉介結束之前，我們也會詢問父母，孩子是否更快樂了。

(二) 案例

當 Smith 太太被電話告知這個反霸凌的方案時，她便開始說到她女兒 Jade；此時她顯得非常生氣。儘管 Smith 太太已經到過 Jade 的學校很多次，也跟校長反應過，但似乎沒有什麼用。即使她也知道 Jade 時常被其他小孩「找碴」，她仍然覺得她對 Jade 的關心和擔憂被學校漠視了。每個早上她都需要說服 Jade 去上學，然後這位母親就會發現自己時常一整天都在擔心會不會有什麼事情發生。當 Jade 從學校回來，她會問的第一個問題是：「妳今天有被霸凌嗎？」

於是我打電話到學校，和教務主任排定見面。她很在乎我是否知道「整個故事」的詳情。她之前親自花了很多時間深入了解這個案件，但這也是個令人挫敗的工作，因為一直以來都沒有弄清楚過。她得出了一個結論，Jade 太過誇大；Jade 需要學習不理會任何嘲笑，那麼霸凌的狀況就會停止。Jade 的媽媽對這樣的結論更為生氣。

我向校長建議，設立一個支持團體會是有幫助的。這不僅使學校看起來有在採取正向行動，支持團體中的孩子也不會感到憤恨，甚至還會被別人看到他們是有助人行為的。教務主任同意後，依照我的要求，安排一個教學助理協助我把孩子們帶來，然後專心聆聽在團體聚會中所發生的一切過程。

當我看著 Jade，她顯得很擔心，講話也很小聲。我詢問她的名字、年齡，以及她剛剛從哪個教室過來。在第一次與 Jade 會面中，我花了一點時間和她進行了一些日常的對話，讓她可以變得更安心。我通常會問孩子在學校裡哪部分的表現是不錯的，或者稱讚她（或他）的穿著或辮子上的珠珠髮飾，或者詢問她最喜歡的遊戲、電視節目等等。我想要確定我並沒有給她一個印象是：我只看到她（或他）的問題。花些時間多了解孩子一點，對之後的談話會有很大的助益。然後我會以某種形式徵詢孩子是否同意讓我們介入，同時檢視孩子是否想要被協助、是否開心讓我和他們一起工作。大部分的小孩會發現，要去說明自己的困難點，是相當不容易的，所以我通常會用間接的方式來引導；就像我對 Jade 所做的一樣：

SY1 ：我有跟妳媽媽談過，她看起來很擔心妳，是這樣嗎？

Jade1 ：嗯。

SY2 ：她是對的嗎？妳也有一點擔心嗎？

Jade2 ：是。

SY3 ：我想我可能可以幫忙，這樣對妳來說可以嗎？

Jade3 ：嗯。

SY4 ：我需要問妳幾個問題，因為我發現妳很能回答問題，我希望我可以問妳一些問題，可以嗎？

Jade4 ：可以。

SY5 ：我被告知說最近妳發現和某些小朋友相處起來有一些困難，是這樣嗎？

Jade5 ：是。

SY6 ：妳覺得跟誰相處起來比較有一點困難？

Jade6 ：Melissa……有時候是……Gary。

SY7 ：嗯，我了解了。〔只寫下名字〕那身邊還有誰，也是相處起來比較困難一些的呢？

Jade7 ：喔……Jenny 和……Paul，有時候。

SY8 ：好的。那在學校裡誰是妳的朋友？

Jade8 ：喔……我不知道……Jenny 有時候是。

SY9 ：這樣很好，所以 Jenny 有時候是個朋友。妳還想跟誰成為朋友呢？

Jade9 ：我有時候會和 Rasheed 玩，然後 Sara 也是。

SY10 ：很棒呢。Rasheed 和 Sara 也是。〔只寫下名字〕我會去問問這些同學看他們可不可以幫忙。我很確定當他們開始幫忙妳時，妳在學校會過得開心一些。我想要請妳注意下一週，在學校中變得比較好的部分，然後我也會回來看看妳過得怎麼樣。這樣可以嗎？

Jade10 ：好。

在會談結束前我會給孩子一個機會來訴說任何他／她想要告訴我的事。詢問孩子是否有想要告訴我的事，似乎像是給了他們一個承諾：當我提到他們不想說的話題時，他們是可以不說的。我以再保證事件將會好轉，以及我想要他／她告訴我下星期他／她注意到的改善之處，來作為結尾。

SY11 ：還有什麼是妳想要說的，或者妳認為我還需要知道什麼呢？

Jade11 ：沒有，我想沒有了。

SY12 ：那我會在下星期五再來與妳見面；同一個時間好嗎？

Jade12 ：好。

之後我與支持團體會面，這個支持團體的成員是由 Jade 提供的名單所構成的：

SY1：嗨，都進來，坐在這裡我比較可以看到你們。很高興你們來。你們覺得還自在嗎？……我想請你們幫個忙，可以嗎？我的工作就是，當孩子在學校感到不快樂時，我就會提供協助。Jade 現在在學校並不快樂。我之所以請你們來，是因為我知道你們可以幫上忙。可以嗎？〔團體成員點頭並開始覺得比較自在一點了〕我們不希望任何人在學校會感到不快樂，不是嗎？……你們之中有沒有任何人在學校感到不快樂過呢？

Rasheed1：以前有些小孩叫我的名字的時候，會讓我覺得不開心。

SY2：喔，這樣啊，那你現在還好嗎？

Rasheed2：是的，現在還好。

SY3：這樣很好，我很高興你們被挑出來……你們都認識 Jade，是這樣嗎？〔團體成員點頭或者低聲的同意〕所以我在想，你們可有一些看法，認為自己可能可以做些什麼，即使只是一件小事，只要可能可以幫助 Jade 下星期在學校變得比較快樂的事情就行。誰有想到任何意見呢？

Jenny3：我可以在遊戲時間陪她玩。

SY4：這真的是很棒的建議！妳叫什麼名字呢？……是的，Jenny〔寫下來〕所以妳將會和她玩……我很肯定她會很高興，這一定會讓她快樂一些，很謝謝妳……其他人有沒有什麼想法……可能只是一件大家可以做到的小事？

對話會以這樣的方式進行，直到我在紙上有了大部分的名字和建議。

Gary4：當她數學不會的時候，我可以教她。

SY5：這是很好的想法。Gary，會幫她的數學。我很肯定她會很高興的，

　　如果你可以這麼做的話。謝謝你，你人真好……其他人現在有沒有想到可以幫忙的事呢？

Rasheed5：我不知道我可以做什麼。

SY6　　：喔，不用太擔心……或許你可以幫助別人完成他要做的事情？〔他點頭〕……你願意幫忙誰呢？

Rasheed6：我可以幫忙 Jenny。

SY7　　：Jenny 可以嗎？如果 Rasheed 在遊戲時間也幫忙一起和 Jade 玩的話。

Jenny7　：可以，反正我們常常一起玩。

SY8　　：好，這樣很棒，很謝謝 Rasheed，我很肯定那樣一定可以幫助 Jade，以及幫了 Jenny 的忙！謝謝你們都想到這麼好的計畫！我很肯定你們將要做的這些事一定會帶來改變，也會讓 Jade 下星期在學校變得更快樂。如果我們下星期再見一次面，你們同意嗎？你們到時候可以告訴我事情變化的情況。

所有成員　：〔點頭〕好！可以！嗯，好。

　　我打電話給Jade的媽媽，讓她知道事情進展得很順利，而且這個支持團體的孩子都很願意積極幫忙。我也表示下個星期我會再和她聯絡，在我們聯絡之前，她應該就會發現事情有所改進了。她的聲音聽起來有些懷疑，但是無論如何都感謝我願意幫忙。

　　下一週我依照約定和Jade見面。她帶著燦爛的笑容進來。我稱讚她甜美的笑容，並問她現在情況進展得如何。

Jade1　：現在不錯。

SY1　：好棒！妳做了什麼讓事情變好了呢？

Jade2　：我有和 Rasheed、Jenny 一起玩。

SY2　：喔，這很好，我很高興聽到這件事。妳還做了什麼呢？

Jade3　：Gary 給我一個巧克力餅乾。

SY3	：哇，他人真好，妳不覺得嗎？
Jade4	：是啊，我也帶了糖果給他……
SY4	：那妳也很貼心……那聽起來妳在學校比較開心了？
Jade5	：是，我現在好了。
SY5	：那麼我想下星期再和妳碰面，聽聽妳還做了什麼，這樣可以嗎？
Jade6	：是，這樣可以。
SY6	：好，那下週見。

　　儘管 Jade 看起來很高興，我還是如常地約定下次見面，以確保支持團體或家長不會產生任何擔心。

　　之後我和支持團體見面：

SY1	：很高興可以再跟大家見面。謝謝你們過來。我有跟 Jade 碰面了，但是我想聽聽你們認為事情進展得如何呢？
Sara1	：她現在不錯。
Gary1	：是，她不錯。
SY2	：這樣很好……你們怎麼做到的呢？
Jenny2	：我在遊戲時間和她玩，Rasheed 也是。
SY3	：真好，很謝謝你們兩位。妳認為這有幫助嗎？
Jenny3	：有，這有幫助。
SY4	：喔，好，我很高興。妳是怎麼知道這樣做會有幫助呢？
Jenny4	：她更常微笑也更常玩遊戲。
Rasheed4	：她也更常大笑。
SY5	：聽起來很棒，做得很好。還有其他人幫了什麼忙嗎？
Sara5	：我在午餐時間和她坐在一起然後……
Gary5	：我給她一點我的午餐。
SY6	：哇，你們已經做得很好了。你們認為她現在有沒有比較快樂？
Sara6	：有，當然有。

SY7　：你們知道嗎，我認為你們之前的計畫真的很好，現在也證明了！
　　　　我在想……誰可以持續在下一星期繼續幫助她呢？〔所有成員看
　　　　看彼此，點頭並且微笑〕

當我再打電話給 Jade 的媽媽，她很寬慰事情的確有所好轉：

SY1　：哈囉……如果妳記得，我說過我會打電話給妳，看看妳是否注意到上
　　　　星期 Jade 的進步。
媽媽1：喔，情況好很多，我很驚訝！
SY2　：喔，這樣很好，進展的情況是如何呢？
媽媽2：Jade 早上比較高興去上學，事實上，這星期我已經沒有得叫她去上學
　　　　的困擾了……在遊戲時間她似乎有了更多的朋友。
SY3　：真好！實際上我剛與 Jade 碰面，她也有告訴我，而且支持團體成員也
　　　　說她看起來比較快樂了。
媽媽3：看起來真的進展得非常好……至少到目前……雖然我會擔心事情還可
　　　　能再發生……
SY4　：我了解。對我來說到目前情況也進展得很好，下個星期我會回來和她
　　　　談談看情況進展得如何。如果可以的話，我會再打給妳？
媽媽4：這樣很好，謝謝。
SY5　：好的，謝謝妳願意花時間，這很有幫助。

　　在第二次確認，很明顯的 Jade 是快樂的，而且團體也很高興他們所做到的
事情。學校老師沒有再發現有任何更進一步的難題，而且也願意給這個團體學
生一個學校頒發的「合作愉快」獎勵。家長也很高興我從頭到尾的投入，以及
我能再保證如果未來有進一步的難題，她可以再回來尋求我的協助。

(三) 做一個不同的選擇

　　對學校、父母，當然，包括在校的孩子們，焦點解決取向已被證實比起其

他傳統的問題解決策略擁有更多的優勢。

當霸凌事件出現時，校方會變得非常防衛；畢竟，他們需要負責學生在校的安危。主任或副校長可能需要花很多時間來了解發生了什麼事。他們會個別與學生會面，以試圖找到「事實」；最後通常的反應就是處罰「霸凌者」。然而，如果霸凌行為再次出現，大家的同理心也會有消退傾向。被控訴為霸凌者的父母會到學校來為他們的孩子辯護，指責一切皆歸咎於受害者的挑釁、尋求關注或過度被保護。令人驚訝的是，通常到最後甚至會變成是「受害者」在遊戲時間被留下來，以避免更多麻煩產生。如果使用支持團體，就不需要評論過去發生了什麼事——因為每個人都會同意事情必須變得更好。擁有一個快速解決的策略會受到學校全體員工和管理階層的重視與珍惜。關於後續訓練或觀察支持團體在學校的運作等，很多人都能成功執行。所以，這真的是一個看起來容易學習與實施的取向。

學校管理階層因而也可以應付為了孩子而抱怨的家長，並有信心地表示可以找出快速且正向解決家長擔心的方法。就家長而言，他們最主要的在乎與動機是要孩子在學校感到快樂，而非想要指責學校到底發生了什麼事。

在父母接觸到這個協助孩子的方案之前，他們常常是很憂傷的。對父母而言，自己孩子的憂傷一定比學校其他任何學生的憂傷，要來得明顯。他們的小孩很可能會尿床，在家裡變得有攻擊性或退縮。通常，家長已經和學校接觸過並試圖「擺平某些事」。雖然霸凌行為可能會停止一小段時間，但常會再次開始。對於學校人員開始責備孩子、甚至批評他們的親職教養，父母通常會感到很敏感，而變得很防衛。家長通常對於把狀況弄得更糟感到很無力；事實上，他們有時候會覺得把事情告訴學校老師，就已經把事情搞得更糟了。使用支持團體專注在父母確切想要的活動上，可以讓他們的孩子再次在學校感到快樂。在大部分的例子中，父母不會期待立刻看到效果，但讓他們驚豔的是：情況改變得如此快速。

當然，參與這種協助性介入的孩子是獲益最多的。被支持的孩子在第一次會談時會顯得緊張、擔心。但一週後再見到他們時，情況就會很棒，他們也多是放鬆微笑，整體看起來是更有自信的。當然，不只是被支持的孩子受益。當

我在回顧事情是如何進展變化時，支持團體裡的孩子經常報告說他們很喜歡做
這件事。最近我們更進一步看到支持團體成員的經驗。孩子們被問到他們是否
願意加入支持團體，之後再回報狀況時，所有人都說很喜歡在支持團體裡，也
有一兩個孩子說他們對於所做的事感到驕傲，還有人說在團體過程中交到更多
朋友。所有的人都認為他們所參加的支持團體確實對被支持的孩子帶來改變，
也讓他們自己在學校裡變得更快樂。

(四) 評價

　　當我一開始使用這個方法，我會發現離開學校的時候自己是「手指交叉」
的禱告狀，希望一切可以行得通。畢竟，根據我之前於「行為支持」主題上所
受的相關訓練，會認為：被視為困難且長期的問題，像是霸凌，要快速帶來整
體的改變，會是很不可思議的；傳統上，改變都被視為是緩慢且辛苦的。隨著
我的信心增加，對我來說，很重要的是，我應該回顧所有案例的結果，而做出
整體的評價；以下就是我所發現的。

　　在過去兩年，支持團體取向已經運用在五十一所國小學校案例中。所有參
與的學生介於六歲到十一歲。這個取向在大部分的學生案例中都非常成功——
成功的標準指的是：困難完全停止，且標的小孩不再覺得需要繼續被支持。其
中一個案例因為被支持的小孩最後被學校拒絕，所以介入沒有完成。剩下的五
十個案例情況為：

50 個案例	立即成功	40	（80%）
	延遲成功	7	（14%）
	有限成功	3	（6%）

所有的案例成果以他們評價的標準來呈現。「立即成功」為：從支持團體開始
設立後，標的小孩很少被報告有困難，或已變得沒有困難；支持團體同意標的
小孩的改變，家長（當參與在內）是高興的，而且霸凌行為停止了。80%的案
例可以歸在這一類。

　　某些案例在表中定義為「延遲成功」，其為：孩子在第一次會面的時候不

是非常高興、支持團體成員也認為情況不太好，或者家長因為某些原因不太滿意。這些案例的情況在三到五週會談後有所改善，每個人也都認為困難已被解決了。

而其中三個案例，在表中定義為「有限成功」：儘管有進步，但小孩仍在學校中感到不快樂。在這些案例中，會談持續到對孩子來說情況是穩定地處於「可容忍」的程度。事實上，這三個孩子之後有再次被轉介，因為他們又被原先學生團體中欺負他們的一些人再次霸凌了。這些少數者需要長期協助，並且給予個別焦點解決取向的支持。

很重要的是，沒有一個案例是情況變得更糟的。孩子通常不願意說自己在學校被霸凌；一個可能的原因是擔心大人介入以後，會讓情況變得更糟。有意思的是，我們知道處罰霸凌行為可能真的引發憤恨，而讓後續的情況變得更嚴重。老師和家長擔心的正是這樣的事情。所以任何介入都需要評價其安全性，如同評估它的有效性一般。

(五) 結論

焦點解決支持團體的取向是容易理解且是一種很有力量的策略。很多其他地區的學校人員，在使用了這個方法後，都有類似的成果。目前還沒有其他策略，被證實能和這個取向一樣可以有效地回應國小霸凌行為。

五、第四篇：受刑人焦點解決歸返與過渡計畫
（Lorenn Walker）

我個人與專業上的經驗，促使我走上改革司法系統之路。司法系統通常不太講求人性，主要是對罪行施以懲罰，並以懲罰的方式來達成矯治的目的。我在十四歲時開始獨自居住，並曾因為少年犯罪而短暫入獄；同時，我也曾是犯罪行為的受害者，包含曾受到一次意圖謀殺和性侵的嚴重攻擊。當我三十一歲時，我成為夏威夷州政府的律師，負責辯護或起訴他人的工作；之後，我也曾替個別當事人進行控告犯罪的工作。這些經驗教導我：司法系統常犧牲一些無

辜受害的人，也常讓犯罪服刑者更進一步地「犯罪化」。這樣的司法系統確實需要轉換焦點──如何使人們改過自新，以及，如何對嚴重的犯罪行為，平和地創造出具生產性的解決方法。

本篇所呈現的是一個為受刑人規畫的「歸返與過渡」團體歷程，用來設計增進違法者的合法行為，並針對受刑者的犯罪行為和入獄服刑，修復對其親屬及他人所造成的傷害（Walker, 2004）。這個方案乃以團體的形式來進行（Walker & Greening, 2010），並同時包含了焦點解決取向（SF）（Berg, 1994; Berg & Reuss, 1997; De Jong & Berg, 2002; de Shazer, 1985, 1988, 1994）以及修復式司法（restorative justice, RJ）（Zehr, 1990）取向（Walker, Sakai, & Brady, 2006）。

修復式司法的思考乃聚焦於：若人們想從罪行中復原，那他們需要什麼。這個概念來自於原住民平和調解糾紛的實際作法。修復式司法基本上和我們主流的司法系統有很大的區別；在主流的司法系統中，是由專家來替受害者或犯罪者發聲，並致力於決定誰應受到指責或者誰應該背負什麼刑罰。然而，相反的，修復式司法讓涉入特定犯罪事件的當事人有機會為自己思考自己需要什麼來修復傷害，並且，讓他們擁有述說自己故事的發聲機會。一般的平和調解促進會議，通常要有受害者、加害者，以及社區公眾的參與，然而，修復式司法並不需要任何人的出席，通常就能成功地為人們帶來理解和療癒（Walker, 2004）。

雖然焦點解決取向和修復式司法，是來自於兩個不同的領域，但這兩者卻有很多相似之處。這兩者都將個人尊為有能力者，也都認為人們知道他們自己的需要與想要，同時，對於人們的本質亦持樂觀的態度。兩者一致地假定：無論是受害者或是犯罪者，都足以應付他們經驗中的傷害；在任何可能的時候，人們也擁有能力去為自己打造更好的關係和更美好的未來。焦點解決取向和修復式司法一起提供了一個自我導向的療癒歷程，修復了因犯罪行為與入獄服刑而受苦受傷的人性尊嚴。

這個歸返與過渡歷程的進行，並不依賴主流的犯罪司法系統來執行，因主流價值乃植基於責備、報復，並使用律師、法官和陪審團等人進行結果控制。

焦點解決取向與修復式司法的過程，則是給予涉入者一個機會，去表達他們需要做些什麼，以修復因某個犯罪事件及入獄服刑所造成的傷害。

夏威夷就像美國的其他地方一樣，受苦於堪憂的服刑措施，也擔心著高再犯率；受刑人改過自新的機率十分渺茫，超過 50% 的受刑人在獲釋三年內就返回監獄（Langan & Levin, 2002）。特別令人煩憂的是，雖然超過 90% 被判重罪者最後都承認其罪行（Hall, 2003），而且，其中有近 50% 的暴力犯罪乃發生在加害者、受害者雙方彼此相互認識的情況下，但是，我們的司法系統仍然不鼓勵調解（Federal Bureau of Investigation, 2003），甚至，還極度忽視犯罪受傷者的需求，特別是犯罪者所愛之人。

本篇所提出的方案，是於 Insoo Kim Berg 的指導下設計出來的，2005 年開始試行於歐胡島（夏威夷群島之主島）上一所最低戒護的男性監獄；之後也曾在夏威夷州立女子中度戒護監獄中施行。於 2010 年，夏威夷州議會通過了一項決議，指示州立監獄部門支持此方案全面施行於全州（Hawaii Legislature, 2010）。

(一) 方案說明

1. 歸返與過渡計畫之團體歷程

這個歸返與過渡計畫歷程，在夏威夷被稱為胡卡西修復圈（Huikahi Restorative Circles）。在 Huikahi 這個字裡，Hui 代表團體，而 kahi 代表在夏威夷的個人；在此結合使用這兩個字，表示需要社群與個人之間的共同理解與合作，以處理因罪行與入獄服刑而造成的痛苦。這個修復圈的歷程，尊重每個社群的文化，鼓勵各社群採用他們自己獨特的名稱，例如在紐約的羅徹斯特，他們就將此歷程命名為家庭圈（Family Circle）（Walker & Greening, 2011, in press）。

這個歸返與過渡計畫歷程的設計，目的是要增加與強化受刑人於社區及家庭中的支持系統，即受刑人獲釋之後最可能會回去的地方（Baer et al., 2006）。這個歷程提供了受刑人機會去發展出一個書面的自我導向過渡計畫，好讓受刑人能實際依循而完成展開自立生活的需求。這個歷程另一個重要的目標，是要將療癒帶給那些因受刑人犯罪行為與入獄服刑而受傷害的人，其常包含因父母

入獄而深受創傷與苦難的孩子（Hairston, 2007）。

　　夏威夷目前已舉辦過六十一個胡卡西修復圈，共有超過 300 人參與。參與者包含受刑人、他們所愛之人。於每個修復圈中都至少會有一位獄方的代表來參加。在夏威夷之外，也舉辦過四十八個修正版胡卡西圈（Modified Huikahi Circles），提供參與者十二週的焦點解決訓練課程；目前已有約 110 位受刑人曾參與之（Walker & Sakai, 2006）。除了受刑人所愛之人會參加修正版胡卡西圈以外，其他受刑人也會在該圈中擔任支持者（Walker, 2009）。曾參加修正版胡卡西圈的受刑人，之後往往會與他們所愛之人一起申請參加完整版的胡卡西修復圈。

　　以下是對於胡卡西修復圈中，完整的歸返與過渡計畫歷程之描述。

2. 提供方案資訊並提出申請

　　這個歷程會於獄中加以說明，尋求自願參加的受刑人。舉例而言，於夏威夷女子監獄中，會先舉辦一小時的方案介紹，其中包含由曾經參與修正版胡卡西圈的女性所進行的心得分享與推薦。該說明會在一個可容納五十人的房間中舉辦，但常無法容納所有想參與的人。參與說明會的女受刑人，之後大部分都會提出了修復圈的申請。

　　一旦有人提出申請，監獄管理人員即會進行審查，並一一審定每位申請者是否適合修復圈歷程。只要監獄管理人員接受了申請，申請書即會移送到「夏威夷司法之友與公民教育組織」（Hawaii Friends of Justice & Civic Education），該組織便會進一步安排與每位申請者的會談。

　　會談的目的之一，是為了讓單位當局確認：申請者是否願意和這些因其過去行為與入獄服刑所傷害的人一起工作，並為此加以彌補，負起責任；同時也去確認，申請者是否有意為自己更好的、守法的未來，開創一個具體計畫。令人訝異的是，到目前為止，在夏威夷提出申請參與修復圈的 150 位，全都符合標準並獲予會談。

3. 申請者的焦點解決會談

　　焦點解決會談進行的時間大約是三十到六十分鐘；這會談是由後來負責召開及帶領修復圈的催化員來主責進行。於會談中，催化員還會準備六頁左右的過渡計畫書面資料。在確認申請者參與修復圈歷程的適合性之後，會談的主要目標便設定於增加參與者的樂觀性與理解度，讓受刑者對於未來更感到擁有掌握權；同時，會談也將協助她確認過去的成功經驗，即使她現在正在服刑中。「希望感」對於受刑人能否成功地由監獄過渡回社區，是至關重要之點（Howerton, Burnett, Byng, & Campbell, 2009）。

　　在整個會談的過程中，催化員會蒐集訊息，並會讚美受刑人的成功、能力與優勢，無論那有多細小（參見 Lee, Sebold, & Uken, 2003）。讚美人們的正向努力，是常見的焦點解決作法（Berg, 1994）。

　　以下有一個焦點解決會談的例子，為修復圈的催化員 Debbie，與修復圈申請者 Kendra 之間的部分談話：

Debbie1：〔看著 Kendra 的眼睛，微笑，伸出手友善地與 Kendra 相握〕Kendra，真高興見到妳，我是 Debbie Ho，我是來與妳討論有關妳申請胡卡西修復圈的事宜。

Kendra1：〔遲疑地微笑〕嗨。

Debbie2：真是太好了，能與一位像妳這樣的人會面真好——想為自己負責，並願意在修復圈為自己的未來及家人好好做一些計畫的人。

Kendra2：〔笑得更開一些〕謝謝，很高興認識妳。

Debbie3：妳看起來好健康、勻稱，妳是怎麼能在這裡做到這樣的？

Kendra3：喔，我會盡量多走路，每天也會做運動。我在廚房工作。我保持忙碌。

Debbie4：真棒！妳每天持續運動、在廚房工作，以及保持忙碌。妳是怎麼能做到這些事情的？

Kendra4：喔，我無論如何都一直在工作。我從十五歲就一直工作到現在。

Debbie5：妳在妳人生的大部分時間中，一直是一位很努力的工作者！這說明了妳——Kendra 的什麼部分呢？

Kendra5：我愛工作，如果不工作我會發瘋的；尤其是在這裡。

Debbie6：這對妳是很棒的，如此認真工作的 Kendra。是什麼讓妳想有個修復圈？

Kendra6：我傷害了很多人。我想要彌補，想要讓我女兒知道，我對於我做的事情有多抱歉。我也不想她們和我犯一樣的錯誤。

Debbie7：哇，妳真是一位好媽媽。想要彌補，也想讓女兒知道妳有多抱歉。妳從妳之前所犯的錯誤中產生出正面的東西，並想用來教導女兒一些事。這很激勵人心呢。

Kendra7：〔笑得很開心〕謝謝。我的女兒對我來說比什麼都重要。我一直都知道什麼是對的事，只是我跟錯了人，就是她們的爸爸；他是我墮落的原因。我不恨他，我知道那時是我選擇要跟他在一起的，但是我之後再也不會跟他在一起了。

Debbie8：妳能把女兒放在第一位並知道要做對的事情，這對妳來說是很棒的事呢。妳看到她們的爸爸對妳產生了負面的影響，而且妳想要加以改變。這過程一定很不容易。他對妳來說一定具有很重要的意義。妳是怎麼做到的？妳是如何和他脫離關係的？

Kendra8：當我被逮捕時，我就知道我的女兒會失去我。我那時就知道，我必須決定誰對我來說比較重要。我選擇了我的女兒。她們是好孩子，不像她們的爸爸是個失敗者；他什麼都只想到自己，他不工作，我不要再試圖幫他的行為收拾殘局了。他不值得我這麼做。我要在我的孩子身邊。

Debbie9：聽起來妳正在走對的路，Kendra，想要留在妳的孩子身邊。參加這個修復圈是可以有些幫助的。這裡有些關於修復圈的資訊，是要給妳的。〔催化員拿出一本介紹此方案的小冊子給 Kendra 看〕

催化員繼續解釋修復圈歷程的每個步驟，並圈選出手冊中提及 Kendra 需要

為其修復圈準備的事項。

Debbie10 ：在開始進行修復圈歷程時，我將會詢問妳：入獄以來，妳最引以
為榮的是完成了什麼事。那時，妳將會說什麼？

Kendra10 ：我猜是學習了解我自己，我做了很多關於自己的功課，得知我過
去哪裡做錯了。我持續在上親職教育的課程，學習去開放表達我
的感覺。我一直在努力成為一個更好的人。

　　每位接受會談以預約修復圈的人，在被詢問到自己的成就時，都有著正向
的回應。這個問題協助人們去看到他們已達成的正向結果，即使他們是在獄中
且曾有著過去的非行行為。

　　催化員還告訴 Kendra，至少要有一位不在監獄中的人同意參與 Kendra 的
修復圈，如此修復圈才能施行。申請者被告知，如果修復圈未能於她們服刑期
間進行，那麼便會在她們獲釋後再提供。迄今六十一個修復圈中，有兩個修復
圈乃在申請者獲釋後於監獄之外舉行。

　　這樣的會談會結束於正向的訊息，通常是催化員會對受刑人可以繼續做的
事情提供建議，或者詢問受刑人有什麼好的事情，是她認為自己可以繼續去做
的。提供回家作業是另一個常見的焦點解決作法（Trepper et al., 2012）。

Debbie11 ：〔伸出她的手，溫暖地對 Kendra 的上臂輕拍一下〕Kendra，能與
妳會面真好，謝謝妳分享妳的想法，並且能告訴我，妳對於妳自
己和妳女兒的期待與希望之處。妳或許知道，我們試著提供修復
圈給每一位合乎資格的人，但是因為需求量很高，而且，我們也
無法保證監獄管理部門的立場，是否讓修復圈一定可以施行。所
以我們會試著再聯絡妳；如果妳沒有接到我們的通知，也請主動
聯絡我們。坦白說，妳也要持續地請求監獄的管理部門，因為「會
吵的小孩有糖吃」。我們會試著提供修復圈給所有提出需求的人，
但是我們有可能無法在妳服刑期間舉行妳的修復圈，因為現在我

們接到的申請者人數，超過我們有限資源下能馬上提供修復圈的數量。如果無法在妳於監獄期間順利舉行修復圈的話，請在妳獲釋後打電話給我們，我們也可以在監獄外面舉行修復圈。在我們再次碰面前，有沒有什麼事是妳覺得如果妳繼續做，很可能會對妳有幫助的？

Kendra11：我想我可以繼續我在這裡的工作、繼續修課及試著幫助我的女兒。

Debbie12：那聽起來真是個很不錯的計畫。繼續妳認真的工作、修妳的課，以及持續試著協助妳的女兒。

Kendra12：謝謝，我會繼續做這些事情的。

Debbie13：真好！我也很期待見到妳的女兒。

Kendra13：謝謝妳來，也謝謝妳為我聯絡我的家人。我真的很感激。

4. 召集修復圈

接下來，我們便需要展開安排修復圈的艱鉅任務。召集修復圈的工作包含：聯絡所有受邀者並解釋修復圈的歷程、詢問他們是否願意參加、描述即將進行的步驟及可能發生的事情、確認將會討論的要點、協助參與者能帶著情感參與修復圈，以及找到所有參與者和獄方代表都能參加的日期及時間。這些安排由催化員來進行，平均需要花費十小時來完成這樣的修復圈安排。每個修復圈平均參與的人數為五人。

以下是一個致電邀請「申請者所愛之人」的例子：

> 你好，我是夏威夷司法之友與公民教育組織的 Debbie Ho，你們的電話是由 Kendra Lee 給我的。我在從事胡卡西修復圈監獄方案。這個方案專門提供給一些能為過去行為與入獄服刑負起責任的受刑人；他們想要彌補他們所傷害到的人，也想要為正向未來進行一個計畫。這個修復圈方案會讓家人能說出自己的經驗和感受，並且讓受刑人知道能夠怎麼做，才能讓事情變得更好。Kendra 申請了修復圈，希望你們會想參加。這聽起來會是你們有興趣參與的方案嗎？

　　大部分的受邀者都會感到興趣，也會想知道進一步的訊息，包含修復圈為期多久、會訂於什麼時間等。理想上，修復圈的時間會配合受邀者的時間來安排，但也得取決於監獄管理部門的彈性有多少。比較有彈性的監獄管理部門，不僅可以同意修復圈在一般上班時段辦理，也會同意修復圈能在週末與晚間時段進行。

　　受邀者要到監獄去參加修復圈的種種阻礙，可能會很難以克服，其包含：無法從工作中抽身離開、要照顧小孩、生病、受邀者有犯罪紀錄而不被允許來探監、住得太遠等。除此之外，如同在美國其他地方一樣，夏威夷大部分的受刑人都來自經濟困難的家庭，而且許多人並不住在監獄所在地的歐胡島。為此，此方案嘗試提供至少一半的機票費，讓貧困的受邀者可以從鄰近的島嶼前來歐胡島。同時，由於歐胡島監獄坐落在郊區，而非在公車的行駛路線上，所以此方案的提供者必須至公車站或受邀者住家附近，來接送受邀者參加修復圈。

　　此方案在夏威夷試行的五年間，僅有少數的人，大約15%的受邀者，表示他們對於參與修復圈沒有興趣。這也是可以理解的。有些家庭成員可能會想與服刑親屬撇清關係。當他們說他們不想參加時，催化員便會如此回應：

　　　　你一定知道對你和你的家人來說，什麼人事物會是最好的。請你了解，這個方案除了是為〔受刑人的名字〕進行，同時也有同等的重要性是為了受到傷害的你來進行的。我是否可以再寄一本冊子給你，讓你看看更多關於這個方案的相關資訊。此外，如果你願意的話，我們也可以再次對這個方案進行討論？

　　大部分的受邀者都會想看那本手冊。有些原本說他不想參加的人，也會改變心意而參與這個修復圈；而且，在結束時，也對整個歷程表示滿意。

5. 與無法參與修復圈者的電話會談及空椅（empty chairs）設計

　　對於希望能參加修復圈但卻無法前來參加的親屬，我們會盡量提供他們參與的機會。但不幸的是，目前在夏威夷的監獄中，無法讓居住在歐胡島以外者

於修復圈進行時使用電話擴音器。在這種情形下，催化員會於進行修復圈之前先透過電話與受邀者會談，以蒐集他們的訊息；這樣的對話有時可能會進行超過一個小時。對大部分的人來說，這是第一次有人詢問他們是如何被親人的犯罪行為與入獄服刑所影響，以及，可能需要做些什麼來修復這個傷害。

在 Kendra 的案例裡，這位催化員運用她的焦點解決會談技巧，來與 Kendra 的母親進行電話會談，以下是此會談的一段摘錄：

Debbie1 ：妳是如何被 Kendra 先前的行為和她的入獄所影響？

Kendra 的母親 1：這一直是很艱辛的，我們已經是祖父母，我們養育她的小孩將近十年的時間。我們的角色應該是要含飴弄孫的，但是我們現在反而必須管教她們。我從來不向小孩說她們父母的不是，但是我們在經濟上和體力上真的很辛苦。我們的收入都很微薄，而且我們都六十幾歲了。

Debbie2 ：那真是令人欽佩。這對你們自己來說，一定是很辛苦的，但是你們依舊把孫女們看得比自己更重要。你們是怎麼能夠做到的？

Kendra 的母親 2：在我女兒入獄時，我想我絕對不要讓孫女們被送到寄養家庭。我想這就是「家」的目的：當你需要的時候，能夠提供協助。我孫女們都是好孩子，她們在學校的表現很好，她們運動，她們也遠離不良分子。

Debbie3 ：妳把孫女們教養得真好，讓她們能夠有好的成績、有運動，妳也教導她們要遠離不良幫派——妳正在教導她們「家」的意義。Lee 太太，Kendra 可能可以做些什麼，來幫忙修復一下這些傷害呢？

Kendra 的母親 3：她可以讓自己振作起來，並成為她應該成為的母親。

Debbie4 ：妳說希望她可以振作起來，「她可以振作起來」的確切意思是指什麼呢？

Kendra 的母親 4：當她出獄後，她能夠得到一份工作，並且維持著工作，然後

接回她的孩子,照料她們。

在修復圈的進行中,會有一張空椅,上面會放置一些單子,單子上會寫著Kendra的母親、父親、她十五歲的女兒等人所表達的訊息。另一位參加Kendra修復圈的親人,則會在修復圈的歷程中,朗讀出這些單子上的內容。

一些無法來參加修復圈的家庭成員仍會表示,與催化員的電話會談對他們很有助益。司法系統通常不注重犯罪對於人們的影響,除非涉及到證明有罪或施以刑罰時;然而,我們修復圈的經驗指出,表達出犯罪行為和入獄服刑是如何影響了人們,將是一種療癒。

Kendra的母親曾說到,她與催化員在電話中的對話「幫助了我,讓我知道有人在幫助我的女兒。有人關心她,她可以與他談話」。Kendra十五歲的女兒則說,電話會談幫助她「可以告訴媽媽我的感覺是什麼;說出來,讓我覺得比較好」。

6. 開始進行修復圈歷程

催化員接著召開及帶領修復圈;此時,會有一位受過訓練的記錄者,將團體中提出的重要訊息,都寫在一張貼於牆上的大紙上。催化員的語言與記錄者的文字,都會盡量地使用參與者所說出的確切字句。

團體場地中會排好一圈椅子,記錄者會站在修復圈之外,並且會在貼於牆上或畫架上的大紙中,負責寫下大家所說的話。有親屬在場的完整修復圈歷程,大約會歷時三小時;而修正版的修復圈,則大約會歷時一小時。

修復圈歷程的開始,是由受刑人以任何她所選擇的方式來展開。她可能會放一首夏威夷民謠、唱一首歌、彈吉他或烏克麗麗琴、說一段祈禱文、吟誦一首詩,或者讀一段預先寫好的聲明——包含任何以痛悔與和解的語調表達出來的情感。

開場之後,每位參與者進行自我介紹。之後,受刑人會訴說她自服刑以來最引以為傲的成就。當討論完受刑人所達成的成就之後,其他人會對受刑人接著表示確認「人們喜歡她的哪些部分」以及她的優勢能力所在。當有較年幼的

孩子來參加修復圈時，這個團體還會確認每位孩子的優勢能力，並一直尋找證據，來說明受刑人是如何協助孩子培養出這些優勢能力。通常，這是一個令人動容的時光；對於受刑人而言，她們能聽見其他人說出自己的長處，而對於孩子們而言，他們可以聽見自己的優勢能力，以及父母對於自己的照顧和關懷。所有參與者，包含親屬、監獄的工作人員，甚至是催化員及記錄者，於當下常常都是淚流滿面。

7. 修復圈的調解階段

在說完優勢後，催化員會介紹調解階段，告訴團體成員：受刑人渴望此修復圈能見證「她想要為她自己負責——這是另一個她所擁有的優勢能力」。於調解階段中，催化員會提出三個修復式司法的基本問句：(1)誰受到受刑人過去非行行為與入獄服刑所影響？(2)他們如何受到影響？(3)受刑人可能做些什麼來修復這個傷害？

受刑人先回答前兩個問題：「誰受到影響、如何受到影響？」待受刑人說明後，催化員會請受刑人反思從前的想法，以及她們現在的所知。反思她們過去的行為和想法，可以給她們一個機會去分享她們的洞察，描述出她們的生命如何從犯罪「轉移」改變至守法的歷程（Maruna, 2001）。與他人分享自己是如何改變的，將有助於強化她們對於自己良好行為的承諾（Jenkins, 1990）：

Debbie1 ：Kendra，回到過去妳所做那些事情的時候（受刑人總是會討論到過去的行為），那個時候的妳，是怎麼想的呢？

Kendra1 ：那時候我想到的都是我自己，我只想到我想要的。在那些日子裡，我全心只想要吸毒得到快感。我那時候不關心任何人，只關心我自己。

Debbie2 ：所以現在，當妳坐在這裡，回顧那樣的想法以及妳做的事情時，妳現在又有什麼想法呢？

Kendra2 ：我覺得我現在是不一樣的人了。當我第一次來到這裡時，我對著鏡子看，看到的是一隻怪物，我知道那不是我。我知道那不是現在的

我。

Debbie3：哇，妳真的改變了，妳現在是不一樣的了。妳是如何做到的？妳是如何從那隻怪物轉變為現在坐在這裡、想要與家人一起做一些對的事的這個人呢？

Kendra3：我關心我的孩子勝過我自己。妳知道嗎，能把她們放在第一位，而不是只在乎我自己，讓現在的我快樂許多。

接著，出席的親屬，以及經由電話會談並置放於空椅上的文字紀錄，會表達出受刑人所愛的人是如何受到受刑者先前行為與入獄服刑的影響，同時也會說出，受刑人可以做些什麼來修復這個傷害。有個條件幾乎是每位家屬都希望的——受刑人遠離毒品與酒精。當受刑人表示同意時，她會被詢問：「是什麼給了妳希望，讓妳相信妳是可以做到持續遠離毒品與酒精、並保持清醒的？妳過去或許也有試過要戒癮，但是妳覺得這次的妳，狀態有何不同呢？」以及「在 0 到 10 分的量尺中，若 10 分表示妳堅定不移，而 0 分代表妳一點都不堅定，那麼妳對於堅持不染毒癮與酒癮，現在是位在哪個分數上呢？」

大部分參加了修復圈的受刑人，會公開向出席的親人道歉，有時受刑人也會同意寫下道歉信給無法出席修復圈的親人。有一個基於焦點解決取向與修復式司法取向的道歉信方案，可於 www.apologyletter.org 網站取得，來作為一份參考工具。這網站提供了一些問句，激勵人們能藉由修復性的回應，形成一次更具意義的道歉。如果受刑人所在的監獄不被允許使用網路，也可以列印下這些問句供他們參考。這個網站上還提供了一些工具給受到傷害者，讓他們可以為自己準備一個想像中的道歉。這網站亦提供一些方案給人們尋求原諒，而協助了沒有機會與彼此聯繫的受害者與加害人。這個網站是由我（Lorenn Walker）與一位芬蘭的精神科醫師 Ben Furman 所設計的。Ben Furman 是一個具有提供焦點解決處遇豐富知識與實務經驗者（Furman & Ahola, 1992）。

8. 完成歸返計畫

在調解階段之後，修復圈的焦點轉到歸返的其他實際需求上。這些需求包

括住宿、就業、交通，取得身分證明文件（社會安全卡、出生證明書等等）、情緒健康與身體健康的計畫，以及，確認受刑人在社區內擁有支持團體。

對於每個需求，包含調解與實際的需求，都要具體訂出完成特定行動的時間表。舉例來說，Kendra 的歸返計畫中有關調解的部分為：「Kendra 將在 2010年1月12日之前寫一封道歉信給祖母，並會在 2010 年1月15日之前將這封信寄出去。Kendra 有紙張、信封和郵資，能夠去寫出和寄出這封信」；而在實際需要的部分，歸返計畫則會寫道：「Kendra 會再次應徵她之前於 K-Mart 賣場的工作，她會在 2010 年1月20日之前寫信給先前的經理，並寄出這封信」；「Kendra 的出生證明、社會安全卡以及她過期的駕照，放在她家中的化妝櫃裡，她女兒現在住在那邊；在 Kendra 出獄後，她的女兒 Alicia 會把這些文件拿給媽媽」。受刑者須承擔負責大部分的行動，而其他人往往也會自願幫忙。比方說，Kendra 的朋友願意幫忙她：「Carole 會在 2010 年1月15日之前寄一份『遠離毒酒之屋』（戒除毒酒癮的復健機構，亦稱為重返社會訓練所）的資料給 Kendra。」

在完成了可具體滿足每項需求的計畫之後，接著會訂出「追蹤修復圈」之日期。修復圈結束時，催化員會邀請每個人「讚美任何你今天在 Kendra 身上學到的事，或是任何她讓你印象深刻的改變」。在這讚美過程中，當任何先前未提及的優勢能力被確認出來時，便會被寫入這份書面計畫當中。最後，Kendra 會受邀做結論：「請妳說說看這個歷程對妳來說是什麼樣的經驗，或是請妳表示任何其他妳想說的話，來結束我們今天的修復圈。」

在修復圈結束之後，參與者會依著他們的經驗填寫一頁問卷。假設獄方同意的話，還會供應參與者餅乾和果汁；通常也會有一段短暫的時間，讓參與者可以在修復圈後有些社交互動。

(二) 方案成果

這個方案在 320 位參與者的問卷回應中，得到了 100%的正面評價。其中有受刑人親屬的回饋提到：「在這裡說的是好事。情緒在這裡有了出口。也聽到了事情的原貌。真是太完美了。」值得一提的是，即使當受刑人之後又再度

復發與入獄時，家屬對於修復圈的滿意度仍會維持正面水準（Walker & Greening, 2010）。可能的原因是，如同獄方人員、諮商員，以及親屬們常提及的，修復圈開啟了一個「療癒過去」的歷程，並帶著受苦之人的支持一同往前。

　　雖然目前關於這個方案成效的數據資料為數不多，但早期參與者再犯率數據的顯示，是十分讓人懷抱希望的。在 2010 年 3 月，已有二十三位受刑人於參加完修復圈後，離開監獄兩年或更久；其中，有十六位到目前為止仍無任何已知的違法行為而成為自由之身；另外七位則是回到了監獄中。就修正版的修復圈而言，有十位受刑人在參加完修復圈後，離開監獄兩年或更久；其中有三位在獲釋後再度犯罪。這些數據顯示了兩種修復圈的再犯率皆為 30%，較本州受刑人出獄三年以上的再犯率 54.7% 為低。

(三) 挑戰與未來的展望

　　要繼續進行這個方案的主要挑戰，一是資金的缺乏，二是州立監獄管理部門不太願意將修復圈從現行的女子監獄，擴展到其他的監獄去。這個方案已透過小額補助和公益團體的努力，持續在試行與運作中。期待能透過更多的資源，以及與監獄部門更多的合作，而能提供更多的修復圈服務。

　　目前，大約只有三分之一申請與親屬進行修復圈者，能舉行修復圈；而且，夏威夷監獄部門僅讓有參加焦點解決催化員訓練方案的人，可以參加修正版的修復圈，而其他受刑人則未能獲得此方案的提供。截至 2011 年，我們仍持續在尋求更多經費，以能顯著提高修復圈舉行的數量，並對修復圈進行更全面的效果評鑑。希望能藉由堅實的評鑑資料，來支持這項介入的效果，而能說服監獄部門將這個方案全面擴展至夏威夷的其他監獄中。

六、第五篇：這是選擇的問題
（Steve de Shazer and Luc Isebaert）

　　這裡所描述的酒癮（飲酒問題）處遇計畫，是由比利時布魯日的聖約翰醫院精神病學與身心相關學部門所執行的部分方案（de Shazer & Isebaert, 2003）。

聖約翰醫院是一所大型的公立醫院,主要服務西半部使用法蘭芒語的比利時人。由於所有的病人是由比利時健康保險所負擔,任何社會階層、有工作者、沒工作者、領養老金者、靠社會救濟者,都會被支付費用。大約三分之一酒癮處遇計畫裡的病人是非自願來的,絕大部分的人是被警方帶來的。比利時的法律允許,也確實要求,只要病人可能是處於酒精戒斷的反應之中時,須把他們留在病房裡。留院多為連續二十四小時,但若住院時病人是處於精神錯亂狀態,則留院時間可提高到十天。

在 1983 年以前,當時 Luc Isebaert 博士為主任精神科醫師,每個人 —— 病人和全體職員 —— 全部不滿意對酒精問題處理的傳統工作取向。簡單說來,傳統的取向是沒有效果的,並常伴隨屢次快速的復發事件。Isebaert 博士除了傳統訓練(拉岡學派)之外,他還接受了家族治療與艾瑞克森學派的訓練。他決心找到一個更好、更有效果以及更有效率的工作方式。他開始以 Milton H. Erickson、心理研究機構(Mental Research Institute, MRI)以及 Ludwig Binswanger 和 Viktor Frankl 的存在主義治療為主要介入內容的基礎,並開始訓練全部病房的工作人員以不同的方式進行工作。1990 年,他第一次邀請 Steve de Shazer 來為他的員工以及其他人進行一年一系列的 SFBT 的工作坊。SFBT 乃和治療師之前使用的新取向相當契合,因為二者都聚焦在病人的個人選擇上。

(一) 飲酒問題處遇計畫

■ 待在病房二十四小時之後,每位病人可以有以下選擇:(1)當一位住院病人;(2)到日間醫院去;(3)參與門診病人處遇;或者(4)離開計畫。他們可以在任何時間點改變心意。

■ 有時候在第一週裡,病人會從護士、也就是他們的基礎治療師,得到有關飲酒在生理、心理、社會各層面影響的資訊。他們也被給予選擇參與:(1)SF 團體治療;(2)個別 SF 治療;(3)配偶/伴侶的 SF 治療;(4)整個家族的 SF 治療;或者(5)不參加。相同地,他們亦可以在任何時間點改變心意。

■ 護士將會協助病人(與他的家人)決定參加戒酒取向治療團體(AB)或者控制飲酒取向治療團體(CD)。自從戒酒不再被視為是唯一有效處理飲酒問題

的取向之後，護士和醫生更加接受病人的選擇權利。同樣地，他們可以在任何時間點改變心意。

從 SFBT 來的技巧

　　顯然地，很多 SFBT 實務的「標準」程序，乃相合於這個聚焦在病人選擇權的方案。

■ 明顯地，奇蹟問句聚焦在：當病人「問題消失時，自己希望事情變成如何」的選擇上。一旦病人與治療師（在治療會談中）仔細探索了奇蹟發生隔天病人的描述圖像後，下一步就是讓病人了解，AB 團體或者 CD 團體，哪一個處遇團體對於病人達成奇蹟圖像會是最有用的選擇。通常評量問句也將會用來協助病人做出這個決定。

■ 對這兩個處遇團體而言，評量問句都會是核心技巧。當然，「10 分」可用來代表病人自己多有自信達到戒酒或控制飲酒的目標。對在 CD 團體的病人，可用另一個量尺來了解：病人對於自己在三杯酒下肚或者少量飲酒後，要能立即停杯會有多困難／容易。對在 AB 團體的病人，則可詢問：克服「只是喝一杯」的渴望，究竟有多困難／容易。

■ 在治療期間，量尺也可用來當作奇蹟問句的一部分，「10 分」代表奇蹟發生的隔天狀況為何，而「0 分」則代表住院時的狀況。如此，病人和治療師得以從一次又一次的過程中評估進步所在。

■ 當然，例外——通常定義為當病人可以喝一杯但卻沒有這麼做的時段——會在治療期間與團體會談中加以仔細地探索。像往常一樣，牽涉到誰、什麼樣的情境、什麼時候發生，以及在哪裡等細節，都會被視為促發未來進步的關鍵。

■ 復發的處理是處遇中重要的要素。復發被視為控制飲酒的練習，雖然病人沒有達到一個水準，但仍然有部分成功之處。這些部分成功的解決之道會被仔細的討論。為了預備他們能更好的處理未來的難題，病人會被問道：

1. 在過去當你想要喝酒但卻成功地克服那份渴望的時候，當時，是什麼幫助你沒有喝下第一杯？

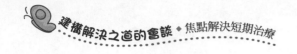

2. 曾經有什麼場合，你只喝了一杯，而之後是可以停下來的？你是怎麼做到的？還有什麼方法可能是有效的策略？

3. 如果你已經連續喝三杯，此時有什麼事是你可以做的，而讓你可以不再繼續喝下去呢？

4. 過去，如果你喝醉了，有什麼是可以幫助你隔天再次停止不喝？還有什麼人事物可能會有幫助？誰可以幫助你？他又如何幫助你？

5. 如果你已經連續三天喝了太多，你也覺得你可能已經復發了，在第四天時，你可以做什麼，讓自己能使盡全力，再次開始去過你想要的人生呢？

　　這些問題也會和病人、他／她的夥伴在團體期間一起討論。之後還會請病人寫下所有的答案（通常寫在所愛的人之照片後面），並且保存在他的皮夾裡。

(二) 案例

　　Franz，四十多歲。在第二次治療會談時，他描述了週末回家時，他的飲酒問題是如何復發的。他有喝太多、太常喝，以及想要控制飲酒的長期歷史。他一直努力保住他的工作並同時想要維持婚姻；他認為若能控制飲酒，將可以保住工作和婚姻。

T1 ：所以，你喝了多少啤酒？

F1 ：比平常少很多。但確定的是，比我給自己限定的三杯還多。

T2 ：很高興聽到你喝得比平常還少。那麼，你會說到底是多少杯呢？

F2 ：大概是八杯吧，應該是。

T3 ：你本來還可以再多喝一點的？

F3 ：當然。

T4 ：所以，你如何在第八杯停下來呢？何以沒有喝了第九杯？

F4 ：嗯，我和我的鄰居在鄉村的酒吧──也就是過去二十年每個星期五晚上會做的事。九點半左右我去上廁所，所以我從座位上站了起來。後來我就只知道自己已經站在門外──我開錯門了。所以我決定，既然我已經到了外面，我想我可能回家比較好。我直接回家去睡覺，然後睡到星期

六中午。

T5 ：你可以回去酒吧，但你沒有。你是如何決定直接回家呢？

F5 ：事實上，我想是因為我太太不在，如果可以在她上床之前我就已經去睡覺，那麼我就不會打破自己只喝三杯的承諾。不過，她在回家的路上，停在酒吧找我，然後從鄰居口中得知我已經離開了。

T6 ：嗯。

F6 ：我發現站起來回家，比我想像中還要容易許多。我甚至沒有想要再進去多喝一點呢。下一次我希望我在喝二或三杯之後就能停下來。

T7 ：在一個 10 分的量尺上，10 分代表下一次你像其他人一樣有自信，是相信自己可以停在二或三杯，那麼你現在會在幾分呢？

F7 ：如果你上星期問我，我會說 8 分，但是現在我必須說不會比 2 分高。但至少現在我知道怎麼做。

T8 ：站起來並且走回家。

F8 ：對。

T9 ：那麼你猜你太太現在會把你放在量尺的哪個分數上呢？

F9 ：她應該會說 0 分。她真的很生氣。

T10 ：所以，如果你已經從 0 到 1 分時，她會如何發現呢？

F10 ：她現在都不跟我講話，所以說些什麼都不會有幫助。或許，如果我明天起床，做早餐給她吃……

T11 ：也許她會喜歡這樣的方式也不一定。

F11 ：這會讓她嚇一大跳。

T12 ：我希望你能以令她喜歡的方式來做囉。所以，未來，你將會如何知道你已經到 3 分了呢？

F12 ：我不知道……或許如果我從現在到星期五連一杯啤酒都沒有喝的話。是的，就是這樣。那可能甚至是到 4 分了！

T13 ：我猜，你以前也曾經做過像這樣的承諾。

F13 ：也經常老是打破承諾。所以這一次，不再承諾。

T14 ：或許你可以把它當作一個要保守的秘密。

F14 ：對，就這麼做。

T15 ：若這麼做，誰將會最感到驚訝，你或者你太太？

F15 ：我。

在下兩次會談期間，Franz 學到愈來愈多如何控制自己飲酒的方式。他維持住婚姻，甚至覺得他們之間的關係愈來愈好。他的工作持續進展得很好。整體來說，他的情況進步很多。

(三) 後續

我們試圖和每一位在四年前完成聖約翰醫院為期十八個月處遇的病人聯繫（人數為 132 人）（de Shazer & Isebaert, 2003）。這個四年的後續追蹤是一標準化的程序。訪談是由和此方案或醫院沒有任何關聯的心理學研究生負責完成。如果可能的話，病人的家庭成員、家庭醫師，以及轉介資源（包含警察），都會一起接受訪談。

八十九位（67%）病人是男性，四十三位是女性。他們的年齡從十九到七十四歲，平均年齡是 46.2 歲。原來的 132 位病人中，有十三位已經過世。六十位（45%）表示他們正在戒酒，四十位（30%）報告他們成功地練習控制飲酒，還有十九位（14%）表示沒有達到戒酒或控制飲酒的目標。另一個門診病人團體（共有七十二人）也給予了相似的報告：三十六位病人（50%）報告他們正在戒酒，二十三位（32%）表示他們已成功地控制飲酒。

下列各變項間的成功機率並沒有達到統計上的差異，包括：(1)病人最初選擇控制飲酒或者戒酒的方式；(2)男性和女性；(3)已婚或未婚的男性或女性；(4)有工作、沒工作或者領取養老金者；(5)高或者低的社經地位；(6)病人將配偶視為支持者或不支持者；以及(7)病人視家庭為和諧的或者不和諧的。另外，住院時病人酒精問題的嚴重程度（標準化的測量）並沒有影響結果。

一般住院病人待在醫院的時間為十天到十四天，也會在日間醫院再留一到兩個星期左右；平均住院治療的時間（包含日間醫院）是二十一天，而一個門診病人的平均晤談次數為 4.2 次。

(四) 結論

　　顯然地，這個治療取向在處理飲酒問題的方式乃與傳統取向非常不同。SFBT 聚焦在病人能夠做出所欲改變的能力層面上，並促發病人在此過程中做出必要的選擇；這似乎對病人和治療師於飲酒問題上的工作是有助益的。當然這個方案的後續評估結果僅能作為參考，仍需要更多有控制的嚴謹研究；但是目前這些結論，的確為那些與飲酒問題工作的人提供了一些樂觀性。

七、第六篇：普盧默斯方案──家庭暴力施暴者之焦點解決處遇計畫
（Adriana Uken, Mo Yee Lee, and John Sebold）

(一) 歷史

　　在 1989 年，地方高等法院的一位法官透過美國加州普盧默斯縣（Plumas County）的心理健康部門，接洽 John Sebold 和我（Adriana Uken），詢問我們是否能提供家庭暴力施暴者的處遇計畫。由於我們之前沒有為施暴者進行團體治療的經驗，因此我們開始尋找這個領域裡已經發展出來的相關介入資料。我們找到一個熱門的心理教育模式，然後索取相關資料，就開始進行我們的方案了。這些資料乃包含了強烈的認知─行為─女性主義傾向的觀點，並以圖表來說明不同類型的家庭暴力、控制日誌紀錄，以及夫婦爭執的錄影帶，尤其這些資料的要點主要在強調應讓施暴者負起他們行為的責任。資料中雖然沒有明說，但大部分的文字內容都暗示家庭暴力會是男人對女人做的事，而不是其他的形式者。

　　在執行此方案兩年之後，我們變得愈來愈不抱幻想。我們面臨了說服施暴者要負起行為責任的困境。雖然我們都是有經驗的實務工作者，也嘗試告訴男人他們的行為是不正常的、錯誤的、違法的，但後來我們都十分挫敗。我們和團體成員之間的關係也似乎是個問題。我們覺得我們的工作是增加控制性，讓

施暴者去說出和做出我們認為對他們好的事;而此,或許並無不同於他們和其他人發生過的互動經驗。儘管我們努力工作,但似乎沒有造成任何改變。除此之外,我們還有高成員流失率、暴力行為的持續,以及不為服務付費等問題。於是,我們得到一個結論:我們需要徹底的改變。

(二) 轉移到「以解決之道為焦點」

> 參與者不是藉由談論或重申問題,而是藉由定義治療目標與建構解決之道,來擁有處理問題的自主權(Lee, Sebold, & Uken, 2003, p. 9)。

在我們覺得需要徹底改變之際,我們也已開始閱讀一些 Steve de Shazer 的焦點解決治療工作了。我們讀到:如果無效——不要再繼續做——去做一些不同的事。在一開始,我們還有一初衷,希望能縮短方案實施的時間。我們知道要求施暴者來二十六至五十二個星期是不切實際的期待,同時也從蒐集到的文獻中得知,人們可以在很短的時間內有所改變。於是我們把團體治療時程縮短為八個星期。我們讀到 SFBT 中奇蹟問句和良好構成的目標,所以想知道如果團體成員是被引導在「目標」工作時,他們是否可以更為聚焦與投入。我們決定,團體目標必須能促進團體成員真實生活中的人際關係。我們準備了一份清單,內含一些準則,來協助成員弄清楚他們每個人希望自己何種人際關係可以變得更好,以及他們認為要如何才能做到。我們也明確地說明,一旦目標確立,我們每週都會詢問成員的新行為對於達成目標有沒有幫助。如果有,我們會鼓勵成員繼續做;如果沒有,我們便會詢問成員,可以另外再做些什麼來加以取代原來方式。

對我們來說,如果團體成員可以選擇他們自己的目標,用他們自己的語言表達出來,並且弄清楚他們可以做些什麼不同的事情來實現目標,團體成員就可能會更有動力去做改變。我們視自己的任務主要為:詢問問句來引發成員思考及探究「什麼可能是有效以及什麼是無效」。一旦成員發現有效之處,我們

的工作就變成讚美他們的成功，鼓勵他們去做更多相同的事，並且協助他們去發現，這些改變在他們生活中帶來了什麼樣的不同。

　　一開始，法院只派給我們初犯的施暴者，但漸漸的，在看到我們的方案是如此有效之後，法院便派給我們所有的家庭暴力施暴者，包括累犯施暴者、從監獄出來的人，包括男性和女性。我們在想，我們的處遇方案和其他家庭暴力領域的工作有一個相當顯著的差異是，我們選擇不去接收團體成員各種犯罪行為的本質或細節的資訊。雖然在這個領域中，很多人都會懷疑此種決定的智慧；但這些年的經驗告訴我們，若聚焦在問題上，對於協助施暴者弄清楚在生活中可以做些什麼不同，並沒有任何幫助，而且，即使他們弄清楚了，也不能改變什麼。

(三) 我們的方案

1. 評估的晤談

　　在團體開始之前，所有參與者都會接受一個個別「評估」（assessment）（請見 Lee, Sebold, & Uken, 2003, 2004）。然而，我們以兩項重點來代替聚焦於問題之上。第一，我們解釋了參與團體的需求，包含一個參與者所欲改善的人際關係之目標。此團體是由個人決定是否要加入，但是他們對於需要在目標上工作這一部分，則是沒有選擇空間。我們鼓勵這些可能會參加的成員開始思考目標，因為我們將會在第一次團體時，詢問他們對於此一目標的想法。我們相信，建議他們開始思考目標，會在第一次接觸時就撒下了改變的種子。我們也會解釋其他的團體規則，包括：總共有八次團體，只允許缺席一次；如果成員在酒精或毒品的影響下來到團體，就會被要求退出；須完成書面作業；須參與團體討論；不以指責的方式來對話；須出席我們向緩刑犯觀護員報告時的會議。我們相信，事先說明團體規範的要求，以及成員可以擁有的合理期待為何，將可以幫助成員面對他們認為進來團體將會如何被對待的恐懼。我們從過去的經驗中得知，許多施暴者在預期參與治療團體方面是深為恐懼的，因此，盡可能地提供訊息，將可以幫助他們緩和一些擔憂。

　　第二部分的個別評估包含詢問他們的優勢和資源。我們會提問的一些問題

是：

■ 你最近的成功事件有哪些？

■ 你曾經做過什麼事，是讓你感到驕傲的？

■ 你曾經做過什麼事，是需要花費你很大心力的？

■ 你曾經突破一個很難打破的習慣嗎？

■ 人們常讚美你哪些部分？

　　發現參與者的優勢與資源將可開始創造一個環境，讓個別的參與者可以辨識出，在過去自己已經擁有的能力；同時，也會有助於貫注希望，讓他們相信未來他們也可以是有能力的。這還提供我們一個機會來向參與者表示，這個團體將會是一個不同於他原先所期待的新經驗，同時也能開始讚美參與者並發展同盟關係。當和參與者表示，未來還會再有評估時，同時也就對參與者未來達成目標的能力，表達了支持和信心。

　　雖然我們聚焦與強調優勢能力的所在，但是，我們並不企圖去縮小施暴者暴力行為所造成的傷害。焦點解決家庭暴力處遇絕不否認或極小化施暴者的攻擊或暴力行為，但是我們認定此處遇方案是社區調節回應機制的一部分，將能減少家庭暴力。我們方案的角色是一個催化改變和減少再犯可能性的媒介。我們覺得，我們肩負倫理上的責任，應盡快終止親密關係中的暴力，同時，為了要發展終止暴力的方案，我們也面臨道德上的一個挑戰。

2. 一至三次團體

　　第一次團體會先讓成員簽到，這是用來向緩刑犯部門報告出席的人數。接著我們會重溫團體規範，每位參與者都會有機會對團體規範提問或表達不同意。利用這個時間討論團體規範，將可避免日後大家對團體規範有任何問題。第三步，我們開始在目標上工作，這才是我們團體工作真正的開始。我們的任務就是提出一些問句，來幫助成員釐清他們在行為上可以做些什麼（以便讓別人聽到或看到），而能促進改善他們在意的人際關係。形成有用的目標既不容易也不輕鬆，所以我們的前三次團體，主要投入在目標概念化的工作。以下是第二次團體的部分逐字稿；一位名叫 Brandy 的團體成員試圖弄清楚什麼是她可以工

作的目標。

John1	：……對於妳突破與討論的部分，妳有些什麼想法？
Brandy1	：就是我的目標，並不是……我會對我配偶反應過度，然後會想成最壞的情況，所以，我的目標就是：不要在特定的情況下反應過度。
Adriana1	：那麼妳想要以什麼來取代反應過度呢？
Brandy2	：老實說，我不知道。我猜，不要去想最糟的狀況，給予他一些空間而不論斷。
Adriana2	：那麼妳會怎麼做呢？
John2	：在我們進到團體之前，我想要先跟妳解釋這個目標必須是妳可以做的，而不是妳不能做的事情。所以我們將會問妳一些問題，來幫助妳看到妳是可以做些什麼的。如果我們進行得太快，請告訴我們，我們便會嘗試再慢一些，並且以不同的方式來澄清妳的目標……
Adriana3	：所以 Brandy，如果我是一隻攜有攝影機的蒼蠅，停在妳家的牆上，上週看到妳反應過度；下週，我會看到什麼和聽到什麼，而知道妳有所不同了？
Brandy3	：是我的溝通，因為我會是——我會平靜的溝通，而不是任性的討論。
Adriana4	：所以妳會有什麼不同之舉？我可能會看到或聽到什麼？
Brandy4	：我會開始平靜下來。
Adriana5	：那我要如何注意到妳正在做這件事呢？所以，妳的聲音會有什麼不同？
Brandy5	：我會是平靜的樣子，我不會大聲喊叫和提高音調。
Adriana6	：妳可以給我一個例子嗎？那個平靜的聲音會是什麼樣子？
Brandy6	：就像現在一樣平靜。
Adriana7	：妳會以現在的聲調來說話。

Brandy7	：是的。
Adriana8	：所以，妳將會「說」些什麼不一樣的話呢？
Brandy8	：嗯，我會變得更正向，不像之前那麼負向……我總是假設最壞的情況會發生。
Adriana9	：所以，妳會做什麼去取代「假設最壞的情況會發生」？
Brandy9	：以前他遲到時，我總是說：「喔，你是在酒吧逗留了吧！」現在我會嘗試平靜下來，相信他一定有一個好理由才會遲到，像是有塞車或道路施工。
Adriana10	：所以，當他遲到時，妳會想，他應該有一個合邏輯的理由。
Brandy10	：我不會再對他「吐槽」了。〔團體大笑〕真的，這是我平常會做的事。
Adriana11	：那麼當他回家的時候，妳會如何迎接他？
Brandy11	：像是擁抱和親吻。我不會再那麼不安……這真的很不一樣。我們已經討論過這個部分。
Adriana12	：你們討論過了嗎？妳和他一起？然後他說了什麼？
Brandy12	：是，他說我反應過度。
John12	：我想要理解妳現在正在說的內容。所以，妳將會待在家裡，然後他晚回家時，妳通常會想他做了什麼不該做的事才晚回家？所以，過去甚至在他進到家門之前，妳就已經反應過度了？
Adriana13	：他有什麼跡象給了妳理由，讓妳需要這麼想的嗎？
Brandy13	：從來沒有。
Adriana14	：所以他從來沒有什麼地方是需要被妳懷疑的？
Brandy14	：沒有，那只是從我過去的關係得來的習慣反應。
John14	：好的，我聽到妳所說的就是，甚至在他回家之前，妳在如何思考這整件事情上就需要做個改變。所以，這一次妳將要如何做以及如何想呢？
Brandy15	：我不知道，我的意思是，他可能是塞車，他一路從雷諾市回

來。

John15 ：所以，塞車可能是真的——他從很遠的地方回來。

Adriana15 ：我想，對妳來說這可能是一個很大的目標。

John16 ：這是個困難的目標。

Brandy16 ：是的。

Adriana16 ：這將需要很辛苦的工作。

John17 ：我很好奇，這帶給我們另一個問題。如果這一切是自動化的話，妳將如何從這自動化反應轉移去做其他行動呢？妳日後可以給自己什麼訊息或想法，好讓妳可以「走不一樣的路」呢？

Brandy17 ：我沒有任何想法。

其他團體成員 17 ：可能如果他出去又帶戒指給妳，那妳就可以轉變成：每次妳生氣的時候，要提醒自己做一些不同的事……

Adriana17 ：是，但那就要要求（他）妳的先生先去做一些不同的事；如果他沒有做到，那麼妳也會卡住。

Brandy18 ：對。Joe 可能說的是，女孩在孩童時代會做的事，當他們摘掉雛菊的花瓣，會說「他愛我，他不愛我」，然後改為跟自己說：「他愛我，他愛我，他愛我」並且——一遍又一遍地跟自己說：沒有任何跡象指出他將會傷害我。

其他團體成員 18 ：可以在家裡貼滿便條紙提醒妳自己。

John18 ：我們先這麼說，對於要去這樣做，妳有多少信心真的會有效？我不是指解決它，因為這將花很大的努力——但 10 分代表這真的有用，而 1 分代表這真的沒效，在這個量尺上，妳會打幾分呢？

Brandy19 ：我打 9 分。我很肯定這將會有用。

3. 四至八次團體

在目標形成之後，接下來的各次團體，則會聚焦在前一個星期中參與者做

了什麼不同的事情來達到各自的目標。我們會提問問題，給予讚美，並且聚焦於下一步可能可以做些什麼。以下是一個我們稱為 Bill 的當事人和我們的對話，這段對話是用來說明這項作法的部分過程。Bill 曾說他希望對他的伴侶少一點生氣，多信任她「不是在閒混」，而且兩個人不再有爭吵。Bill 承認她從來沒讓自己有任何不可信任她的理由。Bill 決定做些不同的事情之一是：正面地思考關於她的事情。以下的逐字稿來自第七次團體：

Adriana1	：所以，Bill，關於你的目標，有發生什麼事情嗎？
Bill1	：我還是跟上星期差不多，我有點像是「在城外工作的隱士」，但是我每天都有和我妻子說話。
Adriana2	：所以，你有這個機會嗎？甚至在工作的時候？
Bill2	：是，當然。你知道嗎。我注意到一件事：表現問候，甚至只是和妻子通電話等這些事，都給我更多一點的信任感。雖然我甚至完全不認為這會有什麼影響，妳知道──這有點讓我感到驚訝。
Adriana3	：是嗎？
Bill3	：之前我總是會有點懷疑她在做什麼？當我離開的時候她在忙什麼？在我家有舉辦盛大的舞會或什麼之類的嗎？只是問候說「妳知道妳對我好，是多有幫助的，我相信妳」諸如此類的，我猜對我來說，有點從胡說八道到我開始相信她。
其他團體成員 3	：這有效！〔團體成員大笑〕
Bill4	：是，所以不論她是或者不是──妳知道嗎，這已經超越我的理解。我不會坐在那裡一直懷疑。
Adriana4	：所以當你讚美她的時候，你注意到什麼？
Bill5	：藉由讚美她，我告訴她，她是一個好人，她會把事情和東西做好。她似乎是正向的回應我。不知道為什麼，當我出城的時候，我不會再懷疑她。
Adriana5	：哇！

Bill6	：而且那讓我有點驚訝。
Adriana6	：所以，讚美讓你有更多的信任？你做了讚美而且這讓你更信任其他人？
Bill7	：某方面是。有點詭異的感覺。
Adriana7	：這很有趣不是嗎？
其他團體成員 7	：所以，你認為，聽到他們有點類似的目標〔指著其他兩位團體成員〕，對你有幫助……
Bill8	：喔，是。你知道，我可能是全世界最不完美的人之一了，而且你知道他的目標〔指著其他團體成員〕，他要讓自己負起更多責任，這幫助了我增加我的責任感；而她在做：「就是把它框出來」，這方法有時候對我也有效。你知道，每個人對他們正在做的事都有很好的個人意見——我總是想著你們所說的，然後嘗試看看，我自己又可以如何使用這些方法。
John8	：現在我還是真的對你的讚美很感興趣。從你所說的一切，我聽到，當你想到關於你自己和你的人際關係時，你現在是有希望感的？
Bill9	：你知道，過去曾經有一段時間，特別是信任，我就是沒辦法看到自己真的能信任。但是某方面來說，那也算是有一點成效吧。
John9	：是，生命有點像是走回到那一點，特別是在關係中。
Adriana9	：所以，你稱讚得愈多，你相信得愈多？
Bill10	：是，結果似乎是變成這樣。
其他團體成員 10	：我也要試試看那個方法。
Adriana10	：你也要試試看那個方法？
其他團體成員 11	：是，那方法似乎有效。
Bill11	：我需要再多說些什麼嗎？我不喜歡在人群面前說話。
Adriana11	：嗯，我最初的問題是，你在工作的時候，會發現有機會去……

Bill12	：我上次有遇到，而且很像的喔。你看到某個人以特定的方式做某件事，然後你說：「嘿，這個方法比我以往做的方式更好。你知道，我一直在浪費時間。」然後我給他們一點增強，也鼓勵在你身邊工作的人。我和這個人一起工作，而且他從來都不會想太多。他就是來上班、花了他的時間，然後想要離開。有時候我告訴他：「嘿，我想有時候你把自己放在工作上的時間太多了。你是一個很努力工作的人和員工。」他有點開心，然後妳知道，這個方式讓我得到一個更好的助手。
Adriana12	：是嗎？
Bill13	：之前他是有點懶惰，而且只花一點時間在工作——後來有一次我對他說「你覺得如何進行？」時，他說：「我想我們可以這麼做。」然後我說：「你知道那是一個很好的主意，我們用你的方法試試吧。」
Adriana13	：所以你看到他更願意投入於工作？
Bill14	：你看到他會思考得更多並且至少試著努力一些。之前我可能會因為他拖延、又需要幫忙他而氣他，而且我也不想要說任何事。現在，我已經發現另一個方法能讓他有一半的機率去做事，你知道的，這取代了對他的生氣。

4. 給予任務

　　依團體的大小和時間限制，我們經常會給團體成員一些書面作業。在每一次團體的結束階段，我們會提問一個問題，像是：「寫下一頁在你人生中對你有正面影響的人。然後準備在下次團體中討論它。」另一個我們可能會給的作業是：「寫下所有你想到可以對人際關係有幫助的小事」，或者「寫下一頁你如何對你的伴侶表示你在乎她，以及她又會如何表示她在乎你」。

　　所有作業都是導向正向的行為，同時這給予團體一個很棒的機會來共同討論。這些作業是設計來幫助團體成員聚焦在可促進人際關係的特定行為上；而

最重要的是，要以他們生活中的脈絡來形容這些行為。這個作業也提供我們提問一些好問題的機會。舉例來說，Chad寫下了，在他的人生中最重要的影響人物是祖母，她還教導他「辨別是非」。之後我們就可以問Chad，想像他的祖母會怎麼形容他，以及，如果祖母可以看到他在家裡做得很好時，對她來說，會有些什麼不同？

第七次團體，我們持續給作業：每位團體成員寫下他們從團體中學到什麼；在團體結束後，有什麼目標是他們想要繼續努力的；以及在1至10分的量尺上，他們多有自信可以繼續朝這個目標努力。團體結束後三個月，我們會寄信感謝他們參與團體，讚美他們的努力，並且歸還他們第七次的作業。我們猜想，歸還作業可能是讓他們在目標上持續工作的一個良好提醒方式。這個作業也給予了我們數百位團體成員的陳述，讓我們了解他們是如何受到這個方案的影響，以及他們對促進人際關係的承諾。

(四) 方案成果

從一開始我們就相信，仔細累積何種處遇對施暴者有助益的實證證據，是很重要的，因為如此一來，更為有效的處遇才得以發展。我們蒐集了量化數據來測量施暴者行為的改變，像是暴力行為的終止、親密關係中的尊重與照顧行為、增加自尊的行為指標。我們累積量化數據以辨識這個方案對團體成員能貢獻正向改變的元素。

1. 再犯率

家庭暴力施暴者處遇方案的評論，在完成方案後一年之再犯率，一般來說乃介於20%到50%（Lee, Sebold, & Uken, 2003）。從施暴者伴侶的報告與逮捕紀錄測量再犯率的研究發現，再犯率為40%至50%。這些方案的早期中輟率也很高，從50%到75%（Lee, Sebold, & Uken, 2003, p.8）。相對地，取自美國地方檢察署、緩刑部、受害者證人辦公室，我們方案參與者的再犯率平均為16.7%；這是由方案完成十四年後平均有92.8%回收率之資料而得的數據。

2. 伴侶的評論

在伴侶的評價方面，參與者大部分的伴侶在描述他們注意到的改變時，多聚焦在生氣控制的議題上。典型的評論包括：「我不記得他上次暴怒是什麼時候的事了」、「……沒有打小孩」、「……沒有暴力」、「……（處理）生氣議題上比較好了」、「……（是）有減少攻擊性」、「他更能控制自己的脾氣」、「……他會花一些時間思考整件事」、「他學會以不同的方式來處理生氣了」。一個具代表性的伴侶評論是：她的配偶現在「開車慢很多，（是）更多貼心，而且更少衝動」。其他的伴侶則說：「她變得比較容易相處，她是隨和的，（而且）她整個慢下來了。」還有一些配偶也形容他們的伴侶更為投入且致力於處理他們的家庭生活，幫忙做更多家事，以及花更多時間和配偶與孩子在一起。有些人說他們的伴侶「沒有再使用任何毒品，而且（還能維持）他工作一年多」。其他伴侶說「他不會因為他自己的行為而指責別人」，以及「她會試著保持正向態度來取代負向的言行」。

3. 團體成員的評論

以下逐字稿是來自一次團體，其主題為：何者是參與者視為有幫助之事。Insoo Kim Berg 參與這次特別的團體，並且提問了以下的問題：

Insoo1 ：我想要問你們一個問題—— John 和 Adriana 並不知道我要問你們這個問題，我突然想到這個問題的。我很好奇，你想你會如何告訴你的朋友、家人或伴侶，自從你們來到這個團體後，他們（John 和 Adriana）做了些什麼，這是第五次的會談對吧？他們做了什麼，對你們是有幫助的？團體中哪個部分對你是有用的？

團體成員 1 ：他們問了很多問題。

Insoo2 ：那有幫助嗎？

團體成員 2 ：是。他們幫助你說出想要說的，我想說的是，對我來說很好——他們幫了很大的忙。他們持續使用各種方式來問不同的問題，幫

了很大的忙！

團體成員 3 ：他們不是告訴你或引導你往一個方向去之類的；他們會問你，然後你會自己找到方向。當你回答問題——你就會定義出你自己的位置，而且會有所改變。這不是他們弄的指導方針……它是……

Insoo4 ：你喜歡這樣嗎？

團體成員 4 ：是啊，因為這不像是你被規定必須做什麼，而是你自己得去做某件事才會有效。他們問的問題讓你形成你自己的想法。我認為這很有幫助，因為每個人都是不同的，而且他們每個人都有找到自己的方法。

Insoo5 ：聽起來你們所做的事都不一樣。

團體成員 5 ：用自己的方式；就是你所感受到的。

團體成員 6 ：我喜歡你們讓我們每個人都覺得，不論上週我們說了或做了什麼，你們都讓我們感覺很好。不管我們之中的每個人說了什麼，或者帶進團體的是什麼。我們都有從這裡帶走的禮物就是，你們對待我們的正向態度，評論和談論我們已經做到的事；這都讓我們覺得有比較好一點。

Insoo7 ：所以我要問你們所有人的問題是，自從你們來到這個團體後，John 和 Adriana 做了什麼？

團體成員 7 ：事實上他們給了你很多離開團體後會去思考的東西。他們讓你聚焦於思考。你知道自己為什麼會在這裡。但他們從不主動談起為什麼你在這裡，這對我來說很棒，我是說真的，很多人會談起為什麼你在這裡，但是他們從不主動談起。他們總是聚焦在其他可以讓你變得更好的事情上。這對我很有幫助，真的。

團體成員 8 ：我想他們對整個團體最重要的貢獻之一，事實上我把它視為最有幫助的是——我們都擁有自己的目標和一切，而且是我們自己主動談起的。我們討論我們的目標，他們也總是問我們目標——而且他們每次都會問：「你如何把目標轉為行動？你如何把目標變成對你是有用的？你要如何開始著手？你期待這個行動看到什麼

結果？」而不是只讓我們坐在這裡談論目標是什麼，以及發生了什麼事而已。我認為提出和回答這些問題比較困難——比單單只在談論還難。

Insoo9 ：還有沒有人可以想到其它他們所做的有幫助的事？

團體成員 9 ：他們所有提出的問題都對我有幫助，讓我能持續前進。

Insoo10 ：是嗎？他們的問題如何有幫助呢？

團體成員 10 ：可以幫助我保持在聚焦思考的狀態。

Insoo11 ：你提到他們問的問題，而且你也真的可以學習思考。

團體成員 11 ：那些問題幫助你打開你的心房，讓你變得開闊，對我來說是這樣，擴展了對事情全貌的心智，而不是停留在事情的一小部分。

團體成員 12 ：這些問題總是讓你想你能做什麼來幫助你擺脫困境，並且，還讓你知道其他人所做的方式你也可以試著去做——針對自己的目標去做。

Insoo13 ：你喜歡這樣嗎？

團體成員 13 ：是啊。

Insoo14 ：嗯，是呀。很謝謝你們多花了這些時間。

(五) 對實務工作者的影響

對身為實務工作者的我們，採用焦點解決實務後，對我們造成極大的不同。我們使用焦點解決取向於家庭暴力團體、青少年物質濫用違法者的團體、緩刑青少年的父母等對象，同時也用在社區心理健康門診的所有當事人身上。過去我們以問題為焦點的取向來進行工作時，我們看起來總是很疲憊。我們從不知道當事人何時才算是完成治療；我們也常感受到的是，我們在做所有的工作，且必須成為「專家」，以及弄清楚如何「修復」和「治癒」當事人。我們花了一小時又一小時的時間來傾聽人們關於生命中出了什麼問題的故事；為了讓人感覺我們有效能，我們又需要再問更多關於倒底是出了什麼錯誤的問題。

焦點解決治療有如一股新鮮的空氣。突然間，助人工作是由當事人決定他什麼時候完成治療，也有清楚的行為指標來確認目標的達成。我們不再有必須

成為「專家」的負擔，反而是和當事人一起合作弄清楚什麼會是有幫助的。我們不再用好幾個月的時間在傾聽當事人的問題，而是專注於傾聽優勢力量與能力所在。我們一直看到奇蹟形成的過程。這當然並不意味我們只是傾聽；這過程其實相當不簡單。我們必須學習如何尋找人們的優勢，並且學習如何提出問句，以幫助他們能在「帶進來的問題」以及「未來他們想要的目標」之間，搭起一座橋樑。我們需要訓練自己精細地聽到當事人任何做到的些微改變或是可能有用之處，而那些正是當事人不太會注意或留意到的。在一天結束時，我們常會覺得創造了一些不同，也會對於人們的神奇感到熱血沸騰。如同你可從逐字稿中所發覺的，我們對於這些家庭暴力施暴者的改變，以及在我們的尊重下所表現出的真誠，留下很深刻的印象。我們不再視當事人為被 *DSM* 標籤的人，而是充滿十足可能性的人們。我們的工作變得有趣，我們也容易感覺受到賦能。我們工作之外的生活也受到影響。我們發現自己更常讚美別人，甚至我們彼此會相互肯定。當你開始尋找什麼是正向時，將帶來很大的不同。當你能夠了解自己的行為會決定自己的生活品質，將會帶來差異。我們也發現，此刻的真實是透過與他人對話的語言所建構的，而不是以過去你發生了什麼事來建立的。我們還發現，自己更活在當下，並且擁有更多樂趣。

(六) 對我們機構的影響

對一個機構來說，焦點解決取向能夠改變的不只是我們和當事人連結的方法，更是我們如何一起工作的方式。我們的機構變得更像一個團隊，會分擔責任，並且注意到彼此的優勢。工作人員的會議變成是共享的互動，而不是一個階層化的過程——只是讓「上司」命令工作人員需要去做一些事情而已。在醫務會議中，工作人員會描述當事人的成功，而非他們的問題。讚美讓我們彼此的工作變得更為容易。醫務所職員與支援人員的界線變鬆了；工作人員也變得更加努力工作，會去完成工作上需要做到的事情，並且願意走出他們的工作，去幫助其他人擺脫困境。當事人不會以診斷名稱來加以指認，而是被視為有能力改變的人。我們的挑戰變成是：如何最快找到「未經琢磨的鑽石」。John 和我很期待去帶領我們的家庭暴力團體，並且以「樂趣」來向別人形容我們的工

作。我們會討論團體成員多麼讓我們印象深刻，以及我們從他們身上又學到多少。我們會讚美彼此所問的「好問句」。我們也經常會思考：我們自己是否可以做到團體參與者所展現給我們的一切——有勇氣、力量和堅持。

　　曾經我們也面臨許多挑戰，特別是得去應付其他活在「以問題為焦點」世界中的機構。我們發現，為了不要製造障礙或防衛反應，我們需要看到且感謝其他人所做的一切，並且發現他們的有效之處。雖然我們的機構是焦點解決取向的，我們還是面臨大系統的要求，像是州或地方政府的規定。為了收到付款，我們需要給予 DSM 診斷，並且需要將當事人有問題之處持續具體列表。應付這些大系統可能需要驚人的耐心以及來來回回轉換的能力，但這也幫助我們更加認清政治所扮演的巨大角色，特別是在家庭暴力的領域中。

(七) 結論

　　與家庭暴力施暴者工作，我們從問題焦點轉變為以解決之道為焦點；這個轉換對我們來說是一場令人大開眼界的冒險旅程。這個過程改變了我們如何看待處遇、我們的當事人、我們的協同工作者，以及我們與並行系統間的關係。十四年來與團體施暴者的工作經驗說服我們以下三點核心信念，這也是目前指導我們專業實務的方向：(1)人們可以創造他們自己的解決方式；(2)處遇中關於「選擇」的要素，將創造強大的改變動力；(3)聚焦在小的、目標相關的行為，可以提供一個強大的催化劑，也可以使人在短時間內發展出現實生活中有意義且持續的改變。

八、第七篇：焦點解決督導——
從 Insoo Kim Berg 的學習（Frank Thomas）

　　我最後一次對受督者（註1）說：「哇！」已是很久、很久以前的事了。在形成我自己的焦點解決督導風格過程中，我很快就明白：對於已故 Insoo Kim Berg 的尊崇（她喜歡在 SFBT 的工作中說：「哇！」），不代表我也需要模仿她那獨一無二的風格和辭彙。不過，我想，藉由確認、整理並寫下 Insoo Kim

Berg 的焦點解決督導理念與實務，是我為焦點解決取向的文獻及社群所能做的貢獻（註2）。

我第一次以焦點解決督導為主題進行公開發表，是在國際家族治療學術研討會中（Thomas, 1990, 1992）。雖然當時我的演講和 Wetchler（1990）的文章，顯然是「運用焦點解決精神於督導」此一主題的首次正式發表，雖然如此，我還是信心滿滿，因為我知道 Insoo Kim Berg 在撰寫焦點解決督導的相關應用文章之前，與其他短期家族治療中心（BFTC）中的夥伴，嘗試將焦點解決取向運用於督導工作，已經有一段相當長的時間了。早期焦點解決督導形式對於人們、改變和影響的假設，似乎也與之後 Berg 對於督導的闡述是一致的（Thomas, 1996；見 Wheeler, 2007）。

(一) 焦點解決實務何以與督導相遇？

當我開始學習 SFBT 時，我很幸運地能夠有一群同事可以一起切磋琢磨、進行實驗（註3）。他們有些人曾在威斯康辛州密爾瓦基市的短期家族治療中心（BFTC）直接師承於 Berg 和 de Shazer；有些人曾經學習過策略家族治療學派、心理研究機構（MRI）模式，或是艾瑞克森取向。雖然我們背景不同，但是我們都一起閱讀我們能取得的 de Shazer 和 Berg 的任何文章或資訊，並且積極地運用在我們的工作上。在 1980 年代後期，有一年半的時間，我們這群人每週都見面；我們於碰面當日傍晚先在單面鏡後觀察一個個案工作，之後再對此臨床工作進行交流討論到很晚。當時我的體會是，SFBT 對可能性擁有極度關注，而且這關注是以「對當事人經驗與資源的深度尊重」作為背後的支持。所以，當我開始督導一些小組成員時，我們就秉持著這樣的合作精神，開始各自表達出我們對於什麼有效、什麼無效、什麼符合短期治療的種種想法。

這些聲音一直陪伴著我，包括我在 1989 年繼續於加州女子大學督導一些優秀的碩士班與博士班學生進行家族治療的工作過程。在我之前的督導訓練中，存在一個基本的想法——「同質性」的概念——認為督導取向和治療取向是需要一致的（Liddle & Saba, 1985）；不過在我運用了後現代、以語言為中心的焦點解決取向之後（Berg & de Shazer, 1993; de Shazer & Berg, 1992），便改變了

我之前對於督導同質性的看法。我發現焦點解決督導的概念和技巧也能適用於在不同場域工作的、多數其他派別取向的受督學生。Insoo 的說法的確很適合我：有效，就多做一點。

(二) 平行於焦點解決短期治療的焦點解決督導理念和技巧

Insoo 強調：督導中的合作關係是很核心的要素。Insoo 認為督導如同在治療過程中一樣，應該要分享權力並採納他人的知覺觀點，才能造成改變的發生（SFBTA Archive DVD #0064, n.d.）。Insoo 曾寫道：

> 確認你擁有諮詢和督導的有效資源，無論是正式的督導或是同儕督導／諮詢，都是不可或缺的、持續的基礎資源。當遇到「超級困難」的案例時，記得和你的夥伴一起腦力激盪，並能獲得另一個人的意見。令人安慰的是，有時候在與同事或督導者合作討論之後，你會覺得「超級困難」的案例竟變成了「只是困難」者而已（Berg, 1994, p. 215）。

這裡有兩個焦點解決實務工作者應該不陌生的技術：「自我評估」（包含評量問句）以及「多做有效之處」（SFBTA Archive DVD #0064, n.d.）。評量問句讓受督者可以去評估所設定之目標的進展，並且能將督導會談與實地接案兩者的經驗有所連結。舉例而言：

督導者 1：在 1 到 10 分的量尺上，對於這個禮拜你在與當事人晤談中的同理心展現，你會打幾分呢？

受督者 1：喔，我想應該是 5 分吧，或許是 6 分。

督導者 2：那一個禮拜前是幾分？

受督者 2：上個禮拜我是說 4 分。

督導者 3：所以，你是怎麼讓這個差異發生的？

受督者 3：……

本書提到的 EARS 步驟中之增強／回饋，是 Insoo 督導工作的基石。如前述：「你是怎麼讓這個差異發生的？」的問句，明顯地是想要獲得受督者對於正向改變的知覺。注意受督者如何改變、如何獲得成功、如何有所進展，亦是焦點解決督導中的重要要素。

SFBT 和焦點解決督導共同的技術，則包含以下幾點：

■ **督導者應盡可能以合作性的觀點與行動，來建構受督者的勝任能力。** Insoo 在日本教授焦點解決督導時，非常明確地指出：「焦點解決督導如同 SFBT 一般，我們也為受督者創造一種完全不一樣的真實。我們的工作就是去改變受督者所認為的真實，讓他們感覺到控制、能力與成功。」（SFBTA Archive DVD #0064, n.d.）這個部分和 SFBT 的語言基礎取向是相當一致的；SFBT 認為，晤談是受當事人（或治療師）的能力所引領，並將其融入於對話中。而我的督導工作即是去探尋受督者的資源，並提升其能力和技巧。

■ **督導是一個共同學習的歷程。** Insoo 採用了 Cantwell 和 Holmes（1994）的譬喻——「身後一步引導」。我發現，只要能夠提醒自己，督導乃是教學相長的、受督者與督導者的改變是互相影響的，那麼要做到「身後一步引導」並不困難。當受督者得到建議，或許會覺得很有幫助，但是其實更有幫助的是，督導者跟受督者一起合作探討督導每一片刻可以有何學習，而此，將讓督導者能更加了解受督者的能力。對我來說，我會盡可能地以治療師的知覺觀點來思考、引發治療師對我所提出觀點的想法，以及減少我們之間的權力差異。如同 Insoo 的指導原則：「你想告知之前，先提出詢問」（Ask before you tell）（SFBTA Archive DVD #0064, n.d.）。

■ **督導是一種語言的經驗。** Insoo 相信，我們如何說話和我們說些什麼，是一樣重要的。有個明顯的例子是她對於試探性語言的使用。Insoo 與其同事將這種試探性的語言稱為「降低風險」（hedging）（Rudes, Shilts, & Berg, 1997），這也是她在督導中經常示範的方式。她曾定義「降低風險」為：

　　養成使用試探性語言的習慣，將有助於合作和協商。所以，什麼是試探性的語言呢？就像是「這似乎是……」、「有沒有這個可能是

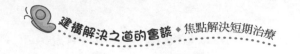

……」、「聽起來像……」、「也許……」、「我不確定……」、
「我想知道……」以及許多其他的問句等,都可以用這種試探性的口
吻來促進合作的發展(Berg, 2003, pp. 42ff)。

而另一個「降低風險」的例子,是有關「假設」(suppose)這個字詞的使
用;此可由 SFBT 對於奇蹟問句的運用中,顯見其特色。「假設」將對話置
於不同的時態——未來時態——當問題或僵局不再時。如同以下將提及的關
係問句,「假設」能促使觀點上的改變。「假設你和當事人之間這個情況解
決了,那會是怎麼樣呢?」這是個既簡單又深刻的例子。Insoo 的「降低風
險」和「假設問句」皆與她多年來所倡導的好奇未知之姿,其立場相當一致
(讀者可多去閱讀此觀點的書籍)。

■ **持續詢問關係問句**。這是在我所蒐集的焦點解決協會的資料中,關於 Insoo
督導概念中最重要的一個主題。舉個例子像是「如果你……你的當事人會怎
麼想?」,這樣的問句能讓受督者藉由猜測當事人的觀點,來擴展自己的想
法(Berg, 2003, 2005; Berg, "Hot Tips III," n.d.; Berg & De Jong, 1996, 2005;
SFBTA Archive DVD #0064, n.d.)。在本書的第三版文本中有以下例子(De
Jong & Berg, 2008):

> 「假設當事人認為你對他的幫助進步了 1 分,那他會注意到你做
> 了什麼不同的事?」「假如受督者不知道到目前為止當事人認為什麼
> 是最有助益的,督導者便可以詢問:那麼你會如何去發現呢?你會多
> 做些什麼去了解呢?」(p. 270)

■ **多做有效的事,並結束於正向的訊息／讚美**(SFBTA Archive DVD #0064, n.
d.)。讚美包含直接讚美、間接讚美和自我讚美。在 Insoo 的督導風格中,讚
美是個重要的焦點。「自我讚美涉及以提問問句的方式讓當事人被放在一個
位置(通常是第一次):去描述自己的成功和隱而未顯的能力。」(Berg &
De Jong, 2005, p. 52)Insoo 也在督導中修改讚美的方式並持續運用讚美,如

提問：「你是怎麼能在這麼短的時間內完成這麼多的事？」「你是怎麼讓這個改變發生的？因為這是很多人都做不到的。」像上述這兩個問句，也是我在督導工作中會詢問受督者的。這可稱為「預設問句」（presuppositional questioning）（Thomas & Nelson, 2007），在督導者提問時，便假定了受督者擁有控制力，如此便可開展其工作上進展的各種可能性。Insoo 在督導中，很注重將抽象的概念轉移至實務上的運用，她在影片裡（SFBTA Archive DVD#0074, n.d.）曾提到：

> （受督者）需要看見（行為）背後的理論架構。這是什麼意思呢？你知道，他們必須產生一些連結……這就像是，如果後現代主義無法與現實生活情境有所連結，那麼解釋再多、再久也沒有意義。對生手、實習生、畢業生、以及已經在這個領域工作很久且希望再成長的人（都是如此），我都做了很多像這類的連結，例如：「他們很能了解這個概念」，以及「在現實生活處境中，（你）可以如此加以連結、加以運用」。

■ **督導中直接方式與間接方式一樣重要**。Insoo 留下很多督導的錄影示範帶，在當中可以看見她交錯運用不同程度的直接指導和間接指導（她於私底下的教學或督導，也是這樣的溝通風格）。Insoo 於督導中展現了很多間接指導，其中有一個 Insoo 認為很重要的是：「感到困惑」（Berg, 2003; Visser, 2004）。她在對團隊提出觀點時，通常會很隱微地運用「感到困惑」的態度。曾經有一次，她和一位來自加州的男性督導者討論督導與訓練的主題時，Insoo 就公開提及她的一個策略：「看啊！這真是有趣，對吧！」（Look at that! Isn't that interesting!）（SFBTA Archive DVD #0074, n.d.）Insoo 說，當受訓中的治療師在單面鏡後進行觀察時是分心或無法專注時，她便會使用這個策略。這個策略讓我想到艾瑞克森學派中，運用催眠的分散注意（distraction）技術；不過 Insoo 並沒有將這兩者有所連結。無論如何，Insoo 曾公開提到「看啊！這真是有趣，對吧！」的策略如何能對受督者和督導歷程帶來益處，也能藉

由這個不被他們發現的方法，轉換團隊成員所知覺到的現實。

任何認識 Insoo 的人，都知道她對受督者講話非常直接，也知道 Insoo 對於自己的這項能力非常有自知之明。在一卷錄影帶中（SFBTA Archive DVD #0092, n.d.），Insoo 告訴一位受督者，需要聯絡某位孩子的父親，而那位父親那時還未被邀請進入治療。當時受督者提及 Insoo 的直接，含蓄地指出她對於「父親的加入，可能會有助於改變歷程」的這個觀點，覺得不太舒服。Insoo 立即回應：「當然你會需要這樣假定（孩子爸爸會是有所幫助）的」，以及「（邀請他）也會對你有所幫助的」。

■ **鼓勵進行回饋：當事人對治療師、治療師對督導者、督導者對治療師**（SFBTA Archive DVD#0064, n.d.）。「持續地教導治療師去聽到當事人的聲音，去聽見當事人認為晤談中什麼對他是有效的，這即是督導的任務」（De Jong & Berg, 2008, p. 269f）。Insoo 鼓勵在有所交集的關係中去進行回應性的回饋。Insoo 的「身後一步引導」中有個不可或缺的部分即是：引發回饋，尊重他人的經驗，並於持續的會心互動中給予回應（Barnard & Kuehl, 1995）。

(三) 焦點解決督導的案例

Chase（註4）是一位三十三歲的研究生，正在進行第二學期的修課，他是我講授諮商課程班上的一個學生，他的職涯目標是要拿到能與青少年工作的專業心理師執照。由於他想在實習期間盡可能地有所學習，所以他找到了一個頗具挑戰性的工作——與那些因藥物濫用而被轉介的青少年工作。Chase 有一位優秀且能提供協助的現場督導者，這位督導者畢業於我們所上，他有著很好的焦點解決技巧，能勝任於治療師及督導者的任務。Chase 每週都能夠接受這位督導者很棒的專業督導。

Chase 來找我幫他看一次他晤談的錄影帶。在他平常的接案量下，都接受了足夠的督導，而他這次來找我，是希望他能在個別督導中，針對某次錄影帶裡的晤談有更多學習。那位當事人是一位十六歲的少女，目前正因非法濫用藥物而被強制住院。她在治療過程中被認定是低風險者，因為她與家人已順利通過週末的檢測，所有的藥物檢測結果皆呈陰性反應（意指從入院以來，沒有再

|468|

非法使用藥品）；她的治療方案中指出她已經有了足夠的進步，不需要繼續強制住院，兩週內即可轉至密集門診。而 Chase 關心的是，他的當事人除了不再碰觸毒品以外，似乎沒有自己的目標（對於未來生活也沒有其他計畫）。這位當事人對於奇蹟問句的回答是：幻想能脫離成人的監督——住在樹林裡，或許有一個人陪她，她可以整天閒晃，享受著悠閒時光。這讓 Chase 有點挫折——他覺得自己已經盡全力去協助當事人建構出一個可行的未來計畫，但是當事人始終回到她的「夢幻國度」（當事人與 Chase 所用的字彙）。以下是我們督導過程的摘錄，括弧內的楷體字標示出焦點解決督導的概念：

Frank1 ：OK，今天我可以幫上什麼忙？〔*「身後一步引導」*〕

Chase1 ：〔遞出個案報告，內容如上一段所述〕我很挫折，我不知道我能夠多做些什麼來幫她形成一些目標。她即將要離開醫院了，我實在很擔心她會再回到使用毒品的行列。我應該怎麼幫助她呢？

Frank2 ：我很欣賞你彙整的個案報告。不過，我很好奇，就你認為，我們可以怎麼讓這段督導時間擁有最佳運用的效果？〔*持續將焦點放在治療師身上，避免讓督導過程馬上就進入討論如何與這位「快要離開」的當事人進行治療的主題*〕你帶來了一捲錄影帶，你之前說你想要討論錄影帶……那還有沒有什麼是我們需要考量的？〔*再次「身後一步引導」；設定目標，找到受督者於督導歷程中所想要或需要的*〕

Chase2 ：我想……我想我應該要給你看一下錄影帶。我一直詢問奇蹟問句，但是我覺得我搞砸了。

Frank3 ：如果我看了錄影帶，我可以如何對你產生幫助？〔*好奇，增加一個未來導向的問句，以了解受督者期待督導後的成果為何；類似於奇蹟問句*〕

Chase3 ：你能夠給我一些指引，告訴我「下一步」該怎麼做。

Frank4 ：好的，你想知道我關於「下一步」該怎麼做的想法。還有別的嗎？〔*我通常會問「還有嗎？」確認是否還有其他重要層面尚未被提*

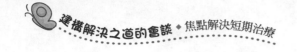

〔及〕

Chase4 ：嗯……怎麼處理我接案的挫折。

Frank5 ：好的……0 到 10 分，你知道的！你現在有多挫折？0 分是非常挫折，而 10 分是……是什麼？

Chase5 ：10 分是「有信心」的。我現在大概是 3 分吧。

Frank6 ：那我們來看看，待會看完錄影帶和談過後，會如何改變吧！〔我用「如何」兩字而不是問「是否」會有改變，以此假定了改變會發生〕

〔我們一起看了十分鐘的錄影帶，過程中沒有給予評論。同時，我一邊看一邊做筆記〕

Chase6 ：你看看我是怎麼搞砸的！〔緊張地笑〕

Frank7 ：嗯，我有一些觀察，但這是我個人的觀點……〔暫停，看筆記〕首先，讓我印象深刻的是，當事人在談她的「夢想國度」時，你看起來是很放鬆的；你之前說到你是挫折的，但我沒有看到這個部分。〔讚美〕你是如何能保持冷靜，至少看起來是冷靜的？〔談論例外，探詢細節，並假設他至少能控制自己的一些行為〕

Chase7 ：我知道怎麼運用呼吸……〔描述當時的放鬆和專注技巧，他曾經在晤談室內與晤談室外好幾次成功地使用這種方式〕

Frank8 ：聽起來你有一些方法讓自己平靜下來。很高興這些方法對你有效——有很多資淺的治療師常為自己於晤談中的焦慮困擾著，但你似乎能讓自己鎮定下來。〔讚美；藉由與其他同儕比較以指出其優勢〕

Chase8 ：嗯，我想是的……謝謝。

Frank9 ：好，現在，另一件事：我喜歡你對於細節的堅持。即使當事人沒有提供很多，你依然表現出耐心，並且看起來像是好奇地想知道更多。還有一點：即使你並沒有得到一些有關於具體目標的細節，你還是用她給你的資料……〔我在這裡提供的細節，來自於我觀看錄影帶時的筆記〕〔讚美〕

Chase9 ：嗯……謝謝！

Frank10 ：我有一個問題：你覺得這個晤談如何？假設 0 分代表是你做過最糟的晤談，而 10 分代表是你做過最好的晤談，這個晤談是幾分呢？〔引發他的觀點，跟之前做比較〕

Chase10 ：3 分吧……如果是這樣比較的話。

Frank11 ：好，那我現在有一個奇怪的問題：如果我打電話給當事人，詢問她有關這次的晤談——0 分代表對她沒有用，而 10 分代表非常有用、有幫助，你想她會打幾分呢？〔關係問句；進行比較〕

Chase11 ：我不知道〔笑〕……

Frank12 ：〔靜靜地坐著，十秒〕

Chase12 ：……我想我應該問她……〔暫停〕……我不知道她會怎麼回答。

Frank13 ：所以，讓我摘述一下：你覺得這次的晤談是 3 分，對你而言並不是最好的晤談，但是你不知道當事人是怎麼認為的。〔摘要重點；在 Chase 面前呈現出目前的狀況，而讓 Chase 可以思考他的答案〕

Chase13 ：是呀……我確實是不知道她認為有多好，不是嗎？

Frank14 ：當然是——你知道你是如何評量這個晤談的。讓我們來做個假設性的問題，不是結論，也不需要是完整的答案。我想問你，假設你採取了下一小步，你會發現什麼？〔假設；「下一小步」問句；建構未來可能的選項〕

Chase14 ：我會問她，對嗎？

Frank15 ：你會問她什麼？〔好奇〕

Chase15 ：會問她覺得晤談如何。

Frank16 ：好，更具體一些。你會問她什麼問題？你會怎麼問她？

Chase16 ：我不知道……

Frank17 ：讓我們從這裡開始——你過去都怎麼詢問當事人有關於他們和你晤談的經驗？〔這部分是所有學生進行實習時必須學習的事情，所以，我知道 Chase 和其他當事人有過正向互動的經驗；同時，我想引導他產出可能的未來細節〕

〔這個討論關注於：過去他如何得到當事人與他晤談的經驗，以及他從當事人回應中如何得知與自己原先知覺的差異部分；除了這些學到的事情，也關注他如何將類似於過去的方法運用到眼前這位當事人身上。這討論也包含了下次他與當事人會面時，可使用的一些「降低風險」方法或假設問句〕

Frank18：回到一開始——如同之前的評分標準，從挫折到有信心的量尺。你現在是幾分？〔評量問句；將他整體的經驗連結至督導經驗的回饋，好讓我知道未來如何和 Chase 進行督導〕

Chase18：6 分吧，或許是 7 分。

Frank19：是什麼對你產生幫助？〔對我的回饋；提供機會讓他說明並強化自己的改變〕

Chase19：讚美……之前我沒有看到你所看到的，但是現在我看到了。對於要做些什麼，我也有了更多想法。我了解我是怎麼增加自己挫折的，我得為此做些什麼。
〔我們以討論他平常處理挫折的方式以及如何與這位當事人進行下次晤談的具體想法，作為結束〕

希望上述對話能提供出一些對於焦點解決督導的概念和技巧的說明，其包含：

■ 身後一步引導。

■ 假設改變是持續且可被預期的，同時，也假設治療師是能發揮作用的（可控制的）。

■ 「降低風險」，或假設語句。

■ 引發治療師建構一個具體的目標。

■ 讚美的使用。

■ 例外、建構未來、評量和關係問句。

■ 「與（with）治療師一起」（而非「為（for）治療師」），以及發展「下一步」。

■如何從治療師處獲得回饋，以引領之後的督導。

在此並沒有打算要呈現所有焦點解決督導的概念和技巧，僅是提供一個例子，以供對照於其他取向的督導。

(四) 焦點解決督導的研究支持

在臨床督導上，焦點解決督導的相關研究很少嚴謹到足以符合此領域的研究水準。正如 Milne 和其同事（2008）所說，大部分的相關研究都有方法學上的缺點和概念化的薄弱。雖然現有的相關研究皆一致支持焦點解決督導的正向效果，但是有關焦點解決督導對於治療結果的直接證據則相當匱乏（Wheeler & Richards, 2007）；Frietas（2002）指出：「很多研究致力於了解受督者經由督導後的能力發展，卻很少看到文獻中提及臨床督導是否改善了當事人的狀況。」（p. 354）Frietas 發現，從 1981 到 2000 年間，只有十個在方法論上夠嚴謹且具有外在效度的相關研究，是在討論焦點解決督導對於當事人的影響結果；其中最重要的是 Triantafillou（1997）的焦點解決督導研究。Frietas 指出，Triantafillou 的「研究結果支持了：相較於一般的行政督導，焦點解決督導能導致較佳的工作滿意度及當事人的治療成效」（p. 362）。Triantafillou 承認：「焦點解決督導模式的研究結果，仍然注重心理健康人員的發展多過於對當事人的影響」（1997, p. 310）；此乃與 Frietas 對於絕大多數督導研究的結論相符。然而值得一提的是，Triantafillou（1997）發現焦點解決督導對於當事人的介入，特別在負向行為的減少是有成效的，即使很少有焦點解決督導研究試圖做這樣的對照比較（Callahan, Almstrom, Swift, Borja, & Heath, 2009; Lichtenberg, 2006; Pearson, 2006; Reese, Usher, Bowman, Norsworthy, Halstead, Rowlands, & Chisholm, 2009）。

還有一些其他的研究，支持了焦點解決督導對於治療師的效果（而非對於臨床個案的改變），但是這些研究多檢視焦點解決督導的一項正面效果而已。Koob（2002）的量化研究結果支持了焦點解決督導對於治療師的自我效能、「職涯穩定性和專業服務品質」，皆有正面的效果（p. 179）；Hsu（2007）的質化研究，除了支持 Koob 研究結果中提升治療師自我效能的部分，也發現焦

點解決督導對於受督者在專業認同及督導目標確認上有正面影響（c.f., Hsu, 2009; Hsu & Tsai, 2008）。Cunanan 和 McCollum（2006）的質化研究，顯示了焦點解決督導能有效加速 SFBT 治療師整合其所受的訓練、督導和實務工作的學習歷程。Jacobsen 和 Tanggaard（2009）對不同督導取向進行研究，發現新手治療師偏好督導者「給予具體明確的指導，告訴他們要如何從事心理治療」（p. 76），這點正好與 Insoo Kim Berg 的督導觀點相符，因為 Insoo 認為督導是坐落在一個「直接—間接指導」的連續光譜上；雖然 Rudes、Shilts 和 Berg（1997）曾針對 Berg 的單次督導進行分析，舉出他們認為所謂非合作（比較直接的）的督導例子是偏少的。

　　儘管相關的研究在數量和範圍上都有限，但在過去二十五年間，有關焦點解決督導的研究皆顯示了正向結果。Frietas（2002）為研究的挑戰做了一個很好的歸納：

　　　　當一個人思及對於督導者—受督者—當事人三者進行研究的複雜性——毫無疑問，這些研究在此領域是很容易受到批評的……考慮到治療結果原本就是包含很多複雜因素的影響……所以如果想要知道某種特定的督導取向對於治療結果的影響，可能需要再花一點時間（p. 364）。

　　同樣地，在 Cunanan 和 McCollum（2006）、Koob（2002）的質化研究，Rudes、Shilts 和 Berg（1997）的單一個案歷程分析，Wheeler 和 Greaves（2005）以及 Trenhaile（2005）的個案研究，都詳細闡明焦點解決督導歷程；我非常推薦在發展焦點解決督導的每位工作者，都能閱讀這幾篇文章。而我個人則希望未來的研究能夠調整研究方法，並且能探討焦點解決督導中督導者—受督者—當事人之間的關係，而能進一步驗證我的假設：焦點解決督導應在此三者關係中的每個層面，都會存在顯著的正向影響。

（五）對我來說，實施焦點解決督導所產生的差異

整體而言，藉由支持治療師／受督者的臨床工作及具目標導向的學習，我將可完成我身為督導者的個人職責。我的一些研究（Thomas, Coffey, Scott, & Shappee, 2000）和其他研究者的研究結果（Cunanan & McCollum, 2006; Hsu & Tsai, 2008; Koob, 2002），都支持了焦點解決督導中的原則：致力於避免病理化、保持尊重、保有暫時性，以及關注什麼是有效的。然而，還有許多督導議題是本篇中所沒有提到的，包括：專業認同發展、個案管理、執照要求、倫理規範、法律責任等。然而，明顯可見的是，治療師／受督者喜歡我所採用的正向化、資源導向的督導方式，同時也能融入於我們對話中所能夠發揮的直接─間接指導的影響（註5）。由於我所累積的督導經驗，加上我常常聽取受督者的意見（註6），我能有信心地說：最被喜歡的督導取向，是能在直接指導和間接指導間流動的督導模式。有很多人從暗示與間接指導中有所學習；在這樣的自由下，往往讓受督者能提供自我督導。然而，也有人因為了解自己的學習風格或經驗不足，比較需要直接的指導。我通常會詢問受督者一個問題：「你要如何才有最佳的學習？」由於我主要的受督者是學生治療師，他們通常是臨床經驗比較不足者（如果有任何臨床經驗的話），所以他們大部分喜歡開放式和直接的問句，他們也希望當遇到瓶頸或因缺乏經驗而走錯方向時，能夠從外得到明確的指導（註7）。

而我呢？每個督導關係皆改變著我：我學習著、我適應著、我改變著。我的督導標語即是：我們處在一個不可複製的世界；沒有一個人的意識能夠複製或被複製。每個受督者都是有能力的治療師；而我所做的，就是引出他們的勝任能力。

◁ 註 解 ▷

註 1：在本文中我交錯使用「受督者」及「治療師」兩個名詞。

註 2：由於我在 SFBTA（其保留了短期家族治療中心，為 Berg、Steve de Shazer 和一些親近同事所創的訓練中心）檔案管理處的獨特職位，我可以取得

一些錄影帶、未發表的草稿、還未提供給專業或大眾的個人札記等資料。在本文中我使用的某些參考資料不是很正式的文獻，但仍必須因 SFBTA 檔案管理處的特殊性質，而負有保密的責任。

註 3：我的學習受惠於 Tom Chancellor、Jennifer Cimaglia、Cleo Furbush、Byron Lamun、Tom Lee，以及 Tracy Todd 的協助。Tom Lee 仍然是我所認識的最棒的 SFBT 治療師之一。

註 4：為考量治療師的匿名性，一些姓名與細節皆已有所修正。

註 5：有關我個人的工作取向，可詳見 Thomas（2010）。

註 6：請見 Barnard 和 Kuehl（1995）文章中一些可愛的問句，讀者可將其加以修改應用至督導中。

註 7：如同 Bernard Malamud（1963）曾說的：「一旦你在錯誤的火車軌道上，每一站都會是錯誤的。」

九、第八篇：英國地方政府當局所創造的一群焦點解決得勝者——「雷丁的解決之道 4」
（**Paul Z. Jackson and Janine Waldman**）

(一) 關於我們

「解決焦點」機構（The Solutions Focus, TSF）是一個進行教練（coach）和諮詢的單位，藉由提供具策略性與建設性的工作方式，來協助個人、團體和機構組織產生正向積極的改變。

我們使用焦點解決取向來與當事人工作，包含一些和人有關的複雜議題，像是管理變革、提升與改進服務品質、整合兼併或是改造企業文化等。

自 2002 年開始，TSF 就開始提供教練、訓練和顧問諮詢，並以焦點解決取向協助個人或團隊來達到他們所欲的目標。

我們服務的當事人類型相當多元，橫跨多種的產業、部門與不同規模的組織。這些年來我們發現到，我們所服務的當事人通常和我們有著相符的文化與

信念——往往是較具前瞻性、勇於嘗試,並且對於夥伴關係是富彈性且願意合作的。

近年來我們所執行的計畫包含:

■ 約翰蘭恩綜合服務中心(John Laing Integrated Services)發展教練文化。

■ 北安普敦郡警察的「工作公平顧問」(Fairness at Work Advisors)之技能提升。

■ 與泰特畫廊(The Tate Galleries)、地方當局和保健中心發展團隊活動。

■ 為拜爾斯道夫(Beiersdorf,妮維雅產品的製造商)培訓「焦點解決『網路播種者』(透過網路達到口耳相傳的廣告功能)」。

■ 執行焦點解決取向的 360 度回饋方案。

■ 於英國眾多的繼續教育機構中,介紹焦點解決工作和教練。

■ 提供一對一的教練服務,對象從警官到企業家皆有。

其中,最大的方案是一個與英國雷丁自治市議會(在倫敦以西五十哩處,一個當地政府的市議會)為期兩年的合作。我們在那邊引進並執行焦點解決工作。這個方案將是本篇所要介紹的重點。

Paul Z. Jackson 和 Janine Waldman 是 TSF 的協同總監,他們領導的國際團隊,在本方案中負責執行教練與諮詢的工作。

(二) 是什麼讓我們認為焦點解決實務在我們的工作中是有效用的

在每個機構組織裡,都有人會積極想把事情完成。這些人彙整機構組織內的任務與計畫,讓這些計畫能在一些限制之下(像是期限或預算的限制),仍能在最後達成其多元目標。

不管是有意或無心,這些人會採取一些特定的途徑和方法,和人們進行溝通互動,以試圖去達成他們的目標。

我們認為,這些機構組織裡的人會從某種工作取向中獲益,這種工作取向即是能提供機構組織達成所需目標之最佳機會者。焦點解決取向被視為是達成所欲目標的直接路徑,因為,焦點解決取向是一個思想和技術的累積,著重在「什麼是想要的」和「什麼是有效的」(避免將時間花在不想要的以及沒有效

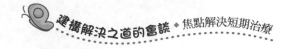

的事物上），藉此能創造出機構組織中各層面（包含個人、團隊、整個組織等）顯著且積極的變化。

先不論焦點解決取向的治療性根基為何，我們覺得焦點解決取向的方式，非常適合運用在機構組織內期望改變的各種工作上，包含改善溝通、激勵團隊、提升工作效率、提振士氣或表現力，以及增進領導能力等。

我們在執行每個方案的環節中，都鑲入焦點解決原則，例如：與潛在客戶的第一次會談，或者之後接續的每個項目之設計、進行與管理等；我們與當事人密切合作，以他們已知的智能及配合他們所擁有的資源，來確立清楚的目標；而隨著方案執行的進展，我們也會彈性調整方式來因應當事人所浮現的新需求、新學習和新資訊。我們發現，這樣的工作方式能夠促使參與者心情愉快並有參與感，他們也會變得更願意合作投入於這些合宜的、結果導向的、能導致長時間持續改變的機構組織發展方案。

你可以在我們的網站（www.thesolutionsfocus.co.uk）或出版品（Jackson & Waldman, 2010; Jackson & McKergow, 2007）中瀏覽到更多詳細的資料，而更了解我們的工作。在此，我們提供一個例子來說明如何在機構組織內運作焦點解決工作；這個例子將描述我們如何在廣大社區倡議行動的情境脈絡中，發展「出焦點解決得勝者（SF champions）的網絡」。

(三) 這個方案如何誕生的

在 2009 年初，我們和英國雷丁自治市議會合作，執行一個野心勃勃的方案，名為「雷丁的解決之道 4」（Solutions 4 Reading）。這個方案運用務實和積極的焦點解決取向，來對市議會中的團隊與個人從事教練工作，以能產生改變。

我們的信念是，我們想要在雷丁兒童與教育服務理事會（Reading's Directorate of Children's and Education Services, DECS）中融入焦點解決工作，但是我們也面臨一些挑戰，包含受限的預算與時間，我們得確保這個方案在兩年內能夠自立運作。

雷丁自治市議會所負責的服務項目包括教育、廢棄物管理和策略規畫等，

負責的區域大概有六萬間房屋、十五萬居民。市議會的領導者早已發展了下列幾項的重點策略：

■ 透過家庭支持的策略和行動計畫，落實正向親職工作。

■ 透過情緒感知的策略與行動計畫，達到情緒健康與幸福感的目標。

■ 透過學校改善策略和行動計畫，提升學校教育。

　　一些具有焦點解決工作經驗的人們，感到焦點解決取向對於策略的落實很有幫助，不僅能提升社區中兒童或家庭的福祉，也對市議會中的管理者與第一線的工作人員產生正面的影響。

　　我們方案最初的目的是：

■ 讓團體能參與且融入焦點解決工作，並以焦點解決取向來潛移默化之。

■ 建立使用焦點解決原則和方法的技能與信心。

■ 將焦點解決取向鑲入我們所有的工作——與家庭或彼此的工作之中。

■ 在兒童信託（Children's Trust）工作中發展焦點解決文化。

(四) 在限制中策略性地進行工作 —— 發現焦點解決得勝者

　　很明顯地，這是一個野心勃勃且意義深遠的方案。共有 900 人參與此計畫。由於我們僅掌握有限的資源，故我們知道我們得像諮詢師、教練和訓練者一樣，必須十分具有策略性的進行工作。

　　我們知道在市議會裡，已經有一些零星的焦點解決計畫在運行著，所以應該先去了解及善用之，並且以這些計畫的成果作為基礎。我們與一群重要的主管會面，詢問他們一些焦點解決的問句，也一併蒐集他們對這些問句的回應。

　　我們詢問兒童與教育服務機構的主管 Anna Wright，她對這個方案的最大期待是什麼；她說，她希望這個方案能引領大家至「真正積極正向的文化，並相信改變是有可能。我希望這種取向能在每個機構組織內運行，並且在每次的會議中都能更關注在解決之道上，如此就可以讓這種方法盡量遍及各處、無所不在。這樣當我們在服務兒童和成人時，就能夠更協調一致」。

　　接著，我們和高階管理團隊進行了一天有關行動策略的討論，想要藉此發展出更具體的遠景。我們詢問這個團隊：當他們成為一個焦點解決組織時，他

們期待要做的是什麼？我們也詢問，他們能做什麼小事情（象徵性的），而讓這個機構組織知道他們是很認真看待這個方案的？——例如邊走邊談論此方案。如果他們是個焦點解決理事會，他們會持續做哪些不一樣的事？又會如何將焦點解決取向運用於一些經常性的互動中（如監督會議、評估會議和跨部門的會議等）？

比較特別的是，在他們的回應中，重複出現一個主題：「我們會詢問彼此：什麼事情進行得順利，不再是批評彼此哪裡做不好。」

他們臨時起意地為這個方案取了名字，並加入之前已受確認的招標文件號碼：「雷丁的解決之道 4」。會議中除了同意這個方案外，也同時釐清了這個方案中焦點解決得勝者的重要角色內涵。

要一一訓練理事會裡的每個成員是不太可能的，所以我們需要更為聰明有效的方法來推廣焦點解決工作。而最為善用時間與資源、事半功倍的有效方法，就是發展出一個「焦點解決得勝者的社群網絡」（a network of SF Champions）。我們之所以提出焦點解決得勝者這個概念，是因為我們注意到，在此機構組織先前的一些計畫中，若要推廣與融入焦點解決取向，只要讓人們將焦點解決取向鑲入於每天的工作與日常對話中，就能夠使這個方法快速擴散。人們會問：「你想要什麼？」而不是：「問題是什麼？」藉由忽略缺失和弱點，並同時關注資源和成就，將可產生一個真正的差異。而之所以會使用「得勝者」這個字眼，是因為雷丁地區早期推動過「溝通得勝者」方案，所以他們對於這個詞彙已然相對熟悉。

「焦點解決得勝者」是一些在地的專家，他們具有熱情去推動與支持焦點解決工作。他們自己會使用焦點解決取向，也會向其他人說明焦點解決取向；當他們的同事運用了焦點解決取向時，得勝者便會支持、鼓勵與讚揚他們。

具體而言，這些焦點解決得勝者抱持的目標是：
■ 讓團隊能發展有關焦點解決原則和工具的知能。
■ 在團隊中的工作鑲入並支持焦點解決取向。
■ 在雷丁的兒童與教育服務理事會內，支持焦點解決工作及其文化的發展。

我們決定，參與這個方案必須是自願的；我們希望這些得勝者願意與我們

一起在各自的工作崗位上落實焦點解決取向。會被選為得勝者，是因為他們對這個角色的熱情與承諾，而非基於他們在機構組織中的年資或職位。

為了進行宣傳及招募得勝者，我們舉辦了五次簡報會。在這些簡報會中，我們為與會者創造了一些經驗焦點解決對話的機會，包含邀請參與者分享生命中的「閃亮時光」：「請分享在過去幾週的工作中，你個人的『閃亮時光』——讓你感覺很好的時刻。那一刻怎麼發生的？是什麼讓那一刻對你而言是閃閃發亮的？」參與者做出了多樣的回應，從「我和當事人之間有了重大的進展」到「我剛剛被升職」都有。

我們鼓勵參與者彼此分享與相互確認：未來，自己可以選擇多去做些什麼小行動，而讓閃亮時光中的好事情持續發生。這樣的討論創造了參與者熱絡的對話，同時，參與者也親身經驗到焦點解決行動，並開始體會焦點解決取向可能可以如何對自己與團隊發揮功能。

我們邀請想擔任得勝者的自願人員進行面談，並詢問他們：

■ 焦點解決得勝者的角色是如何吸引著你？
■ 你認為焦點解決工作可以如何使你和團隊／學校受益？
■ 你會做些什麼，讓你的直屬主管支持你這個得勝者角色（以合宜的方式）？

(五) 訓練方案的重要成分

我們為每一批的參與者，設計了一個為期三天的訓練方案。這些焦點解決得勝者的新手，在頭兩天連續課程中，先學習焦點解決原則和方法，並確認出一個他們想要運作的焦點解決工作方式，命名為「焦點解決內部計畫」（SF Inside）。

這個方案有個具體的評估指標。由於得勝者平日工作已經夠忙了，為了不想增加他們額外的負擔，我們邀請得勝者先從平日的工作中選出一小部分，再將焦點解決精神融入運用於其中。例如：有位資深的社工師，選擇以焦點解決取向進行督導工作；一位資訊部門的主管，運用焦點解決取向設計和實施一套新的行政體制；一位財務主任，選擇使用焦點解決方法和原則，去發現和溝通有什麼可以應用於諮詢的歷程中，以便減少預算。各得勝者也必須對於他們的

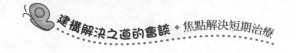

「任務成功」有所定義,包含質性和量性的成功標準。

接著,訓練方案的第三天,是請得勝者們呈現自己所設定的計畫進展。我們邀請他們與大家分享:

■ 計畫名稱。

■ 當你運用焦點解決原則和方法時,你想達成的目標是什麼?

■ 何謂「成功」之評量——你採用了什麼樣的測量方式?你期待看見的是什麼?

■ 已經採取的步驟和目前的進展。

■ 接下來的步驟——接下來你會做什麼?你會如何持續這麼做?

■ 為了要達到下一步的進展,你可能需要的協助和支持為何。

■ 最後,如果有什麼事情是你覺得有趣的或是有用的,請與這個團體分享。

其中,訓練者Becky Tyler將焦點解決原則鑲入於她所有在市議會的訓練方案中。她說道,採用焦點解決取向,提升了她訓練工作的品質(她運用課程評量作為證據);而且,當受訓者返回工作時,他們似乎能把訓練內容記得更牢、運用得更好。

克林伯利學院是一個特別的州立學校,專收五到十六歲的男孩與女孩。在克林伯利學院工作的焦點解決得勝者 Sheila,把焦點解決取向運用於每天的員工檢討會議上,以增進各層級人員的幸福感。在檢討會議中,Sheila 運用了提問問句,轉換了大家以往習慣的關注焦點——總是尋找問題、失敗和無效之事,將之改變為:看到有效之處、進步的訊號、對成功的歡欣鼓舞,以及對下一小步進行明確的確認。這樣的成果是:從令人沮喪的會談,轉變至具建設性、可導致行動的對話。而 Sheila 的校長也對 Sheila 想在學校內更進一步地進行焦點解決訓練,感到印象深刻。

當我們獲得資方的建議與回饋並有所調整與回應時,這個方案便持續地在成形。在我們第一批得勝者訓練的尾聲,兒童與教育服務機構的主管 Anna Wright 和我們一起參與英國焦點解決治療協會(United Kingdom Association of Solution Focused Practitioners, UKASFP)的年會,在一個四十五分鐘的演講中,我們一起發表了「雷丁的解決之道 4」方案。

年會當天的聽眾,多是焦點解決實務工作者,他們對於這個方案的內容以

及市議會認同於鑲入焦點解決取向之工作，感到相當有興趣及印象深刻，因此 Anna Wright 決定舉辦另一個訓練日，邀請市議會的行政長官 Michael Coughlin，來看得勝者們呈現自己設計的方案和其達成的成果。而此，後來也成為了訓練方案中第四天的固定主軸，被稱為「得勝者慶祝日」。第四日活動的主要目的，在於鼓勵得勝者們更能期許自己：如何因為有了這一個社群網絡，而可更有效率地工作，以及，如何與這樣一個更為廣大的焦點解決社群相連結。而此，也證明了這個方案的影響力，已從兒童與教育服務理事會擴展到市議會了。

(六) 發展得勝者網絡

我們認為，創造一個機會，使得勝者彼此能進一步接觸，並鼓勵他們發展出一個持續運作的焦點解決得勝者網絡，是在市議會中繼續豐富焦點解決組織一個有意義的行動。因此，我們盡可能提供得勝者間彼此合作和相互支持的機會。舉例而言，包括：在訓練過程中，兩位得勝者互相搭配，支持著彼此的個人方案；而方案管理者會與得勝者們交換資訊，並偶爾共進午餐；在方案進行過程中，我們也舉行線上討論及視訊會議，以使得勝者能夠與我們大家一起討論他們的計畫以及其他焦點解決議題；以及，我們還邀請前一批受訓的得勝者，來向受訓中的得勝者分享他們的經驗。

兒童與教育服務機構的主管 Anna Wright 邀請了一些得勝者，在主管會議和全體市議會的活動中，分享他們的計畫主題。例如：在家長諮詢部門工作的 Paula，分享她如何將焦點解決取向成功地運用在壓力管理訓練；社工員 Liz 也在得勝者慶祝日中，分享一個非常成功輔導的案例——當事人是一對想要孩子的伴侶，他們過去曾有藥癮和毒癮的紀錄。

一些得勝者希望我們能舉辦一天或半天的研習，好讓他們的團隊成員能增加焦點解決知能，並能多加了解特定的議題或方案。因而我們也辦理了好幾場這樣的研習，特別值得提出來的研習包括：

■ 關於資訊業員工訓練的遠景和計畫課程。

■ 對很多不同的團隊介紹焦點解決工作，包含外展服務團隊、青少年發展綜合服務團隊、管理團隊、小學校長團體等。

在這些研習課程中，有個活動頗受好評。這個活動是邀請參與者針對特定議題來訪問其他人；訪問一共有兩次，在第一次的訪問中，會詢問一些「問題焦點」的問題：

■ 問題是什麼？

■ 你做錯了什麼？

■ 你為什麼做得這麼糟糕？

■ 什麼是這個困境的主要肇因？

■ 這是誰的錯？

■ 為什麼你很難做得更好？

接著，在第二次的訪問中，會針對同一主題，轉而詢問焦點解決式的問題：

■ 你正在實現的目標是什麼？

■ 你會怎麼知道你已經達成那個目標了？

■ 過去，於工作中，你曾經做得最棒的經驗是什麼？

■ 當你做得愈來愈好時，你首先會看到的訊號是什麼？

■ 其他人會如何注意到這個進步呢？

我們邀請參與者分享兩次訪問的差異，他們說道：「第一次的訪問，讓問題愈來愈大；我覺得沒有希望，都是我的錯。而第二次的訪問，似乎讓問題變得比較可以控制；對於我可以去做些什麼，我會變得比較樂觀看待。」

得勝者們在這些研習中，扮演了非常重要的角色；他們呈現了他們的計畫、加入每個小組、並且回答一些有關焦點解決取向如何對工作產生正面影響的問題。我們發現，這樣的分享和成功經驗的傳遞，對於將焦點解決取向開展至團體甚至於全議會，是最具影響力的重要因素之一。

(七) 本方案的文件資料

這算是一個開創性、史無前例的方案，所以，從一開始我們就積極將各式資訊整理成文件紀錄；我們希望好好記錄這個工作中發生了些什麼事，評量有何進展，讓這些文件資訊能成為市議會的一部分，並且，能將其傳遞到其他地

方去教導與鼓舞其他人。也因此，市議會在網路上有個自己的「虛擬學習空間」（Virtual Learning Environment, VLE），得勝者可在網路平台上發表自己的計畫、進展、提出問題並徵詢他人的意見。

我們也蒐集得勝者們的發表及其與主管們會面的錄影帶，並將這些資訊都放在網路上的虛擬學習空間，以展現焦點解決工作的影響力。僅有少數的得勝者接受了網路平台的一番挑戰，但幾乎每位參與者都能持續在電子表格上更新自己的計畫，並將重點放在他們對成功的評量、已經做到之處以及下一小步要做的事。

過去一年半內，我們已經進行了四次得勝者方案，訓練了將近五十名焦點解決得勝者。其中很多人都已運用從訓練中所學得的焦點解決工具和技巧，開始執行了自己的焦點解決計畫。

關於得勝者計畫，還有另一個選擇——Miranda Ross 以雷丁的新虛擬學習空間來確認下列各方的需求，並形成配對：

■ 什麼是學校喜歡的及想要的？
■ 什麼是計畫小組喜歡的及想要的？
■ 什麼是最符合經濟效益的？

透過一連串方式來蒐集這些資訊，包括建立目標（讓「想要什麼」取代關注於現行系統的一連串抱怨）、完美的未來（「我們理想中的系統是什麼樣子？」）、找到有利條件（「我們如何做到最好，且現行系統中何處是值得繼續維持的？」）。對於學校的需求，Miranda Ross 利用所得到的回應，撰寫了一份招募文件。因為對所欲目標有了明確的描述，使得這個選定合作名單的過程容易了許多。他們很快就選出了三個申請者來會面，而其中一家完全符合標準。這個團隊發現，使用焦點解決原則讓招募過程更快、更容易、且更具效率，同時也讓市議會能在第一輪申請者中找到他們所要之人，而不必回頭檢查細節或是改寫文件。

Nadine 和 Linda 率先在雷丁的青年服務中，發展焦點解決實務工作。他們使用現有的初談問卷，採取一種不一樣的工作方式來善用已有的資源。後來他們注意到，這種形式似乎不全然能符合所需；他們看到，應該要有機會去訓練

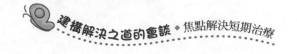

他們的團隊在小組中多使用焦點解決問句，以了解青少年的目標。現在此團隊對於每位來談的青少年，都會詢問他們：「假設三個月後，事情變好了，你會怎麼知道？其他人會發現什麼？」新手工作人員被鼓勵更進一步探問細節。例如，之前青少年可能會回應：「我想想要有一個好工作」，那麼新手工作人員可能只會把這些資訊簡單寫下來，質疑他們的能力是否能找到好的工作，或乾脆忽略之——因為現實和夢想實在相距甚遠。而在焦點解決模式中，新手工作人員會比較常詢問：「所以關於你將找到的好工作，可以多說一點嗎？當你得到這個工作時，你的朋友會發現你有什麼不同？這會讓你與你周圍的人有什麼不同？」蒐集更多有用的資訊，也讓坐在面前的青少年感受到工作人員對他的重視。

「雷丁的解決之道4」方案主管 Helen Lesowiec，同時也是一位焦點解決得勝者，她曾說明她現在都是透過個人「完美的未來」——她有效率的一天是什麼樣子的描述——來展開一天的生活。Helen 表示這個方法能提升她的效能，讓她「化焦慮為行動」，並且能像很多同事一樣省下不少時間。比方說，與其擔心得勝者方案如何能有所進展，Helen 決定選擇輪流打給每位得勝者，找到已經做得很好之處，並提供正面的評價。

Emma 提到她如何在市議會中運用焦點解決取向，來與她的團隊討論親職研討會議。她提到奇蹟問句如何引導出團隊中的完美未來：「那是一種對話方式的變革，我無法向你說明這種討論有多麼正向——人們能夠說出他們做得好之處、想要做得更好的地方，以及他們想要如何達到的方法。從半個小時的討論中，我們對於想要採取的行動會產生很明確的想法；因為，我們可以看見想要達到的目的地，也會開始去思考我們要如何到達那裡。」

當市議會的首席執行官 Michael Coughlin 首次出席他的「焦點解決得勝者慶祝日」時，他寫下：「在我們會議中，我很想知道要如何解釋這個方案的有效性。我想答案也許是焦點解決取向的簡明易懂。焦點解決取向已經被廣泛應用在世界各地的治療體系中，也愈來愈常被使用於像我們這樣的機構組織中。焦點解決取向很容易被了解；也可在不需大幅修改我們本來所做之事的前提下，來執行焦點解決取向。對我們已經做得好之處加以強調，並用來建構後續行動，

對員工來說是相當具有吸引力的,因為員工可能對於那些沒帶來什麼影響力的時下方案,已經感到厭倦了。」

我們訪問了進階學習與發展部門的主任 Reg Friddle:

TSF1 :請告訴我們,你的焦點解決內部計畫為何。

RF1 :我的計畫有兩個部分,第一部分是將焦點解決概念推廣到整個雷丁市議會——不僅在教育理事會,而是擴展到整個市議會。第二部分,是將焦點解決方法和實務,融入我們的管理與發展方案過程,以及全體員工的一般企業培訓方案中。

TSF2 :市議會那邊會覺得這樣做有什麼效益嗎?

RF2 :在最後,有幾個效益產生。首先是工作表現的提升:「事半功倍」是我們所熟悉的座右銘,我認為焦點解決取向使我們能達到事半功倍的效果,因為它是一個節約投資的取向。你先投資一些時間,隨即會在效率、表現、節約和較佳的工作方式上,呈現出正向的投資報酬。

TSF3 :到目前為止,市議會看到了什麼樣的投資成果?

RF3 :我們已經在一對一的基礎上看到了效益。當我在面對面對話時,我會使用這些工具,而很明顯的,這很有助益。在我們的團隊會議和策略討論中也是如此。還有一個重要的效益,就是焦點解決取向背後的動能,會在機構組織內日漸增長。我們正在盡力發展一個教練文化,而焦點解決取向是成為優良教練的重要因素,故兩者能夠相互融合、相輔相成。我們正在以我們現有的知識與經驗為基礎,來使用這些技巧。焦點解決取向正在帶領著我們發展到更高的層次。

TSF4 :有哪些面向和特質,是焦點解決取向適合用於市議會的?

RF4 :我們需要創新、彈性、敏捷,持續地進行管理轉型和變化,並且,在屢有困難的環境裡,還是能有著正向的人生觀。

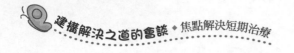

(八) 績效評估

於方案的整個過程中,我們評估每個活動與事件。得勝者 Teresa 曾邀請我們舉辦短期工作坊,來向她的「擴大服務團隊」介紹焦點解決工作。我們藉由前後測來評估成效;結果顯示每個人對於焦點解決知能和應用的信心,都有顯著的提升。

對此方案成功性的評估,有一個重要的結果;這個結果顯示出「雷丁的解決之道 4」的延伸與擴展──它已經從一個理事會擴展到整個市議會了。第四批的得勝者,其參與者甚至已經有市議會以外的人了。

很高興我們所做的工作已經擴展到市議會之外了。第四批的得勝者之一 Wendy,邀請我們去她的地方性社區運作一個小規模的得勝者計畫,並作為新政府「大社區」方案中的部分內容。我們正在與 Wendy 一起合作,於當地社區中發展得勝者計畫,也讓當地的得勝者都能提出一個焦點解決計畫,來改善他們所居住的社區。

第十五章
理論意涵

事實上，我們是慣性的意義創造者；當我們對某事無法解釋時，我們便創造一個意義（Saari, 1991, p. 14）。

我想我是憂鬱的，但造訪短期家族治療中心（BFTC）後，我才明瞭我只是有著一段沮喪的時間的人（一位之前的當事人）。

由於當事人一定會提供治療師缺乏的訊息，他／她所發現及呈現出的訊息，將與治療師所問之問題的「嵌入式預設立場」（embedded presuppositions）相一致。所以，不管當事人發現的是能力或正向性，或者當事人發現的是病理與障礙，都表示他／她已經開始駕輕就熟地投入與治療師一起建構這個「共同理解基礎」了（McGee, Del Vento, & Bavelas, 2005, p. 381）。

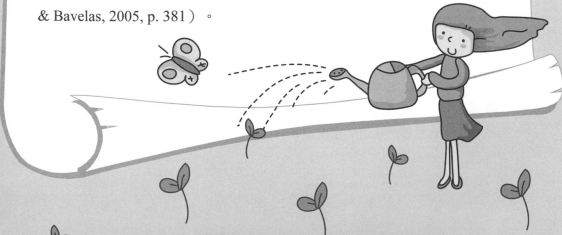

你是否像多數人一樣，會想了解並努力找出生活事件的「意義」（mean-ing）。如果某件事對你很重要，你會反思這件事情，並把你的思考訴諸文字，也會想和其他人談論這件事情。會如此做，正是我們人類最明顯且獨一無二的特徵（Mead, 1934）。

當事人也是一樣，他們會想知道生活中所發生各個事情的意義。當我們沉浸在強調問題解決思維的文化裡時，當事人基本上也會希望對實務工作者談論他們「為什麼」（why）有問題。當事人一直在假設的原因中尋找問題的意義。同樣地，西方社會的人們也會從那些讓他們甦醒的藥物中找出疾病的意義。例如 Ah Yan，一位重複於第 5 章至第 8 章中提到的當事人，就是一個活生生的例子。當 Ah Yan 第一次告訴 Peter 她有恐慌感受時，她的問題是：「為什麼？為什麼會這樣？」她對 Peter 說：「我要弄懂我到底是出了什麼問題。」

若你回憶第 3 章及第 10 章的內容，並以書中的對話作為例證時，你會發現，與當事人共同建構解決之道的過程，我們從來不問「為什麼」。我們不問當事人為什麼有此目標或期望，更不會問他們有什麼問題。我們的經驗告訴我們，詢問為什麼是沒有用的。當實務工作者不鼓勵當事人分析為什麼有問題、解決方式為什麼可能有效時，當事人會更有效地取得進展並建構解決之道。相同地，對實務工作者而言，嘗試釐清當事人為什麼有問題，通常也是無效的方法。如果實務工作者對當事人的問題、目標及例外保持未知的姿態，同時不那麼強調對問題的評估時，當事人將會更有效率地建構解決之道。然而，不管有用與否，當事人都與實務工作者是一起嘗試理解當事人自身經驗的意義的。

在第 1 章裡，可能有兩個重點會帶給你訝異的感覺。第一，我們指出，焦點解決歷程大致上是透過觀察當事人與實務工作者之間的對話，並注意什麼似乎是有效的方法，而發展出來的；亦即，解決之道並非從現存的理論中衍生而來。第二，我們也提及 Steve de Shazer 的評論；雖然他知道焦點解決歷程是有用的，但他自己也不知道原因何在。本章是對焦點解決歷程中所發生的一切意義進行反思，同時也去反映，究竟是什麼教導了我們何謂最佳的助人方式；當然，我們的觀察是必須一直維持在「暫時」（tentative）的精神之上。

一、在當事人的知覺與定義中進行轉移

BFTC 的觀察員注意到，當事人在談論他們的問題及思考要如何解決時，他們知覺問題與可能解決方法之意義，是一直在轉換的。有些當事人會帶著幾個問題來訪，也不確定哪一項才是真正或最根本的問題。隨著時間過去，當事人的焦點將會變得比較清楚；也有當事人會開始用新的方法描述問題的特徵。觀察者們一致地注意到：經過幾次會談歷程，或只在一次會談中，當事人便會重新定義他們的問題。

Ah Yan 對問題的定義，便提供了一個好例子。初次晤談的剛開始，她使用生物學及心理學的詞彙來看待自己的問題——她覺得恐慌。她說她覺得自己瘋了，注意到自己在掉頭髮，還去看內科醫生，想用醫療檢查找出原因；但是這些檢查沒有得到什麼結論。Peter 以 Ah Yan 希望事情有什麼改變來開啟他們的對話。Peter 與她一起工作時，發展出另一個未來的願景，也探索過去任何例外的時刻，是否有與這個願景的某些部分相符合。Ah Yan 能夠描述的例外經驗是隨機出現、非意識化的。在這段對話當中，開始出現她對問題的「模糊」定義。

> 嗯……可能吧……我不知道。我無法理解——我究竟是怎麼回事。我不知道該怎麼做。我就是覺得有這些感覺……我必須去弄懂我到底是出了什麼問題。

在第二次會談中，當 Ah Yan 及 Peter 談論到有什麼事情變得比較好時，Ah Yan 界定出了幾個成功經驗。Ah Yan 指出，她能夠花一小段時間離開舞池；當恐慌的感覺回來找她時，她能夠用離開舞池的方法來使她自己恢復平穩。她暗指她的問題可能與過度擁擠的人群有關。這個描述已經比初次會談中被層層壓迫、看不到重點的問題，更為清晰明確了。當 Ah Yan 及 Peter 探討到其他例外事件時，她能夠說出一些用來阻止問題發生的成功方法或策略。在探索這些成功方法以及做些什麼事情使成功經驗發生時，Ah Yan 已把焦點從弄懂恐慌感受

的原因，轉移到去了解更多可以成功控制問題的策略上。在第二次會談進入尾聲要討論下個步驟時，她再次重塑了她的知覺：她告訴Peter，她要找出更多方法使她的孩子「學習如何靠自己做事」。總之，Ah Yan以生物學及心理學的定義來開始會談；而在會談尾聲時，卻比較能偏向以人際問題來界定困境的方向邁進。

對，我覺得孤單。我覺得陷入困境。我不知道。我只是覺得如此孤單，現在我會講——像我的姊姊說：「我聽說妳覺得不好。」然後她說：「我告訴媽妳擔心太多。妳想太多。」你知道，既然我向人說了，那就像我能向任何人講的樣子，你知道……

對，〔現在〕是不同的。我總是聽，從不講話，或許那也是我的問題：我從不講，總是把每件事留在心裡。現在，我開始〔說話〕……有點讓我〔思考〕……「喔，有人傾聽我」讓我覺得比較好。

此外，第二次會談結束時，Ah Yan 已界定出自己是問題中很重要的一部分。她也漸漸不再將問題視為某個在她掌握之外、令人百思不解的生物性或心理性因素的想法。她說：

■你知道，像是我試著去弄懂，如果我能控制它，如果就是我，是我自己讓我自己變成這樣。

■現在，我注意到，如果我想要，我就能控制它。

■我覺得真的是我自己這樣覺得。我覺得是我。

這樣對問題定義的戲劇性轉換，也發生在關於其他事務的對話脈絡中；Ah Yan 希望事情可以有所不同的內容、她的奇蹟圖像細節、她目前的生活與奇蹟圖像相似的場景、第二次晤談提出什麼事情比較好了，以及她用來使成功事件發生的優勢等。當她與Peter開始談論其他主題時，她對問題的定義就轉移了。

在 Peter 及 Ah Yan 對話間出現的這些改變，對於要成功地建構出解決之道，是很重要的。當 Ah Yan 對問題的定義轉移時，她希望事情有所不同之處、她的成功，以及對優勢的知覺與定義等，也就跟著轉移了。在心中回顧這些對

話時，你會發現這些轉移變得更為明顯。首先，請仔細注意 Ah Yan 關心的是什麼事情，她藉由述說想從驚恐的感覺中被解放作為開場。然而，在第二次會談時，她的注意力已經轉移到對她有用的策略（如離開悶熱的地方休息一下、在開車時搖下車窗，以及深呼吸），也會嘗試去發現更多「讓我的孩子長大一點」的方法，還對他人談論更多她心裡的感受等。第二，由於看到自己的成功經驗與優勢，Ah Yan 第一次開始談論到她內在的無力感。

> 有的，去年我曾一度認為自己可能快要瘋了。當我一早醒來，一下床就看見掉了滿地的頭髮；還有，當我洗完澡後，便有一大束頭髮落在我手上。我去看醫生，問他：「醫生，為什麼？為什麼會這樣？」然後他們就開始幫我做測試，一堆的測試。

然而，在初次晤談結束時，Ah Yan 的說話方式變得非常不一樣；她的勝任感及力量感正在建立中。當 Ah Yan 被要求評量去發現解決方法的信心程度時，她選擇了 10 分，並評論說：「我不達目的絕不停止。」在第二次晤談中，她說：「我讀了這本書……書上也說：『誰在控管：你或你的大腦？』……是我。」在進一步會談中，她能描述並證明她那些正在成長且具勝任感的成功經驗與優勢力量。

類似的知覺及定義的轉移模式，也發生在 Insoo 與 Williams 家族的對談中。請重讀這些對話，並回溯一下家族成員知覺及定義之轉移的內容。

在一些案例中，當事人知覺的轉移是戲劇性的、容易確認的（de Shazer, 1991）；但在一些案例中，是較困難與不明顯的。然而，如果你仔細回顧當事人在建構解決之道對話歷程中所說的話，你總是可以發現一些發生轉移的例子（Berg & De Jong, 1996）。要記住，身為一個建構解決之道的晤談者，你的技巧乃基於學習去傾聽出這些轉移的發生，並且在轉移出現時，邀請你的當事人去探索這些轉移。

二、社會建構主義

當事人的知覺及定義,在建構解決之道的歷程中會產生轉移。我們如何去理解這項觀察呢?

我們相信,能貼切說明這些轉移的理論取向是社會建構主義(social constructionism)(Cantwell & Holmes, 1994; Gergen, 1985, 1999, 2009; Greene & Lee, 2011; Goolishian & Anderson, 1991; Larid, 1993; Parton & O'Byrne, 2000);社會建構主義的觀點支持了何謂「真實」的個人感受——包含對問題的本質、勝任能力、可能解決方法的意識——都是在日常生活的經歷中、在與他人的互動中,被建構出來的;當人們與他人互動時,就會創造意義(make meanings)。許多作者(如 Berger & Luckmann, 1966; Gergen, 1999, 2009; Gergen & Kaye, 1992; Hoffman, 1990; Mead, 1934)指出:身為人類,我們總會試圖找出我們經驗的意義。「我們是如此習慣地成為意義創造者;當我們對某事無法解釋時,我們就會創造一個意義」(Saari, 1991, p. 14)。在 Ah Yan 與 Peter、Insoo 與 Williams 家族間的對話中,當事人創造意義的傾向就一而再、再而三地顯現。例如,在 Ah Yan 感覺到恐慌的問題時,她說:「為什麼?為什麼會這樣?」她告訴 Peter:「我要……找出我是哪裡不對勁了。」當她對其他人對話時,包括對她的丈夫、嫂嫂及 Peter,她也就會重新塑造她對問題、勝任能力及解決之道的意義。

當事人的知覺、定義或意義,乃隨著時間以及與他人的互動而有所轉移——這項觀察的理論意涵為何?要回答這個問題是一項艱鉅的任務,這個問題乃貫穿了文學解釋、哲學、社會科學及人文等領域。對此問題任何答案的核心都指向對「語言」的理解;語言即是人們相互溝通的工具。許多理論著作現在皆更為注意在助人專業或治療歷程中「語言」的角色;例如,de Shazer(1991, 1994)、de Shazer 等人(2007)、Gergen(1999, 2009)及 Miller(1997)都曾對 Derrida、Foucault 及 Wittgenstein 等一些語言洞察哲學家的作品進行分析。分析的方向包括了語言的使用、對當事人的意義,以及治療歷程中的解決之道

等三者間的相互關係。社會建構主義者強調：當事人之知覺及定義的轉移，是在脈絡中發生的——亦即是在社群之中發生的。因此，創造意義不全為當事人逕自去發展個人意義（包含解決之道）而無需涉及他人；畢竟個體是一直生活在種族、家庭、國家、社會經濟及宗教脈絡中，而這些脈絡又會再度形塑當事人的意義。在建構解決之道的過程中，關係問句是實務工作者一個有用的工具，將能探索當事人對這些社群脈絡的意義與知覺。

除了強調當事人必須在社群脈絡中發展個人意義之外，社會建構論很看重當事人來自哪些社群的廣度與多元性。當事人的背景反映了不同的種族群體、族群、國家及社經地位等多元變異性。所以，個別的當事人可反映出這些社群的多元現實。

社會建構觀點對助人專業實務工作者的意義為何？在當事人重塑他們的意義，並創造令人滿意、具生產力的生活時，實務工作者是一個與當事人共同合作的夥伴。如同 Goolishian 和 Anderson（1991, p. 7）所說，實務工作者與當事人乃是一起共同努力，而使晤談變成：

　　一種合作與平等，反對階層與專家的歷程。治療師的專業發生在以當事人為專家的對話「當中」。治療師現在變成「被當事人告知的學習者」，而非所謂的技巧專家。

當你能開始了解社會建構主義觀點如何界定「現實」（reality），以及認為人們如何取得或發展這些界定的定義時，你將會看見這些理論觀點對於建構解決之道程序何以有用，是有其道理的；建構解決之道程序對當事人掙扎於如何創造出更多令人滿意且具生產力的生活時，常特別鼓勵當事人去探索所謂的「現實」（如問題、奇蹟、成功、優勢及解決之道）。

三、觀察共同建構的細節

社會建構論以及關於「意義」共同建構的觀點，一開始並非源自於實徵研

究；這些觀點乃是形成自選擇性的案例所寫成的理論性著作，而其案例則類似於本章前半部所討論到 Peter 與 Ah Yan 對話之案例。不過，最近倒是有實徵成果澄清了共同建構是如何發生的意涵，也相信未來還會有更多支持性研究結果的產出（Bavelas, 2012）。在原文書第四版增修的第 3 章中，我們依據心理語言學的實驗證據，討論並指出「溝通如何在對話中運作的合作協力觀點」；此觀點乃不同於傳統溝通模式中聚焦於個別的個人身上，並視對話僅為交替的獨白（Clark, 1992, 1996）。在 Clark 的合作協力觀點中，發言者與傾聽者是一起產生資訊的，是持續相互協調與合作協力地形成彼此都有所貢獻、都同意的觀點版本。「合作協力」經由所謂「理解基礎」（grounding）三系列步驟的過程而產出：一人呈現新訊息；第二人透過語言或話語，顯示出（或未顯示）他理解這項新訊息；而原第一人亦透過語言或話語，認可（或未認可）第二人所顯示的理解（Clark & Schaefer, 1987; Clark, 1996）。參與者之間時時刻刻在發生的理解（或意義），稱為「共同理解基礎」（common ground）。我們在第 3 章中曾以 Insoo 與 Carl 的對話，闡述了共同理解基礎的歷程（請見第 71-72 頁）；我亦強調：更意識到共同理解基礎的歷程，將能多麼有助於你學習如何實行建構解決之道的對話。

　　儘管關於共同建構本身，以及經由理解基礎歷程而來的共同理解基礎，都還有許多值得繼續探索的細節與發展的空間，但至少現在已經有了一個很好的開端。數個研究已對治療對話運用微觀分析的方法進行探討，這些研究即是對實際對話序列的每一片刻進行分析，並強調這些序列在互動中的運作功能（Bavelas, McGee, Phillips, & Routledge, 2000）；這些研究已經實徵記錄下了意義之共同建構歷程的層面（Bavelas, 2012）。我們已說明 Smock 等人（under review）所做的研究，是如何針對不同治療學派進行比較，並證實了問題式談話會招致更多問題式談話，而解決式談話則會「引導」出──或者有人會說是「共同建構」出──較多解決式談話的方向（請見第 3 章第 68 頁）。我們也指出，微觀分析研究確實證實了對當事人語言的摘要和簡述語意並非中立，某種程度上是具有選擇性及轉換性的。心理語言學家與溝通研究者運用「形塑」一詞來代表摘要與簡述語意，此的確是更能傳達出其選擇性與轉換性的特性。近來一

些研究已經證明治療師乃會選擇性地轉換：當事人對其問題的描述、當事人想要從治療中得到什麼、當事人的可能性與能力等等（De Jong, Bavelas, & Korman, under review; Froerer & Smock, under review; Korman, Bavelas, & De Jong, under review; Phillips, 1999）。這些研究也指出，代表著不同派別的治療師，使用著的介入方式乃符合其「對當事人本身及當事人需要做什麼才能改善」之理論假設，因而形塑了當事人的處境、需要與能力（請見第 3 章第 43-44 頁）。每一次當事人接受了治療師的形塑，而治療師也確認了當事人是接受時，他們之間則「共同建構」了一些「共同理解基礎」。

如同本書切實地指出，實務工作者除了使用形塑之外，還會運用許多問句。McGee 與同事進行微觀分析的成果指出：問句並非是中立的蒐集資訊的設計，而是設置了共同建構歷程的進行（McGee, 1999; McGee, Del Vento, and Bavelas, 2005）。McGee 再次基於心理語言學家的成果（Clark & Schober, 1992; Dillon, 1990），闡述了我們於第 3 章（第 32-34 頁）所討論到的觀念：問句乃具備邀請當事人「在符合某些假設的方向中」建構自己之假設性與功能性。McGee 稱這些假設為「嵌入式預設立場」。舉例來說，Peter 在與 Ah Yan 第二次會談的開場時，詢問 Ah Yan：「嗯，妳有注意到什麼地方，讓妳覺得情況變好一些呢？」這個問句即具有一個前提：在過去這一週，對 Ah Yan 來說，她的情況有比之前幾週來得更好些，而且 Ah Yan 是能夠注意到這些事情，也能夠向 Peter 描述之。McGee 等人提到，一旦在對話中對某人詢問了一個問句，第二個人實際上便必須用提供答案的方式來參與對話。在回答問句時，這位回應者則必須以此問句之嵌入式預設立場來理解這個問題，並在其經驗中搜尋符合此問句預設立場的資訊，再建構出答案。此處再次呈現 Peter 的問句，以及 Ah Yan 的回應。

Peter2　：好吧，什麼地方讓妳注意到情況變好一點了？
Ah Yan2：我有回去工作。上個禮拜我整個禮拜都沒去工作。
Peter3　：〔好奇，回去工作能否代表一種例外〕喔，妳這個星期回去工作？
Ah Yan3：是啊，我這個星期回去工作。

在針對不同治療學派一些對話段落的微觀分析研究中，McGee等人指出：即使治療性問句的嵌入式預設立場限制了當事人回答的方向，但是當事人很少挑戰、甚至評論該預設立場。相反地，當事人只會努力回答這些問題，也因而與治療師一起投入了「創造意義的歷程中」（McGee et al., 2005, p. 377）。同時，不同治療師所採用問句的嵌入式預設立場，乃反映出他們對於「為了有助於當事人，談論什麼是最重要的」不同信念，因此意義的創造便會因而往不同的方向來發展。此處以 Peter 與 Ah Yan 在第二次會談之開場為例，他們的意義創造所一起建構的共同理解基礎，是圍繞在「Ah Yan 之成功（如回去工作）」，以及於後來對話討論「Ah Yan 如何使這些成功發生的」方向在發展著。

雖然仍有許多議題尚待研究，但是此處所引述以心理語言學研究為根基的微觀分析研究，已經藉由「治療師與當事人之間『共同理解基礎』之『共同建構』的可觀察化，大大有益於提供實徵支持於社會建構論的相關理論論點。在本書中，我們已在多處評論中納入這項新知，因其澄清及證實了我們在與當事人建構（或共同建構）解決之道時所做的活動意義。在原文書第四版中，我們對於建構解決之道的基本會談技巧有了大量的修訂（請見第 3 章），這些修訂乃受惠於這項研究的基礎。我們運用「傾聽、挑選與建構」這段落的內容，來說明建構解決之道的實務工作者，如何於晤談對話中，秉持著「當事人專家位置」信念的同時，又可嘗試獲得彼此合作協力的方式。我們相信這種研究的方向將能持續建構出理論與實務之間所需的橋樑，也能進一步讓我們更加知道如何有助於當事人。

四、典範轉移

有關當事人的知覺、定義之轉移，以及不同當事人對於何謂真實的多元界定等發現，都針對著以科學為基礎的、問題解決取向假設的工作模式，提出了數個挑戰。如果當事人對問題及解決之道的定義會隨著時間而改變，或者會在與他人有合作性的互動時有所調整，那麼，在一個客觀普遍及科學可知的意義

中,那些問題又何以會是真的(real)呢?如同第 1 章所解釋的,把當事人的問題視為客觀真實、世界皆然之問題解決科學取向,即把問題視為與胃瘤或空氣污染一般,是可以像科學家對腎臟或植物一樣,進行系統性觀察的。由 Insoo 和 Williams 家族工作的問題,以及 Ah Yan 和 Peter 工作的主題皆可看到,這些當事人的問題在這種取向的觀點中,似乎不是那麼一回事。

一旦你開始將當事人的問題,視為是「當事人現在對真實的定義」之意義,而非是某件客觀可知的事物時,你就一定可以卸下處理當事人困擾與解決之道的專家角色。再次引用 Goolishian 和 Anderson(1991)所說的話:「治療師現在成為被當事人告知的學習者,而非所謂的技巧專家。」

如同第 1 章所言,問題解決取向有兩大基礎層面,其中之一是依賴科學化的專家性;其二,如同現代醫療相信疾病及處遇間有必然連結的信念一般,在問題及解決方法之間亦必然存在相互連結的問題解決結構。這些假設顯現了專業領域所強調在處遇前必須先評估問題的程序。

第二項假設並不符合當事人對現實具有多元性及轉移性定義的觀察;也異於 BFTC 實務工作者所發現:不同當事人在相同問題上所建立的解決方法有極大差異;最後,這個假設也不符合我們在 BFTC 中對這個主題所蒐集到的資料。

(一) 成果資料

BFTC 實務工作者觀察到:當事人對奇蹟問句的答案,有時與問題之間會具有邏輯性的連結,但有時,卻是完全無關的。在後續的會談中,當事人開始談論生活中什麼事情變得比較好,以及當事人如何使這些事情發生時,這些成功經驗和優勢常常和他們的問題之間並無明顯的邏輯關係(de Shazer, 1988, 1991, 1994)。很多當事人對所建構的解決之道感到驚訝,許多問題解決取向的實務工作者的反應也是一樣。在問題與解決之道的連結方面,de Shazer(1988, pp. 5-6)曾論述,當事人對解決之道的看法,常是發展於定義問題之前。在當事人形成一個解決之道的定義時,他們常會重新回顧,並會定義或再定義原有的問題,以便配合所發現的解決之道。如果這點是正確的,de Shazer 的觀察便能對人們發現真實意義之過程,提供一些領悟。

在建構解決之道時,如果實務工作者對每位當事人都用同樣的方法工作,
卻不管當事人說了什麼,那麼就會變成一個問題。然而,如果建構解決之道被
視為是實務工作者與當事人要用傳統問題解決的處遇方法來晤談,且期望問題
和解決方法之間一定存有必要的連結,那麼,建構解決之道的程序,應該不會
對所有當事人的問題都一樣有效才對。為了測試這項推論,BFTC 於 1992 到
1993 年的研究,以 *DSM* 診斷的用語與當事人的評估,來回顧期中成果及最後
成果(請見第 11 章第 327 頁對於 1992 到 1993 年研究之期中成果與最後成果的
相關定義)。

(二) *DSM* 診斷及結果

BFTC 實務工作者也曾被訓練成能給予 DSM 診斷者(依據美國心理學會
《心理疾病診斷及統計手冊》的診斷),因為送出這些診斷才能得到第三部門
補助服務費用。表 15.1 呈現 1992 至 1993 年間 BFTC 藉由診斷而得到的期中成
果研究,表 15.2 提供的是診斷的最後成果資料。此處所做的診斷是以當時修正
的 DSM 第三版(*DSM-III-R*)作為診斷依據。診斷名稱與表 15.1 及表 15.2 的
DSM 診斷數碼一致,如下所示:300.40:輕鬱症;309.00:帶有憂鬱情緒之適
應性違常(Adjustment Disorder, AD);309.23:工作壓抑的 AD;309.24:帶
有焦慮情緒的 AD;309.28:帶有混合性情緒特徵的 AD;309.30:帶有品行困
擾的 AD;309.40:帶有混合性情緒及品行困擾的 AD;313.81:對抗性敵對違
常;以及 314.01:注意力缺乏過動症。

我們先來看期中成果。表 15.1 呈現的資料,顯示了多數接受建構解決之道
服務的當事人在受輔過程中有所改善。在沒有進步的當事人中,最高比例的當
事人是被診斷為帶有焦慮情緒適應性違常及注意力缺乏過動症者。

藉由診斷而得到表 15.2 的最後成果,也指出類似的結果:診斷對預測成果
幫助不大。成果比例中沒有進步者,為輕鬱症診斷者(這裡註明是少數案例)
及反抗性敵對違常者較高。

表 15.1：由 *DSM-III-R* 診斷之期中成果（I.O.）*

期中成果	300.40	309.00	309.23	309.24	309.28	309.40	313.81	314.01	總計
明顯進步	27%	20%	17%	14%	29%	8%	33%	6%	20%
緩慢進步	46%	80%	50%	43%	46%	62%	42%	47%	51%
沒有進步	27%			33%	43%	25%	31%	25%	47%	29%
個案數	11	10	6	7	24	13	12	17	100

* 表 15.1 至表 15.3 的百分比數據都經四捨五入為整數。

表 15.2：由 *DSM-III-R* 診斷之最後成果（F.O.）

最後成果	300.40	309.00	309.24	309.28	309.30	309.40	313.81	314.01	總計
目標達成	33%	67%	14%	48%	33%	53%	18%	31%	39%
有些進步	17%		71%	35%	50%	40%	45%	54%	40%
沒有進步	50%	33%	14%	17%	17%	7%	36%	15%	21%
個案數	6	6	7	23	6	15	11	13	87

(三) 當事人的自陳問題及成果

在 1992 到 1993 年的這個研究裡，還包含了當事人第一次造訪 BFTC 時，我們所給予當事人的一份廣泛性問題檢核表。在開始初次晤談前，當事人被要求指出：每一個「你覺得對你來說是問題之處」。這些列表的問題有：憂鬱、自殺意念、飲食疾患、工作相關議題、親子衝突、家庭暴力、酒精／其他藥物濫用、性虐待、摯愛者死亡、自尊問題、混合家庭議題等。研究資料分析的目的在探索：當事人對問題的自我評估，與期中成果、最後成果的測量之間，可能存在的關係為何。

表 15.3 呈現這些資料的摘要。每類問題具有超過五個案例，來作為期中成果及最後成果成功率的計算資料；期中成果的成功率是由「明顯進步」及「緩慢進步」兩類所組成；而最後成果是由「目標達成」和「有些進步」兩類所組成。

這些資料指出，不論當事人的問題為何，只要和當事人進行建構解決之

表15.3：不同類型之當事人問題在期中成果（I.O.）及最後成果（F.O.）的成功率

問題類型	I.O.成功率	F.O.成功率
憂鬱	75%（79）*	75%（60）
自殺意念	74%（34）	79%（19）
焦慮	72%（50）	74%（42）
恐慌	80%（10）	50%（10）
睡眠問題	75%（59）	76%（49）
飲食疾患	80%（40）	73%（26）
退縮行為	67%（58）	80%（39）
健康問題	72%（18）	60%（10）
與職業有關的問題	84%（19）	80%（15）
經濟問題	74%（43）	74%（31）
親子衝突	71%（35）	76%（25）
溝通問題	65%（57）	76%（46）
家庭暴力（實際的或威脅的）	60%（20）	77%（13）
性虐待	64%（11）	75%（8）
身體虐待	67%（12）	89%（9）
酒精或其他物質濫用	67%（12）	63%（8）
婚姻或關係問題	76%（45）	81%（47）
性問題	72%（21）	89%（18）
摯愛者死亡	72%（18）	79%（14）
自尊問題	77%（48）	73%（40）
兄弟或姊妹問題	78%（36）	78%（31）
混合型家庭議題	74%（27）	72%（21）

* 括號中只有說明特殊問題之個案數。I.O.及F.O.的總數分別是141及136人。

道，其成功率是一致的（註1）。除了最後成果中的恐慌發作類別之外，從表15.3裡可看出，晤談成功率介於60%至89%之間。

　　關於當事人對自身問題所評估的這些資料，以及實務工作者的診斷和結果，並未支持「問題和解決方法之間一定存有必然的關聯」之論點。資料中並

未顯示，當事人為了進步，就一定需要有專業評估為基礎的特定處遇。在建構解決之道時，接受相同程序的當事人出現了成功的結果，而這些程序並不在乎問題及解決方法之間是否具有任何目的性的連結（註2）。

這些發現有幾項重要的含義。第一，這些發現指出，實務工作者的預備可以十分簡單。目前助人專業將可觀的資源花費在問題概念化、設計評估問題的歷程及工具、發展特定處遇方法，以及將內容教導給有熱忱的實務工作者等等。我們的發現卻認為，實務工作者可轉而聚焦在更為仔細地觀察當事人如何使用個人優勢力量及環境資源來使改變發生，同時也可教導新進的實務工作者如何尊重地滋長當事人自我決定的改變。這個結論回過頭來便再次闡明了第 1 章中引用賦能及優勢觀點時所衍生的一些建議（Rappaport, 1981, 1990; Saleebey, 2009）。

第二，如果建構解決之道的歷程對不同問題一樣有效，那麼，學習成為一個有效的實務工作者便不需要再背負這些複雜的責任。如果你決定熟練使用建構解決之道的技巧，你可以這樣期待：不管當事人帶著什麼問題來見你，這個取向對不同的當事人都是同樣有用的。

五、知覺與定義的轉移乃當事人的優勢

根據我們的觀察與成果資料指出，當事人來找我們尋求專業協助時，當事人會教導我們一些人性本質的重要之處，而此，也成為我們可與當事人工作的最佳重點。當事人教導我們，當他們遇到生活掙扎、不同的人、多樣的經驗時，他們通常會進行反思；在反思時，當事人會透過抽象思考及語言等能力，持續將他們的經驗概念化與組織化；他們會自創解釋及參照架構，而使經驗意義化。

人們透過字彙的使用以及與其他人交談的方式，創造出對真實的意義或定義。這並非意味著人們的經驗和定義不是真的。許多作者（Berger & Luckmann, 1966; Watzlawick, 1984）已強調過真實的定義；雖然真實某個程度是被建構或發明而來，但是對當事人而言，卻全然都是真的。例如，當 Ah Yan 經驗到緊張、呼吸急促及身體發抖時，恐慌的問題對她而言是真實的；十天後，她感覺

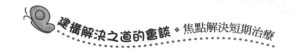

到她掌握了問題（「如果我想要，我就能控制它」），也是再真實不過的了。如同 Efran、Lukens 和 Lukens（1988, p. 33）所說：「一個被創造的真實——一旦它已經被創造時——就和其他的真實一樣，是真的真實且堅固的。」

在努力處理問題時，當事人重塑（reshape）及轉移其對真實的知覺與定義的能力，是一項關鍵性的重要資源。當事人的改變能力，乃會與「使用不同的眼光看待事件」相互連結。如 George Kelly——一位早期建構主義的實務工作者曾說：「再也沒有什麼比這一點更明顯的了，在不同光線中看事物時，此事物的外貌並沒有改變……不論什麼樣的存在都能夠被重新塑造。」（引自 Efran, Lukens, & Lukens, 1988, p. 32）Williams 家族中的 Gladys 努力為自己及孩子創造更好的生活，乃與她能夠轉而拓展兒時受虐的經驗有關；其原本視為醜陋及可鄙的事件，後來卻轉移為「可教導她想要如何對待孩子」的知覺。Ah Yan 能使生活改變的能力乃有關於：她讓恐慌的感覺從一種受害感（「我不知道。我無法理解——我究竟是怎麼回事」）轉移成一種具成長意義的力量（「現在，我注意到，如果我想要，我就能控制它」）。

當事人對真實知覺及定義的這些轉移，是當事人建構解決之道的一部分，其最容易產生在關於另一個可能的未來、有用的經驗等的相關對話中。解決之道的建構，將會更仰賴當事人發展及開拓他們定義所欲的目標及如何使目標發生的能力，而非依靠科學化的問題定義、技術評估及專業處遇等等。如此一來，一位實務工作者的角色，即應如 Anderson 和 Goolishian（1992）所說，是一位「對話的藝術家」；透過運用你的技巧維持有目的之對話，你將允許當事人能夠共同建構出「令人活得夠滿意，且具生產性的生活」之擴展性的知覺和定義。嚴格說來，實務工作者並非賦能當事人，或為他們建構替代性意義；而是，當事人賦能自己，並創造自己的意義。然而，實務工作者可以認定並尊重當事人的能力，運用細心組成的問句與形塑技巧，藝術化地和當事人對話，而使當事人創造出更多他們希望在生活中發生的事物（Berg & De Jong, 1996）。

最後，眼見為憑。如果你不再同意此專業領域中的悠久信念：「不視當事人之知覺與定義為豐富資源，而視其為實務工作者必須處理的潛藏問題與缺陷的訊號，甚至是實務工作者必須克服的逃避與抗拒來源」——那麼你便會體驗

到與當事人建構解決之道的經驗。當你有了任何與我們雷同的經驗時，你將會看到當事人建立起你從未為他們預想過或設計過的解決之道。你也將會看到有如：Gladys 把過去受虐經驗轉換成身為好母親的動機，一個家庭創造一場麵條大戰來重建與其他人的連結，或是 Jermaine 藉著夜間聽到太太的呼吸聲而從創傷經驗中復原的種種例子。如果你在建構解決之道歷程中能維持著耐心及目的性，當事人自身的復原力、創造力及勝任能力，將會使你印象深刻與讚嘆不已。

≪ 註 解 ≫

註 1：雖然，嚴格來說，這項 BFTC 研究資料中沒有較大的母群體樣本，但仍進行了統計顯著性的考驗。我們對表 15.3 中的雙變數關係以及對表 15.1、表 15.2 等相關性之表格，進行了皮爾森積差相關的考驗。我們發現統計結果並未達到顯著差異。

註 2：其他研究也同樣發現：使用建構解決之道時，問題與解決之道間並沒有任何特定關聯，此可詳見 de Shazer 和 Isebaert（2003）以及 Lee、Sebold 和 Uken（2003）的研究。對於 SFBT 各個更新更廣的實證研究基礎之回顧，也支持了同樣的結論（Franklin et al., 2012）。

附錄

建構解決之道的工具

- 目標形塑之草案
- 發展良好構成目標的問句
- 對當事人形成回饋的草案
- 常見的訊息（結束階段的回饋）
- 初次晤談草案
- 後續會談草案
- 發掘例外的問句
- 與處於非自願情境當事人晤談的草案
- 對處於非自願情境當事人可使用的有效問句
- 危機晤談的草案
- 有效的因應問句

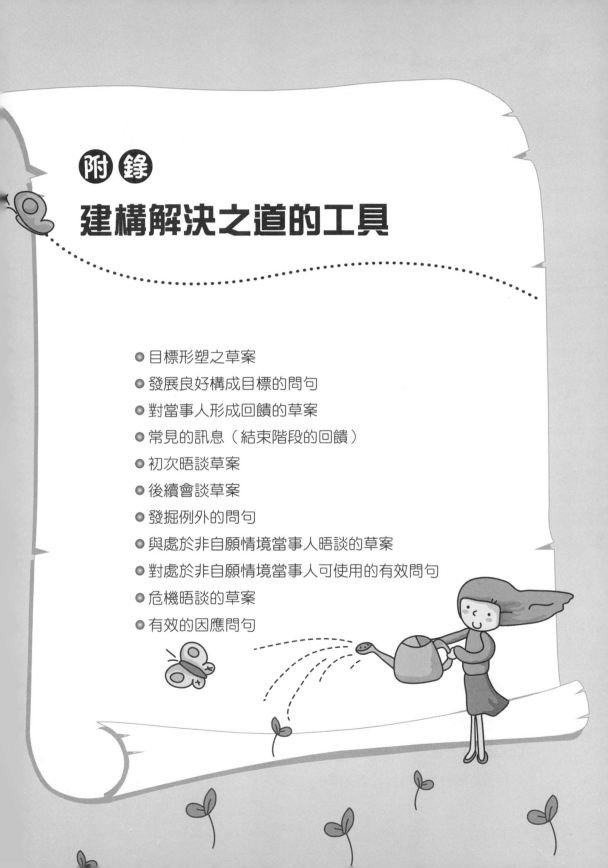

目標形塑之草案

一、角色澄清

（說明：與團隊一起工作；團隊可能會提出一個問句來打斷晤談；暫停，然後給予回饋。）

二、問題描述

1. 你會希望我今天可能可以如何對你有幫助？
2. 對你來說，這個問題何以是個困擾？（獲得問題的描述；如果超過一個困擾，哪一個會是最重要、須先介入的？）
3. 你已經試過什麼方法了？（有用嗎？）

三、目標形塑

1. 我們今天晤談後，如果有些什麼不同，就會讓你覺得我們的談話是有價值的？

四、奇蹟問句

（一旦被詢問，就聚焦在：當奇蹟發生，會有什麼不同？）

(一) 關於當事人

1. 你將注意到那會有什麼不同？（你所注意到的第一件事是什麼？還有呢？）

(二) 關於重要他人

1. 當奇蹟發生的時候，還有誰會注意到？

2. 他／她將會注意到你有什麼不同？還有呢？

3. 當他／她注意你的不同時，他／她又將會做些什麼不同的事呢？還有呢？

4. 當他／她做了那些事之後，對你來說，又會有什麼不同呢？

五、朝向解決之道

（當事人回答了奇蹟問句時使用之。）

1. 在一個 0 到 10 分的量尺上，0 分代表「這些問題是有史以來最糟糕的時候」，10 分代表「你剛才所描述的奇蹟」，那麼你現在位於什麼位置呢？是什麼告訴你是在這個分數的？等等。

   或是：

2. 如果你能夠佯裝這個奇蹟真的發生了，你會採取的第一件小行動是什麼？

3. 那可能會有什麼幫助呢？

   或是：

4. 要讓部分的奇蹟能夠發生，會需要發生什麼？

5. 那麼，奇蹟的一部分有可能會發生嗎？如果可能的話，是什麼讓你覺得那是可能會發生的？

六、結束

1. 如果當事人能具體且細節地回答奇蹟問句，便給予讚美和建議：「下星期，挑選一天，佯裝這天奇蹟已經發生，然後看看會有什麼不同。」

2. 如果當事人不能具體且細節地回答奇蹟問句，我們會給予當事人讚美，然後建議：「想想你的生活發生了什麼，而告訴你這個困擾是能夠被解決的？我也會思考這個部分。」

   （若有可能進行第二次晤談，你便可以邀請當事人再度與你晤談，以繼續朝向處理這個問題的方向前進。）

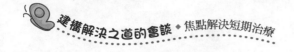

發展良好構成目標的問句

　　提醒實務工作者：使用這些問句時，記得你想探索的是，當奇蹟已發生或困擾被解決的時候，當事人想要有所「不同」之知覺。也要記得發展良好構成的目標，對當事人來說是件困難的工作。所以，在進行這些晤談問句的時候，要有耐心和堅持。

一、奇蹟問句

1. 假設你今晚睡覺時，奇蹟發生了。這奇蹟是，你今天帶來這裡的這個問題已經解決了。但是由於你在睡覺，所以並不知道問題已經解決了。隔天早上你將會注意到生活中有哪些不同，而告訴你奇蹟已經發生了？你還會注意到其他哪些不同？

二、以良好構成目標的特徵作為擴展的方向

(一) 細小

1. 哇！這聽起來像是一個大奇蹟。當你注意到情況有所不同的第一件小事情會是什麼？
2. 還有什麼事可以告訴你，事情已經有所不同了？

(二) 具體的、行為的、特定的

1. 你說奇蹟會讓你覺得較好。當你覺得較好時，其他人會注意到你有什麼不同，而這不同讓別人知道你已經覺得更好了？
2. 當你覺得比較好的時候，你會做些什麼不同的事？還有呢？

(三) 開始做些不同或較好的事

1. 你說奇蹟發生時，你的體重將會少了五十磅。OK，那麼當奇蹟發生時，你

的生活會因為少了五十磅而有什麼不同呢？還有呢？

(四) 出現不同或更好的事情

1. 你說當奇蹟發生時，你將減少與小孩爭執。那麼此時，你將會做的又是什麼事呢？

三、擴展周遭重要他人的知覺

1. 當奇蹟發生時，妳的丈夫（小孩、最好的朋友、同事、老師等等）會注意到妳的家庭有哪些不同呢？而妳的丈夫將會注意到妳本人有哪些不同呢？他們還會注意到哪些不同之處呢？

四、擴展當事人的關係系統

1. 當妳的丈夫（小孩、最好的朋友、同事、老師等）注意到（當事人先前的回答中所提到的不同處），妳的丈夫將會做些什麼不同的事？還有呢？當他那樣做時，她又會因他的作為而做些什麼？當妳那樣做時，又還有哪些事會因而有所不同呢？

五、訣竅

(一) 如果當事人回答：「我不知道」，你會說：

1. 假設你真的知道了，你將會說些什麼？

   或者進入到關係問句，例如：

2. 假設我問妳的丈夫（小孩、最好的朋友等），那他（他們）會說些什麼？

(二) 如果當事人掙扎於思考這些問句，或者說問句很難回答，你要表示同意他們，並且說：

1. 我知道，我正在問你一些艱難的問題；慢慢來。

**(三) 如果當事人不能投入於奇蹟問句的思考，就沿著「當困擾被解決」的這個

主軸，進而展開後續問句。

(四) 若當事人的答案是不切實際的（如：我會中樂透），只要表示同意並且說：

1. 若是真的，那也很好，不是嗎？（停頓）那麼，又還有哪些事會不同呢？

   如果他們堅持，則詢問：

2. 你想那發生的機率有多少？

   或者，問：

3. 是什麼告訴你，在你的生活裡這種事情是可能會發生的？

(五) 若當事人給予你具體的奇蹟願景，或是有潛力成為解決之道的答案時——舉例來說，「當奇蹟發生時，我猜我會走更多路」——記得繼續追問，以建構真正的解決之道，例如可詢問：

1. 當你會走更多路時，對你來說，那有什麼不同呢？（繼續從當事人的回答中建構解決之道。）

尊重當事人知覺的方式之一，就是尊重他們知覺中所使用的話語，以及在你的晤談問句中展現對這些話語的接納。因此，於前述的問句中有注意到當事人提及「走更多路」之用語。

非常重要的是：如果，儘管你盡了最大的努力，當事人還是不能在奇蹟問句上工作，或者，也無法確認出，當問題被解決時，事情將會如何不同的情境，你便可以詢問：

2. 你如何知道困擾是能夠被解決的？

六、在後續晤談中的目標形塑

使用評量問句來對「進步」進行工作：

1. 在一個 0 到 10 分的量尺上，0 分代表當我們開始一起工作時，你所在的位置，10 分代表困擾被解決（或是奇蹟發生了）的時候，那麼，今天的你在什麼位置呢？

2. 好的，所以你現在是在 5 分的位置。那麼，在你的生活當中發生了什麼，

讓你知道你是在 5 分的地方？

3. 所以當你往前移動一點點，從 5 分到 6 分，在你生活中什麼將會有所不同，而會讓你知道你在 6 分的位置？還有呢？當你移動到 7 的時候，又將會有什麼不同呢？

之後，因著奇蹟問句而擴展之；例如，可由重要他人的角度來詢問：

4. 當你移動到 6 分的時候，你最好的朋友將會注意到什麼而告訴他們，你變得更好了？還有呢？

對當事人形成回饋的草案

一、發現底線

1. 當事人想要什麼嗎？他想要的是什麼？

2. 有一個良好構成的目標了嗎？那是什麼？

3. 有例外嗎？它們是什麼？

4. 如果有的話，這些例外是隨機式的還是意識化的例外？

二、回饋

1. 讚美

2. 橋樑

3. 建議（以晤談中與當事人共同建構的意義為基礎）

常見的訊息（結束階段的回饋）

一、當事人未知覺到有問題且沒有任何目標

這裡有一位當事人被他的緩刑犯觀護員送去接受晤談協助，其實例資料如下（Berg & Miller, 1992, p. 99）：

> Curtis，我們對於你今天來到這裡感到印象深刻，雖然我們知道來這裡並不是你的意思。你真的可以選擇不來這裡的，那是一個比較容易的選擇……對你來說，今天來到這裡已經不容易了，因為畢竟你必須放棄你私人的時間，談一些你真的不想談論的話題，以及還得搭公車來到這裡等諸多因素……
>
> 我了解你是一個心智獨立的個體，並不想被告知要去做些什麼；我同意你的看法，你應該不被打擾的。但你也了解，去做些大家告訴你的事情，會有助於讓那些人遠離你的生活，並且很快地，你就不會被打擾了。因此，我想要跟你再度碰面，進一步想想做些什麼會是對你自己有幫助的。所以，我們下星期同一時間再碰面。

二、當事人知覺到問題，但未視自己為解決之道中的主要角色

(一) 沒有例外也沒有目標

> 請去留意你的生活中發生了什麼事，而告訴你這個問題是可以被解決的。

或者，由於當事人不能構成良好的目標，就給予「初次晤談的任務形成」

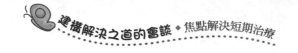

（formula-first-session task）（de Shazer, 1985, p. 137）：

> 在現在與我們下次會面的期間，我們（我）希望你能夠盡量觀察，然後在下次晤談時跟我們（我）說：在你的（選一個：家庭、生活、婚姻、關係）裡，你希望能持續出現與存在的是什麼？

(二) 有例外但沒有目標

> 在現在與我們下次會面的期間，請去注意那些比較好的時光，特別是它們有些什麼不同，以及它們是怎麼發生的——也就是說，是誰做了什麼讓它們得以發生。在下一次會面的時候，希望你向我說明有關它們的細節。

或是，若當事人說出例外是起因於某人做了什麼特別的事時，請當事人進行一個與觀察相類似但略有不同的建議：

> Alice，請去注意妳的上司會更「客氣、理智和開放」（當事人的用字）的時候。此外，請注意，在這些時候情況有何不同，也請注意他是察覺到妳做了些什麼，而使他對妳更「客氣、理智和開放」。對這些事件保持著密切的注意，然後回來告訴我：有什麼地方變得比較好了。

以下這回饋後半部又略有不同，增加了預測的成分：

> Alice，我同意妳的意見。明顯地，妳的上司會有更「客氣、理智和開放」的時候，也會有較不理智及不開放的時候。所以，從現在到我們下次會面間，我建議妳：在每一個晚上妳上床睡覺前，預測明天上司是否會對妳表現得更「客氣、理智和開放」。然後，在妳一天結

束及進行明天預測之前，想想妳前一晚的預測是否實現了。試著解釋一下妳所預測的內容和這一天所經歷之間何以有差異，並且保持妳的觀察；在下次回來與我見面時，希望妳能告訴我相關的細節（de Shazer, 1988, p. 179-183）。

三、當事人有目標且視自己為解決之道的一部分

(一) 有清楚奇蹟圖像卻無例外

在現在和我們下次會面之間，選擇一天「佯裝」奇蹟發生了，過得好像奇蹟已經發生一般的生活——就像你對我描述的那樣。然後下一次回來的時候告訴我，有什麼事情變得更好了。

(二) 高動機卻無良好構成的目標

我們對於你在＿＿＿（當事人的在意之處）如此努力，以及對於你跟我們說，你到目前為止曾嘗試要讓事情變得更好的各種行動，都讓我們印象非常深刻。我們可以了解你現在為何會如此挫折和挫敗。我們也同意你，你所面臨的是一個「非常難以處理」（當事人使用的詞彙）的問題。

因為這個問題是這樣的「棘手」，所以我們建議，從現在到我們下次再會面的期間，當＿＿＿＿（當事人在意之處）發生的時候，你「可以做些不一樣的事情——不管你所做的事情看起來有多麼奇怪、不可思議，或多麼不按牌理出牌。不論你決定怎麼做，唯一重要的是，你必須做一些改變」（de Shazer, 1985, p. 123）。

(三) 有良好構成目標和意識化例外

Ralph，我對你幾個方面的表現感到印象深刻：首先，你真的很想

做些事情,好讓你和小孩間的關係變得更好。第二,已經有幾次不錯的事件發生了,就像＿＿＿(舉例)。第三,你能清楚詳細指出你自己做了些什麼,才促使這些事情發生的細節,就像＿＿＿(舉例)。由於你所做的這些事情,讓我能了解為何你會說目前已到達 5 分了。

我同意這些都是你必須去做的,以便達成你理想中的親子關係。所以,從現在到我們下次再度碰面之間,我建議你繼續做這些有效的事。同時,再多注意你又做了其他哪些讓情況變得更好的行動,是以前沒有特別注意到的,然後再回來告訴我。

四、其他有用的訊息

(一) 克服衝動的建議

當你克服了這衝動(暴食、飲酒、打小孩、使用色情刊物、感到驚恐)的時候,請注意那時有何不同,特別是你做了什麼,才得以克服去＿＿＿＿＿＿的衝動(de Shazer, 1985, p. 132)。

(二) 處理為解決方法而相互競爭的觀點

在這裡有兩種可能的情況。第一個情況是,不同的人擁有不同的觀點。舉例來說,雙親對於如何管理會偷竊的小孩之看法不一致時,我們也許會說:

我們對於你們有多麼想幫助兒子「不去偷竊」,感到印象深刻;對於你們認為應該如何幫助小孩來度過這個難關所抱持的不同意見,也感到印象深刻。我們能看得出來,你們來自不同的家庭背景,並從中學到運用不同的方法來處理事情(因為父母曾說,他們看到不同家庭背景影響了他們各自擁有彼此衝突的觀點)。

這個團隊對於未來的走向也抱持著不同的看法。有一半的人覺得

你們應該聽從 John 的想法，另外一半則認為 Mary 的主意會是最可行的。因此，我們建議每天早上在你們起床的時候，擲一枚銅板，銅板上的人頭朝上代表 Mary 的意見，所以那天你們就用她的方式和 Billy 相處，背面則代表那一天要履行 John 的想法。同時，當那一日不是採用你的方法時，請你多注意另一個人的策略中，到底哪些方式可以讓 Billy 有些改變，並請在下次我們再度會面時，讓我們知道。

第二種情況是，當事人覺察出很多選擇，而不能決定出哪一個選擇是最好的。舉例來說，如果當事人正在為決定是否要離開她的男友 Bill 而掙扎。你也許可以說：

> 我不能確定對妳來說，「留在 Bill 身邊，或離開他然後展開新生活」（視她的說法而變動），哪一個會對妳比較好。我同意這是一個很困難的決定，而要做出決定，的確得花一番工夫。當妳在繼續思考妳的決定時，我建議妳每天晚上上床睡覺前，拋個硬幣；如果出現的是人頭，隔天盡可能地當作 Bill 不再是妳生活的一部分，不要與他有任何接觸，而是開始採取一些步驟真的可以朝向妳想要的不同，如同妳已經能獨立一般，而開始花更多時間陪伴朋友和家人等諸如此類的事。如果出現的是硬幣的背面，隔天就過得好像 Bill 還是妳生活的一部分──所有妳對我描述有關 Bill 對妳有意義之處仍然存在。如此，當妳在做這些事的時候，去注意正在發生的事情，看看哪些事情可以告訴妳而讓妳變得更清楚：到底是要選擇離開他，還是繼續留在這段關係裡？記得，通常一個人並不能百分百確定一切的。然後，再回來告訴我，什麼事變得比較好了。

初次晤談草案

一、當事人姓名：＿＿＿＿＿＿＿＿＿＿＿＿　　　　日期：＿＿＿＿＿＿＿

二、**當事人關注的焦點／歷史**：（我如何可以有幫助呢？是什麼告訴你這是一個問題？你已經試過什麼方法了？它們有用嗎？）

三、**目標形塑**：（你來到這裡，是想要獲得什麼不同？在奇蹟問句上對話。）

四、**例外**：（有沒有什麼時候是問題沒發生或是較不嚴重的時候？何時？那是怎麼發生的？曾經有過一些時候是像你所描述的奇蹟願景的一部分嗎？）

五、**評量**：

　　情況多靠近奇蹟：

　　1. 晤談前的改變：

　　2. 改變的意願：

　　3. 自信：

六、**讚美**：

七、**橋樑**：

八、任務／建議：

九、下一次晤談時間：

後續會談草案

一、當事人姓名：_____　　　日期：_____

二、何處已較好了？

1. **引發**：（發生了什麼是已較好的？）

2. **拓展**：〔那是怎麼發生的？你做了什麼讓它發生？對你來說那是新的經驗嗎？現在你正在做____，你注意到在你和____（重要他人）之間有什麼不同？你家裡有什麼不同呢？〕

3. **增強／讚美**：〔不是每個人已經都能說或做到____，所以你____（是／做／認為）____？〕

4. **再次開始**：（還有什麼是已較好了的？）

三、**多做一點**：（它需要什麼才能再發生一次呢？如何才能更常做到呢？）

四、**如果沒有更好的話**：（你是如何因應的呢？你如何辦到的？事情是如何沒有變得更糟呢？）

五、**評量進展**：

1. **目前的程度**：

2. **下一個等級**：〔當你從____（目前的數字）移動到____（往上評量的一個數字），將有什麼不同？誰將會第一個注意到？當他／她注意到時，他／她會做些什麼不同的事？需要發生什麼，你才能「佯裝」____（往上評量的一個數字）已經發生了一般？〕

3. **結束**：（你覺得需要 9 分左右，你才不用再來見我？那時，將會有些什麼不同發生？）

六、讚美：

七、橋樑：

八、建議：

九、下一次晤談時間：

發掘例外的問句

晤談者要記得：當探索例外時，有意識地去引用下列問句，將能探求到當事人對例外的知覺（個人問句），以及當事人對重要他人可能會注意到的知覺（關係問句）。分別舉例如下。

一、關於奇蹟的例外

(一) 引發

所以當奇蹟發生的時候，妳和妳丈夫就會談論更多有關你們的生活，且會更加緊密靠近。已經有像奇蹟這樣的時光發生過了嗎——甚至只有一點點像？

如果妳的丈夫在這裡，我也問他同樣的問題，妳想他會說什麼？

(二) 拓展

最後一次妳和妳先生談得較多以及較常擁抱是什麼時候？告訴我更多有關那次的時光。那是什麼樣子？你們都說些什麼？妳自己說了些什麼？他又說了些什麼？當他在說話的時候，妳在做什麼？然後他又做了些什麼？對妳來說，他的作為對妳有何意義？那一次還有哪些不同於平日之處？

如果他在這裡，對於那次時光，他可能還會說些什麼？

(三) 增強

1. 非口語：往前傾，提高眉毛，做筆記（做出看起來有人告訴你一些重要事情的樣子）。

2. 口語：表現你的關心及興趣（這對你和他來說是新的經驗嗎？當它發生的

時候你感到訝異嗎？）；進行讚美（由於在這關係中發生了這麼多的事情，似乎要你去做到這些事並不是很容易的。那是困難的嗎？）

(四) 探索例外如何發生

1. 你認為你做了些什麼而讓它發生了？

2. 如果妳的丈夫在這裡，我問他；你猜他會說，妳是做了什麼而幫助了他，讓他可以告訴妳更多有關他的生活？

3. 使用讚美：你從哪裡得到要這樣做的想法呢？那似乎是很有意義。類似這種困難的情境下，你總是能夠如此自發地產生如何因應的想法嗎？

(五) 將例外投射於未來之中

1. 在 1 至 10 分的量尺上，1 分代表沒有機會，10 分代表很有機率；像那樣的經驗（例外），下星期（下個月，或有時候是未來）將會再發生的機率是多少呢？如果要它發生的話，需要做些什麼呢？

2. 未來如果要讓它更常發生的話，需要做些什麼呢？

3. 誰還必須做些什麼，好讓它再度發生？

4. 要使＿＿＿（例外）確定能夠再次發生，你需要記得去做什麼重要的事，才能使（這例外）再次發生的機率提到最高？另一個要記得去做的最重要的事情是什麼呢？

5. 你想妳的丈夫會說，這＿＿＿（例外）將會再發生的機率有多少呢？他會說妳若能做些什麼就會增加發生的機會呢？假設妳決定去做了，妳想他又會接著做什麼呢？假設他做了那件事，對妳來說，事情又會變得有何不同？這些，對妳……對妳的家庭……在妳和他的關係裡……又會如何產生不同呢？

二、與問題有關的例外

如果當事人不能確認出一個奇蹟，只和你停留在問題式談話上面打轉，那麼就以「問題」此詞來取代「奇蹟」，來繼續提問你的問句。舉例：

你能想到過去哪一天（星期、月、年），妳和丈夫吵架的次數較少或完全沒有吵架的那個時候嗎？

然後，再進行前述連結奇蹟之例外的五個步驟。

三、何處已較好了？

在所有後續的會談中，你皆可用此問句來展開例外的探索。要確定你是以上述的五個步驟來進行的，並且都要使用個人角度和關係問句。

在你完成例外的探索之後，總是詢問「還有什麼其他事情變得比較好？」

四、因應問句

很少當事人是無法確認出任何例外的，或者似乎是被問題淹沒的。在這樣困難的情境下，你可以詢問因應問句，以發現當事人做什麼而讓自己能夠在困難情境中撐起來：

我很驚訝。對於所有發生的事，我真的不知道你是怎麼辦到的。你到底是怎麼做到的？你是怎麼從這一分鐘撐到下一分鐘的？

如果當事人描述一個存在已久的沮喪，以及一個緊接一個的挫敗事件，你也許可以說：

我能理解原來你有很多可以感到沮喪的原因。有很多事情還沒有進展到你所希望的樣子。但是我很好奇，你又是如何讓你一直保持在前進的狀態？你是怎麼能夠每天早上起床，繼續面對另一天的，你是怎麼辦到的呢？

如果當事人說他／她必須為了小孩而繼續撐下去，你可以說：

　　那你是如何做到的？你怎麼還能考量到你的小孩，以及如何還能顧及他們很需要你？我想你一定很在乎他們。告訴我，你為了去照顧他們，你還做了些什麼事情？

與處於非自願情境當事人晤談的草案

一、角色澄清

〔介紹自己，簡要地描述你的角色，說明晤談的結構（如：暫停）等。〕

二、問題描述

（從頭至尾都注意：當事人「想要」什麼、「能夠」做什麼，以及他「願意」做些什麼等線索。）

1. 對於我們今天要在這裡談話，就你的了解，是什麼原因？（得準備去分享你所知道這個案例的資訊。）

2. 到目前為止，對於現在的情況你已經做了什麼？

3. 有什麼是你想嘗試但是還沒去做的？這些方法可能會如何有幫助呢？

三、目標形塑

1. ＿＿＿（施壓者或委託機構）認為你需要做些什麼不同的事？（若當事人開始表現較為負面反應或似乎沒有動機時，則可使用以下這些問句。）

2. 假設你決定那樣做，在你和＿＿＿（施壓者或機構）之間會有什麼不同？〔繼續：在你和＿＿＿（重要他人）之間又會有什麼不同？〕

3. 這是你能做的嗎？

4. 你會說，至少，你必須表現出一些什麼不同？

5. 你最後一次那樣做是什麼時候？假設你決定再做一次，你會採取的第一個小步驟是什麼？

四、奇蹟問句

（一旦被詢問，就聚焦在當奇蹟發生時，會有什麼不同之處？）

(一) 關於當事人

1. 你將會注意到有什麼不同？（你所注意到的第一件事是什麼？還有呢？）

(二) 關於重要他人

1. 當奇蹟發生的時候，還有誰會注意到？
2. 他／她將會注意到你有什麼不同？還有呢？
3. 當他／她會注意到這些不同時，他／她將會做些什麼不同的事呢？還有呢？
4. 當他／她做了那些事後，對你來說，又會有什麼不同呢？

五、朝向解決之道

（當事人回答了奇蹟問句時可使用。）

1. 假如你佯裝這個奇蹟已經發生了，你會去做的第一件小事情是什麼？那會有什麼幫助？

   或是：

2. 要讓部分的奇蹟發生，需要先發生什麼？那可能會發生嗎？如果會的話，是什麼讓你這樣想？

   或者：

3. 在 0 到 10 分的量尺上，0 分代表問題最糟的時候，10 分代表你所描述的奇蹟，你現在有多靠近奇蹟呢？是什麼告訴你，你在這個分數上？如果發生什麼事就能提高 1 分？（諸如此類。）

六、結束

1. 如果當事人具體且細節地回答奇蹟問句，便給予讚美和建議：「下星期，

挑選一天，伴裝這天奇蹟已經發生，然後看看會有什麼不同？」

2. 如果當事人不能具體且細節地回答奇蹟問句，亦給予讚美和建議：「想想你的生活發生了什麼，告訴你這個問題是能夠被解決的？然後我也來想想。」

（如果可能進行第二次晤談時，你便可以直接邀請當事人與你再度晤談，以繼續處理問題。）

對處於非自願情境當事人可使用的有效問句

1. 是誰認為你必須來到這裡？

2. 就你所知，為何你需要在這裡？

3. 是什麼讓＿＿＿（施壓者或委託機構）認為你需要來這裡的呢？

    (1)是什麼讓＿＿＿認為你需要有所不同的呢？

    (2)是什麼讓＿＿＿認為你會有這項問題是因為這個原因呢？

4. ＿＿＿會說，「至少」，你必須有何不同？

5. 你必須做些什麼才能說服＿＿＿，而讓他認為你不用再來了？

6. 最後一次你做＿＿＿〔不管當事人說（施壓者或委託機構）說了他需要做些不同的事〕是什麼時候？

    (1)那時在你的生活裡有何不同？

    (2)你是如何讓自己可以做到的？

    (3)你認為＿＿＿（重要他人）會說，他注意到你那時有何不同？

    (4)假設你決定再做一次，你必須採取什麼行動？可以讓它發生的第一步又是什麼呢？

    (5)對於你能再做一次，你有多大的信心呢？

    (6)能讓你提高一點點信心的又是什麼呢？

    (7)＿＿＿（重要他人）會說，你能夠再次做到的機率有多少？

    (8)假設你決定再做一次，在你和＿＿＿（重要他人）之間會有什麼不同？

    (9)在你和＿＿＿（施壓者或委託機構）之間又會有什麼不同？

    (10)假設你決定再做一次，還會讓你的生活有哪些其他的不同？

    (11)到時你的生活中就會發生什麼，是現在所不存在的呢？

7. 你如何知道你已經做得夠好了？

    (1)當你做了這些改變的時候，誰將會第一個注意到？

(2)當＿＿＿注意到改變已經發生時，他／她又將會做些什麼不同於現在的事
　呢？

(3)然後，當他／她去做這些新的行動時，對你又有何意義呢？

危機晤談的草案

一、角色澄清

（也許有時候你不會以這個方式開始，而是準備介紹你的名字，並且說明在晤談中你會做的是什麼。）

開始：我很高興你今天來這裡。我想你來對地方了。什麼樣的幫助是你最想先獲得的呢？

慢慢進展；同時，接納和肯定當事人的觀點。

二、目前因應困境的努力

（設定當事人是有能力勝任的。）

發現和讚美優勢，並且說：

1. 我很高興你打電話來（或者我很高興你來了這裡）。我很想知道你是怎麼辦到的？
2. 在這樣的處境下，你還做了什麼來照顧自己呢？（詢問細節：什麼、何時、哪裡、誰、如何。）
3. 還有哪些人事物是可以幫助你的？
4. 事情有可能會變得比現在更糟嗎？你是如何處理才讓情況沒有變得更糟的呢？（注意和讚美優勢。）
5. 你認為此時誰（什麼）會對你最有幫助？
6. 這些人事物會如何對你有幫助呢？

三、評量因應的進展

1. 假設 10 分是你所能想像自己能夠因應此事的最佳狀況，0 分是完全無法因應，你會說你現在是在哪個位置上呢？

（如果數字是 2 分或以上，表達驚訝和讚美，並且詢問他／她是如何到達
這個數字的。如果是 0 分或低於 2 分，問他／她可以做些什麼而防止分數下滑
得更低。記得去獲得當事人進行因應的想法和行為的細節。）

四、目標形塑：共同建構下一步驟

1. 假設事情往量尺上方移動 1 分時，會有些什麼不同而告訴你，你的因應是
真的更好些了？（詢問關於進展的細小訊號。）

2. ＿＿＿（重要他人）會注意到什麼不同而得知，你已經因應得較好了？還有
呢？

3. 需要什麼才會使之發生？

4. 假設事情在量尺往上移動了二至三個分數刻度時，又會有什麼不同？什麼
事情會告訴你，你因應得更好了？還有呢？要使這些情況發生，需要些什
麼？還有呢？（或者，如果當事人變得更有希望時，則去詢問奇蹟問句，
圍繞在「想像你與其他人可以因應得一樣好時，並思考著你經歷的一切」
的方向上。）

5. 要讓你記得繼續去因應這個情境，對你來說，唯一最重要的事情是什麼？

五、結束

歸納出當事人正在做哪些對自己有用的事情，並指出那些微小的細節。也
要確定是以當事人自己的話語來描述。再度讚美當事人的力量和成功之處，建
議當事人繼續發揮功能，並且繼續注意還有什麼是他／她也許還能做的有效因
應方式。

有效的因應問句

1. 你是如何讓自己早上能夠起床？

(1)對你來說這是困難的嗎？

(2)有什麼事是有幫助的，以至於你能做到？

2. 從你上次吃東西到現在，已經過了多久？

(1)對你來說吃東西有多大的幫助？

(2)你是如何可以讓自己吃些東西的呢？

3. 你最後一次睡覺是什麼時候？

(1)有些睡眠能夠對你產生什麼不同嗎？

(2)承受著目前正在經歷的一切，你又是如何幫助自己能夠睡覺的呢？

4. 到目前為止，是什麼幫助你能夠走過這一切？

5. 你認為我們能提供你最有幫助的事情會是什麼？

6. 你以前也曾有過在這樣處境的經驗嗎？

(1)那時你做了什麼而能走過來？

(2)那時對你最有幫助的是什麼？

(3)那時誰的幫忙是最有用的？

(4)你怎麼知道這些人事物是有幫助的呢？

(5)你會做些什麼，以獲得____來幫助你呢？

(6)對你來說，做什麼是對你很有幫助？還有呢？

(7)你認為需要發生什麼，才能再次幫助你呢？還有呢？

(8)當你再次獲得這樣的幫助時，這次將可能對你產生什麼不同的效益呢？

參考文獻

Adams, J. F., Piercy, F. P., & Jurich, J. A. (1991). Effects of solution-focused therapy's "formula first session task" on compliance and outcome in family therapy. *Journal of Marital and Family Therapy, 17*, 277–290.

Alcoholics Anonymous. (1976). *Alcoholics Anonymous: The story of how thousands of men and women have recovered from alcoholism* (The Big Book). New York: Alcoholics Anonymous World Services.

American Psychiatric Association. (2000). *The diagnostic and statistical manual of mental disorders* (4th ed.–TR). Washington, DC: Author.

American Psychological Association. (2006). Evidence-based practice in psychology. *American Psychologist, 61*, 271–285.

Andersen, T. (1987). The reflecting team: Dialogue and meta-dialogue in clinical work. *Family Process, 26*, 415–428.

Andersen, T. (Ed.) (1991). *The reflecting team: Dialogues and dialogues about dialogues.* New York: Norton.

Anderson, H., & Goolishian, H. A. (1992). The client is the expert: A not-knowing approach to therapy. In S. McNamee & K. J. Gergen (Eds.), *Therapy as social construction* (pp. 25–39). London: Sage.

Axelson, J. A. (1999). *Counseling and development in a multicultural society* (3rd ed.). Pacific Grove, CA: Brooks/Cole.

Baer, D., Bhati, A., Brooks, L., Castro, J., La Vigne, N., Mallik-Kane, K., Naser, R., Osborne, J., Roman, C., Rossman, S., Solomon, A., Visher, C., & Winterfield, L. (2006). Understanding the challenges of prisoner reentry: Research findings from the urban institute's prisoner reentry portfolio, Washington DC: Urban Institute Justice Policy Center.

Barnard, C. F., & Kuehl, B. P. (1995). Ongoing evaluation: In-session procedures for enhancing the working alliance and therapy effectiveness. *The American Journal of Family Therapy, 23*, 161–171.

Bateson, G. (Ed.) (1972). *Steps to an ecology of mind.* New York: Ballantine.

Bateson, G., Jackson, D. D., Haley, J., & Weakland, J. H. (1956). Toward a theory of schizophrenia. *Behavioral Science, 1*, 251–264.

Bavelas, J. B. (2012). Connecting the lab to the therapy room: Microanalysis, co-construction, and solution-focused brief therapy. In C. Franklin, T. S. Trepper, W. J. Gingerich, & E. E. McCollum (Eds.), *Solution-focused brief therapy: A handbook of evidence-based practice* (pp. 144–162). New York: Oxford University Press.

Bavelas, J. B., & Chovil, N. (1997). Faces in dialogue. In J. A. Russell & J. M. Fernandez-Dols (Eds.), *The Psychology of Facial Expression* (pp. 334–346). Cambridge, UK: Cambridge University Press.

Bavelas, J. B., & Chovil, N. (2006). Hand gestures and facial displays as part of language use in face-to-face dialogue. In V. Manusov & M. Patterson (Eds.), *Handbook of Nonverbal Communication* (pp. 97–115). Thousand Oaks, CA: Sage.

Bavelas, J. B., & Gerwing, J. (2007). Conversational hand gestures and facial displays in face-to-face dialogue. In K. Fielder (Ed.), *Social Communication* (pp. 283–308). New York: Psychology Press.

Bavelas, J. B., McGee, D., Phillips, B., & Routledge, R. (2000). Microanalysis of communication in psychotherapy. *Human Systems, 11,* 47–66.

Benjamin, A. (1987). *The helping interview with case illustrations.* Boston: Houghton Mifflin.

Berg, I. K. (1994). *Family based services: A solution-focused approach.* New York: Norton.

Berg, I. K. (2003). *Supervision and mentoring in child welfare services: Guidelines and strategies.* Milwaukee, WI: BFTC Press.

Berg, I. K. (2005). The state of miracles in relationships. In T. S. Nelson (Ed.), *Education and training in solution-focused brief therapy* (pp. 115–118). Binghamton, NY: Haworth.

Berg, I. K. (n.d.). *Hot tips III: Application of SFBT in supervision and management.* Unpublished manuscript.

Berg, I. K., & De Jong, P. (1996). Solution-building conversations: Co-constructing a sense of competence with clients. *Families in Society: The Journal of Contemporary Human Services, 77,* 376–391.

Berg, I. K., & De Jong, P. (2005). Engagement through complimenting. *Journal of Family Psychotherapy, 16,* 51–56.

Berg, I. K., & de Shazer, S. (1993). Making numbers talk: Language in therapy. In S. Friedman (Ed.), *The new language of change: Constructive collaboration in psychotherapy.* New York: Guilford.

Berg, I. K., & de Shazer, S. (Eds.) (1997). Special issue: Solution-focused brief family therapy: Across the spectrum— around the world. *Contemporary Family Therapy: An International Journal, 19,* 1–141.

Berg, I. K. & Dolan, Y. (2001). *Tales of solutions: Hope-inspiring stories from around the world.* New York: Norton.

Berg, I. K., & Kelly, S. (2000). *Building solutions in child protective services.* New York: Norton.

Berg, I. K., & Miller, S. D. (1992). *Working with the problem drinker: A solution-focused approach.* New York: Norton.

Berg, I. K., & Reuss, N. (1998). *Solutions step by step: A substance abuse treatment manual.* New York: Norton.

Berg, I. K., & Shilts, L. (2004). *Classroom solutions: WOWW approach.* Milwaukee, WI: BFTC Press.

Berg, I. K., & Shilts, L. (2005a). *Classroom solutions: WOWW coaching.* Milwaukee, WI: BFTC Press.

Berg, I. K., & Shilts, L. (2005b). Keeping the solutions within the classroom: WOWW approach. *School Counselor,* July/August, 30–35.

Berg, I. K., & Steiner, T. (2003). *Children's solution work.* New York: Norton.

Berg, I. K., & Szabo, P. (2005). *Brief coaching for lasting solutions.* New York: Norton.

Berger, P., & Luckmann, T. (1966). *The social construction of reality: A treatise in the sociology of knowledge.* Garden City, NY: Anchor.

Biestek, F. P. (1957). *The casework relationship.* Chicago: Loyola University Press.

Blundo, R. (2009). The challenge of seeing anew the world we think we know: Learning strengths-based practice. In D. Saleebey (Ed.), *The strengths perspective in social work practice* (5th ed.) (pp. 24–46). Boston: Pearson Education.

Burns, K. (2005). *Focus on solutions: A health professional's guide.* London: Whurr.

Burns, K. (2009). Solution focused brief therapy for people with acquired communication impairments. In S. Brumfitt (Ed.), *Psychological well-being and acquired communication impairments* (pp. 197–215). Chichester: Wiley-Blackwell.

Cade, B., & O'Hanlon, W. H. (1993). *A brief guide to brief therapy.* New York: Norton.

Callahan, J. L., Almstrom, C. M., Swift, J. K., Borja, S. E., & Heath, C. J. (2009). Exploring the contribution of supervisors to intervention outcomes. *Training and Education in Professional Psychology, 3,* 72–77.

Cantwell, P., & Holmes, S. (1994). Social construction: A paradigm shift for systemic therapy and training. *The Australian and New Zealand Journal of Family Therapy, 15,* 17–26.

Carkhuff, R. R. (1987). *The art of helping* (6th ed.). Amherst, MA: Human Resource Development.

Carkhuff, R. R., & Berenson, B. G. (1977). *Beyond counseling and therapy* (2nd ed.). New York: Holt, Rinehart & Winston.

Cauffman, L., & Dierolf, K. (2006). *The solution tango: Seven simple steps to solutions in management.* London: Marshall Cavendish.

Cavaiola, A. A., & Colford, J. E. (2011). *Crisis intervention case book.* Belmont, CA: Brooks/Cole, Cengage Learning.

Cecchin, G. (1987). Hypothesizing, circularity, and neutrality revisited: An invitation to curiosity. *Family Process, 26,* 405–413.

Clark, H. H. (1992). *Arenas of language use.* Chicago: University of Chicago Press & Center for the Study of Language and Information.

Clark, H. H. (1996). *Using language.* Cambridge, UK: Cambridge University Press.

Clark, H. H., & Schaefer, E. F. (1987). Collaborating on contributions to conversations. *Language and Cognitive Processes, 2,* 19–41.

Clark, H. H., & Schaefer, E. F. (1989). Contributing to discourse. *Cognitive Science, 13,* 259–294.

Clark, H. H., & Schober, M. (1992). Asking questions and influencing answers. In J. Tanur (Ed.), *Questions about questions: Inquiries into the cognitive bases of surveys* (pp. 15–48). New York: Russell Sage Foundation.

Conrad, P., & Schneider, J. W. (1985). *Deviance and medicalization: From badness to sickness.* Columbus, OH: Merrill.

Corcoran, J. (2012). Review of outcomes with children and adolescents with externalizing behavioral problems. In C. Franklin, T. S. Trepper, W. J. Gingerich, & E. E. McCollum (Eds.), *Solution-focused brief therapy: A handbook of evidence-based practice* (pp. 121–129). New York: Oxford University Press.

Corey, G., Corey, M. S., & Callanan, P. (2007). *Issues and ethics in the helping professions* (7th ed.). Belmont, CA: Thomson Brooks/Cole.

Cunanan, E. D., & McCollum, E. E. (2006). What works when learning solution-focused brief therapy: A qualitative study of trainees' experiences. *Journal of Family Psychotherapy, 17,* 49–65.

De Jong, P., Bavelas, J. B., & Korman, H. (In review). Microanalysis of formulations: Part 1, observing co-construction in psychotherapy.

De Jong, P., & Berg, I. K. (2001). Co-constructing cooperation with mandated clients. *Social Work, 46*, 361–374.

De Jong, P., & Berg, I. K. (2002). *Interviewing for solutions* (2nd ed.). Pacific Grove, CA: Brooks/Cole.

De Jong, P., & Berg, I. K. (2008). *Instructor's resource manual with test bank: Interviewing for solutions* (3rd ed.). Belmont, CA: Thomson Brooks/Cole.

De Jong, P., & Berg, I. K. (2008). *Interviewing for solutions* (3rd ed.). Belmont, CA: Thomson Brooks/Cole.

De Jong, P., & Hopwood, L. E. (1996). Outcome research on treatment conducted at the Brief Family Therapy Center. In S. D. Miller, M. A. Hubble, B. L. Duncan (Eds.), *Handbook of solution-focused brief therapy* (pp. 272–298). San Francisco: Jossey-Bass.

De Jong, P., & Miller, S. D. (1995). How to interview for client strengths. *Social Work, 40*, 729–736.

Department of Health. (2009). *Transforming Community Services: Ambition, Action, Achievement. Transforming Services for Health, Wellbeing and Reducing Inequalities*. London: Department of Health.

de Shazer, S. (1982). *Patterns of brief family therapy*. New York: Guilford.

de Shazer, S. (1984). The death of resistance. *Family Process, 23*, 79–93.

de Shazer, S. (1985). *Keys to solution in brief therapy*. New York: Norton.

de Shazer, S. (1988). *Clues: Investigating solutions in brief therapy*. New York: Norton.

de Shazer, S. (1991). *Putting difference to work*. New York: Norton.

de Shazer, S. (1994). *Words were originally magic*. New York: Norton.

de Shazer, S., & Berg, I. K. (1992). Doing therapy: A post-structural revision. *Journal of Marital and Family Therapy, 18*, 71–81.

de Shazer, S., Berg, I. K., Lipchik, E., Nunnaly, E., Molnar, A., Gingerich, W., & Weiner-Davis, M. (1986). Brief therapy: Focused solution development. *Family Process, 25*, 207–221.

de Shazer, S., Dolan, Y. M., Korman, H., Trepper, T., McCullom, E., & Berg, I. K. (2007). *More than miracles: The state of the art of solution-focused brief therapy*. New York: Haworth Press.

de Shazer, S., & Isebaert, L. (2003). The Bruges model: A solution-focused approach to problem drinking. *Journal of Family Psychotherapy, 14*, 43–53.

Devore, W., & Schlesinger, E. G. (1999). *Ethnic-sensitive social work practice* (5th ed.). Boston: Allyn & Bacon.

Dillon, J. T. (1990). *The practice of questioning*. London: Routledge.

Dolan, Y. M. (1991). *Resolving sexual abuse: Solution-focused therapy and Ericksonian hypnosis for adult survivors*. New York: Norton.

Durrant, M. (1993). *Residential treatment: A cooperative, competency-based approach to therapy and program design*. New York: Norton.

Durrant, M. (1995). *Creative strategies for school problems: Solutions for psychologists and teachers*. New York: Norton.

Efran, J. S., Lukens, R. J., & Lukens, M. D. (1988). Constructivism: What's in it for you? *The Family Therapy Networker, 12*, 27–35.

Egan, G. (2010). *The skilled helper: A problem-management and opportunity-development approach to helping* (9th ed.). Belmont, CA: Brooks/Cole.

Epstein, L. (1985). *Talking and listening: A guide to the helping interview*. St. Louis, MO: Times Mirror/Mosby.

Federal Bureau of Investigation. (2003). *Crime in the United States, 2002*. Washington, DC: U.S. Department of Justice.

Fiske, H. (2008). *Hope in action: Solution-focused conversations about suicide.* New York: Routledge.

Fleck, L. (1979). *Genesis and development of a scientific fact* (F. Bradley & T. J. Trenn, Trans.). Chicago: University of Chicago Press.

Franklin, C. (2006). Outcome studies on solution-focused therapy. Retrieved on August 1, 2006, from http://www.utexas.edu/courses/franklin.

Franklin, C., & Streeter, C. L. (2006). Solution-focused accountability schools for the twenty-first century: A training manual for Gonzalo Garza Independence High School. Retrieved on November 1, 2006, from http://www.austinisd.org/schools/website.phtml?id=024focused.html.

Franklin, C., Trepper, T. S., Gingerich, W. J., & McCollum, E. E. (Eds.). (2012). *Solution-focused brief therapy: A handbook of evidence-based practice.* New York: Oxford University Press.

Freedman, J., & Combs, G. (1996). *Narrative therapy: The social construction of preferred realities.* New York: Norton.

Freud, S. (1966). *The complete introductory lectures on psychoanalysis* (J. Strachey, Trans.). New York: Norton.

Frietas, G. J. (2002). The impact of psychotherapy supervision on client outcome: A critical examination of 2 decades of research. *Psychotherapy: Theory/Research/Practice/Training, 39,* 354–367.

Froerer, A. S., & Smock, S. A. (In review). Identifying solution-building formulations through microanalysis.

Furman, B., & Ahola, T. (1992). *Solution talk: Hosting therapeutic conversations.* New York: Norton.

Furman, B., & Ahola, T. (1998). *Reteaming: Succeeding together.* Helsinki, Finland: Reteaming International—The Brief Therapy Institute of Helsinki.

Garfield, S. L. (1994). Research on client variables in psychotherapy. In A. E. Bergin & S. L. Garfield (Eds.), *Handbook of psychotherapy and behavior change* (4th ed., pp. 190–228). New York: Wiley.

George, E., Iveson, C., & Ratner, H. (1999). *Problem to solution: Brief therapy with individuals and families* (2nd ed.). London: Brief Therapy Press.

George, E., Iveson, C., & Ratner, H. (2011). *Briefer: A solution focused manual.* London, UK: Brief.

Gergen, K. J. (1985). The social constructionist movement in American psychology. *American Psychologist, 40,* 266–275.

Gergen, K. J. (1999). *An invitation to social construction.* London: Sage.

Gergen, K. J. (2009). *An invitation to social construction* (2nd ed.). London: Sage.

Gergen, K. J., & Kaye, J. (1992). Beyond narrative in the negotiation of therapeutic meaning. In S. McNamee & K. J. Gergen (Eds.), *Therapy as social construction* (pp. 166–185). Newbury Park, CA: Sage.

Germain, C. B., & Gitterman, A. (1980). *The life model of social work practice.* New York: Columbia University Press.

Germain, C. B., & Gitterman, A. (1996). *The life model of social work practice: Advances in theory and practice* (2nd ed.). New York: Columbia University Press.

Gillaspy, J. A., & Murphy, J. J. (2012). Incorporating outcome and session rating scales into solution-focused brief therapy. In C. Franklin, T. S. Trepper, W. J. Gingerich, & E. E. McCollum (Eds.), *Solution-focused brief therapy: A handbook of evidence-based practice* (pp. 73–91). New York: Oxford University Press.

Gilligan, S., & Price, R. (1993). *Therapeutic conversations.* New York: Norton.

Gingerich, W. J., & Eisengart, S. (2000). Solution-focused brief therapy: A

review of the outcome research. *Family Process, 39,* 477–498.

Gingerich, W. J., & Eisengart, S. (2001). Solution-focused brief therapy outcome studies. Retrieved on August 1, 2006, from http://www.gingerich.net/SFBT/research/Default.htm.

Gingerich, W. J., Kim, J. S., Stams, G. J. J. M., & Macdonald, A. J. (2012). Solution-focused brief therapy outcome research. In C. Franklin, T. S. Trepper, W. J. Gingerich, & E. E. McCollum (Eds.), *Solution-focused brief therapy: A handbook of evidence-based practice* (pp. 95–111). New York: Oxford University Press.

Goldstein, H. (2002). The literary and moral foundations of the strengths perspective. In D. Saleebey (Ed.), *The strengths perspective in social work practice* (3rd ed., pp. 23–47). Boston: Allyn & Bacon.

Goolishian, H. A., & Anderson, H. (1991). An essay on changing theory and changing ethics: Some historical and post structural views. *American Family Therapy Association Newsletter, 46,* 6–10.

Gray, S. W., Zide, M. R., & Wilker, H. (2000). Using the solution focused brief therapy model with bereavement groups in rural communities: Resiliency at its best. *Hospice Journal, 15,* 13–30.

Greene, G. J., & Lee, M. Y. (2011). *Solution-oriented social work practice,* New York: Oxford University Press.

Greene, R. R. (2007). *Social work practice: A risk and resilience perspective.* Belmont, CA: Thomson Brooks/Cole.

Guest, J. (1976). *Ordinary people.* New York: Ballantine.

Hairston, C. F. (2007). Focus on children with incarcerated parents: An overview of the research literature. Retrieved on January 4, 2011, from www.aecf.org/childrenofincarcerated.aspx.

Haley, J. (1973). *Uncommon therapy.* New York: Norton.

Haley, J. (1987). *Problem-solving therapy.* San Francisco: Jossey-Bass.

Hall, D. (2003). *Criminal law and procedure.* Albany, NY: Delmar.

Hansen, N. B., Lambert, M. J., Smart, D. W., & Forman, E. V. (2002). The psychotherapy dose-response effect and its implications for treatment delivery services. *Clinical Psychology: Science and Practice, 9,* 329–343.

Hartman, C., & Reynolds, D. (1987). Resistant clients: Confrontation, interpretation, and alliance. *Social Casework, 68,* 205–213.

Hawaii State Legislature. (2010). Senate Concurrent Resolution 192 House Draft 1: Requesting the Department of Public Safety to facilitate the delivery of the Huikahi Restorative Circles Program in Hawaii correctional facilities. Honolulu: Author.

Hendrick, S., Isebaert, L., & Dolan, Y. (2012). Solution-focused brief therapy in alcohol treatment. In C. Franklin, T. S. Trepper, W. J. Gingerich, & E. E. McCollum (Eds.), *Solution-focused brief therapy: A handbook of evidence-based practice* (pp. 264–278). New York: Oxford University Press.

Hepworth, D. H., Rooney, R. H. & Larsen, J. A. (2002). *Direct social work practice: Theory and skills* (6th ed.). Pacific Grove, CA: Brooks/Cole.

Hepworth, D. H., Rooney, R. H., Rooney, G. D., Strom-Gottfried, K., & Larsen, J. A. (2010). *Direct social work practice: Theory and skills* (8th ed.). Belmont, CA: Brooks/Cole.

Heritage, J. C., & Watson, D. R. (1979). Formulations as conversational objects. In G. Psathas (Ed.), *Everyday language: Studies in ethnomethodology* (pp. 123–162). New York: Irvington.

Hiebert-Murphy, D., & Richert, M. (2000). A parenting group for women dealing with child sexual abuse and

substance abuse. *International Journal of Group Psychotherapy, 50*, 397–405.

Hoffman, L. (1990). Constructing realities: An art of lenses. *Family Process, 29*, 1–12.

Hopwood, L., & de Shazer, S. (1994). From here to there and who knows where: The continuing evolution of solution-focused brief therapy. In M. Elkaim (Ed.), *Therapies familiales: Les approches principaux* (pp. 555–576). Paris: Editions de Seuil.

Horton, S., Drachler, M. de L., Fuller, A., & de Carvalho Leite, J. C. (2008). Development and preliminary validation of a measure for assessing staff perspectives on the quality of clinical group supervision. *International Journal of Language & Communication Disorders, 43*, 126–134.

Howerton, A., Burnett, R., Byng, R., & Campbell, J. (2009). The consolations of going back to prison: What 'revolving door' prisoners think of their prospects. *Journal of Offender Rehabilitation, 48*, 439–461.

Hsu, W. (2007). Effects of solution-focused supervision. *Bulletin of Educational Psychology, 38*, 331–354.

Hsu, W. (2009). The components of the solution-focused supervision. *Bulletin of Educational Psychology, 41*, 475–496.

Hsu, W., & Tsai, S. (2008). The effects of solution-focused group supervision on school counselors. *Bulletin of Educational Psychology, 39*, 603–622.

Hwoschinsky, C. (2001). *Listening with the heart: A guide for compassionate listening.* Indianola, WA: The Compassionate Listening Project.

Ivanoff, A., Blythe, B. J., & Tripodi, T. (1994). *Involuntary clients in social work practice: A research-based approach.* New York: Aldine de Gruyter.

Ivey, A. E., Ivey, M. B., & Zalaquett C. P. (2010). *Intentional interviewing and counseling: Facilitating client development*

in a multicultural society* (7th ed.). Belmont, CA: Brooks/Cole.

Jackson, P. Z., & McKergow, M. (2007). *The solutions focus: Making coaching and change simple* (2nd ed.). London: Nicholas Brealey.

Jackson, P. Z., & Waldman, J. (2010). *Positively speaking: The art of constructive conversations with a solutions focus.* United Kingdom: The Solutions Focus.

Jacobsen, C. H., & Tanggaard, L. (2009). Beginning therapists' experiences of what constitutes good and bad psychotherapy supervision with a special focus on individual differences. *Nordic Psychology, 6*, 59–84.

James, H. (Ed.). (1920). *The letters of William James (Vol. 2).* Boston: Atlantic Monthly Press.

James, R. K., & Gilliland, B. E. (2005). *Crisis intervention strategies* (5th ed.). Pacific Grove, CA: Brooks/Cole.

Jenkins, A. (1990). *Invitations to responsibility: The therapeutic engagement of men who are violent and abusive.* Adelaide, South Australia: Dulwich Centre Publications.

Johnson, Y. M., & Munch, S. (2009). Fundamental contradictions in cultural competence. *Social Work, 54*, 220–231.

Kadushin, A., & Kadushin, G. (1997). *The social work interview: A guide for human service professionals* (4th ed). New York: Columbia University Press.

Kagle, J. D. (1991). *Social work records* (2nd ed.). Belmont, CA: Wadsworth.

Kagle, J. D. (2002). Record-keeping. In A. R. Roberts & G. J. Greene (Eds.), *Social workers' desk reference* (pp. 28–33). New York: Oxford University Press.

Kanel, K. (2007). *A guide to crisis intervention* (3rd ed.). Belmont, CA: Brooks/Cole, Cengage Learning.

Keefe, T. (1976). Empathy: The critical skill. *Social Work, 21*, 10–14.

Kelly, M. S., & Bluestone-Miller, R. (2009). Working on what works (WOWW): Coaching teachers to do more of what's working. *Children & Schools, 31*, 35–38.

Kelly, M. S., Kim, J. S., Franklin, C. (2008). *Solution-focused brief therapy in schools*. New York: Oxford.

Kelly, M. S., Liscio, M., Shilts, L., & Bluestone-Miller, R. (2011). Making classrooms more solution-focused for teachers and students: The WOWW teacher coaching intervention. In Franklin, C. Trepper, T. McCollum, E. & Gingerich, W. (Eds.), *Solution-focused brief therapy: A handbook of evidence-based practice* (pp. 354–370). New York: Oxford University Press.

Kendall, P. C., Holmbeck, G., & Verduin, T. (2004). Methodology, design, and evaluation in psychotherapy research. In M. J. Lambert (Ed.), *Bergin and Garfield's handbook of psychotherapy and behavior change* (5th ed., pp. 16–43). New York: Wiley.

Kim, J. (2006). *Examining the effects of solution-focused brief therapy: A meta-analysis using random effects modeling.* Unpublished doctoral dissertation, University of Texas, Austin.

Kim, J. S. (2008). Examining the effectiveness of solution-focused brief therapy: A meta-analysis. *Research on Social Work Practice, 18*, 107–116.

Kim, J. S., Smock, S., Trepper, T., McCollum, E. E., & Franklin, C. (2009). Is solution-focused therapy evidence based? *Families in Society, 91*, 301–305.

Kiser, D., (1988). *A follow-up study conducted at the Brief Family Therapy Center.* Unpublished manuscript.

Kiser, D., & Nunnally, E. (1990). *The relationship between treatment length and goal achievement in solution-focused therapy.* Unpublished manuscript.

Kiser, D., Piercy, F. P., & Lipchik, E. (1993). The integration of emotion in solution

focused therapy. *Journal of Marital and Family Therapy, 19*, 233–242.

Knekt, P., Lindfors, O., Harkanen, T., Valikoski, M., Virtala, E., Laaksonen, M. A., Marttunen, M., Kaipainen, M., Renlund, C., & the Helsinki Psychotherapy Study Group. (2008a). Randomized trial on the effectiveness of long- and short-term psychodynamic psychotherapy and solution-focused therapy on psychiatric symptoms during a 3-year follow-up. *Psychological Medicine, 38*, 689–703.

Knekt, P., Lindfors, O., Laaksonen, M. A., Raitasalo, R., Haaramo, P., Jarvikoski, A., & the Helsinki Psychotherapy Study Group. (2008b). Effectiveness of short-term and long-term psychotherapy on work ability and functional capacity—A randomized clinical trial on depressive and anxiety disorders. *Journal of Affective Disorders, 107*, 95–106.

Koob, J. J. (2002). The effects of solution-focused supervision on the perceived self-efficacy of therapists in training. *The Clinical Supervisor, 21*, 161–183.

Korman, H., Bavelas, J. B., De Jong, P. (In review). Microanalysis of formulations. Part II, comparing solution focused brief therapy, cognitive behavioral therapy, and motivational interviewing.

Kuhn, T. S. (1962). *The structure of scientific revolutions.* Chicago: University of Chicago Press.

LaFountain, R. M., & Garner, N. E. (1996). Solution-focused counseling groups: The results are in. *The Journal for Specialists in Group Work, 21*, 128–143.

LaFrance, M. (1992). Questioning knowledge acquisition. In T. W. Lauer, E. Peacock, & A. C. Graesser (Eds.), *Questions and information systems* (pp. 11–28). Hillsdale, NJ: Lawrence Erlbaum.

Laird, J. (1993). Family-centered practice: Cultural and constructionist reflections.

In J. Laird (Ed.), *Revisioning social work education: A social constructionist approach* (pp. 77–109). New York: Haworth.

Lambert, M. J. (2010). Yes, it is time for clinicians to routinely monitor treatment outcome. In B. L. Duncan, S. D. Miller, B. E. Wampold, & M. A. Hubble (Eds.), *The heart and soul of change: Delivering what works in therapy* (2nd ed.). Washington DC: American Psychological Association.

Lambert, M. J., & Bergin, A. E. (1994). The effectiveness of psychotherapy. In A. E. Bergin & S. L. Garfield (Eds.), *Handbook of psychotherapy and behavior change* (4th ed., pp. 143–189). New York: Wiley.

Langan, P., & Levin, D. (2002). *Recidivism of prisoners released in 1994*. Bureau of Justice Statistics, Office of Justice Programs, United States Department of Justice. Retrieved on March 1, 2011, from http://bjs.ojp.usdoj.gov/index.cfm?ty=pbdetail&iid=1134.

Lange, S. M. (2001). Solution-focused group psychotherapy for incarcerated fathers. *Journal of Family Psychotherapy, 12*, 1–21.

Lee, M. Y., Greene, G. J., & H. Rheinscheld, J. (1999). A model for short-term solution focused group treatment of male domestic violence offenders. *Journal of Family Social Work, 3*, 39–57.

Lee, M. Y., Sebold, J., & Uken, A. (2003). *Solution-focused treatment of domestic violence offenders: Accountability for change*. New York: Oxford University Press.

Lee, M. Y., Sebold, J., & Uken, A. (2004). Accountability for change: Solution-focused treatment with domestic violence offenders. *Families in Society: The Journal of Contemporary Human Services, 85*, 463–476.

Lewis, J. A., Dana, R. Q., & Blevins, G. A. (2011). *Substance abuse counseling* (4th ed.). Belmont, CA: Brooks/Cole.

Lichtenberg, J. W. (2006). What makes for effective supervision? In search of clinical outcomes. *Professional Psychology: Research and Practice, 38*, 275.

Liddle, H. A., & Saba, G. W. (1985). The isomorphic nature of training and therapy: Epistemologic foundation for a structural-strategic training paradigm. In J. Schwartzman (Ed.), *Families and other systems* (pp. 27–47). New York: Guilford.

Lindforss, L., & Magnusson, D. (1997). Solution-focused therapy in prison. *Contemporary Family Therapy: An International Journal, 19*, 89–103.

Lipchik, E. (1999). Theoretical and practical thoughts about expanding the solution focused approach to include emotions. In W. R. Ray & S. de Shazer (Eds.), *Evolving brief therapy: In honor of John H. Weakland* (pp. 157–177). Galena, IL, and Iowa City, IA: Geist & Russell.

Lipchik, E. (2002). *Beyond technique in solution-focused therapy*. New York: Guilford.

Lipchik, E., Derks, J., LaCourt, M., & Nunnally, E. (2012). The evolution of solution-focused brief therapy. In C. Franklin, T. S. Trepper, W. J. Gingerich, & E. E. McCollum (Eds.), *Solution-focused brief therapy: A handbook of evidence-based practice* (pp. 3–19). New York: Oxford University Press.

Lukas, S. (1993). *Where to start and what to ask: An assessment handbook*. New York: Norton.

Lum, D. (2004). *Social work practice and people of color: A process-stage approach* (5th ed.). Pacific Grove, CA: Brooks/Cole.

Lum, D. (2011). *Culturally competent practice: A framework for understanding diverse groups and justice issues* (4th ed.). Belmont, CA: Brooks/Cole.

Lynn, C., McKay, M. M., & Atkins, M. S. (2003). School social work: Meeting the mental health needs of students

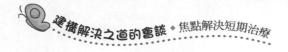
through collaboration with teachers. *Children & Schools, 25,* 197–209.

Macdonald, A. J. (2007). *Solution-focused therapy: Theory, research, & practice.* London: Sage.

MacDonald, C., Ricci, N., & Stewart, M. (1998). *Solution-focused therapy.* Unpublished manuscript, University of Victoria, Victoria, British Columbia, Canada.

Malamud, B. (1963). *The natural.* London: Eyre & Spottiswoode.

Martin, D. G., & Moore, A. D. (1995). *First steps in the art of intervention: A guidebook for trainees in the helping professions.* Pacific Grove, CA: Brooks/Cole.

Maruna, S. (2001). *Making good: How ex-convicts reform and rebuild their lives.* Washington DC: American Psychological Association.

Maslow, A. (1970). *Motivation and personality* (2nd ed.). New York: Harper & Row.

McClam, T., & Woodside, M. (1994). *Problem solving in the helping professions.* Pacific Grove, CA: Brooks/Cole.

McCollum, E. E., Trepper, T. S., & Smock, S. (2003). Solution-focused group therapy for substance abuse: Extending competency-based models. *Journal of Family Psychotherapy, 14,* 27–43.

McGee, D. R. (1999). *Constructive questions: How do therapeutic questions work?* Unpublished doctoral dissertation, University of Victoria, Victoria, British Columbia, Canada.

McGee, D. R., Del Vento, A., & Bavelas, J. B. (2005). An interactional model of questions as therapeutic interventions. *Journal of Marital and Family Therapy, 31,* 371–384.

McKeel, J. (2012). What works in solution-focused brief therapy. In C. Franklin, T. S. Trepper, W. J. Gingerich, & E. E. McCollum (Eds.), *Solution-focused brief therapy: A handbook of evidence-based practice* (pp. 130–143). New York: Oxford University Press.

McKergow, M. (2012). Solution-focused approaches in management. In C. Franklin, T. S. Trepper, W. J. Gingerich, & E. E. McCollum (Eds.), *Solution-focused brief therapy* (pp. 327–341). New York: Oxford University Press.

McKergow, M., & Clarke, J. (2007). *Solution focus working: 80 real life lessons for successful organisational change.* Cheltenham, UK: Solutions Books.

McMahon, M. O. (1996). *The general method of social work practice: A problem-solving approach* (3rd ed.). Boston: Allyn & Bacon.

Mead, G. H. (1934). *Mind, self and society.* Chicago: University of Chicago Press.

Meier, D. (2005). *Team coaching with the solution circle: A practical guide to the solutions focused team development.* Cheltenham, UK: Solutions Books.

Metcalf, L. (1995). *Counseling toward solutions: A practical solution-focused program for working with students, teachers, and parents.* West Nyack, NY: Center for Applied Research in Education.

Metcalf, L. (1998). *Solution-focused group therapy: Ideas for groups in private practice, schools, agencies, and treatment programs.* New York: Free Press.

Miley, K. K., O'Melia, M., & DuBois, B. (2011). *Generalist social work practice: An empowering approach* (updated 6th ed.). Boston: Allyn & Bacon.

Miller, G. (1991). *Enforcing the work ethic: Rhetoric and everyday life in a work incentive program.* Albany, NY: SUNY Press.

Miller, G. (1997). *Becoming miracle workers: Language and meaning in brief therapy.* New York: Aldine de Gruyter.

Miller, G., & de Shazer, S. (2000). Emotions in solution-focused therapy: A re-examination. *Family Process, 39,* 5–23.

Miller, S. D., & Berg, I. K. (1995). *The miracle method: A radically new approach to problem drinking.* New York: Norton.

Miller, S. D., Duncan, B. L., Sorrell, R., & Brown, G. S. (2005). The partners for change outcome system. *Journal of Clinical Psychology: In Session, 61,* 199–208.

Miller, S. D., Hubble, M. A., & Duncan, B. L. (Eds.). (1996). *Handbook of solution-focused brief therapy.* San Francisco: Jossey-Bass.

Miller, W. R., & Rollnick, S. (2002). *Motivational interviewing* (2nd ed.). New York: Guilford.

Milne, D., Aylott, H., Fitzpatrick, H., & Ellis, M. V. (2008). How does clinical supervision work? Using a "best evidence synthesis" approach to construct a basic model of supervision. *The Clinical Supervisor, 27,* 170–190.

Modcrin, M., Rapp, C. A., & Poertner, J. (1988). The evaluation of case management services with the chronically mentally ill. *Evaluation and Program Planning, 11,* 307–314.

Nelson, T. (Ed.). (2005). *Education and training in solution-focused brief therapy.* New York: Haworth.

Neufeldt, V., & Guralnik, D. (Eds.). (1988). *Webster's new world dictionary of the American language* (3rd college ed.). New York: Simon & Schuster.

O'Hanlon, W. H., & Weiner-Davis, M. (1989). *In search of solutions.* New York: Norton.

Okun, B. F. (1997). *Effective helping: Interviewing and counseling techniques* (5th ed.). Pacific Grove, CA: Brooks/Cole.

Okun, B. F., Kantrowitz, R. E. (2008). *Effective helping: Interviewing and counseling techniques* (7th ed.). Belmont, CA: Brooks/Cole.

Panayotov, P. A., Strahilov, B. E., & Anichkina, A. Y. (2012). Solution-focused brief therapy and medication adherence with schizophrenic patients. In C. Franklin, T. S. Trepper, W. J. Gingerich, & E. E. McCollum (Eds.), *Solution-focused brief therapy: A handbook of evidence-based practice* (pp. 196–202). New York: Oxford University Press.

Parad, H. J. (1971). Crisis intervention. In R. Morris (Ed.), *Encyclopedia of social work* (Vol. 1, pp. 196–202). New York: National Association of Social Workers.

Parton, N., & O'Byrne, P. (2000). *Constructive social work: Towards a new practice.* London: Macmillan.

Pearson, Q. M. (2006). Psychotherapy-driven supervision: Integrating counseling theories into role-based supervision. *Journal of Mental Health Counseling, 28,* 241–252.

Phillips, B. (1999). Reformulating dispute narratives through active listening. *Mediation Quarterly, 17,* 161–180.

Pichot, T., & Dolan, Y. M. (2003). *Solution-focused brief therapy: Its effective use in agency settings.* Binghamton, NY: Haworth Press.

Pichot, T., & Smock, S. A. (2009). *Solution-focused substance abuse treatment.* New York: Routledge.

Pincus, A., & Minahan, A. (1973). *Social work practice: Model and method.* Itasca, IL: Peacock.

Rapp, C. A. (1998). *The strengths model: Case management with people suffering from severe and persistent mental illness.* New York: Oxford.

Rappaport, J. (1981). In praise of paradox: A social policy of empowerment over prevention. *American Journal of Community Psychology, 9,* 1–25.

Rappaport, J. (1990). Research methods and the empowerment social agenda. In P. Tolan, C. Keys, F. Chertak, & L. Jason (Eds.). *Researching community psychology* (pp. 51–63). Washington, DC: American Psychological Association.

Reddy, M. J. (1979). The conduit metaphor—a case of frame conflict in our language about language. In A. Ortony (Ed.), *Metaphor and thought* (pp. 284–324). Cambridge, UK: Cambridge University Press.

Reese, R. J., Usher, E. L., Bowman, D. C., Norsworthy, L. A., Halstead, J. L., Rowlands, S. R., & Chisholm, R. R. (2009). Using client feedback in psychotherapy training: An analysis of its influence on supervision and counselor self-efficacy. *Training and Education in Professional Psychology, 3*, 157–168.

Research and Statistics Branch, Crime Prevention and Justice Assistance, Department of the Attorney General of Hawaii, & Social Science Research Institute, University of Hawaii at Manoa. (2001). *Parole decision making in Hawaii*. Honolulu, HI: Author.

Roberts, A. R. (1990). *Crisis intervention handbook: Assessment, treatment, and research*. Belmont, CA: Wadsworth.

Rogers, C. R. (1957). The necessary and sufficient conditions for therapeutic personality change. *Journal of Counseling Psychology, 21*, 95–103.

Rogers, C. R. (1961). *On becoming a person: A therapist's view of psychotherapy*. Boston: Houghton Mifflin.

Rohrig, P., & Clarke, J. (2008). *57 sf activities for facilitators and consultants: Putting solutions focus into action*. Cheltenham, UK: Solutions Books.

Rooney, R. H. (1992). *Strategies for work with involuntary clients*. New York: Columbia University Press.

Rudes, J., Shilts, L., & Berg, I. K. (1997). Focused supervision seen through a recursive frame of analysis. *Journal of Marital and Family Therapy, 23*, 203–215.

Saari, C. (1991). *The creation of meaning in clinical social work*. New York: Guilford.

Saleebey, D. (Ed.). (1992). *The strengths perspective in social work practice*. New York: Longman.

Saleebey, D. (1994). Culture, theory, and narrative: The intersection of meanings in practice. *Social Work, 39*, 351–359.

Saleebey, D. (Ed.). (2009). *The strengths perspective in social work practice* (5th ed.) Boston: Pearson Education.

Satir, V. (1982). The therapist and family therapy: Process model. In A. M. Horne & M. M. Ohlsen (Eds.), *Family counseling and therapy* (pp. 12–42). Itasca, IL: Peacock.

Schober, M. F., & Clark, H. H. (1989). Understanding by addressees and overhearers. *Cognitive Psychology, 21*, 211–232.

Schon, D. A. (1983). *The reflective practitioner*. New York: Basic Books.

Schorr, M. (1995). Finding solutions in a relaxation group. *Journal of Systemic Therapies, 14*, 55–63.

Selekman, M. D. (1991). The solution-oriented parenting group: A treatment alternative that works. *Journal of Strategic and Systemic Therapies, 10*, 36–49.

Selekman, M. D. (1993). *Pathways to change: Brief therapy solutions with difficult adolescents*. New York: Guilford.

Selekman, M. D. (1997). *Solution-focused therapy with children: Harnessing family strengths for systemic change*. New York: Guilford.

Selekman, M. D. (2002). *Living on the razor's edge: Solution-oriented brief therapy with selfharming adolescents*. New York: Norton.

SFBTA Archive. (n.d.). *DVD #0064: Japan supervision workshop by Insoo Kim Berg*. Fort Worth, TX: SFBTA Archives.

SFBTA Archive. (n.d.). *DVD#0074: Supervision consultation with Insoo Kim Berg*. Fort Worth, TX: SFBTA Archives.

SFBTA Archive. (n.d.). *DVD#0092: Supervision consultation with Insoo Kim Berg*. Fort Worth, TX: SFBTA Archives.

Sharry, J. (2001). *Solution-focused groupwork*. London: Sage.

Sharry, J., Madden, B., Darmody, M., & Miller, S. D. (2001). Giving our clients the break: Applications of client-directed, outcome-informed clinical work. *Journal of Systemic Therapies, 20,* 68–76.

Sheafor, B. W., & Horejsi, C. R. (2008). *Techniques and guidelines for social work practice* (8th ed.). Boston: Allyn & Bacon.

Shennan, G., & Iveson, C. (2012). From solution to description: Practice and research in tandem. In C. Franklin, T. S. Trepper, W. J. Gingerich, & E. E. McCollum (Eds.), *Solution-focused brief therapy: A handbook of evidence-based practice* (pp. 281–298). New York: Oxford University Press.

Simon, J. K. (2010). *Solution focused practice in end-of-life & grief counseling.* New York: Springer.

Smock, S. A., Froerer, A., & Bavelas, J. B. (In review). Microanalysis of positive and negative content in SFBT and CBT expert sessions.

Smock, S. A., Trepper, T. S., Wechtler, J. L., McCollum, E. E., Ray, R., & Pierce, K. (2008). Solution-focused group therapy for level 1 substance abusers. *Journal of Marital and Family Therapy, 34,* 107–120.

Sox, H. C., Jr., & Woolf, S. H. (1993). Evidence-based practice guidelines from the U.S. Preventive Services Task Force. *Journal of the American Medical Association, 169,* 2678.

Sparks, P. M. (1989). Organizational tasking: A case report. *Organizational Development Journal, 7,* 51–57.

Stams, G. J. J. M., Dekovic, M., Buist, K., & De Vries, L. (2006). Effectiviteit van oplossingsgerichte korte therapie: een meta-analyse. *Tijdschrift vorr Gedragstherapie, 39,* 81–94.

Sue, D. W., & Sue, D. (1999). *Counseling the culturally different: Theory and practice* (3rd ed.). New York: Wiley.

Sundstrom, S. M. (1993). *Single-session psychotherapy for depression: Is it better to be problem-focused or solution-focused?* Unpublished doctoral dissertation, University of South Dakota.

Talmon, M. (1990). *Single session therapy.* San Francisco: Jossey-Bass.

Thomas, F. N. (1990, October 4). The coaxing of expertise: Solution-focused supervision. Institute, American Association for Marriage and Family Therapy Annual Conference. Washington, DC.

Thomas, F. N. (1992, October 17). Solution oriented supervision: The coaxing of expertise. Workshop, American Association for Marriage and Family Therapy Annual Conference, Miami, FL.

Thomas, F. N. (1996). Solution focused supervision: The coaxing of expertise in training. In S. D. Miller, M. A. Hubble, & B. L. Duncan (Eds.), *Handbook of solution focused brief therapy: Foundations, applications, and research* (pp. 128–151). San Francisco: Jossey-Bass.

Thomas, F. N. (2010). Semaphore, metaphor, two-by-four. In T. S. Nelson (Ed.), *Doing something different: Solution-focused brief therapy practices* (pp. 219–224). New York: Routledge.

Thomas, F. N., Coffey, A., Scott, S., & Shappee, K. (2000). (How) am I competent to supervise? *In Readings in family therapy supervision* (pp. 52–54). Washington, DC: AAMFT.

Thomas, F. N., & Nelson, T. S. (2007). Assumptions within the solution-focused brief therapy tradition. In T. S. Nelson, & F. N. Thomas (Eds.), *Handbook of solution-focused brief therapy: Clinical applications* (pp. 3–24). Binghamton, NY: Haworth.

Timberlake, E. M., Farber, M. Z., & Sabatino, C. A. (2002). *The general method of social work practice: McMahon's generalist perspective* (4th ed.). Boston: Allyn & Bacon.

Trenhaile, J. D. (2005). Solution-focused supervision: Returning the focus to client goals. *Journal of Family Psychotherapy, 16*, 223–228.

Trepper, T. S., & Franklin, C. (2012). Epilogue: The future of research in solution-focused brief therapy. In C. Franklin, T. S. Trepper, W. J. Gingerich, & E. E. McCollum (Eds.), *Solution-focused brief therapy: A handbook of evidence-based practice* (pp. 405–412). New York: Oxford University Press.

Trepper, T. S., McCollum, E. E., De Jong, P., Korman, H., Gingerich, W., & Franklin, C. (2012). Solution-focused therapy treatment manual. In C. Franklin, T. S. Trepper, W. J. Gingerich, & E. E. McCollum (Eds.), *Solution-focused brief therapy: A handbook of evidence-based practice* (pp. 20–36). New York: Oxford University Press.

Triantafillou, N. (1997). A solution-focused approach to mental health supervision. *Journal of Systemic Therapies, 16*, 305–328.

Trotter, C. (1999). *Working with involuntary clients: A guide to practice.* London: Sage.

Turnell, A., & Edwards, S. (1999). *Signs of safety: A solution and safety oriented approach to child protection.* New York: Norton.

Uken, A., & Sebold, J. (1996). The Plumas project: A solution-focused goal directed domestic violence diversion program. *Journal of Collaborative Therapies, 4*, 10–17.

Vaughn, K., Hastings-Guerrero, S., & Kassner, C. (1996). Solution-oriented inpatient group therapy. *Journal of Systemic Therapies, 15*, 1–14.

Vinter, R. (1985). Components of social work practice. In M. Sundel, P. Glasser, R. Sarri, & R. Vinter (Eds.), *Individual change through small groups* (2nd ed., pp. 11–34). New York: Free Press.

Visser, C. (2004, May 12). *Interview with Insoo Kim Berg.* Retrieved on August 28, 2010 from http://interviews coertvisser.blogspot.com/2007/11/interview-with-insoo-kim-berg.html, 5pp.

Visser, C., & Schlundt-Bodien, G. (2009). Supporting clients' solution building process by subtly eliciting positive behaviour descriptions and expectations of beneficial change. *Interaction: The Journal of Solution Focus in Organisations, 1*, 9–25

Wade, A. (1997). Small acts of living: Everyday resistance to violence and other forms of oppression. *Contemporary Family Therapy: An International Journal, 19*, 23–39.

Wade, A. (2007). Hope, despair, resistance: Response-based therapy with victims of violence. In C. Flaskas, I. McCarthy, & J. Sheehan (Eds.), *Hope and despair in narrative and family therapy: Adversity, forgiveness and reconciliation.* Hove: Brunner-Routledge.

Walker, L. (2004). Restorative justice without offender participation: A pilot program for victims. *International Institute for Restorative Practices.* Retrieved on March 11, 2011, from http://www.iirp.org/library/lwalker04.html.

Walker, L. (2009). Modified restorative circles: A reintegration group planning process that promotes desistance. *Contemporary Justice Review, 12*, 419–431.

Walker, L., & Greening, R. (In press). *Handbook on reentry & transition planning for imprisoned people.* Honolulu: Hawaii Friends of Justice & Civic Education.

Walker, L., & Sakai, T., (2006). A gift of listening for Hawaii inmates. *Corrections Today, 12*, 58–61.

Walker, L., Sakai, T., & Brady, K. (2006). Restorative circles—A reentry planning process for Hawaii inmates. *Federal Probation Journal, 70*, 33–37.

Retrieved on March 1, 2011,from http://www.uscourts.gov/uscourts/FederalCourts/PPS/Fedprob/2006-06/circles.html.

Walsh, T. (2010). *The solution-focused helper: Ethics and practice in health and social care*. Maidenhead, UK: McGraw-Hill Education/Open University Press.

Walter, J. L., & Peller, J. E. (1992). *Becoming solution-focused in brief therapy*. New York: Brunner/Mazel.

Walter, J. L., & Peller, J. E. (2000). *Recreating brief therapy: Preferences and possibilities*. New York: Brunner/Mazel.

Watzlawick, P. (Ed.). (1984). *The invented reality*. New York: Norton.

Weakland, J. (1993). Conversation—but what kind? In. S. Gilligan & R. Price (Eds.), *Therapeutic Conversations* (pp. 136–145). New York: Norton.

Weakland, J. H., Fisch, R., Watzlawick, P., & Bodin, A. (1974). Brief therapy: Focused problem resolution. *Family Process, 13*, 141–168.

Weick, A. (1992). Building a strengths perspective for social work. In D. Saleebey (Ed.), *The strengths perspective in social work practice* (pp. 18–26). New York: Longman.

Weick, A. (1993). Reconstructing social work education. In J. Laird (Ed.), *Revisioning social work education: A social constructionist approach* (pp. 11–30). New York: Haworth.

Weick, A., Rapp, C., Sullivan, W. P., & Kishardt, W. (1989). A strengths perspective for social work practice. *Social Work, 34*, 350–354.

Weiner-Davis, M. (1993). *Divorce busting: A revolutionary and rapid program for staying together*. New York: Simon & Schuster.

Weiner-Davis, M. (1995). *Change your life and everyone in it*. New York: Simon & Schuster.

Weiner-Davis, M., de Shazer, S., & Gingerich, W. J. (1987). Building on pretreatment change to construct the therapeutic solution: An exploratory study. *Journal of Marital and Family Therapy, 13*, 359–363.

Wetchler, J. L. (1990). Solution-focused supervision. *Family Therapy, 17*, 129–138.

Wheeler, J. (2007). Solution-focused supervision. In T. S. Nelson & F. N. Thomas (Eds.), *Handbook of solution-focused brief therapy: Clinical applications* (pp. 343–370). Binghamton, NY: Haworth.

Wheeler, J., & Greaves, Y. (2005). Solution-focused practice teaching in social work. *Journal of Family Psychotherapy, 16*, 263–276.

Wheeler, J., & Hog, V. (2012). Signs of safety and the child protection movement. In C. Franklin, T. S. Trepper, W. J. Gingerich, & E. E. McCollum (Eds.), *Solution-focused brief therapy: Handbook of evidence-based practice* (pp. 203–215). New York: Oxford University Press.

Wheeler, S., & Richards, K. (2007). The impact of clinical supervision on counselors and therapists, their practice and their clients: A systematic review of the literature. *Counseling and Psychotherapy Research, 7*, 54–65.

White, M., & Epston, D. (1990). *Narrative means to therapeutic ends*. New York: Norton.

Witkin, S. L. (1999). Questions [Editorial]. *Social Work, 44*, 197–200.

Witkin, S. L. (2000). Noticing [Editorial]. *Social Work, 45*, 101–104.

Woodside, M., & McClam, T. (2006). *Generalist case management: A method of human services delivery*. Belmont, CA: Brooks/Cole.

Woolf, S. H., & Atkins, D. A. (2001). The evolving role of prevention in health care: Contributions of the U.S. Preventive Service Task Force. *American Journal of Preventive Medicine, 29(3, Suppl.)*, 13–20.

Young, S. (2002). *Solutions to bullying.* Tamworth, UK: Nasen.

Young, S. (2009). *Solution-focused schools: Anti-bullying and beyond.* London: BT Press.

Young, S., & Holdorf, G. (2003). Using solution-focused brief therapy in individual referrals for bullying. *Educational Psychology in Practice, 19,* 271–282.

Zehr, H. (1990). *Changing Lenses.* Scottsdale, PA: Good Books.

Zeig, J. K., & Lankton, S. R. (Eds.). (1988). *Developing Ericksonian therapy: State of the art.* New York: Brunner/ Mazel.

Zimmerman, T. S., Jacobsen, R. B., MacIntyre, M., & Watson, C. (1996). Solution focused parenting groups: An empirical study. *Journal of Systemic Therapies, 15,* 12–25.

Zimmerman, T. S., Prest, L. A., & Wetzel, B. E. (1997). Solution-focused couples therapy groups: An empirical study. *Journal of Family Therapy, 19,* 125–144.